Future Management - Band 31

Managementwissen für zukunftsorientierte Unternehmensführung – Change Management und Organisationsentwicklung in der Lernenden Organisation

Prof. Dr. Dr. h.c. Ulrich Wehrlin (Hrsg.)

Aufgabenorientierung

Engagement, Mitarbeitermotivation und Leistung mit angemessener Führung zwischen Kritik und Anerkennung! Aufgabenfokussierung, Ziele vereinbaren und klar definieren, Wege zur Zielerreichung aufzeigen, Teamleistung aktivieren, Aufgaben/Projekte strukturieren, Kontrolle/Feedback, Innovation

Prof. Dr. Dr. h.c. Ulrich Wehrlin

OPTIMUS

Bibliografische Information der Deutschen Bibliothek
Die Deutsche Bibliothek verzeichnet diese Publikation in der Deutschen Nationalbibliografie; detaillierte bibliografische Daten sind im Internet über http://dnb.ddb.de abrufbar.

Wehrlin, Prof. Dr. Dr. h.c. Ulrich:
Aufgabenorientierung
Engagement, Mitarbeitermotivation und Leistung mit angemessener Führung zwischen Kritik und Anerkennung! Aufgabenfokussierung, Ziele vereinbaren und klar definieren, Wege zur Zielerreichung aufzeigen, Teamleistung aktivieren, Aufgaben/Projekte strukturieren, Kontrolle/Feedback, Innovation
ISBN 978-3-86376-111-0

Vorwort

Die fortgeschrittene Globalisierung und weitere Veränderungen bestimmen das kulturelle, gesellschaftliche und wirtschaftliche Geschehen. Vor dem Hintergrund dessen, dass dadurch an die Unternehmen ständig neue Anforderungen gestellt werden, wurde die Schriftreihe „Future Management" begründet. Future Management richtet sich auf die zukunftsorientierte, ethische, innovative, Unternehmensführung, Corporate Foresight, Strategisches Management, Visionsmanagement, Innovationsmanagement, Change Management, Wissensmanagement, Gesundheitsförderung, Sinnorientierung, Positive Leadership, Transformationale Führung, Management des Lernens, Network-Management sowie Personal- und Organisationsentwicklung in der Lernenden Organisation und bildet eine wesentliche Grundlage für leistungsmotivierte Qualität von Produkten, Prozessen und somit eine wesentliche Determinante des zukünftigen Unternehmenserfolgs.

Die Zukunft ist ungewiss und lässt sich nicht voraussagen. Dennoch wird der Erfolg des Managements zunehmend von der richtigen, auf die Zukunft ausgerichteten Umgehensweise mit Phänomenen wie Komplexität, Dynamik und Wissen bestimmt. Das Management kann für zukunftsweisende Entscheidungen u. a. auf die Ergebnisse der Trendforschung zurückgreifen: Es vollzieht sich eine Umstrukturierung der wirtschaftlichen, rechtlichen und sozialen Umwelt zu einer global vernetzten Dienstleistungs-, Kommunikations- und Wissensgesellschaft. Die Unternehmen sind darauf angewiesen, dass sie sich (bzw. die gesamte Organisation mit allen Mitarbeitern[1], Visionen und Strategien) auf die Zukunft ausrichten. Je besser dem Unternehmen diese Anpassung gelingt, desto sicherer sind der Erfolg und die Sicherung der Zukunft des Unternehmens. Mit der weit fortgeschrittenen Globalisierung erfolgte eine weltweite, engere kommunikative und interaktive Vernetzung. Wesentliche Informationen sind weltweit aktuell verfügbar bzw. transparent, zuordenbar, auffindbar und abrufbar. Es ist ein beinahe zeit- wie ortsunabhängiger Zugriff auf Wissen möglich. Diese Zugriffsmöglichkeiten haben zwangsweise eine sehr hohe Dynamik zur Folge. Diese hohe Dynamik und Transparenz wirkt sich mittlerweile auf alle Unternehmensbereiche aus.

---

[1] Die Bezeichnungen Unternehmer, Manager, Leader bzw. Führungskräfte, Teamleiter, Projektleiter, Teammitglied oder Mitarbeiter beziehen sich im Rahmen der vorliegenden Publikation stets sowohl auf Frauen wie auch auf Männer.

Seit den vergangenen Jahren wird der Erfolg des Unternehmens zunehmend auch durch diese neuen Determinanten bestimmt. Faktisch zeigt sich die Zukunft als zunehmend schneller im Wandel, vernetzter und komplexer. Die Unternehmen sehen sich in der Realität diesen einschneidenden Veränderungen gegenüber. Als Konsequenz bedarf es eines Umdenkens und einer Anpassung an die aktuell erforderlichen Managementprozesse. Die im Zusammenhang mit dem Simultan-Management-Konzept seit den 1980er Jahren aufgezeigte Relevanz des organisationalen Lernens wird immer bedeutender und erweist sich mittlerweile eindeutig als eine der wichtigsten zukunftsbestimmenden Herausforderungen. Vor diesem Hintergrund wird auch deutlich, dass die erfolgreichen Unternehmen zunehmend auf die Unterstützung durch Zukunftsexperten sowie Change Manager bauen. Diese sollen die Zukunft bzw. die Geschehnisse, Veränderungen und Entwicklungen, welche sich in der Zukunft ereignen, als zentralen Gegenstand der Unternehmensführung verdeutlichen. Das Ziel besteht darin, dass das Unternehmen nachhaltig für den richtigen Umgang mit den künftigen veränderten Rahmenbedingungen und Konsequenzen für die betroffenen Personen gerüstet wird.

Für die Unternehmen wird der globale Wettbewerbsdruck immer stärker. Damit diese die daraus resultierenden Herausforderungen bewältigen können, ist es erforderlich, eine zuverlässige Modellierung der zukünftigen Entwicklungen vorzunehmen. Für den Unternehmenserfolg ist es bedeutend, dass Trends und Entwicklungen möglichst frühzeitig erkannt werden. Es bedarf der Analyse der sich daraus ergebenden Konsequenzen. Dies gilt für Märkte, Produkte und Innovationen. Für den Erfolg sind rechtzeitiges Gegensteuern sowie die konsequente Umsetzung der erforderlichen Maßnahmen wichtig. Das Erkennen von Marktentwicklungen und die Identifikation von Trends stellen somit wesentliche Erfolgsfaktoren dar. Corporate Foresight schafft hierfür die notwendigen Voraussetzungen.

Das Managen der Qualität der strategischen Anpassung wirkt sich auf die internationale Wettbewerbsfähigkeit aus. Die Qualitätssicherung ist als übergeordnete Managementaufgabe eine wesentliche Determinante für die Etablierung von Produkten und Dienstleistungen auf den internationalen Märkten und sichert die zukünftige, langfristige Existenz des Unternehmens im globalen Wettbewerb. Die Selektionsmechanismen des Marktes sowie die Globalisierungsprozesse verlangen von der Organisation und den darin beschäftigten Menschen ein hohes Maß an Anpassungsfähigkeit an die geänderten Bedingungen. Hierbei sind das Management und die Mitarbeiter permanent dazu gezwungen, zu lernen, sich weiterzubilden und weiterzuentwickeln, um den geänderten Anforderungen und dem Fortschritt gerecht zu werden. Innovative

Unternehmensführung erstreckt sich darüber hinaus auf die Entwicklung und Veränderung von Organisationen und Kulturen als Management des Wandels. Future Management, Change Management, Personal- und Organisationsentwicklung, Strategisches Management sowie Visionsmanagement in der lernenden Organisation werden immer bedeutender. Dies hat auch weit reichende Konsequenzen für das (strategische)Personalmanagement:

Aufgrund der gegenwärtigen und auch zukünftigen Situation am Arbeitsmarkt (unter Berücksichtigung der demografischen Entwicklung) sind Flexibilität sowie permanente Umdenkprozesse erforderlich.

Die Organisationsentwicklung wird zunehmend von Change-Prozessen begleitet. Dies gilt auch für die Personalentwicklung.

Im Rahmen der Organisations- und Personalentwicklung sind ständig effizientere Maßnahmen gefragt, welche dazu beitragen, die Organisation und die darin wirkenden Menschen – sowohl Mitarbeiter wie auch Führungskräfte, an die Veränderungen anzupassen.

Die Organisations- und Personalentwicklung stellen bedeutende, vernetzte Elemente des Human Resource Managements dar. Die Unternehmensführung steht vor der Aufgabe, einen optimalen Rahmen für die erforderlichen personellen wie organisatorischen Lern- und Entwicklungsprozesse zu schaffen.

Viele Menschen stehen der Situatin gegenüber, dass an sie zunehmend höhere Anforderungen gestellt werden. Überstunden, ständige Erreichbarkeit und lebenslanges Lernen verdrängen zunehmend die Freizeit, welche der Mensch für seine Familie und zu seiner Erholung benötigt. Viele Menschen stelen fest, dass sie immer weniger Zeit für sich und ihre Familie haben. Dauerstress und Mobbing bei der Arbeit und Privat wirken sich auf die Gesundheit aus. Arbeits- und Privatleben vermischen sich zunehmend.

Die Menschen müssen zunächst selbst lernen, mit den neuen Anforderungen richtig umzugehen. Von staatlicher Seite sollte auf Änderungen schneller reagiert werden. Die Menschen sind bspw. besser vor gesundheitlichen Risiken oder anonymen Angriffen aus dem Internet zu schützen. Dies gilt auch für Mobbing am Arbeitsplatz. Zudem sind auch die Unternehmen gefordert. Sie sollten Verantwortung übernehmen und Rahmenbedingungen schaffen, unter welchen sich die Menschen wohl fühlen und vor Angriffen, Dauerstress oder Gesundheitsgefährdung am Arbeitsplatz geschützt sind. Unter diesen Voraussetzungen können sich die Mitarbeiter wirklich auf Ihre Arbeit konzentrieren und die benötigten Leistungen erbringen. Die Unternehmen können wesentlich dazu beitragen, dass dem einzelnen Mitarbeiter ein Ausgleich seiner Work-Life

Balance WLB gelingt. Zufriedene und gesunde Mitarbeiter bringen mehr Leistung und verursachen geringere Kosten.

Die Lernende Organisation ermöglicht, die Entwicklung von Fachkompetenz, Methodenkompetenz sowie sozialer Kompetenz. Wer den Menschen in den Unternehmen, Organisatinen, Verwaltungen oder Instituten immer mehr abverlangt und diese ständig auf Lernen, Leistung und Qualität motiviert, trägt zuglich auch eine sehr große Verantwortung für deren Wohlbefinden und Gesundheit. Mitarbeiter und Führungskräfte können nicht ständig ohne Rücksichtnahme dauerbeansprucht werden, dass deren Gesundheit zu sehr beeinträchtigt oder geschädigt wird. Es sind zwingend Erkenntnisse der betrieblichen Gesundheitsförderung und der Work-Life-Balance WLB sowie der transformationalen Führung, positive Ledarship und der sinnorientierten Führung zu berücksichtigen und erfolgreich in der betrieblichen Praxis umzusetzen. Management und Leadership werden sich in der Zukunft immer stärker an ethischen Werten orientieren. Die Wirtschafts- und Unternehmensethik rückt immer stärker in den Mittelpunkt des wirtschaftlichen, privaten und öffentlichen Interesses.

Da der Unternehmenserfolg von einer Vielzahl von Faktoren abhängt, zwischen welchen interdependente, komplexe Beziehungen bestehen, bedarf es eines ganzheitlichen, vernetzten, zukunftsorientierten, anpassungsfähigen und werteorientierten Führungssystems, aus welchem Erfolgsstrategien für die praktische Unternehmensführung abgeleitet werden können. Kenntnisse im Future- und Change Management sowie im strategischen Management sind heute für jeden Manager und Leader unerlässlich.

Die Management-Lehrbücher der Reihe „Future Management" vermitteln dem Leser Erfolgsstrategien und Visionen für die Realisierung einer ganzheitlichen, innovativen Unternehmensführung durch Leistungsmotivation. Dabei wird auf die Anwendbarkeit der Ausführung in der Managementpraxis geachtet. Für Studierende der Wirtschaftswissenschaften und anderer Fachrichtungen, Führungsnachwuchskräfte, Bachelor-, Diplom- und Masterstudiengänge sowie MBA werden die Lehrbücher neben der wissenschaftlichen Ausrichtung vor allem durch die Praxisnähe zum ebenso wertvollen Ratgeber wie für den angehenden oder bereits erfolgreichen Manager und Leader. Im Vordergrund steht die ständige Entwicklung und Verbesserung der Führungskompetenzen.

Die Erfolgsstrategien im Future- und Change Management sowie des Simultan-Managements sind abgeleitet aus den Ergebnissen zahlreicher wissenschaftlicher Untersuchungen, Analysen und Befragungen, sozusagen aus der Führungspraxis für die Realisierung hoch motivierter Leistungsqualität in der

Managementpraxis. Sie berücksichtigen stets, dass im Mittelpunkt des gegenwärtigen wie zukünftigen Geschehens im sozio-technischen System Unternehmen der nach Sinn suchende Mensch mit seinen Stärken, Schwächen, Bedürfnissen, Erwartungen, Wünschen, Befürchtungen, Bedenken, Ängsten, Hoffnungen, (inter)kulturellen Eigenheiten und seinem ganz persönlichen Engagement – oft mit dem Einsatz seiner persönlichen Gesundheit bzw. seines Wohlbefindens steht. Er sollte in der Unternehmensführung mit seiner Einzigartigkeit berücksichtigt und vor allem geschätzt werden. Der Mensch darf nicht als „Produktionsfaktor" behandelt werden. Seine Leistungen haben gebührenden Respekt und Anerkennung verdient. Der Mensch sucht im Privatleben wie im Unternehmen nach Sinn. Jeder Mensch ist gleichzeitig auf seine Gesundheit, sein Wohlbefinden und eine ausgeglichene Work-Life Balance WLB angewiesen. Wer ständig hohe Leistungen erbringt braucht auch einen Ausgleich um bspw. nicht an Burnout zu erkranken. Die Vermeidung von arbeitsbedingten Stresssymptomen bzw. gesundheitlichen Beeinträchtigungen wird zunehmend zum gesellschaftlichen, privatwirtschaftlichen wie individuellen Gestaltungsgegenstand. Die Verantwortung hierfüg liegt nicht nur bei der Gesellschaft, sondern überwiegend beim Mitarbeiter selbst und insbesondere im Verantwortungsbereiche der Unternehmen, welche entsprechende Rahmenbedingungen zu schaffen haben. Die Führungssysteme sollten sich danach ausrichten und mitarbeiterbezogen, partizipativ, im angemessenen Rahmen gesundheits- und leistungsfördernd, leistungsanerkennend sowie lernorientiert und sinnvermittelnd sein. Arbeitsbedingter Stress und gesundheitliche Beeinträchtigungen sind zu vermeiden. Gleichzeitig sind Maßnahmen umzusetzen, welche einen Ausgleich der WLB ermöglichen bzw. fördern. Auch Positive Leadership bzw. positive Führung, das Management durch Zielvereinbarung und dessen Weiterentwicklung „Transformationale Führung" können dies wesentlich unterstützen.

Jede Führungspersönlichkeit sieht sich der Herausforderung gegenüber, ihren eigenen, indviduellen Stil der Führung zu finden. Die meisten Manager und Leader setzen auf die eigene Ausstrahlung und Persönlichkeit. Hinzu sind jedoch auch weitere zentrale Aspekte der Führung bzw. Führungsdimensionen zu berücksichtigen. So z. B. Situative Führung, Kooperation, Partizipation, Mitarbeiterorientierung (Consideration), Aufgabenorientierung (Initiating Structure), Mitwirkungsorientierung, Wettbewerbsorientierung, Leistungs-orientierung, Prozessorientierung, Kundenorientierung, Qualitätsorientierung, usw. All diese Aspekte wirken sich wesentlich auf die „Qualität" bzw. „Güte" der Austauschbeziehung, letztlich auf das Leistungsergebnis, den Führungs- und Unternehmenserfolg sowie die (internationale) Wettbewerbsfähigkeit aus.

Die Lehrbuchreihe „Future Management" verfolgt die Vision, hierzu einen wesentlichen Beitrag zu leisten. Für eine sinnstiftende, innovationsfreundliche, erfolgreiche, selbstverantwortliche, nachhaltige und vor allem auch wirklch lebenswerte und gesunde Zukunft für Mitarbeiter und deren Angehörige, für Manager, Leader, Unternehmer, Organisationen Lieferanten und Kunden. Das zentrale Anliegen der Lehrbuchreihe richtet zwar den Fokus auf Motivation, Leistung und Erfolg im wettbewerblichen System, jedoch unter der zentralen Voraussetzung, dass der Lebenswert erhalten bleibt.

London/Berlin, Mai 2016   *Prof. Dr. Dr. h.c. Ulrich Wehrlin*

Inhaltsverzeichnis

Abbildungsverzeichnis

1 Einleitung

„Nur ein ausgewogenes Verhältnis zwischen
Kritik und Anerkennung steigert auf lange Sicht
die Leistung des Mitarbeiters"

Kuppler, Benno[2]

Die Anforderungen, welche heute an die Mitarbeiter, Manager und Führungspersönlichkeiten[3] gestellt werden, werden immer höher.[4] Zusätzlich werden seitens der Gesellschaft zunehmend verantwortliches Denken und Handeln sowie eine ethische Führung erwartet und gefordert.[5] Dies gilt sowohl in der Wirtschaft, Verwaltung wie auch in Universitäten und Hochschulen.[6]

Zugleich werden der Bedarf und die Bedeutung einer wertschätzenden, kompetenten und ethischen Führung mit dem entsprechenden Vertrauen der Mitarbeiter in ihre Führungskräfte immer deutlicher.[7] Dennoch sind der Wirtschaftsethik und ethischen Führung deutliche Grenzen gesetzt. Eine Ausrichtung der Führungskräfte auf eine ethische Führung gelingt nur dann, wenn die entsprechende Organisation ein ethisches Handeln ermöglicht bzw. dies bewusst zulässt.[8]

---

[2] Kuppler, Benno: Anerkennung und Kritik. Zum Verhälnis zwischen Unternehmensleitung und Mitarbeitern. Lehrbericht vom 15.03.1970: http://www.we-wi-we.de/Kuppler_Anerkennung_und_Kritik.pdf – Stand: 15.08.2013.

[3] Die Bezeichnungen Unternehmer, Manager, Leader bzw. Führungskräfte, Teamleiter, Projektleiter, Teammitglied oder Mitarbeiter beziehen sich im Rahmen der vorliegenden Publikation stets sowohl auf Frauen wie auch auf Männer.

[4] Vgl.: Harvard Business Manager / Nayar, Vineet: Manager oder Führungspersönlichkeit? Artikel in Harvard Business Manager vom 14.08.2013. http://www.harvardbusinessmanager. de/blogs/fuehrung-koennen-sie-menschen-inspirieren-a-916294.html – Stand: 03.04.2014.

[5] Vgl.: Deppert, Wolfgang: Individualistische Wirtschaftsethik (IWE). Anwendung der individualistischen Ethik auf das Gebiet der Wirtschaft. Springer Gabler, Wiesbaden, 2014.

[6] Vgl.: Orth, H.: Schlüsselqualifikationen an deutschen Hochschulen. Konzepte, Standpunkte und Perspektiven. Neuwied, Kriftel: Luchterhand. 1999.

[7] Vgl.: Bartelt, Dietrich: Wertschätzende, kompetente und ethische Führung. Das „Vertrauen" der Mitarbeiter in ihre Führungskräfte. Dissertation Universität Duisburg-Essen 2011. http://duepublico.uni-duisburg-essen.de/servlets/DerivateServlet/Derivate-29413/Bartelt _Diss.pdf – Stand: 09.05.2014.

[8] Vgl.: DIE ZEIT / Heusner, Uwe Jean: „Es hakt bei der Führung". Ethische Schulung für Manager hilft nur, wenn die Organisation ein ethisches Handeln auch zulässt. Ein Interview mit der

Jede Führungspersönlichkeit sieht sich der Herausforderung gegenüber, ihren eigenen, indviduellen Stil der Führung zu finden. Die meisten Manager und Leader setzen auf die eigene Ausstrahlung und Persönlichkeit. Hinzu sind jedoch auch weitere zentrale Aspekte der Führung bzw. Führungsdimensionen zu berücksichtigen. So z. B. Situative Führung, Kooperation, Partizipation, Mitarbeiterorientierung (Consideration) , Aufgabenorientierung (Initiating Structure), Mitwirkungsorientierung, Wettbewerbsorientierung, Leistungsorientierung, Prozess-orientierung, Kundenorientierung, Qualitätsorientierung, usw. All diese Aspekte wirken sich wesentlich auf die „Qualität" bzw. „Güte" der Austauschbeziehung, letztlich auf das Leistungsergebnis, den Führungs- und Unternehmenserfolg sowie die (internationale) Wettbewerbsfähigkeit aus.

Die Aufgabenorientierung bzw. Initiating Structure gilt neben der Mitarbeiterorientierung bzw. Consideration, Kundenorientierung oder Wettbewerbsorientierung, Prozessorientierung und weiteren Orientierungen, als eine bedeutende Zielsetzung des Unternehmens, auf die Mitarbeiter bezogen, bzw. eine Dimension des Führungsverhaltens.

Die Aufgabenorientierung ist eine der bekanntesten Dimensionen des Führungsverhaltens. Aufgabenorientierung ist gekennzeichnet durch Verhaltensweisen wie dem Definieren klarer Ziele, Aufzeigen der Wege zum Ziel, Strukturieren von Aufgaben, Aktivieren durch aufmunternde bzw. drängende Worte oder Aussprechen von Anerkennung bzw. Kritik anlässlich einer Kontrolle. Aufgabenorientierung steht tendenziell im Zusammenhang mit hoher Leistung der Arbeitsgruppe."[9] Aubgebanorientierung bzw. „Initiation of Structure beschreibt eine Arbeitsatmosphäre, bei der die konkreten Aufgaben im Mittelpunkt stehen."[10]

Beraterin Annette Kleinfeld. In: DIE ZEIT N° 03/2014 9. Januar 2014 07:00 Uhr. http://www.zeit.de/2014/03/manager-ethik-beraterin-annette-kleinfeld – Stand: 09.05.2014.

[9] Maier, Günter, W.: Gabler Wirtschaftslexikon Stichwort Aufgabenorientierung: http://wirtschaftslexikon.gabler.de/Definition/aufgabenorientierung.html – Stand: 04.07.2013.

[10] Wirtschaftspsychologie aktuell Zeitschrift für Personal und Management: Artikel: Strategie der Woche: Strategie der Woche: Mitarbeiter- und Aufgabenorientierung vom 24. Juni 2008 http://www.wirtschaftspsychologie-aktuell.de/strategie/strategie_20080624_Mitarbeiter_ und_Aufgabenorientierung.html – Stand: 28.07.2013.

Sie zeichnet sich durch die folgenden Verhaltensweisen aus:[11]

Das Definieren klarer Ziele, das Aufzeigen der Wege zum Ziel, das Strukturieren von Aufgaben, das Aktivieren durch aufmunternde bzw. drängende Worte, das Aussprechen von Anerkennung bzw. Kritik anlässlich einer Kontrolle. Kennzeichnend für die Aufgabenorientierung ist, dass diese tendenziell im Zusammenhang mit hoher Leistung der Arbeitsgruppe steht.[12]

Die Arbeitsteilung stellt eine zentrale Voraussetzung für moderne Prokuktions- Organisations- Arbeitsplanungs- und Führungssysteme dar. Die Leistungserstellung in Unternehmen erfordert aus Gründen der Effizienz und Kosteneinsparung primär in der industriellen Produktion eine Fertigung hoher Stückzahlen (Massenfertigug). Dies setzt die Zerlegung der Arbeitsschritte in viele Einzeltätigkeiten und eine entsprechende Veteilung auf zahlreiche Mitarbeiter voraus. Die Produktion komplexer Wirtschaftsgüter wie bspw. Automobile wäre auf eine andere Art wie ursprüngliche Fließbandfertigung (Beispiel Ford) und heute mit IT-gesteuertem Robottereinsatz kaum möglich. Zudem erbringt die Spezialisierung weitere Vorteile. Die Arbeitsstellen werden durch fest umrissene Arbeitsinhalte und Arbeitsaufgaben definiert, was sich u. a. entsprechend auf die Führung auswirkt.

Der Begriff Arbeitsteilung lässt sich wie folgt Definieren und näher umschreiben: „Arbeitsteilung, Ergebnis der zeitlichen Verkürzung von Arbeitsabläufen, eine Voraussetzung für die Effizienz einer Organisation. Perfektioniert wurden arbeitsteilige Systeme von F. W. Taylor (Taylorismus, Arbeitsstudium, Scientific Management). In Fließbändern, an denen den Beschäftigten nur noch wenige, immer gleiche Handbewegungen abverlangt werden, findet die Arbeitsteilung ihren augenfälligsten Ausdruck. Realisiert wird die Arbeitsteilung durch die Definition von Stellen mit fest umrissenenen Arbeitsinhalten und -aufgaben, die sich in Stellenbeschreibungen und Verfahrensrichtlinien fixieren lassen."[13]

Durch die Arbeitsteilung wird eine Spezialisierung erlaubt. Die Spezialisierung führt u. a. zu den folgenden betrieblichen Vorteilen:

---

[11] Vgl.: Maier, Günter, W.: Gabler Wirtschaftslexikon Stichwort Aufgabenorientierung: http://wirtschaftslexikon.gabler.de/Definition/aufgabenorientierung.html – Stand: 04.07.2013.

[12] Vgl.: Maier, Günter, W.: Gabler Wirtschaftslexikon Stichwort Aufgabenorientierung: http://wirtschaftslexikon.gabler.de/Definition/aufgabenorientierung.html – Stand: 04.07.2013.

[13] Psychology48 com Psychologie-Lexikon http://www.psychology48.com/deu/d/arbeitsteilung/arbeitsteilung.htm – Stand: 01.08.2013.

„Kurze Einarbeitungszeiten, Besetzung durch Personen mit geringem Qualifikationsniveau (billige Arbeitskräfte), Förderung der Routine bei der Arbeitsausführung mit quantitativer und qualitativer Steigerungsmöglichkeit."[14]

„Arbeitsteilung macht Koordination im Hinblick auf die Organisationsziele erforderlich und läßt sich durch Weisungen übergeordneter Stellen, Kommunikation zwischen den Stellen, Arbeitspläne, Programme und Entscheidungsregeln erreichen."[15]

Aufgabe: „Die einzelnen Aufgaben der Projektbeteiligten sind die "Elementarteilchen" des Projektes. Aus Sicht des Projektmanagers sind Aufgaben die kleinsten Arbeitseinheiten, die betrachtet werden. Je nach Umfang des Projektes liegt die Überwachung der Aufgabendurchführung in der Zuständigkeit des Projektleiters, Teilprojektleiters oder Arbeitspaketverantwortlichen. Die Liste aller Aufgaben eines Projektbeteiligten ist die Minimalform der Arbeitsanweisung an ihn."[16]

Leistung: Unter Leistung versteht sich „eine Anstrengung, die auf ein bestimmtes Ziel ausgerichtet ist und mit einem Erfolg abschließt. Leistung ist etwas, das von uns verlangt wird. Durch diese Anforderung und ihre Zweckbestimmung unterscheidet sie sich vom Spiel, bis zu einem gewissen Grade auch von der freien Kunst. Mit der Leistung tun wir etwas für andere, auch wenn das Entgelt dafür in unserem eigenen Interesse liegt und wir die Anerkennung unserer Arbeit für unsere Selbstbestätigung brauchen. Man hat unsere heutige Lebensordnung als »Leistungsgesellschaft« bezeichnet, weil es für unseren sozialen Status entscheidend auf unseren Beitrag zur Arbeitsteilung und unseren Platz in der Arbeitskonkurrenz ankommt. Die Kritik an dieser einseitigen Ausrichtung geht auf das Unbehagen in einem Leben zurück, das uns zu wenige Möglichkeiten der Muße, der Besinnung und des zweckfreien Spiels übriggelassen hat. Wir vermissen einen Freiraum für Tätigkeiten, die wir um unser selbst willen, aus »Spaß an der Sache« vollziehen könnten. Besonders schmerzlich wirkt sich dieser Mangel für unsere Schulkinder aus, die dem Leistungszwang in einem Alter ausgesetzt werden, in dem sie auf Anerkennung in Liebe mehr angewiesen wären als auf Anerkennung einer Leistung, und in dem sie auch der Freiheit des Spiels noch dringend bedürfen. Der

---

[14] Psychology48 com Psychologie-Lexikon
http://www.psychology48.com/deu/d/arbeitsteilung/arbeitsteilung.htm – Stand: 01.08.2013.
[15] Psychology48 com Psychologie-Lexikon
http://www.psychology48.com/deu/d/arbeitsteilung/arbeitsteilung.htm – Stand: 01.08.2013.
[16] https://www.projektmagazin.de/glossarterm/aufgabe – Stand: 03.08.2013

Schul-Streß, der heute so oft seelische Störungen zur Folge hat, dürfte nicht zuletzt in der einseitigen Anstachelung von Leistungen im Zusammenhang mit dem Mangel an Gefühlsbefriedigungen und Zweckbefreiung begründet sein. Doch zeigt sich hier nur besonders kraß ein Ungleichgewicht, das auch das Leben der Erwachsenen beeinträchtigt."[17]

Innovationspromotoren: Innovationen sind für den nachhaltigen Unternehmenserfolg von zentraler Bedeutung. Dieser Sachverhalt gilt für alle Unternehmen. Diese wirtschaften zunehmend im Kontext von Globalisierung, Wissensintensivierung und verkürzten Produktlebenszyklen. Es zeigt sich, dass ein optimales Innovationsmanagement zunehmend zum strategischen Wettbewerbsvorteil wird. Für das Innovationsmanagement bedarf es eines Innovationspromotors. Dieser dient dem einzelnen Projektleiter wie auch der Geschäftsführung als Hinweisgeber und Prozessunterstützer. Der „Sinn einer solchen individualisierten Form der Innovationsunterstützung, (besteht in) ihrer Ausbildung und ihrer Etablierung".[18]

Die Unternehmen sind auf Innovationen angewiesen. Diese entstehen oft aufgrund von zündenden Ideen. Das Ideenmanagement ist hilfreich um diese Ideen aufzuspüren und zu verwerten. Ideenmanagement und Betriebliches Vorschlagswesen sind Quellen für neue Ideen.[19] Ideenmanagement gibt Antworten darauf, wo man die bedeutenden Ideen im Unternehmen, außerhalb des Unternehmens und vor allem für das Unternehmen findet. Es zeigt Lösungen auf, wie man mit den Ideen effizient umgeht, bzw. wie man diese Ideen erfolgreich nutzt und in die Tat umsetzt. Hierzu müssen die Ideen gesammelt und strukturiert werden. Es sollte möglichst effizient und einfach über die Ideen entschieden werden, ohne dass Barrieren der Bürokratie entstehen, welche – wie oft in der Praxis, den Mut zur Unterbreitung einer Idee bzw. eines Vorschlags verhindern oder dass die Ideen lediglich gesammelt und verwaltet, aber nicht gebührend genutzt werden. Es sollten alle relevanten Informationen, welche unternehmensintern und extern gesammelt wurden verfügbar und abrufbar sein. Sie bilden wichtige Entscheidungsgrundlagen für das Ideenmanagement und darüber hinaus für das gesamte Innovationsmanagement. Für das Ideenmanagement kann sich der Einsatz einer geeigneten Software durchaus als hilfreich erweisen. Sie ermöglicht, dass die Informationen den

---

[17] Psychology48 com Psychologie-Lexikon
http://www.psychology48.com/deu/d/leistung/leistung.htm – Stand: 31.07.2013.
[18] http://www.ideenmanagementdigital.de/inhalt.html – Stand: 06.01.2013.
[19] Vgl.: http://www.business-wissen.de/arbeitstechniken/ideenmaschine-das-betriebliche-vorschlagswesen-als-quelle-fuer-neue-ideen/ - Stand: 10.01.2013.

ggf. auch dezentralen, befugten Entscheidern unkompliziert und schnell zugänglich gemacht werden können. Durch die geeignete Software kann vor allem verhindert werden, dass Informationen über Ideen verloren gehen oder der Überblick über eine Fülle von Ideen und Vorschlägen, welche sich mit der Zeit ansammeln, verloren geht.

Es bestehen drei wesentliche Ansatzpunkte des Ideenmanagements: Erschließung und Nutzung der Ideenquellen, Erhöhung der Qualität und Verbesserung, Effizient über Ideen entscheiden, Ergebnis/Leistungsfähigkeit messen, Steigerung von Engagement, Innovationskraft und Wettbewerbsfähigkeit.

Erschließung und Nutzung der Ideenquellen: Faktisch beginnt jede Innovation mit einer Idee. Aus diesem Grund sind Ideenquellen von großer Bedeutung. Die Ideenquellen sind zu erschließen und zu nutzen. Hierzu sind die Ideen im Idealfall bereits dort zu sammeln, wo sie entstehen.[20] Ideen entstehen sowohl am Arbeitsplatz, bei der Fortbildung, in Meetings bzw. Sitzungen, Workshops, im Betrieb und auch außerhalb, bei Lieferanten, Kunden usw. Im Idealfall steht für das Ideenmanagement ein System zur Verfügung, welches die Ideen und Vorschläge, welche auf allen erdenklichen Wegen kommuniziert werden erfasst und speichert. Dies gilt sowohl für Gesprächsnotizen, Skizzen, Pläne, schriftliche Dokumente bzw. deren elektronische Erfassung, Patente, Internet, Intranet, E-Mails, SMS, Telefax, erfasste Telefonate usw. Neben den internen sind vor allem auch die externen Ideenquellen mit ein zu beziehen. In das Ideenmanagement sind dem entsprechend Feedbacks – bspw. von Kunden und Lieferanten, Retouren, Beschwerden, Reklamationen, Stornierungen, Nachbesserungen, Reparaturen, Garantiefälle, Kulanzfälle und auch Erfahrungsberichte bzw. Reports zu integrieren. Auch die Ergebnisse von Umfragen und Anregungen sind mit einzubeziehen. Die Mitarbeiter, Kunden Lieferanten usw. können gezielt nach Ideen und Verbesserungsvorschlägen gefragt werden. Die Suche nach Ideen und Lösungsvorschlägen kann sich an Themen oder konkreten Problemen orientieren. Die Befragung ist im direkten Gespräch, schriftlich oder über das Intranet, Internet oder in Workshops etc. möglich. Das so gesammelte Wissen, die Ideen, Vorschläge oder Auffassungen können zu einem wichtigen Fundus und zur Initialisierung von Innovationen und Verbesserungen genutzt werden. Der Kreativität sind keine Grenzen gesetzt. Die Ideen fließen in den Innovationsprozess und lassen sich auch für die Zukunft speichern.

---

[20] Vgl.: http://www.business-wissen.de/arbeitstechniken/ideenmaschine-das-betriebliche-vorschlagswesen-als-quelle-fuer-neue-ideen/ - Stand: 10.01.2013.

Erhöhung der Qualität und Verbesserung: Durch den interdisziplinären Austausch lässt sich die Kreativität fördern. Ideen lassen sich mit virtuellen Teams verdichten. Die Ideen können bspw. nach Themen gespeichert werden. In kreativen Räumen ist es möglich, dass sich verschiedene Komitees, Teams oder Abteilungen austauschen und vernetzen. Auf diese Weise lassen sich Synergieeffekte gewinnen. Sie ergänzen sich nicht nur mit Ideen oder Vorschlägen, sondern können im Idealfall gemeinsam die zündende, innovative Idee generieren und konkretisieren. Im Ideenraum ist es den Teilnehmern möglich, an den Ideen weiterzuarbeiten. Die Vorschläge und Ideen lassen sich bewerten und diskutieren. Vor allem lassen sich auf diese Weise Wissen und Erfahrungen teilen. Dies ermöglicht die qualitative Weiterentwicklung der Ideen und Vorschläge. Bei diesen Prozessen ist es oft sinnvoll, weitere Experten, Partnerunternehmen oder Fokusgruppen heranzuziehen, was sich auch über separate Plattformen abwickeln lässt.[21]

Effizient über Ideen entscheiden: Für die Vernetzung der Ideen können entsprechende Softwareprogramme sehr hilfreich sein. Das Ziel besteht darin, möglichst effizient und einfach über die Ideen zu entschieden. Es sollten keine Barrieren der Bürokratie entstehen, welche die Entscheidungen verhindern oder verzögern. Für eine optimale Entscheidungsgrundlage ist es wichtig, dass alle relevanten Informationen, welche unternehmensintern und extern gesammelt wurden verfügbar und abrufbar sind.[22] Diese Entscheidungsgrundlagen sind für das Ideenmanagement und darüber hinaus für das gesamte Innovationsmanagement relevant. Durch den Einsatz einer geeigneten Software wird es möglich, dass die Informationen den ggf. auch dezentralen, befugten Entscheidern unkompliziert und schnell zugänglich gemacht werden können. Durch die geeignete Software kann vor allem verhindert werden, dass Informationen über Ideen verloren gehen oder der Überblick über eine Fülle von Ideen und Vorschlägen, welche sich mit der Zeit ansammeln, verloren geht. Durch die Systeme werden ähnliche oder nahe liegende Ideen und Vorschläge automatisch vernetzt. Dadurch wird den Mitarbeitern und Teammitgliedern die gemeinsame Arbeit wesentlich erleichtert. Intelligente Systeme können entlang der Unternehmstrategie fortlaufend die wertvollsten Ideen identifizieren.

Ergebnis/Leistungsfähigkeit messen: Im Rahmen des Ideenmanagements ist das Ergebnis bzw. die Leistungsfähigkeit des Betrieblichen Vorschlagswesens

---

[21] Vgl.: http://www.business-wissen.de/arbeitstechniken/ideenmaschine-das-betriebliche-vorschlagswesen-als-quelle-fuer-neue-ideen/ - Stand: 10.01.2013.

[22] Vgl.: http://www.business-wissen.de/arbeitstechniken/ideenmaschine-das-betriebliche-vorschlagswesen-als-quelle-fuer-neue-ideen/ - Stand: 10.01.2013.

zu messen. Die Messung kann mittels verschiedener Benchmarking-Kennzahlen erfolgen.[23] Steigerung von Engagement Innovationskraft und Wettbewerbsfähigkeit: Im Rahmen eines erfolgreichen Ideenmanagements werden die Ideen der Mitarbeiter entdeckt und das Innovationspotenzial effizient eingeschätzt. Dies beinhaltet u. a. neben der systematischen Erfassung, den Bewertungs- und Auswahlprozessen auch der aktiven Integrierung der Mitarbeiter in Problemstellungen und Soll-Zustände, auf die im Ideenfindungs- und Ideenentwicklungsprozess hinzuarbeiten ist.[24]

Es gilt, auch das Engagement der Mitarbeiter und die Innovationskraft insgesamt zu steigern. Zudem sollte im Rahmen des Ideenmanagements das Wissen erhalten bleiben. Es besteht die Aufgabe der Anziehung von Talenten. Hierfür ist eine transparente Einbeziehung der Mitarbeiter notwendig. Geeignete Instrumente sind automatische Feedbacks, Prämien oder Ideenwettbewerbe. Begriff Kontrolle: Der Begriff Kontrolle in seiner umgangssprachlichen Verwendung lässt sich wie folgt definieren:

„1) zentrales Element des Experiments. 2) zentrales Bedürfnis jedes Menschen, die Umwelt und auch Innenwelt den eigenen Wünschen entsprechend zu beeinflussen, also aktiv oder passiv zu kontrollieren, oder zukünftige Ereignisse zumindest vorhersehen zu können (Kontrollerwartung, Macht)."[25]

Kontrollerwartung: Die Kontrollerwartung ist die „Erwartung, dass Reizkontrolle möglich ist. Fehlt diese Erwartung, kann ein extremes Gefühl der Hilflosigkeit entstehen. Im Humanexperiment wird die Kontrollerwartung häufig dadurch manipuliert, dass man falsche Rückmeldungen über Ergebnisse in Lern- oder Leistungstests gibt, die unabhängig von den tatsächlichen Bemühungen oder dem erzielten Erfolg sind - oder indem man Versuchspersonen den Eindruck vermittelt, sie könnten durch richtiges Verhalten die Häufigkeit und Intensität aversiver Stimuli kontrollieren."[26]

Feedback: "Feedback, d.h. Rückmeldung über Ihre Einschätzung der Arbeit eines Mitarbeiters ist ein elementarer Bestandteil wirksamen Delegierens und wirksamer Führung. Kein Manager kann dauerhaft erfolgreich delegieren, d.h.

---

[23] Vgl.: Koblank, Peter: BVW-Benchmarking. Mit wenigen, einfachen Kennziffern zu aussagefähigen Ergebnissen. EUR. impulse 12/2002, erw. Fassg. 2012.

[24] Vgl.: http://www.business-wissen.de/arbeitstechniken/ideenmaschine-das-betriebliche-vorschlagswesen-als-quelle-fuer-neue-ideen/ - Stand: 10.01.2013.

[25] Psychology48 com Psychology-Lexikon
http://www.psychology48.com/deu/d/kontrolle/kontrolle.htm – Stand: 04.08.2013.

[26] Psychology48 com Psychologie-Lexikon http://www.psychology48.com/deu/d/
kontrollerwartung/kontrollerwartung.htm – Stand: 07.08.2013.

für die an Mitarbeiter übertragenen Aufgaben, Kompetenzbereiche und Verantwortlichkeiten gute Ergebnisse erhalten, wenn er nicht regelmäßig Feedback liefert. Dabei geht es nicht um unreflektiertes - und zwangsläufig als unauthentisch von den Mitarbeitern durchschautes - Loben. Es geht darum, den Mitarbeitern ehrliche und konstruktive Kritik zu geben, was an der geleisteten Arbeit und den geleisteten Ergebnissen gut, weniger gut und vielleicht auch falsch und schlecht war."[27]

Ein Feedback wäre ohne Kontrolle nicht möglich.

„Desinteresse ist extrem demotivierend. Kein Feedback zu geben ist Desinteresse. Ohne Kontrolle kann ich aber kein Feedback geben. Kontrolle im positiven Sinn bedeutet also: Interesse für die Arbeit und Leistung meines Mitarbeiters haben und diesem dann ein Feedback geben. Dies kann Kritik sein, falls dies nötig ist, muss aber genauso Lob sein, falls dies angebracht ist. Manche Führungskräfte kontrollieren zwar, Feedback gibt es dann aber nur in Form von Kritik. Erfolg wird ohne Kommentar als gegeben erachtet. So wird natürlich Kontrolle vom Mitarbeiter selbstverständlich als negativ angesehen."[28]

Die Führungskräfte sollten Mitarbeiter nicht in der Absicht kontrollieren, diese „bei Fehlern zu erwischen, sondern, weil wir unsere Mitarbeiter bei einer guten Leistung ertappen wollen. Wenn wir dann in jedem Fall ein Feedback (Lob oder Kritik) geben, ist Kontrolle auch nicht mehr negativ, sondern wird als Interesse oder Hilfe verstanden."[29]

Die Kontrolle sollte nicht dazu dienen, dass dem Mitarbeiter alle fünf Minuten über die Schulter geschaut wird. Sie richtet sich nach dem Leistungsstand des Mitarbeiters. Bei einem Auszubildenden oder neuen Mitarbeiter kann diese häufiger erfolgen. Bei längerer Beschäftigung ist dann meist nur noch eine Stichprobenkontrolle erforderlich. Für einen langjährigen, erfahrenen, selbstständig arbeitenden Mitarbeiter bietet sich die Ergebniskontrolle an.[30]

---

[27] http://www.soft-skills.com/fuehrungskompetenz/delegationskompetenz/kritik/feedback.php – Stand: 09.08.2013.

[28] Heß, Kai: Mitarbeiter kontrollieren: Vertrauen ist gut, Kontrolle ist besser. In: Business-wissen.de. Artikel vom 21.11.2009. http://www.business-wissen.de/mitarbeiterfuehrung/ mitarbeiter-kontrollieren-vertrauen-ist-gut-kontrolle-ist-besser/ - Stand: 06.08.2013.

[29] Vgl.: Heß, Kai: Mitarbeiter kontrollieren: Vertrauen ist gut, Kontrolle ist besser. In: Business-wissen.de. Artikel vom 21.11.2009. http://www.business-wissen.de/mitarbeiterfuehrung/ mitarbeiter-kontrollieren-vertrauen-ist-gut-kontrolle-ist-besser/ - Stand: 06.08.2013.

[30] Vgl.: Heß, Kai: Mitarbeiter kontrollieren: Vertrauen ist gut, Kontrolle ist besser. In: Business-wissen.de. Artikel vom 21.11.2009. http://www.business-wissen.de/mitarbeiterfuehrung/ mitarbeiter-kontrollieren-vertrauen-ist-gut-kontrolle-ist-besser/ - Stand: 06.08.2013.

2 Theoretische Grundlagen – Begriffe – Definitionen

2.1 Aufgabenorientierung / Initiating Structure

Die Aufgabenorientierung bzw. „Initiating Structure; ist neben der Mitarbeiterorientierung eine der bekanntesten Dimensionen des Führungsverhaltens.

Aufgabenorientierung ist gekennzeichnet durch Verhaltensweisen wie dem Definieren klarer Ziele, Aufzeigen der Wege zum Ziel, Strukturieren von Aufgaben, Aktivieren durch aufmunternde bzw. drängende Worte oder Aussprechen von Anerkennung bzw. Kritik anlässlich einer Kontrolle. Aufgabenorientierung steht tendenziell im Zusammenhang mit hoher Leistung der Arbeitsgruppe."[31]

Aufgabenorienierung bzw. Initiating Structure ist eine der bekanntesten Dimensionen des Führungsverhaltens.

„Initiation of Structure beschreibt eine Arbeitsatmosphäre, bei der die konkreten Aufgaben im Mittelpunkt stehen."[32]

Eine weitere Definition bzw. Beschreibung von „Aufgabenorientierung" findet sich bei im Psychologie-Lexikon psychology48.com:

„Aufgabenorientierung 1) neben Leistungs- und Mitarbeiterorientierung eine zentrale Ausrichtung des Führunsstils (Führung). 2) Zustand des Interesses und Engagements, der durch die Merkmale der Aufgabe hervorgerufen wird (v.a. Kontrolle über die Aufgabe), die wiederum Kräfte zur Vollendung oder Fortführung der Aufgabe auslösen. 3) das Ausmaß, in dem sich die Teammitglieder exzellenter Qualität und hoher Leistung verpflichtet fühlen (Innovationen)."[33]

---

[31] Maier, Günter, W.: Gabler Wirtschaftslexikon Stichwort Aufgabenorientierung: http://wirtschaftslexikon.gabler.de/Definition/aufgabenorientierung.html – Stand: 04.07.2013.

[32] Wirtschaftspsychologie aktuell Zeitschrift für Personal und Management: Artikel: Strategie der Woche: Mitarbeiter- und Aufgabenorientierung vom 24. Juni 2008 http://www.wirtschaftspsychologie-aktuell.de/strategie/strategie_20080624_Mitarbeiter_und_ Aufgabenorientierung.html – Stand: 28.07.2013.

[33] Vgl.: Psychology48 com Psychologie-Lexikon. http://www.psychology48.com/deu/d/ aufgabenorientierung/aufgabenorientierung.htm – Stand: 25.07.2013.

Abb. 1 Begriffs- und Beziehungskontext Aufgabenorientierung[34]

Die Aufgabenorientierung zeichnet sich durch die folgenden Verhaltensweisen aus:[35]

- Das Definieren klarer Ziele,

- Das Aufzeigen der Wege zum Ziel,

- Das Strukturieren von Aufgaben,

- Das Aktivieren durch aufmunternde bzw. drängende Worte

- Das Aussprechen von Anerkennung bzw. Kritik anlässlich einer Kontrolle.

Kennzeichnend für die Aufgabenorientierung ist, dass diese tendenziell im Zusammenhang mit hoher Leistung der Arbeitsgruppe steht.[36]

2.2 Mitarbeiterorientierung / Consideration

Die Mitarbeiterorientierung bzw. Consideration oder Personalorientierung stellt neben der Aufgabenorientierung bzw. Initiating Structure, Kundenorientierung oder Wettbewerbsorientierung, Prozessorientierung und weiteren Orientierungen, eine bedeutende Zielsetzung des Unternehmens, auf die Mitarbeiter bezogen, bzw. eine Dimension des Führungsverhaltens dar.

---

[34] Quelle: Maier, Günter, W.: Gabler Wirtschaftslexikon Stichwort Aufgabenorientierung: http://wirtschaftslexikon.gabler.de/Definition/aufgabenorientierung.html – Stand: 04.07.2013.

[35] Vgl.: Maier, Günter, W.: Gabler Wirtschaftslexikon Stichwort Aufgabenorientierung: http://wirtschaftslexikon.gabler.de/Definition/aufgabenorientierung.html – Stand: 04.07.2013.

[36] Vgl.: Maier, Günter, W.: Gabler Wirtschaftslexikon Stichwort Aufgabenorientierung: http://wirtschaftslexikon.gabler.de/Definition/aufgabenorientierung.html – Stand: 04.07.2013.

„Consideration; neben der Aufgabenorientierung eine der bekanntesten Beschreibungsdimensionen des Führungsverhaltens. Die Mitarbeiterorientierung ist dadurch gekennzeichnet, inwieweit sich die Führungskraft menschlich um jeden Mitarbeiter kümmert, nach seinem oder ihrem Wohlergehen fragt, nach den Sorgen, der häuslichen Situation etc. Mitarbeiterorientierung steht tendenziell im Zusammenhang mit hoher Arbeitszufriedenheit der Arbeitsgruppe."[37]

Abb. 2 Begriffsrahmen Mitarbeiterorientierung[38]

[37] Maier, Günter, W.: Gabler Wirtschaftslexikon Stichwort Mitarbeiterorientierung: http://wirtschaftslexikon.gabler.de/Definition/mitarbeiterorientierung.html – Stand: 02.07.2013.

[38] Quelle: Maier, Günter, W.: Gabler Wirtschaftslexikon Stichwort Mitarbeiterorientierung: http://wirtschaftslexikon.gabler.de/Definition/mitarbeiterorientierung.html – Stand: 02.07.2013.

Abb. 3 Mindmap Mitarbeiterorientierung[39]

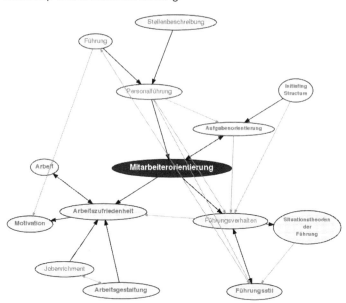

„Mitarbeiterorientierung:

In der Gesundheitswirtschaft: Begriff, der häufig im Gegensatz zur Kundenorientierung bzw. zum Shareholder-Value verwendet wird. Er kennzeichnet die Ausrichtung eines nennenswerten Teils der Ziele eines Unternehmens, eines Betriebes oder einer Organisation auf die Mitarbeiter. Auch ein Führungsverhalten, das sich stark auf das Wohlergehen der Mitarbeiter bezieht, wird als Mitarbeiterorientierung bezeichnet. Der Begriff der Mitarbeiterorientierung wird vielfach Synonym für Personalorientierung verwendet, wobei bei Mitarbeiterorientierung das Schwergewicht der Betrachtung mehr auf dem einzelnen Beschäftigten liegt. Letztlich muss jedes Unternehmen versuchen, zu einer Ausgewogenheit der Berücksichtigung der Interessen von Anteilseignern, Mitarbeitern und Kunden zu kommen. Eine Verletzung einer der drei Dimensionen gefährdet immer nachhaltig den Bestand des Unternehmens. Auf dem Gesundheitsmarkt als einem Markt, auf dem stark personalabhängige Dienstleistungen erbracht werden, stand lange Zeit vor allem in Betrieben der öffent-

---

[39] Quelle: Maier, Günter, W.: Gabler Wirtschaftslexikon. http://wirtschaftslexikon.gabler.de/ Definition/mitarbeiterorientierung.html?extGraphKwId=78132 – Stand: 03.07.2013.

lichen Hand die Mitarbeiterorientierung gegenüber den anderen Interessen im Vordergrund. Im Zuge stärkerer Wettbewerbsorientierung ist dies nicht dauerhaft aufrechtzuerhalten."[40]

Mitarbeiterorientierung bzw. „Consideration ist das Ausmaß, mit dem bei der Zielerreichung die Mitarbeiter einbezogen werden."[41]

„Mitarbeiterorientierung versteht sich als Grundhaltung, wobei jeder einzelne Mitarbeiter als bedeutendes Problemlösungs- und Kreativitätspotenzial betrachtet und entsprechend behandelt wird. Ziel ist es, das Interesse der Mitarbeiter an der Arbeit im Unternehmen zu heben und das Know-how der Mitarbeiter zur ständigen Verbesserung der Prozesse im Hinblick auf Qualität und Produktivität zu nutzen"[42]

Es besteht eine enge Verbindung von Mitarbeiterorientierung, Kundenorientierung und Prozessorientierung. „Insbesondere Gruppenarbeit mit Delegation von Verantwortung erscheint diesbezüglich als geeignetes Hilfsmittel. Dabei gelten folgende Grundüberlegungen"[43] [44]

- „Eine Qualitätsstrategie wie Total Quality Management (TQM) benötigt das Engagement aller Mitarbeiter, um Fehler frühzeitig zu erkennnen und nachhaltig zu beseitigen.

- Qualität und ständige Verbesserung stehen im Mittelpunkt aller Aktivitäten.

- Nur mit kreativen Mitarbeitern lassen sich die Qualitätsziele und damit die Erfüllung der Kundenanforderungen erreichen.

---

[40] Wirtschaftslexikon.co: Stichwort Mitarbeiterorientierung http://www.wirtschaftslexikon.co/d/mitarbeiterorientierung/mitarbeiterorientierung.htm – Stand: 04.07.2013.

[41] Wirtschaftspsychologie aktuell Zeitschrift für Personal und Management: Artikel: Strategie der Woche: Mitarbeiter- und Aufgabenorientierung vom 24. Juni 2008 http://www.wirtschaftspsychologie-aktuell.de/strategie/strategie_20080624_Mitarbeiter_und_Aufgabenorientierung.html – Stand: 28.07.2013.

[42] TU Chemnitz Prolog Glossar: http://www.tu-chemnitz.de/mb/InstBF/prolog/glossar/m/m-index.htm – Stand: 12.07.2013.

[43] TU Chemnitz Prolog Glossar: http://www.tu-chemnitz.de/mb/InstBF/prolog/glossar/m/m-index.htm – Stand: 12.07.2013.

[44] Vgl.: Kamiske, G. F. / Brauer, J.-P.: Qualitätsmanagement von A bis Z. München: Carl Hanser Verlag, 1995.

- Lebenslange Lernbereitschaft aller Mitarbeiter und Führungskräfte sichert die Konkurrenzfähigkeit des Unternehmens."[45]

Ein zentraler Steuerungsmechanismus besteht darin, dass im Zusammenhang mit der Übertragung von Verantwortung auf die Einführung von Selbstkontrolle verwiesen wird. Diese ersetzt weitgehend die Fremdkontrolle. Die Selbststeuerung trägt wesentlich zur Prozessverbesserung und –Optimierung bei.

„Im Zuge der Übertragung von Verantwortung wird dabei auf die Einführung von Selbstkontrolle anstatt von Fremdkontrolle verwiesen. Neben technischen und organisatorischen Veränderungen ist insbesondere eine unternehmensweite, konsequente Kunden- und Prozessorientierung mit folgenden Randbedingungen zu installieren:"[46]

- „Jeder Mitarbeiter kennt seine Funktion (seine Kunden und seine Lieferanten) im Kunden-Lieferanten-Netz

- Prozesse müssen robust gegenüber Störungen sein (Qualitätsverlustfunktion, Statistische Prozessregelung)

- Zur Eigenkontrolle durch die Mitarbeiter werden geeignete Kennzahlen benötigt.

- Geeignete Arbeitsstrukturen und eigenverantwortliche Instandhaltung von Produktionsanlagen fördern die Identifikation der Mitarbeiter mit ihrer Arbeit (Total Productive Maintenance)"[47]

2.3 Kundenorientierung

„Kundenorientierung ist die Ausrichtung sämtlicher Tätigkeiten und Abläufe (Prozesse bzw. Geschäftsprozesse) eines Unternehmens auf die Wünsche, Anforderungen und Erwartungen seiner Kunden, die explizit geäußert oder stillschweigend erwartet werden. In allen Bereichen gilt dabei das Prinzip der

---

[45] TU Chemnitz Prolog Glossar:
http://www.tu-chemnitz.de/mb/InstBF/prolog/glossar/m/m-index.htm – Stand: 12.07.2013.
[46] TU Chemnitz Prolog Glossar:
http://www.tu-chemnitz.de/mb/InstBF/prolog/glossar/m/m-index.htm – Stand: 12.07.2013.
[47] TU Chemnitz Prolog Glossar:
http://www.tu-chemnitz.de/mb/InstBF/prolog/glossar/m/m-index.htm – Stand: 12.07.2013.

Kunden-Lieferanten-Beziehung, bei dem jeder Output eines Verarbeitungs-schrittes zum Input des nächsten Schrittes wird."[48]

Es besteht eine direkte Abhängigkeit der Erfüllung von Kundenanforderungen von der Gestaltung der Fertigungs- und Geschäftsprozesse. Vor diesem Hintergrund ist die Prozessorientierung eines Unternehmens von großer Bedeutung. Zur Aufrechterhaltung der Qualität des Gesamtprozesses bedarf es einer gleichbleibend hohen Qualität der Einzelprozesse.[49]

Für die Unternehmen können daraus die folgenden Schlüsselfragen abgeleitet werden:

1. „Wie werden die Anforderungen des Kunden ermittelt und umgesetzt?

2. Wie erfolgt eine kundenorientierte Bewertung der erbrachten Leistungen?"[50]

Zur Ermittlung der Kundenanforderungen kann auf verscheidene Methoden zurückgegriffen werden:

- Quality-Function-Deployment (QFD)

- Kundenbefragungen

- Marktanalysen

- Untersuchungen über das zu erwartende Markt- und Käuferverhalten[51]

Die genannten Methoden lassen sich wie das Benchmarking für die Bewertung der Kundenzufriedenheit einsetzen. Für eine direkte Messung der Kundenzufriedenheit kann das sog. Kano-Modell herangezogen werden. Dieses stellt den Zusammenhang zwischen Erfüllung der Kundenanforderungen und der Kundenzufriedenheit dar. „Hierbei wird Qualität als bewegliches Ziel verstanden, da sich die Zufriedenheit des Kunden durch bloße Erfüllung von selbstverständlichen Erwartungen (Basisanforderungen) nur begrenzt steigern lässt. Zur überproportionalen Zufriedenheit des Kunden führen demnach nur

---

[48] TU Chemnitz Prolog Glossar:
http://www.tu-chemnitz.de/mb/InstBF/prolog/glossar/k/k-index.htm – Stand: 14.07.2013.

[49] Vgl.: TU Chemnitz Prolog Glossar:
http://www.tu-chemnitz.de/mb/InstBF/prolog/glossar/k/k-index.htm – Stand: 14.07.2013.

[50] TU Chemnitz Prolog Glossar:
http://www.tu-chemnitz.de/mb/InstBF/prolog/glossar/k/k-index.htm – Stand: 14.07.2013.

[51] TU Chemnitz Prolog Glossar:
http://www.tu-chemnitz.de/mb/InstBF/prolog/glossar/k/k-index.htm – Stand: 14.07.2013.

außergewöhnliche Anstrengungen, da fehlerfreie und qualitativ hochwertige Produkte als Standard angesehen werden."[52] [53]

2.4 Prozessorientierung

Bei der Prozessorientierung handelt sich um die „Grundhaltung, bei der das betriebliche Handeln als Kombination von Prozessen bzw. Prozessketten betrachtet wird. Ziel ist die Steigerung von Qualität und Produktivität durch ständige Verbesserung der Prozesse unter der Maßgabe der Erfüllung von Kundenanforderungen (Kundenorientierung) und der Einbeziehung aller Mitarbeiter (Mitarbeiterorientierung). Prozessorientierung als strukturierte Vorgehensweise benötigt ein langfristig angelegtes (Geschäfts-)Prozessmanagement. Dieses umfasst planerische, organisatorische und kontrollierende Maßnahmen zur zielorientierten Steuerung der Prozesse im Unternehmen hinsichtlich Qualität, Zeit, Kosten sowie Kunden- und Mitarbeiterzufriedenheit. Es erfolgt eine Aufgabenteilung entlang der Wertschöpfungskette (ähnlich wie in den Fertigungsbereichen) je nach Prozessnotwendigkeit."[54] [55]

2.5 Qualität / Total Quality Management TQM

Im Zusamenhang mit Management, Führung, Leadership, Mitarbeiterleisung, Kontrolle, Feedback, Kritik und Anerkennung, Kunden- Mitarbeiter-, Aufgaben- und Qualitätsorientierung ist der Begriff der „Qualität" von zentraler Bedeutung.

Qualität wird definiert als:

„1) allgemein: Beschaffenheit, Güte, das nicht meßbare Wie und Was im Gegensatz zur Quantität. Als "genormter Begriff" ist unter Qualität "die Gesamtheit von Eigenschaften und Merkmalen eines Produkts oder einer Dinestleistung, die sich auf deren Einigung zur Erfüllung festgelegter oder vorausgesetzter Erfordernisse bezieht" zu verstehen. Oder: Qualität ist das, was der Kunde wünscht (Kundenorientierung). 2) Merkmal einer Sinnesemp-

---

[52] TU Chemnitz Prolog Glossar:
http://www.tu-chemnitz.de/mb/InstBF/prolog/glossar/k/k-index.htm – Stand: 14.07.2013.

[53] Vgl.: Kamiske, G. F. / Brauer, J.-P.: Qualitätsmanagement von A bis Z. München: Carl Hanser Verlag, 1995.

[54] TU Chemnitz Prolog Glossar:
http://www.tu-chemnitz.de/mb/InstBF/prolog/glossar/p/p-index.htm – Stand: 16.07.2013.

[55] Vgl.: Kamiske, G. F. / Brauer, J.-P.: Qualitätsmanagement von A bis Z. München: Carl Hanser Verlag, 1995.

findung (neben Intensität und Dauer), die abhängig ist von dem spezifischen Rezeptortyp, der auf bestimmte physikalische Reize anspricht. Die Empfindung, die durch einen Reiz hervorgerufen wird, hängt nicht von der zugeführten Energie ab, sondern von der Art des erregten Sinnesorgans. Elektromagnetische Schwingungen und mechanische Reize führen, wenn sie dem Auge zugeführt werden, zu einer Sehempfindung. Innerhalb dieser sensorischen Modalität können z.B. die Qualitäten – rot, grün, blau – unterschieden werden. 3) in der Psychophysik: die Bezeichnung für Leistungsgüte und Schwierigkeitsgrad einer Aufgabe im Gegensatz zu Quantiät (Anzahl) von Antworten. 4) in der Psychoanalyse bei S. Freud sind psychische Qualitäten das Bewußte, das Vorbewußte und das Unbewußte."[56] Im Bereich der Managementlehre ist der Begriff Total Quality Management vor allem im Zusammenhnag mit der Kundenzufriedenheit und Kundenorientierung relevant.

„Ziel des Total Quality Management ist eine absolute Zufriedenstellung des Kunden, langfristiger Geschäftserfolg sowie angenehme Arbeitsbedingungen für alle Mitglieder der Organisation unter Mitwirkung aller Mitarbeiter. Wesentlich für den Erfolg dieser Methode ist die überzeugende und nachhaltige Führung durch die oberste Leitung sowie die Schulung aller Mitarbeiter."[57] [58]

2.6 Total Productive Maintenance TPM

Die Mitarbeiterorientierung ist eine grundlegende Voruassetzung für das Konzept der Total Productive Maintenance TPM. Für die optimale Nutzung und ständige Verbesserung von Produktionsanlagen sind die Fähigkeiten, Fertigkeiten, Motivation und die Zuverlässigkeit bzw. der Erfolg der Maschinenbediener in weitem Maße verantwortlch.[59]

"Total Productive Maintenance stellt ein Konzept zur optimalen Nutzung der Produktionsanlagen dar. Ziel ist es, Ausfälle zu vermeiden und die Anlagenverfügbarkeit ständig zu verbessern. Dieses Konzept zielt darauf ab, den Verantwortungsbereich des Maschinenbedieners auf den einwandfreien Zustand der gesamten Produktionsanlage auszudehnen. Dadurch wird er zum Exper-

---

[56] Psychology48 com Psychologie-Lexikon
http://www.psychology48.com/deu/d/qualitaet/qualitaet.htm - Stand: 05.08.2013.

[57] TU Chemnitz Prolog Glossar:
http://www.tu-chemnitz.de/mb/InstBF/prolog/glossar/t/t-index.htm – Stand: 18.07.2013.

[58] Vgl.: Brauer, J.-P./ Kamiske, G. F.: ABC des Qualitätsmanagements. München: Carl Hanser Verlag, 1996.

[59] Vgl.: TU Chemnitz Prolog Glossar:
http://www.tu-chemnitz.de/mb/InstBF/prolog/glossar/t/t-index.htm – Stand: 12.07.2013.

ten für Bedienung, Instandhaltung und Fertigung, für den jeweiligen Produktionsprozess."[60][61]

2.7 Kontinuierlicher Verbesserungsprozess KVP / Kaizen

Für den Begriff der Kontinuierlichen Verbesserung bzw. des Kontinuierlichen Verbesserungsprozesses KVP bestehen u. a. Bezeichnungen wie ständige Verbesserung, Continuous Improvement Process CIP oder Kaizen. Das Prinzip der kontinuierlichen Verbesserung KVP wird im Rahmen der 14 Punkte des Deming Management-Programmes beschrieben als:

„Suche ständig nach den Ursachen von Problemen, um alle Systeme von Produktion und Dienstleistung sowie alle anderen Aktivitäten im Unternehmen beständig und immer wieder zu verbessern."[62]

„Ständige Verbesserung ist dabei nicht als Methode zur ein- oder mehrmaligen Anwendung auf ein bestimmtes Problem zu verstehen, sondern vielmehr als Geisteshaltung und als permanentes Einwirken im täglichen Arbeitsleben. Das Prinzip der Ständigen Verbesserung als eigenständiger Teil der Demingschen Unternehmensphilosophie basiert auf dem sogenannten Deming-Zyklus [auch als Plan-Do-Check-Act-Zyklus (PDCA-Zyklus) oder Deming-Kreis bezeichnet], welcher Anwendungs- und Erklärungsmodell ist."[63]

2.8 Lean Management

Beim Lean Management bzw. der lean-production nimmt die Mitarbeiterorientierung eine zentrale Bedeutung ein. Die Mitarbeiter bestimmen durch ihr Engagement im Wesentlichen mit, wie gut der Produktionsprozess verläuft und inwieweit die erforderliche Produktqualität umgesetzt wird. Dies erfordert eine entsprechende Motivation, eine attraktive Arbeitsplatzgestaltung, Flexibilität und Freiräume für Selbstmanagement.[64]

---

[60] TU Chemnitz Prolog Glossar:
http://www.tu-chemnitz.de/mb/InstBF/prolog/glossar/t/t-index.htm – Stand: 12.07.2013.

[61] Vgl.: Brauer, J.-P. / Kamiske, G. F.: ABC des Qualitätsmanagements. München: Carl Hanser Verlag, 1996.

[62] TU Chemnitz Prolog Glossar:
http://www.tu-chemnitz.de/mb/InstBF/prolog/glossar/s/s-index.htm – Stand: 17.07.2013.

[63] TU Chemnitz Prolog Glossar:
http://www.tu-chemnitz.de/mb/InstBF/prolog/glossar/s/s-index.htm – Stand: 17.07.2013.

[64] Vgl.: http://www.lean-production-systems.de/de/a2e3c1254fbe3d41c12573940034dea1.html – Stand: 10.07.2013.

„In einem lean-orientierten Unternehmen ist der Mitarbeiter das wichtigste Kapital, dessen Aus- und Weiterbildung eine elementare Rolle zukommt. Das Personal ist die Ressource des Unternehmens, die auf der operativen Ebene tätig ist und somit direkt in den Produktionsprozess eingreift. Es ist in letzter Instanz dafür verantwortlich, wie effektiv, produktiv und in welcher Qualität ein Produkt erzeugt wird. So kommt es in besonderem Maße darauf an, dass der Mitarbeiter durch die Gestaltung von ganzheitlichen, "attraktiven" Arbeitsprozessen motiviert ist, die benötigten, weiträumigen Fähigkeiten und Flexibilität (Shojinka) besitzt und die obligatorischen Freiräume und Befugnisse für selbstmanagende Tätigkeiten und administrative Verrichtungen erteilt bekommt."[65]

2.9 Führungsverhalten

Im Führungsverhalten schlägt sich die Mitarbeiterorientierung eines Unternehmens nieder. Es gilt als Ausdruck und Praktizierung dessen, was sich das Unternehmen im Sinne der Mitarbeiterorientierung zum Ziel gesetzt hat. Vom Führungsverhalten hängt der Erfolg der angestrebten Mitarbeiterorientierung eines Unternehmens wesentlich ab.

„Führungsverhalten:

1. Bekannteste Beschreibungsdimensionen:

   (1) Mitarbeiterorientierung (Consideration): Besorgtheit, Wertschätzung gegenüber den Geführten, Zugänglichkeit der Führenden;

   (2) Aufgabenorientierung (Initiating Structure): Zielpräzisierung, Kontrolle, Vorrangigkeit der Aufgabenerfüllung. Beide sind tendenziell unabhängig voneinander und insofern auf der Verhaltensebene kombinierbar.

Hohe Mitarbeiterorientierung kann den über hohe Leistungsorientierung vermittelten Leistungsdruck tendenziell abpuffern.

2. Beurteilung:

Generalisierende Aussagen zur Wirksamkeit von Consideration und Initiating Structure auf Arbeitszufriedenheit und Leistung sind kaum möglich; tendenziell ist eine sinnvolle Kombination erfolgversprechend."[66]

---

[65] http://www.lean-production-systems.de/de/a2e3c1254fbe3d41c12573940034dea1.html – Stand: 10.07.2013.

[66] Maier, Günter, W.: Gabler Wirtschaftslexikon Stichwort Führungsverhalten: http://wirtschaftslexikon.gabler.de/Definition/fuehrungsverhalten.html – Stand: 04.07.2013.

2.10 Arbeitsteilung

Die Arbeitsteilung stellt eine zentrale Voraussetzung für moderne Prokuktions- Organisations- Arbeitsplanungs- und Führungssysteme dar. Die Leistungserstellung in Unternehmen erfordert aus Gründen der Effizienz und Kosteneinsparung primär in der industriellen Produktion eine Fertigung hoher Stückzahlen (Massenfertigug). Dies setzt die Zerlegung der Arbeitsschritte in viele Einzeltätigkeiten und eine entsprechende Veteilung auf zahlreiche Mitarbeiter voraus. Die Produktion komplexer Wirtschaftsgüter wie bspw. Automobile wäre auf eine andere Art wie ursprüngliche Fließbandfertigung (Beispiel Ford) und heute mit IT-gesteuertem Robottereinsatz kaum möglich. Zudem erbringt die Spezialisierung weitere Vorteile. Die Arbeitsstellen werden durch fest umrissene Arbeitsinhalte und Arbeitsaufgaben definiert, was sich u. a. entsprechend auf die Führung auswirkt. Der Begriff Arbeitsteilung lässt sich wie folgt Definieren und näher umschreiben:

„Arbeitsteilung, Ergebnis der zeitlichen Verkürzung von Arbeitsabläufen, eine Voraussetzung für die Effizienz einer Organisation. Perfektioniert wurden arbeitsteilige Systeme von F. W. Taylor (Taylorismus, Arbeitsstudium, Scientific Management). In Fließbändern, an denen den Beschäftigten nur noch wenige, immer gleiche Handbewegungen abverlangt werden, findet die Arbeitsteilung ihren augenfälligsten Ausdruck. Realisiert wird die Arbeitsteilung durch die Definition von Stellen mit fest umrissenen Arbeitsinhalten und -aufgaben, die sich in Stellenbeschreibungen und Verfahrensrichtlinien fixieren lassen."[67]

Durch die Arbeitsteilung wird eine Spezialisierung erlaubt. Die Spezialisierung führt u. a. zu den folgenden betrieblichen Vorteilen:

- „kurze Einarbeitungszeiten,

- Besetzung durch Personen mit geringem Qualifikationsniveau (billige Arbeitskräfte),

- Förderung der Routine bei der Arbeitsausführung mit quantitativer und qualitativer Steigerungsmöglichkeit."[68]

„Arbeitsteilung macht Koordination im Hinblick auf die Organisationsziele erforderlich und läßt sich durch Weisungen übergeordneter Stellen, Kommunika-

---

[67] Psychology48 com Psychologie-Lexikon
http://www.psychology48.com/deu/d/arbeitsteilung/arbeitsteilung.htm – Stand: 01.08.2013.
[68] Psychology48 com Psychologie-Lexikon
http://www.psychology48.com/deu/d/arbeitsteilung/arbeitsteilung.htm – Stand: 01.08.2013.

tion zwischen den Stellen, Arbeitspläne, Programme und Entscheidungsregeln erreichen."[69]

2.11 Arbeitszufriedenheit

Bei der Arbeitszufiedenheit handelt es sich um die Einstellung, welche sich aus subjektiven Bewertungen der Arbeitssituationen und Erfahrungen ergibt.

1. „Begriff: positive (bei Arbeitsunzufriedenheit negative) Einstellung, die aus subjektiven Bewertungen der jeweiligen allg. und spezifischen Arbeitssituationen und der Erfahrung mit diesen resultiert.

2. Die praktische Bedeutung der Arbeitszufriedenheit wird v.a. in ihren Beziehungen zu Motivation, Fehlzeiten- und Fluktuationsquoten, Unfallhäufigkeit, Krankheitsquoten und bestimmten Erkrankungen sowie allg. Lebenszufriedenheit gesehen.

3. Theoretische Erklärung: Wichtige Impulse für die Arbeitszufriedenheitsforschung gingen von der Herzbergschen Zweifaktorentheorie aus, die zwischen Hygienefaktoren (Verdienst, soziale Beziehungen, Arbeitsplatzsicherheit, physische Arbeitsbedingungen, Betriebspolitik, soziale Leistungen u.ä.) und Motivationsfaktoren (Anerkennung, Verantwortung, Leistungserfolg, Vorwärtskommen u.ä.) unterscheidet. Negative Ausprägungen der Hygienefaktoren führen zu Arbeitsunzufriedenheit, während positive Ausprägungen nicht zu Arbeitszufriedenheit führen, sondern lediglich zum Nichtvorhandensein von Unzufriedenheit; diese Faktoren stellen also eine Vorsorgeleistung dar. Motivationsfaktoren wirken motivierend und führen zu Arbeitszufriedenheit. Hinsichtlich der Herausbildung von Arbeitszufriedenheit ist von interindividuellen Differenzen auszugehen.

4. Formen: Angenommen wird, dass Anspruchsniveaus, d.h. Bedürfnisse und Erwartungen an die Arbeitssituation, mit der wahrgenommenen Arbeitssituation verglichen werden; Ergebnis kann sein, dass das Anspruchsniveau steigt, gleichbleibt oder sinkt (Anspruchsanpassung). Zu unterscheiden sind entsprechend:

    a. Progressive Arbeitszufriedenheit: Entsteht, wenn der Vergleich von Anspruchsniveau und Realität positiv ausfällt und in der Folge davon das Anspruchsniveau erhöht wird.

---

[69] Psychology48.com Psychologie-Lexikon http://www.psychology48.com/deu/d/arbeitsteilung/arbeitsteilung.htm – Stand: 01.08.2013.

b. Stabilisierte Arbeitszufriedenheit: entsteht bei positivem Soll-Ist-Vergleich ohne Erhöhung des Anspruchsniveaus.

c. Resignative Arbeitszufriedenheit: entsteht, wenn bei negativem Soll-Ist-Vergleich ein Gleichgewicht hergestellt wird, indem das Anspruchsniveau gesenkt wird.

5. Reaktionsmöglichkeiten bei negativem Soll-Ist-Vergleich aber gleichzeitiger Erhaltung des Anspruchsniveaus:

a. Konstruktive Arbeitszufriedenheit, bei der aus der subjektiv wahrgenommenen Diskrepanz von Anspruchsniveau und Arbeitssituation die Tendenz zur konstruktiven Veränderung entsteht, was i.d.R. nur durch Arbeitsplatzwechsel und Qualifizierung möglich ist.

b. Fixierte Arbeitsunzufriedenheit, bei der die wahrgenommene Situation hingenommen wird.

c. Pseudo-Arbeitszufriedenheit, die auf einer Verfälschung der Situationswahrnehmung beruht.

Es kann davon ausgegangen werden, dass die Grenzen zwischen den verschiedenen Formen der Arbeitszufriedenheit fließend sind.

6. Die Ergebnisse empirischer Untersuchungen sind bisher kontrovers und unbefriedigend. Dies liegt an der Komplexität des Konstrukts Arbeitszufriedenheit, in dem soziale und psychische Faktoren einen multivarianten Zusammenhang bilden, und an der Schwierigkeit der Messung von Arbeitszufriedenheit."[70]

2.12 Arbeits- und Organisationspsychologie

Die Arbeits- und Organisationspsychologie bzw. Betriebspsychologie[71] dient der Beschreibung und Erklärung des arbeitsbezogenen Erlebens und Verhaltens von Personen und Organisationen.

1. „Begriff: Beschreibung und Erklärung des arbeitsbezogenen Erlebens und Verhaltens von Personen in Organisationen. Der Übergang von der Arbeits- zur Organisationspsychologie ist vom Gegenstand her fließend.

---

[70] Maier, Günter, W.: Gabler Wirtschaftslexikon Stichwort Arbeitszufriedenheit: http://wirtschaftslexikon.gabler.de/Definition/arbeitszufriedenheit.html – Stand: 04.07.2013.

[71] Betriebspsychologie ist die ältere Bezeichnung. Sie wurde zwischenzeitlich durch den Begriff Arbeits- und Organisationspsychologie substituiert.

Früher wurden beide Bereiche in dem Begriff „Betriebspsychologie" zusammengefasst.

2. Arbeitspsychologie:

   a. Anpassung der Arbeit an den Menschen: Im Vordergrund stehen Arbeitsanalysen, die Handlungsregulation im Tätigkeitsvollzug, Fragen der Arbeitsmotivation und Arbeitszufriedenheit, Möglichkeiten der Arbeitsgestaltung sowie Fragen der Reduktion von Belastung.

   b. Anpassung des Menschen an die Arbeit: Probleme der Qualifizierungsprozesse und betrieblichen Sozialisation sowie Fragen der Zuordnung von Personen zu Arbeitsplätzen mithilfe der Eignungsdiagnostik.

3. Organisationspsychologie:

   a. Schwerpunkt ist die Anpassung des Menschen an den Menschen und die Analyse der sozialen Interaktion von Personen in Organisationen.

   b. Wichtige Forschungsgebiete: Probleme der Gruppenarbeit, Fragen der Führung und Führungsstile sowie Probleme der Kohäsion und Konformität in Arbeitsgruppen einschließlich der Handhabung innerbetrieblicher Konflikte (Gruppenpsychologie).

4. Ziel: Während früher in der klassischen Betriebspsychologie die Steigerung von Produktivität und Leistung als Letztkriterium im Vordergrund standen, gelten heute unter dem Einfluss gesamtgesellschaftlicher Wandlungsprozesse und der humanistischen Psychologie auch die Förderung der Arbeitszufriedenheit und Erhaltung der Gesundheit als eigenständige Kriterien.

5. Stellung als Disziplin: Die Arbeitspsychologie berührt speziell bei der Analyse von Mensch-Maschine-Systemen Fragen der Ingenieurwissenschaften. Forschungen zur Belastung überlappen sich mit Fragen der medizinischen Physiologie. In der Organisationspsychologie ergeben sich enge Verbindungen zur Soziologie (z.B. Bürokratieforschung). Psychologische Grundlagendisziplinen der Arbeits- und Organisationspsychologie als anwendungsorientierter Wissenschaft liegen speziell in der psychologischen Diagnostik, der Sozialpsychologie sowie der Wahrnehmungs- und Lernpsychologie.

6. Methodik: Die Arbeits- und Organisationspsychologie versteht sich als empirische Wissenschaft. Kennzeichnend ist ein Methodenpluralismus: Laborforschung, Feldforschung sowie Aktionsforschung auf der Basis systematischer Beobachtung und Befragung. Statistisch-quantitative Analysen werden zunehmend durch qualitative Methoden ergänzt."[72]

2.13 Aufgabe / Leistung / Innovationspromotoren

„Die einzelnen Aufgaben der Projektbeteiligten sind die "Elementarteilchen" des Projektes. Aus Sicht des Projektmanagers sind Aufgaben die kleinsten Arbeitseinheiten, die betrachtet werden. Je nach Umfang des Projektes liegt die Überwachung der Aufgabendurchführung in der Zuständigkeit des Projektleiters, Teilprojektleiters oder Arbeitspaketverantwortlichen. Die Liste aller Aufgaben eines Projektbeteiligten ist die Minimalform der Arbeitsanweisung an ihn."[73]

Unter Leistung versteht sich „eine Anstrengung, die auf ein bestimmtes Ziel ausgerichtet ist und mit einem Erfolg abschließt. Leistung ist etwas, das von uns verlangt wird. Durch diese Anforderung und ihre Zweckbestimmung unterscheidet sie sich vom Spiel, bis zu einem gewissen Grade auch von der freien Kunst. Mit der Leistung tun wir etwas für andere, auch wenn das Entgelt dafür in unserem eigenen Interesse liegt und wir die Anerkennung unserer Arbeit für unsere Selbstbestätigung brauchen. Man hat unsere heutige Lebensordnung als »Leistungsgesellschaft« bezeichnet, weil es für unseren sozialen Status entscheidend auf unseren Beitrag zur Arbeitsteilung und unseren Platz in der Arbeitskonkurrenz ankommt. Die Kkritik an dieser einseitigen Ausrichtung geht auf das Unbehagen in einem Leben zurück, das uns zu wenig Möglichkeiten der Muße, der Besinnung und des zweckfreien Spiels übriggelassen hat. Wir vermissen einen Freiraum für Tätigkeiten, die wir um unser selbst willen, aus »Spaß an der Sache« vollziehen könnten. Besonders schmerzlich wirkt sich dieser Mangel für unsere Schulkinder aus, die dem Leistungszwang in einem Alter ausgesetzt werden, in dem sie auf Anerkennung in Liebe mehr angewiesen wären als auf Anerkennung einer Leistung, und in dem sie auch der Freiheit des Spiels noch dringend bedürfen. Der Schul-Streß, der heute so oft seelische Störungen zur Folge hat, dürfte nicht zuletzt in der einseitigen Anstachelung von Leistungen im Zusammenhang mit dem Mangel an Gefühlsbefriedigungen und Zweckbefreiung begründet sein. Doch zeigt sich hier

---

[72] Maier, Günter, W.: Gabler Wirtschaftslexikon Stichwort Arbeits- und Organisationspsychologie: http://wirtschaftslexikon.gabler.de/Definition/arbeits-und-organisationspsychologie.html – Stand: 05.07.2013.

[73] https://www.projektmagazin.de/glossarterm/aufgabe – Stand: 03.08.2013

nur besonders kraß ein Ungleichgewicht, das auch das Leben der Erwachsenen beeinträchtigt."[74]

Innovationen sind für den nachhaltigen Unternehmenserfolg von zentraler Bedeutung. Dieser Sachverhalt gilt für alle Unternehmen. Diese wirtschaften zunehmend im Kontext von Globalisierung, Wissensintensivierung und verkürzten Produktlebenszyklen. Es zeigt sich, dass ein optimales Innovationsmanagement zunehmend zum strategischen Wettbewerbsvorteil wird. Für das Innovationsmanagement bedarf es eines Innovationspromotors. Dieser dient dem einzelnen Projektleiter wie auch der Geschäftsführung als Hinweisgeber und Prozessunterstützer. Der „Sinn einer solchen individualisierten Form der Innovationsunterstützung, (besteht in) ihrer Ausbildung und ihrer Etablierung".[75]

Die Unternehmen sind auf Innovationen angewiesen. Diese entstehen oft aufgrund von zündenden Ideen. Das Ideenmanagement ist hilfreich um diese Ideen aufzuspüren und zu verwerten. Ideenmanagement und Betriebliches Vorschlagswesen sind Quellen für neue Ideen.[76] Ideenmanagement gibt Antworten darauf, wo man die bedeutenden Ideen im Unternehmen, außerhalb des Unternehmens und vor allem für das Unternehmen findet. Es zeigt Lösungen auf, wie man mit den Ideen effizient umgeht, bzw. wie man diese Ideen erfolgreich nutzt und in die Tat umsetzt. Hierzu müssen die Ideen gesammelt und strukturiert werden. Es sollte möglichst effizient und einfach über die Ideen entschieden werden, ohne dass Barrieren der Bürokratie entstehen, welche – wie oft in der Praxis, den Mut zur Unterbreitung einer Idee bzw. eines Vorschlags verhindern oder dass die Ideen lediglich gesammelt und verwaltet, aber nicht gebührend genutzt werden. Es sollten alle relevanten Informationen, welche unternehmensintern und extern gesammelt wurden verfügbar und abrufbar sein. Sie bilden wichtige Entscheidungsgrundlagen für das Ideenmanagement und darüber hinaus für das gesamte Innovationsmanagement. Für das Ideenmanagement kann sich der Einsatz einer geeigneten Software durchaus als hilfreich erweisen. Sie ermöglicht, dass die Informationen den ggf. auch dezentralen, befugten Entscheidern unkompliziert und schnell zugänglich gemacht werden können. Durch die geeignete Software kann vor allem verhindert werden, dass Informationen über Ideen verloren gehen oder der Überblick über eine Fülle von Ideen und Vorschlägen, welche sich mit der

---

[74] Psychology48 com Psychologie-Lexikon
http://www.psychology48.com/deu/d/leistung/leistung.htm – Stand: 31.07.2013.

[75] http://www.ideenmanagementdigital.de/inhalt.html – Stand: 06.01.2013.

[76] Vgl.: http://www.business-wissen.de/arbeitstechniken/ideenmaschine-das-betriebliche-vorschlagswesen-als-quelle-fuer-neue-ideen/ - Stand: 10.01.2013.

Zeit ansammeln, verloren geht. Es bestehen drei wesentliche Ansatzpunkte des Ideenmanagements:

- Erschließung und Nutzung der Ideenquellen

- Erhöhung der Qualität und Verbesserung

- Effizient über Ideen entscheiden

- Ergebnis/Leistungsfähigkeit messen

- Steigerung von Engagement, Innovationskraft und Wettbewerbsfähigkeit

Faktisch beginnt jede Innovation mit einer Idee. Aus diesem Grund sind Ideenquellen von großer Bedeutung. Die Ideenquellen sind zu erschließen und zu nutzen. Hierzu sind die Ideen im Idealfall bereits dort zu sammeln, wo sie entstehen.[77] Ideen entstehen sowohl am Arbeitsplatz, bei der Fortbildung, in Meetings bzw. Sitzungen, Workshops, im Betrieb und auch außerhalb, bei Lieferanten, Kunden usw. Im Idealfall steht für das Ideenmanagement ein System zur Verfügung, welches die Ideen und Vorschläge, welche auf allen erdenklichen Wegen kommuniziert werden erfasst und speichert. Dies gilt sowohl für Gesprächsnotizen, Skizzen, Pläne, schriftliche Dokumente bzw. deren elektronische Erfassung, Patente, Internet, Intranet, E-Mails, SMS, Telefax, erfasste Telefonate usw. Neben den internen sind vor allem auch die externen Ideenquellen mit ein zu beziehen. In das Ideenmanagement sind dem entsprechend Feedbacks – bspw. von Kunden und Lieferanten, Retouren, Beschwerden, Reklamationen, Stornierungen, Nachbesserungen, Reparaturen, Garantiefälle, Kulanzfälle und auch Erfahrungsberichte bzw. Reports zu integrieren. Auch die Ergebnisse von Umfragen und Anregungen sind mit einzubeziehen. Die Mitarbeiter, Kunden Lieferanten usw. können gezielt nach Ideen und Verbesserungsvorschlägen gefragt werden. Die Suche nach Ideen und Lösungsvorschlägen kann sich an Themen oder konkreten Problemen orientieren. Die Befragung ist im direkten Gespräch, schriftlich oder über das Intranet, Internet oder in Workshops etc. möglich. Das so gesammelte Wissen, die Ideen, Vorschläge oder Auffassungen können zu einem wichtigen Fundus und zur Initialisierung von Innovationen und Verbesserungen genutzt werden. Der Kreativität sind keine Grenzen gesetzt. Die Ideen fließen in den Innovationsprozess und lassen sich auch für die Zukunft speichern.

---

[77] Vgl.: http://www.business-wissen.de/arbeitstechniken/ideenmaschine-das-betriebliche-vorschlagswesen-als-quelle-fuer-neue-ideen/ - Stand: 10.01.2013.

Durch den interdisziplinären Austausch lässt sich die Kreativität fördern. Ideen lassen sich mit virtuellen Teams verdichten. Die Ideen können bspw. nach Themen gespeichert werden. In kreativen Räumen ist es möglich, dass sich verschiedene Komitees, Teams oder Abteilungen austauschen und vernetzen. Auf diese Weise lassen sich Synergieeffekte gewinnen. Sie ergänzen sich nicht nur mit Ideen oder Vorschlägen, sondern können im Idealfall gemeinsam die zündende, innovative Idee generieren und konkretisieren. Im Ideenraum ist es den Teilnehmern möglich, an den Ideen weiterzuarbeiten. Die Vorschläge und Ideen lassen sich bewerten und diskutieren. Vor allem lassen sich auf diese Weise Wissen und Erfahrungen teilen. Dies ermöglicht die qualitative Weiterentwicklung der Ideen und Vorschläge. Bei diesen Prozessen ist es oft sinnvoll, weitere Experten, Partnerunternehmen oder Fokusgruppen heranzuziehen, was sich auch über separate Plattformen abwickeln lässt.[78]

Für die Vernetzung der Ideen können entsprechende Softwareprogramme sehr hilfreich sein. Das Ziel besteht darin, möglichst effizient und einfach über die Ideen zu entschieden. Es sollten keine Barrieren der Bürokratie entstehen, welche die Entscheidungen verhindern oder verzögern. Für eine optimale Entscheidungsgrundlage ist es wichtig, dass alle relevanten Informationen, welche unternehmensintern und extern gesammelt wurden verfügbar und abrufbar sind.[79] Diese Entscheidungsgrundlagen sind für das Ideenmanagement und darüber hinaus für das gesamte Innovationsmanagement relevant. Durch den Einsatz einer geeigneten Software wird es möglich, dass die Informationen den ggf. auch dezentralen, befugten Entscheidern unkompliziert und schnell zugänglich gemacht werden können. Durch die geeignete Software kann vor allem verhindert werden, dass Informationen über Ideen verloren gehen oder der Überblick über eine Fülle von Ideen und Vorschlägen, welche sich mit der Zeit ansammeln, verloren geht. Durch die Systeme werden ähnliche oder nahe liegende Ideen und Vorschläge automatisch vernetzt. Dadurch wird den Mitarbeitern und Teammitgliedern die gemeinsame Arbeit wesentlich erleichtert. Intelligente Systeme können entlang der Unternehmensstrategie fortlaufend die wertvollsten Ideen identifizieren.

---

[78] Vgl.: http://www.business-wissen.de/arbeitstechniken/ideenmaschine-das-betriebliche-vorschlagswesen-als-quelle-fuer-neue-ideen/ - Stand: 10.01.2013.

[79] Vgl.: http://www.business-wissen.de/arbeitstechniken/ideenmaschine-das-betriebliche-vorschlagswesen-als-quelle-fuer-neue-ideen/ - Stand: 10.01.2013.

Im Rahmen des Ideenmanagements ist das Ergebnis bzw. die Leistungsfähigkeit des Betrieblichen Vorschlagswesens zu messen. Die Messung kann mittels der nachfolgend aufgeführten Benchmarking-Kennzahlen erfolgen:[80]

- Eingereichte Verbesserungsvorschläge je Mitarbeiter und Jahr (in Euro)

- Beteiligungsquote (Anteil der Mitarbeiter, welche Verbesserungsvorschläge einreichen) (i. v. H.)

- Wirtschaftlicher Nutzen je Verbesserungsvorschlag (in Euro)

- Wirtschaftlicher Nutzen je Mitarbeiter (in Euro)

- Annahmequote (Anteil der verwerteten Verbesserungsvorschläge) (i. v. H.)

- Durchlaufzeit (Zeit von Verbesserungsvorschlagseingang bis -abschluss) (in Tagen)[81]

Im Rahmen eines erfolgreichen Ideenmanagements werden die Ideen der Mitarbeiter entdeckt und das Innovationspotenzial effizient eingeschätzt. Dies beinhaltet u. a. neben der systematischen Erfassung, den Bewertungs- und Auswahlprozessen auch der aktiven Integrierung der Mitarbeiter in Problemstellungen und Soll-Zustände, auf die im Ideenfindungs- und Ideenentwicklungsprozess hinzuarbeiten ist.[82] Es gilt, auch das Engagement der Mitarbeiter und die Innovationskraft insgesamt zu steigern. Zudem sollte im Rahmen des Ideenmanagements das Wissen erhalten bleiben. Es besteht die Aufgabe der Anziehung von Talenten. Hierfür ist eine transparente Einbeziehung der Mitarbeiter notwendig. Geeignete Instrumente sind automatische Feedbacks, Prämien oder Ideenwettbewerbe.

2.14 Innovationsmanagement und Innovationsprozess

„Innovationsmanagement ist eine betriebliche Kerntätigkeit, die im Wesentlichen an den Eigenschaften einer Innovation ausgerichtet ist und damit Managementaspekte verbindet. Der Begriff der Innovation lässt sich aus dem lateinischen Wortstamm novus ableiten und umschreibt die Einführung von etwas Neuem. Im betriebswirtschaftlichen Sinn ist dieses Neue enger zu fas-

---

[80] Vgl.: Koblank, Peter: BVW-Benchmarking. Mit wenigen, einfachen Kennziffern zu aussagefähigen Ergebnissen. EUR. impulse 12/2002, erw. Fassg. 2012.

[81] Vgl.: Koblank, Peter: BVW-Benchmarking. Mit wenigen, einfachen Kennziffern zu aussagefähigen Ergebnissen. EUR. impulse 12/2002, erw. Fassg. 2012.

[82] Vgl.: http://www.business-wissen.de/arbeitstechniken/ideenmaschine-das-betriebliche-vorschlagswesen-als-quelle-fuer-neue-ideen/ - Stand: 10.01.2013.

sen. Es bedarf der unternehmerischen Relevanz, um eine Neuerung im betriebswirtschaftlichen Sinn als Innovation bezeichnen zu dürfen."[83] Der Zweck des betrieblichen Innovationsmanagement besteht in der Erzielung einer Wertsteigerung des Unternehmens auf der Grundlage von Innovationsprozessen.[84] Der Zweck des Innovationsmanagements kann mittels neuartiger Kombination von Mitteln und Zwecken erreicht werden. Diese Neuartige Kombination zeigt sich in:[85]

- der Gestaltung eines neuen Produktes,

- der Gestaltung eines neuen Prozesses im Sinn eines technischen Verfahrens,

- der Gestaltung einer neuen Dienstleistung,

- der Gestaltung einer neuen internen wie externen Organisation, etwa eines Unternehmensnetzwerks sowie

- der Gestaltung einer Kombination aus dem Vorgenannten.

Joseph Schumpeter[86] hatte bereits auf die Zwecke des Innovationsmanagements hingewiesen. Schumpeter charakterisierte das Innovationsmanagements auch im Sinne einer „kreativen Zerstörung", bzw. als Ablösung eines Bestehenden durch etwas Besseres. Die Zwecke des Innovationsmanagements sind von der Zeit und der Branche abhängig. Es ist maßgeblich welche Zwecke auf welche Weise und in welcher Intensität verfolgt werden. Dies lässt sich am Beispiel der Werkzeugmaschinenindustrie verdeutlichen. Früher positionierten sich die zugehörigen Unternehmen in erster Linie mit Produktinnovationen am Markt. Heute sind es neue Dienstleistungen wie bspw. Auslastungsgarantien oder Fernwartung, welche bedeutend sind. Dies führte mit der Zeit in zahlreichen Unternehmen zu einer Umstellung des Innovationsmanagements. Beim Begriff Technologiemanagement steht die ressourcenorientierte Betrachtung im Vordergrund, entsprechend jener, ein Unternehmen sich in erster Linie durch die Weiterentwicklung und Neukombination von Ressourcen den Herausforderungen des Marktes stellen sollte. In diesem Kontext werden

---

[83] Vgl.: Wirtschaftslexikon Gabler: Innovationsmanagement: http://wirtschafts lexikon.gabler.de/Definition/innovationsmanagement.html - Stand: 14.10.2010.

[84] Vgl.: Herstatt, C. / Verworn, B.: „Modelle des Innovationsprozesses", Arbeitspapier Nr. 6, September 2000

[85] Vgl.: Wirtschaftslexikon Gabler: Innovationsmanagement: http://wirtschafts lexikon.gabler.de/Definition/innovationsmanagement.html - Stand: 14.10.2010.

[86] Schumpeter, Joseph Alois, 1883–1950, österreichischer Nationalökonom.

Ressourcen als Produktionsfaktoren aufgefasst, welche im Anschluss an die Durchführung von Veredelungsprozessen:[87]

- über Relevanz für Absatzmärkte verfügen,

- eine Behauptung gegenüber Konkurrenten ermöglichen und

- im Wettbewerbsvergleich heterogen sind.

Technologiemanagement bezieht sich in erster Linie auf die Bereitstellung sowie Weiterentwicklung der technologieorientierten Ressourcen, Dagegen bezieht sich Innovationsmanagement auf den Aspekt einer vollkommen neuartigen Kombination von Ressourcen. Die zwei Arten des Managements berühren und überschneiden sich teilweise. Dies gilt hauptsächlich, wenn im Zusammenhang mit einer Innovation der Einsatz von neuartigen Ressourcen gefragt ist. Im Rahmen des Innovationsmanagement erfolgt die Konkretisierung der klassischen Managementfunktionen im Unternehmen zwecks der Gestaltung und Bereitstellung von Innovationen.[88]

Zu den klassischen Managementfunktionen gehören:[89]

- Ethik

- Politik

- Planung

- Kontrolle

- Führung

- Führungskräfteentwicklung

- Organisation.

Ethik bezieht sich auf das der Organisation zugrunde liegende Wertesystem. Es werden zwei Anforderungen an die Innovationsethik gerichtet:

- das Management hat einen Ausgleich zwischen der Ethik und der Unternehmensethik herbeizuführen.

- das Management hat die Mitglieder der Organisation auf die Positiven Aspekte von Neuerungen einstimmen. Dadurch soll die Innovationsbereitschaft gefördert werden.

---

[87] Vgl.: Wirtschaftslexikon Gabler: Innovationsmanagement: http://wirtschafts lexikon.gabler.de/Definition/innovationsmanagement.html - Stand: 14.10.2010.

[88] Vgl.: Herstatt, C. / Verworn, B.: „Modelle des Innovationsprozesses", Arbeitspapier Nr. 6, September 2000

[89] Vgl.: Wirtschaftslexikon Gabler: Innovationsmanagement: http://wirtschafts lexikon.gabler.de/Definition/innovationsmanagement.html - Stand: 14.10.2010.

Die Umsetzung der Innovationspolitik erfolgt durch die Grundsatzplanung in verschiedenen Bereichen. Die Grundsatzplanung thematisiert bspw. die Inanspruchnahme von staatlichen Förderungen für Innovationsprojekte. Dies bedarf der Bestimmung in welchem Ausmaß Innovationsprojekte durch staatliche Förderung erfolgen sollen.[90] Die Grundlage des Innovationsmanagements bildet der Innovationsprozess. Damit Innovationen am Markt eingeführt und etabliert werden können, bedarf es im Unternehmen der Abfolge von gewissen Schritten bzw. Phasen. Es bedarf grundsätzlich einer innovationsfördernden Kultur. Zudem bedarf es eines Innovationsprozesses, welcher bestimmt ist. Erforderlich ist auch eine auf die Möglichkeiten und Bedürfnisse des Unternehmens ausgerichtete Innovationsstruktur. Für das Innovationsmanagement stellen Modelle für den Innovationsprozess eine wichtige Grundlage dar. Viele Unternehmen berücksichtigen dies und haben zum Zweck der Standardisierung ihrer Innovationsaktivitäten passende Prozessmodelle entwickelt. Theoretische Modelle und die wissenschaftliche Literatur können wichtige Hinweise dazu bereitstellen.[91] In der folgenden Abbildung wird exemplarisch ein fünfphasiger Prozess mit Erläuterungen zu den einzelnen Phasen aufgezeigt. Es ist zu berücksichtigen, dass die Ideenentwicklung nicht ausschließlich von Internen getragen wird. Vielmehr wird auch zunehmend externes Wissen und Know-how verwertet.

Abb. 4 Innovationsprozess im Modell (5-Phasen-Modell)[92]

---

[90] Vgl.: Wirtschaftslexikon Gabler: Innovationsmanagement: http://wirtschafts lexikon.gabler.de/Definition/innovationsmanagement.html - Stand: 14.10.2010.

[91] Vgl.: Herstatt, C. / Verworn, B.: „Modelle des Innovationsprozesses", Arbeitspapier Nr. 6, September 2000

[92] Quelle: Herstatt, C. / Verworn, B.: „Modelle des Innovationsprozesses", Arbeitspapier Nr. 6, September 2000

Die Innovationsplanung und -Kontrolle stellt ein wesentliches Element des Innovationsmanagements dar. Für das Unternehmens bzw. einen Unternehmensbereichs ist langfristige Innovationsportfolio, festzulegen und zu kontrollieren. Die Ebene einzelner Projekte erfordert die Planung des Verlaufs und die entsprechende Kontrolle. Die Innovationsplanung ist abzustimmen mit anderen Planungen des Unternehmens. Bspw. mit der Absatz-, Produktions- und Personalplanung.

Abb. 5 Innovationsmanagement[93]

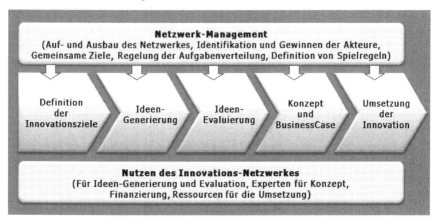

Die Innovationsführung im Sinn der persönlichen Beeinflussung eines Mitarbeiters oder einer Gruppe setzt häufig an der Personalstruktur an. Es gilt, in Innovationsbereichen hoch- und höchstspezialisierte Fachkräfte zu führen. Gleichzeitig ist eine verbindende Schnittstelle unter verschiedenen Kulturen zu bilden. In diesem Rahmen ist vor allem die Verbindung von Marketing- und F&E-Kultur bedeutend.[94]

Die Innovationsorganisation bezieht sich im Unterschied zu den Bereichen der betrieblichen Organisation in der Anforderung an die Neuartigkeit, Flexibilität und Rekonfigurierbarkeit der betroffenen Einheiten. Im Rahmen der Innovationsorganisation gilt es, die rollenbezogenen Rahmenbedingungen festzulegen, welche die Innovation ermöglichen.

---

[93] Quelle: http://www.innovation-point.at/media/images/innovations_netzwerke_2. png&imgrefurl - Stand: 15.10.2010.

[94] Vgl.: Wirtschaftslexikon Gabler: Innovationsmanagement: http://wirtschafts lexikon.gabler.de/Definition/innovationsmanagement.html - Stand: 14.10.2010.

Die Innovationsführungskräfteentwicklung ist in erster Linie geprägt vom Konzept der Dual Ladder. Hierbei tritt zur üblichen Linie der Führungskräfte eine Linie höchstqualifizierter Fachkräfte. Dies hat den Vorteil, dass sich verschiedene Problemkreise unter den beiden Linien thematisieren lassen.[95]

Zwischen Innovationsmanagement und Wissensmanagement besteht eine enge Verbindung. Der Innovationsprozess erfordert das Management von Wissen. Hierzu sind das entsprechende Wissen und Kompetenzen erforderlich.[96] Gleichzeitig entsteht im Verlauf des Innovationsprozesses neues Wissen, bspw. in der Neuentwicklung. Bei der Betrachtung des Wissensmanagements im Sinne der Lernenden Organisation wird deutlich, wie eng die Begriffe Wissen und Innovation zusammenhängen. Sowohl das Wissensmanagement wie auch das Innovationsmanagement, zielen auf Verbesserungen ab und nutzen dazu Potenziale. Im Rahmen des Innovationsmanagements werden die Prozesse und Rahmenbedingungen organisiert, damit Innovationen, also neue bzw. neuartige oder signifikant verbesserte Produkte, Dienstleistungen, Prozesse und Strukturen hervorgerufen werden.

Das Wissensmanagement greift auf das Wissen der Organisation und der Mitarbeiter zurück. Dadurch sollen die Kompetenz sowie die Qualität der Handlungen gestärkt bzw. optimiert werden. Dadurch werden die Aktivitätsergebnisse verbessert. Die Verbesserung ist im Sinne einer kleinen Verbesserung oder auch eine radikale Erneuerung möglich. Es gilt, dass je neuer, aktueller, relevanter, innovativer und umfangreicher die Verbesserung ist, desto mehr sich die Wissensmanagement und Innovationsmanagement sich annähern.[97] Das Wissen hat die Besonderheit, dass es in den handelnden Personen gebunden ist. Ideen können für sich noch nichts bewegen, denn sie können nur durch Personen übernommen, nachgeahmt und entsprechend weiterentwickelt werden. Durch das Innovationsmanagement wird es möglich, Projekte schneller zum Erfolg zu führen. Den Mitarbeitern sollte es jedoch möglich sein, auf internes und externes, neues, implizites und relevantes Wissen zurückgreifen zu können. Dazu sind Ideen und Wissen rasch und effektiv zu organisieren. Das Wissen und die Ideen sind in konkrete Vorhaben und Projekte umzusetzen. Es gilt, Fähigkeiten, Kompetenzen und Ressourcen optimal zu

---

[95] Vgl.: Wirtschaftslexikon Gabler: Innovationsmanagement: http://wirtschafts lexikon.gabler.de/Definition/innovationsmanagement.html - Stand: 14.10.2010.

[96] Vgl.: North, K.: Wissensorientierte Unternehmensführung – Wertschöpfung durch Wissen. Wiesbaden, 2002

[97] Vgl.. http://www.inknowaction.com/blog/?p=386 - Stand: 16.10.2010.

organisieren. Es stehen verschiedene Methoden für gezielte Projekte zur Verfügung, u. a:

* Technologie-Tracking,

* Technologie-Transfer,

* Kreativitätstechniken,

* Value Management,

* Roadmapping,

* Entwurfstechniken,

* Rapid Prototyping,

* Technologie Support.

Damit Innovationen hervorgebracht werden ist es erforderlich, dass das Wissen und die Fähigkeiten sämtlicher Projektbeteiligten aktiviert und Synergien genutzt werden. Das Grundwesen und die Bestimmung des Wissensmanagements lässt ich – wie in der nachfolgenden Darstellung, durch die Wissenstreppe von Klaus North[98] veranschaulichen.

Abb. 6 Die Wissenstreppe nach North[99]

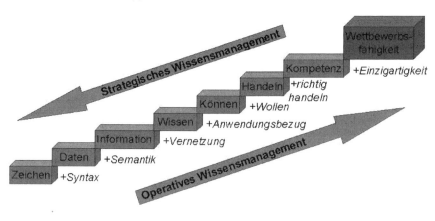

---

[98] Vgl.: North, K.: Wissensorientierte Unternehmensführung – Wertschöpfung durch Wissen, Wiesbaden, 2002

[99] Quelle: North, K.: Wissensorientierte Unternehmensführung – Wertschöpfung durch Wissen, Wiesbaden, 2002. Quelle: http://www.inknowaction.com/blog/?p=386 - *Stand: 16.10.2010.*

Es zeigt sich, wie Wissen sich zur Verbesserung der Wettbewerbsfähigkeit nutzen lasst. Die Wettbewerbsfähigkeit basiert auf Einzigartigkeit. Die Einzigartigkeit kann durch die Hervorbringung von Innovationen gewonnen werden. Innovationsmanagement und Wissensmanagement sind grundsätzlich auch vor dem Hintergrund des Change Management zu betrachten. Aufgrund der gegenwärtigen und auch zukünftigen Situation am Arbeitsmarkt sind Flexibilität sowie permanente Umdenkprozesse erforderlich.

Die Organisationsentwicklung wird zunehmend von Change-Prozessen begleitet. Dies gilt auch für die Personalentwicklung. Im Rahmen der Organisations- und Personalentwicklung sind ständig effizientere Maßnahmen gefragt, welche dazu beitragen, die Organisation und die darin wirkenden Menschen – sowohl Mitarbeiter wie auch Führungskräfte, an die Veränderungen anzupassen. Dadurch werden auch an das Wissensmanagement hohe Anforderungen gestellt.

Die Organisations- und Personalentwicklung stellen bedeutende vernetzte Elemente des Human Resource Managements dar. Die Unternehmensführung steht vor der Aufgabe, einen optimalen Rahmen für die erforderlichen personellen wie organisatorischen Lernprozesse zu schaffen. Die Lernende Organisation ermöglicht, die Entwicklung von Fachkompetenz, Methodenkompetenz sowie sozialer Kompetenz. Sie schafft den Rahmen für die erforderlichen Lernprozesse und die Entstehung sowie Anwendung von Wissen für neue bzw. verbesserte und optimierte Produkte und Prozesse – also die Basis für Innovationen. Hinsichtlich des Innovationsmanagements richten erfolgreiche innovative Unternehmen ihre Innovationen konsequent auf unterschiedliche Felder aus.

Ein weiteres Beispiel stellt Ryanair dar. Die Billigfluglinie hat ihre Geschäftsmodell-Innovation etabliert. Die Basis des Geschäftsmodells bildet die Fokussierung auf Kundenbedürfnisse „Günstiger Flug" sowie „Direktflüge zwischen den Städten". Dazu kommt ein konsequentes Kostenmanagement entlang der gesamten Wertschöpfungskette. Zur Kostenoptimierung tragen bspw. die Minimierung der Flugzeug-Reinigungskosten bei. So wird auf Sitztaschen verzichtet, Sitzlehnen sind nicht verstellbar, Bezugsstoffe abwaschbar.[100] Neuerdings wird sogar über Stehplätze im Flugzeug nachgedacht. Professionelles Management des Innovationsprozesses ist eine Frage der Ausrichtung. Im Kontext der generischen Ausrichtung als Prozess-, Geschäftsmodell- und /

---

[100] Vgl.: http://hlp-online.de/fix/wordpress/wp-content/uploads/2008/03/prasentation 4.png&imgrefurl - Stand: 15.10.2010.

oder Produktinnovator können neun Stoßrichtungen für die Innovationsstrategie lokalisiert werden:[101]

Abb. 7 Stoßrichtungen der Innovationsstrategie[102]

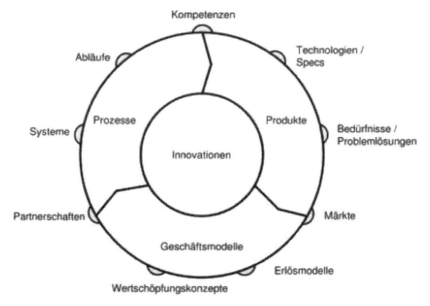

2.15 Kontrolle / Kontrollerwartung / Feedback

Der Begriff **Kontrolle** in seiner umgangssprachlichen Verwendung lässt sich wie folgt definieren:

1. „zentrales Element des Experiments.

2. zentrales Bedürfnis jedes Menschen, die Umwelt und auch Innenwelt den eigenen Wünschen entsprechend zu beeinflussen, also aktiv oder passiv zu kontrollieren, oder zukünftige Ereignisse zumindest vorhersehen zu können (Kontrollerwartung, Macht)."[103]

---

[101] Vgl.: http://hlp-online.de/fix/wordpress/wp-content/uploads/2008/03/prasentation 4.png&imgrefurl - Stand: 15.10.2010.

[102] Quelle: http://hlp-online.de/fix/wordpress/wp-content/uploads/2008/03/prasenta tion4.png&imgrefurl - Stand: 15.10.2010.

[103] Psychology48 com Psychologie-Lexikon http://www.psychology48.com/deu/d/kontrolle/kontrolle.htm – Stand: 04.08.2013.

Die **Kontrollerwartung** ist die „Erwartung, dass Reizkontrolle möglich ist. Fehlt diese Erwartung, kann ein extremes Gefühl der Hilflosigkeit entstehen. Im Humanexperiment wird die Kontrollerwartung häufig dadurch manipuliert, dass man falsche Rückmeldungen über Ergebnisse in Lern- oder Leistungstests gibt, die unabhängig von den tatsächlichen Bemühungen oder dem erzielten Erfolg sind - oder indem man Versuchspersonen den Eindruck vermittelt, sie könnten durch richtiges Verhalten die Häufigkeit und Intensität aversiver Stimuli kontrollieren."[104]

"**Feedback**, d.h. Rückmeldung über Ihre Einschätzung der Arbeit eines Mitarbeiters ist ein elementarer Bestandteil wirksamen Delegierens und wirksamer Führung. Kein Manager kann dauerhaft erfolgreich delegieren, d.h. für die an Mitarbeiter übertragenen Aufgaben, Kompetenzbereiche und Verantwortlichkeiten gute Ergebnisse erhalten, wenn er nicht regelmäßig Feedback liefert. Dabei geht es nicht um unreflektiertes - und zwangsläufig als unauthentisch von den Mitarbeitern durchschautes - Loben. Es geht darum, den Mitarbeitern ehrliche und konstruktive Kritik zu geben, was an der geleisteten Arbeit und den geleisteten Ergebnissen gut, weniger gut und vielleicht auch falsch und schlecht war."[105]

Ein Feedback wäre ohne Kontrolle nicht möglich.

„Desinteresse ist extrem demotivierend. Kein Feedback zu geben ist Desinteresse. Ohne Kontrolle kann ich aber kein Feedback geben. Kontrolle im positiven Sinn bedeutet also: Interesse für die Arbeit und Leistung meines Mitarbeiters haben und diesem dann ein Feedback geben. Dies kann Kritik sein, falls dies nötig ist, muss aber genauso Lob sein, falls dies angebracht ist. Manche Führungskräfte kontrollieren zwar, Feedback gibt es dann aber nur in Form von Kritik. Erfolg wird ohne Kommentar als gegeben erachtet. So wird natürlich Kontrolle vom Mitarbeiter selbstverständlich als negativ angesehen."[106]

Die Führungskräfte sollten Mitarbeiter nicht in der Absicht kontrollieren, diese „bei Fehlern zu erwischen, sondern, weil wir unsere Mitarbeiter bei einer guten Leistung ertappen wollen. Wenn wir dann in jedem Fall ein Feedback (Lob o-

---

[104] Psychology48.com Psychologie-Lexikon http://www.psychology48.com/deu/d/kontrollerwartung/kontrollerwartung.htm – Stand: 07.08.2013.

[105] http://www.soft-skills.com/fuehrungskompetenz/delegationskompetenz/kritik/feedback.php – Stand: 09.08.2013.

[106] Heß, Kai: Mitarbeiter kontrollieren: Vertrauen ist gut, Kontrolle ist besser. In: Business-wissen.de. Artikel vom 21.11.2009. http://www.business-wissen.de/mitarbeiterfuehrung/mitarbeiter-kontrollieren-vertrauen-ist-gut-kontrolle-ist-besser/ - Stand: 06.08.2013.

der Kritik) geben, ist Kontrolle auch nicht mehr negativ, sondern wird als Interesse oder Hilfe verstanden."[107]

Die Kontrolle sollte nicht dazu dienen, dass dem Mitarbeiter alle fünf Minuten über die Schulter geschaut wird. Sie richtet sich nach dem Leistungsstand des Mitarbeiters. Bei einem Auszubildenden oder neuen Mitarbeiter kann diese häufiger erfolgen. Bei längerer Beschäftigung ist dann meist nur noch eine Stichprobenkontrolle erforderlich. Für einen langjährigen, erfahrenen, selbstständig arbeitenden Mitarbeiter bietet sich die Ergebniskontrolle an.[108]

---

[107] Vgl.: Heß, Kai: Mitarbeiter kontrollieren: Vertrauen ist gut, Kontrolle ist besser. In: Businesswissen.de. Artikel vom 21.11.2009. http://www.business-wissen.de/mitarbeiter fuehrung/mitarbeiter-kontrollieren-vertrauen-ist-gut-kontrolle-ist-besser/ - Stand: 06.08.2013.

[108] Vgl.: Heß, Kai: Mitarbeiter kontrollieren: Vertrauen ist gut, Kontrolle ist besser. In: Businesswissen.de. Artikel vom 21.11.2009. http://www.business-wissen.de/mitarbeiter fuehrung/mitarbeiter-kontrollieren-vertrauen-ist-gut-kontrolle-ist-besser/ - Stand: 06.08.2013.

3 Aufgabenorientierung und das Definieren klarer Ziele

3.1 Zielvereinbarung und Eigenschaften klarer Ziele

Ein zentraler Bereich der Aufgabenorientierung stellt das Definieren klarer Ziele dar. Das Thema Zielbestimmung, Zieldefinition und Zielvereinbarung wird in den Unternehmen unterschiedlich behandelt. In den meisten Unternehmen gelten Zielvereinbarungen nicht unbedingt als populär, da die meisten Mitarbeiter Zielvereinbarungsgespräche am liebsten vermeiden würden. Diesbezüglich bestehen große Herausforderungen für die Führungskräfte.

Auch bei diesem Themenkomplex der Führung besteht die zentrale Frage darin, herauszufinden, was der Mitarbeiter möchte. Zahlreiche Führungskräfte geben den Mitarbeitern die Ziele einfach vor, ohne diese mit Ihnen zu vereinbaren. Jedoch kann dies bewirken, dass sich die Mitarbeiter „fremdgesteuert" fühlen, denn „ihnen wird etwas aufgedrängt. Dadurch entsteht schnell eine innere Abneigung gegenüber der Vereinbarung, die der Mitarbeiter dann als Druck empfindet. Er fühlt sich entmachtet."[109]

Die Führungsperson sollte sich mit dem Mitarbeiter beschäftigen und herausfinden, welche Aufgaben diesen reizen, welche Fortbildungen er benötigt oder wünscht. Zudem wäre es hilfreich herauszufinden, welche seiner Kompetenzen er gerne verstärkt einbringen würde.[110]

Es gilt, zwischen den Wünschen des Mitarbeiters und den Zielen des Unternehmens eine Art „Schnittmenge" herauszuarbeiten. Wie im Simultan-Management-Ansatz[111] näher beschrieben, entsprechen im Idealfall die Wün-

---

[109] Computerwoche: Ungeliebte Zielvereinbarung. Artikel vom 06.04.2012. http://www.computerwoche.de/a/ungeliebte-zielvereinbarung,2508827 – Stand: 02.08.2013.

[110] Vgl.: Computerwoche: Ungeliebte Zielvereinbarung. Artikel vom 06.04.2012. http://www.computerwoche.de/a/ungeliebte-zielvereinbarung,2508827 – Stand: 02.08.2013.

[111] Wehrlin, Ulrich: Simultan Management. Erfolgsstrategien und Visionen für ganzheitliche innovative Unternehmensführung durch Leistungsmotivation in der lernenden Organisation. 1. Aufl. 1994, erweiterte Auflagen 2-4 bis 2004, 5. Aufl. 2005 Berlin / London, CPL, 2005.

sche des Mitarbeiters mit den Zielen des Unternehmens überein.[112] Dem Mitarbeiter sollten die Unternehmensziele transparent gemacht werden.

Es sind klare Ziele zu definieren. Die Ziele sind so zu definieren, dass sie beiden Seiten nützlich sind, bzw. dienen. Zudem sind die Ziele gegenseitig zu vereinbaren und nicht einseitig zu bestimmen bzw. vorzugeben. Auf diese Weise wird erreicht, dass der Einzelne die Vereinbarung mitträgt. Vor allem bleibt dabei seine intrinsische Motivation erhalten. Die Ziele werden dadurch von allen Beteiligten akzeptiert. Sie sind dazu bereit und motiviert, Ihren Beitrag zur Zielerreichung zu erbringen. Es ist von großer Bedeutung, dass die Ziele klar und nachvollziehbar sind. In diesem Kontext gilt es, ganz bestimmte formale und inhaltliche Kriterien zu berücksichtigen. Klare Ziele zeichnen sich durch die folgenden Eigenschaften aus:[113]

- zeitlich befristet,

- messbar,

- personenbezogen

- eindeutig.

Die Vereinbarungen sollten die folgenden Anforderungen erüllten:[114]

- realisierbar,

- widerspruchsfrei,

- beeinflussbar,

- akzeptiert

„Ein Mitarbeitergespräch sollte immer auch Platz für gegenseitig konstruktives Feedback und den Austausch über eine mögliche Weiterentwicklung für den Mitarbeiter beinhalten"[115]

---

[112] Wehrlin, Ulrich: Simultan Management. Erfolgsstrategien und Visionen für ganzheitliche innovative Unternehmensführung durch Leistungsmotivation in der lernenden Organisation. 1. Aufl. 1994, erweiterte Auflagen 2-4 bis 2004, 5. Aufl. 2005 Berlin / London, CPL, 2005.

[113] Vgl.: Computerwoche: Ungeliebte Zielvereinbarung. Artikel vom 06.04.2012. http://www.computerwoche.de/a/ungeliebte-zielvereinbarung,2508827 – Stand: 02.08.2013.

[114] Vgl.: Computerwoche: Ungeliebte Zielvereinbarung. Artikel vom 06.04.2012. http://www.computerwoche.de/a/ungeliebte-zielvereinbarung,2508827 – Stand: 02.08.2013.

[115] Computerwoche: Ungeliebte Zielvereinbarung. Artikel vom 06.04.2012. http://www.computerwoche.de/a/ungeliebte-zielvereinbarung,2508827 – Stand: 02.08.2013.

3.2 Begriff Zielvereinbarung / Führung durch Zielvereinbarung

An die Leistungserstellung (von Gütern und Dienstleistungen) der Unternehmen und somit auch and Arbeitsleistung der Mitarbeiter werden ständig höhere Anforderungen gestellt. Qualität, Service und Zuverlässigkeit bekommen einen immer größeren Stellenwert. Die erbrachte Qualität zeigt sich am Ergebnis, den erstellten Produkten und Dienstleistungen. In diesem Zusammenhang werden auch Zielvereinbarungen infolge ihrer Wirkungen auf die Motivation und Leistung immer bedeutender.

„Unter den vielen Instrumenten der Mitarbeiterführung hat sich das Führen mit Zielen als besonders wichtig und erfolgreich bewiesen. Natürlich ist auch bislang das Führen nicht um des Führens Willen betrieben worden, Ziele hatten Unternehmen schließlich schon immer. Das Neue ist, dass immer mehr Zielvereinbarungen getroffen werden, und zwar zwischen Unternehmensführung und Beschäftigten."[116] Insofern hat die Zielvereinbarung per praktischer Ausübung schon seit längerer Zeit eine gewisse Bedeutung.

„Die Zielvereinbarung ist ein wechselseitiger Abstimmungsprozeß. Dieser Prozeß läuft so lange, bis Einvernehmen über die Ziele erreicht ist. Die Ziele sollen möglichst von dem vorgeschlagen werden, der für die Zielerreichung dann auch verantwortlich ist. (Bei Berufsanfängern oder Anfängern in einer neuen Hierarchieebene kann manchmal auch Zielvorgabe erforderlich sein)."[117]

Die Zielvereinbarung wird u. a. auch im Zusammenhang mit Mitarbeitergesprächen und in der Mitarbeiterbeurteilung immer wichtiger. In diesem Zusammenhang sind „Ziele festzulegen, die durch die Arbeit des Arbeitnehmers erreicht werden sollen. Anwendung findet dieses Anreizsystem besonders im Aussendienst und in der Projektarbeit, wo es zur Motivation der Beteiligten beitragen soll. Auch in anderen Berufen wird es verstärkt eingesetzt. Neben Wirtschaftsbetrieben wird es mittlerweile sogar zunehmend im Bereich der öffentlichen Verwaltung verwendet."[118]

„Arbeiten mit Zielvereinbarungen verbreitet sich in qualifizierten Berufen und unter Führungskräften. Was bisher als Leistungsvorgabe in der Produktion bekannt war oder beim Außendienst, hält jetzt Einzug in alle Branchen und auch

---

[116] Vgl.: http://www.vorgesetzter.de/mitarbeiterfuehrung/fuehrungsinstrumente/zielvereinbarung/ - Stand: 18.03.2012.

[117] http://www.soliserv.de/pdf/zielvereinbarung-it.dienstleister.pdf – Stand: 30.03.2012.

[118] Arbeitsratgeber http://www.arbeitsratgeber.com/zielvereinbarung_0214.html – Stand: 17.03.2012.

im Öffentlichen Dienst: Die Koppelung von geistiger Arbeitsleistung mit Beurteilung, Bemessung, Leistungsanreizen und Entlohnung."[119]

„Die Definition der Ziele orientiert sich an den Unternehmens- und Abteilungszielen, die auf die einzelnen Mitarbeiter oder Teams herunter gebrochen werden. Dabei ist es wichtig, Messkriterien und Messgrößen zu definieren, anhand derer die Arbeit des entsprechenden Mitarbeiters objektiv bewertet werden kann. Die Zielvereinbarung ist im Regelfall Bestandteil des Arbeitsvertrages und Grundlage des variablen Einkommens."[120]

Die einzelnen Mitarbeiter gelten in der Dienstleistungs- und Wissensarbeit als ausschlaggebende Faktoren hinsichtlich der Qualität, Kreativität und Produktivität. Mitarbeiterorientierte Organisations- und Managementkonzepte setzen an diesem Sachverhalt an und beruhen auf der Grundannahme, wonach die Motivation und damit auch die Leistung ansteigt, "wenn Selbstbestimmung, Spielräume, Kommunikation, Lernmöglichkeiten, Gruppenbezüge und ein gutes Betriebsklima vorhanden sind. Ein Baustein davon ist das Führen bzw. Arbeiten mit Zielvereinbarungen."[121]

Es ist seit längerem bekannt, dass die Selbststeuerung zu besseren Leistungsergebnissen führt, da der einzelne Mitarbeiter selbst am besten weiß, wann und wie er sich selbst mit seinem Engagement am optimal in den Leistungsprozess einbringen kann. So ist es ihm bspw. möglich, zu gewissen Zeiten oder Anlässen Höchstleistung zu erbringen und andere Zeiten oder Anlässe im eigenen Ermessen zur persönlichen Regeneration nutzen. Durch die Erkenntnisse der Work-Life-Balance (WLB) und diverse Arbeitsstudien ist bekannt, dass eine dauerhafte Leistungserbringung zum Burnout führen kann. Um solche negativen Erscheinungen zu vermeiden, ist ein gewisses Maß an Entscheidungsfreiheit bzw. eine Selbststeuerung durch den Mitarbeiter sehr nützlich. Das Führen mit Zielvereinbarungen steht in Einklang mit dieser notwendigen Selbststeuerung.

„Führen mit Zielvereinbarungen ist eine Methode zielorientierter Unternehmensführung, sie ist zukunfts- und ergebnisorientiert. Entscheidend ist nicht, wie ein Mitarbeiter etwas tut, sondern ob und wieweit er das vereinbarte Ziel erreicht. Erfolg wird demnach nicht an der Menge der geleisteten Arbeit gemessen und bewertet, sondern an der Zielerreichung. Führen durch Zielver-

---

[119] http://www.ergo-online.de/ – Stand: 17.03.2012.

[120] http://www.arbeitsratgeber.com/zielvereinbarung_0214.html – Stand: 17.03.2012.

[121] http://www.ergo-online.de/site.aspx?url=html/arbeitsorganisation/ergebnis_arbeiten/ arbeiten_mit_zielvereinbarung.htm – Stand: 17.03.2012.

einbarung ist etwas wesentlich anderes als Führen durch Ziel-Vorgabe. Die Ziele werden gemeinsam mit dem Mitarbeiter (das kann auch eine Führungskraft sein) formuliert – die Mitarbeiter sollen Ziele für Ihren Aufgabenbereich möglichst selbst vorschlagen – und einvernehmlich vereinbart. Das führt zu größerer Identifikation mit den Zielen und zu realistischeren Zielen. Ziele sind immer eine Projektion in die Zukunft. Durch Änderung der Rahmenbedingungen können sich Ziele als unerreichbar oder im Ausprägungsgrad als unrealistisch erweisen. In der Praxis müssen Ziele deshalb ständig überprüft werden und Änderungen entsprechend berücksichtigt werden. Führen mit Zielvereinbarungen ist deshalb auch ein ständiger Prozeß und nichts Statisches."[122]

3.3 Zweck der Zielvereinbarungen

Der Zweck von Zielvereinbarungen besteht darin, „dass Führungskraft und Mitarbeiter/-innen konkret quantitative (messbare Ergebnisse, z. B. erfolgreiche Verkäufe) und qualitative Ziele (Qualität, Termineinhaltung z. B.)" ...festlegen...„die diese in einem festgelegten Zeitraum erreichen sollen. Als Personalführungskonzepte werden sie mit der Absicht eingeführt, Produktivität, Kundenorientierung, Flexibilität und Qualität im Unternehmen zu erhöhen. Ebenso werden hier als Ziel die Verbesserung von Arbeitsbedingungen genannt."[123]

Im Prozess der Zielvereinbarung werden die Maßnahmen zur Zielerreichung „durch den Mitarbeiter selbst festgelegt. Bei der Durchführung kontrollieren sie sich weitgehend selbst. Der Grad der Zielerreichung wird allerdings in einem festgelegten Kontrollverfahren und Kontrollrhythmus von der Führungskraft überwacht. Voraussetzung für Führen mit Zielvereinbarungen ist eine möglichst genaue Abgrenzung und Festlegung der Aufgabengebiete, Verantwortungsbereiche und Befugnisse der Mitarbeiter und auf der anderen Seite eine entsprechende Qualifikation. Delegation ist ein wesentliches Element der Führung mit Zielvereinbarung."[124]

Die Zielvereinbarungen dienen dazu, dass die persönlichen Ziele der Mitarbeiter mit den Unternehmenszielen weitgehend in Einklang gebracht werden. Dadurch sollen Realitätsnähe, Identifikation, Akzeptanz und Motivation verbessert werden. Durch die gemeinsam vereinbarten Ziele soll auch eine stärkere Bindung der Mitarbeiter an das Unternehmen erreicht werden. Zudem

---

[122] http://www.soliserv.de – Stand: 30.03.2012.

[123] http://www.ergo-online.de/ – Stand: 17.03.2012.

[124] http://www.soliserv.de – Stand: 30.03.2012.

wirken die vereinbarten Ziele herausfordernd. Gleichzeitig werden die Handlungsspielräume und Verantwortung gesteigert. Durch arbeitspsychologische Studien wird belegt, dass die Motivation tatsächlich verbessert wird. Das Unternehmen ist bestrebt, durch Zielvereinbarungen im Zusammenwirken mit Entgeltanreizen die Leistung der einzelnen Mitarbeiter zu steigern. Zusätzlich lässt sich mit dem Grad der Zielerreichung die Leistung beurteilen. Das Treffen von Zielvereinbarungen und deren Einsatz stellt an die Mitarbeiter die Anforderung des richtigen Umgangs mit dem Selbstmanagement. „Nicht mehr die täglich kontrollierte Anwesenheit oder Vorgaben und Anweisungen „von oben" sorgen für den Arbeitseinsatz, sondern man ist selbst für den Weg zum Ziel verantwortlich."[125] Die folgende Übersicht beschreibt den Zweck der Zielvereinbarungen.

Abb. 8 Übersicht - Arbeiten mit Zielvereinbarungen[126]

- „Führung durch Zielvereinbarungen ist Bestandteil der indirekten, ergebnisorientierten Unternehmenssteuerung.

- Mit Zielvereinbarungen sollen Spielräume erweitert, Motivation gesteigert und Kreativität gefördert werden. Man verspricht sich davon mehr Produktivität.

- Zielvereinbarungen beschreiben das Ergebnis einer zu leistenden Arbeit. Sie werden oft mit Leistungsbeurteilung und Entgeltfindung verknüpft.

- Arbeiten mit Zielvereinbarungen heißt steigende Selbstverantwortung für das Ergebnis unter direkten Marktbedingungen.

- Führung mit Zielvereinbarungen verlangt eine neue Führungsrolle.

- Zielvereinbarungen verändern Arbeitsbedingungen und bestimmen die persönliche Verausgabung am Arbeitseinsatz.

- Sie müssen realistisch sein, damit gesundheitliche Überforderung und Misserfolg nicht vorprogrammiert sind."

---

[125] http://www.ergo-online.de/site.aspx?url=html/arbeitsorganisation/ergebnis_arbeiten/ arbeiten_mit_zielvereinbarung.htm – Stand: 17.03.2012.

[126] Quelle: http://www.ergo-online.de/site.aspx?url=html/arbeitsorganisation/ergebnis_ arbeiten/arbeiten_mit_zielvereinbarung.htm – Stand: 17.03.2012.

3.4 Chancen und Risiken von Zielvereinbarungen

Zielvereinbarungen sind mit Vor- und Nachteilen verbunden. Sie führen zu bestimmten Chancen und Risiken. So können bspw. Zielvereinbarungen zu den folgenden Vorteilen führen:

„Die Entwicklung hat gezeigt, dass Mitarbeiter die Ziele ihrer Firma nicht nur verstehen, sondern auch teilen müssen. Ansonsten arbeitet jeder mehr oder minder autark vor sich hin, ohne recht zu wissen, wohin das eigentlich führen soll. Viel sinnvoller ist es, die Beschäftigten aktiv in die Bestimmung und Umsetzung konkreter Unternehmenspläne mit einzubeziehen. Denn wenn die Mitarbeiter den Zielen des Unternehmens zustimmen, steigt auch ihre Motivation, diese zu erreichen."[127]

Das Führen mit Zielvereinbarungen zeigt unterschiedliche Vorteile / Nutzen für das Unternehmen, für die Führungskraft und für den Mitarbeiter. Im Idealfall partizipieren alle Beteiligten gleichermaßen von den Zielvereinbarungen. Auf diese Weise entsteht die hohe Wirksamkeit dieses Managementsystems.[128]

Zielvereinbarungen führen bei den Unternehmen zu den folgenden Vorteilen:

* „höhere Zielorientierung aller im Betrieb Beschäftigter

* stärkere Identifizierung der Mitarbeiter mit den Unternehmenszielen

* Innovationsschub für das Unternehmen

* höhere Motivation der Mitarbeiter

* Besseres Nutzen von Lösungsideen der Mitarbeiter"[129]

Für die Führungskräfte sind die Zielvereinbarungen mit den folgenden Vorteilen verbunden:

* „Mehr Zeit für das Wesentliche

* Weniger Kontrolle

* Mitarbeiter lösen Probleme der Führungskraft und nicht umgekehrt"[130]

---

[127] http://www.vorgesetzter.de/mitarbeiterfuehrung/fuehrungsinstrumente/zielvereinbarung/ - Stand: 19.03.2012.

[128] Vgl.: http://www.soliserv.de/pdf/zielvereinbarung-it.dienstleister.pdf – Stand: 30.03.2012.

[129] Vgl.: http://www.soliserv.de/pdf/zielvereinbarung-it.dienstleister.pdf – Stand: 30.03.2012.

Die Vorteile der Zielvereinbarungen für die Mitarbeiter sind:

- „Stärkere Einbindung in das Unternehmen und seine Ziele

- Möglichkeit, aktiv die Ziele und damit Sinn seiner Tätigkeit und Beurteilungsmaßstab mitzubestimmen

- Größerer Handlungsspielraum im Arbeitsalltag

- Weniger Kontrolle, mehr Eigenverantwortung"[131]

Daneben bestehen auch Bedenken gegenüber den Zielvereinbarungen:

„Natürlich mag mancher Mitarbeiter die Sorge haben, es handele sich bei Zielvereinbarungen nicht um Verhandlungen, sondern um gut getarnte Vorgaben. Da die aber den normalen Arbeitsalltag sowieso schon bestimmen, sollte man der Unternehmensführung, die Vereinbarungen treffen möchte, nicht mit Misstrauen begegnen. Kein Manager würde sich die Mühe machen, Ziele zu formulieren und zur Diskussion zu stellen, wenn er eigentlich doch nur herkömmliche Weisungen erteilen möchte."[132]

Die nachfolgende Darstellung zeigt eine Übersicht über die möglichen Folgen, - Chancen und Risiken, welche sich im Zusammenhang mit der Arbeit mit Zielvereinbarungen für die Beschäftigten ergeben können.

Abb. 9 Chancen und Risiken von Zielvereinbarungen[133]

Chancen	Risiken
Befreiung von Bevormundung und Kontrolle und mehr Autonomie	dem Marktdruck und Kunden direkt ausgeliefert sein
Stolz und Lustgewinn in der Arbeit	negative Folgen für Gesundheit und Lebensentfaltung durch Selbstüberforderung, ständige Überarbeitung und Erschöpfung bis zum Burnout
Anerkennung des persönlichen Einsatzes	

---

[130] Vgl.: http://www.soliserv.de/pdf/zielvereinbarung-it.dienstleister.pdf – Stand: 30.03.2012.

[131] Vgl.: http://www.soliserv.de/pdf/zielvereinbarung-it.dienstleister.pdf – Stand: 30.03.2012.

[132] http://www.vorgesetzter.de/mitarbeiterfuehrung/fuehrungsinstrumente/zielvereinbarung/ - Stand: 19.03.2012.

[133] Quelle: http://www.ergo-online.de/ – Stand: 17.03.2012.

Als Nachteil von Zielvereinbarungen wird auch aufgeführt, dass es sich dabei häufig um „verkappte" Arbeitsanweisungen handle, welche aus übergeordneten Zielen abgeleitet wurden. Es findet sich der Verweis darauf, dass eine Einführung von Zielvereinbarungen in den meisten Fällen der betrieblichen Mitbestimmung bedürfen:[134]

„Als Zielvereinbarung werden Ziele bezeichnet, die zwischen Vorgesetztem und Mitarbeitern bzw. zwischen Vorgesetztem und Teams vereinbart werden. Leider handelt es sich häufig um "verkappte" Arbeitsanweisungen, die aus übergeordneten Zielen abgeleitet werden. Die Einführung von Zielvereinbarungen unterliegt zumeist der betrieblichen Mitbestimmung."[135]

Hierzu ist anzumerken, dass der Zweck der Zielvereinbarung gerade darin besteht, dass die aus der Zielsetzung des Unternehmens bzw. den übergeordneten Zielen / der Unternehmensvision und der Strategie abgeleiteten Ziele mit den Mitarbeitern vereinbart werden. Sie sind in durchführbare Einheiten zu transformieren. Die Mitarbeiter sollen dabei eine Mitsprachemöglichkeit haben, welche ihnen auch ohne das Recht auf betriebliche Mitbestimmung gewährt wird. Eine Vereinbarung von Zielen bedeutet nicht zwangsläufig, dass diese zu direkten Arbeitsanweisungen führen.

3.5 Zielvereinbarung in Führungsmodellen und Managementsystemen

Die modernen Führungstechniken und Managementprinzipien bzw. Managementsysteme arbeiten zunehmend mit Rahmenzielvorgaben. Die Mitarbeiter bestimmen hierbei selbst, inwieweit sie die gegenseitig vereinbarten Ziele erfüllen möchten oder können. Dadurch, dass die Ziele nicht einfach vorgegebenen, sondern vereinbart wurden, werden sie von den Mitarbeitern akzeptiert. Diese Akzeptanz fördert die Motivation. Eine genaue Formulierung der Ziele ermöglicht auch die Feststellung von Soll-Ist-Abweichungen. Diese Informationen sind für die Steuerung von großer Bedeutung. Festgestellte Abweichungen erlauben die Initialisierung von Steuerungsmaßnahmen, welche dazu führen, dass der vorgesehene Kurs eingehalten wird.

Im Idealfall entsprechen die Ziele der Mitarbeiter den Unternehmenszielen. Besteht das langfristige Ziele des Unternehmens bspw. darin, den Marktanteil bis zu einem bestimmten Jahr oder innerhalb eines Zeitabschnitts auf einen

---

[134] Vgl.: http://www.blueprints.de/anregungen/beruf/zielvereinbarung.html – Stand: 19.03.2012.
[135] http://www.blueprints.de/anregungen/beruf/zielvereinbarung.html – Stand: 19.03.2012.

Anteil X zu erhöhen, oder ein Produkt mit größtem Kundennutzen zu schaffen, so dürften diese Ziele und auch die daraus abgeleiteten und vereinbarten Ziele den Zielsetzungen der Mitarbeiter entsprechen oder zumindest relativ nahe kommen, denn ein großer Marktanteil, Qualität, Kundenzufriedenheit usw. bedeuten auch Sicherung der Unternehmensexistenz und damit Sicherung von Arbeitsplätzen, höhere Einkommen, zusätzliche Erfolgsbeteiligungen usw.

Die Antwort auf die Frage, inwieweit und ob überhaupt die vereinbarten Ziele zu Arbeitsanweisungen führen, hängt eng mit dem praktizierten Führungsmodell zusammen. So sehen bspw. das Management by Objectives - teilweise, oder das Harzburger Modell - überwiegend, die Zielvereinbarung und somit die Mitsprache und Mitgestaltung durch Mitarbeiter als Führungsinstrument vor. Jedoch beinhaltet bereits das Management by Exception die Delegation von Entscheidungsbefugnissen für die Durchführung von Routineaufgaben, was zu einer Reduzierung von reinen Arbeitsanweisungen zumindest bei Führungspersonen beiträgt. Die oberste Unternehmensleitung nimmt Kontrollaufgaben wahr und greift nur in Ausnahmesituationen in den betrieblichen Entscheidungsprozess ein.[136]

Somit ergibt sich als Konsequenz, dass sämtliche Aufgaben, welche nicht rein Führungsaufgaben sind, an untere Instanzen delegiert werden. Das Ziel des Management by Exception liegt in der Entlastung der oberen Führungsebenen von Routineaufgaben mittels der Delegation von Entscheidungsbefugnis.[137] Eines der am häufigsten verwendeten Führungssysteme ist das Management by Objectives, die Führung durch Zielorientierung[138]. Die Hauptbestandteile[139] des Management by Objectives bestehen in der:

- Zielorientierung

- Zielüberprüfung / Zielanpassung

- Partizipation der Mitarbeiter an der Zielerarbeitung und Zielentscheidung

- Zielrealisationskontrolle / Leistungsbeurteilung durch Soll-Ist-Vergleich

Nachfolgend wird auf die einzelnen Führungsmodelle und deren Möglichkeiten näher eingegangen.

---

[136] Vgl.: Heinen, E.: Betriebswirtschaftliche Führungslehre. a.a.O.

[137] Vgl.: Kuhn, A.: Unternehmensführung. München, S. 168

[138] Hierzu vgl.: Kuhn, A.: Unternehmensführung. a.a.O., S. 169

[139] Vgl.: Kuhn, A.: Unternehmensführung. a.a.O., S. 170

3.6 Unternehmensvision als unternehmensbezogenes Leitbild

Durch die Unternehmensvision kann das Unternehmen bzw. die Organisation eine genaue Vorstellung darüber gewinnen, wie es in Zukunft aussehen soll. Durch die Unternehmensvision wird hierzu das Ziel wie auch die Richtung vorgeben. Eine Unternehmensvision ist langfristig aber in realistischer Weise absehbar, also erreichbar und keinesfalls utopisch.[140] [141]

Eine Unternehmensvision enthält qualitative und quantitative Elemente. Gleichzeitig ist eine Unternehmensvision herausfordernd. Dies ist erforderlich, dass sie dazu beiträgt, genügend Energien freizusetzen. Die Unternehmensvision postuliert jedoch keine Ziele, welche von der überwiegenden Mehrheit der Betroffenen etwa als unrealistisch bzw. unerreichbar erachtet werden. Auch wenn die Visionsentwicklung von der Unternehmensspitze ausgeht, ist es zwingend erforderlich, dass die Mitarbeiter integriert werden. Nur auf diese Weise ist es möglich, die erforderliche Akzeptanz und subjektiven Realismus zu sichern.[142] [143]

Eine Unternehmensvision kann nicht isoliert vom Unternehmen betrachtet werden. Die Vision sollte zum Unternehmen passen. Dies betrifft insbesondere:[144]

- die Unternehmensgeschichte,

- die Unternehmenskultur,

- die Unternehmensidentität.[145]

Daraus wird deutlich, dass die Entwicklung einer Vision stetes ein individuelles Vorgehen darstellt. Diese Entwicklung ist stark unternehmensbezogen. Sie kann nicht standardisiert erfolgen. Eine Vision kann nicht nach irgendwelchen Standardmustern erstellt werden. Sie hat die Besonderheiten und Eigentümlichkeiten des betreffenden Unternehmens und der damit in Verbindung stehenden Menschen zu berücksichtigen und sollte sich nach diesen ausrich-

---

[140] Vgl.: http://www.onpulson.de/themen/156/unternehmensvision/ - Stand: 07.03.2012.

[141] Vgl.: Simon, Hermann / von der Gathen, Andreas: Das große Handbuch der Strategieinstrumente. Werkzeuge für eine erfolgreiche Unternehmensführung. Frankfurt, 2012.

[142] Vgl.: http://www.onpulson.de/themen/156/unternehmensvision/ - Stand: 07.03.2012.

[143] Vgl.: Simon, Hermann / von der Gathen, Andreas: Das große Handbuch der Strategieinstrumente. Werkzeuge für eine erfolgreiche Unternehmensführung. Frankfurt, 2012.

[144] Vgl.: http://www.onpulson.de/themen/156/unternehmensvision/ - Stand: 07.03.2012.

[145] Vgl.: Simon, Hermann / von der Gathen, Andreas: Das große Handbuch der Strategieinstrumente. Werkzeuge für eine erfolgreiche Unternehmensführung. Frankfurt, 2012.

ten.[146] „Sich für eine Vision zu engagieren, stellt vermutlich eine der ältesten, natürlichsten und grundsätzlichsten Prinzipien der Menschheit dar."[147]

3.7 Tripple-Bottom-Line Ansatz

Mit dem Tripple-Bottom-Line Ansatz wird das Drei-Säulen-Modell aufgegriffen und es erfolgt die Herausbildung von drei Schwerpunkte für ein Nachhaltigkeitsmanagement.[148]

Abb. 10 Tripple-Bottom-Line Ansatz[149] [150] [151]

Normative Ebene
Unternehmenspolitik und Vision

Strategische Ebene
Strategie und Ziele zur Erfolgssicherung

Operative Ebene
Strategieumsetzung (Führungs-, Management- und Controllingsysteme)

---

[146] Vgl.: http://www.onpulson.de/themen/156/unternehmensvision/ - Stand: 07.03.2012.

[147] http://www.diomega.de/Vision – Stand: 15.03.2012.

[148] Vgl.: Elkington, John: Cannibals with Forks. The Triple Bottom Line of the 21st Century. Oxford: Capstone Publishing, 1998. In: Gminder, Carl Ulrich: Nachhaltigkeitsstrategien systematisch umsetzen. Exploration der Organisationsaufstellung als Managementmethode. Wiesbaden: Deutscher Universitäts-Verlag, 2006. S. 93.

[149] Quelle: http://www.nachhaltigkeitsmanagement.at/joomla/nachhaltigkeit/sustainability-management/15-tripple-bottom-line-ansatz-.html – Stand : 20.03.2012.

[150] Vgl.: Gminder, Carl Ulrich: Nachhaltigkeitsstrategien systematisch umsetzen. Exploration der Organisationsaufstellung als Managementmethode. Wiesbaden: Deutscher Universitäts-Verlag, 2006. S. 93 f.

[151] Vgl.: Elkington, John: Cannibals with Forks. The Triple Bottom Line of the 21st Century. Oxford: Capstone Publishing, 1998. In: Gminder, Carl Ulrich: Nachhaltigkeitsstrategien systematisch umsetzen. Exploration der Organisationsaufstellung als Managementmethode. Wiesbaden: Deutscher Universitäts-Verlag, 2006. S. 93.

Die dargestellte Pyramide besteht aus drei Ebenen:

- Die normative Ebene (Unternehmenspolitik und Vision)

- Die strategische Ebene (Strategie und Ziele zur Erfolgssicherung)

- Die operative Ebene / Strategieumsetzung (Führungs-, Management- und Controllinginstrumente)

- „Die normative Ebene definiert die Unternehmensvision und –politik und gibt auf diese Weise den Mitarbeitern und dem Management Orientierung indem bestimmte Werthaltungen und die Unternehmenskultur implementiert werden.

- Die strategische Ebene definiert die Unternehmensstrategie sowie mögliche Detailstrategien wie z.B. Marketing, Finanz-, Umwelt- oder Sozialstrategie. Die Strategien sind Ziele, welche den Erfolg des Unternehmens mittel- bis langfristig garantieren sollen.

- Die operative Ebene beinhaltet die Operationalisierung der strategischen Ebene, d.h. die Implementierung der Strategie in Strukturen, Prozessen und Aktivitäten des Unternehmens, diese können z.B. Führungs-, Controlling oder Managementsysteme sein und die Umsetzung einer Ablauf- und Aufbauorganisation."[152] [153]

Durch den Tripple-Bottom-Line Ansatz wird die Notwendigkeit aufgezeigt, dass die Nachhaltigkeit auf sämtlichen Ebene des Unternehmens zu implementieren ist.[154]

3.8 Strategieentwicklung - Verfahren der Strategie, Entwicklung und Unternehmenspyramide

Es bestehen verschiedene qualifizierte und bewährte Verfahren der Strategieentwicklung und Managementverfahren für die Strategieentwicklung in der Praxis.[155]

---

[152] http://www.nachhaltigkeitsmanagement.at/joomla/nachhaltigkeit/sustainability-management/15-tripple-bottom-line-ansatz-.html – Stand: 20.03.2012.

[153] Vgl.: Gminder, Carl Ulrich: Nachhaltigkeitsstrategien systematisch umsetzen. Exploration der Organisationsaufstellung als Managementmethode. Wiesbaden: Deutscher Universitäts-Verlag, 2006. S. 93 f.

[154] Vgl.: http://www.nachhaltigkeitsmanagement.at/joomla/nachhaltigkeit/sustainability-management/15-tripple-bottom-line-ansatz-.html – Stand: 20.03.2012.

[155] Vgl.: http://www.fronzekcoaching.de/strategie.htm – Stand: 16.03.2012.

Weit verbreitete Verfahrensansätze der Strategieentwicklung sind bspw.:

- die optimale Positionierung des Unternehmens im Wettbewerb,

- die Steigerung der Wettbewerbsfähigkeit,

- die dauerhafte Sicherung des Unternehmenserfolges,

- die Verbesserung der wirtschaftlichen Effizienz,

- die Entwicklung und Evaluierung strategischer Zukunftsoptionen,

- die Pilotierung von Durchbruchsprojekten,

- die Methodenausstattung und

- die Moderation des Strategieprozesses.[156]

Die Verfahren sind infolge ihrer Komplexität und ihres Umfangs mit hohem Anwendungsaufwand verbunden. Zur richtigen Anwendung der Verfahren wird eine entsprechende Ausbildung vorausgesetzt. Zudem bedarf einer Einführung der Verfahren im Unternehmen. Die in diesem Zusammenhang entstehenden Kosten fallen vor allem bei kleinen und mittleren Unternehmen (KMU) ins Gewicht.[157]

Im Bereich der Psychologie wurde die Unternehmenspyramide entwickelt. Diese gründet auf den "logischen Ebenen" auf dem Ansatz von Dilts. Durch diese Ebenen lässt sich aus der psychologischen Sicht die Gesamtheit des einzelnen Menschen erfassen. Die Unternehmenspyramide eignet sich besonders für die Strategieentwicklung von Einzel- und Kleinunternehmen (KMU). Sie gilt als logische ‚Strukturierung' eines Unternehmens entsprechend der "logischen Ebenen". Die Pyramide beinhaltet vier Ebenen "Softfacts" sowie fünf Ebenen "Hardfacts".[158]

---

[156] Vgl.: http://www.fronzekcoaching.de/strategie.htm – Stand: 16.03.2012.

[157] Vgl.: http://www.fronzekcoaching.de/strategie.htm – Stand: 16.03.2012.

[158] Vgl.: http://www.fronzekcoaching.de/strategie.htm – Stand: 16.03.2012.

Abb. 11 Unternehmenspyramide zur Strategieentwicklung[159]

Zu den Softfacts gehören:[160]

- die Unternehmensvision,

- die Identität,

- die Unternehmenswerte und

- die Grundüberzeugungen

Unter die Hardfacts fallen:[161]

- die strategischen Ziele,

- die operativen Ziele,

- die besonderen Fähigkeiten und

- die Tätigkeiten.

---

[159] Quelle: http://www.fronzekcoaching.de/strategie.htm – Stand: 16.03.2012.

[160] Vgl.: http://www.fronzekcoaching.de/strategie.htm – Stand: 16.03.2012.

[161] Vgl.: http://www.fronzekcoaching.de/strategie.htm – Stand: 16.03.2012.

Im Verfahrensverlauf erfolgt die Etablierung der Unternehmensvision in einem oder auch mehreren Gesprächen. Im Anschluss daran werden das Identitätsgefühl, die persönlichen oder unternehmenseigenen Werte und positiven Glaubenssätze herausgestellt. Diese werden jeweils in gegenseitige Beziehung gesetzt. Das Verfahrensziel besteht in der Erreichung einer Kongruenz im unternehmerischen Handeln.[162]

3.9 Vision und Leitbild

„Nur wenn alle an einem Strang in die gleiche Richtung ziehen, kann ein Wettbewerb gewonnen werden."[163]

Abb. 12 Vision und Leitbild[164]

3.10 Unternehmensstrategie und Ziele – Unternehmensvision und erfolgreiche Unternehmensentwicklung

Zwischen der Unternehmensvision, den Unternehmenszielen, den Geschäftsprozessen und den zur Zielerreichung erforderlichen Projekten ist eine nachvollziehbare und ausgewogene Beziehung herzustellen. Hierzu kann eine unternehmensindividuelle Adoption der Kerninhalte der Balanced Scorecard herangezogen werden. Durch ein straffes Multiprojektmanagement[165] lässt

---

[162] Vgl.: http://www.fronzekcoaching.de/strategie.htm – Stand: 16.03.2012.

[163] http://www.tps-beratung.de/managementberatung.html – Stand: 17.03.2012.

[164] Quelle: http://www.tps-beratung.de/managementberatung.html – Stand: 17.03.2012.

[165] Vgl.:http://www.tauberconsult.de/sites/index.php?link=Beratungsschwerpunkte&sub= Unternehmensstrategie%20und%20Ziele – Stand: 18.03.2012.

sich die Erreichung der Ziele absichern. Gleichzeitig wird erreicht, dass alle Unternehmensanstrengungen synchron den Unternehmenszielen folgen.[166]

Abb. 13 Unternehmensvision und erfolgreiche Unternehmensentwicklung (Tauberconsult)[167]

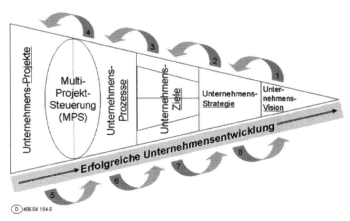

3.11 Von der Unternehmensvision zum Unternehmensziel

Jedes Unternehmen, jede Organisation braucht eine Zukunftsperspektive, Ziele bzw. eine Vision. Kolumbus verfolgte seine Vision, Indien über den Seeweg zu erreichen. Dabei entdeckte er Amerika. Bei Unternehmen und Organisationen verhält es sich oft in ähnlicher Weise. Sie verfolgen eine Vision und schaffen dabei eine Innovation, eine neues Produkt oder eine Dienstleistung. Neben der Vision benötigen die Unternehmen jedoch auch daraus abgeleitete Strategien sowie konkrete Ziele.[168]

Auch im Kontext des Aufbaus von Managementsystemen und der Weiterentwicklung bspw. in Richtung Total Quality Management (EFQM-Modell) besteht häufig keine einheitliche Auffassung darüber, was unter den einzelnen Begriffen zu verstehen ist. Dies liegt häufig auch daran, dass bereits in der Literatur keine einheitliche Begriffsverwendung besteht. Zahlreiche Begriffe über-

---

[166] Vgl.:http://www.tauberconsult.de/sites/index.php?link=Beratungsschwerpunkte&sub=Unternehmensstrategie%20und%20Ziele – Stand: 18.03.2012.

[167] Quelle: http://www.tauberconsult.de/sites/index.php?link=Beratungsschwerpunkte&sub=Unternehmensstrategie%20und%20Ziele – Stand: 18.03.2012.

[168] Vgl.: http://www.denkeler-qm.de/Artikel/Vision/vision.htm Stand: 18.03.2012.

schneiden sich – zumindest in Teilmengen. Vor diesem Hintergrund wird die Wichtigkeit und Notwendigkeit deutlich, welche dafür sprechen, dass möglichst im Vorfeld zu klären ist, welche Begriffe relevant sind, welche Begriffe Anwendung finden sollen und wie diese genau definiert sind.[169]

Definition Vision

„Die Vision ist eine Beschreibung, wie etwas in Zukunft sein soll, insbesondere die Beschreibung der langfristigen Unternehmensentwicklung als Orientierung für die Unternehmensstrategie. Eine Vision bezeichnet ein langfristiges Ziel für die nächsten fünf bis zehn Jahre und soll zu einer deutlichen Stärkung der Organisation gegenüber der Konkurrenz führen. Visionen dienen auch dazu, Werte für die Kunden (Kundenzufriedenheit) und für die Eigentümer zu schaffen. Das Ziel einer Vision kann zwar hoch gesteckt sein, sollte aber den Bezug zur Realität nicht verlieren."[170]

Definition Mission

„Eine Mission ist eine Formulierung, die den Zweck der Organisation beschreibt. Sie legt dar, warum eine Organisation existiert. Mission und Vision sind von den Führungskräften als Basis für Exzellenz zu erarbeiten. Exzellenz steht im EFQM-Modell für überragende Praktiken in der Führung einer Organisation und beim Erzielen von Ergebnissen. Vision und Mission wird teilweise gleichbedeutend mit "Leitbild" verwendet. Kolumbus' Mission war es den Seeweg nach Indien zu entdecken, seine Vision das Entstehen eines Handelsimperiums. Der Versuch der Realisierung einer Vision schließt die Möglichkeit des Irrtums ein, aber man fängt an, sich zu bewegen."[171]

Definition Werte

„Werte haben oft einen stärkeren Einfluß als formale Anweisungen. Sie bestimmen, welche Denk- und Verhaltensmuster innerhalb einer Organisation als wünschenswert gelten. Da Unternehmen keine geschlossenen Systeme sind, sondern vom Austausch mit ihrer Umwelt leben, müssen sie sich mit Wertveränderungen auseinandersetzen."[172]

---

[169] Vgl.: http://www.denkeler-qm.de/Artikel/Vision/vision.htm Stand: 18.03.2012.

[170] http://www.denkeler-qm.de/Artikel/Vision/vision.htm Stand: 18.03.2012.

[171] http://www.denkeler-qm.de/Artikel/Vision/vision.htm Stand: 18.03.2012.

[172] http://www.denkeler-qm.de/Artikel/Vision/vision.htm Stand: 18.03.2012.

Definition Strategie

„Unternehmensstrategie ist das langfristig orientierte Vorgehen in grundlegenden Fragen sowie die Verfolgung der strategischen Ziele über einen länger als drei Jahre währenden Zeithorizont. Taktische Ziele verfolgt man für die nächsten ein bis drei Jahre und die operativen Ziele innerhalb des laufenden Geschäftsjahres."[173]

Definition Unternehmenspolitik und Qualitätspolitik

„Unter dem Begriff Unternehmenspolitik versteht man eine beständige Festlegung von Zielen, Strategien, Maßnahmen und Ressourcenzuordnungen, die richtungsweisend für alle Unternehmensentscheidungen sind. Qualitätspolitik ist die übergeordnete Absicht und Ausrichtung einer Organisation zur Qualität, wie sie von der obersten Leitung formell ausgedrückt wird. Generell steht die Qualitätspolitik mit der übergeordneten Politik der Organisation in Einklang und bildet den Rahmen für die Festlegung von Qualitätszielen."[174]

Definition Ziele und Qualitätsziele

„Unter einem Ziel versteht man einen angestrebten zukünftigen Zustand oder eine vorgestellte Realität aufgrund eigenen Handelns. Ziele geben dem Handeln Orientierung, legen fest, "Was" (Ergebnis) erreicht werden soll, ohne das "Wie" (Verfahren) vorzugeben. Ziele können nach Zeitbezug und Bedeutung unterschieden werden in operative, taktische und strategische Ziele. Ziele können konkreter (meßbar) oder eher nur als Orientierung formuliert sein (Leitbilder, Visionen, Qualitätspolitik). Ein Qualitätsziel ist etwas bezüglich Qualität Angestrebtes oder zu Erreichendes. Hier sind immer konkret abrechenbare Ziele gemeint. Für das Festlegen und Bewerten von Qualitätszielen bietet die Qualitätspolitik einen entsprechenden Rahmen."[175]

---

[173] http://www.denkeler-qm.de/Artikel/Vision/vision.htm Stand: 18.03.2012.
[174] http://www.denkeler-qm.de/Artikel/Vision/vision.htm Stand: 18.03.2012.
[175] http://www.denkeler-qm.de/Artikel/Vision/vision.htm Stand: 18.03.2012.

Abb. 14 Von der Unternehmensvision zum Unternehmensziel (F. Denkeler)[176]

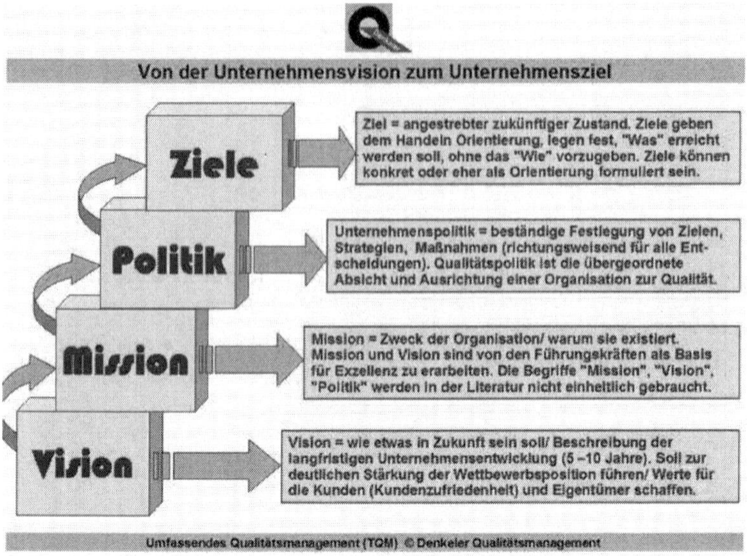

3.12 Vision - Strategie - Ziel - Leitbild

„In der Unternehmensführung werden aus der Vision geeignete Strategien (Unternehmensstrategien) und Ziele (Unternehmensziele) abgeleitet, welche zum Unternehmenserfolg führen sollen. In kleineren Firmen wird eine Vision in der Regel nicht schriftlich festgehalten, sondern dient lediglich als ein vom Unternehmer gedachtes Bild des Unternehmens in der Zukunft. Im Gegensatz dazu wird in größeren Unternehmen eine Vision in ein so genanntes Leitbild (Unternehmensleitbild) umgesetzt. In schriftlicher Form dient es dazu, die Leitplanken zu setzen, die zum erfolgreichen Unternehmen in der Zukunft führen. Dieses Leitbild wird bei möglichst vielen Führungskräften und Mitarbeitern sowie weiteren Anspruchsgruppen bekannt gemacht."[177]

„Ein Leitbild enthält Aussagen zur angestrebten Kultur im Unternehmen. Es beschreibt wichtige Elemente der Unternehmensstrategie und stellt die Verbindung von gewachsenem Selbstverständnis, der Unternehmensphilosophie

---

[176] Quelle: Denkeler, Friedhelm: http://www.denkeler-qm.de/Artikel/Vision/mission.htm – Stand: 18.03.2012.

[177] Vgl.: http://encyclopedie-de.snyke.com/articles/vision.html - Stand: 02.03.2012.

und der beabsichtigten Entwicklung, den Unternehmenszielen eines Unternehmens dar."[178]

Der Kunde als Unternehmensleitbild:

"Ein Kunde ist die wichtigste Person im Unternehmen, ganz gleich, ob er persönlich da ist, schreibt oder telefoniert. Ein Kunde hängt nicht vom Unternehmen ab, sondern das Unternehmen vom Kunden. Ein Kunde ist keine Unterbrechung der Arbeit, er ist vielmehr deren Sinn und Zweck. Die Mitarbeiter des Unternehmens tun ihm keinen Gefallen, indem sie ihn bedienen, sondern er tut dem Unternehmen einen Gefallen, indem er ihm Gelegenheit dazu gibt, es zu tun. Ein Kunde ist kein Aussenstehender, sondern ein lebendiger Teil des Geschäfts. Ein Kunde ist auch nicht jemand, mit dem man ein Streitgespräch führt oder seinen Intellekt misst. Es gibt niemanden, der je einen Streit mit einem Kunden gewonnen hätte. Ein Kunde ist einer, der dem Unternehmen seine Wünsche bringt. Die Aufgabe des Unternehmens ist es, diese Wünsche gewinnbringend für ihn und sich selbst zu erfüllen."[179]

Der Begriff Leitbild stammt ursprünglich aus der Raumplanung. Unter einem Leitbild versteht sich ein grobes Bild einer angestrebten Zukunft. Durch dieses erfolgt die Koordination des Handelns auf dieses Ziel hin. Mit Leitbildern können die Teilziele von einzelnen Sachgebiete oder Abteilungen bei arbeitsteiligen Prozessen und Organisationen koordiniert werden. Ein Leitbild übt eine Orientierungsfunktion für die Entscheider und die Öffentlichkeit aus. Die Bestandteile eines Leitbildes sind Leitidee, Leitsätze und Motto. An die Leitbildentwicklung wird die Anforderung der Effektivität gestellt. Es soll eine hohe Beteiligung, möglichst aller Mitarbeiter erreicht werden.[180]

3.13 Unternehmensstrategie

„Die Unternehmensstrategie ist ein genauer, langfristiger Plan des Vorgehens, um die definierten Ziele eines Unternehmens, die so genannten Unternehmensziele, zu erreichen. Mittels der Unternehmensstrategie werden die fünf Grundfragen eines Unternehmens beantwortet:

1. Warum ist das Unternehmen da? > *Welches ist das einzigartige Erfolgspotenzial (Differenzierungspotenzial) (Schlüssel) des Unternehmens?*

---

[178] http://encyclopedie-de.snyke.com/articles/leitbild.html - Stand: 05.03.2012.

[179] http://encyclopedie-de.snyke.com/articles/leitbild.html - Stand: 05.03.2012.

[180] Vgl.: http://encyclopedie-de.snyke.com/articles/leitbild.html - Stand: 05.03.2012.

2. Wofür ist das Unternehmen da? > *Für welche ganz bestimmte Kunden-gruppe (Schloss) kann das Unternehmen der beste Problemlöser sein?*

3. Wohin will das Unternehmen? > *Welche qualitativen und quantitativen Ziele will das Unternehmen erreichen?*

4. Wie erreicht das Unternehmen die gesetzten qualitativen und quantitativen Ziele? > *Welche Umsetzungsstrategie führt zur effektiven und effizienten Zielerreichung?*

5. Was behindert das Unternehmen im Moment am meisten an der Strategieumsetzung? > *Welcher aktuell brennendste Engpass blockiert die Strategieumsetzung?*

Die Beantwortung dieser fünf Strategiekernfragen erfordert neue Strategieinstrumente für den immateriellen Bereich des Unternehmens."[181]

„Die Unternehmensziele leiten sich aus der (Unternehmens-) Mission ab. Die Unternehmensmission wiederum leitet sich aus der (Unternehmens-) Vision ab. Aus Vision, Mission, Aktion ergibt sich die Motivation zur Gründung und Unterhaltung eines Unternehmens. Vision, Mission und Aktion bilden unter anderem auch eine Grundlage der Corporate Identity (CI), welches ihrerseits wiederum die definierte Unternehmensstrategie beinhaltet."[182]

Darüber hinaus besteht für das Verständnis von Unternehmensstrategie ein weiterer Ansatz im Strategischen Management. Dieser Ansatz zeichnet als Unternehmensstrategie das Muster bzw. die Regelmäßigkeiten, „die sich im Strom der Handlungen und Entscheidungen eines Unternehmens zeigen. Unternehmensstrategie wird in diesem Verständnis als emergentes Phänomen betrachtet, die sich dem Unternehmen bzw. seiner Führung in der Regel erst im Nachhinein offenbart."[183]

3.14 Unternehmensziel

Durch das Unternehmensziel werden die Entscheidungsregeln vorgegeben, entsprechend derer die Unternehmung handeln soll.[184]

---

[181] Vgl: http://encyclopedie-de.snyke.com/articles/unternehmensstrategie.html - Stand: 12.03.2012.

[182] http://encyclopedie-de.snyke.com/articles/leitbild.html - Stand: 05.03.2012.

[183] http://encyclopedie-de.snyke.com/articles/leitbild.html - Stand: 05.03.2012.

[184] Vgl.: http://encyclopedie-de.snyke.com/articles/unternehmensziel.html – Stand: 14.03.2012.

Die Bestimmung des Unternehmenszieles stellt eine wesentliche betriebliche Grundentscheidung dar. Meist werden diese Ziele durch die Unternehmensgründer bzw. durch die Kapitalgebern bestimmt. Für die Zielsetzung kann differenziert werden nach Oberziel, Zwischenziele und Unterziel.[185] Die Unternehmensziele lassen sich wie folgt aufteilen:

* Vertikale Gliederung

* Horizontale Gliederung

Die vertikale Gliederung differenziert zwischen Ober- Zwischen- und Unterziele (Teilziele). Sie füllt eine Rangordnung der Ziele. So sollen bspw. Oberziele durch die jeweils untergeordneten Ziele erreicht werden.[186]

Durch die horizontale Gliederung erfolgt eine Einteilung der Ziele u. a. entsprechend der nachfolgend exemplarisch aufgeführten Kategorien:

* „leistungswirtschaftlich, z.B. Marktanteile

* sozial, z.B. Schaffung von Probearbeitsplätzen

* ökologisch, z.B. Umweltschutz

* güterwirtschaftlich, z.B. hohes Qualitätsniveau (siehe auch: Güter, Qualität)

* führungsbezogen, z.B. gute Mitarbeiterführung

* finanzwirtschaftlich, z.B. Rentabiltität, Liquidität, Sicherheit, Unabhängigkeit von Geldgebern"[187]

Es existieren auch quantitative[188] Unternehmensziele und qualitative Unternehmensziele:

* Qualitative Unternehmensziele:
  Z.B. „minimaler Ressourcenverbrauch"[189]

* Quantitative Unternehmensziele:
  Z. B. "Erreichen eines Marktanteils von x Prozent"[190]

---

[185] Vgl.: http://encyclopedie-de.snyke.com/articles/unternehmensziel.html – Stand: 14.03.2012.

[186] Vgl.: http://encyclopedie-de.snyke.com/articles/unternehmensziel.html – Stand: 14.03.2012.

[187] http://encyclopedie-de.snyke.com/articles/unternehmensziel.html – Stand: 14.03.2012.

[188] Mit Zahlen messbar.

[189] http://encyclopedie-de.snyke.com/articles/unternehmensziel.html – Stand: 14.03.2012.

[190] http://encyclopedie-de.snyke.com/articles/unternehmensziel.html – Stand: 14.03.2012.

Unternehmensziele üben die folgenden Funktionen aus:

- „Entscheidungsfunktion

- Motivationsfunktion

- Kontrollfunktion (zum Überprüfen der Ergebnisse)

- Legitimationsfunktlion"[191]

---

[191] http://encyclopedie-de.snyke.com/articles/unternehmensziel.html – Stand: 14.03.2012.

4 Aufgabenorientierung und Wege zum Ziel aufzeigen

4.1 Weg und Ziel

Sind die Ziele vereinbart und richtig definiert, dann sind sie jedoch noch lnage nicht erreicht. Ziele sollten vor allem so vereinbart oder abgesteckt werden, dass sie auch erreichbar sind. Damit die Mitarbeiter ihre Aufgaben auch erfolgreich umsetzen können, ist ein realistisches Ziel zu bestimmen. Einerseits ist es meist erforderlich dass sich der Mitarbeiter für die Aufgabenerledigung anstrengen muss. Es gibt im Leben schließlich nichts umsonst und auch das Unternehmen muss wettbewerbsfähig sein und ist dadurch gezwungen, wirtschaftlich zu handeln. Jedoch ist grundsätzlich zu vermeiden, dass sich ein Mitarbeiter überanstrengen muss, um die geforderte Arbeit zu erledingen. Dauerstress ist zu vermeiden, da er gesundheitsschädlich ist. Es ist erforderlich, dass dem Mitarbeiter auch Wege zum Ziel bzw. zur Zielerreichung aufgezeigt werden.

Es ist weit mehr als eine philosopische Frage, ob es den richtigen oder falschen Weg zum Ziel (überhaupt) gibt. In vielen Fällen führen bestimmt viele verschiedene Wege auch zu enem bestimmten Ziel.

Oft gibt es den richtigen oder falschen Weg zur Zielerreichung nicht. Vielmehr gibt es „direkte Wege und Umwege, jedoch führen sie alle zu einem Ziel. Ob es das Ziel ist, welches ich mir am Anfang vorgestellt habe, ist nicht sicher. Sicher ist nur, auf so einem Weg werden viele Entscheidungen getroffen. Manche verkürzen die Strecke bis zum Ziel, andere machen den Weg bunter, spannender oder aufregender und führen sogar zu einem ganz anderen Ziel."[192]

Ein interssanter Gedanke ist, dass „jeder selbst, andauernd und immer wieder ein Wegweiser für andere ist."[193] Diese Erkenntnis und Feststellung gilt nicht nur für das Privatleben, sondern insbesondere auch in den Unternehmen, Organisationen bzw. Institutionen. Vor allem sind Führungskräfte grundsätzlich Wegweiser für andere, vor allem für die Mitarbeiter.

---

[192] Serbin, Lukas: Welcher Weg ist der richtige?
http://blog.scout24.com/2012/06/welcher-weg-ist-der-richtige/ - Stand: 03.08.2013.
[193] Serbin, Lukas: Welcher Weg ist der richtige?
http://blog.scout24.com/2012/06/welcher-weg-ist-der-richtige/ - Stand: 03.08.2013.

Eine weitere bedeutende Schlussfolgerung besteht darin, dass „jeder immer wieder Wegweiser braucht, um sich in der Welt zurechtzufinden."[194] Auch diese Schlussfolgerung gilt im Privatleben wie im Beruf. Wer am Arbeitsplatz komplexe Aufgaben zu erledigen hat, kommt immer wieder in Situationen, an welchen es zunächst so aussieht als wenn es nicht mehr weitergehen würde. Hier können „Wegweiser" wie bspw. Führungspersonen oder Arbeitskollegen bzw. Teammitglieder dabei helfen, kleinere Probleme zu lösen, den richtigen Weg oder einen der richtigen Lösungswege aufzeigen. Stimmt dann die Richtung wieder, so kann der Mitarbeiter innerhalb seines eigenen Handlungs- und Entscheidungsrahmens weiterwirken. In solchen Situationen kann sich ein Feedback durch die Führungsperson als sehr hilfreich erweisen. Es bringt den Mitarbeiter wieder auf den richtigen Weg und in die Lage, die Bearbeitung eigenständig im Sinne des angestrebten Zieles – im Idealfall des Unternehmenszieles weiterzuführen.

Eine weitere hilfreiche Schlussfolgerung besteht in der Erkenntniss, dass es hilfreich ist, „wenn mir verschiedene Wege aufgezeigt werden oder ich anderen Wege aufzeigen kann. Umso besser finde ich daher die Vorstellung, dass es keinen falschen Weg gibt.

Es gibt halt nicht nur einen Weg. Und ich bin froh, wenn mir Wegweiser helfen einen dieser Wege zu gehen, mich vielleicht sogar noch ein Stück begleiten. Letzten Endes muss aber jeder seinen eigenen Weg gehen, eigene Entscheidungen treffen und einen Fuß vor den anderen setzen. Denn wie sagt man so schön, der Weg ist das Ziel."[195]

Auch diese Erkenntnis ist im Privatleben wie auch im Beruf sehr hilfreich. Für den Mitarbeiter ist es wesentlich nützlicher und angehemer, wenn die Führungsperson ihm verschiedene Wege aufzeigt und der Mitarbeiter sich frei aussuchen kann, welchen Weg er für den besseren hält. Er wird von sich heraus den Weg gehen, welchen er für sinnvoller, besser oder einfacher hält. Der Mitarbeiter kann seine eigenen Vorstellungen und Ideen mit einfließen lassen, was auch wesentlich innovationsförderlicher ist, als eine feste Vorgabe der Zielerreichung. Allerdings sind manche Fehlwege und Fehler auch nützlich, wegen den damit verbundenen Lerneffekte. Der Mitarbeiter lernt daraus, dass er einen sochen Weg nie wieder versucht, oder den gleichen Fehler nie wieder

---

[194] Serbin, Lukas: Welcher Weg ist der richtige?
http://blog.scout24.com/2012/06/welcher-weg-ist-der-richtige/ - Stand: 03.08.2013.
[195] Serbin, Lukas: Welcher Weg ist der richtige?
http://blog.scout24.com/2012/06/welcher-weg-ist-der-richtige/ - Stand: 03.08.2013.

begeht. Allerdings ist es wichtig, dass ein Fehlweg oder eine Fehlrichtung frühzeitig erkannt und vermieden wird. Die Führungsperson wird ihn dabei gerne teilweise begleiten und ihn dabei unterstützen, auf dem richtigen Kurs zum Ziel zu bleiben. Der Mitarbeiter bekommt ein Feedback und kann sich sicher sein, dass er keinen falschen Weg beschreitet bzw. keinen Fehler begeht. Jeder sollte aber im Idealfall letzlich seinen eigenen Weg gehen und seine Entscheidungen selbst treffen (können). Auf diese Weise kann er sich oft im „Flow" befinden, was ihm Zufriedenheit verschafft. Dies bringt eine höhere Motivation, Engagement, Handlungssicherheit, Akzeptanz, Leistungsbereitschaft, Wohlbefinden / Gesundheit und letztlich das gewünschte Leistungsergebnis. Der Mitarbeiter wird konzentriert einen Fuß vor den Anderen setzen können und seinen Weg bis zum Ziel gehen. Der Weg ist das Ziel und wirklich wichtig ist, dass das Ziel erreicht wird. Freiräume sind für den Mitarbeiter wie Atemluft.

4.2 Gestaltung und Umsetzung der Unternehmensvision

> *"Wenn Du ein Schiff bauen willst, so trommle nicht Männer zusammen, die Holz beschaffen, Werkzeuge vorbereiten, Holz bearbeiten und zusammenfügen, sondern lehre sie die Sehnsucht nach dem weiten unendlichen Meer."*
>
> *Antoine de Saint-Exupéry*

Zu den zentralen Aufgaben des Top-Managements gehört, dass zur aktuellen Zeit passende Visionen entwickelt werden. Diese sind zu erkennen und umzusetzen. In manchen Fällen bedarf es auch der Geduld, um abzuwarten, bis die Zeit für die Umsetzung reif ist.[196]

Eine Vision bewirkt Orientierung. In den Visionen eines Unternehmens „müssen die langfristigen, unverrückbaren Ziele und Ideale formuliert sein. Sie sind der Polarstern, der die Orientierung ermöglicht. Eine Vision wechselt man nicht wie die Wäsche, sonst ist es keine Vision."[197]

---

[196] Vgl.: http://www.diomega.de/Vision – Stand: 15.03.2012.

[197] So Brücker-Botetti, Peter: Friedmann, Will/Brückner-Bozetti, Peter: Visionen machen Unternehmen erfolgreicher, leistungsfähiger und regenerationsfähiger: Eine Reflexion über die Notwendigkeit, Visionen zu entwickeln. Interview von VISION UND STRATEGIE © Transformationsberatung GmbH http://cc.bingj.com/cache.aspx?q=Definition+Vision&d=4523305218868130&mkt=de-DE&setlang=de-DE&w=29f73364,e2ebffed&icp=1&.intl=de&sig=t38VzKrU04eS5dJFlmik5g - Stand: 02.09.2011.

Das Visionsmanagement bezieht sich auf die Gestaltung und Umsetzung der Unternehmensvision. Hierzu wird eine Vorgehensweise entsprechend der nachfolgenden Schritte empfohlen:

"Was ist Visionsmanagement?

1. Seine Vision festzulegen.

2. Gedanken zum Vorgehen zu sammeln.

3. Die Gedanken logisch und zielgerichtet zu bündeln.

4. Risiken im Vorfeld zu ermitteln und abzuwägen.

5. Strategische Grundgedanken einfließen zu lassen."[198]

Visionen sind sowohl für Privatpersonen wie auch für Unternehmen und Organisationen, Parteien Verbände usw. bedeutend. Die Visionen bewirken, dass sich eine Person oder eine Personengruppe, Unternehmung, Organisation aus sich selbst heraus entwickelt bzw. in der Zukunft weiterentwickelt. Die Vision zeigt ein Bild bzw. Zielbild dessen, was angestrebt wird oder werden soll. Sie bietet zusätzlich Mut, Initialisierung, Aktivation, Anreize, Motivation, Perspektiven, und Unterstützung.

Für das Management stellen Visionen äußerst hilfreiche und wirkungsvolle Instrumente zur Gestaltung der Zukunft und für die Unternehmensführung dar. Im Management war der Begriff Vision über lange Zeit hinweg mit einer zwiespältigen Auffassung verbunden. Zunächst war es ein neuer Begriff. Er stand für künftige Veränderungen und wurde von den Betroffenen häufig als negativ aufgefasst. Mitarbeiter waren oft nicht hinreichend informiert und befürchteten negative Folgen der Veränderungen wie z. B. Arbeitsplatzverlust durch Rationalisierung usw. Es bestand also häufig ein nicht unbedenkliches Ausmaß an Verunsicherung, welches mit einer offenen Kommunikation hätte verhindert werden können. Andererseits werden Visionen auch positiv aufgefasst, vor allem dann, wenn sie zum Erfolg führen, führten oder wenn durch diese Erfolg erwartet wird. Ist eine Vision erfolgreich, so ist das Visionsmanagement ebenfalls erfolgreich und die Manager werden gelobt und bewundert. Eine erfolgreiche Vision ist der Wunsch jedes Unternehmens. Jedoch haben Beratungsfirmen u. a. standardisierte Konzepte verbreitet. Dies führte in der Praxis zu Problemen, da sich eine Vision nicht instrumentalisieren lässt.

---

[198] http://www.visionsmanagement.ch/ - Stand: 01.09.2011.

Eine Vision kann nicht von externen Beratern einfach vorgeschrieben oder fertig unterbreitet werden. Damit wären ggf. die Ideen, Vorschläge Phantasien, welche im Unternehmen selbst hervorgebracht werden und die Motivation zu Veränderungen verloren oder geblockt. An Visionen ist gemeinsam zu arbeiten. Visionen sind kommunikativ und kooperativ zu entwickeln. Die Beteiligten sollten diese Aufgabe gerne übernehmen und motiviert sein, gemeinsam einen neuen Weg in die Zukunft zu finden. Damit sind auch bedeutende Lerneffekte der beteiligten und der Organisation verbunden.

Das Management sollte sich genügend Zeit nehmen, um sich mit der Zukunft zu beschäftigen. Es muss dazu in der Lage sein, täglich auf Veränderungen des Umfeldes bzw. der Umweltbedingungen, der Marktgeschehnisse und Konkurrenzbeziehungen angemessen zu reagieren. Das Management sollte dazu in der Lage sein, im fortlaufenden Veränderungsprozess das kreative Potential zu nutzen und die hohen Potentiale, welche Visionen leisten können, sinnvoll zu nutzen. Die Manager sollten dafür sorgen, dass alles dafür getan wird, sich auf die Zukunft optimal vorzubereiten. Jedoch sollten die Visionen realistisch sein,

Die Unternehmensvision bewirkt, dass das Leben der Vision erreicht wird. Manager sollten die Vision selbst vorleben. Sie üben eine Vorbildfunktion aus. Dies hat insbesondere für das interne Leitbild weitreichende Konsequenzen.[199]

„Es kommen drei Dinge hinzu: Erstens fallen Visionen nicht vom Himmel. Sie haben in der Regel einen kreativen Vorlauf – und Kreativität bedeutet immer auch Anstrengung. Zweitens üben Visionen eine Anziehungskraft auf andere Menschen – z.B. Mitarbeiter – aus. Sie faszinieren uns. Und drittens fragen Visionen auch nicht danach, was heute möglich ist. Daher sind sie oft radikal, lösen Zweifel aus, manchmal polarisieren sie sogar."[200]

---

[199] Vgl.: http://www.sunternehmensentwicklung.de/vision-unternehmen.html
– Stand: 02.09.2011.

[200] So Brückner-Bozetti, Peter: Friedmann, Will/Brückner-Bozetti, Peter: Visionen machen Unternehmen erfolgreicher, leistungsfähiger und regenerationsfähiger: Eine Reflexion über die Notwendigkeit, Visionen zu entwickeln. Interview von VISION UND STRATEGIE © Transformationsberatung GmbH http://cc.bingj.com/cache.aspx?q=Definition+Vision&d =4523305218868130&mkt=de-DE&setlang=de-DE&w=29f73364,e2ebffed&icp=1&.intl= de&sig=t38VzKrU04eS5dJFlmik5g - Stand: 02.09.2011.

4.3 Ziele der Unternehmensvision

"Nichts ist so mächtig wie eine Idee, deren Zeit gekommen ist."

Victor Hugo

Für das Unternehmen weist die Vision die Richtung in die Zukunft aus. Durch die Vision sollen die gegenwärtigen Grenzen für die Zukunft überwunden werden. Sie dient der Förderung des aktiven Handelns. Dagegen soll reaktives Handeln vermindert werden.[201]

Entsprechend der Auffassung von Tom Peters soll eine Vision die klare sowie deutliche Entwicklungsrichtung ausweisen. Sie soll die Mitarbeiter lenken und diese mit Stolz erfüllen. Die Visionen bzw. Zukunftsbilder sollten sich nicht nur an Individuen richten, sondern es ist bedeutend, dass diese eine kollektive Kraft bewirken. Hierzu ist das Visionsmanagement erforderlich. Durch ist die gesamte Organisation zu motivieren und entsprechend der angepeilten Ziele zu steuern.[202]

Dadurch, dass das Unternehmen dazu gezwungen ist, Innovationen hervorzubringen und Leistungen zu steigern, werden Visionen verursacht. Die Visionen sind meist verknüpft mit Unternehmensleitsätzen oder Richtlinien. Häufig bestehen Führungsgrundsätze. Durch die Leitsätze der Vision werden sowohl die Richtung wie auch die Art der Verwirklichung der Vision vorgegeben. Die Vision besteht aus einem Zukunftsbild. Dieses soll von den Unternehmenszugehörigen angestrebt werden.[203]

Kennzeichnend für eine Vision sind die zwei Merkmale „Anschaulichkeit" und „Anziehungskraft".[204]

---

[201] Vgl.: Simon, Walter: GABALs großer METHODENKOFFER ZUKUNFT Konzepte, Methoden, Instrumente. GABAL, Offenbach, 2011. S. 47.

[202] Vgl.: Peters, Tom J./Austin, Nancy K.: A passion for excellence. The leadership difference, New York: Warner Books,1985, S. 284.

[203] Vgl.: Simon, Walter: GABALs großer METHODENKOFFER ZUKUNFT Konzepte, Methoden, Instrumente. GABAL, Offenbach, 2011. S. 47 f.

[204] Vgl.: Friedmann, Will/Brückner-Bozetti, Peter: Visionen machen Unternehmen erfolgreicher, leistungsfähiger und regenerationsfähiger: Eine Reflexion über die Notwendigkeit, Visionen zu entwickeln. Interview von VISION UND STRATEGIE © Transformationsberatung GmbH http://cc.bingj.com/cache.aspx?q=Definition+Vision&d=4523305218868130& mkt=de-DE&setlang=de-DE&w=29f73364,e2ebffed&icp=1&.intl=de&sig=t38VzKrU04eS5 dJFlmik5g - Stand: 02.09.2011.

4.4 Vorteile von Visionen / Visionsmanagement

"Wenn das Leben keine Vision hat, nach der man sich sehnt, die man verwirklichen möchte, dann gibt es auch kein Motiv, sich anzustrengen."

Erich Fromm

Durch die Vision kann den Menschen eine bildliche Vorstellung dessen, was in der Zukunft erreicht werden soll, gegeben werden. Für die Menschen sind Bilder von großer Bedeutung. Mit Symbolen und Bildern lässt sich häufig mehr erreichen als mit Worten. Bilder begünstigen die Vorstellungskraft. Die Idee muss zur materiellen Kraft werden. Das Visionsmanagement sollte die Visionen im Sinne von menschlichen Energien nutzen. Visionen gelten als Indikatoren und Antrieb dafür, dass das Management und die die Mitarbeiter die richtige Richtung verfolgen.[205] Durch Visionen werden Unternehmen erfolgreicher, leistungsfähiger und regenerationsfähiger.[206] Eine Studie[207] zu „visionären Unternehmen" erbrachte die folgenden Erkenntnisse:

- „Die schriftlich niedergelegte Unternehmensvision ist nicht von dominanter Wichtigkeit für den Erfolg eines Unternehmens.

- Um ein erfolgreiches Unternehmen zu gründen, bedarf es keiner großartigen Anfangsidee.

- Visionäre Unternehmen unterwerfen sich nicht der „Tyrannei des Oder", Sie entscheiden sich für die paradoxe Sicht des „Und".

- Sie zeichnen sich durch Experimentierfreude aus.

- Visionäre Unternehmen halten konstant an ihren Grundwerten fest.

---

[205] Vgl.: Simon, Walter: GABALs großer METHODENKOFFER ZUKUNFT Konzepte, Methoden, Instrumente. GABAL, Offenbach, 2011. S. 49.

[206] Vgl.: Friedmann, Will/Brückner-Bozetti, Peter: Visionen machen Unternehmen erfolgreicher, leistungsfähiger und regenerationsfähiger: Eine Reflexion über die Notwendigkeit, Visionen zu entwickeln. Interview von VISION UND STRATEGIE © Transformationsberatung GmbH
http://cc.bingj.com/cache.aspx?q=Definition+Vision&d=4523305218868130&mkt=de-DE&setlang=de-DE&w=29f73364,e2ebffed&icp=1&.intl=de&sig=t38VzKrU04eS5dJFlmik5g
- Stand: 02.09.2011.

[207] Collins, James C./Porras, Jerry, I. : Visionary companies. Visionen im Management. München, Artemis und Winkler 1995.

- Es bestehen keine „richtigen" Grundwerte. Zwei visionäre Unternehmen können verschiedene Philosophien haben und doch sehr erfolgreich sein.

- Visionäre Unternehmen rekrutieren ihre Manager in der Regel nach dem Grundsatz „Aufstieg vor Einstieg".

- Sie setzen riskante Ziele bewusst ein, um ihre Weiterentwicklung zu fördern. Das Management motiviert Mitarbeiter durch den Nervenkitzel, den riskante Ziele mit sich bringen.

- Es geht ihnen primär nicht darum, die Mitbewerber zu übertrumpfen, sondern sich immer wieder selbst zu überholen. In vielen visionären Unternehmen herrscht ein großer Konformitätsdruck."[208/209]

4.5 Voraussetzungen einer Unternehmensvision und Umsetzungsmöglichkeiten des Visionsmanagements

An eine Unternehmensvision werden bestimmte Anforderungen gestellt. Damit eine Vision auch erfüllt werden kann, und keine Utopie darstellt, sollten nach der Auffassung von Tom Peters die folgenden Voraussetzungen der Vision erfüllt sein:[210]

- Die Vision sollte inspirierend sein,

- klar und herausfordernd,

- dem Markt sinnvoll erscheinen,

- den Turbulenzen der Zeit und Welt standhalten,

- fortwährend herausgefordert und in ihren Grenzen angepasst wer den,

- Orientierungsfeuer sein und Halt bieten,

- vorrangig auf die Motivation der Mitarbeiter abzielen und sich erst danach an den Kunden orientieren,

---

[208] Vgl.: Simon, Walter: GABALs großer METHODENKOFFER ZUKUNFT Konzepte, Methoden, Instrumente. GABAL, Offenbach, 2011. S. 50.

[209] Collins, James C./Porras, Jerry, I. : Visionary companies. Visionen im Management. München, Artemis und Winkler 1995.

[210] Vgl.: Peters, Tom J./Austin, Nancy K.: A passion for excellence. The leadership difference, New York: Warner Books,1985, S. 285 f.

- Vorstellungen in den Köpfen der Angesprochenen erzeugen,

- im Detail realisiert werden, statt lediglich breit vertreten zu sein.

Anfang der 1990er Jahre war der Gedanke der Vision unter den Managern nicht weit verbreitet. Zu dieser Zeit lehnten entsprechend der Umfrageergebnisse einer Studie immerhin 93 % der Befragten das Visionsmanagement ab.[211]

Entsprechend der Studienergebnisse von Berth führen lediglich 12 % der Manager visionär orientiert. Offensichtlich ist der Typ des Visionärs unter den Managern nicht hoch vertreten, was die folgenden Ergebnisse der Studie von Berth verdeutlichen – Anteil der Managerpersönlichkeit:[212/213]

Reformsicherer Visionär   5 %

Systematischer Entdecker: 11 %

Vernünftiger Analysierer   32 %

Konservativer Anpasser: 11 %

Vorsichtiger Organisator: 22 %

Geschickter Macher: 9 %

Leitbild, Vision und Ziel werden entsprechend ihrer Konkretheit der Absicht differenziert. So wird die Absicht von der Vision bis zum operativen Ziel zunehmend konkreter.

Visionen müssen zu Zielen werden. Die Schritte, welche der Vision folgen ist die Strategie, die Folgeziele sind die Maßnahmen. Sind die Ziele qualifiziert, quantifiziert wie auch terminiert, so liegt dem Unternehmen ein Wegweiser für das Handeln vor. Für die Mitarbeiter besteht dann eine Richtschnur, nach welcher sich ihr Engagement ausrichten kann. Das Leitbild des Unternehmens ist vor- und zugeschaltet. Die Vision ist die grundlegende Botschaft, welche intern wie extern gilt.[214]

---

[211] Vgl.: Berth, Rolf: Erfolg. Überlegenheitsmanagement: 12 Mind-Profit-Strategien mit ausführlichem Testprogramm. Düsseldorf, Econ, 1995.

[212] Vgl.: Berth, Rolf: Erfolg. Überlegenheitsmanagement: 12 Mind-Profit-Strategien mit ausführlichem Testprogramm. Düsseldorf, Econ, 1995.

[213] Vgl.: Simon, Walter: GABALs großer METHODENKOFFER ZUKUNFT Konzepte, Methoden, Instrumente. GABAL, Offenbach, 2011. S. 51.

[214] Vgl.: Simon, Walter: GABALs großer METHODENKOFFER ZUKUNFT Konzepte, Methoden, Instrumente. GABAL, Offenbach, 2011. S. 51.

Im Allgemeinen stellt die Unternehmensvision eine bedeutende Determinante für den Leistungserfolg sowie für die Wettbewerbsfähigkeit des Unternehmens dar. Es ist erforderlich, dass sich die Unternehmensvision nach der Zukunftsentwicklung orientiert. Die Vision sollte systematisch im Unternehmensalltag gelebt und durch die Führungskräfte vorgelebt werden. Dadurch entstehen Motivationswirkungen, welche die notwendigen Kräfte fördern. Auch bei Dezentraler Organisation ist es dadurch möglich, dass die Aktivitäten entsprechend der gemeinsamen Ziele ausgerichtet werden.

„Bei einer Unternehmensvision handelt es um die Beschreibung eines zukünftigen erstrebenswerten Zustandes bzw. der zukünftigen Entwicklung eines Unternehmens. Sie soll einen positiven Sog auf die Menschen im Unternehmen (und teils außerhalb) ausüben. Sie ist jedoch so nicht konkret mit Terminen und Zahlen wie langfristige Ziele. Sie steht also wie ein Stern über dem Gebirge der Ziele. Die Unternehmensvision beschreibt meist mehr als nur den Kundenbereich, auch die Zusammenarbeit miteinander bis zu finanziellen Aspekten."[215]

Die Unternehmensvision übt die Funktion einer Richtschnur bzw. eines Kompasses aus. Sie ist zugleich eine wesentliche Antriebsquelle.

Die nachfolgende Tabelle zeigt einen Überblick dessen, was eine Unternehmensvision bewirken soll bzw. kann:

---

[215] Vgl.: http://www.sunternehmensentwicklung.de/vision-unternehmen.html – Stand: 02.09.2011.

Abb. 15 Wirkung und Nutzen / Vorteile der Unternehmensvision für das Unternehmen, Führungskräfte / Mitarbeiter und Kunden[216]

Für das Unternehmen	Für die Führungskräfte und Mitarbeiter	Für die Kunden
Mehr Engagement, weniger Fluktuation Möglichkeit, mehr Selbstverantwortung und Entscheidungsbefugnis zu übertragen. Damit auch weniger Stress und Belastung der Vorgesetzten, insbesondere des obersten Chefs. Mehr Innovation Insgesamt natürlich bessere wirtschaftliche Ergebnisse.	Mehr Identifikation und Stolz aller Mitarbeiter Motivation Spaß an der Arbeit Langfristige Ziele vor Augen Mehr Freiraum Sinn der eigenen Tätigkeit spüren	Einige Aspekte der Vision sind für die Kunden interessant. Insbesondere jedoch über die Vision hinaus die Unternehmensmission mit dem Anspruch, den das Unternehmen selbst an seinen eigenen Zweck stellt. Damit wird den Kunden klar, wofür das Unternehmen steht. Die Vision vermittelt Vertrauen.

„Visionen sind der Ausgangspunkt für Strategien: Wer nicht weiß, wohin er segeln will, für den ist jeder Wind günstig – nach dem Motto: Segeln wir mal los – wir werden schon irgendwo ankommen. Wenn ich z.b. eine Neubauentscheidung treffe aufgrund der Höhe der Fördermittel, die ich bekommen kann, dann ist darin weder eine Vision noch eine Strategie zu erkennen, sondern nur blanker Opportunismus. Mit der Folge, dass sich der Neubau dann nach wenigen Jahren als komplette Fehlinvestition erweisen kann."[217]

---

[216] Quelle: http://www.sunternehmensentwicklung.de/vision-unternehmen.html
– Stand: 02.09.2011.

[217] So Friedmann, Will: Friedmann, Will/Brückner-Bozetti, Peter: Visionen machen Unternehmen erfolgreicher, leistungsfähiger und regenerationsfähiger: Eine Reflexion über die Notwendigkeit, Visionen zu entwickeln. Interview von VISION UND STRATEGIE © Transformationsberatung GmbH http://cc.bingj.com/cache.aspx?q=Definition+Vision& d=4523305218868130&mkt=de-DE&setlang=de-DE&w=29f73364,e2ebffed&icp=1&.intl= de&sig=t38VzKrU04eS5dJFlmik5g - Stand: 02.09.2011.

Die Inhalte der Vision können durch die folgenden drei Begriffe näher einge-
grenzt werden:[218]

- Unternehmensmission

- Unternehmensvision

- Internes Leitbild

In der Literatur wie auch in der Praxis bestehen keine einheitlichen Begriffsbe-
stimmungen für Unternehmensmission, Unternehmensvision und Internes Leitbild. Die nachfolgende Darstellung bildet eine Begriffsabgrenzung und zeigt die
Inhalte der Vision auf: Unternehmensmission, Unternehmensvision und Internes
Leitbild:

Abb. 16 Begriffe und Inhalte der Vision: Unternehmensmission, Unternehmensvision und Internes Leitbild[219]

Allgemeine Visionsinhalte		
Unternehmens-mission	**Unternehmens-vision**	**Internes Leitbild**
Anspruch und Drang, z.B. der Beste auf dem Markt zu sein (Qualität, Innovation z.B.) Enthält die Einzigartigkeit des Unternehmens und sein Nutzenbieten. Es ist der oberste Unternehmenszweck.	Beschreibung der Zukunft mit ihren Ergebnissen in den Bereichen Kunden, Mitarbeiter, Organisatorische Gesundheit und Finanzen. Die Vision wird ergänzt um Aussagen über die angestrebte Entwicklung der betrieblichen Funktionen und der Organisation.	In der Regel wird dazu auch ein passendes Leitbild des Umgangs der Menschen untereinander, der Kommunikation und der Zusammenarbeit formuliert. Dieses interne Leitbild ist oft umfangreicher als die Visionsformulierung.

---

[218] Vgl.: http://www.sunternehmensentwicklung.de/vision-unternehmen.html
– Stand: 02.09.2011.

[219] Quelle: http://www.sunternehmensentwicklung.de/vision-unternehmen.html
– Stand: 02.09.2011.

Die Erarbeitung der Unternehmensvision stellt die Unternehmensleitung bzw. das Management vor eine verantwortungsvolle und zukunftsweisende Aufgabe. Sie ist gründlich vorzubereiten und bedarf einer systematischen Vorgehensweise. Grundsätzlich sollten sich Visionen auf den Stärken des Unternehmens stützen. Sie integrieren die Werte des Unternehmens. Maßgeblich ist der erforderliche Dialog zwischen Führungskräften und den Mitarbeitern. Der Dialog ist weit bedeutender als in Broschüren abgedruckte Visionstexte. Das Management sieht sich der Aufgabe gegenüber, dass diese Einbeziehung der Mitarbeiter entsprechend organisiert wird. Der Text der Visionsbeschreibung sollte passend und angeglichen sein mit der Unternehmenskultur sowie weiterer Realitäten. Bei erheblichen Abweichungen oder gar Übertreibungen besteht die Gefahr, dass die Vision nicht glaubwürdig kommuniziert wird. Die Folge kann eine Ablehnung der Vision sein. Wird die Vision nicht akzeptiert, besteht die Gefahr von Widerständen. Anstatt dass die Mitarbeiter die Vision mittragen und mit Engagement erfüllen, könnten sie diese blockieren.[220]

Faktisch ist jedes Unternehmen gefordert, infolge der spezifischen Gegebenheiten sowie der eigenen Unternehmensgröße den eigenen richtigen Weg zu suchen und zu bestimmen. Die Formulierung eines sinnvollen Visionstextes ist keine einfache Aufgabe. Der Text sollte die Menschen emotional ansprechen, sie zur Aktivität inspirieren. Hierzu muss die Vision auch glaubwürdig und überzeugend kommuniziert werden.[221] Nachfolgend befindet sich eine Übersicht mit Beispielen zur Formulierung der Unternehmensmission, Unternehmensvision und des Internen Leitbildes:

---

[220] Vgl.: http://www.sunternehmensentwicklung.de/vision-unternehmen.html
– Stand: 02.09.2011.

[221] Vgl.: http://www.sunternehmensentwicklung.de/vision-unternehmen.html
– Stand: 02.09.2011.

Abb. 17 Beispiele für Unternehmensmission, Unternehmensvision und Internes Leitbild[222]

Unternehmensmission	Unternehmensvision	Internes Leitbild
- Wir verkaufen Qualität zu günstigen Preisen. - Unsere Kunden wachsen schneller als der Wettbewerb. - Wir machen mobil. - Wir geben Ihrer Zukunft ein Zuhause. - Wir sind eine Bank, die zum Kunden kommt. - Wir bauen Autos ohne Abgase. - Medikamente ohne Nebenwirkungen. Je kürzer sich seine Mission quasi als Slogan fassen kann, umso besser! Hier etwas länger passend zum Beispiel 2: Wir arbeiten bei STELA dafür, dass elektrische Energie aus Solarmodulen zur Selbstverständlichkeit wird. Damit leisten wir nicht nur einen Beitrag zur Versorgungssicherheit unabhängig von Energieimporten und endlichen Ressourcen, sondern sind auch Mitgestalter einer zukunftsfähigen Gesellschaft.	Beispiel 1: Wir stellen der Bevölkerung ein Versorgungsniveau zur Verfügung, das zu den besten in Deutschland gehört. Gemeinsam mit unseren Gesellschafterverbänden entwickeln wir die Notfallversorgung ganzheitlich für alle haupt- und ehrenamtlichen Funktionen. Beispiel 2: Kompetenz ist das Markenversprechen, das unsere motivierten Mitarbeiter jeden Tag von neuem einlösen. Mit innovativen und langlebigen Produkten steigert STELA kontinuierlich seine Attraktivität als zuverlässiger Partner für Kunden und Investoren. Die Vision der Firmengründer und die Kreativität der Mitarbeiter sind Grundlage unseres Erfolgs und haben uns zum Technologieführer gemacht. Diese Position werden wir weiter ausbauen und so die Arbeitsplätze unserer Beschäftigten sichern.	Kommunikation: Vertraue Dir selbst und stelle dich deinen Konflikten, sei ehrlich, denn Transparenz schafft Vertrauen und Sicherheit. Informiere alle MA über wichtige Projekte, Kooperationen und Informationen. Regeln und Abläufe: Durch die Aktualisierung der Regeln / Abläufe folgen klare Strukturen und Positionen. Durch die Meldungspflicht entsteht eine stetige Kontrolle der Aufgabenverteilung. Konsequenter Arbeiten: Lerne zu delegieren und auch mal „NEIN" zu sagen. Lasse dich durch niemanden ablenken oder schaffe Dir eine ruhige Arbeitsphase. Teile deine Zeit und deine Aufgaben gut ein. Erstelle dir eine klare Zeitplanung und eine genaue Aufgabenaufteilung. Leistung und Gerechtigkeit: Definiere dir deine Ziele und setze dir dafür einen Zeitplan. Andere einbeziehen, mitnehmen: Überprüfe deine eigenen Denkmuster. Sprich offen zu jedem. Durch Teamarbeit sind wir stark.

---

[222] Quelle: http://www.sunternehmensentwicklung.de/vision-unternehmen.html – Stand: 02.09.2011.

Die oben aufgeführten Beispiele für Unternehmensmission, Unternehmensvision und Internes Leitbild stammen ursprünglich überwiegend aus öffentlichen Quellen und von verschiedenen Unternehmen. Es handelt sich um exemplarische Textasszüge, welche nicht den vollständigen Text enthalten.[223] Grundsätzlich stehen hinter jedem internen Leitbild die ausgearbeiteten Werte des Unternehmens. Sie werden häufig direkt auf sog. Wertekarten im Scheckkartenformat jedem Einzelnen in die Hand gegeben. Oft erfolgt zusätzlich der Aufdruck von Imperativen. So zum Beispiel:[224]

- „Ich bleibe immer am Ball,

- Ich freue mich auf jeden Kunden,

- Ich sehe Probleme als Herausforderung und Chance,

- Ich handle verantwortungsbewusst."[225]

Für die Erarbeitung der Vision gilt es, möglichst viele Mitarbeiter in die Visionsformulierung mit einzubeziehen. Bei der Umsetzung der Unternehmensvision sind dagegen die Aspekte bedeutend, dass:

- „die Mission und Vision weiter permanent zu kommunizieren

- diese und vor allem das interne Leitbild ständig von der Führung vorgelebt werden.

- Handeln und Entscheidungen im Alltag zu den Formulierungen und daraus abgeleiteten Strategien passen."[226]

Dadurch, dass die Werte die bedeutendsten Elemente der Unternehmenskultur sind, ist es für die Unternehmen vorteilhaft, die Mitarbeiter fortlaufend in der Umsetzung der Werte zu schulen. Dies ist insbesondere bei Neueinstellungen erforderlich.[227]

---

[223] Vgl.: http://www.sunternehmensentwicklung.de/vision-unternehmen.html – Stand: 02.09.2011.

[224] Vgl.: http://www.sunternehmensentwicklung.de/vision-unternehmen.html – Stand: 02.09.2011.

[225] Vgl.: http://www.sunternehmensentwicklung.de/vision-unternehmen.html – Stand: 02.09.2011.

[226] Vgl.: http://www.sunternehmensentwicklung.de/vision-unternehmen.html – Stand: 02.09.2011.

[227] Vgl.: http://www.sunternehmensentwicklung.de/vision-unternehmen.html – Stand: 02.09.2011.

4.6 Dimensionen und Entwicklung der

Unternehmensvision

Eine Unternehmensvision zeichnet sich durch zahlreiche Dimensionen aus. Für die Entwicklung einer Unternehmensvision können die nachfolgend aufgeführten Dimensionen eine Orientierungshilfe bieten:[228]

„1. Ziel und Richtungscharakter

2. Über den Tag hinaus

- qualitativ: nicht nur graduelle, sondern gravierende Änderungen

- zeitlich: genügend weit voraus, typischerweise 5 – 10 Jahre, oft auch länger

3. Zwischen Utopie und Realität

- Motivation durch ausreichende Herausforderung

- Glaube, dass gerade noch machbar

4. Kommunikation

- Voraussetzung für Umsetzung

5. Vorleben durch die Führung

- Nur dann glaubt die Mannschaft an die Vision

6. Personifikation

- Idealerweise personifiziert die Führung die Vision"[229]

4.7 Visionsfindung – Inhalte und Struktur der Unternehmensvision

Die Visionsfindung und insbesondere die Formulierung der Unternehmensvision stellt für viele Unternehmer eine Herausforderung dar. In der Praxis stellt sich deshalb häufig die Frage, was in der Unternehmensvision enthalten sein soll. Jedoch ist es nicht sinnvoll, eine Unternehmensvision nach einer vorgegebenen Musterlösung zu erstellen. Eine Unternehmensvision ist stets individuell, einzigartig, sie ist nach den Besonderheiten des Unternehmens und den zukünftigen Entwicklungen des Unternehmens und des Umfeldes ausgerich-

---

[228] Vgl.: Simon, Hermann / von der Gathen, Andreas: Das große Handbuch der Strategieinstrumente. Werkzeuge für eine erfolgreiche Unternehmensführung. Frankfurt, 2012.

[229] http://www.onpulson.de/themen/156/unternehmensvision/ - Stand: 07.03.2012.

tet. Die Vision muss für das betrachtete Unternehmen eigens gefunden werden. Dagegen sind etwaige Standardlösungen nicht möglich. Wenn solche existieren würden und zum Einsatz kämen, so würden sie nicht zum gewünschten Erfolg führen.[230]

Im Vorfeld der Visionsfindung kann so vorgegangen werden, dass zunächst alles aufgenommen wird, was der Unternehmer sich vorstellen kann. Die Folge ist, dass jeder seine individuelle Vision hat. So sind bspw. bei dem einen finanzielle Ziele enthalten, dagegen sind es bei einem anderen überwiegend die Ziele der persönlichen Fortentwicklung durch den Aufbau des Unternehmens.[231] Von zentraler Bedeutung ist in diesem Zusammenhang, dass die „unternehmerische Vision für ihren Schöpfer motivierend ist und er sich vorstellen kann, wie er sie umsetzt."[232] Faktisch kann die Umsetzung der Vision auch fordernd sein. Jedoch sollte diese überwiegend im Kontrollbereich des visionären Unternehmers liegen. Wenn also im konkreten Fall das Unternehmen der innovativste Betrieb seiner Branche sein soll oder dies werden möchte, so sind dazu auch Überlegungen erforderlich, wie die Weiterbildung im Bereich Innovationsmanagement erfolgen soll. Es bietet sich an, terminierte Teilziele im Umsetzungsplan festlegen.[233] Auch wenn die unternehmerische Vision nur bis zum Rand des Vorstellungsvermögens des Unternehmers reicht, ist sie dennoch hilfreich, dafür zu sorgen, dass das Unternehmen eine Richtung bekommt. In der Praxis erweitert sich im Laufe der Umsetzung das Vorstellungsvermögen. Die Vision wird zunehmend konkretisiert. In manchen Fällen ist es schwierig, eine Unternehmensvision ohne eine Struktur zu bilden. Die nachfolgende Struktur-Mindmap kann sich bei der Visionsfindung und -Formulierung als hilfreich erweisen.

---

[230] Vgl.: http://www.entscheiderblog.de/wp-content/uploads/2007/02/vision.gif – Stand : 20.03.2012.

[231] Vgl.: http://www.entscheiderblog.de/wp-content/uploads/2007/02/vision.gif – Stand : 20.03.2012.

[232] http://www.entscheiderblog.de/wp-content/uploads/2007/02/vision.gif – Stand : 20.03.2012.

[233] http://www.entscheiderblog.de/wp-content/uploads/2007/02/vision.gif – Stand : 20.03.2012.

Abb. 18 Struktur-Mindmap für die Unternehmensvision (von K.-J. Lietz)[234]

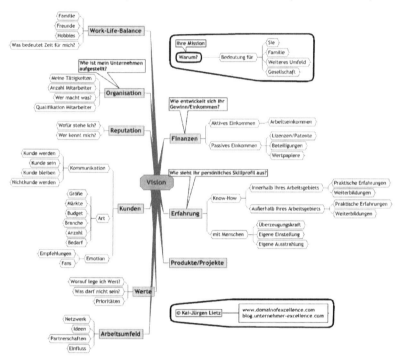

4.8 Unternehmensvision erfolgreich umsetzen

Die Entwicklung und Umsetzung einer Unternehmensvision stellt für die Unternehmensführung und alle im und für das Unternehmen tätigen Menschen eine große Herausforderung dar. Es stellen sich u. a. die folgenden Fragen:[235]

- „Wie kommt man zu einer Unternehmensvision?

- Wie geht man bei Entwicklung und Umsetzung vor?

- Wer ist dabei einzubeziehen?"[236]

---

[234] http://www.entscheiderblog.de/wp-content/uploads/2007/02/vision.gif – Stand : 20.03.2012.

[235] Vgl.: Simon, Hermann / von der Gathen, Andreas: Das große Handbuch der Strategieinstrumente. Werkzeuge für eine erfolgreiche Unternehmensführung. Frankfurt, 2012.

Da die Unternehmensvision für jedes Unternehmen individuell gefunden werden muss, ist es auch nicht möglich, auf diese bedeutenden und grundlegenden Fragestellungen Standardantworten zu erhalten. Für die Praxis konnten sich jedoch in den vergangenen Jahren gewisse Vorgehensweisen als durchaus erfolgversprechend bzw. sinnvoll oder zumindest als hilfreich erweisen.[237]

Im Idealfall wird die Entwicklung der Unternehmensvision nach einem systematischen Prozess durchgeführt, welcher eine erforderliche Flexibilität zulässt bzw. keinesfalls starr ist. Für die Entwicklung der Unternehmensvision kann ein Zeitraum erforderlich sein, welcher sich – je nach individuellen, unternehmensspezifischen Gegebenheiten, auf einige Tage bis zu mehreren Monaten erstreckt. I. d. R. beginnt die Entwicklung der Unternehmensvision an der Spitze, sog. „top-down" Vorgehensweise. Dies bedeutet, dass die Unternehmensspitze bzw. Unternehmensführung die Kerninhalte der Unternehmensvision vorgibt. Die Kerninhalte der Unternehmensvision werden in diesem Falle nicht über eine Abstimmung durch die Mitarbeiter bestimmt.[238] Es ist jedoch zu berücksichtigen, dass von der Unternehmensführung nicht lediglich eine „Verkündung" einer von oben vorgegebenen Unternehmensvision durchgeführt werden sollte. Es wird empfohlen, an die „Top-down-Prozessphase eine Bottom-up-Phase anzuschließen."[239]

Hierfür bietet sich die Vorgehensweise einer vorausgehenden Grobformulierung der Kerninhalte auf den nachgelagerten Ebenen zur Diskussion an. Dies kann in Form von Arbeitsgruppen oder Workshops erfolgen. Gleichzeitig wird die Zielsetzung verfolgt, die Akzeptanz zu prüfen. Zudem können die Inhalte kritisch hinterfragt und ergänzende Punkte aufgenommen werden. Je größer das Unternehmen, desto bedeutender sind diese Prozesse.[240] [241]

„Oftmals werden die Inhalte der Unternehmensvision, die von der Unternehmensführung vorgegeben werden, von den Leitungen der Geschäftsbereiche oder Untereinheiten nicht uneingeschränkt geteilt und mitgetragen. Diskrepanzen können dabei in beide Richtungen gehen. Manchmal halten die nachge-

---

[236] Vgl.: http://www.onpulson.de/themen/156/unternehmensvision/ - Stand: 07.03.2012.

[237] Vgl.: http://www.onpulson.de/themen/156/unternehmensvision/ - Stand: 07.03.2012.

[238] Vgl.: Simon, Hermann / von der Gathen, Andreas: Das große Handbuch der Strategieinstrumente. Werkzeuge für eine erfolgreiche Unternehmensführung. Frankfurt, 2012.

[239] http://www.onpulson.de/themen/156/unternehmensvision/ - Stand: 07.03.2012.

[240] Vgl.: http://www.onpulson.de/themen/156/unternehmensvision/ - Stand: 07.03.2012.

[241] Vgl.: Simon, Hermann / von der Gathen, Andreas: Das große Handbuch der Strategieinstrumente. Werkzeuge für eine erfolgreiche Unternehmensführung. Frankfurt, 2012.

ordneten Ebenen die von oben vorgegebenen Ziele für nicht erreichbar. Wir haben aber auch mehrfach in Großkonzernen erlebt, dass die Geschäftsbereiche ehrgeizigere Ziele formulierten als der Konzernvorstand. Wichtig kann auch die Prüfung durch einfache Mitarbeiter sein. Nicht selten werden die an der Spitze angedachten Aussagen als Schönfärberei entlarvt, die fernab der betrieblichen Realität liegt."[242]

Im Zusammenhang mit der Entwicklung und Umsetzung der Unternehmensvision besteht ein weiteres Risiko darin, dass die Unternehmensvisionen zu allgemein formuliert werden. Dies führt dazu, dass unverbindlich erscheinen. Diesbezüglich wird eine nähere Einbeziehung der Mitarbeiter in den Visionsprozess empfohlen.[243] [244]

Die Unternehmensvision sollte realistisch und machbar sein. Sie kann jedoch durchaus an die Grenzen des Machbaren oder der Vorstellungskraft (aus der heutigen Perspektive) gehen. Es sollte im Vorfeld jedoch geprüft werden, ob eine Vision wirklich durchführbar ist. In diesem Falle ist sie sinnvoll und deren Umsetzung kann mit voller Kraft angestrebt werden. Stellt sich eine Vision jedoch als absolute Utopie heraus bzw. weist das Bewertungsergebnis darauf hin, dass eine praktische Verwirklichung der Vision vollkommen unmöglich ist, so sollte die Vision entweder modifiziert werden oder es sollte eine neue Unternehmensvision gefunden werden:

Die Kunst liegt letztendlich darin, eine sinnvolle, gute Unternehmensvision von einer schlechten und vollkommen unrealistischen zu unterscheiden.

4.9 Entwicklung der Unternehmensvision

Durch die Vision wird eine klare Richtung vorgegeben. Sie veranschaulicht ein Zukunftsbild, welches besser ist, wie der gegenwärtige Zustand.

Die Unternehmensvision stellt als übergeordnetes Koordinationsinstrument die Ausgangslage für die Entwicklung von Mittelfristzielen und Jahresbudgets dar. Die Aufgabe der Unternehmensvision besteht in der Sicherstellung der Durch-

---

[242] http://www.onpulson.de/themen/156/unternehmensvision/ - Stand: 07.03.2012.

[243] Vgl.: http://www.onpulson.de/themen/156/unternehmensvision/ - Stand: 07.03.2012.

[244] Vgl.: Simon, Hermann / von der Gathen, Andreas: Das große Handbuch der Strategieinstrumente. Werkzeuge für eine erfolgreiche Unternehmensführung. Frankfurt, 2012.

gängigkeit der Zielsetzung. Nachfolgend werden die zentralen Merkmale der Unternehmensvision aufgeführt:[245]

- "Eine Vision mit einem 5 bis 10-Jahreshorizont muss auf einen 3-Jahres-Mittelfristplan und dann auf Jahresziele quer durch Hierarchien und funktionale Barrieren heruntergebrochen werden.

- Zudem sollte eine Vision die Mitarbeiter motivieren, die Zukunft aktiv zu gestalten. Die Kommunikation und das Erleben der Vision ist dabei Voraussetzung. Eine weitere wichtige Aufgabe in dieser Phase ist es, basierend auf der Vision Kriterien zur Auswahl von strategischen Alternativen zu formulieren. Sind diese klar, bevor Strategien entwickelt werden, so entsteht Prozessgerechtigkeit und die beteiligten Personen werden sich eher mit einer für sie negativen Strategievariante anfreunden können.

- Eine Vision gibt eine klare Richtung vor und zeigt ein Zukunftsbild auf, das besser ist als der aktuelle Status Quo. Sie ist die Ausgangslage für den Veränderungsprozess in der Firma."[246]

4.10 Unternehmensvision im Veränderungsprozess

Die Unternehmensvision ist häufig eng mit erforderlichen Veränderungsprozessen verbunden. Im Changeprozess kommt es meist zu Veränderungen, welche sich auf die Mitarbeiter auswirken, bzw. diese betreffen. Je nach Situation und Mitarbeiter können sich die Veränderungen auch als schwierig erweisen. Oft ist es erforderlich dass Mitarbeiter aus der gewohnten Routine ausbrechen. Sie müssen sich von der gewohnten Vorgehensweise lösen und neue Fähigkeiten erlernen, neue ungewohnte Wege gehen. Es kann vorkommen, dass sie auf Ressourcen verzichten müssen oder auch mit dem Risiko leben, dass sich ihr Arbeitsverhältnis künftig grundlegend ändert.[247]

Durch die Unternehmensvision sollten die Mitarbeiter motiviert werden. Sie sollten die für die Veränderung erforderlichen Strapazen bereitwillig auf sich nehmen. Hierzu ist eine breite Akzeptanz der Vision und der damit verbundenen Ziele erforderlich. Vor diesem Hintergrund sollte es gelingen, dass die ge-

---

[245] Vgl.: http://www.onpulson.de/themen/152/unternehmensstrategie-vision-und-langfristziele/ - Stand: 10.03.2012.

[246] http://www.onpulson.de/themen/152/unternehmensstrategie-vision-und-langfristziele/ - Stand: 10.03.2012.

[247] Vgl.: http://www.onpulson.de/themen/152/unternehmensstrategie-vision-und-langfristziele/ - Stand: 10.03.2012.

nerelle Zukunftsvision in langfristige Unternehmensziele übersetzt und auf Bereiche des jeweiligen Arbeitnehmers angewendet werden.[248]

Besteht ein Teil der Unternehmensvision z. B. darin, dass die Professionalität des Projektmanagements verbessert werden soll, dann wäre es erforderlich, dass jeder Einzelne versucht, die grob umrissene Vision für sich selbst bzw. für seinen Tätigkeitsbereich bzw. den Bereich seines Teams zu interpretieren. Dazu sind ggf. die folgenden Fragen hilfreich:

- „Wie manage ich Projekte?

- Was heißt Professionalität in meinem Bereich?

- Welche Systeme, Ressourcen und welches Know-how müs- sen aufgebaut werden, um die heutigen Defizite zu schließen?"[249]

Fragen dieser Art sind dazu hilfreich, um der Vision den erforderlichen „Sinn" zu verleihen. In der Praxis wenden viele Unternehmen jedoch nicht genügend Zeit dafür auf, um mit der Unternehmensvision zu arbeiten, dabei wäre die Übertragung der Vision auf den eigenen Arbeitsbereich von Bedeutung. Faktisch ist die Motivation eines Mitarbeiters dann höher, wenn dieser seinen eigenen Beitrag zum Gesamterfolg klar erkennt.[250]

4.11 Richtlinien zur Erstellung und Realisierung der Unternehmensvision

Für die Erstellung und Realisierung einer Unternehmensvision können sich die folgenden Richtlinien als hilfreich erweisen:

- „Benutzen Sie die Vision als übergeordnetes Koordinationsinstrument. Eine Vision kann helfen, vertikale (entlang der Hierarchieebenen) und horizontale (funktionsübergreifende) Koordination zu schaffen.

- In der heutigen Zeit der Instabilität müssen Sie den Balanceakt zwischen Flexibilität und Stabilität für Ihre Unternehmensvision finden.

---

[248] Vgl.: http://www.onpulson.de/themen/152/unternehmensstrategie-vision-und-langfristziele/ - Stand: 10.03.2012.

[249] http://www.onpulson.de/themen/152/unternehmensstrategie-vision-und-langfristziele/ - Stand: 10.03.2012.

[250] Vgl.: http://www.onpulson.de/themen/152/unternehmensstrategie-vision-und-langfristziele/ - Stand: 10.03.2012.

- Kreieren Sie ein Zukunftsbild, das reizvoll und machbar für alle ist. Das Ziel ist, dass sich alle Interessengruppen mit der Vision identifizieren können."[251]

Nach Venzin / Rasner / Mahnke[252] verläuft der Strategieprozesses entsprechend der folgenden neun Stufen:[253]

(1) Initiierung des Prozesses,

(2) Analyse des Marktes,

(3) Analyse der Firma,

(4) Entwicklung von Vision und

(5) Entwicklung von Langfristzielen,

(6) Entwicklung einer Unternehmensstrategie,

(7) einer Geschäftsbereichsstrategie und

(8) Entwicklung funktionaler Strategien, Strategieumsetzung und

(9) Leistungskontrolle.

4.12 Bedeutung der Unternehmensvision für den Mittelstand

Die Unternehmensvision zeigt auf, wo sich das Unternehmen in der Zukunft befinden kann oder soll. Infolge weit fortgeschrittener Globalisierung und gesättigter Märkte sowie sonstiger Veränderungen hat sich jedes Unternehmen, welches sich dem Wettbewerb stellen muss mit der zentralen Fragestellung zu beschäftigen:

„Wohin wollen wir uns entwickeln?"[254]

Für die Unternehmen stellt die Unternehmensvision auch eine bedeutende Voraussetzung dar für Delegation und die Förderung von Eigeninitiative. Dies gilt auch für die Verantwortungsübernahme. Vor allem für kleine Firmengruppen

---

[251] http://www.onpulson.de/themen/152/unternehmensstrategie-vision-und-langfristziele/ - Stand: 10.03.2012.

[252] Venzin, Markus / Rasner, Carsten / Mahnke, Volker: Der Strategieprozess. Praxishandbuch zur Umsetzung im Unternehmen. 2. Aufl. Frankfurt, 20110.

[253] Venzin, Markus / Rasner, Carsten / Mahnke, Volker: Der Strategieprozess. Praxishandbuch zur Umsetzung im Unternehmen. 2. Aufl. Frankfurt, 2010.

[254] Vgl.: http://www.sunternehmensentwicklung.de/vision-unternehmen.html - Stand: 02.09.2011.

bzw. kleine und mittelgroße Unternehmen erweist sich die Unternehmensvision als „besonders wichtig als 'Klammer' für die notwendige Selbständigkeit der jeweiligen Verantwortlichen."[255]

„Visionäre Unternehmen florieren über lange Zeiträume. Sie sind bedeutend leistungsfähiger und erfolgreicher als die jeweiligen Branchenfirmen. Sie erzielen bedeutend bessere Kapitalrenditen. Sie ziehen die besseren Mitarbeiter an. Auf einen kurzen Nenner gebracht: Sie sind die Besten der Besten."[256]

Zwar bleiben auch visionäre Unternehmen nicht von Krisen verschont, aber: „Visionäre Unternehmen besitzen eine erstaunliche Regenerationsfähigkeit."[257]

„Innovationen sind Neuerungen, z.B. neue Erfindungen. Eine Innovation löst ein Problem. Man kann durchaus innovativ sein, ohne visionär zu sein – das Erstaunliche ist jedoch, dass visionäre Unternehmen über eine höhere Innovationskraft verfügen als Durchschnittsfirmen."[258]

[255] Vgl.: http://www.sunternehmensentwicklung.de/vision-unternehmen.html – Stand: 02.09.2011.

[256] So Friedmann, Will: Friedmann, Will/Brückner-Bozetti, Peter: Visionen machen Unternehmen erfolgreicher, leistungsfähiger und regenerationsfähiger: Eine Reflexion über die Notwendigkeit, Visionen zu entwickeln. Interview von VISION UND STRATEGIE © Transformationsberatung GmbH http://cc.bingj.com/cache.aspx?q=Definition+Vision&d=4523305218868130&mkt=de-DE&setlang=de-DE&w=29f73364,e2ebffed&icp=1&.intl=de&sig=t 38VzKrU04eS5dJFlmik5g - Stand: 02.09.2011.

[257] So Brückner-Bozetti, Peter: Friedmann, Will/Brückner-Bozetti, Peter: Visionen machen Unternehmen erfolgreicher, leistungsfähiger und regenerationsfähiger: Eine Reflexion über die Notwendigkeit, Visionen zu entwickeln. Interview von VISION UND STRATEGIE © Transformationsberatung GmbH http://cc.bingj.com/cache.aspx?q=Definition+Vision&d=4523305218868130&mkt=de-DE&setlang=de-DE&w=29f73364,e2ebffed&icp=1&.intl=de&sig=t38VzKrU04eS5dJFlmik5g - Stand: 02.09.2011.

[258] So Friedmann, Will: Friedmann, Will/Brückner-Bozetti, Peter: Visionen machen Unternehmen erfolgreicher, leistungsfähiger und regenerationsfähiger: Eine Reflexion über die Notwendigkeit, Visionen zu entwickeln. Interview von VISION UND STRATEGIE © Transformationsberatung GmbH http://cc.bingj.com/cache.aspx?q=Definition+Vision&d=4523305218868130&mkt=de-DE&setlang=de-DE&w=29f73364,e2ebffed&icp=1&.intl=de&sig=t38VzKrU04eS5dJFlmik5g- Stand: 02.09.2011.

Abb. 19 Grundformen der betrieblichen Überwachung

Überwachung				
		Kontrolle		
		Kaufmännische Kontrolle		
		Zwangsläufige Kontrolle	Organisatorische Kontrolle	Dispositive Kontrolle
Interne Revision	Technische Revision	Im Arbeitsprozess integriert. Automatische Fehleranzeige. Bspw. Doppelte Buchführung, Gewährleistung der Gleichheit vermögens- und ertragsmäßiger Ergebnisse durch Buchung und Gegenbuchung. Programmierte Kontrolle, EDV-Überprüfung eingegebener Daten	Personelle Kontrolle 4-Augen-Prinzip: Die nachfolgenden Sachbearbeiter kontrollieren die Ergebnisse der Vorgänger. Bspw. Kassenprüfung, Rechnungsprüfung, Zahlungsanweisungen durch mehrere Personen.	Einfache Kontrolle durch Kontrollzeichen.Bspw. Nachweisbar gemachte Kontrolle durch Abhaken.

Die Kontrolle ist ein Führungsinstrument der Unternehmungsspitze. Durch den Vergleich von den geplanten mit den realisierten Werten erhalten die Unternehmensführungen die über die betriebliche Tätigkeit ermittelten Ergebnisse. Die Kontrolle in Form ständiger Routineüberwachungen ist in der obersten Hierarchieebene aktiv als Führungsinstrument im Einsatz. Sie wird als Glosbat-Unternehmenskontrolle i. d. R. als Soll-Ist-Vergleich zur Überwachung der Unternehmensergebnisse verwendet, kann aber auch in Form von Perioden verglichen werden oder zwischenbetrieblichen Vergleichen der Überwachung der Unternehmensergebnisse dienlich sein.

5 Aufgabenorientierung und das Strukturieren von Aufgaben

5.1 Komplexitätsreduktuion durch Teilaufgaben

In der Praxis erscheinen vor allem komplexe Aufgaben schwer lösbar und unübersichtlich zu sein. Bei umfangreichen und aufwendigen Aufgaben ist es meist schwieriger, Mitarbeiter zur Bearbeitung und Lösung zu motivieren. Es besteht die Gafahr, dass die Aufgabenlösung hinausgeschoben wird. Jedoch verlieren vor allem große Aufgaben durch eine Aufteilung in kleinere Teilaufgaben an Komplexität. Die Teilaufgaben können ihrerseits in noch kleinere Teilaufgaben aufgebrochen werden. Dadurch wird die Komplexität nochmals reduziert. Durch eine solche Vorgehensweise wird eine große unübersichtliche Aufgabe in kleinere überschaubare Teilaufgaben strukturiert. Die Teilaufgaben sind leichter zu erledigen als die Gesamtaufgabe als Ganzes. Für den Mitarbeiter scheint die Teilaufgabe besser zu bewältigen zu sein. Die Aufteilung der einzelnen Teilaufgaben führt zu schrittweisen Erfolgserlebnissen. Dadurch werden die Mitarbeiter dazu motiviert, die Bearbeitung weiterzuführen. Die Wahrscheinlichkeit zum Durchhalten der Bearbeitung der gesamten Aufgabe wird dadurch wesentlich erhöht. Auf diese Weise führt die Bearbeitung zum gewünschten Erfolg, zur Realisierung des angestrebten Ziels und letztlich zur Bewäligung der komplexen Aufgabe. Der Vorgehensweise liegt das Prinzip „Teile und Beherrsche" zugrunde. Der Begriff bzw. das Prinzip ist von lat. „divide et impera" abgeleitet. Entsprechend der sog. Salami-Taktik wird sinngemäß „die Wurst" in dünne Scheiben zerschnitten bis sie weg ist. Bereits im 17. Jahrhundert ist diese Vorgehensweise durch den französischen Philosophen Rene Descartes entdeckt worden. Descartes fasste diese Vorgehensweise in vier Grundregeln zusammen:[259]

1. Formuliere die Aufgaben schriftlich.

2. Zerlege die große Gesamtaufgabe in einzelne, kleine Teile.

3. Ordne die einzelnen Teilaufgaben nach Prioritäten und Terminen.

4. Erledige alle Aktivitäten und überprüfe das Ergebnis.[260]

---

[259] Vgl.: http://www.todo-liste.de/html/strukturieren.php – Stand: 03.08.2013.

[260] Vgl.: http://www.todo-liste.de/html/strukturieren.php – Stand: 03.08.2013.

Führungspersonen und Mitarbeiter sehen sich zunehmend der Erwartung einer weitgehend eigenständigen Bewältigung von komplexen Aufgabestellungen gegenüber. In diesem Kontext sind die Erarbeitung des Themas, der Zusammenhänge und der zu treffenden Entscheidungen von zentraler Bedeutung. Meist ist es erforderlich, hierfür vielfältige Informationen zu sichten, zu bewerten und zu verarbeiten. Zudem sind die Informationen auch für andere aufzubereiten. All diese Vorgänge werden meist neben den sonstigen tagesgeschäftlichen Arbeitsaufgaben erledigt.

Durch eine intensive Analyse und Strukturierung von Aufgaben lässt sich die Planung wesentlich vereinfachen. Zudem wird ein wesentlich effizienteres Vorgehen der Umsetzung von herausfordernden Aufgaben ermöglicht.[261]

5.2 Projekte strukturieren

Projekte und die damit verbundenen Arbeitsaufgaben sollten klar strukturiert und verteilt sein. Zur Projektstrukturierung kann der Projektstrukturplan PSP als hilfreiches Instrument herangezogen werden. Durch den Projektstrukturplan PSP wird die Projektstruktur dargestellt.

Projektstrukturplan PSP: „Der Projektstrukturplan selbst ist in der DIN 69901 als "Darstellung der Projektstruktur" definiert, er zeigt z. B. den Aufbau- und den Ablauf eines Projektes."[262]

Arbeitspakete: „Arbeitspakete sind die kleinsten sinnvollen Einheiten, in die ein Projekt zerlegt werden kann. Für jedes Arbeitspaket gibt es unmittelbar Verantwortliche (sogenannte Stakeholder), die auch genannt werden sollten."[263]

Projektbeteiligte /Stakeholder: „Stakeholder oder Projektbeteiligte sind alle Personen, die in irgend einer Weise betroffen sind. Die Definition des Begriffes

---

[261] Vgl.: Behnert, Angelika: Komplexe Aufgaben analysieren, strukturieren, umsetzen http://www.angelikabehnert.de/seminar/seminar-komplexe-aufgaben-analysieren-strukturieren-umsetzen – Stand: 01.08.2013.

[262] Landesakademie für Fortbildung und Personalentwicklung an Schulen. LehrerInnen Fortbildungsserver http://lehrerfortbildung-bw.de/kompetenzen/projektkompetenz/planung/projekt_strukturieren/begriffe/index.htm – Stand: 08.08.2013.

[263] Landesakademie für Fortbildung und Personalentwicklung an Schulen. LehrerInnen Fortbildungsserver http://lehrerfortbildung-bw.de/kompetenzen/projektkompetenz/planung/projekt_strukturieren/begriffe/index.htm – Stand: 08.08.2013.

Stakeholder stimmt hier im Wesentlichen mit dem Begriff des Projektbeteiligten der DIN 69905 überein."[264]

Mit dem PSP wird genau festgelegt, „welche Aufgaben die Projektteilnehmer zu erfüllen haben. Diese Festlegung geschieht in Form von Arbeitspaketen, die in sich geschlossene Aufgaben beschreiben."[265]

Abb. 20 Was ein Projektstrukturplan PSP klärt[266]

Ein Projektstrukturplan (PSP) klärt:

1. Was?	*Was ist zu tun?*
2. Wie?	*Wie werden wir es tun?*

- An dieser Stelle muss darauf geachtet werden, dass die Arbeitsbelastung für alle Gruppen ungefähr gleich groß ist. Für MitarbeiterInnen ist auf den ersten Blick die gleiche Anzahl von Arbeitspaketen ein Hinweis darauf, dass sie auch gleich viel arbeiten müssen.

- Es ist zu überlegen, ob der PSP allein von den Projektleitern oder – bei fortgeschrittenen Teams – schon in Zusammenarbeit mit den Teilnehmern erstellt wird.

- Die Strukturpläne müssen zum eigentlichen Projektstart fertig und von den Betreuern geprüft sein, da Schülerinnen und Schüler ggf. den Arbeitsumfang bzw. den damit verbundenen Zeitbedarf noch nicht richtig einschätzen können.[267]

---

[264] Landesakademie für Fortbildung und Personalentwicklung an Schulen. LehrerInnen Fortbildungsserver: Projekte strukturieren. http://lehrerfortbildung-bw.de/kompetenzen/projekt kompetenz/planung/projekt_strukturieren/begriffe/index.htm – Stand: 08.08.2013.

[265] Landesakademie für Fortbildung und Personalentwicklung an Schulen. LehrerInnen Fortbildungsserver: Projekte strukturieren. http://lehrerfortbildung-bw.de/kompetenzen/projekt kompetenz/planung/projekt_strukturieren/ - Stand: 14.08.2013.

[266] Landesakademie für Fortbildung und Personalentwicklung an Schulen. LehrerInnen Fortbildungsserver: Projekte strukturieren. http://lehrerfortbildung-bw.de/kompetenzen/projekt kompetenz/planung/projekt_strukturieren/ - Stand: 14.08.2013.

[267] Landesakademie für Fortbildung und Personalentwicklung an Schulen. LehrerInnen Fortbildungsserver: Projekte strukturieren. http://lehrerfortbildung-bw.de/kompetenzen/projekt kompetenz/planung/projekt_strukturieren/ - Stand: 14.08.2013.

Abb. 21 Einfaches Beispiel für einen Projektstrukturplan (PSP)[268]

	Tätigkeit	Stakeholderanalyse (Betroffene)
Arbeitspaket 1	Klärung der Aufgabenstellung, Erstellung eines Zeit- und Arbeitsplanes	Gruppe und Lehrkräfte
Arbeitspaket 2	Recherche im Internet, in der Tagespresse, in der Stadt-Bibliothek	Heinz, Sabine Franz, Günther Karl, Inga

Ein Projektstrukturplan kann auch mehrere „Teil-Projektstrukturpläne" der einzelnen Arbeitsgruppen enthalten. Auf diese Weise lassen sich bspw. Teilziele präzisieren bzw. abgrenzen.

Unter Aufgabe versteht sich ein „interdisziplinärer Grundbegriff, vergleichbar dem Begriff "Problem". Eine Aufgabe liegt dann vor, wenn zumindest Ausgangszustand, erwartetes Ergebnis (Ziel) und Arbeitsschritte (Methoden, Mittel, Arbeitsoperationen) bekannt sind. 1) Aufgabe im Sinne von Aufforderung zur Lösung einer Test-, Problemlösungsaufgabe (Test). 2) Aufgabe ist als Arbeitsauftrag bzw. dessen Interpretation oder Übernahme als Arbeitsaufgabe die "zentrale Kategorie einer psychologischen Tätigkeitsbeschreibung", weil mit der objektiven Logik seiner Inhalte entscheidende Festlegungen zur Regulation und Organisation der Tätigkeit erfolgen. Aufgabe ist als heuristischer Begriff zu verstehen, der dazu dient, Teilbereiche einer Position oder Tätigkeit zu umschreiben. Eine Aufgabe veranlaßt und steuert eine Arbeitstätigkeit. Durch die Arbeitsaufgabe werden an die ausführende Person Anforderungen herangetragen, denen sie mit ihren Leisltungsvoraussetzungen entsprechen muß (Anforderungen). Aufgabe als Schnittpunkt zwischen der Organisation und dem arbeitenden Menschen macht sie zum psychologisch relevantesten Teil der vorgegebenen Arbeitsbedingungen und gleichzeitig zum Fokus ar-

---

[268] Landesakademie für Fortbildung und Personalentwicklung an Schulen. LehrerInnen Fortbildungsserver: Projekte strukturieren. http://lehrerfortbildung-bw.de/kompetenzen/projekt kompetenz/planung/projekt_strukturieren/ - Stand: 14.08.2013.

beitspsychologischer Gestaltungskonzepte (Job Enrichment, Job Enlargment, Rob Rotation).“[269]

„Die einzelnen Aufgaben der Projektbeteiligten sind die "Elementarteilchen" des Projektes. Aus Sicht des Projektmanagers sind Aufgaben die kleinsten Arbeitseinheiten, die betrachtet werden. Je nach Umfang des Projektes liegt die Überwachung der Aufgabendurchführung in der Zuständigkeit des Projektleiters, Teilprojektleiters oder Arbeitspaketverantwortlichen. Die Liste aller Aufgaben eines Projektbeteiligten ist die Minimalform der Arbeitsanweisung an ihn.“[270]

5.3 Strukturierung interner Arbeitsabläufe

5.3.1 Problemstellung

Zur Strukturierung von internen alltäglichen Arbeitabläufen besteht die Möglichkeit der Verwendung von Checklisten und Arbeitsanweisungen. Diese können den jeweiligen Mitarbeitern die Vorgehensweise in einer bestimmten Situation beschreiben. Jedoch fallen in der Praxis häufig und auch wiederholt Anfragen oder Aufgaben an, für welche (noch) keine klaren Vorgehensweisen definiert sind. In desen Fällen stellen Ticket-Systeme und Wiki-Software hilfreiche Instrumente dar.[271]

5.3.2 Lösungsmöglickeiten

5.3.2.1 Ticket-System

In der Praxis fallen Bearbeitungen bspw. häufig Kundenanfragen an, für die eine weitere oder gar abschließende Vorgehensweise noch unklar ist. Aus diesem Grund nimmt bspw. ein Servicemitarbeiter die entsprechende Anfrage auf und erstellt ein Ticket. Oft stehen den Mitarbeitern schon hilfreiche Checklisten bereit. Ist dies nicht der Fall, so besteht ein Bedarf zur Improvisation. In der Folgebearbeitung setzen die Mitarbeiter das Ticket auf einen bestimmten Status. So z.B. „in Bearbeitung" oder „zu erledigen". Der Vorgang wird einem Mitarbeiter oder einer Abteilung zugewiesen. Die Mitarbeiter erhalten eine Information über das neue Ticket per E-Mail. Den Mitarbeitern ist es meist

---

[269] Psychology48 com Psychologie-Lexikon
http://www.psychology48.com/deu/d/aufgabe/aufgabe.htm – Stand: 30.07.2013.
[270] https://www.projektmagazin.de/glossarterm/aufgabe – Stand: 03.08.2013
[271] Vgl.: Hutter, Sabine: So strukturieren Sie interne Arbeitsabläufe besser. In: Gründerlexikon Artikel vom 08.08.2010. http://www.gruenderlexikon.de/magazin/so-strukturieren-sie-interne-arbeitsablaufe-besser – Stand: 05.08.2013.

mögich, auf die Informationen, welche bereits erfasst wurden, zuzugreifen. Den Mitarbeitern ist es mögich, das Ticket entsprechend zu bearbeiten. Im Anschluss an die erfolgreiche Bearbeitung kann das Ticket bspw. als „geschlossen" gekennzeichnet werden. Dies ist i. d. R. dann der Fall, wenn die Bearbeitung abgeschlossen ist, also dem Kunden die Lösung präsentiert worden ist und dieser ggf. noch einen Auftrag erteilt hat.[272]

5.3.2.2 Wiki-Software

Ist die Bearbeitung eines Tickets abgeschlossen, kann die Wiki- Software zum Einsatz kommen. Die Wiki-Software ist für die Nachbearbeitung hilfreich. Den Mitarbeitern ist es möglich, webbasierte Seiten in dieser Software zu erstellen. Durch Zugriffsrechteverwaltungen ist es mögich, dasss bestimmte ausgewählte Mitarbeiter einen Zugriff auf die Seiten gewährt wird.

Die beim vorliegenden Ticket praktizierte Vorgehensweise könnte künftig als Standardvorgehensweise für solche oder änliche Fälle herangezogen werden. Ergibt eine Überpfüfung, dass diese erfogversprechend und sinnvoll ist, so lassen sich auch entsprechende Vorgehens bzw. Arbeitsanweisungen und ggf. Checklisten erstellen. Auf diese Weise lässt sich die Struktur der Abläufe wesentlich verbessern. Es gilt, dass je besser die Mitarbeiter wissen, wie sie in einem bestimmten Fall reagieren können oder sollen, desto effizienter die Kundenanfrage bearbeitbar ist.[273]

Weitere Möglichkeiten bestehen darin, aus den erfolgreichen Vorgehensweisen abgeleitete Checklisten bspw. auf der Firmenhomepage zu veröffentlichen. Auf diese Weise ist es den Kunden möglich, zahlreiche Probleme weitestgehend selbst zu lösen. Sie können zumindest aber dazu beitragen, alle wichtigen Informationen zu einer Anfrage zu liefern. Dies stellt sicher, dass die Bearbeitung wesentlich schneller erfolgen kann. Auch das führt zur Verbesserung der Servicequalität und der Kundenzufriedenheit und ist gleichzeitig ein Ausdruck der Kundenorientierung.[274]

---

[272] Vgl.: Hutter, Sabine: So strukturieren Sie interne Arbeitsabläufe besser. In: Gründerlexikon Artikel vom 08.08.2010. http://www.gruenderlexikon.de/magazin/so-strukturieren-sie-interne-arbeitsablaufe-besser – Stand: 05.08.2013.

[273] Vgl.: Hutter, Sabine: So strukturieren Sie interne Arbeitsabläufe besser. In: Gründerlexikon Artikel vom 08.08.2010. http://www.gruenderlexikon.de/magazin/so-strukturieren-sie-interne-arbeitsablaufe-besser – Stand: 05.08.2013.

[274] Vgl.: Hutter, Sabine: So strukturieren Sie interne Arbeitsabläufe besser. In: Gründerlexikon Artikel vom 08.08.2010. http://www.gruenderlexikon.de/magazin/so-strukturieren-sie-interne-arbeitsablaufe-besser – Stand: 05.08.2013.

5.4 Aufgaben als Arbeitsabläufe strukturieren / Workflow

5.4.1 Management / Workflows strukturieren

Die zu erledigenden Aufgaben lassen sich häufig in Unteraufgaben zerlegen. Dabei können die Unteraufgaben vorgegeben werden oder zur Laufzeit erzeugt werden. Eine Erzeugung von Unteraufgaben lässt sich über zahlreiche Ebenen durchgühren. Die Arbeit an einer Aufgabe lässt sich ggf. ganz oder auch nur teilweise auf ihre Unteraufgaben verteilen. Es lassen sich die Unteraufgaben einer Hauptaufgabe gegenseitig zu einem Arbeitsablauf, sog. „Workflow" verbinden. Das ist auch für die Aufgaben eines Projekts oder einer Phase möglich. Die Aufgabenverknüpfung erfolgt über gemeinsame Daten[275] oder über Bedingungen[276]. Es ist möglich, einen solchen benutzerdefinierten Workflow auch zur Laufzeit zu ändern und zur Wiederverwendung zu kopieren.[277]

„Die Aufgaben eines Workflows werden automatisch vom System gestartet, wenn die nötigen Eingaben freigegeben sind. Die Bearbeitung der Aufgaben eines Workflows wird automatisch unterbrochen, wenn dies nicht mehr der Fall ist. Unteraufgaben werden automatisch storniert, wenn die Hauptaufgabe storniert wurde. Ebenso wird die Hauptaufgabe automatisch erledigt, wenn durch Erledigung der Unteraufgaben alle Ausgaben der Hauptaufgabe freigegeben sind. Auf diese Weise wird die Abwicklung von Workflows durch das System unterstützt."[278]

5.5 Arbeitsabläufe strukturieren / präsentieren mit Mind-Maps

Mit Mind-Maps lassen sich Präsentationen strukturieren, Besprechungen vorbereiten, Arbeitsabläufe veranschaulichen, Projekte planen oder Telefongespräche protokollieren.[279]

„Die Grundidee des Mindmappings besteht darin, ausgehend von einem konkreten, zentralen Thema frei zu assoziieren und so ein kreatives Geflecht um

---

[275] Bspw. benötigt eine Aufgabe die Eingabe ein Dokument, welches von einer anderen Aufgabe als Ausgabe geliefert wird.

[276] Bspw. kann eine Aufgabe erst dann gestartet werden, wenn zuvor eine andere Aufgabe umgesetzt bzw. erledigt wurde.

[277] Vgl.: http://www.bscw.de/files/help-5.0/german/index.html?turl=w%2Faufgaben strukturierenalsworkflows.htm – Stand: 10.08.2013.

[278] http://www.bscw.de/files/help-5.0/german/index.html?turl=w%2Faufgabenstrukturieren alsworkflows.htm – Stand: 10.08.2013.

[279] Vgl.: http://www.ipt-giessen.de/pdf_dateien/s58_11%20Strukturieren%20mit%20Mind maps,%20Mindmapping.pdf – Stand 11.08.2013.

dieses Thema zu erstellen. Auf diese Weise können Ideen konkretisiert und analysiert, weitere Ideen entwickelt werden. Das Betrachten von Ideen aus verschiedenen Blickwinkeln wird erleichtert. Mindmapping wurde vor (über) 25 Jahren von dem britischen Lernforscher Tony Buzan entwickelt. Es ist phantasievoll und logisch zugleich. Mindmapping ist ein Brainstorming mit sich selbst oder mit anderen, das auch für weitere Personen sichtbar gemacht werden kann."[280]

Mind-Maps haben die Eigenschaft, dass sie sich dem persönlichen Ideenfluss anpassen. Sie können erweitert werden und erlauben eine übersichtliche Darstellung. Der Nutzen von Mind-Maps besteht darin, Gedanken, Informationen und Inhalte jeglicher Art in übersichtlicher Form darzustellen und die kreativen und planerischen Fähigkeiten zu erweitern. So lassen sich bspw. Programme wie „Mindmanager" als Werkzeuge für das Erstellen von Mind-Maps nutzen.[281]

Mind-Mapping dient der Erstellung von Mind-Maps der Entwicklung der eigenen Denkgewohnheiten. Es lassen sich Vorgänge bzw. Arbeitsabläufe von der Einkaufsliste zum Projektplan erstellen. Die Mindmap-Technik ermöglicht vielfältige Einsatzmöglichkeiten. Dabei sind bestimmte Regeln für Mindmaps einzuhalten. Es kann auf verschiedene Werkzeuge zum Erstellen von Maps wie bspw. Symbole, Äste, Farben, Beziehungslinien, Abhängigkeiten zurückgegriffen werden. Mit Programmen wie z. B. MindManager lassen sich Zweige erstellen, einfügen, umordnen und löschen. Sie erlauben die Layoutgestaltung einer Map. Es können Texte und Symbole verwendet werden. Die Map-Aufgaben lassen sich kennzeichnen und Prioritäten vergeben. Teiläste lassen sich ausblenden und zuschalten, es bestehen Schnittstellen zu Powerpoint und Outlook. Vor allem lassen sich mit MindManager Präsentationen erstellen.[282] Zu den Vorteilen der Mind-Mapping Methode zählt, dass es Mind Maps erlauben, umfangreiche Informationen und komplexe Beziehungen schnell zu verstehen und zu vermitteln. Die Mind Maps sind hilfreich um Gedanken in der Reihenfolge, in welcher diese erscheinen, festzuhalten. Es ist möglich, oft hin und her springen. Auch beim Vorausdenken ermöglicht die Mind-Mapping-

---

[280] Landesakademie für Fortbildung und Personalentwicklung an Schulen. LehrerInnen Fortbildungsserver: Strukturieren mit Mindmaps http://lehrerfortbildung-bw.de/faecher/deutsch/bs/nm/mindmap/pilot/mind_index.htm – Stand: 12.08.2013.

[281] Vgl.: http://www.ipt-giessen.de/pdf_dateien/s58_11%20Strukturieren%20mit%20Mindmaps,%20Mindmapping.pdf – Stand 11.08.2013.

[282] Vgl.: http://www.ipt-giessen.de/pdf_dateien/s58_11%20Strukturieren%20mit%20Mindmaps,%20Mindmapping.pdf – Stand 11.08.2013.

Technik eine gute Übersicht über das Problem. Mind Map untersützt den Denkprozess durch die grafische Darstellung auf einem einzigen Blatt.[283]

5.6 Erfassung und Strukturierung mit Mindjet

Als hilfreiches Erfassungs- und Strukturierungstool empfiehlt sich ggf. u. a. bspw. die App Mindjet.[284] Mittels Mindjet können Ideen, Notizen, Brainstormings und Aufgaben visuell erfasst und strukturiert werden. Mindjet[285] verfügt u.a. über zahlreiche Funktionen.[286]

Abb. 22 Funktionen von Mindjet[287] [288]

Funktionen von Mindjet[289]

- Mapping,

- Haupt- und Unterzweige,

- Aufklappen und Schließen von Zweigen,

- Prioritäten-Markierungen für Aufgaben und Aktivitäten,

- Zweigstile,

- Erstellung von Verbindungenlinien,

- Hinzufügen von Kontext und Details durch Symbole und Bilder,

- Zweige durch Stile und Farben individualisieren,

---

[283] Vgl.: Landesakademie für Fortbildung und Personalentwicklung an Schulen. LehrerInnen Fortbildungsserver: Strukturieren mit Mindmaps http://lehrerfortbildung-bw.de/faecher/deutsch/bs/nm/mindmap/pilot/mind_index.htm – Stand: 12.08.2013.

[284] Direktlink für Mindjet (App) http://www.androidlounge.at/lounge/?p=9155#sthash.ynZwpxu4.dpuf – Stand: 20.08.2013.

[285] Direktlink für Mindjet (App) http://www.androidlounge.at/lounge/?p=9155#sthash.ynZwpxu4.dpuf – Stand: 20.08.2013.

[286] Vgl.: Hackl, Helmut: Mindjet – zum visuellen Erfassen und Strukturieren von Daten. Artikel vom 16. 01.2012. http://www.androidlounge.at/lounge/?p=9155 – Stand: 14.08.2013.

[287] Quelle: Eigene Darstellung / Inhaltlich vgl.: Hackl, Helmut: Mindjet – zum visuellen Erfassen und Strukturieren von Daten. Artikel vom 16. 01.2012. http://www.androidlounge.at/lounge/?p=9155 – Stand: 14.08.2013.

[288] Direktlink für Mindjet (App) http://www.androidlounge.at/lounge/?p=9155#sthash.ynZwpxu4.dpuf – Stand: 20.08.2013.

[289] Direktlink für Mindjet (App) http://www.androidlounge.at/lounge/?p=9155#sthash.ynZwpxu4.dpuf – Stand: 20.08.2013.

- Zweignotizen,

- Datei-Tagging für vereinfachte Organisation und Suchläufe,

- Kurzbefehle für Fingerbewegungen,

- Vergrößern und Verkleinern,

- Autosicherung für Maps,

- Unterstützung für Dropbox,

- Export zu zahlreichen Dateiformaten

- u. v. m.

Die App Mindjet[290] steht kostenlos für Smartphones wie auch für Tablets im Android Market bereit. (Direktlink)[291]

Abb. 23 App Mindjet[292] [293]

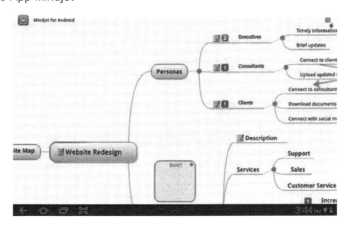

---

[290] Dirkektlink für Mindjet (App) http://www.androidlounge.at/lounge/?p=9155#sthash.yn Zwpxu4.dpuf – Stand: 20.08.2013.

[291] Dirkektlink für Mindjet (App) http://www.androidlounge.at/lounge/?p=9155#sthash.yn Zwpxu4.dpuf – Stand: 20.08.2013.

[292] Dirkektlink für Mindjet (App) http://www.androidlounge.at/lounge/?p=9155#sthash.yn Zwpxu4.dpuf – Stand: 20.08.2013.

[293] Quelle: Hackl, Helmut: Mindjet – zum visuellen Erfassen und Strukturieren von Daten. Artikel vom 16. 01.2012. http://www.androidlounge.at/lounge/?p=9155 – Stand: 14.08.2013.

5.7 Aufgabenstrukturierung : 5 Leitfragen

Im Zusammenhang mit der Strukturierung von Aufgaben stellt sich häufig die Frage, warum die Dinge in einer gewissen Art und Weise erledigt werden. Hierfür bestehen oft verschiede Begründungen wie bspw. die Gewohnheit oder Durchführung wie es sich bisher bewährt hat. Die Aufgaben sollten richtig verteilt sein. Auch die Prioritäten sind richtig zu setzen. Eine optimale Aufgabenstrukturierung ist auch für die Teamarbeit erforderlich. Auch für das Selbstmanagement ist eine optimale Aufgabenstrukturierung erforderlich. Für eine effektive Arbeitsorganisation ist die richtige Handhabung der Aufgaben notwendig. Aus diesem Grund können für jede zu erfüllende Aufgabe die nachfolgend aufgeführten 5 Leitfragen hilfreich sein.[294]

Abb. 24 5 Leitfragen der Aufgabenstrukturierung[295]

Leitfrage 1: Muss die Aufgabe überhaupt erledigt werden?
Lautet die Antwort auf diese Frage „Nein", versuchen Sie, die Aufgaben ganz zu streichen. Jede Aufgabe, die Sie ohne genauere Prüfung übernehmen, hindert Sie, sich auf wichtige Dinge zu konzentrieren. Lässt sich die Aufgabe nicht eliminieren, stellen Sie sich die nächste Frage:

Leitfrage 2: Muss ich die Arbeit selbst tun?
Schöpfen Sie die Möglichkeiten der Delegation vollständig aus. Sie tun sich einen Gefallen, indem Sie sich entlasten, und auch Ihren Mitarbeitern, denen Sie vielleicht neue und interessante Arbeiten übertragen. Wenn Sie die Arbeit selbst erledigen müssen, stellen Sie sich Leitfrage 3:

Leitfrage 3: Muss ich die Arbeit sofort tun?
Nicht immer muss alles sofort erledigt werden. Hüten Sie sich vor der Dringlichkeitsfalle. Teilen Sie sich Ihre Zeit ein. Arbeiten Sie Vorgänge blockweise ab.

Leitfrage 4: Muss ich die Arbeit wie bisher gewohnt erledigen?
Können Sie sich die Aufgabe erleichtern, zum Beispiel über eine bessere Organisation, über einen Einsatz von Hilfsmitteln oder durch Automatisierung?

---

[294] Vgl.: http://produktion.bwr-media.de/personal-und-management/karriere-und-selbstmanage ment/5%20leitfragen-um-ihre-aufgaben-besser-zu-strukturieren – Stand: 02.08.2013.

[295] Quelle: http://produktion.bwr-media.de/personal-und-management/karriere-und-selbst management/5%20leitfragen-um-ihre-aufgaben-besser-zu-strukturieren – Stand: 02.08.2013.

Leitfrage 5: Muss die Arbeit wie vorgegeben erfolgen?
Gibt es Möglichkeiten, mit weniger Aufwand bessere Ergebnisse zu erreichen?
Müssen die Ergebnisse tatsächlich das geforderte Niveau haben, oder sind die
Qualitätsanforderungen und damit der Arbeitsaufwand unnötig hoch?[296]

Können alle 5 Fragen mit „Ja" beantwortet werden, so ist die entsprechende
Aufgabe in jedem Fall zu erledigen. Sind nicht alle Fragen mit „Ja" beantwortet, ist zu prüfen, ob die entsprechende Arbeit überhaupt bzw. persönlich zu
erledigen ist.

Für die Beschäftigung mit den Leitfragen ist eine gewisse Zeit zu investieren.
Wichtig ist auch die Motivation, diese überhaupt zu stellen. Jedoch tragen diese
auch dazu bei, Zeit durch unnötige oder falsch verteilte bzw. zugewiesene oder
delegierte Aufgaben und Arbeiten einzusparen[297] und stattdessen an anderen
Stellen zu investieren, an welchen Sie einen höheren Nutzen erbringen. So führt
bspw. das Delegieren von Aufgaben zur Entlastung der delegierenden Person
bzw. Führungskraft und zu Herausforderungen bzw. Abwechslung und Motivation
bei den Personen, welche die Aufgabe übernehmen und ausführen.[298]

---

[296] Quelle: http://produktion.bwr-media.de/personal-und-management/karriere-und-selbst
management/5%20leitfragen-um-ihre-aufgaben-besser-zu-strukturieren – Stand: 02.08.2013.

[297] Vgl.: http://produktion.bwr-media.de/personal-und-management/karriere-und-selbst
management/5%20leitfragen-um-ihre-aufgaben-besser-zu-strukturieren – Stand: 02.08.2013.

[298] Wehrlin, Ulrich: Simultan Management. Erfolgsstrategien und Visionen für ganzheitliche
innovative Unternehmensführung durch Leistungsmotivation in der lernenden Organisation. 1. Aufl. 1994, erweiterte Auflagen 2-4 bis 2004, 5. Aufl. 2005 Berlin / London, CPL,
2005.

Abb. 25 Diagramm Leitfragen zur Analyse und Strukturierung von Aufgaben[299]

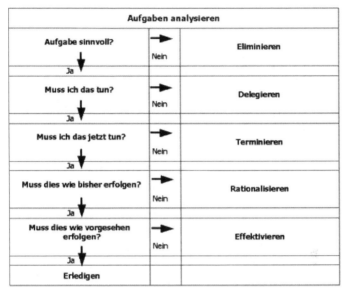

Alle Aufgaben / Tätigkeiten, welche vor allem wiederholt durchgeführt werden, sollten regelmäßig unter Verwendung dieser 5 hilfreichen Leitfragen überprüft werden. Aus den Ergebnissen sind entsprechende Konsequenzen abzuleiten. Bei neuen Aufgaben, sollte ebenfalls überprüft werden, ob die jeweilige Aufgabe sofort zu erledigen ist und ob diese wirklich persönlich umgesetzt werden muss. Vor allem für Führungskräfte gilt, dass es von zentraler Bedeutung ist, sich auf die wichtigen Dinge, Aufgaben und Ziele zu konzentrieren. Selbst eine solche einfache Aufgabenanalyse ist als zentrales Instrument zur Optimierung der Arbeitsorganisation hilfreich.[300]

---

[299] Quelle: http://produktion.bwr-media.de/personal-und-management/karriere-und-selbst management/5%20leitfragen-um-ihre-aufgaben-besser-zu-strukturieren – Stand: 02.08.2013.

[300] Vgl.: http://produktion.bwr-media.de/personal-und-management/karriere-und-selbst management/5%20leitfragen-um-ihre-aufgaben-besser-zu-strukturieren – Stand: 02.08.2013.

6 Aufgabenorientierung Motivation und Aktivation durch ermunternde Worte

6.1 Führungsstile in der Managementpraxis

6.1.1 Führungs- und Leistungsverhalten „Managerial GRID"

Die theoretischen Modelle zur Analyse von Führungsstil und Führungsverhalten sind für die betriebliche Managementpraxis wegen ihrer isolierten Betrachtung bzw. ihres gewissen Grades an Abstraktion von der Realität, nur bedingt aussagefähig. So ist bspw. der verhaltenstheoretische Erklärungsansatz des „Managerial GRID" von Blake und Mouton zwar nicht hinreichend für die theoretische, fundierte Klärung des komplexen Phänomens der Führung, für die Management-Praxis jedoch besteht die Möglichkeit, Vorgesetzte zu konfrontieren mit der Frage, wie sich wohl ein Führer in einer Gruppe verhält, um eine produktive, effektive und gleichzeitig aber auch zufriedene Arbeitsgruppe zu realisieren. Blake und Mouton haben somit ein konzeptionelles Instrument für die Management-Praxis geschaffen, mit dessen Hilfe es möglich ist, auch gleichzeitig jedem Vorgesetzten seinen persönlichen Führungsstil kritisch zu analysieren.

Grundsätzlich gehen von einem „optimalen Führungsverhalten" nachhaltige Einflüsse aus, auf Qualität und Quantität, außerdem auf das Arbeitsklima, die Leistungsmotivationen und somit, auch auf das Leistungsverhalten. Gerade für eine an Spitzenleistungen orientierte Managementpraxis ergibt sich aus dieser Kausalität von Führungsverhalten und Leistungsverhalten die Konsequenz einer effektiven Schulung und eines permanenten Trainings von Führungskräften. In den letzten Jahren wurden ständig mehr Führungskräfte mit gruppendynamischen Trainingsmethoden in GRID-Führungsseminaren geschult, wobei die Führungskräfte auch für zwischenmenschliche Phänomene wie Auseinandersetzungen etc. sensibilisiert werden.

Nur durch optimales Führungsverhalten kann ein optimales Leistungsverhalten zur Realisation von Spitzenleistungen beitragen.

Abb. 26 Führungstraining, Konsequenz der Kausalität von Führungsverhalten und Leistungsverhalten für eine an Spitzenleistungen orientierte Managementpraxis[301]

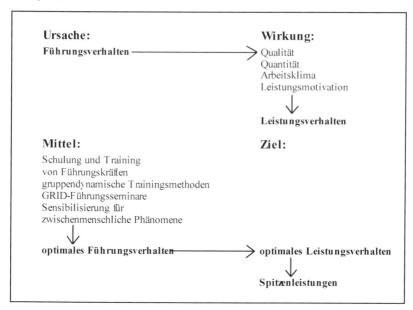

6.1.2 Führungsstile in der Managementpraxis

Als extreme theoretische Führungsstile bereiten sowohl der autoritäre wie auch der kooperative Führungsstil, Probleme beim Versuch einer praktischen Anwendung.

Da beim autoritären Führungsstil die untergeordneten Instanzen lediglich Ausführungsbefehle entgegennehmen, besteht eine geringe Beteiligung an den Aufgabenerfüllungshandlungen. Somit ist ihre Anteilnahme am betrieblichen Geschehen gering und es besteht eine weitgehend negative Einstellung zum Führungsgeschehen. Im autoritären Führungssystem ist somit keine Möglichkeit zur Entwicklung selbstverantwortlicher Persönlichkeiten möglich.

Als Führungssystem entwickelte sich der autoritäre Führungsstil aus der preußischen Verwaltungsarbeit insbes. aus der Militärorganisation. Aufgrund empi-

---

[301] Quelle: Wehrlin, U.: Simultan Management. Erfolgsstrategien und Visionen für ganzheitliche innovative Unternehmensführung durch Leistungsmotivation in der lernenden Organisation. 1. Aufl. 1994, 5. Aufl. Berlin / London, 2005, S. 131.

rischer Analysen der Führungsgrundsätze deutscher Großunternehmungen[302] gilt der reine autoritäre Führungsstil als überholt und es zeichnet sich in der betrieblichen Führungspraxis ein Wandel hin zur partizipativen Führung ab. Demnach ist es nicht zweckvoll, die Arbeitnehmer weiterhin durch Befehl und Zwang zu führen, nachdem sie ohnehin über soziale Freiheiten verfügen. Somit läuft die Entwicklung der angewandten Führungsstile parallel mit deren Erfolgsergebnis, so dass der autoritäre Stil auf ein Mindestmaß in Grenzfällen reduziert wird und lediglich teilweise bei reinen Ausführungsarbeiten unter der beabsichtigten und erforderlichen respektiven Wirkung, Anwendung findet.

Die Entwicklung hin zur partizipativen bzw. kooperativen Führung bedarf in der betrieblichen Anwendung der Berücksichtigung diverser Handlungsphänomene. So sind kooperative Führungselemente in der betrieblichen Führungspraxis dann angebracht, wenn ein gewisser Spielraum für dispositive und auch für improvisierte Handlungen existiert, was insbes. bei Planungsaufgaben der Fall ist. Im Unterschied dazu ist davon auszugehen, dass bei Sachentscheidungen, welche i. d. R. schnell und mit Durchsetzungsvermögen zu realisieren sind, nicht in Debatten größerer Gruppen, sondern in Anordnungen eines kleineren, handlungsfähigen Personenkreises, effizienter erfolgen.

Für ein auf marktwirtschaftlichen Bedingungen agierendes Unternehmen ist eine für den Wettbewerb erforderliche optimale Zielsetzung sowie Zielerreichung längerfristig nur durch Entscheidungen mit dem Fachurteil qualifizierter Sachverständiger möglich. Diese Fachurteile können nicht generell durch politische Mehrheitsbeschlüsse auf der Basis von Betriebsversammlungen ersetzt werden.

Für den kooperativen Führungsstil besteht aufgrund betriebsspezifischer Arbeitssysteme und durch die jeweilige Organisationsstruktur dann eine Einschränkung, wenn die Formalorganisation der Unternehmung strikte Kompetenzabgrenzungen und hierarchische Abteilungseingrenzungen, also eine Art Abteilungsisolation beinhaltet. Das gleiche gilt auch, wenn in der Unternehmung eine Einengung des Spielraums für eigenverantwortliches Handeln durch hochmechanisierte Arbeitsabläufe erfolgt. Unter der Ignoranz dieser Interdependenzen zwischen der Organisation und der Führung können sich Gruppenarbeit, Teamwork etc. als partizipative Führung nicht ohne Funktionsstörungen entwickeln. In ihrer idealtypischen Form sind der kooperative wie der autoritäre Führungsstil in der betrieblichen Praxis nicht vorhanden.

---

[302] Dies bestätigen empirische Analysen der Führungsgrundsätze deutscher Großunternehmen. Vgl.: Grunwald, W. / Liege, H. S.: Auf dem Weg zur partizipativen Führung. In: Fortschrittliche Betriebsführung und Industria Engineering. 1981, S. 411 ff

In der Betriebspraxis sind die angewandten Führungsstile determiniert durch soziologische, philosophische und politische Faktoren der Umwelt. Die realen Führungsstile sind mannigfaltige Zwischenformen der aufgezeigten Extremformen. Im Zuge der gesellschaftspolitischen Entwicklung zur Demokratie und zu Wirtschaftssystemen nach dem Modell der Sozialen Marktwirtschaft, ist weltweit eine Tendenz von autoritärer zu kooperativer bzw. partizipativer Führung zu beobachten. Da sich im marktwirtschaftlichen Wettbewerb längerfristig nur die Unternehmen behaupten können, welche marktadäquate Leistungen unter Berücksichtigung der Kosten- und Preisrelationen erbringen, muss jedes Unternehmen bestrebt sein Spitzenleistungen zu erbringen. Dazu müssen die Mitarbeiter wie das Management ihr Bestmöglichstes geben. Da der Unternehmenserfolg stärker von der Fähigkeit der Menschenführung bestimmt wird, als von technischen Determinanten, wird sich für die auf Spitzenleistungen ausgerichtete Unternehmung eine Managementpraxis durchsetzen, deren Führung an den Interessen und Bedürfnissen der Mitarbeiter sowie der Kunden ausgerichtet ist. Wegen den aufgeführten Gründen kann dieser Führungsstil weder extrem autoritär noch extremer kooperativ sein.

6.1.3 Führungsstil und Leistung

Führungsstile sind Verhaltenskategorien von Führungsperson gegenüber der zu führenden Gruppe. Führungsstile können in aufgabenorientierte sowie in personenorientierte Formen differenziert werden. Bei den aufgabenorientierten Führungsstilen sind Termine, Leistung und Fehlervermeidung vordergründig. Im Unterschied dazu beziehen sich die personenorientierten Führungsstile auf die gemeinschaftliche Arbeitsbewältigung, reibungslose Abläufe und auf die Leistungssteigerung durch Anerkennung. Die Führungsperson ist hierbei als loyales Mitglied in die Gemeinschaft integriert. In der Theorie der Führung werden die nachfolgenden Unterscheidungen von Führungsstilen aufgezeigt:[303]

Autoritärer Führungsstil: Die Entscheidungen werden allein durch die Führungsperson getroffen. Im Falle von Fehlern erfolgt eine entsprechende Strafe.

Kooperativer Führungsstil: Beim kooperativen bzw. demokratischen Führungsstil werden die Mitarbeiter durch die Führungsperson in das Betriebsgeschehen mit einbezogen. Bei diesem Führungsstil wird die Kreativität

---

[303] Vgl.: http://www.ist-friedrichshagen.de/personal/fuehrungsstile.htm - Stand: 12.10.2010.

gefördert. Im Falle von auftretenden Fehlern erfolgt keine Bestrafung sondern den Mitarbeitern wird geholfen.

Laissez-faire-Führungsstil: Bei diesem Führungsstil werden den Mitarbeitern gewisse Freiheiten gewährt. Dies erfordert eine eigenständige Arbeitsweise der Mitarbeiter. Die Mitarbeiter werden bei Fehlern nicht bestraft, es wird ihnen aber auch nicht geholfen.

Ob und inwieweit ein bestimmter Führungsstile gut oder schlecht bzw. angebracht, zu empfehlen oder nicht zu empfehlen ist, lässt sich nicht pauschal sagen. Inwieweit der angewendete Führungsstil hinsichtlich der Motivation und der Effizienz einer Abteilung oder der gesamten Organisation eine positive oder negative Wirkung hat, ist von zahlreichen Faktoren abhängig. Zu den Determinanten, welche hinsichtlich der Leistung und des Erfolges des jeweiligen Führungsstiles relevant sind zählen die Mitarbeitern, das Arbeitsumfeld, die Arbeitsprozesse, die Führungssituation und die Führungspersonen.[304]

Für eine angemessene Führung sind die individuellen und organisationalen Gegebenheiten sowie die gegebene Führungssituation zu berücksichtigen. Partizipative Führungsformen mit gemeinsamer Zielfindung und Mitarbeiterbeteiligung bei der Zielsetzung führen zu höherer Akzeptanz und höherer Mitarbeitermotivation. Dies wirkt sich auf den Erfolg bzw. die Arbeitsleistung aus. Die erforderliche Motivation kann durch die Festsetzung gemeinsamer Ziele, die Anerkennung von Leistungen, Anreizprogramme und Belohnungen, Vorbilder und sonstige motivationsfördernde Maßnahmen gewonnen werden.[305]

6.1.4 Einfluss des Führungsstils und Führungsverhaltens

Für die Umsetzung der Aufgabenorientierung ist der Führungsstil bzw. das Führungsverhalten von Bedeutung.[306] Der Führungsstil übt einen großen Einfluss auf die Mitarbeiter aus. Insbesondere auf deren:[307]

---

[304] Vgl.: http://www.ist-friedrichshagen.de/personal/fuehrungsstile.htm - Stand: 12.10.2010.

[305] Zur Mitarbeitermotivation vgl.: Wehrlin, U.: Simultan Management. Erfolgsstrategien und Visionen für ganzheitliche innovative Unternehmensführung durch Leistungsmotivation in der lernenden Organisation. 1. Aufl. 1994, 5. Aufl. Berlin / London, 2005, S. 159–230.

[306] Vgl: Ochs, P. / Petrenz, J. / Reindl, J.: Ressource. Handbuch zur arbeitsnahen Gesundheitsförderung im Betrieb. Saarbrücken: Institut für Sozialforschung und Sozialwirtschaft e.V. 1996.

[307] Vgl.: http://www.gesundheit-foerdern.de/ - Stand: 05.06.2013.

- Motivation,

- Engagement,

- Wohlbefinden,

- Gesundheit

Hierzu ist es nicht erforderlich, dass die Führungskräfte einen Beruf im Gesundheitswesen erlernen oder ausüben. Um die Mitarbeiter eines Unternehmens gesundheitsbewusst zu führen, bedarf es eines gewissen Einfühlungsvermögens. Dieses ist häufig nützlicher als reine Fachkenntnisse. Die Führungskräfte sollten darum bemüht sein, sich selbst in die Denkweise und in die Lage des jeweiligen Mitarbeiters hineinzuversetzen. Sie sollten sich als gute Zuhörer erweisen und eine gewisse Sensibilität gegenüber der Probleme der Mitarbeiter aufweisen.[308] Der einzelne Mitarbeiter ist als Mensch zu betrachten und zu respektieren. Er sollte nicht als reine Arbeitskraft gesehen oder behandelt werden. Jeder Mensch hat seine eigenen Bedürfnisse. Er hegt Hoffnungen und Erwartungen und verfolgt seine eigenen Ziele. Der Mitarbeiter ist als Mitmensch zu schätzen.[309]

Faktor Zeit

Gesundheitsförderung benötigt Zeit. Zwar ist die den Führungspersonen zur Verfügung stehende Zeit begrenzt und somit knapp, jedoch ist ein gewisses zeitliches Aufkommen für die betriebliche Gesundheitsförderung notwendig. Die Führungskräfte sollten sich in die Thematik Gesudheitsförderung einarbeiten.[310] Ein wichtiger Part besteht u. a. in der Erkundung und Feststellung der Mitarbeiterbelange. Hierzu sind auch Mitarbeitergespräche erforderlich oder Unterweisungen, damit das ergonomische Bewusstsein der Mitarbeiter geschärft wird. Es sollten Feedbacks bezüglich der Qualität der erbrachten Leistung in Form von Anerkennung, Lob oder auch Kritik erteilt werden. Gesundheitsfördernde Maßnahmen sind zu Planen, zu realisieren und ein

---

[308] Vgl.: http://www.gesundheit-foerdern.de/ - Stand: 05.06.2013.

[309] Vgl.: Brinkmann, R.D.: Personalpflege: Gesundheit, Wohlbefinden und Arbeitszufriedenheit als strategische Größen im Personalmanagement. Heidelberg: Sauer-Verlag. 1993.

[310] Vgl: Ochs, P. / Petrenz, J. / Reindl, J.: Ressource. Handbuch der arbeitsnahen Gesundheitsförderung im Betrieb. Saarbrücken: Institut für Sozialforschung und Sozialwirtschaft e.V. 1996.

entsprechendes Controlling wird erforderlich. Die Führungskräfte sollten all diese Aspekte im Rahmen Ihrer zeitlichen Planung berücksichtigen.[311]

Geduld

Eine typische Eigenschaft der betrieblichen Gesundheitsförderung besteht darin, dass sich der Erfolg der Gesundheitsförderung in vielen Fällen erst zu einem späteren Zeitpunkt bemerkbar macht bzw. auszahlt. Dies erklärt, warum die beabsichtigten Erfolge der betrieblichen Gesundheitsförderung nicht sofort eintreten, sondern erst später.

Bei der Gesundheit handelt es sich um ein Resultat von komplexen Beziehungszusammenhängen. Ursache und Wirkung sind nicht immer genau abgrenzbar oder auch nicht genau nachvollziehbar. Vielmehr bestimmen zahlreiche Determinanten die Gesundheit bzw. den Gesundheitszustand. So u. a. Verhältnisse wie bspw. Wohnsituation und –Umfeld, finanzielle Möglichkeiten und –Reserven oder die Gestaltung des Arbeitsplatzes. Weitere Faktoren bestehen bspw. in den individuellen Verhaltensweisen. So u. a. Essgewohnheiten, Bewegung, Verzicht auf Drogen oder das Rauchen, Konsum oder Verzicht auf Alkohol usw. Zwar lassen sich die Verhältnisse ggf. relativ rasch verändern, jedoch ist dies bei gewohnten Verhaltensweisen nicht so einfach möglich. Menschen verändern erfahrungsgemäß ihre gewohnten Verhaltensweisen von sich aus nicht gerne. Es fällt ihnen schwer, die darin einbezogenen Beteiligten müssen sehr viel Beharrlichkeit und Geduld aufbringen. Wird bspw. versucht Fehlzeiten zu reduzieren, so erfolgen die Ergebnisse meist erst sehr viel später.[312]

Gesundheitsförderung stellt eine Daueraufgabe dar. Das Ziel besteht darin, Die Lebens- und Arbeitsbedingungen für den Menschen im Unternehmen dauerhaft zu verbessern.[313]

Motivation

Die Motivation bezieht sich darauf, dass Personen auf sich selbst, sog. Selbstmotivation, oder auf andere Person, bpw. Mitarbeiter Einfluss nehmen. Auch in der betrieblichen Gesundheitsförderung ist die Motivation von großer

---

[311] Vgl.: http://www.gesundheit-foerdern.de/ - Stand: 05.06.2013.

[312] Vgl.: http://www.gesundheit-foerdern.de/ - Stand: 05.06.2013.

[313] Vgl.: Brinkmann, R.D.: Personalpflege: Gesundheit, Wohlbefinden und Arbeitszufriedenheit als strategische Größen im Personalmanagement. Heidelberg: Sauer-Verlag. 1993.

Bedeutung.[314] Das Ziel der Motivation besteht in der Erhöhung der Bereitschaft um eine beabsichtigte bzw. gewünschte Handlung / bestimmte Verhaltensweise zu erreichen. Durch das Motivieren wird der Wille oder die Absicht, etwas zu tun positiv beeinflusst bzw. geweckt / aktiviert / entflammt / intensiviert / gefördert / bestätigt / gefestigt / gesichert / gesteigert / verstärkt.

Für eine zielorientierte Verhaltenssteuerung der Mitarbeiter ist die Erkenntnis über individuelle Zielvorstellungen von zentraler Bedeutung. Dabei liefern die Motivationstheorien und Motivationsanalysen relevante Ansatzpunkte für Erkenntnisse über die individuellen Ziele. Motivation entsteht grundsätzlich durch das zusammentreffen verschiedner, sich teils überlagernder Motive, wobei unter einem „Motiv"[315] grundsätzlich ein auf subjektiver Mangelempfindung beruhender Beweggrund für das Verhalten des Menschen zu verstehen ist. Die Analyse der „Motivation" menschlicher Handlung basiert grundsätzlich auf der Suche nach den Gründen des Verhaltens. Im Gegensatz dazu beinhaltet „Motivation" eine aktive und zielgerichtete Verhaltenssteuerung.

Die Grundfrage, wodurch der Mensch in der Arbeitswelt motiviert werden kann, ist Untersuchungs- und Forschungsgegenstand der „Motivationstheorie".

Die Entwicklung der Motivationstheorie geht zurück auf die US-Psychologen Maslow[316] und Herzberg.[317] Maslow konzipierte die sog. „Bedürfnishierarchie", welche der Analyse der Zusammenhänge zwischen Bedürfnissen und Verhalten, entsprechend der Dringlichkeit der wichtigsten Bedürfnisse, dient.

Das von Maslow entwickelte Modell basiert auf seinen klinisch-psychologischen Erfahrungen, wobei er funktionalistische Ansätze der Psychologie, gestaltungspsychologische und psychoanalytische Aspekte zu einer Bedürfnispyramide mit fünf Hauptbedürfnissen integrierte. Hierbei hat Maslow die fünf Ebenen entsprechend ihrer Dringlichkeit arrangiert. Eine Bedürfnisklasse kann situativ, sowohl Denken als auch Handeln des Menschen domi-

---

[314] Vgl: Ochs, P. / Petrenz, J. / Reindl, J.: Ressource. Handbuch zur arbeitsnahen Gesundheitsförderung im Betrieb. Saarbrücken: Institut für Sozialforschung und Sozialwirtschaft e.V. 1996.

[315] Der Begriff ist in der wissenschaftlichen Literatur nicht generell eng gefasst. Im Zusammenhang mit dem Begriff „Motiv" wird häufig auch von Bedürfnis, Drang, Wunsch oder Antrieb gesprochen.

[316] Vgl.: Maslow, A.H.: Motivation and Personality. New York, 1954, 2 Edition, New York / Evanston / London, 1970

[317] Vgl.: Herzberg, F.: Work and the Nature of Man. London, 1968. Vgl.: Herzberg, F. / Mausner, B. / Snydeman, B.: The Motivation to work. New York, 1959, 6 Edition, 1967

nierend bestimmen. In diesem Fall treten die anderen Bedürfnisse zurück, wobei eine Aktivierung unter einer anderen Situation wieder möglich ist.

Die Unterscheidung der Motive nach Maslow erfolgt in fünf Hauptmotive, welche hierarchisch geordnet sind:

1. Physiologische Grundbedürfnisse

2. Sicherheitsbedürfnisse

3. Soziale Bedürfnisse

4. Anerkennungsbedürfnisse

5. Selbstverwirklichungsbedürfnis

Die hierarchische „Dringlichkeitsordnung" der Bedürfnisse charakterisierte Maslow anhand der Bedürfnispyramide.

Abb. 27 Bedürfnispyramide nach Maslow[318]

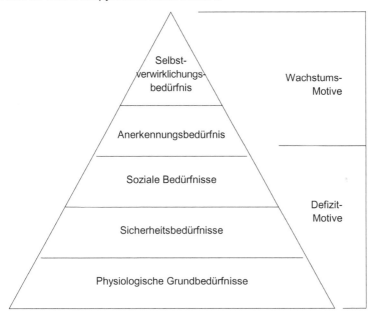

---

[318] Quelle: Maslow, A. H.: Motivation... a.a.O., S. 35 ff

Abb. 28 Bedürfnisse, Motivtendenzen und Bedürfnisbefriedigung nach Maslow[319,320]

Bedürfnisse		Motivtendenzen		Bedürfnisbefriedigung
Bedürfnis-Klasse	Einzel-Motiv	Annähernde Tendenz *Hoffnung auf:*	Meidende Tendenz *Furcht vor:*	Bedürfnisbefriedigungs-möglichkeiten
Physiologische Grundbedürfnisse	Essen, Trinken, Wohnen	Herstellung eines physiologischen Gleichgewichts	Unmöglichkeit der Herstellung eines physiologischen Gleichgewichts	Lohn, Gehalt, Urlaubsregelung, Kantine, ärztliche Betreuung, Vergünstigungen beim Einkauf, Dienstwohnung, etc.
Sicherheits-bedürfnisse	Sicherheit, Stabilität, Geborgenheit, Angst-freiheit, Struktur, Ord-nung, Gesetz, Grenzen	Kalkulierbarkeit	Unkalkulierbarkeit	Sicherheit am Arbeitsplatz, Ein-kommenssicherung, Altersver-sorgung, Krankheitsabsiche-rung, Unfallversorgung, etc.
Soziale Bedürfnisse	Freundschaft, Gesel-lung, Gruppenzugehö-rigkeit	Konsonanz	Dissonanz	Kommunikation am Arbeitsplatz, formale und informelle Kommu-nikation und Information, Prob-lemlösungsgespräche, Zugehö-rigkeit zu einer Gruppe, Integration in die Gruppe, etc.

---

[319] Hier erweiterte Auflistung, Grundaussagen vgl.: Maslow, A. H.: Motivation... a.a.O., S. 33 ff

[320] Quelle: Wehrlin, U.: Simultan Management. Erfolgsstrategien und Visionen für ganzheitliche innovative Unternehmensführung durch Leis-tungsmotivation in der lernenden Organisation. 1. Aufl. 1994, 5. Aufl. Berlin / London, 2005, S. 201.

Bedürfnisse	Motivtendenzen		Bedürfnisbefriedigung
Anerkennungs-bedürfnisse	Anerkennung, Res-pekt, Würde, Status	Achtung	Verachtung	Übertragung von Kompetenz, verbal und materielle Anerkennung, Erlangung eines bestimmten Status oder eines Ehrentitels; Bereitstellung eines Dienstfahrzeuges und sonstige besondere Vorzüge
Selbst-verwirklichungs-bedürfnisse	Selbständigkeit, Selbstentfaltung, Selbstverantwortung, Selbsterfüllung	Erfolg *Leistung*	Misserfolg *Beschränkung*	Mitbestimmung bei der Arbeit, Erfüllung der Grundaufgabenstellung, Selbstverantwortung bei der Arbeitsregelung und Pausengestaltung, Weiterbildung und Aufstiegsmöglichkeiten

Das Konzept der Bedürfnishierarchie nach Maslow basiert darauf, dass wenn die Bedürfnisse einer Bedürfnisklasse gesättigt sind, die Bedürfnisse der nächst höheren Bedürfnisklassen zunehmend dominieren. Sind die physiologischen Grundbedürfnisse befriedigt, so präferiert das Individuum die Befriedigung der Sicherheitsbedürfnisse, dann der sozialen Bedürfnisse, der Anerkennungsbedürfnisse und schließlich der Selbstverwirklichungsbedürfnisse. Entsprechend der Bedürfnishierarchie nach Maslow sind bei den Arbeitnehmern die Bedürfnisse wie folgt befriedigt:

Abb. 29 Befriedigungsgrad der Bedürfnisse nach Maslow[321]

Bedürfnisse	Bedürfnisbefriedigungsgrad (Schätzung i.v.H.)
Physiologische Grundbedürfnisse	ca. 85 %
Sicherheits Bedürfnisse	ca. 70 %
Soziale Bedürfnisse	ca. 50 %
Anerkennungs-Bedürfnisse	ca. 40 %
Selbstverwirklichungs-Bedürfnisse	ca. 10 %

Aus der Schätzung der graduellen Bedürfnisbefriedigung ergibt die Motivationstheorie nach Maslow für die Mitarbeiterführung und Motivation folgende Konsequenz:

Für das Verhalten der Mitarbeiter sind die Antriebe genau jene aktuellen Bedürfnisse, welche noch nicht oder nur partiell befriedigt sind. Die Motivation wird demnach durch bisher nicht befriedigte Bedürfnisse determiniert. Basierend auf dem Modell der Bedürfnishierarchie nach Maslow wird an dieser Stelle das „Konzept der motivatorischen Lücke"[322] vorgestellt.

Ausgangspunkt sind die Schätzungen über den Befriedigungsgrad der Bedürfnisse.[323] Das Konzept der motivatorischen Lücke geht von der Gültigkeit der Schätzungen über den Befriedigungsgrad nach Maslow aus, wonach die physiologischen Grundbedürfnisse weitgehend befriedigt sind, ca. 85 %, die Sicherheitsbedürfnisse zu ca. 70 %, die sozialen Bedürfnisse zu ca. 50 %, die

---

[321] Vgl.: Scanlan, B.: Erfolgreiche Mitarbeitermotivierung. München, 1973, S. 42

[322] Dieser Begriff wird hiermit erstmals in der wissenschaftlichen Literatur eingeführt und graphisch verdeutlicht.

[323] Prozentuale Schätzung vgl.: Scanlan, B.: Erfolgreiche Mitarbeitermotivation. a.a.O., S. 42

Anerkennungsbedürfnisse zu ca. 40 % und die Selbstverwirklichungsbedürfnisse lediglich zu ca. 10 %. Somit bestehen ein Bereich befriedigter und ein Bereich unbefriedigter Bedürfnisse, die an dieser Stelle als „Motivatorische Lücke" bezeichnet wird. Die folgende Abbildung verdeutlicht das Konzept:

Abb. 30 Motivatorische Lücke – Ansatz für die Motivation von Spitzenleistungen[324/325]

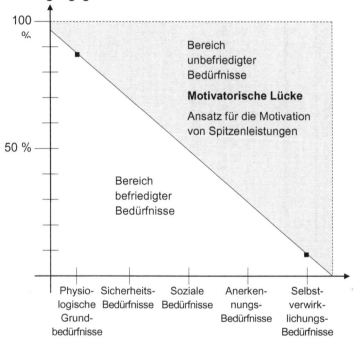

Bedürfnisbefriedigungsgrad i.v.H.

- 100 %
- Bereich unbefriedigter Bedürfnisse
- **Motivatorische Lücke**
- Ansatz für die Motivation von Spitzenleistungen
- 50 %
- Bereich befriedigter Bedürfnisse

Physiologische Grundbedürfnisse | Sicherheitsbedürfnisse | Soziale Bedürfnisse | Anerkennungsbedürfnisse | Selbstverwirklichungsbedürfnisse

Bedürfnishierarchie

---

[324] Dieser erstmalige Versuch der graphischen Verdeutlichung des neuen Konzeptes der Motivatorischen Lücke zeigt somit den Ansatzbereich für die Managementpraxis.

[325] Quelle: Wehrlin, U.: Simultan Management. Erfolgsstrategien und Visionen für ganzheitliche innovative Unternehmensführung durch Leistungsmotivation in der lernenden Organisation. 1. Aufl. 1994, S. 204.

In der Abbildung wird der Bereich unbefriedigter Bedürfnisse, die Motivatorische Lücke besonders deutlich. Durch die Spiegelung lässt sich die Motivatorische Lücke isoliert darstellen als Motivationsmöglichkeitsfeld:

Abb. 31 Unbefriedigte Bedürfnisse[326]

Bedürfnisse	Unbefriedigter Bedürfnisgrad (Schätzung i.v.H.)
Physiologische Grundbedürfnisse	ca. 15 %
Sicherheits-Bedürfnisse	ca. 30 %
Soziale Bedürfnisse	ca. 50 %
Anerkennungs-Bedürfnisse	ca. 60 %
Selbstverwirklichungs-Bedürfnisse	ca. 90 %

---

[326] Quelle: Wehrlin, U.: Simultan Management. Erfolgsstrategien und Visionen für ganzheitliche innovative Unternehmensführung durch Leistungsmotivation in der lernenden Organisation. 1. Aufl. 1994, S. 205.

Abb. 32 Gespiegelte Motivatorische Lücke als Motivationsmöglichkeitsfeld – Ansatz für die Motivation von Spitzenleistungen und Motivationseffizienz[327]

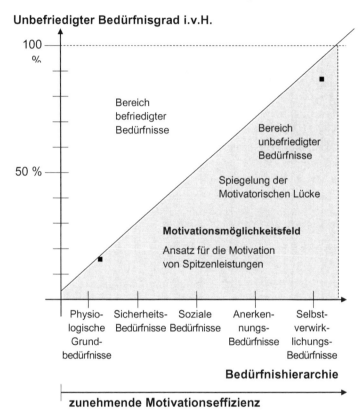

Unbefriedigter Bedürfnisgrad i.v.H.

Wie in der Abbildung ersichtlich, stellt die Spiegelung der Motivatorischen Lücke das Motivationsmöglichkeitsfeld dar, was dem Bereich der unbefriedigten Bedürfnisse entspricht. Für ein professionelles, an Spitzenleistungen der Mitarbeiter orientiertes Management stellt das Motivationsmöglichkeitsfeld den Aktionsbereich dar. Die Mitabeitermotivation erfolgt durch die Motivation zuvor noch nicht befriedigter Bedürfnisse. Für das Verhalten des Mitarbeiters im Be-

---

[327] In diesem Zusammenhang wurden die Begriffe Motivationsmöglichkeitsfeld und Motivationseffizienz in die Literatur neu eingeführt. Quelle: Wehrlin, U.: Simultan Management. Erfolgsstrategien und Visionen für ganzheitliche innovative Unternehmensführung durch Leistungsmotivation in der lernenden Organisation. 1. Aufl. 1994, S. 206.

trieb sind die jeweils aktuellen Bedürfnisse, welche zuvor entweder nicht oder nur partiell befriedigt wurden maßgeblich. Somit setzt ein auf die Motivation von Spitzenleistungen ausgerichtetes Management an bei den Bedürfnissen nach mitmenschlicher Zuwendung, nach Anerkennung und Selbstverwirklichung. Dabei ergibt sich eine zunehmende Motivationseffizienz entsprechend der Rangordnung der Bedürfnishierarchie.

Wie in vielen privaten, gesellschaftlichen oder wirtschaftlichen Aktivitäten ist auch in Sachen Gesundheitsförderung das Wollen, die Absicht, etwas zu tun oder zu bewirken, von zentraler Bedeutung.[328] Erfahrungsgemäß mangelt es häufig an der Bereitschaft zur Veränderung. Viele Menschen sind bei Veränderungen verunsichert, sie wissen nicht was auf sie genau zukommt und ob für sie daraus resultierenden Situationen, Herausforderungen, Aufgaben meistern können, ob sie Nachteile daraus haben usw. Aus diesem Grund halten sie oft am Bewährten fest. Sie wollen das Risiko des Neuen nicht eingehen. Oft kommt es zu Widerständen. Sie wollen schädliche Verhaltensweisen einfach nicht aufgeben oder durch neue Verhaltensweisen ersetzen.

Die Mitarbeiter erleben häufig das Neue und Ungewisse als fremd oder sogar bedrohlich. Bezogen auf die Gesundheitsförderung ist zu berücksichtigen, dass der objektive Nutzen des gesundheitsgerechten Verhaltens ggf. weit in der Zukunft liegt. Dagegen befindet sich der subjektiv Nutzen einer ungünstigen Verhaltensweise oder gar gesundheitsschädlichen Gewohnheit in greifbarer Nähe der Gegenwart im jetzt und hier. Dies lässt sich Arbeitsplatzbezogen am folgenden Beispiel verdeutlichen:

Ein bequemes Sitzen am Schreibtisch / Arbeitstisch / vor dem PC empfinden zunächst viele Menschen als angenehme Arbeit. Der subjektiv empfundene Nutzen wirkt sofort auf den Mitarbeiter. Im Unterschied dazu wird eine regelmäßige Bewegung oft als anstrengend und lästig oder sogar als unnötig empfunden. Die Gedanken sind im hier und jetzt. Dagegen kann sich aber der Nutzen eines gesundheitsbewussten Verhaltens erst später bzw. in erst in naher Zukunft voll auswirken. Es besteht eine gewisse Kurzsichtigkeit oder auch Blindheit für gesundheitliche Belange. Die Bequemlichkeit des hier und jetzt siegt dabei oft. Zahlreiche – vor allem jüngere Mitarbeitern halten sich für Gesund und unverletzlich. Sie kennen keine Beschwerden, Karnkheiten oder deren Folgen wie Schmerzen. Es besteht eine gewisse Illusion der Unverletzlich-

---

[328] Vgl.: Brinkmann, R.D.: Personalpflege: Gesundheit, Wohlbefinden und Arbeitszufriedenheit als strategische Größen im Personalmanagement. Heidelberg: Sauer-Verlag. 1993.

keit.[329] Zwar sind die Mitarbeiter nicht immer davon begeistert, ihre bisherigen Verhaltensgewohnheiten zu ändern. Die Führungskräfte sind gefordert, die Mitarbeiter zu motivieren und die erforderlichen Anreize zu setzen. Das Ziel besteht darin gesundheitsfördernde Verhaltensweisen zu bewirken bzw. auszulösen. Die Mitarbeiter scheuen häufig Veränderungen. Oft besteht eine Angst vor dem Ungewissen, Eine Angst und Ungewissheit dessen, was neues kommt. Manche sind skeptisch und wissen nicht richtig, wie sie mit der neuen Situation umgehen sollen. Die Führungskräfte sollten diese Ängste, Bedenken, Einwände, Vorurteilen oder auch Widerstände ernst nehmen, sich damit befassen und versuchen, die Mitarbeiter von den Vorteilen zu überzeugen. Den Mitarbeitern sollte diese Angst vor dem Neuen, vor der Veränderung genommen werden. Offene Information, stichhaltige Argumente, Mitarbeiterbeteiligung, Mitgestaltung, Mitsprache und gemeinsame Zielvereinbarungen sind an dieser Stelle sehr wirkungsvoll.[330]

6.2 Unterstützen

Die Führungskräfte sehen sich der Aufgabe gegenüber, dass sie die Mitarbeiter hinsichtlich der Bewältigung von Belastungen unterstützen sollen. Zwar trägt jeder Mitarbeiter seine Belastungen selbst und muss herausfinden, auf welche Weise er am besten den Gesundheitsrisiken am Arbeitsplatz begegnet, jedoch sollten die Führungskräfte Hilfestellung geben, damit die Bewältigungsprozesse den Mitarbeitern leichter fallen und vor allem, dass deren Gesundheit auf keine Weise beeinträchtigt wird.[331] [332]

Die Unterstützung der Mitarbeiter ist bspw. durch die Förderung ihrer Ressourcen möglich. Den Mitarbeitern sollten entsprechende Mitgestaltungsmöglichkeiten geboten werden. Sie benötigen auch Handlungsspielräume, innerhalb derer sie nach eigener Entscheidung handeln können.[333] Die Mitarbeiter sind auf ein

---

[329] Vgl: Ochs, P. / Petrenz, J. / Reindl, J.: Ressource. Handbuch zur arbeitsnahen Gesundheitsförderung im Betrieb. Saarbrücken: Institut für Sozialforschung und Sozialwirtschaft e.V. 1996.

[330] Wehrlin, Ulrich: Management durch Zielvereinbarung: Mit dem Steuerungs- und Führungsinstrument Zielvereinbarung Wettbewerbsvorteile sichern. 1. Aufl. München, AVM - Akademische Verlagsgemeinschaft München, 2012.

[331] Vgl.: Brinkmann, R.D.: Personalpflege: Gesundheit, Wohlbefinden und Arbeitszufriedenheit als strategische Größen im Personalmanagement. Heidelberg: Sauer-Verlag. 1993.

[332] Vgl.: http://www.gesundheit-foerdern.de/ - Stand: 05.06.2013.

[333] Vgl: Ochs, P. / Petrenz, J. / Reindl, J.: Ressource. Handbuch zur arbeitsnahen Gesundheitsförderung im Betrieb. Saarbrücken: Institut für Sozialforschung und Sozialwirtschaft e.V. 1996.

intaktes soziales Umfeld angewiesen. Dies bedeutet u. a. dass das Verhältnis zwischen Führungskräften und Mitarbeitern unbelastet sein sollte. Dies gilt auch für die sozialen Kontakte der Mitarbeiter untereinander. Darüber hinaus existieren zahlreiche betriebliche Gesundheitspotentiale. Diese sind bei den einzelnen Unternehmen ggf. vollkommen verschieden. Es ist erforderlich, die Ressourcen des Unternehmens herauszufinden und zu nutzen.[334] [335]

6.3 Stressvermeidung / Motivation /Aktivation / ermunternde Worte

Jede Führungsperson sollte sich dessen bewusst sein, dass die Mitarbeiter das wertvollste Kapital des Unternehmens sind. Die Führungskräfte stehen vor der Aufgabe, die Mitarbeiter immer wieder zu motivieren und zur Aktivität zu bewegen. Die Mitarbeiter sollten zuglich langfristig an das Unternehmen gebunden werden. Kleine Geschenke oder aufmunternde Worte können in bestimmten Situationen Anreize zu Leistungsbereitschaft bildln. Neben den Gehältern können jedoch auch kleine, dezente Gesten die Motivation steigern. Vor allem können die richtigen persönlichen Worte im richtigen Moment die Mitarbeiter beflügeln.

Zur richtigen Aufgabenstrukturierung und –Verteilung gehört auch die Vermeidung von Stress. Zu viel Stess kann die Gesundheit und die Produktivität gefährden. Darüber sollte sich jede Führungskraft im Klaren sein. Führungspersonen stehen vor der Herausforderung, die Aufgaben richtig zu strukturieren und zu verteilen. Hierzu zählen auch das Ermuntern und die gleichzeitige Vermeidung von Überbelastungen bzw. Überbeanspruchungen der Mitarbeiter. Deshalb besteht eine permanente Aufgabe der Personalpolitik darin, die Ausgewogenheit bzw. Balance zwischen Ermuntern (Fordern) und Überbelastung herzustellen. Die Führungskraft sollte sich darüber im Klaren sein, ab wann sie beim Mitarbeiter nachhaken soll, falls die gewünschte Leistung nicht erbracht wird. Sie sollte erkennen, in welchen Fällen es sinnvoll ist, dass die Mitarbeiter eigene Entscheidungen trefen sollten. Faktisch sind die meisten Mitarbeiter froh, dass sie ein Beschäftigungsverhältnis haben. Es kann von einer grundlegenden Arbeitsmotivation ausgegangen werden. Dennoch sind viele Mitarbeiter angespannt. Sie sind um Ihre Arbeitsstelle besorgt. Eine soche Art der Angst kann für die Unternehmen zu hohen Kosten fhren. Durch die Angst werden die Mitarbeiter vor der Durchführung der Kernaufgaben bzw. des Tagesgeschäftes abgehalten. Oft sorgen sich die Mitarbeiter begründet.

---

[334] Vgl.: Brinkmann, R.D.: Personalpflege: Gesundheit, Wohlbefinden und Arbeitszufriedenheit als strategische Größen im Personalmanagement. Heidelberg: Sauer-Verlag. 1993.

[335] Vgl.: http://www.gesundheit-foerdern.de/ - Stand: 05.06.2013.

Kaum ein Mitarbeiter kann sich gegenwärtig absolut sicher sein, dass er einen langfristigen und krisensicheren Arbeitsplatz hat. Daran können auch langfristige Verträge nichts ändern. In vielen Fällen werden jedoch auch Probleme innerhalb der Belegschaft selbst verursacht. Auch ein schlechtes Arbeitsklima kann eine Ursache für Stress am Arbeitsplatz sein. Die Führungskraft kann derartige Probleme beheben, indem Konflikte gelöst werden. Zum Abbau von Stress können auch alternative Arbeitszeitmodelle eingeführt werden. Diese können besser auf die aktuellen Bedürfnisse der Mitarbeiter agepasst werden. Stress bei der Arbeit lässt sich auch durch eine klare und reibungslose Kommunikation vermeiden. Von Bedeutung sind in diesem Zusammenhang auch regelmäßige Gespräche, Meetings oder der Informationsaustausch. Diese sind der Unternehmenskultur förderlich. Bei schwerwiegenden Konflikten unter Mitarbeitern bzw. den Führungskräften ist ein professionelles Konfliktmanagement hilfreich.

Durch den Einsatz von externen Beratern können die bestehenden Probleme nochmals aus „neutraler Perspektive" betrachtet werden. Personen, welche nicht in die Unternehmensvorgänge involviert sind, können die Lage häufig objektiver einschätzen und unbefangen entsprechende Lösungsvorschläge unterbreiten. Es ist stets sinnvoll, wenn die Mitarbeiter nach ihrer Auffassung / Meinung / Enschätzung der Sachverhalte befragt werden. Die Ergebnisse der Gespräche lassen sich im Arbeitsprozess umzusetzen. Grundsätzlich gilt, dass in erster Linie die Führungskräfte über ihr Verhalten das Geschehen wesentlich (mit)bestimmen. Sie üben diesbezüglich eine Vorbildfunktin aus. Die Führungspersonen sind immer verantwortlich oder zumindest mitverantwortlich. Dies gilt auch bezüglich dessen, ob sich ein Mitarbeiter an seinem Arbeitsplatz wohl fühlt bzw. nicht wohl fühl und ob er gefordert (weder unterfordert, noch überfordert) und motiviert ist. Für eine Führungsperson, welche sich bspw. selbst im Dauerstress befindet, wird es schwierig, den Mitarbeitern gegenüber überzeugend aufmunternde Worte auszusprechen. Doch sie sollte mit gutem Beipiel vorausgehen und eine klare Richtung vorgeben und vorleben. Die Mitarbeitermotivation und der Stressabbau stellen u. a. zentrale Führungsaufgaben dar.

Zum erfolgreichen Führen und Motivieren lassen sich aus der Bedürfnispyramide von Maslow wichtige Schlüsse ableiten. Es gilt, die daraus abgeleiteten Erkenntnisse richtig in der Praxis anzuwenden.[336]

---

[336] Vgl.: http://www.mitarbeiter-fuehren.de/menschenkenntnis/280-mitarbeiter-fuehren.html – Stand: 14.08.2013.

Die **Grundbedürfnisse** entsprechend der Bedürfnispyramide nach Maslow können weitgehend unberücksichtigt bleiben. Es besteht keine direkte Relevanz.[337]

Sicherheits- und Schutzbedürfnisse beziehen sich auch auf die finanziellen Anreizsysteme. Beispiel Pämie. Weitere relevante Aspekte wären der Kündigungsschutz oder die Arbeitsplatzsicherung.

Die **sozialen Bedürfnisse** bilden erfolgsrelevante Ansatzpunkte für die Motivation, insbesondere

- Die Gruppenzugehörigkeit: Wie sich Mitarbeiter mit dem Unternehmen identifizieren und daran teilhaben

- Die Kommunikation: Erfolgreicher Austausch im Kollegenkreis und mit Vorgesetzten

- Die Informationsbedürfnisse: Unterrichtung über aktuelle Geschäftsvorgänge[338]

Die **Geltungsbedürfnisse** stellen optimale Ansatzpunkte für die zugkräftige Führung dar, wodurch die Mitarbeiter zu Leistungen angespornt werden:

- Die Wertschätzung und Anerkennung: Z. B: Lob und Dank für gute Leistungen, den erfolgreichen Einsatz zur Umsetzung der Unternehmensziele

- Die Respektierung der Persönlichkeit: Z. B. Hervorhebung der persönlichen Stärken des Mitarbeiters

- Macht und Einfluss: Z. B. Erweiterung von Verantwortungsbereichen

- Prestige und Status: Z. B. Beauftragung mit besonderen Aufgaben

- Zuwachs an Bedeutung: Z. B. Betonung des Stellenwerts im Unternehmen[339]

Bedürfnisse nach Selbstverwirklichung erweisen einen relativ untergeordneten Bezug auf Mitarbeiterführung und Mitarbeitermotivation. Davon bestehen jedoch auch Ausnahmen.[340]

---

[337] Vgl.: http://www.mitarbeiter-fuehren.de/menschenkenntnis/280-mitarbeiter-fuehren.html
Vgl.: http://www.mitarbeiter-fuehren.de/menschenkenntnis/280-mitarbeiter-fuehren.html
– Stand: 14.08.2013.I – Stand: 14.08.2013.

[338] Vgl.: http://www.mitarbeiter-fuehren.de/menschenkenntnis/280-mitarbeiter-fuehren.html
– Stand: 14.08.2013.

[339] Vgl.: http://www.mitarbeiter-fuehren.de/menschenkenntnis/280-mitarbeiter-fuehren.html
– Stand: 14.08.2013.

Der Erfolg jeder Führungsperson basiert auf wirkungsvoller Motivation und stimulierender Führung. Eine wichtige Basis guter Zusammenarbeit besteht im gegenseitigen Vertrauen. Dies erfordert Aufrichtigkeit und Erhlichkeit. Mit Unwahrheiten würde eine Führungsperson langfristig wohl das Gegenteil dessen erreichen, was beabsichtigt wurde. Die Mitarbeiterführung gilt als sehr sensibler Bereich. Aus diesem Grund sollten Führungskräft grundsätzlcih und ausschließlich authentisch und ehrlich aufzutreten.[341]

„Um einen erst kürzlich eingestellten Mitarbeiter, der in vielen Bereichen schon gute Leistungen zeigt und bei den Kunden besonders gut ankommt, weiter zu motivieren und anzuspornen, gehen wir auf seine positive Arbeitseinstellung gegenüber dem Unternehmen ein.

Für die weitere Steigerung der Motivation des besagten Mitarbeiters eignen sich im besonderen Maße die Geltungsbedürfnisse und innerhalb dieser Bedürfnisse Lob und Dank für gute Leistungen.

Unsere aufmunternden Worte könnten in etwa so aussehen: "Sie haben sich innerhalb kürzester Zeit bereits sehr gut eingearbeitet (Lob = Befriedigung der Geltungsbedürfnisse). Ganz besonders möchte ich Ihnen für Ihre gekonnte Ausweitung der Kundenkontakte im Namen des gesamten Unternehmens danken (Dank = starke Befriedigung der Geltungsbedürfnisse). Wir können jetzt sicher sein, dass unser Mitarbeiter seine Leistungen nochmals dauerhaft steigern wird."[342]

Ein lobender Motivationsturbo kann die Leistung des Mtarbeiters wesentlich steigern. „Ehrliches Lob und ein aus aufrichtigem Herzen ausgesprochener Dank sind wahre Motivationsturbos. Und seien wir sicher: Diese wahrhaftigen und mit Überzeugung ausgesprochenen Worte brennen sich unauslöschlich in das Gedächtnis des Angesprochenen."[343]

---

[340] Vgl.: http://www.mitarbeiter-fuehren.de/menschenkenntnis/280-mitarbeiter-fuehren.html – Stand: 14.08.2013.

[341] Vgl.: http://www.mitarbeiter-fuehren.de/menschenkenntnis/280-mitarbeiter-fuehren.html – Stand: 14.08.2013.

[342] http://www.mitarbeiter-fuehren.de/menschenkenntnis/280-mitarbeiter-fuehren.html – Stand: 14.08.2013.

[343] http://www.mitarbeiter-fuehren.de/menschenkenntnis/280-mitarbeiter-fuehren.html – Stand: 14.08.2013.

7 Aufgabenorientierung und das Aussprechen von Anerkennung anlässlich einer Kontrolle

7.1 Führungsmittel Anerkennung und Kritik

> *„Dass Anerkennung und Kritik die entschei-denden Faktoren im Verhältnis Vorgesetzter und Mitarbeiter sind, steht....außer Zweifel"*
>
> *Kuppler, Benno*[344]

Anerkennung und Kritik stellen im Zusammenhang mit der Kontrolle weit verbteitete Führungsinstrumente dar. In den Unternehmen fragen sich die Führungskräfte immer wieder welche Kombination von Lob und Kritik für die erfolgreiche Zusammenarbeit sinnvoll sein könnte.[345]

Bei zahlreichen Mitarbeitern hat der Begriff „Kritik" eine eher negative Wirkung bzw. wird als „Angriff auf die Persönlichkeit" aufgefasst.[346] Sie erachten diese als ein Machtinstrument des Vorgesetzten, „mit dem das eigene Selbstwertgefühl negativ berührt wird."[347]

Seitens der Mitarbeiter wird jedoch Kritik lediglich vereinzelt als Instrument der Fehlerbeseitigung und Verbesserung richtig aufgefasst. Dies erklärt auch, warum in der Führungspraxis Mitarbeiter immer wieder bei unzulänglichen kritischen Äußerungen des Vorgesetzten frustriert und verärgert sind. Manche ziehen mit der Zeit sogar die innere Kündigung vor. Dagegen wird der sachliche Kern der Kritik durch diese Mitarbeiter nicht wahrgenommen.[348]

---

[344] Kuppler, Benno: Anerkennung und Kritik. Zum Verhälnis zwischen Unternehmensleitung und Mitarbeitern. Lehrbericht vom 15.03.1970: http://www.we-wi-we.de/Kuppler_Anerkennung_und_Kritik.pdf – Stand: 15.08.2013.

[345] Vgl.: Kuppler, Benno: Anerkennung und Kritik. Zum Verhälnis zwischen Unternehmensleitung und Mitarbeitern. Lehrbericht vom 15.03.1970: http://www.we-wi-we.de/Kuppler_Anerkennung_und_Kritik.pdf – Stand: 15.08.2013.

[346] Vgl.: Kuppler, Benno: Anerkennung und Kritik. Zum Verhälnis zwischen Unternehmensleitung und Mitarbeitern. Lehrbericht vom 15.03.1970: http://www.we-wi-we.de/Kuppler_Anerkennung_und_Kritik.pdf – Stand: 15.08.2013.

[347] http://www.personaltraining-kratz.de/seminare12.html – Stand: 04.08.2013.

[348] Vgl.: http://www.personaltraining-kratz.de/seminare12.html – Stand: 04.08.2013.

Viele Personen verhalten sich privat und auch betrieblich gleich. Sie sind nicht offen für Kritik oder Äußerungen, welche ihnen gerade nicht in ihr Programm passen. Äußert eine andere Person, bspw. ein Nachbar, Kritik, oder teilt mit, dass sie am Verhalten der betroffenen Person etwas auszusetzen hat, so gehen diese oft förmlich „auf die Palme". Die Reaktionen, oft im Privatbereich zu beobachten sind: Gegenwehr, Unverständnis, unüberlegte Gegenkritik, Beschimpfungen und beldidigende Worte gegen die Person welche berechtigte Kritik ausspricht. Viele hören sich das Anliegen anderer Personen nicht einmal an und pochen darauf, dass sie einzig alles richtig machen bzw. im Recht sind. Sie ziehen den offenen Streit der berechtigten Kritik und dem gemeinsamen Gespräch mit der Suche nach Lösungen vor. Entsprechend sind sie nicht dazu bereit, ihr Verhalten zu ändern, um so wesentlich zur Problemlösung beizutragen. Sie erkennen nicht, dass das Problem in ihrem Verhalten liegt und sie quasi selbst das Problem für andere Personen darstellen.

In den Unternehmen sind solche Verhaltensweisen nicht zu dulden. Der Mitarbeiter muss sich berechtigte Kritik von seinen Vorgesetzen anhören – ob es ihm gerade passt oder nicht - und sich damit beschäftigen. Er darf sich keineswegs in Gegenangriffe flüchten oder die Kritik ignorieren. Was sich viele Personen privat bspw. gegenüber ihrer Nachbarn herausnehmen ist in den Unternehmen nicht möglich.

Anders verhält es sich im Fall, missverstandener Kritik, wenn bspw. ungerechtfertigte Kritik ausgesprochen wird, oder wenn die Kritik falsch bzw. übertrieben geübt wird, bzw. nicht so ankommt, wie sie angemessen oder berechtigt wäre. Hieraus können sich u. a. die folgenden Wirkungen bei den Betroffenen, beim Unternehmen usw. ergeben:

Abb. 33 Mögliche Folgen missverstandener Kritik[349][350]

Folgen missverstandener Kritik:

- Verärgerung,
- Irritation,
- Frustration,
- Demotivation,
- Leistungszurückhaltung
- Angriffe / Üble Nachrede / Mobbing gegen die Führungsperson
- Eskalation der Situation / Streit,
- Gesundheitliche Folgen bei den Beteiligten / Betroffenen,
- Defizit in der persönlichen Work-Life Balance WLB,
- Flow-Killing / Verlust von Sinn Motivation und Arbeitszufriedenheit
- Kommunikationsverschlechterung,
- Kommunikationsstopp,
- Persönliche Ignoration / Eiszeit,
- Verschlechterung des Arbeitsklimas,
- Verschlechterung der Zusammenarbeit,
- Erhöhung von Fehlzeiten
- Höhere Fluktuation
- Störung der Arbeitsabläufe
- Beeinträchtigung von Qualität, Service, Zuverlässigkeit,
- Verlust von Aufträgen, Kunden, Lieferanten, Mitarbeitern, ggf. von Führungspersonen,
- Kosten der Ersatzbeschaffung bei Ausfällen und Verlusten,
- Negative Wirkung im Bereich Employer-Branding
- Kosten der Mediation und Abhilfe,
- Rechtskosten / Beratungskosten
- Ärztliche Kosten,
- Negative Öffentlichkeitswirkung bei Rechtsstreitigkeiten,
- Sonstige Wirkungen

---

[349] Quelle: Eigene Darstellung / Zusammenstellung

[350] An dieser Stelle werden lediglich einige Beispiele aufgeführt. Diese sind aus persönlicher Beobachtung und Erfahrung gesammelt. Die Liste lässt sich bestimmt noch wesentlich erweitern.

Um die negativen Wirkungen missverstandener Kritik zu vermeiden, ist an der Ursache zu forschen. Die Frage besteht darin, festzustellen, ob und inwieweit die Führunspersonen regelmäßig dazu bereit sind, Leistungen und Verhaltensweisen von Mitarbeitern durch eine positive Rückmeldung nachhaltig zu verstärken. Klären, ob eine Führungsperson die Auffassung vertritt, dass das Ausbleiben von Kritik als Anerkennung ausreichen könne.[351]

Kritik und Anerkennung müssen in einem ausgewogenen Verhältnis zueinander stehen. Es geht darum, „durch Anerkennung und Kritik und durch individuelle Förderung für jeden Mitarbeiter den Platz zu finden, an dem er mit seinen Kenntnissen und Möglichkeiten Optimales leistet."[352]

Viele Führungskräfte versuchen, das Leistungspotenzial ihrer Mitarbeiter intensiver zu nutzen. Sie setzen auf einen motivierenden Einsatz der Führungsmittel Anerkennung und Kritik. Jedoch erfordert dies, dass bestimmte Voraussetzungen erfüllt sein müssen. Das von allen Beteiligten anzustrebende Ziel lässt sich wie folgt umschreiben:[353] „Bestmögliche Aufgabenerledigung bei gleichzeitig größtmöglicher Zufriedenheit der Mitarbeiter!"[354]

Der Begriff Kontrolle in seiner umgangssprachlichen Verwendung lässt sich wie folgt definieren:

„1) zentrales Element des Experiments.

2) zentrales Bedürfnis jedes Menschen, die Umwelt und auch Innenwelt den eigenen Wünschen entsprechend zu beeinflussen, also aktiv oder passiv zu kontrollieren, oder zukünftige Ereignisse zumindest vorhersehen zu können (Kontrollerwartung, Macht)."[355]

Die Kontrollerwartung ist die „Erwartung, dass Reizkontrolle möglich ist. Fehlt diese Erwartung, kann ein extremes Gefühl der Hilflosigkeit entstehen. Im Humanexperiment wird die Kontrollerwartung häufig dadurch manipuliert, dass man falsche Rückmeldungen über Ergebnisse in Lern- oder Leistungstests gibt, die unabhängig von den tatsächlichen Bemühungen oder dem erzielten

---

[351] Vgl.: http://www.personaltraining-kratz.de/seminare12.html – Stand: 04.08.2013.

[352] Kuppler, Benno: Anerkennung und Kritik. Zum Verhälnis zwischen Unternehmensleitung und Mitarbeitern. Lehrbericht vom 15.03.1970: http://www.we-wi-we.de/Kuppler_ Anerkennung_und_Kritik.pdf – Stand: 15.08.2013.

[353] Vgl.: http://www.personaltraining-kratz.de/seminare12.html – Stand: 04.08.2013.

[354] http://www.personaltraining-kratz.de/seminare12.html – Stand: 04.08.2013.

[355] Psychology48 com Psychologie-Lexikon http://www.psychology48.com/deu/d/kontrolle/kontrolle.htm – Stand: 04.08.2013.

Erfolg sind - oder indem man Versuchspersonen den Eindruck vermittelt, sie könnten durch richtiges Verhalten die Häufigkeit und Intensität aversiver Stimuli kontrollieren."[356]

7.2 Ziele Kontrolle und Feedback

„Nur ein ausgewogenes Verhältnis zwischen
Kritik und Anerkennung steigert auf lange
Sicht die Leistung des Mitarbeiters"

Kuppler, Benno[357]

Wie Kai Heß von ZTN Training & Consulting e.K in einem Artikel[358] berichtet, verblüffte Ihn in einem Führungskräftetraining zum Thema „Ziele, Kontrolle und Feedback" die folgende Aussage eines Seminarteilnehmers: „Wer seine Mitarbeiter nicht kontrolliert, betrügt sie!"[359] [360] Hieraus lässt sich ableiten, dass die Kontrolle mehr oder weiniger ein Recht des Mitarbeiters darstellt, keinesfalls etwas „Schlechtes oder Unangenehmes" bedeutet.[361] [362]

Eine Studie der Universitäten Bonn und Zürich zeigte auf, dass die Kontrolle bzw. Überwachung dem Mitarbeiter jedoch im ungünstigen Fall ggf. signalisiert, dass der Vorgesetzte diesem kein Engagement zutraut bzw. von Ihm nicht allzu viel erwartet. Durch dieses Misstrauen kann beim Mitarbeiter eine

---

[356] Psychology48 com Psychologie-Lexikon http://www.psychology48.com/deu/d/kontroll erwartung/kontrollerwartung.htm – Stand: 07.08.2013.

[357] Kuppler, Benno: Anerkennung und Kritik. Zum Verhälnis zwischen Unternehmensleitung und Mitarbeitern. Lehrbericht vom 15.03.1970: http://www.we-wi-we.de/Kuppler_ Anerkennung_und_Kritik.pdf – Stand: 15.08.2013.

[358] Vgl.: Heß, Kai: Mitarbeiter kontrollieren: Vertrauen ist gut, Kontrolle ist besser. In: Business-wissen.de. Artikel vom 21.11.2009. http://www.business-wissen.de/mitarbeiterfueh rung/mitarbeiter-kontrollieren-vertrauen-ist-gut-kontrolle-ist-besser/ - Stand: 06.08.2013.

[359] Heß, Kai: Mitarbeiter kontrollieren: Vertrauen ist gut, Kontrolle ist besser. In: Business-wissen.de. Artikel vom 21.11.2009. http://www.business-wissen.de/mitarbeiterfuehrung/ mitarbeiter-kontrollieren-vertrauen-ist-gut-kontrolle-ist-besser/ - Stand: 06.08.2013.

[360] Vgl.: Hess, Kai / Rhomberg, Martin M.: Wer seine Mitarbeiter nicht kontrolliert, betrügt sie! Aus der Praxis des Führens. Hecht-Druck, 1. Aufl. 2012.

[361] Vgl.: Heß, Kai: Mitarbeiter kontrollieren: Vertrauen ist gut, Kontrolle ist besser. In: Business-wissen.de. Artikel vom 21.11.2009. http://www.business-wissen.de/mitarbeiterfueh rung/mitarbeiter-kontrollieren-vertrauen-ist-gut-kontrolle-ist-besser/ - Stand: 06.08.2013.

[362] Vgl.: Hess, Kai / Rhomberg, Martin M.: Wer seine Mitarbeiter nicht kontrolliert, betrügt sie! Aus der Praxis des Führens. Hecht-Druck, 1. Aufl. 2012.

Gegenreaktion bzw. eine Art Trotzreaktion ausgelöst werden: „Er ist dann tatsächlich nicht mehr bereit, mehr zu leisten, als es unbedingt nötig ist."[363]

Wegen der Wirkungen der Kontrolle auf das Engagement und die Motivation der Mtarbeiter und damit auch auf die betriebliche Leistungserstellung, ist es erforderlich, sich als verantwortliche Führungskraft mit diesem Themenkomplex näher zu beschäftigen.

Der Begriff Kontrolle ist in unserem Sprachgebrauch in gewisser bzw. subjektiver Hinsicht negtiv belegt. Viele Menschen verbinden damit etwas Unangenehmes.[364] Jedoch handelt es bei der Kontrolle rein objektiv um etwas Nützliches und damit positives.[365] Die Kontrolle sollte als etwas Gutes erkannt werden, als „ein Recht des Mitarbeiters."[366]

Für eine funktionierende und zweckmäßige Kontrolle ist es erforderlich, dass mit den Mitarbeitern ein klares, realistisches, also erreichbares Ziel vereinbart worden ist. Jedoch besteht bereits in dieser Anforderung ein Problem. Eine wichtige Voraussetzung besteht darin, dass sich die Führungsperson zunächst selbst Klarheit darüber verschafft hat, was genau von den Mitarbeitern erwartet wird. Zudem müssen die Mitarbeiter befähigt worden sein, das Ziel zu erreichen.[367]

Die Führungsperson sollte geügend Zeit investieren, um dem Mitarbeiter zu vermitteln, was sie genau von ihm erwartet. Außerdem ist dem Mitarbeiter zu vermitteln, welchen „Sinn seine Arbeit im Gesamtzusammenhang des Unternehmens hat."[368]

---

[363] Ratschlag24.com: Unternehmensführung: Lob statt Kontrolle. Artikel vom 12.08.2008. http://www.ratschlag24.com/index.php/unternehmensfuehrung-lob-statt-kontrolle/ - Stand: 08.08.2013.

[364] Vgl.: Kuppler, Benno: Anerkennung und Kritik. Zum Verhälnis zwischen Unternehmensleitung und Mitarbeitern. Lehrbericht vom 15.03.1970: http://www.we-wi-we.de/Kuppler_Anerkennung_und_Kritik.pdf – Stand: 15.08.2013.

[365] Vgl.: Kuppler, Benno: Anerkennung und Kritik. Zum Verhälnis zwischen Unternehmensleitung und Mitarbeitern. Lehrbericht vom 15.03.1970: http://www.we-wi-we.de/Kuppler_Anerkennung_und_Kritik.pdf – Stand: 15.08.2013.

[366] Vgl.: Heß, Kai: Mitarbeiter kontrollieren: Vertrauen ist gut, Kontrolle ist besser. In: Business-wissen.de. Artikel vom 21.11.2009. http://www.business-wissen.de/mitarbeiterfuehrung/mitarbeiter-kontrollieren-vertrauen-ist-gut-kontrolle-ist-besser/ - Stand: 06.08.2013.

[367] Vgl.: Heß, Kai: Mitarbeiter kontrollieren: Vertrauen ist gut, Kontrolle ist besser. In: Business-wissen.de. Artikel vom 21.11.2009. http://www.business-wissen.de/mitarbeiterfuehrung/mitarbeiter-kontrollieren-vertrauen-ist-gut-kontrolle-ist-besser/ - Stand: 06.08.2013.

[368] Heß, Kai: Mitarbeiter kontrollieren: Vertrauen ist gut, Kontrolle ist besser. In: Business-wissen.de. Artikel vom 21.11.2009. http://www.business-wissen.de/mitarbeiterfuehrung/mitarbeiter-kontrollieren-vertrauen-ist-gut-kontrolle-ist-besser/ - Stand: 06.08.2013.

Wie Befragungen zur Arbeiszufriedenheit von Mitarbeitern aufgezeigt haben, äußern die Führungskräfte zu selten klare Erwartungen. Sie vereinbaren oder setzen nur selten klare Ziele. Sie äußern oft keine klaren Ziele. Vor allem wird nur in den seltensten Fällen dem Mitarbeiter die Sinnhaftigkeit der geforderten Arbeitsleistung erklärt. „Wenn ich als Mitarbeiter natürlich nicht genau weiß, was mein Chef von mir erwartet, muss jede Kontrolle überraschend und mir willkürlich erscheinen."[369]

Im Falle, dass Führungspersonen die Ziele klar und ausreichend vermitteln bestehen zwei Möglichkeiten:

1. Der Mitarbeiter erreicht sein Ziel nicht. „Wenn ich jetzt nicht kontrolliere und ein klares Feedback gebe, wird der Mitarbeiter feststellen, dass es auch ohne Zielerreichung geht, und sein Leistungsvermögen dieser Situation anpassen. Das erscheint logisch. Übrigens merken das auch die Kollegen sehr schnell und stellen sich auch darauf ein. „Warum sollen wir eine gute Leistung erbringen, während eine Minderleistung beim Kollegen geduldet wird?" Doppelt gefährlich wird das Ganze, wenn ich als Chef dann auch noch den „Weg des geringsten Widerstandes" wähle: Wenn Mehrleistung nötig ist, oder Überstunden erforderlich sind, geht man schnell zu den Mitarbeitern, auf die man sich verlassen kann, nicht zu den „Komplizierten". Irgendwann sind dann auch die besten und einsatzbereitesten Mitarbeiter verärgert, wenn nur von ihnen Top-Leistungen gefordert werden und die Kollegen mit geringerem Aufwand genauso viel verdienen. Auf Dauer wird die Leistung aller meiner Mitarbeiter schlechter."[370]

2. Der Mitarbeiter erreicht sein Ziel. „Er ist stolz darauf und erwartet jetzt eine Reaktion der Führungskraft. Er möchte seinen Erfolg feiern und auch gelobt werden. Wenn ich aber nicht kontrolliere, stelle ich den Erfolg nicht fest und kann den Mitarbeiter auch nicht entsprechend würdi-

---

[369] Heß, Kai: Mitarbeiter kontrollieren: Vertrauen ist gut, Kontrolle ist besser. In: Business-wissen.de. Artikel vom 21.11.2009. http://www.business-wissen.de/mitarbeiterfueh rung/mitarbeiter-kontrollieren-vertrauen-ist-gut-kontrolle-ist-besser/ - Stand: 06.08.2013.

[370] Heß, Kai: Mitarbeiter kontrollieren: Vertrauen ist gut, Kontrolle ist besser. In: Business-wissen.de. Artikel vom 21.11.2009. http://www.business-wissen.de/mitarbeiterfueh rung/mitarbeiter-kontrollieren-vertrauen-ist-gut-kontrolle-ist-besser/ - Stand: 06.08.2013.

gen. Zunächst ist er enttäuscht, dann stellt er sich die Frage: Wenn es sowieso keinen interessiert, warum mache ich es überhaupt?"[371]

Ein Feedback wäre ohne Kontrolle nicht möglich.

„Desinteresse ist extrem demotivierend. Kein Feedback zu geben ist Desinteresse. Ohne Kontrolle kann ich aber kein Feedback geben. Kontrolle im positiven Sinn bedeutet also: Interesse für die Arbeit und Leistung meines Mitarbeiters haben und diesem dann ein Feedback geben. Dies kann Kritik sein, falls dies nötig ist, muss aber genauso Lob sein, falls dies angebracht ist. Manche Führungskräfte kontrollieren zwar, Feedback gibt es dann aber nur in Form von Kritik. Erfolg wird ohne Kommentar als gegeben erachtet. So wird natürlich Kontrolle vom Mitarbeiter selbstverständlich als negativ angesehen."[372]

Die Führungskräfte sollten Mitarbeiter nicht in der Absicht kontrollieren, diese „bei Fehlern zu erwischen, sondern weil wir unsere Mitarbeiter bei einer guten Leistung ertappen wollen. Wenn wir dann in jedem Fall ein Feedback (Lob oder Kritik) geben, ist Kontrolle auch nicht mehr negativ, sondern wird als Interesse oder Hilfe verstanden."[373]

Die Kontrolle sollte nicht dazu dienen, dass dem Mitarbeiter alle fünf Minuten über die Schulter geschaut wird. Sie richtet sich nach dem Leistungsstand des Mitarbeiters. Bei einem Auszubildenden oder neuen Mitarbeiter kann diese häufiger erfolgen. Bei längerer Beschäftigung ist dann meist nur noch eine Stichprobenkontrolle erforderlich. Für einen langjährigen, erfahrenen, selbstständig arbeitenden Mitarbeiter bietet sich die Ergebniskontrolle an.[374]

Eine Kontrolle sollte möglichst angekündigt werden. Sie sollte ehrlich und offen durchgeführt werden. Sie lässt sich im Idealfall sogar mit dem Mitarbeiter absprechen und vereinbaren. Wird dies eingehalten, so verschwindet auch

---

[371] Heß, Kai: Mitarbeiter kontrollieren: Vertrauen ist gut, Kontrolle ist besser. In: Businesswissen.de. Artikel vom 21.11.2009. http://www.business-wissen.de/mitarbeiterfuehrung/mitarbeiter-kontrollieren-vertrauen-ist-gut-kontrolle-ist-besser/ - Stand: 06.08.2013.

[372] Heß, Kai: Mitarbeiter kontrollieren: Vertrauen ist gut, Kontrolle ist besser. In: Businesswissen.de. Artikel vom 21.11.2009. http://www.business-wissen.de/mitarbeiterfuehrung/mitarbeiter-kontrollieren-vertrauen-ist-gut-kontrolle-ist-besser/ - Stand: 06.08.2013.

[373] Vgl.: Heß, Kai: Mitarbeiter kontrollieren: Vertrauen ist gut, Kontrolle ist besser. In: Business-wissen.de. Artikel vom 21.11.2009. http://www.business-wissen.de/mitarbeiterfuehrung/mitarbeiter-kontrollieren-vertrauen-ist-gut-kontrolle-ist-besser/ - Stand: 06.08.2013.

[374] Vgl.: Heß, Kai: Mitarbeiter kontrollieren: Vertrauen ist gut, Kontrolle ist besser. In: Business-wissen.de. Artikel vom 21.11.2009. http://www.business-wissen.de/mitarbeiterfuehrung/mitarbeiter-kontrollieren-vertrauen-ist-gut-kontrolle-ist-besser/ - Stand: 06.08.2013.

das Misstrauen. Vielmehr kann der Mitarbeiter die Kontrolle als unterstützende Maßnahme erkennen.[375]

Ein weiterer bedeutender Führungsfehler besteht u. a. darin, dass vor allem eine bereits angekündigte Kontrolle unterbleibt. In der Führungspraxis drängt stets das Tagescheschäft. Termine werden ggf. nicht eingehalten und Kontrollen nicht zum vereinbarten Termin durchgeführt. Manchmal erfolgt dies aus Zeitmangel. In vielen Fällen ist die Führungskraft jedoch der Annahme, dass ohnehin alles reibungslos und ohne Fehler abläuft.[376]

Ein nicht eingehaltener Termin wird i. d. R. nicht von positiver Wirkung sein. Der Sachverhalt kann bspw. als Desinteresse ausgelegt werden. Mitarbeiter empfinden Kontrolle häufig als eine Art Bedrohung und/oder entgegengebrachtes Misstrauen. Kontrolle hat nach der Auffassung vieler Mitarbeiter den Charakter eines willkürlichen Machtinstrumentes, welches die Funktion hat, „den Mitarbeiter bei Fehlern zu ertappen."[377]

Wegen der Wirkungen der Konrolle auf die Leistung, ist es wichtig, dass sich eine Führungskraft fest vornehmen soll, ihre Mitarbeiter nur „bei guten Leistungen „ertappen" zu wollen."[378]

Das Ziel der Kontrolle besteht nicht darin, Fehler des Mitarbeiters aufzudecken. Vielmehr sollte sie als Anlass gesehen werden, dem Mitarbeiter Aufmerksamkeit zu schenken, seine guter Leistung zu erkennen und anerkennend zu Loben.[379]

Die Konsequenz für das Führungsverhalten im Kontext von Kontrolle, Feedback und Lob lässt sich auf den folgenden Nenner Bringen: „Messen Sie das

[375] Vgl.: Heß, Kai: Mitarbeiter kontrollieren: Vertrauen ist gut, Kontrolle ist besser. In: Business-wissen.de. Artikel vom 21.11.2009. http://www.business-wissen.de/mitarbeiterfuehrung/mitarbeiter-kontrollieren-vertrauen-ist-gut-kontrolle-ist-besser/ - Stand: 06.08.2013.

[376] Vgl.: Heß, Kai: Mitarbeiter kontrollieren: Vertrauen ist gut, Kontrolle ist besser. In: Business-wissen.de. Artikel vom 21.11.2009. http://www.business-wissen.de/mitarbeiterfuehrung/mitarbeiter-kontrollieren-vertrauen-ist-gut-kontrolle-ist-besser/ - Stand: 06.08.2013.

[377] Heß, Kai: Mitarbeiter kontrollieren: Vertrauen ist gut, Kontrolle ist besser. In: Business-wissen.de. Artikel vom 21.11.2009. http://www.business-wissen.de/mitarbeiterfuehrung/mitarbeiter-kontrollieren-vertrauen-ist-gut-kontrolle-ist-besser/ - Stand: 08.08.2013.

[378] Ratschlag24.com: Unternehmensführung: Lob statt Kontrolle. Artikel vom 12.08.2008. http://www.ratschlag24.com/index.php/unternehmensfuehrung-lob-statt-kontrolle/ - Stand: 08.08.2013.

[379] Vgl.: Heß, Kai: Mitarbeiter kontrollieren: Vertrauen ist gut, Kontrolle ist besser. In: Business-wissen.de. Artikel vom 21.11.2009. http://www.business-wissen.de/mitarbeiterfuehrung/mitarbeiter-kontrollieren-vertrauen-ist-gut-kontrolle-ist-besser/ - Stand: 06.08.2013.

Ergebnis am Ziel. Wenn Ihr Mitarbeiter erfolgreich war, können Sie sich den nächsten Zielen auf dem Weg zu Ihrer großen Vision widmen. Stellen Sie indes einen Mangel fest, dann sprechen Sie ihn klar an und lassen ihn beheben. Vertrauen Sie als Chef auf die Eigenkontrolle Ihrer Mitarbeiter. Sie haben das konkrete Ziel mit festgelegt, sie werden dieses auch im Auge behalten! Ihre Kontrolle sollte sich allein auf die Abweichungen vom Ziel beschränken, die Ihnen auffallen. Loben und würdigen Sie besonders positive Leistungen. Es gibt nämlich keinen besseren Ansporn als das Lob!"[380]

7.3 Vorzüge und Risiken der Kontrollarten

Zur erfolgreichen Führung sind Kontrollen wichtige Führungsinstrumente. Jedoch sind sie von den Mitarbeitern zu akzeptieren. Wird die Notwendigkeit von Kontrollen von den Mitarbeitern akzeptiert, so besteht immer noch das Rikiko, einer falschen oder ungeschickten Kontrolldurchführung. Auch der Einsatz einer unangebrachten Kontrollart kann den Widerstand der Mitarbeiter auslösen. In der Führungspraxis ist es erforderlich, die Vorzüge und auch die Risiken der am häufigsten verwendeten Kontrollarten zu kennen. Hierbei handelt es sich um die[381]

- Ausführungs-/Verhaltenskontrolle

- Fremdkontrolle

- Selbstkontrolle

- Totalkontrolle

- Ergebnis-/Endkontrolle

7.3.1 Ausführungs-/Verhaltenskontrolle

Bei der Ausführungs-/Verhaltenskontrolle wird die Person des Mitarbeiters in den Mittelpunkt der Betrachtung gestellt. Die Fragestellung richtet sich darauf wie der Mitarbeiter etwas tut. Die Mitarbeiter lehnen diese Kontrollart oft ab

---

[380] Ratschlag24.com: Unternehmensführung: Lob statt Kontrolle. Artikel vom 12.08.2008. http://www.ratschlag24.com/index.php/unternehmensfuehrung-lob-statt-kontrolle/ - Stand: 08.08.2013.

[381] Vgl.: Kratz, Hans-Jürgen: Kontrolle ist nicht gleich Kontrolle Artikel in Foerderland.de Personalführung vom 21.05.2007.http://www.foerderland.de/news/fachbeitraege/beitrag/kontrolle-ist-nicht-gleich-kontrolle/unternehmensfuehrung/?cHash=80166c80ccb97003b d6daa007e61cf78&tx_abfachbeitraege_pi1[seite]=0 – Stand: 09.08.2013.

und erachten sie als „den Mitarbeitern als der Sache nicht dienlich, einengend, schikanös und überflüssig".[382]

Die Grundlage von Ausführungs- bzw. Verhaltenskontrollen bilden subjektive Beobachtungen. Jedoch sind die Ergebnisse, welche auf subjektiven Beobachtungen basieren nicht messbar. Dies führt ggf. zu einem Widerspruch seitens des kontrollierten Mitarbeiters. Oft hört die Führungskraft deshalb Kommentare wie „Das ist Ihre persönliche Meinung, nach meiner Auffassung verhält es sich ganz anders....". Aus diesem Grund sollten Ausführungs-/ Verhaltenskontrollen deshalb lediglich in den folgenden zwei Fällen Verwendung finden:[383]

- Wenn etwa fehlerhaftes Verhalten zu einer umständlicheren, zeit- oder kostenaufwendigeren Aufgabenerledigung führt.

- Wenn trotz fehlerhaften Verhaltens zuvor die gewünschten Ergebnisse umgesetzt werden konnten jedoch in der Zukunft bei gleichem Verhalten gravierende Misserfolge nicht mehr ausgeschlossen werden können.[384] [385]

7.3.2 Fremdkontrolle

Bei der Fremdkontrolle wird die Kontrolle durch den Vorgesetzten durchgeführt. Mit desem Führungsinstrument wird eine objektivere Bestandsaufnahme der erzielten Ergebnisse ermöglicht. Dadurch kann gleichzeitig der Fall einer Selbsttäuschung ausgeschlossen werden. In der Führungspraxis zeigt sich jedoch, dass die Fremdkontrolle von zahlreichen Mitarbeitern mehr als lästig, unangenehm und störend aufgefast wird. Die Gründe hierfür sind darin zu se-

---

[382] Kratz, Hans-Jürgen: Kontrolle ist nicht gleich Kontrolle Artikel in Foerderland.de Personalführung vom 21.05.2007. http://www.foerderland.de/news/fachbeitraege/beitrag/kontrolle-ist-nicht-gleich-kontrolle/unternehmensfuehrung/?cHash=80166c80ccb97003bd6daa007e 61cf78&tx_abfachbeitraege_pi1[seite]=0 – Stand: 09.08.2013.

[383] Vgl.: Kratz, Hans-Jürgen: Kontrolle ist nicht gleich Kontrolle Artikel in Foerderland.de Personalführung vom 21.05.2007. http://www.foerderland.de/news/fachbeitraege/beitrag/kontrolle-ist-nicht-gleich-kontrolle/unternehmensfuehrung/?cHash=80166c80ccb97003bd6 daa007e61cf78&tx_abfachbeitraege_pi1[seite]=0 – Stand: 09.08.2013.

[384] Beispiele wären falsche Arbeitsgewohnheiten. So die Nichtbeachtung von Sicherheitsvorschriften im technischen Bereich, die Nichtbeachtung und Nichteinhaltung von Hygienevorschriften im Lebensmittelsektor usw.

[385] Vgl.: Kratz, Hans-Jürgen: Kontrolle ist nicht gleich Kontrolle Artikel in Foerderland.de Personalführung vom 21.05.2007. http://www.foerderland.de/news/fachbeitraege/beitrag/kontrolle-ist-nicht-gleich-kontrolle/unternehmensfuehrung/?cHash=80166c80ccb97003bd 6daa007e61cf78&tx_abfachbeitraege_pi1[seite]=0 – Stand: 09.08.2013.

hen, dass der Mitarbeiter dadurch mit seiner Abhängigkeit und Unselbstständigkeit konfrontiert wird. Aus diesen Gründen wird es vorgezogen, dass die Führungsperson darauf achtet, Fremdkontrolle möglichst zu vermindern. Stattdessen ist es vorzuziehen, dem Mitarbeiter die Möglichkeit der Durchführung einer Selbstkontrolle anzubieten.[386]

7.3.3 Selbstkontrolle

Im Rahmen der Selbst- bzw. Eigenkontrolle kontrolliert der Mitarbeiter zunächst die eigenen Arbeitsergebnisse selbst. Dieser Kontrollart ist das Bild des eigenverantwortlich denkenden und handelnden, mit den notwendigen erforderlichen Kompetenzen ausgestatteten Mitarbeiters zugrundegelegt. Bei der Selbstkontrolle sind die folgenden Punkte zu berücksichtigen:[387]

- „Selbstkontrolle setzt verantwortungsbewusste Mitarbeiter voraus. Mit jeder Verminderung des Anteils der Fremdkontrolle lässt sich die Selbstverantwortung des Mitarbeiters steigern.

- Selbstkontrolle motiviert den Mitarbeiter und fordert ihn zu besseren Leistungsergebnissen heraus.

- Selbstkontrolle entlastet den Vorgesetzten.

- Selbstkontrolle gibt dem Mitarbeiter die Chance, Fehler durch rasche Gegenmaßnahmen aus der Welt zu schaffen, ohne dass andere Personen es bemerken."[388]

Der Anteil der Selbstkontrolle kann insbesondere bei Mitarbeitern mit hohem Reifegrad erhöht werden. Bei ihnen kann auch die Selbstkontrolle mittels Verwendung von Kontrollinstrumenten begleitet werden.

---

[386] Vgl.: Kratz, Hans-Jürgen: Kontrolle ist nicht gleich Kontrolle Artikel in Foerderland.de Personalführung vom 21.05.2007. http://www.foerderland.de/news/fachbeitraege/beitrag/kontrolle-ist-nicht-gleich-kontrolle/unternehmensfuehrung/?cHash=80166c80ccb97003bd6 daa007e61cf78&tx_abfachbeitraege_pi1[seite]=0 – Stand: 09.08.2013.

[387] Vgl.: Kratz, Hans-Jürgen: Kontrolle ist nicht gleich Kontrolle Artikel in Foerderland.de Personalführung vom 21.05.2007. http://www.foerderland.de/news/fachbeitraege/beitrag/kontrolle-ist-nicht-gleich-kontrolle/unternehmensfuehrung/?cHash=80166c80ccb97003bd6 daa007e61cf78&tx_abfachbeitraege_pi1[seite]=0 – Stand: 09.08.2013.

[388] Kratz, Hans-Jürgen: Kontrolle ist nicht gleich Kontrolle Artikel in Foerderland.de Personalführung vom 21.05.2007. http://www.foerderland.de/news/fachbeitraege/beitrag/kontrolle-ist-nicht-gleich-kontrolle/unternehmensfuehrung/?cHash=80166c80ccb97003bd6daa007e 61cf78&tx_abfachbeitraege_pi1[seite]=0 – Stand: 09.08.2013.

Für die Mitarbeiter ist es nicht immer einfach, die erforderliche Balance zwischen zu wenig und zu viel Selbstkontrolle zu halten.

Erfahrungsgemäß kommt es seltener zu Misserfolgen, wenn der Mitarbeiter sein Verhalten, seine Arbeit, seine Maschinen und Arbeitsmittel häufig genug kontrolliert. Allerdings wird durch zu viel Selbstkontrolle wertvolle Zeit verschwendet. Zudem wird ggf. der Arbeitsfluss ausgebremst. Treten Fehler und Misserfolge auf, wird die Führungskraft dem sich selbst zu wenig kontrollierenden Mitarbeiter sein Fehlverhalten aufzeigen. Den Übervorsichtigen wird sie dazu ermutigen, künftig mehr auf die eigenen Fähigkeiten zu vertrauen.[389]

7.3.4 Totalkontrolle

Vor allem pessimistische und misstrauische Vorgesetzt sind der Auffassung, dass es jede Arbeit das Risiko beinhaltet, dass Mitarbeiter diese verkehrt ausüben könnten. Diese negative Betrachtungsweise führt sie zur Notwendigkeit, der Durchführung von Totalkontrollen. Es ist sinnvoll, wenn Totalkontrollen lediglich in seltenen Ausnahmefällen erfolgen. Sie sollten auf die Art der Arbeit beschränkt sein.[390] Sie sollten auf den Stand der Einarbeitung des Mitarbeiters ausgerichtet sein. Unter der Totalkontrolle leidet die Arbeitsfreude und vernichtet mit der Zeit die Eigeninitiative. Auch für die überwachende Führungskraft wäre diese Form der Kontrolle im Sinne totaler Überwachung von hoher physischer wie zeitlicher Belastung. Sie führt zu Verzögerungen im Betriebsablauf. Durch die totale Überwachung werden die Mitarbeiter zum Widerstand gereizt. So werden bspw. Freiräume exzessiv genutzt. Die Kontrollinstanzen werden ggf. umgangen. Die Arbeitsmoral, sinkt, da vermutet wird, dass eine ständige totale Beobachtung erfolgt.

Die Verantwortung für fehlerfreies Arbeiten wird mit der Zeit auf die kontrollierende Führungskraft überwälzt. In gewisser Hinsicht wird durch Totalkontrollen Unselbstständigkeit und Sorglosigkeit gefördert.[391]

---

[389] Vgl.: Kratz, Hans-Jürgen: Kontrolle ist nicht gleich Kontrolle Artikel in Foerderland.de Personalführung vom 21.05.2007. http://www.foerderland.de/news/fachbeitraege/beitrag/kontrolle-ist-nicht-gleich-kontrolle/unternehmensfuehrung/?cHash=80166c80ccb97003bd6 daa007e61cf78&tx_abfachbeitraege_pi1[seite]=0 – Stand: 09.08.2013.

[390] So zum Beispiel Arbeiten mit hohem Risiko oder wenn keine Erfahrungswerte vorliegen.

[391] Vgl.: Kratz, Hans-Jürgen: Kontrolle ist nicht gleich Kontrolle Artikel in Foerderland.de Personalführung vom 21.05.2007. http://www.foerderland.de/news/fachbeitraege/beitrag/kontrolle-ist-nicht-gleich-kontrolle/unternehmensfuehrung/?cHash=80166c80ccb97003bd6 daa007e61cf78&tx_abfachbeitraege_pi1[seite]=0 – Stand: 09.08.2013.

7.3.5 Ergebnis-/Endkontrolle

Die Ergebniskontrolle bzw. Endkontrolle konzentriert sich auf die Feststellung, ob die Sache, das Produkt oder die Dienstleistung betreffend des vom Mitarbeiter erzeilten Arbeitsergebnisses in Ordnung ist. Hierdurch lässt sich den Beteiligten aufzeigen, in welchem Ausmaß bzw. in welchem Grad die gesetzten Arbeitsziele oder auch Teilziele wirklich umgesetzt, also erreicht worden sind.

Im Rahmen dieser Kontrolle erfolgt die Analyse des gesamten Arbeitsergebnisses. Jedoch fällt der Weg zu dieser Leistung nicht in die Betrachtung. Somit wird die Art und Weise der Arbeitsausführung dem Mitarbeiter überlassen. Dadurch sind dessen Initiative und Leistungsbereitschaft gefordert. Die Ergenbiskontrolle ist stets vergangenheitsbezogen. Dies bedeutet, dass was geschehen ist, bereits Vergangenheit ist. Dies heißt auch, dass oft nachträglich nichts mehr geändert oder nachgebessert werden kann. Ist das Ergebnis ein Misserfolg, so folgen meist Resignation oder zumindest der Versuch der Schadensbegrenzung. Damit dieses Problem aber überhaupt nicht erst auftritt, ist es sinnvoll ergänzend regelmässig und vor allem noch rechtzeitig gegenwartsbezogene Stichprobenkontrollen durchzuführen.[392]

7.4 Führungsinstrument Kontrolle / Wirkungen der Kontrollhäufigkeit und Checkliste Mitarbeiterkontrolle

Durch das Delegieren von selbständigen Teilaufgaben auf die Mitarbeiter können Motivations- und Entlastungswirkung entfaltet werden. Fehlschläge in diesem Bereich gehen meist auf den fehlenden oder falschen Einsatz des Führungsinstruments „Kontrolle" zurück.

„Wer Führungsverantwortung für die Handlungen anderer trägt und einen Teil seiner Befugnisse delegiert, muß durch Kontrolle die richtige Verwendung dieser Kompetenzen sicherstellen. Dabei geht es nicht darum, jemand auf „frischer Tat" zu ertappen, sondern:

---

[392] Vgl.: Kratz, Hans-Jürgen: Kontrolle ist nicht gleich Kontrolle Artikel in Foerderland.de Personalführung vom 21.05.2007. http://www.foerderland.de/news/fachbeitraege/beitrag/kontrolle-ist-nicht-gleich-kontrolle/unternehmensfuehrung/?cHash=80166c80ccb97003bd 6daa007e61cf78&tx_abfachbeitraege_pi1[seite]=0 – Stand: 09.08.2013.

Richtig kontrollieren, heißt die Leistung verbessern und die Mitarbeiterinnen zur Selbständigkeit führen. Für die Kontrollhäufigkeit gilt es, im praktischen Alltag das gesunde Mittelmaß zu finden."[393]

Abb. 34 Wirkungen der Kontrollhäufigkeit am Beispiel einer Praxis[394]

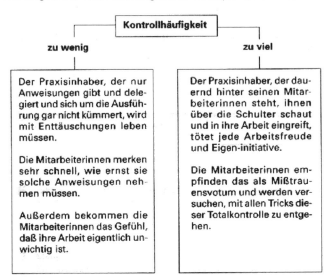

Für die Mitarbeiterkontrolle gilt es, bestimmte Grundregeln einzuhalten. Hierzu kann bspw. eine Checkliste dazu hilfreich sein, damit sich Führungskraft besser an die wichtigsten Spielregeln einer richtig verstandenen Mitarbeiterkontrolle halten kann.[395]

---

[393] Zahnärzte Wirtschaftsdienst: Artikel: So machen Sie Ihre Praxis fit. Checkliste „Mitarbeiterkontrolle". In: Zahn Ärzte-Wirtschaftsdienst. Ausgabe 07/1998, Seite 15. Und: http://www.iww.de/zwd/archiv/so-machen-sie-ihre-praxis-fit-checkliste-mitarbeiterkontrolle -f28388 – Stand: 09.08.2013.

[394] Quelle: Zahnärzte Wirtschaftsdienst: Artikel: So machen Sie Ihre Praxis fit. Checkliste „Mitarbeiterkontrolle". In: Zahn Ärzte-Wirtschaftsdienst. Ausgabe 07/1998, Seite 15. Und: http://www.iww.de/zwd/archiv/so-machen-sie-ihre-praxis-fit-checkliste-mitarbeiterkontrolle -f28388 – Stand: 09.08.2013.

[395] Vgl.: Zahnärzte Wirtschaftsdienst: Artikel: So machen Sie Ihre Praxis fit. Checkliste „Mitarbeiterkontrolle". In: Zahn Ärzte-Wirtschaftsdienst. Ausgabe 07/1998, Seite 15. Und: http://www.iww.de/zwd/archiv/so-machen-sie-ihre-praxis-fit-checkliste-mitarbeiterkontrolle -f28388 – Stand: 09.08.2013.

Abb. 35 Checkliste: Grundregeln der Mitarbeiterkontrolle[396]

<u>Checkliste</u>

Grundregeln der Mitarbeiterkontrolle

- Offenheit: Keine Geheimkontrollen! Information!
  Einbeziehung der Mitarbeiter bei der Fixierung der Sollwerte.
  Bekanntgabe der Kontrollergebnisse.

- Jeder Mitarbeiter muß spüren, dass Kontrolle eine notwendige
  Sachaufgabe des Vorgesetzten ist und keine gezielte Fehlersuche.
  Verbal sachlich bleiben.

- Prinzipiell gleicher Kontrollumfang für jeden Mitarbeiter. Leistungs-
  schwächere Mitarbeiter nicht durch vermehrte Kontrollen bloßstellen.

- Bei zuwenig Kontrolle Gefühl der Ignorierung oder der Unwichtigkeit
  bei den Mitarbeitern. Bei zuviel Kontrolle Gefühl der Totalüberwachung
  und des mangelnden Vertrauens des Vorgesetzten.

- Kontrollen auf Normen beziehen, die sachlich angemessen,
  betriebseinheitlich und jedem bekannt sind.

- Persönliche Kontrollen nicht verletzend handhaben.
  Fehler vom Mitarbeiter möglichst selbst finden lassen.

- Anerkennung guter Leistungen, auch für richtige Teillösungen.
  Sachbezogene Kritik ohne persönliche Verletzungen
  bzw. Androhungen. Hilfestellung geben.[397]

Die Delegation von Aufgaben setzt ein gewisses Vertrauen voraus. Dennoch sollte auf die Kontrolle nicht verzichtet werden. Erfolgt die Mitarbeiterkontrolle unter Beachtung bestimmter Grundregeln, so schließt diese keinesfalls Vertrauen aus. „Sie ist sachbedingte Notwendigkeit und Voraussetzung für eine konstruktive Kritik und motivierende Anerkennung."[398]

---

[396] Vgl.: Quelle: Zahnärzte Wirtschaftsdienst: Artikel: So machen Sie Ihre Praxis fit. Checkliste „Mitarbeiterkontrolle". In: Zahn Ärzte-Wirtschaftsdienst. Ausgabe 07/1998, Seite 15. Und: http://www.iww.de/zwd/archiv/so-machen-sie-ihre-praxis-fit-checkliste-mitarbeiter kontrolle-f28388 – Stand: 09.08.2013.

[397] Vgl.: Quelle: Zahnärzte Wirtschaftsdienst: Artikel: So machen Sie Ihre Praxis fit. Checkliste „Mitarbeiterkontrolle". In: Zahn Ärzte-Wirtschaftsdienst. Ausgabe 07/1998, Seite 15. Und: http://www.iww.de/zwd/archiv/so-machen-sie-ihre-praxis-fit-checkliste-mitarbeiterkon trolle-f28388 – Stand: 09.08.2013.

[398] Zahnärzte Wirtschaftsdienst: Artikel: So machen Sie Ihre Praxis fit. Checkliste „Mitarbeiterkontrolle". In: Zahn Ärzte-Wirtschaftsdienst. Ausgabe 07/1998, Seite 15. Und:

7.5 Feedback - Erfolgreich (konstruktive) Kritik üben

> *„Der kluge Vorgesetzte wird Kritik gezielt einsetzen und bei geschickter Nutzung dieses Führungsmittels in den meisten Fällen die betrieblichen Ziele bei größerer Zufriedenheit seiner Mitarbeiter erreichen."*[399]
>
> Hans-Jürgen Kratz

Wenn eine Führungskraft bei den Mitarbeitern Fehler oder falsche Verhaltensweisen entdeckt, ist es erforderlich, konstruktive Kritik zu üben. Da Mitarbeiter nur in den seltensten Einzelfällen vorsätzlich oder böswillig Fehler produzieren oder unkorrekte, unpassende bzw. falsche Verhaltensweisen an den Tag legen, sind diese darauf hinzuweisen. Denn erfolgen die Fehler nicht absichtlich, so hat der betroffene Mitarbeiter ggf. keine Ahnung davon, dass er etwas falsch macht. Es ist zu vermeiden, dass solche Fehler wiederholt auftreten. In der Praxis können Fehler wiederholt werden, wenn sie nicht erkennt bzw. dem betreffenden Mitarbeiter nicht mitgeteilt werden. Ohne Feedback erfolgt auch keine Regulierung. Wenn es nicht zu einer Korrektur der Fehler, bzw. der Vorgehens- Verfahrens- oder Verhaltensweisen kommt, so tritt auch keine Verbesserung ein. Es sei denn, der Mitarbeiter kommt selbst darauf, wird ggf. von Kollegen darauf hingewiesen. Erfährt die Führungskraft von diesen Fehlern, so ist sie dazu verpflichtet, diese (bzw. deren Ursachen/Gründe) zu beheben. Die Erreichung der Ziele des Unternehmens hat höchste Priorität und verlangt dies. Der Mitarbeiter wird von sich aus nichts ändern, wenn er guten Glaubens und der festen Annahme ist, dass alles in Ordnung sei, bzw. er davon ausgeht, dass er eine gute Arbeit leistet.[400]

Demnach ist Kritik als Feedback wichtig. Sie sollte aber richtig erfolgen. Denn wenn eine Führungskraft eine berechtigte Kritik zurückhält, so bingt diese den Mitarbeiter und auch sich selbst mehr oder weniger um den Erolg. Zudem besteht die Gefahr, dass die Unternehmensziele nicht umgesetz werden können.

---

http://www.iww.de/zwd/archiv/so-machen-sie-ihre-praxis-fit-checkliste-mitarbeiterkontrolle-f28388 – Stand: 09.08.2013.

[399] Kratz, Hans-Jürgen: Erfolgreich Kritik übern. Artikel in Foerderland.de vom 03.07.2007. http://www.foerderland.de/news/fachbeitraege/beitrag/erfolgreich-kritik-ueben/unternehmens fuehrung/?cHash=e6c4bbdf96&tx_abfachbeitraege_pi1[seite]=0 – Stand: 08.08.2013.

[400] Vgl.: Kratz, Hans-Jürgen: Erfolgreich Kritik übern. Artikel in Foerderland.de vom 03.07.2007. http://www.foerderland.de/news/fachbeitraege/beitrag/erfolgreich-kritik-ueben/unternehmensfuehrung/?cHash=e6c4bbdf96&tx_abfachbeitraege_pi1[seite]=0 – Stand: 08.08.2013.

„Der kluge Vorgesetzte wird Kritik gezielt einsetzen und bei geschickter Nutzung dieses Führungsmittels in den meisten Fällen die betrieblichen Ziele bei größerer Zufriedenheit seiner Mitarbeiter erreichen."[401]

Konstruktive Kritik und Diplomatie können wesentlich dazu beitragen, dass die Zusammenarbeit zwischen Mitarbeiter und Führunsperon trotz hervorgebrachter Kritik, weiterhin möglichst reibungslos, harmonisch und vor allem wie erforderlich erfolgreich verläuft. Im Zusammenhang mit konstruktiver Kritik ist vor allem Diplomatie notwendig. Eine Führungperson kommt nicht ohne Kritik zu üben aus. Kritik gehört zur Führungsaufgabe. Das Kritikgespräch sollte sich jedoch nach gewissen Regeln ausrichten:[402]

Regel 1: Nicht in der Gruppe kritisieren, sondern stets unter vier Augen.

Regel 2: Nicht den Schwerpunkt auf die Kritik setzen, sondern auf das was sich die Führungskraft bzw. das Unternehmen wünscht.[403]

Beispiel: „Mir fällt auf: Nun haben Sie zum vierten Mal ein Projekt mit einem Tag Verspätung abgeschlossen. Der Kunde ist verärgert, wir müssen damit rechnen, dass er unsere Rechnung kürzt. Jetzt möchte ich einen Weg mit Ihnen suchen, wie wir sicherstellen können, dass Sie den nächsten Termin einhalten."[404] Das Beispiel zeigt, dass die Führungsperson ihre Unterstützung aktiv anbietet..."einen Weg mit Ihnen suchen", anstatt pauschale Kritik zu üben.[405]

Die Führungsperson sollte für den Mitarbeiter niemals „unnahbar" sein. Die Aufgabe der Führungsperson besteht in der Führung der Mitarbeiter. Dabei kann der Mitarbeiter selbst nicht einfach ausgeschlossen oder ignoriert werden. Es geht um Zusammenarbeit. Der Mitarbeiter sollte in den Mittelpunkt gestellt werden. In der betrieblichen Managementpraxis beherrscht die Dringlichkeit des Tagesgeschäftes meist auch die Führungskräfte. Sie gehen oft von einem Meeting in das nächste. Sie haben zahlreiche Aufgaben zu erledigen und sind oft mit Organisationsaufgaben beschäftigt. Viele Führungskräfte laufen dabei Gefahr, dabei ihre eigentliche Hauptaufgabe, das Führen und Leiten der Mitarbeiter zu vernachlässigen oder zumindest den Überblick zu verlieren.

---

[401] Kratz, Hans-Jürgen: Erfolgreich Kritik übern. Artikel in Foerderland.de vom 03.07.2007. http://www.foerderland.de/news/fachbeitraege/beitrag/erfolgreich-kritik-ueben/unternehmensfuehrung/?cHash=e6c4bbdf96&tx_abfachbeitraege_pi1[seite]=0 – Stand: 08.08.2013.

[402] Vgl.: http://www.zehn.de/konstruktive-kritik-7412625-10 – Stand: 11.08.2013.

[403] Vgl.: http://www.zehn.de/konstruktive-kritik-7412625-10 – Stand: 11.08.2013.

[404] http://www.zehn.de/konstruktive-kritik-7412625-10 – Stand: 11.08.2013.

[405] Vgl.: http://www.zehn.de/konstruktive-kritik-7412625-10 – Stand: 11.08.2013.

Bei der Führung sollten die Mitarbeiter im Mittelpunkt stehen. Eine Führungskraft kann „immer nur so gut wie Ihre Mitarbeiter sein. Darum ist es so wichtig, dass Sie ein gutes Verhältnis zu ihnen aufbauen. Es muss klar sein: Wer ein wichtiges Anliegen hat, kann jederzeit zu Ihnen kommen. Ihre Ohren sind offen für Ideen, für Anregungen, aber auch für Kritik. Die Mitarbeiter müssen spüren: Wir sind die Firma! Wenn es Ihnen gelingt, diese Haltung wirklich zu leben, werden Sie genau das bekommen, was Motivationsseminare niemals bringen: motivierte Mitarbeiter. Und damit: ausgezeichnete Leistungen."[406] Das Führungsinstrument Kritik wird häufig in einer falschen, unangebrachten Form angewendet. Dadurch leidet meist das Arbeitsklima. Unangebrachte, fehlerhafte Kritikübung ist bspw.

- „autoritäre Kritik,

- persönliche Kritik,

- verallgemeinernde Kritik,

- Kritik in Gegenwart Dritter,

- ironische/ sarkastische Kritik,

- telefonische Kritik,

- schriftliche Kritik,

- Kritik durch Dritte,

- Kritik am abwesenden Mitarbeiter,

- gesammelte Kritik,

- wiederholte Kritik aus demselben Anlass,

- Kritik vor Abwesenheit oder

- Kritik bei Unwesentlichem"[407]

Auf solche Formen destruktiven Kritisierens sollte jede Führungsperson verzichten. Wenn eine Führungskraft das notwendige Kritikgespräch systematisch, einem festen Strukturplan folgend führt, wird das Risiko einer erfolglosen Kritik wesent-

---

[406] Vgl.: http://www.zehn.de/mitarbeiter-als-mittelpunkt-7412625-6 – Stand: 12.08.2013.

[407] Kratz, Hans-Jürgen: Erfolgreich Kritik übern. Artikel in Foerderland.de vom 03.07.2007.
http://www.foerderland.de/news/fachbeitraege/beitrag/erfolgreich-kritik-ueben/unterneh
mensfuehrung/?cHash=e6c4bbdf96&tx_abfachbeitraege_pi1[seite]=0
– Stand: 08.08.2013.

lich reduziert. Gleichzeitig steigen die Erfolgsaussichten wesentlich. Konstruktive Kritikgespräche sollten am besten nach einem praxisbewährten sechsstufigen Gesprächsmodell geführt werden:[408]

Abb. 36 Phasenmodell des Kritikgespräches[409]

Phasen des Kritikgespräches

Phase 1:	Postive Gesprächseröffnung / Gesprächsbeginn Lob und Anerkennung guter Leistungen.
Phase 2:	Zweifelsfreie bzw. eindeutige Bezeichnung von Sachverhalten Defiziten, Fehlern usw.
Phase 3:	Mitarbeiter um Stellungnahme bitten.
Phase 4:	Ursachen und Folgen des kritisierten Verhaltens bzw. der bisherigen Fehler diskutieren.
Phase 5:	Lerneffekte: Gemeinsam Feedback / Ergebnis Analysieren und nach Lösungen, besseren Verfahrensweisen/Vorgehensweisen suchen, wenn erforderlich, Zielsetzungen mofifizieren.
Phase 6:	Positiver Gesprächsabschluss / Blick in die zukünftige Handhabung und Zusammenarbeit, Folgegesprächstermin vereinbaren, um die Zwischenergebnisse und zukünftigen Teilerfolge zu besprechen.

Phase 1: Positive Gesprächseröffnung / Gesprächsbeginn/ Lob und Anerkennung guter Leistungen

In der ersten Phase des Kritikgespräches sollte darauf geachtet werden, dass das Gespräch positiv eröffnet wird. Nur dadurch wird gesichert, dass das Gespräch zu einem konstruktiven Ergebnis führt. Aus diesem Grund ist auf eine

---

[408] Vgl hierzu auch.: Kratz, Hans-Jürgen: Erfolgreich Kritik übern. Artikel in Foerderland.de vom 03.07.2007. http://www.foerderland.de/news/fachbeitraege/beitrag/erfolgreich-kritik-ueben/unternehmensfuehrung/?cHash=e6c4bbdf96&tx_abfachbeitraege_pi1[seite]=0 – Stand: 08.08.2013.

[409] Quelle: Eigene Darstellung. Um die Stufen 5 und 6 ergänztes Stufenmodell / Ergänztes Schema / In Anlehnung an: Vgl.: Kratz, Hans-Jürgen: Erfolgreich Kritik übern. Artikel in Foerderland.de vom 03.07.2007. http://www.foerderland.de/news/fachbeitraege/beitrag/erfolgreich-kritik-ueben/unternehmensfuehrung/?cHash=e6c4bbdf96&tx_abfachbeitraege_pi1[seite]=0 – Stand: 08.08.2013.

positive Gesprächsatmosphäre zu achten. Wenn der Mitarbeiter direkt am Anfang den Eindruck gewinnt, es würde mit ihm abgerechnet, sieht er sich veranlasst, sofort mit seiner Verteidigung zu beginnen. Dies würde auch bedeuten, dass er für ein locker-sachliches Gespräch nicht mehr bereit sein wird. Für einen optimalen Gesprächsbeginn ist ein gewisses Einfühlungsvermögen erforderlich. Die Gesprächseröffnung ist auf die Person des jeweiligen Mitarbeiters abzustimmen. Zum Beginn können sich Sympathie erzeugenden Aussagen als vorteilhaft erweisen. Am Anfang ist das Eis zu brechen. In dieser Phase sollte zum allgemeinen Verhalten bzw. der Gesamtleistung und Zuverlässigkeit des Mitarbeiters eine lobende Anerkennung ausgesprochen werden.[410]

Phase 2: Zweifelsfreie bzw. eindeutige Bezeichnung von Sachverhalten, Defiziten, Fehlern usw.

Für die zweite Phase des Kritikgespreches ist auf eine fundierte, sachlich gesicherte Basis zurückzugreifen. Es sollte also eine sorgfältige Analyse des Geschehenen bereits vorangegangen sein. Diese ist zusammen mit dem Mitarbeiter aufzurollen und dient als verlässliche Ausgangsbasis. Auf diese Weise ist auch erkennbar, ob bzw. dass aus sachlichen Gründen ein Kritikgespräch erforderlich ist. Zu vermeiden sind: unklare Pauschalformulierungen, Verallgemeinerungen, vage Behauptungen und allgemeine Floskeln. Diese sind für ein Kritikgesprch nicht zu gebrauchen. Die Führungskraft sollte sich bemühen, nicht lange um den heißen Brei zu reden, sondern eine festgestellte Abweichung vom Soll ganz genau und möglichst konkret, also auf der Grundlage von Fakten, Zahlen, Daten usw. zu nennen. Die Führungsperson darf auf keinen Fall mit Vermutungen, Vorhaltungen oder Anklagen agieren, wenn sie dafür keine klaren und stichhaltigen Beweise vorliegen hat. Es dürfen keinesfalls Anschuldigungen und Zuträgereien von Dritten als erwiesene Tatsachen angesehen werden. Denn wenn Denunzianten bei der Führungskraft gut ankommen, dann wird sich das Arbeitsklima rasch verschlechtern. Etwa von anderen Personen Übernommenes ist nicht ausreichend für eine Kritik. Häufig werden Situationen einseitig, unvollständig oder auch vorsätzlich verfälscht dargestellt.

"Am Ende dieser Stufe tritt eine eindeutig bezeichnete und daher von beiden Seiten erkannte Ausgangslage in den Vordergrund. Man hat eine Basis, um hoffentlich nicht aneinander vorbeizureden: Der Vorgesetzte konnte wertfrei -

---

[410] Vgl.: Kratz, Hans-Jürgen: Erfolgreich Kritik übern. Artikel in Foerderland.de vom 03.07.2007. http://www.foerderland.de/news/fachbeitraege/beitrag/erfolgreich-kritik-ueben/ unternehmensfuehrung/?cHash=e6c4bbdf96&tx_abfachbeitraege_pi1[seite]=0 – Stand: 08.08.2013.

das heißt ohne Schuldzuweisung - den Sachverhalt schildern, wie er ihn nach seiner Analyse sah, und der Mitarbeiter weiß nun genau, auf welchen Punkt das Gespräch begrenzt ist."[411]

Phase 3: Mitarbeiter um Stellungnahme bitten

Für den betroffenen Mitarbeiter sollte neben dem Recht auf Äußerung zu dem Sachverhalt auch unvoreingenommen zugehört werden. In vielen Fällen kann bereits aus der Stellungnahme deutlich werden, dass dem Mitarbeiter kein kritikfähiges Verhalten anzulasten ist. Dies kann bspw. daran liegen, dass

- „einer anderen Person der Fehler zuzuschreiben ist,

- Zuständigkeitsregelungen unklar waren,

- Anweisungen unterschiedliche Interpretationen zuließen oder

- notwendige Informationen nicht rechtzeitig zur Verfügung standen."[412]

Sollte sich aufgrund der Stellungnahme des Mitarbeiters ergeben, dass die Führungsperson bei ihrer Situationsbeschreibung einem Irrtum aufgesessen ist, so sollte sich diese beim Mitarbeiter förmlich entschuldigen. Dem Mitarbeiter sollte die Möglichkeit gewährt werden, im Bedarfsfall das Gespräch zu unterbrechen. Dies kann bspw. der Fall sein, wenn er für seine Stellungnahme Beiträge aus Unterlagen benötigt. Häufig ist es auch sinnvoller, das Gespräch zu einem späteren Termin fortzusetzen. Dies ist vor allem dann angebracht, wenn der Mitarbeiter etwa neue Gesichtspunkte vorträgt, mit denen sich die Führunsperson erst näher zu beschäftigen hat. Wenn sich aufgrud von klaren Fakten ein gesicherter Tatbestand erkennen lässt, kann das Gespräch auf dieser Basis in der nächsten Phase fortgeführt werden.[413]

---

[411] Vgl.: Kratz, Hans-Jürgen: Erfolgreich Kritik übern. Artikel in Foerderland.de vom 03.07.2007. http://www.foerderland.de/news/fachbeitraege/beitrag/erfolgreich-kritik-ueben/unterneh mensfuehrung/?cHash=e6c4bbdf96&tx_abfachbeitraege_pi1[seite]=0 – Stand: 08.08.2013.

[412] Kratz, Hans-Jürgen: Erfolgreich Kritik übern. Artikel in Foerderland.de vom 03.07.2007. http://www.foerderland.de/news/fachbeitraege/beitrag/erfolgreich-kritik-ueben/unterneh mensfuehrung/?cHash=e6c4bbdf96&tx_abfachbeitraege_pi1[seite]=0 – Stand: 08.08.2013.

[413] Vgl.: Kratz, Hans-Jürgen: Erfolgreich Kritik übern. Artikel in Foerderland.de vom 03.07.2007. http://www.foerderland.de/news/fachbeitraege/beitrag/erfolgreich-kritik-ueben/ unternehmensfuehrung/?cHash=e6c4bbdf96&tx_abfachbeitraege_pi1[seite]=0 – Stand: 08.08.2013.

Phase 4: Ursachen und Folgen des kritisierten Verhaltens bzw. der bisherigen Fehler diskutieren

In der vierten Phase des Kritikgespräches sollten gemeinsam die Ursachen und die Folgen des kritisierten Verhaltens erörtert werden. Zur erforderlichen Korrektur der Fehler ist es notwendig, deren Ursachen herauszufinden. Ist bekannt, warum ein Fehler unterlaufen ist, können ggf. Wege und Lösungsmöglichkeiten abgeleitet werden, welche dazu beitragen, dass in der Zukunft solche Fehler vermieden werden bzw. dass eine Verbesserung eintritt. Auf diese Weise können Unzulänglichkeiten im organisatorischen Bereich neuen Erfordernissen angepasst werden. Es ist möglich, bestehende und offenkundige Wissenslücken beim Mitarbeiter bspw. mittels Intensivierung der Schulung oder durch gezielte Information zu korrigieren. Hilfreich ist auch, unzureichende Arbeitsausführungen mittels Choaching / Training / Schulung zu verbessern. Durch die Erforschung der Ursachen von Fehlern ist es möglich, über die Kontrolle von Zwischenergebnissen deren Auftreten zu vermeiden. „Spätestens in diesem Gesprächsteil soll der Mitarbeiter nach einer ruhig und sachlich geführten Diskussion erkennen können, dass und aus welchem Grunde seine Handlungsweise verfehlt war. Die Mängel sollten nunmehr von beiden Gesprächsteilnehmern in gleicher Weise beurteilt werden, um in der nächsten Gesprächsphase Korrekturmaßnahmen entwickeln zu können."[414]

7.6 Feedback – Anerkennung von Leistungen

Die Mitarbeiter arbeiten für das Uternehmen, um Einkommen zu erzielen. Sie beziehen Lohn oder Gehalt für Ihre Leistungen. Gleichzeitig sind sie aber auch dazu verpflichtet, die vertraglich vereinbarte Arbeitsleistung zu erbringen. Die Mitarbeiter suchen im Unternehmen jedoch auch Sinn, soziale Einbindung und auch Anerkennung. Aus diesem Grund ist das Erteilen von Lob und Anerkennung für das Engagement und die Motivation der Mitarbeiter von größter Bedeutung. Das Feedback an den Mitarbeiter gilt heute als eines der bedeutendsten Management-Aufgaben.[415]

---

[414] Kratz, Hans-Jürgen: Erfolgreich Kritik übern. Artikel in Foerderland.de vom 03.07.2007. http://www.foerderland.de/news/fachbeitraege/beitrag/erfolgreich-kritik-ueben/unternehmensfuehrung/?cHash=e6c4bbdf96&tx_abfachbeitraege_pi1[seite]=0 – Stand: 08.08.2013.

[415] Vgl.: Sicking, Marzena: Typische Managementfehler Teil III. Mangelnde Anerkennung. Nicht kritisiert ist Lob genug? Die Zeiten sind vorbei. Artikel vom 03.12.10. http://www.heise.de/resale/artikel/Typische-Managementfehler-Teil-II-Mangelnde-Anerkennung-1139990.html – Stand: 12.08.2013.

Die Feedbackerteilung beinhaltet nicht nur die Kontrolle mit Kritik, sondern erfolgt auch um den Respekt und die Anerkennung der Mitarbeiterleistung zum Ausdruck zu bringen. Peter Drucker wies bereits darauf hin, dass die Menschen im Mittelpunkt des Managements stehen. Diese möchten auch wie Menschen behandelt, geachtet und respektiert werden. „Ein Arbeitsvertrag regelt den Austausch von Leistungen, aber nicht den Umgang miteinander. Es ist von elementarer Bedeutung, dass Sie jeden Ihrer Mitarbeiter spüren lassen, wie wichtig er für das Unternehmen ist, damit diese auch in Krisenzeiten motiviert und engagiert zu Werke gehen."[416]

Wie verschiedene Studien aufzeigen, wünschen sich in deutschen Unternehmen zwischen 30 und 60 Prozent der Angestellten Anerkennung bzw. eine regelmäßigere qualitative Beurteilung ihrer Arbeit.[417]

Lob und Anerkennung sind die günstigsten Mehtoden um Mitarbeiter zu motivieren. Andere, wesentlich teureren Möglichkeiten wären bspw. Gehaltserhöhungen, Karrieresprung oder Dienstwagen.

Damit eine Führungsperson Lob und Anerkennung in optimaler Weise zum Ausdruck bringt, sollte sie regelmäßig am eigenen Führungsstil arbeiten. Hierzu können sich die folgenden Fragestellungen als hilfreich erweisen:[418]

„Wann haben Sie einen Mitarbeiter das letzte Mal gelobt? Über Aufstiegsmöglichkeiten gesprochen? Sich für eine zuverlässig abgelieferte und inhaltlich einwandfreie Arbeit bedankt? Oder betrachten Sie gute Leistung als etwas Selbstverständliches? Glauben Sie, dass das Ausbleiben von Kritik schon als "positives Feedback" gewertet werden muss? Wann wurden Sie das letzte Mal eigentich von Ihrem Vorgesetzten gelobt?"[419]

---

[416] Sicking, Marzena: Typische Managementfehler Teil III. Mangelnde Anerkennung. Nicht kritisiert ist Lob genug? Die Zeiten sind vorbei. Artikel vom 03.12.10. http://www.heise.de/resale/artikel/Typische-Managementfehler-Teil-II-Mangelnde-Anerkennung-1139990.html – Stand: 12.08.2013.

[417] Vgl.: Sicking, Marzena: Typische Managementfehler Teil III. Mangelnde Anerkennung. Nicht kritisiert ist Lob genug? Die Zeiten sind vorbei. Artikel vom 03.12.10. http://www.heise.de/resale/artikel/Typische-Managementfehler-Teil-II-Mangelnde-Anerkennung-1139990.html – Stand: 12.08.2013.

[418] Vgl.: Sicking, Marzena: Typische Managementfehler Teil III. Mangelnde Anerkennung. Nicht kritisiert ist Lob genug? Die Zeiten sind vorbei. Artikel vom 03.12.10. http://www.heise.de/resale/artikel/Typische-Managementfehler-Teil-II-Mangelnde-Anerkennung-1139990.html – Stand: 12.08.2013.

[419] Sicking, Marzena: Typische Managementfehler Teil III. Mangelnde Anerkennung. Nicht kritisiert ist Lob genug? Die Zeiten sind vorbei. Artikel vom 03.12.10.

Im Falle, dass eine Führungsperson eigene Defizite der Erteilung von Anerkennung aufweist, sollte sie die Führungsstrategie entsprechend ändern. Ein positives Feedback wirkt sich positiv auf den Mitarbeiter wie auch auf die Führungsperson selbst aus. Zudem werden Teams enger verbunden. Die Führungsperson wirkt dadurch auch sympathischer. Die Loyalität der Mitarbeiter wird gesichert. Aus diesem Grund sollte jede Führungskraft seine Mitarbeiter regelmäßig wissen lassen, dass Sie deren Mitarbeit sehr schätzen.[420]

Als Möglichkeiten für die Erteilung des Feedbacks bietet sich u. a. eine offizielle schriftliche oder mündliche Belobigung an. Z. B. in einer Teambesprechung, welche wöchentlich erfolgt oder im Rahmen eines Gespräches mit einer dritten Person. Oft reicht auch ein "Danke!" und ein kurzes persönliches Gespräch mit dem Mitarbeiter. Den Mitarbeitern sind in den Gesprächen Feedback und Informationen zu geben. Sie sollten in neue Projekte eingebunden werden. Erbrachte Leistungen sind zu würdigen, zu erwähnen, zu loben, anzuerkennen. Solche Feedbacks tragen wesentlich zur Motivation der Mitarbeiter bei.[421]

7.7 Feedback – Kritikgespräch (Fehler im Gespräch vermeiden)

„Übe Kritik nur gegenüber dem Betroffenen, nicht in Anwensenheit anderer, und versuche auch den Betroffenen und sein Versagen zu verstehen, indem du ihm Gelegenheit gibst, sich in der Sache zu äußern."

Kuppler, Benno[422]

In der Führungspraxis sollten Fehler bzw. Fallen bei der Kritik an Mitarbeitern vermieden werden. Flasch vermittelte oder aufgefasste Kritik kann bei den Mitarbeitern zu Fehlzeiten und Fluktuation führen. In diesem Zusammenhang

---

http://www.heise.de/resale/artikel/Typische-Managementfehler-Teil-II-Mangelnde-Anerkennung-1139990.html – Stand: 12.08.2013.

[420] Vgl.: Sicking, Marzena: Typische Managementfehler Teil III. Mangelnde Anerkennung. Nicht kritisiert ist Lob genug? Die Zeiten sind vorbei. Artikel vom 03.12.10. http://www.heise.de/resale/artikel/Typische-Managementfehler-Teil-II-Mangelnde-Anerkennung-1139990.html – Stand: 12.08.2013.

[421] Vgl.: Sicking, Marzena: Typische Managementfehler Teil III. Mangelnde Anerkennung. Nicht kritisiert ist Lob genug? Die Zeiten sind vorbei. Artikel vom 03.12.10. http://www.heise.de/resale/artikel/Typische-Managementfehler-Teil-II-Mangelnde-Anerkennung-1139990.html – Stand: 12.08.2013.

[422] Kuppler, Benno: Anerkennung und Kritik. Zum Verhälnis zwischen Unternehmensleitung und Mitarbeitern. Lehrbericht vom 15.03.1970: http://www.we-wi-we.de/Kuppler_Anerkennung_und_Kritik.pdf – Stand: 15.08.2013.

sind überhöhte Krankmeldungen oder Kündigungen seitens der Mitarbeiter keine Seltenheit.

Die Führungskräfte befinden sich häufig in einem Dilemma: Die Arbeitsleistung soll zuverlässig nach Zielvereinbarung erfolgen. Gleichzeitig sind Unternehmen und auch Führungskräfte auf die Mitarbeiter angewiesen.

Aus diesem Grund sollten Führungskräfte zumindest versuchen, die 7 größten Fallen im Kritikgespräch zu vermeiden:[423]

- Falle Nr. 1: Sofort Dampf ablassen

- Falle Nr. 2: Sich einwickeln lassen

- Falle Nr. 3: Kaffeeplausch statt klare Kritik

- Falle Nr. 4: Kritik selbst verwässern

- Falle Nr. 5: Selbst zu viel reden

- Falle Nr. 6: Nachtreten

- Falle Nr. 7: Der Zeit vorauseilen

Falle Nr. 1: Sofort Dampf ablassen:

Wenn die Führungskraft spontan ihrem Ärger Luft macht, sich im Ton vergreift oder zum Rundumschlag ausholt, können Motivation und Respekt verloren gehen. Aus diesem Grund bedarf es der optimalen Vorbereitung auf das Gespräch:

- „Folgen überschauen: Ein Kritikgespräch muss Folgen haben. Machen Sie sich klar, was Sie von Ihrem Mitarbeiter erwarten. Was muss sich konkret ändern - und bis wann?

- Sichere Faktenlage: Ihre Kritik muss Hand und Fuß haben. Sammeln Sie die Fakten zu einem Hauptkritikpunkt.

- Haltung und Orientierung: Wenn sich bei Ihrem Mitarbeiter etwas ändern soll, müssen Sie ihm mit Achtung begegnen. Beschränken Sie sich

---

[423] Vgl.: Piroth, Anja: Notbremse Kritikgespräch. Die 7 größten Fallen bei Kritik an Mitarbeitern. http://handwerk.com/die-7-groessten-fallen-bei-kritik-an-mitarbeitern/150/62/31776/ - Stand: 10.08.2013.

auf Kritik in der Sache und zeigen Sie wenn möglich persönliche Wertschätzung."[424]

Falle Nr. 2: Sich einwickeln lassen

Im Zusammenhang mit der Gesprächsterminierung sollten nicht zu viele Informatinen vorab erteilt werden. Den Mitarbeiter kurz und knapp zum Gespräch einbestellen. Er soll wissen worum es geht. Auf diese Weise kann er sich darauf vorbereiten. Ort und Zeit sollte durch die Führungsperson bestimmt werden. Ein Gespräch sollte in einem angemessenen Rahmen erfolgen.[425]

Falle Nr. 3: Kaffeeplausch statt klare Kritik

Um ein wirkungsvolles Gespräch zur Sache führen sollte die Führuntsrakft ihre Rolle als Chef wahrnehmen und dabei so normal wie möglich bleiben. Einerseits sollte der Mitarbeiter nicht verschreckt werden, anererseits sollte auch nicht lange um den heißen Brei herumgeredet werden. Die Führungsperson sollte normal und respektvoll bleiben. Der Mitarbeiter ist in gewohnter Weise zu Begrüßen, Ihm bspw. etwas zu trinken anzubieten. Es sollte direkt und ohne Umschweife über die Saache gesprochen werden um die es geht.[426]

Falle Nr. 4: Kritik selbst verwässern

Die Äußerung von Kritik sollte angemessen erfolgen. Es sollte vermieden werden, zu viel Kritikpunkte auszusprechen. Ansonsten besteht die Gefahr, dass sich der Mitarbeiter abwendet bzw. verschließt. Sollte der Mitarbeiter in Tränen ausbrechen, so kann das Gespräch ggf. zeitnah verschoben werden. Die Führunskraft sollte klar und hart bei der Sache bleiben und sich unbedingt an Fakten halten. Die Führungsperson sollte die Fakten ruhig vortragen und im Anschluss den Mitarbeiter fragen, was er dazu zu sagen hat. Dem Mitarbeiter ist gut zuzuhören. Die wichtigen Punkte sollten nochmals zusammengefasst

---

[424] Piroth, Anja: Notbremse Kritikgespräch. Die 7 größten Fallen bei Kritik an Mitarbeitern. http://handwerk.com/die-7-groessten-fallen-bei-kritik-an-mitarbeitern/150/62/31776/ - Stand: 10.08.2013.

[425] Vgl.: Piroth, Anja: Notbremse Kritikgespräch. Die 7 größten Fallen bei Kritik an Mitarbeitern. http://handwerk.com/die-7-groessten-fallen-bei-kritik-an-mitarbeitern/150/62/31776/ - Stand: 10.08.2013.

[426] Vgl.: Piroth, Anja: Notbremse Kritikgespräch. Die 7 größten Fallen bei Kritik an Mitarbeitern. http://handwerk.com/die-7-groessten-fallen-bei-kritik-an-mitarbeitern/150/62/31776/ - Stand: 10.08.2013.

werden. Das Gespräch sollte immer wieder zum Kern zurückgeführt werden. Die Führungskraft sollte die eigenen Angaben möglichst präzise halten.[427]

Falle Nr. 5: Selbst zu viel reden

Die Führungskraft sollte selbst nicht zu viel reden. Sie sollte den Mitarbeiter aussprechen lassen und aufmerksam zuhören. Pausen im Gesprächsverlauf sollten nicht unbedingt gleich aufgefüllt werden. Pausen sind auszuhalten. „Es ist Sinn der Sache, dass Ihr Mitarbeiter sich Gedanken macht und selbst Ideen entwickelt, wie er sein Problem lösen kann. Stören Sie ihn nicht dabei."[428]

Falle Nr. 6: Nachtreten

Die Führungsperson legt Fakten auf dem Tisch um das Verhalten bzw. die Arbeitsweise des Mitarbeiters in die gewünschte Richtung zu lenken. Es geht darum, Felher aufzuspüren und diese künftig zu verbessern. Angriffe sind daei fehl am Platz. Verletzungen auf beiden Seiten sind zu vermeiden. Es sollte keinesfalls mit der Kritik übertrieben werden. Ansonsten ist mit Gegenreaktionen zu rechnen. Die Führungsperson sollte auf jeden Fall bei der Sache bleiben. Entscheidend ist, dass der betroffene Mitarbeiter versteht, dass sich alle Mitarbeiter an allgemeine Standards des Unternehmens halten müssen und keine Ausnahmen gemacht werden können. Aus diesem Grund ist dem Mitarbeiter zu verdeutlichen, dass die Führunskräfte von allen Mitarbeitern des Unternehmens diese Anforderungen an die Mitarbeiter stellen. Die Führungsperson sollte ganz klar und deutlich zur Aussprache bringen, was sie vom Mitarbeiter persönlich erwartet. Es sollte immer positiv formuliert und klar beschrieben werden, was gewünscht wird.[429]

Falle Nr. 7: Der Zeit vorauseilen

Die Führungskraft wünscht vom Mitarbeiter letztlich, dass dieser sein Verhalten und möglichst auch seine Einstellung ändert. Eine solche Umstellung wird eine gewisse Zeit beanspruchen. Aus diesem Grund ist ein aktiver Beitrag des Mitarbeiters gefragt, welcher seine Akzeptanz erfordert. Aus diesem Grund

---

[427] Vgl.: Piroth, Anja: Notbremse Kritikgespräch. Die 7 größten Fallen bei Kritik an Mitarbeitern. http://handwerk.com/die-7-groessten-fallen-bei-kritik-an-mitarbeitern/150/62/31776/ - Stand: 10.08.2013.

[428] Piroth, Anja: Notbremse Kritikgespräch. Die 7 größten Fallen bei Kritik an Mitarbeitern. http://handwerk.com/die-7-groessten-fallen-bei-kritik-an-mitarbeitern/150/62/31776/   - Stand: 10.08.2013.

[429] Vgl.: Piroth, Anja: Notbremse Kritikgespräch. Die 7 größten Fallen bei Kritik an Mitarbeitern. http://handwerk.com/die-7-groessten-fallen-bei-kritik-an-mitarbeitern/150/62/31776/ - Stand: 10.08.2013.

darf dem Mitarbeiter auf keinen Fall eine Lösung aufgedrängt werden. Die Führungsperson sollte hier auf eine geschickte Kombination aus Geduld und Hartnäckigkeit setzen. Im Anschluss können Vereinbarungen getroffen werden. Die Führungsperson kann bspw. den Mitarbeiter fragen, innerhalb welcher Zeit und mit welcher Sicherheit er die an ihn gestellten Erwartungen erfüllen kann. Die Führungsperson kann den Mitarbeiter im Zweifel auch fragen, auf welche Art und Weise sie diesen dabei unterstützen kann. Dem Mitarbeiter können hierzu im Bedarfsfalle auch hilfreiche Denkanstöße gegeben werden.

Dem Mitarbeiter sollte auch eine aufrichtige Wertschätzung ausgesprochen werden. Bspw. für die Bereitschaft, die Lösung umsetzen zu wollen.[430]

Ein Kritikgespräch sollte Folgen haben. Eine Führungskraft sollte sich klar sein, wie weit Sie gehen würde, falls der Mitarbeiter nicht bereit ist, sein Verhalten zu ändern. Abmahnungen oder Kündigungen sind jedoch erst zu erwägen, wenn alle anderen Maßnahmen nicht mehr greifen.[431]

7.8 Feedback und Kritik – Rückmeldung über die Qualität des Ergebnisses

Delegieren bedeutet zunächst Übertagung von Aufgaben, Kompetenzen und Verantwortungen an andere Mitarbeiter. Mit dem Delegieren ist jedoch auch ein hohes Maß an Ergebniskontrolle verbunden. Allerdings stellt diese Kontrolle im Zusammenhang stets auch eine Art Gratwanderung dar. Die Führungskräfte sollten in die Mitarbeiter möglichst Vertrauen investieren. Sie sollten Ihnen in einem angemessenen Rahmen Kompetenzen un Verantwortungen übertragen. Dabei ist den Mitarbeitern in gewisser Hinsicht ein freier Entscheidungs- und Handlugsrahmen zu gewähren.[432]

Andererseits verhält es sich so, dass eine Führungskraft auch für die delegierten Aufgaben die Gesamtverantwortung trägt. Die Verantwortung wird für die Ergebnisse des der Führungskraft übertragenen Unternehmensbereichs ge-

---

[430] Vgl.: Piroth, Anja: Notbremse Kritikgespräch. Die 7 größten Fallen bei Kritik an Mitarbeitern. http://handwerk.com/die-7-groessten-fallen-bei-kritik-an-mitarbeitern/150/62/31776/ - Stand: 10.08.2013.

[431] Vgl.: Piroth, Anja: Notbremse Kritikgespräch. Die 7 größten Fallen bei Kritik an Mitarbeitern. http://handwerk.com/die-7-groessten-fallen-bei-kritik-an-mitarbeitern/150/62/31776/ - Stand: 10.08.2013.

[432] Vgl.: http://www.soft-skills.com/fuehrungskompetenz/delegationskompetenz/kritik/ feedback.php – Stand: 09.08.2013.

tragen. Von besonderer Bedeutung ist, dass die Führungskraft das Ergebnis der Arbeit eines Mitarbeiters evaluiert, um diesem Feedback zu erteilen.[433]

"Feedback, d.h. Rückmeldung über Ihre Einschätzung der Arbeit eines Mitarbeiters ist ein elementarer Bestandteil wirksamen Delegierens und wirksamer Führung. Kein Manager kann dauerhaft erfolgreich delegieren, d.h. für die an Mitarbeiter übertragenen Aufgaben, Kompetenzbereiche und Verantwortlichkeiten gute Ergebnisse erhalten, wenn er nicht regelmäßig Feedback liefert. Dabei geht es nicht um unreflektiertes - und zwangsläufig als unauthentisch von den Mitarbeitern durchschautes - Loben. Es geht darum, den Mitarbeitern ehrliche und konstruktive Kritik zu geben, was an der geleisteten Arbeit und den geleisteten Ergebnissen gut, weniger gut und vielleicht auch falsch und schlecht war."[434]

Kooperative bzw. moderne Führung kann gegenüber den Mitarbeitern nicht immer harmonisch, nett, diplomatisch und liebenswürdig sein. Vielmehr stehen die Manager und Führunskräfte bzw. Leader in einer schwierigen Position zsischen Mitarbeiter und Unternehmen. Sie werden nicht dafür bezahlt, dass sie immer sehr höflich und nett sind, oder dass sie gute Freunde ihrer Mitarbeiter werden. In ihrem Beruf werden sie dafür bezahlt, ihre Aufgaben im Interesse des Unternehmens zu wahren. Hierzu haben sie die entsprechenden Entscheidungen im Sinne der Unternehmensziele zu treffen. Sie sind für die Realisierung der getroffenen Entscheidungen verantwortlich und müssen alles dazu tun, diese erfolgreich umzusetzen. Dies gilt insbesondere, wenn durch unangemessenes Mitarbeiterverhalten Defizite und Versäumnisse entstehen. Droht die Realisierung getroffener Entscheidungen und daraus abgeleiteter Maßnahmen fehlzuschlagen, dann sind oft „auch harte und ehrliche Töne angemessen und notwendig, so lange sie konstruktiv und nicht generalisiert und/oder destruktiv sind. Was gerade junge Manager und Teamleiter häufig nicht erkennen, ist: dass auch negative Kritik für die allermeisten Menschen besser ist, als gar kein Feedback zu erfahren. Lieber lassen sich die meisten Menschen hart, direkt und ehrlich sagen, dass etwas nicht gut ist und was ge-

---

[433] Vgl.: http://www.soft-skills.com/fuehrungskompetenz/delegationskompetenz/kritik/feedback.php – Stand: 09.08.2013.

[434] http://www.soft-skills.com/fuehrungskompetenz/delegationskompetenz/kritik/feedback.php – Stand: 09.08.2013.

nau nicht gut ist und was genau sie besser machen sollen, als niemals eine Rückmeldung über die Wertschätzung ihrer Arbeit zu erhalten."[435]

Zum Delegieren von Aufgaben gehört auch, im Anschluss an erledigte Aufgaben ein ehrliches Feedback zu erteilen. Dies ist für den Mitarbeiter von größter Bedeutung, um sich zu verbessern, zu lernen, weiterzuentwickeln und zu wachsen, so dass er/sie später selbst ggf. über die Fähigkeiten verfügt, eine Führungsrolle zu übernehmen.

Im Zusammenhang mit der Feedbackerteilung sind die folgenden Punkte zu berücksichtigen:[436]

- „Feedback über die Wertschätzung der erledigten Arbeit ist wichtig für die zukünftige Motivation eines Mitarbeiters und die langfristige Wirksamkeit Ihrer Delegation"[437]

- „Kontrolle von Arbeitsergebnissen zwecks Feedback-Gabe ist etwas anderes als Kontrolle aufgrund mangelnden Vertrauens in Mitarbeiter"[438]

- „Die meisten Menschen bevorzugen negatives Feedback vor keiner Rückmeldung über die Wertschätzung ihrer Arbeit."[439]

Die Mitarbeiter möchten selbst auch bzw. von sich aus gute Leistung erbringen. Hierzu ist es für sie wichtig, zu erfahren, ob ihre Arbeitsleistung auch den Erwartungen seitens des Unternehmens entspricht. Das Feedback stellt hierzu einen wesentlichen Beitrag dar.

Unter Leistung versteht sich „eine Anstrengung, die auf ein bestimmtes Ziel ausgerichtet ist und mit einem Erfolg abschließt. Leistung ist etwas, das von uns verlangt wird. Durch diese Anforderung und ihre Zweckbestimmung unterscheidet sie sich vom Spiel, bis zu einem gewissen Grade auch von der freien Kunst. Mit der Leistung tun wir etwas für andere, auch wenn das Entgelt dafür in unserem eigenen Interesse liegt und wir die Anerkennung unserer Arbeit für

---

[435] Vgl.: http://www.soft-skills.com/fuehrungskompetenz/delegationskompetenz/kritik/ feedback.php – Stand: 09.08.2013.

[436] Vgl.: http://www.soft-skills.com/fuehrungskompetenz/delegationskompetenz/kritik/ feedback.php – Stand: 09.08.2013.

[437] http://www.soft-skills.com/fuehrungskompetenz/delegationskompetenz/kritik/ feedback.php – Stand: 09.08.2013.

[438] http://www.soft-skills.com/fuehrungskompetenz/delegationskompetenz/kritik/ feedback.php – Stand: 09.08.2013.

[439] http://www.soft-skills.com/fuehrungskompetenz/delegationskompetenz/kritik/ feedback.php – Stand: 09.08.2013.

unsere Selbstbestätigung brauchen. Man hat unsere heutige Lebensordnung als »Leistungsgesellschaft« bezeichnet, weil es für unseren sozialen Status entscheidend auf unseren Beitrag zur Arbeitsteilung und unseren Platz in der Arbeitskonkurrenz ankommt. Die Kkritik an dieser einseitigen Ausrichtung geht auf das Unbehagen in einem Leben zurück, das uns zu wenige Möglichkeiten der Muße, der Besinnung und des zweckfreien Spiels übriggelassen hat. Wir vermissen einen Freiraum für Tätigkeiten, die wir um unser selbst willen, aus »Spaß an der Sache« vollziehen könnten. Besonders schmerzlich wirkt sich dieser Mangel für unsere Schulkinder aus, die dem Leistungszwang in einem Alter ausgesetzt werden, in dem sie auf Anerkennung in Liebe mehr angewiesen wären als auf Anerkennung einer Leistung, und in dem sie auch der Freiheit des Spiels noch dringend bedürfen. Der Schul-Streß, der heute so oft seelische Störungen zur Folge hat, dürfte nicht zuletzt in der einseitigen Anstachelung von Leistungen im Zusammenhang mit dem Mangel an Gefühlsbefriedigungen und Zweckbefreiung begründet sein. Doch zeigt sich hier nur besonders kraß ein Ungleichgewicht, das auch das Leben der Erwachsenen beeinträchtigt.“[440]

7.9 Steuerungsprozesse Regelkreis und Feedback

Das Feedback ist ein zentrales Instrument der Führung und Steuerung. In der Systemtheorie findet die Kybernetik für die Erklärung von Steuerungsprozessen erfolgreich Anwendung. Der kybernetische Regelkreis veranschaulicht in geeigneter Form die Systematik der Steuerung. Ursprünglich kommt der Gedanke der Kybernetik aus der Biologie, wird aber auch in der Betriebswirtschaftslehre erfolgreich angewendet. Dabei ist die Rückmeldung von Informationen über die Zielerreichung und ggf. über Abweichungen, das sog. Feedback ein zentrales Steuerungsinstrument. Werden Abweichungen von der Planung festgestellt, sog. Soll- Ist-Abweichungen, müssen diese Informationen in das System zurückfließen, damit steuernde Maßnahmen ergriffen werden können.[441]

In der Personalführung ist dieses Prinzip ebenfalls anwendbar. Eine Führunsperson erteilt bspw. eine Rückmeldung bzw. Feedback an den Mitarbeiter, indem dieser darüber informiert wird, wie das Ergebnis oder Teilergebnisse sei-

---

[440] Psychology48 com Psychologie-Lexikon
http://www.psychology48.com/deu/d/leistung/leistung.htm – Stand: 31.07.2013.
[441] Wehrlin, Ulrich: Simultan Management. Erfolgsstrategien und Visionen für ganzheitliche innovative Unternehmensführung durch Leistungsmotivation in der lernenden Organisation. 1. Aufl. 1994, erweiterte Auflagen 2-4 bis 2004, 5. Aufl. 2005 Berlin / London, CPL, 2005.

ner Tätigkeit / Arbeitsleistung aussieht. Die Führungsperson kann dem Mitarbeiter mittels einer anerkennenden Rückmeldung bzw. Feedback signalisieren dass Interesse an seiner Leistung besteht und sein Engagement, sein Einsatz, seine Leistung, seine Ideen als Arbeitsleistung gewürdigt werden.[442]

Aufgrund einer Rückmeldung bzw. eins Feedbacks, ist es dem Mitarbeiter möglich, seine Arbeit selbst besser zu beurteilen. Er kann seine Arbeitsleistung hinsichtlich der erbrachten Qualität besser beurteilen. Vor allem ist es ihm möglich, Fehler zu erkennen. Er kann dann selbst Maßnahmen zur Beseitigung und Vermeidung von Fehlern in die Wege leiten und sich Gedanken um Verbesserungsmöglichkeiten machen. Fehler, welche sich in der Zukunft ereignen könnten, oder wiederholen, werden frühzeitig lokalisiert und behoben. Fehler sind als Lernchancen zu erkennen und zur Verbesserung zu nutzen.[443] Der Mitarbeiter hat auf diese Weise weniger Stress, was seiner Gesundheit förderlich ist. Das Unternehmen spart Kosten durch Fehlervermeidung und Qualitätsverbesserung ein. Der Mitarbeiter erhält eine größere Handlungssicherheit. Die Leistung des Mitarbeiters verbessert sich, er bekommt Aufmerksamkeit und das anerkennende Gefühl, dass er etwas erfolgreich vollbracht bzw. geleistet hat.[444]

Neben Lob und Leistungsanerkennung kann auch das Feedback motivierend auf die Mitarbeiter wirken. Außer den Führungskräften können auch Kollegen Feedback geben. So ist es bspw. in Teamarbeitsprozessen üblich, dass sich die Teammitglieder gegenseitig ein Feedback geben und sich dabei über die erreichte Qualität der Leistungen austauschen. Die Gestaltung der Arbeitsprozesse sollte von Zusammenarbeit, Kooperation, und Kommunikation geprägt sein.[445]

7.10 Kompetenzstärkung und -entwicklung

Führungskräfte haben verschiedene Möglichkeiten um die Kompetenzen ihrer Mitarbeiter für die Erhaltung der Gesundheit zu stärken.

---

[442] Wehrlin, Ulrich: Simultan Management. Erfolgsstrategien und Visionen für ganzheitliche innovative Unternehmensführung durch Leistungsmotivation in der lernenden Organisation. 1. Aufl. 1994, erweiterte Auflagen 2-4 bis 2004, 5. Aufl. 2005 Berlin / London, CPL, 2005.

[443] Wehrlin, Ulrich: Simultan Management. Erfolgsstrategien und Visionen für ganzheitliche innovative Unternehmensführung durch Leistungsmotivation in der lernenden Organisation. 1. Aufl. 1994, erweiterte Auflagen 2-4 bis 2004, 5. Aufl. 2005 Berlin / London, CPL, 2005.

[444] Vgl.: http://www.gesundheit-foerdern.de/ - Stand: 05.06.2013.

[445] Vgl.: http://www.gesundheit-foerdern.de/ - Stand: 05.06.2013.

Die Führungskräfte können das Bewusstsein der Mitarbeiter hinsichtlich des Kontextes von Ergonomie oder Gesundheitsrisiken schärfen.[446]

Es erweist sich als vorteilhaft, wenn den Mitarbeitern Informationen bszw. spezielles Wissen hinsichtlich gesundheitsfördernder Verhaltensweisen vermittelt wird.

Die Führungspersonen können die Bereitschaft der Mitarbeiter fördern, damit sich diese gesundheitsbewusst Verhalten bzw. ihr Verhalten entsprechend ändern.[447]

Es bedarf einer Kompetenzstärkung, damit die gesundheitlichen Belastungen so gering wie möglich gehalten werden können. Hierzu sind Impulse von außen notwendig. Eine Kompetenzentwicklung kann durch Lernsituationen initialisiert werden, welche die persönliche Erfahrung zulassen. Das wird bspw. in Seminaren zur Stressbewältigung ermöglicht. Oder auch durch Beschäftigung mit dem Thema Zeitmanagement. Hilfreich sind auch Schulungen im Themenbereich der Ergonomie/Physiotherapie oder Rückenkurse. Das Verhalten lässt sich durch persönliche Unterweisungen verändern. Führungspersonen können die Mitarbeiter dazu motivieren, dass diese Gesundheitskurse besuchen.[448]

Es ist erforderlich, dass die Führungspersonen in Sachen Gesundheit mit gutem Beispiel vorangehen. Sie sind Vorbilder und sollten über die erforderliche fachliche wie soziale Kompetenz verfügen. Die Aneignung des notwendigen Fachwissens erlaubt es den Führungspersonen, die am Arbeitsplatz lauernden Gefahren frühzeitig zu erkennen. Soziale Kompetenzen sind dabei hilfreich, die Mitarbeiter gesundheitsgerecht zu führen. Die Kompetenz der Führungskräfte ist permanent weiterzuentwickeln. Hierzu sind entsprechende Weiterbildungsmaßnahmen nützlich.[449]

---

[446] Vgl: Ochs, P. / Petrenz, J. / Reindl, J.: Ressource. Handbuch zur arbeitsnahen Gesundheitsförderung im Betrieb. Saarbrücken: Institut für Sozialforschung und Sozialwirtschaft e.V. 1996.

[447] Vgl.: Brinkmann, R.D.: Personalpflege: Gesundheit, Wohlbefinden und Arbeitszufriedenheit als strategische Größen im Personalmanagement. Heidelberg: Sauer-Verlag. 1993.

[448] Vgl: Ochs, P. / Petrenz, J. / Reindl, J.: Ressource. Handbuch zur arbeitsnahen Gesundheitsförderung im Betrieb. Saarbrücken: Institut für Sozialforschung und Sozialwirtschaft e.V. 1996.

[449] Vgl.: http://www.gesundheit-foerdern.de/ - Stand: 05.06.2013.

7.11 Freiräume

Für die Mitarbeiter sollten Freiräume bestehen bzw. eingerichtet werden, innerhalb derer sie selbst entscheiden und aufgrund. Sie können sich aufgrund dieser Entscheidungsfreiheit in ihrem Handeln besser kreativ entfalten.[450]

Für die Führungspersonen hat die Gewährung von Freiräumen auch die Delegation von Verantwortung zur Folge. Den Mitarbeitern ist entsprechend Verantwortung zutrauen was bedeutet, dass eine gewisse Vertrauensbasis erforderlich ist.[451]

Es bestehen die folgenden drei Perspektiven von Freiräumen:[452] [453]

- Zeitliche Freiräume

- Inhaltliche Freiräume

- Freiräume für Mitgestaltung

Zeitliche Freiräume

Jede Tätigkeit verläuft in einem zeitlichen Rahmen, welcher enger oder weiter ist. Arbeiten, welche in einem Unternehmen ausgeführt werden, fallen in die Arbeitszeit, was dazu führt, dass sie mit Kosten verbunden sind. Aus diesem Grund wird die zur Verfügung gestellte Zeit für die Mitarbeiter alleine schon aus wirtschaftlichen Gründen immer knapp gehalten. Hinzu kommt, dass für Produktionen und Dienstleistungen meist feste Liefer- bzw. Leistungserfüllungstermine eingehalten werden müssen. Diese sind oft mit den Kunden bzw. Auftraggebern vertraglich vereinbart und müssen eingehalten werden, damit keine Konventionalstrafen fällig werden oder Kunden ihre Aufträge wieder stornieren. Jedoch ist es wünschenswert, wenn die Mitarbeiter über die zeitliche Gestaltung von Arbeitsabläufen selbst entscheiden oder mitentscheiden können. Der Vorteil liegt bspw. darin, dass Arbeiten, welche eine hohe Konzentration erfordern, zu solchen Zeiten erledigt werden, wenn keine Störungen zu erwarten sind. Auch ist es für die Mitarbeiter gesünder, wenn sie das Ar-

---

[450] Vgl.: http://www.gesundheit-foerdern.de/ - Stand: 05.06.2013.

[451] Vgl.: Luhmann, Niklas: Vertrauen: Ein Mechanismus der Reduktion sozialer Komplexität. 4. Aufl. UTB. 2000.

[452] Vgl.: Osterloh, M.: Handlungsspielräume und Organisationsspielräume als Voraussetzungen einer persönlichkeitsförderlichen Arbeitsgestaltung. In: E.-H. Hoff, L. Lappe & W.Lempert (Hg).: Arbeitsbiographie und Persönlichkeitsentwicklung. Bern: Huber.S.243-259. 1985.

[453] Vgl.: http://www.gesundheit-foerdern.de/ - Stand: 05.06.2013.

beitstempo der eigenen Leistungsfähigkeit anpassen können. Auf diese Weise entsteht weder eine Unterforderung noch eine Überforderung. Zeitliche Freiräume können dazu beitragen, dass für die Mitarbeiter weniger Terminstress entsteht.[454] [455]

Inhaltliche Freiräume

Neben den zeitlichen Freiräumen können auch inhaltliche Freiräume gewährt werden. Im Rahmen von inhaltlichen Freiräumen wird dem Mitarbeiter nicht vorgeschrieben, was er tun soll, er entscheidet selbst darüber.[456] Wenn die Mitarbeiter Freiräume haben und selbst Lösungen finden können oder geeignete Vorgehensweisen entwickeln, ist dies für ihre Gesundheit förderlich.[457] [458]

Freiräume für Mitgestaltung

Mitarbeiter benötigen auch Freiräume für Mitgestaltung. Die Beteiligung der Mitarbeiter trägt wesentlich zur Arbeitszufriedenheit bei. Es bestehen verschiedene Mitgestaltungsmöglichkeiten, welche den Mitarbeitern eingeräumt werden können. Auch für die Führungskräfte sind die Auffassungen, Erwartungen oder Wünsche der Mitarbeiter wichtige Anhaltspunkte und Entscheidungsgrundlagen.[459] So bspw. im Zusammenhang mit der Arbeitsplatzgestal-

---

[454] Vgl.: Osterloh, M.: Handlungsspielräume und Organisationsspielräume als Voraussetzungen einer persönlichkeitsförderlichen Arbeitsgestaltung. In: E.-H. Hoff, L. Lappe & W.Lempert (Hg).: Arbeitsbiographie und Persönlichkeitsentwicklung. Bern: Huber.S.243-259. 1985.

[455] Vgl: Ochs, P. / Petrenz, J. / Reindl, J.: Ressource. Handbuch zur arbeitsnahen Gesundheitsförderung im Betrieb. Saarbrücken: Institut für Sozialforschung und Sozialwirtschaft e.V. 1996.

[456] Vgl.: Osterloh, M.: Handlungsspielräume und Organisationsspielräume als Voraussetzungen einer persönlichkeitsförderlichen Arbeitsgestaltung. In: E.-H. Hoff, L. Lappe & W.Lempert (Hg).: Arbeitsbiographie und Persönlichkeitsentwicklung. Bern: Huber.S.243-259. 1985.

[457] Vgl.: Osterloh, M.: Handlungsspielräume und Organisationsspielräume als Voraussetzungen einer persönlichkeitsförderlichen Arbeitsgestaltung. In: E.-H. Hoff, L. Lappe & W.Lempert (Hg).: Arbeitsbiographie und Persönlichkeitsentwicklung. Bern: Huber.S.243-259. 1985.

[458] Vgl.: http://www.gesundheit-foerdern.de/ - Stand: 05.06.2013.

[459] Vgl.: Osterloh, M.: Handlungsspielräume und Organisationsspielräume als Voraussetzungen einer persönlichkeitsförderlichen Arbeitsgestaltung. In: E.-H. Hoff, L. Lappe & W.Lempert (Hg).: Arbeitsbiographie und Persönlichkeitsentwicklung. Bern: Huber.S.243-259. 1985.

tung, Arbeitsorganisation oder für den Einsatz von innovativen Arbeitsmitteln.[460][461]

Die Freiräume, welche den Mitarbeitern eingeräumt werden, sind eine schützende Ressource.[462] Für die Mitarbeiter bedeuten sie oft, dass eine niedrigere Belastung besteht. Je nach Möglichkeiten und Ausgestaltung lässt sich damit Stress reduzieren. Im günstigen Falle lässt sich das kreative Potential der Mitarbeiter erschließen. Insgesamt können die Freiräume wesentlich zur Selbstverwirklichung der Mitarbeiter beitragen. Die Selbstverwirklichung hat bei den Mitarbeitern einen sehr hohen Stellenwert. Sie trägt wesentlich zum Wohlbefinden und zur Arbeitszufriedenheit der Mitarbeiter und auch der Führungskräfte bei und fördert somit die Gesundheit.[463][464]

---

[460] Vgl: Ochs, P. / Petrenz, J. / Reindl, J.: Ressource. Handbuch zur arbeitsnahen Gesundheitsförderung im Betrieb. Saarbrücken: Institut für Sozialforschung und Sozialwirtschaft e.V. 1996.

[461] Vgl.: http://www.gesundheit-foerdern.de/ - Stand: 05.06.2013.

[462] Vgl.: Osterloh, M.: Handlungsspielräume und Organisationsspielräume als Voraussetzungen einer persönlichkeitsförderlichen Arbeitsgestaltung. In: E.-H. Hoff, L. Lappe & W.Lempert (Hg).: Arbeitsbiographie und Persönlichkeitsentwicklung. Bern: Huber.S.243-259. 1985.

[463] Vgl.: Osterloh, M.: Handlungsspielräume und Organisationsspielräume als Voraussetzungen einer persönlichkeitsförderlichen Arbeitsgestaltung. In: E.-H. Hoff, L. Lappe & W.Lempert (Hg).: Arbeitsbiographie und Persönlichkeitsentwicklung. Bern: Huber.S.243-259. 1985.

[464] Vgl.: http://www.gesundheit-foerdern.de/ - Stand: 05.06.2013.

8 Strategie der Führungsdimensionen Mitarbeiter- und Aufgabenorientierung

8.1 Entwicklung und Beurteilung der Führungsdimensionen

Die zwei grundlegenden Führungsdimensionen Mitarbeiterorientierung und Aufgabenorientierung wurden bereits in den 1950er Jahren gedanklich herausgearbeitet. Dies errfolgte im Kontext der Leadership Studies an der Ohio State University. Im Rahmen dieser Studien wurden die zwei grundlegenden Führungsstile Consideration und Initiation of Structure entdeckt.[465]

„Consideration ist das Ausmaß, mit dem bei der Zielerreichung die Mitarbeiter einbezogen werden."[466]

„Initiation of Structure beschreibt eine Arbeitsatmosphäre, bei der die konkreten Aufgaben im Mittelpunkt stehen."[467]

Zu dieser Zeit konnte eine Forschergruppe der Michigan University vergleichbare Ergebnisse vorlegen. Dabei wurden die zwei grundlegenden Führungsdimensionen „employee centred" und „production centred" herausgearbeitet. Auch diese bezogen sich auf die Mitarbeiter- und Aufgabenorientierung. Die beiden Führungsdimensionen der Ohio- und Michigan-Tradition prägten wesentlich die Führungsliteratur nach den 1950er Jahren. Die grundlegenden Ergebnisse lassen sich wie folgt umschreiben:[468]

---

[465] Vgl.: Wirtschaftspsychologie aktuell Zeitschrift für Personal und Management: Artikel: Strategie der Woche: Mitarbeiter- und Aufgabenorientierung vom 24. Juni 2008 http://www.wirtschaftspsychologie-aktuell.de/strategie/strategie_20080624_Mitarbeiter_und_Aufgabenorientierung.html – Stand: 28.07.2013.

[466] Wirtschaftspsychologie aktuell Zeitschrift für Personal und Management: Artikel: Strategie der Woche: Mitarbeiter- und Aufgabenorientierung vom 24. Juni 2008 http://www.wirtschaftspsychologie-aktuell.de/strategie/strategie_20080624_Mitarbeiter_und_Aufgabenorientierung.html – Stand: 28.07.2013.

[467] Wirtschaftspsychologie aktuell Zeitschrift für Personal und Management: Artikel: Strategie der Woche: Mitarbeiter- und Aufgabenorientierung vom 24. Juni 2008 http://www.wirtschaftspsychologie-aktuell.de/strategie/strategie_20080624_Mitarbeiter_und_Aufgabenorientierung.html – Stand: 28.07.2013.

[468] Vgl.: Wirtschaftspsychologie aktuell Zeitschrift für Personal und Management: Artikel: Strategie der Woche: Mitarbeiter- und Aufgabenorientierung vom 24. Juni 2008 http://www.wirtschaftspsychologie-aktuell.de/strategie/strategie_20080624_Mitarbeiter_und_Aufgabenorientierung.html – Stand: 28.07.2013.

- „Mitarbeiterorientierung ist vor allem angebracht, wenn die Mitarbeiter dazu bereit und fähig sind, Verantwortung zu übernehmen.

- Ob Mitarbeiter- oder Aufgabenorientierung effektiver ist, hängt von der Situation ab.

- Wenn die Situation – gemessen an der Vorgesetzten-Mitarbeiter- Beziehung, der Klarheit der Aufgaben oder der Positionsmacht des Leaders – sehr günstig oder sehr ungünstig ist, ist Aufgabenorientierung angebracht. Bei einer weniger extremen Situation wirkt eher Mitarbeiterorientierung.

- Jedoch kann man davon ausgehen, dass neben der Arbeitssituation noch weitere Faktoren die Führungseffektivität beeinflussen (z.B. das Unternehmen selbst oder die Persönlichkeit der Mitarbeiter)."[469]

Gegen diese etwas einfache Betrachtung der Führung kam mit der Zeit auch Kritik auf. Ein Kritikpunkt bestand darin, dass bei der reinen Betrachtung des Verhaltens der positive Einfluss des Leaders keine Berücksichtigung findet. Dieser positive Einfluss des Leaders entsteht in den Köpfen der Mitarbeiter durch Inspiration, Motivation, intellektuelle Stimulierung oder Vorbildfunktion seitens der Führungspersönlichkeit. Dennoch sind die zwei Führungsstil-Kategorien Mitarbeiter- oder Aufgabenorientierung interessnt. Es ist für eine Führungsperson rasch möglich, sich selbst einzustufen und zu wissen, ob sie eher auf Mitarbeiter (Mitarbeiterorientierung) zugeht oder rein auf Ergebnisse (Aufgabenorientierung) schaut. Auch die Folgen dieser Grundeinstellung werden deutlich. Denn auch charismatische Führer werden daran gemessen, inwieweit sie dazu in der Lage sind, das Team zu begeistern und dennoch gleichzeitig die Kennzahlen zu berücksichtigen.[470]

---

[469] Wirtschaftspsychologie aktuell Zeitschrift für Personal und Management: Artikel: Strategie der Woche: Mitarbeiter- und Aufgabenorientierung vom 24. Juni 2008 http://www.wirtschaftspsychologie-aktuell.de/strategie/strategie_20080624_Mitarbeiter_ und_Aufgabenorientierung.html – Stand: 28.07.2013.

[470] Vgl.: Wirtschaftspsychologie aktuell Zeitschrift für Personal und Management: Artikel: Strategie der Woche: Mitarbeiter- und Aufgabenorientierung vom 24. Juni 2008 http://www.wirtschaftspsychologie-aktuell.de/strategie/strategie_20080624_Mitarbeiter_ und_Aufgabenorientierung.html – Stand: 28.07.2013.

8.2 Führung mit Vertrauen

„Vertrauen reduziert die Komplexität
menschlichen Handelns und gibt Sicherheit."

Luhmann, Niklas[471 472]

Niklas Luhmann vertritt die Auffassung, dass Vertrauen die Komplexität des menschlichen Handelns reduziert und Sicherheit gibt.[473] Diese Definition zeigt die Eigenschaften von Vertrauen auf und besagt zuglich, dass die Probleme bzw. Hindernisse, welche im Zusammenhang mit dem menschlichen Handeln auftreten können, über das Vertrauen verringert oder abgesichert werden. Das Vertrauen trägt auch dazu bei, Entscheidungen treffen zu können.[474]

Durch Luhmann wird das institutionelle Vertrauen bzw. Systemvertrauen thematisiert und der Fokus auf die Funktion des Vertrauens in den Systemen gerichtet. Luhmann verdeutlicht, dass die Sicherheit als wesentlicher Bestandteil des Vertrauens gilt.[475]

Ein für die betriebliche Gesundheitsförderung hilfreicher Führungsstil baut auf das Vertrauen[476] und auf die Sicherheit der Mitarbeiter. Führung ohne Vertrauen ist heute überhaupt nicht mehr denkbar. Das Führen mit Zuckerbrot und Peitsche gilt nur noch als ein Relikt vergangener Epochen. Die Zeiten, in welchen man die Mitarbeiter abhängig hielt und regierte sind vorbei. Im Zeitalter fortgeschrittener Globalisierung und moderner Informations- und Kommunikationstechnologie bedarf es einer Führung, welche auf die Kreativität und Innovationsschaffung durch die Mitarbeiter baut.

---

[471] Luhmann, Niklas. In: Petermann, Fanz: Psychologie des Vertrauens. Salzburg, 1985. S. 12.

[472] Luhmann, Niklas: Vertrauen: Ein Mechanismus der Reduktion sozialer Komplexität. 4. Aufl. UTB. 2000.

[473] Vgl.: Luhmann, Niklas: Vertrauen: Ein Mechanismus der Reduktion sozialer Komplexität. 4. Aufl. UTB. 2000.

[474] Vgl.: Luhmann, Niklas. In: Petermann, Fanz: Psychologie des Vertrauens. Salzburg, 1985. S. 12.

[475] Vgl.: Luhmann, Niklas. In: Petermann, Fanz: Psychologie des Vertrauens. Salzburg, 1985. S. 12.

[476] Vgl.: Luhmann, Niklas: Vertrauen: Ein Mechanismus der Reduktion sozialer Komplexität. 4. Aufl. UTB. 2000.

Hierzu benötigen die Mitarbeiter eine entsprechende Rahmengestaltung, welche ihnen erlaubt, selbstorganisiert bzw. selbstgesteuert zu arbeiten. Den Mitarbeitern sind Freiräume bzw. Handlungsspielräume zu bieten.[477][478]

Ein weiteres Element ist die Mitarbeiterbeteiligung an den betrieblichen Entscheidungen. Es ist erforderlich, dass die Mitarbeiter durch die Führungskräfte auch in sozialer Perspektive unterstützt werden. Die Führungskräfte können ihnen bei der Bewältigung von Problemen und besonderen Herausforderungen weiterhelfen.[479]

Eine Führung, die auf Vertrauen aufbaut trägt wesentlich zur Entwicklung der Selbständigkeit und Eigenverantwortungsübernahme durch die Mitarbeiter bei.[480]

Erforderlich ist, dass die Führungsperson das Vertrauen des Mitarbeiters erlangt. Es gilt, die Verantwortungsbereitschaft der Mitarbeiter zu wecken und die Leistungsfähigkeit zu steigern. Dadurch soll auch das Wohlbefinden am Arbeitsplatz verbessert und letztlich die Gesundheit der Mitarbeiter erhalten bleiben.[481][482]

8.3 Einfühlsam führen

Führungskräfte haben die Möglichkeit, Einfühlsam zu führen und die Belange der Mitarbeiter zu berücksichtigen. Hierzu ist es erforderlich, dass sich eine Führungsperson in die Lage des Mitarbeiters versetz und sich vorstellt, was in seinem inneren vorgeht. Auf dieser Grundlage sollte abgeschätzt werden, wie sich dessen Lebensqualität und Wohlbefinden am Arbeitsplatz verbessern lässt. Um einfühlsam zu führen ist es entscheidend, dass die Arbeitsaufgaben interessant sind und für den Mitarbeiter interessant präsentiert werden. Die Arbeitsaufgaben sollten keineswegs zu körperlichen oder seelischen Schädigungen des Mitarbeiters führen (können). Ein weiteres bedeutendes Kriterium

---

[477] Vgl.: http://www.gesundheit-foerdern.de/ - Stand: 05.06.2013.

[478] Vgl.: Osterloh, M.: Handlungsspielräume und Organisationsspielräume als Voraussetzungen einer persönlichkeitsförderlichen Arbeitsgestaltung. In: E.-H. Hoff, L. Lappe & W.Lempert (Hg).: Arbeitsbiographie und Persönlichkeitsentwicklung. Bern: Huber.S.243-259. 1985.

[479] Vgl.: http://www.gesundheit-foerdern.de/ - Stand: 05.06.2013.

[480] Vgl: Ochs, P. / Petrenz, J. / Reindl, J.: Ressource. Handbuch zur arbeitsnahen Gesundheitsförderung im Betrieb. Saarbrücken: Institut für Sozialforschung und Sozialwirtschaft e.V. 1996.

[481] Vgl.: Brinkmann, R.D.: Personalpflege: Gesundheit, Wohlbefinden und Arbeitszufriedenheit als strategische Größen im Personalmanagement. Heidelberg: Sauer-Verlag. 1993.

[482] Vgl.: http://www.gesundheit-foerdern.de/ - Stand: 05.06.2013.

besteht darin, dass die Arbeitsaufgaben den Erwartungen und Bedürfnissen des Mitarbeiters entsprechen. Um keine Unterforderung oder Überforderung hervorzurufen, sollten die Arbeitsaufgaben so ausgesucht und gestellt werden, dass diese den Fähigkeiten und Fertigkeiten des jeweiligen Mitarbeiters angepasst sind. Die Führungsperson sollte den Mitarbeitern auch Freiräume für die intellektuelle Entwicklung einräumen. Die Freiräume sollten auch Kreativität, komplexes Denken sowie Problemlösetechniken unterstützen.[483] [484]

Die Führungskräfte sollten sich damit beschäftigen, über welche Fähigkeiten und Fertigkeiten die Mitarbeiter verfügen sollten, um dazu in der Lage zu sein, die erforderlichen Arbeitsaufgaben auch gesundheitsgerecht umzusetzen. Auf dieser Basis können die Führungskräfte die Mitarbeiter fördern, damit diese sich entsprechend qualifizieren.[485] [486]

8.4 Ganzheitlich führen

Der Gedanke einer ganzheitlichen Betrachtung des Unternehmens oder der Unternehmens- und Personalführung wurde im europäischen/westlichen Raum viele Jahrzehnte nicht wirklich ernst genommen. Der Begriff und Gedanke der Ganzheitlichkeit ist eine bedeutende Grundlage asiatischer bzw. fernöstlicher Kulturen. Seit Jahrhunderten hat sich bspw. die ganzheitliche Medizin bewährt. Auch im Bereich der Wirtschaft wird das ganzheitliche Denken, Entscheiden und Handeln immer bedeutender. Die Zeiten, in denen man in Europa den Gedanken einer ganzheitlichen Unternehmensführung nicht ernst nahm und eher belächelte sind vorbei. Vielleicht dachten sich in den 1980er und Anfangs der 1990er Jahre noch viele Unternehmer und auch Wissenschaftler, dass sie den Gedanken der Ganzheitlichkeit einfach ignorieren oder ablehnen können. Heute sehen sie sich der Realität des globalen Wettbewerbs gegenüber. Bspw. haben Japan und China die Weltmärkte erfolgreich erobert. Viele Unternehmen aus Europa oder auch den USA hatten dagegen das Nachsehen.

---

[483] Vgl.: Osterloh, M.: Handlungsspielräume und Organisationsspielräume als Voraussetzungen einer persönlichkeitsförderlichen Arbeitsgestaltung. In: E.-H. Hoff, L. Lappe & W.Lempert (Hg).: Arbeitsbiographie und Persönlichkeitsentwicklung. Bern: Huber.S.243-259. 1985.

[484] Vgl.: http://www.gesundheit-foerdern.de/ - Stand: 05.06.2013.

[485] Vgl.: http://www.gesundheit-foerdern.de/ - Stand: 05.06.2013.

[486] Vgl.: Brinkmann, R.D.: Personalpflege: Gesundheit, Wohlbefinden und Arbeitszufriedenheit als strategische Größen im Personalmanagement. Heidelberg: Sauer-Verlag. 1993.

Bis etwa Mitte der 1980er Jahre war in weiten Teilen der Betriebswirtschaftslehre der Bergiff „Kunde" überhaupt nicht thematisiert worden. Auch die Mitarbeiterorientierung wurde lange zeit vernachlässigt. Das gilt auch für die Lieferanten. Das Lieferantenmanagement konnte sich erst Ende der 1990er Jahre durchsetzen.

Im Rahmen der ganzheitlichen Führung geht es darum dass die Mitarbeiter in ihrer Mehrdimensionalität wahrzunehmen, zu begreifen und zu behandeln sind. Ihre Belange, Wünsche, Ziele, Bedürfnisse usw. sind zu erkennen, zu berücksichtigen und zu respektieren.[487]

Die Betriebswirtschaftslehre war lange zeit vom Denken in Produktionsfaktoren geprägt. Komplizierte Formeln und Produktionsfunktionen beherrschten lange die betriegbswirtschaftliche Theorie. Dass jedoch der Mensch im Mittelpunkt des Unternehmens und der Wirtschaft überhaupt steht, wurde lange Zeit nicht erkannt oder einfach ignoriert. Aus heutiger Sicht steht jedoch nicht zu Diskussion, dass der Mensch nicht als Produktionsfaktor behandelt werden sollte. Jeder Mitarbeiter ist als soziales Wesen aufzufassen, als eine individuelle Persönlichkeit mit eigenen Stärken und Schwächen, eine Persönlichkeit die ihre eigenen Vorstellungen, Ziele, Wünsche, Werten, Normen, Absichten, Bedürfnisse und Bedarfe verfolgt. Jeder Mensch verfolgt im Unternehmen seine individuellen Ziele. Im Idealfall entsprechen diese individuellen Ziele auch den angestrebten Unternehmenszielen. Neben der Erzielung des Einkommens geht es oft auch um die Bewältigung von Herausforderungen und die persönliche Entwicklung bzw. Karriere. Gleichzeitig hegt jede Person eigene körperliche, seelische und geistige Bedürfnisse.[488]

Für den Menschen ist die Gesundheit von höchstem Stellenwert. Darauf folgen Selbstverwirklichung, soziale Anerkennung sowie soziale Integration. Das Unternehmen und deren Führungspersonen haben im Rahmen der Arbeitsgestaltung wie auch in der Arbeitsorganisation die Belange und Bedürfnisse der Mitarbeiter zu berücksichtigen. Sie sind die Basis für die erforderliche Motivation, für das Engagement und die Leistungsbereitschaft, für das Wohlbefinden am Arbeitsplatz wie auch für die Arbeitszufriedenheit.[489]

---

[487] Vgl.: Brinkmann, R.D.: Personalpflege: Gesundheit, Wohlbefinden und Arbeitszufriedenheit als strategische Größen im Personalmanagement. Heidelberg: Sauer-Verlag. 1993.

[488] Vgl.: http://www.gesundheit-foerdern.de/ - Stand: 05.06.2013.

[489] Vgl.: http://www.gesundheit-foerdern.de/ - Stand: 05.06.2013.

Diese Anforderungen werden bspw. auch in der Ottawa-Charta aufgeführt:

"Um ein umfassendes körperliches, seelisches und soziales Wohlbefinden zu erlangen, ist es notwendig, dass sowohl einzelne als auch Gruppen ihre Bedürfnisse befriedigen, ihre Wünsche und Hoffnungen wahrnehmen und verwirklichen sowie ihre Umwelt meistern bzw. sie verändern können." [490]

8.5 Verantwortungsübernahme

Eine Führungskraft trägt eine hohe Verantwortung. Sie ist vom Unternehmen beauftragt und sollte einerseits die Interessen des Unternehmens vertreten. Gleichzeitig werden Ihr aber auch die Mitarbeiter anvertraut. Sie trägt auch gegenüber den Mitarbeitern eine gewisse Verpflichtung und hohe Verantwortung. Es liegt im Aufgaben- und Verantwortungsbereich der Führungskraft, auch die gesundheitlichen Belange der Mitarbeiter zu berücksichtigen und für deren Wohlergehen sowie deren Sicherheit im Betrieb zu sorgen. Inwiefern sich die Führungskraft in private gesundheitsrelevante Dinge des Arbeitnehmers einmischen darf oder soll liegt in einem Grenzbereich, welcher eine hohe Sensibilität der Führungskraft verlangt. Zwar geht es das Unternehmen nichts an, was ein Mitarbeiter in seiner Freizeit tut, unterlässt, konsumiert usw. Führen jedoch Aktivitäten der Freizeit zu einer Beeinträchtigung während der Arbeitszeit, so ist eine Intervention der Führungskraft gefordert.[491] Beispiel: Konsumiert ein Arbeitnehmer in der Freizeit Alkohol, Drogen usw. und tritt in einem Rauschzustand seine Arbeit an, so besteht die Gefahr, dass er sich selbst, andere Menschen und auch die Leistungserstellung für das Unternehmen in Gefahr bringt. Es können auch wirtschaftliche Schäden entstehen, so bspw. Fehler und Qualitätsminderung, Lieferungsverzug, Konventionalstrafen, Schadensersatzforderungen von Kunden usw. Häufig kommt es in diesen Fällen auch zu Fehlzeiten durch Arztbesuche mit Krankschreibung Kuraufenthalten usw. Eine verantwortungsbewusste Führungsperson ist bestrebt, die arbeitsbezogenen Bedürfnisse, Ziele, Erwartungen, Wünsche, Erfordernisse, Präferenzen und Erwartungen des Mitarbeiters zu erkunden und darüber informiert zu sein. Auf dieser Basis können dann die eigenen Führungsaktivitäten initialisiert werden. Die Führungskraft bildet in gewisser Hinsicht eine Art Schnittstelle, Brücke oder kommunikatives Verbindungs- und Verantwortungsglied im Beziehungsnetzwerk von Unternehmen / Unternehmensführung zum

---

[490] Ottawa-Charta

[491] Vgl: Ochs, P. / Petrenz, J. / Reindl, J.: Ressource. Handbuch zur arbeitsnahen Gesundheitsförderung im Betrieb. Saarbrücken: Institut für Sozialforschung und Sozialwirtschaft e.V. 1996.

einzelnen Mitarbeiter. In der Führungspraxis kann dies erfahrungsgemäß auch sehr schnell zu einem Knotenpunkt für gegensätzliche oder gar widersprüchliche Interessen, Ziele, Bestrebungen der Parteien werden. Oft entsteht ein Zielkonflikt, was dazu führt, dass es der Führungkraft in einer bestimmten Konstellation nicht möglich ist, die Ziele und Interessen aller Beteiligten gleichzeitig zu erfüllen. Solche Situationen, in denen man es nicht allen Beteiligten „recht machen" kann, bestehen in allen Lebens- und Arbeitsbereichen. In Unternehmen, Gemeinden, Bildungseinrichtungen, Behörden, Familien usw. Die Führungskraft trägt in diesem Kontext auch die Funktion eines Mediators und sollte auch in schwierigen Fällen versuchen, möglichst einen konfliktfreien „Weg der Mitte" bzw. eine Lösung bzw. Vereinbarung des „gegenseitigen Entgegenkommens" zu suchen und zu finden.[492]

8.6 Vorbildfunktion

Manager, Leader und Führungskräfte aber auch Politiker, Lehrer, Professoren, Sportler, TV-Stars, Popstars usw. also jede Person, welche eine führende Stellung einnimmt, oder in ihrer Funktion bzw. Tätigkeit öffentlich bekannt ist, übt eine gewisse Vorbildfunktion aus. Diese Vorbildfunktion wirkt sich auch auf andere Führungskräfte, Mitarbeiter, Kunden bzw. auch auf ein öffentliches Publikum aus.

Mit jeder Vorbildfunktion ist auch eine hohe Verantwortung verbunden. Andere Menschen ahmen das Verhalten nach und dabei besteht die Gefahr, dass unerwünschte oder gesundheitsgefährdende bzw. gesundheitsschädigende Verhaltensweisen übernommen werden.[493] Ein besonders extremes Beispiel ist, wenn jugendliche Fans den vorgelebten Drogenkonsum ihrer Vorbilder wie Popstars oder TV-Stars annehmen und quasi für „cool" oder „angesagt" empfinden. Lehnen jedoch die Vorbilder Drogen oder Alkohol ab, so kann dies auf die jugendlichen Fans durchaus positiv auswirken. Auch die Problematik dass junge Mädchen hungern, da sie Models werden möchten, ist - mit allen negativen Folgen - bekannt.

Führungspersonen sind stets auch Vorbilder und sollten sich auch entsprechend verhalten. Dies gilt insbesondere für gesundheitsrelevante oder gesundheitsbewusste bzw. gesundheitsgerechte Handlungsweisen in der Öffent-

---

[492] Vgl.: http://www.gesundheit-foerdern.de/ - Stand: 05.06.2013.

[493] Vgl: Ochs, P. / Petrenz, J. / Reindl, J.: Ressource. Handbuch zur arbeitsnahen Gesundheitsförderung im Betrieb. Saarbrücken: Institut für Sozialforschung und Sozialwirtschaft e.V. 1996.

lichkeit, im Unternehmen und an den Arbeitsplätzen. Meist orientieren sich die Mitarbeiter an den Führungspersonen bzw. Führunspersönlichkeiten. Sie beobachten deren Verhalten und Vorgehensweisen. Diese dienen ihnen als Orientierung oder Vorbild für das eigene Verhalten.[494] Durch Nachahmung können bei gewünschten Verhaltensweisen positive Lerneffekte erzielt werden. Umgekehrt aber, bei unerwünschtem bspw. nicht-gesundheitsgerechtem Verhalten besteht die Gefahr, dass die Mitarbeiter diese Verahltensweisen oder Angewohnheiten übernehmen und dadurch in Gefahr kommen.

Bereits in den 1970er Jahren veröffentlichte der Psychologe Bandura eine wissenschaftliche Theorie, der zufolge das Verhalten des Modells zur Folge haben kann, dass eine neue Verhaltensweise gelernt wird oder es wird eine schon vorhandene, früher gelernte Verhaltensweise aktiviert oder deaktiviert.[495]

Gleichzeitig erfolgt die Übernahme von Verhaltensweisen des Modells keineswegs unreflektiert. Vielmehr erfolgt eine Steuerung aufgrund von bestimmten gedanklichen Prozessen. Als Ausschlaggebend erweist sich, dass Anreize existieren, welche zu einer Initialisierung des Verhaltens führen. Die Wahrscheinlichkeit für die Imitation gilt dann als hoch, wenn eine Person aufgrund Ihrer Beobachtungen feststellt, dass ein Modell Ihn für seine Verhaltensweise belohnt.

Damit eine Führungskraft einen Anreiz für das gewünschte gesundheitsbewusste Verhalten seiner Mitarbeiter erreicht, sollte diese selbst gesundheitsförderliche Verhaltensweisen vorleben.[496] Die Führungskraft sollte gleichzeitig den Mitarbeitern Lob und Anerkennung zukommen lassen, welche sich gesundheitsgerecht verhalten. Auf diese Weise können weitere Mitarbeiter dazu motiviert werden, dass sie dieses Verhalten übernehmen.[497]

---

[494] Vgl.: http://www.gesundheit-foerdern.de/ - Stand: 05.06.2013.

[495] Badura, B. / Münch, E. / Ritter, W.: Partnerschaftliche Unternehmenskultur und betriebliche Gesundheitspolitik: Fehlzeiten durch Motivationsverlust? Gütersloh: Verlag Bertelsmann Stiftung. 1997.

[496] Vgl: Ochs, P. / Petrenz, J. / Reindl, J.: Ressource. Handbuch zur arbeitsnahen Gesundheitsförderung im Betrieb. Saarbrücken: Institut für Sozialforschung und Sozialwirtschaft e.V. 1996.

[497] Vgl.: Brinkmann, R.D.: Personalpflege: Gesundheit, Wohlbefinden und Arbeitszufriedenheit als strategische Größen im Personalmanagement. Heidelberg: Sauer-Verlag. 1993.

8.7 Einordnung der Führungsstile in die Mitarbeiterorientierung, Aufgabenorientierung und Partizipationsorientierung

Die Führungsstile können wie folgt nach Aufgabenorientierung und Mitarbeiterorientierung eingeteilt werden:[498]

- autoritärer Führungsstil:
  (stark Aufgaben-, wenig Mitarbeiterbezogen)

- demokratisch/partizipativer Führungsstil:
  (stark Aufgaben-, stark Mitarbeiterbezogen)

- human relations – mitarbeiterorientierter Führungsstil:
  (wenig Aufgaben-, stark Mitarbeiterbezogen)

- laissez-faire Führungsstil:
  (wenig Aufgaben-, wenig Mitarbeiterorientierung)[499]

Jeder Führungsstil zeigt sich in einem bestimmten Führungsverhalten der Führungskräfte:

Führungsverhalten der Aufgabenorientierung:

- „Strukturierung, Definition und Klärung des Zieles und der

- Wege zum Ziel

- Aktivierung und Leistungsmotivation

- Kontrolle und Beaufsichtigung."[500]

Führungsverhalten der Mitarbeiterorientierung:

- „allgemeine Wertschätzung und Achtung

- Offenheit und Zugänglichkeit

- Bereitschaft zur zweiseitigen Kommunikation

---

[498] Vgl.: http://www.karteikarte.com/card/22699/einordnung-der-fuehrungsstile-in-die-mitarbeiterorientierung – Stand: 11.07.2013.

[499] Vgl.: http://www.karteikarte.com/card/22699/einordnung-der-fuehrungsstile-in-die-mitarbeiterorientierung – Stand: 11.07.2013.

[500] http://www.karteikarte.com/card/22699/einordnung-der-fuehrungsstile-in-die-mitarbeiterorientierung – Stand: 11.07.2013.

- Einsatz und Sorge für den einzelnen."[501]

Führungsverhalten der Partizipationsorientierung :

- „Einbeziehen der Mitarbeiterinnen in Entscheidungsprozesse

- Berücksichtigung der Qualifikation der Mitarbeiter

- Identifikation mit den Unternehmenszielen Förderung der Mitarbeiterinnen

- Erhöhung der Einsatzbereitschaft

- Eigenmotivation statt Fremdmotivation

- Selbstkontrolle statt Fremdkontrolle."[502]

Entsprechend muss ein erfolgreicher Führungsstil sämtliche Orientierungen beinhalten. Dabei führt eine zu starke Mitarbeiterorientierung ggf. zu einem sehr guten Klima, jedoch nicht zum gewünschten Arbeitseffekt. Dagegen führt zu starke Partizipationsorientierung ggf. zu starker Gruppenautonomie, jedoch nicht zur erforderlichen Zielorientierung.[503]

[501] http://www.karteikarte.com/card/22699/einordnung-der-fuehrungsstile-in-die-mitarbeiterorientierung – Stand: 11.07.2013.

[502] http://www.karteikarte.com/card/22699/einordnung-der-fuehrungsstile-in-die-mitarbeiterorientierung – Stand: 11.07.2013.

[503] Vgl.: http://www.karteikarte.com/card/22699/einordnung-der-fuehrungsstile-in-die-mitarbeiterorientierung – Stand: 11.07.2013.

9 Messung und Steuerung der Unternehmensleistung - Strategische Controllingprozesse: Unternehmensvision Strategiefindung und Zielsetzung

Die Unternehmensvision zeigt auf, wie sich das Unternehmen in der Zukunft entwickeln kann oder soll. Es handelt sich um langfristige Unternehmensziele, welche mit der richtigen Strategie und über Zielsetzungen erreicht werden sollen. Die Vision, die langfristigen Unternehmensziele und die Strategieelemente sind teilweise nicht exakt planbar und nicht genau messbar.

Die in der Zukunft liegende Entwicklung eines Unternehmens verläuft in der Praxis i. d. R. nicht nach einem Muster oder nach einem detaillierten Plan. Vielmehr erfolgt die Entwicklung in eine ungewisse, unbestimmte und unsichere Zukunft. Trotz dessen ist das ferne Ziel zu definieren, damit eine Richtung vorzugeben wird, in welche sich das Unternehmen bewegen soll. In diesem Kontext ist die Strategie zu bestimmen, nach der das Ziel erreicht werden soll. Dies bedarf entsprechender Steuerungsmechanismen, zu welchen ein permanentes Controlling gehört, durch welches Abweichungen vom Kurs, also Soll-Ist-Abweichungen festgestellt werden. Die Abweichungen bedeuten, dass die gefahrene Richtung nicht genau der beabsichtigten Richtung entspricht. Für die Realisierung der geplanten Richtung sind aufgrund der festgestellten Abweichungen Korrekturen, Nachbesserungen, Nachjustierungen oder sonstige korrigierende Maßnahmen erforderlich. Kybernetische Regelkreise verdeutlichen, wie die Steuerung aufgrund von festgestellten Soll-Ist-Abweichungen, Feedback- Korrekturmaßnahmen erfolgt.

9.1 Strategisches Controlling

9.1.1 Grundlagen des Strategischen Controllings

Ein wesentlicher Teilbereich des strategischen Managements ist das strategische Controlling. Das strategische Controlling übt für das strategische Management zahlreiche, noch näher zu erläuternde Hilfsfunktionen aus.

Zunächst lässt sich „Strategisches Controlling" definieren als:

„Teilbereich des Controlling, der sich mit der Unterstützung des strategischen Managements befasst. Zu den Aufgaben zählen u. a. die Mitwirkung bei der Erstellung von Strategien, die kritische Kommentierung von Strategieentwürfen, das Zusammenfügen von Teilstrategien zu einer Gesamtstrategie und die strategische Kontrolle.“[504] Das strategische Controlling „beschreibt einerseits eine Denkhaltung und andererseits die Errichtung einer Infrastruktur (Institution, Systeme, Instrumente, formalisierter Prozess) zur Unterstützung des Prozesses zur Strategieplanung und -durchsetzung.“[505]

Aufgabengebiete des strategischen Controllings:

„Das Controlling hat eine bereichsübergreifende Funktion im Unternehmen, die die Steuerung des Unternehmens unterstützt. Es besteht eine grundsätzliche Unterscheidung in operatives Controlling und strategisches Controlling. Das operative Controlling konzentriert sich auf quantifizierte Größen als Grundlage für den Steuerungsprozess, während das strategische Controlling die qualitativen Faktoren in den Planungsprozess mit einbezieht. Das operative und das strategische Controlling können nicht streng voneinander getrennt werden, denn es besteht eine ständige Wechselwirkung zwischen diesen beiden Bereichen. Die operative Planung hängt sehr stark von der strategischen Planung ab. Umgekehrt liefern operative Überlegungen wichtige Impulse für die strategische Ausrichtung des Unternehmens.“[506]

Die Aufgabe des strategischen Controllings besteht in der nachhaltigen Existenzsicherung des Unternehmens.

„Dabei kann es aber nicht auf eine bestimmte Person, eine Abteilung oder einige Instrumente reduziert werden. Wichtig ist eine enge Vernetzung mit dem operativen Controlling. Nur so können die Auswirkungen strategischer Entscheidungen gezeigt und die Umsetzung strategischer Optionen sichergestellt werden.“[507]

Eine wesentliche Aufgabe des strategischen Controllings besteht in der Erkennung von Problemen und Zielabweichungen. Diese sind aufzuspüren, bevor sie sich in operativen Zahlen niederschlagen. Zu den wichtigsten Aufga-

---

[504] Vgl.: http://wirtschaftslexikon.gabler.de/Definition/strategisches-controlling.html – Stand: 17.11.2011.

[505] Vgl.: http://www.wirtschaftslexikon24.net/d/strategisches-controlling/strategisches -controlling.htm – Stand: 18.10.2011.

[506] Vgl.: http://www.controllingportal.de/Fachinfo/Grundlagen/strategische-Controllinginstrumente.html – Stand: 09.10.2011.

[507] Vgl.: http://www.wirtschaftslexikon24.net/d/strategisches-controlling/strategisches -controlling.htm – Stand: 18.10.2011.

bengebieten des strategischen Controllings gehören die strategische Planung und die strategische Kontrolle.[508]

Im Rahmen der strategischen Planung besteht die Aufgabe des Controllings in der Aufbereitung sämtlicher Daten sowie der Informationen in der Analysephase. Auf dieser Basis kann das Management strategische Optionen entwickeln. Aufgrund der Bewertung der strategischen Optionen ist die Auswahl der besten – im Idealfall der optimalen Option möglich.[509]

Das strategische Controlling übt im Rahmen der strategischen Kontrolle die folgenden zwei zentralen Aufgaben aus:

1. Aufgabe: Das strategische Controlling soll zur Umsetzung der strategischen Ziele beitragen. Werden Abweichungen festgestellt, so sind die entsprechenden Gegenmaßnahmen einzuleiten.[510]

2. Aufgabe: Es sind regelmäßig die Planungsgrundlagen und Prämissen der strategischen Planung bezüglich ihrer Gültigkeit zu überprüfen. Im Falle von eventuellen Veränderungen, durch welche eine Durchsetzung der Strategie unmöglich werden würde bzw. der Zweck der Strategie in Frage gestellt würde, sind die strategische Planung und damit auch die strategischen Ziele zu überarbeiten.[511]

Instrumente des strategischen Controllings:

Zur Durchführung des strategischen Controllings stehen zahlreiche geeignete Instrumente zur Verfügung. Für das strategische Controlling finden die nachfolgend aufgeführten Instrumente häufig Anwendung:[512]

---

[508] Vgl.: http://www.wirtschaftslexikon24.net/d/strategisches-controlling/strategisches-controlling.htm – Stand: 18.10.2011.

[509] Vgl.: http://www.wirtschaftslexikon24.net/d/strategisches-controlling/strategisches-controlling.htm – Stand: 18.10.2011.

[510] Vgl.: http://www.wirtschaftslexikon24.net/d/strategisches-controlling/strategisches-controlling.htm – Stand: 18.10.2011.

[511] Vgl.: http://www.wirtschaftslexikon24.net/d/strategisches-controlling/strategisches-controlling.htm – Stand: 18.10.2011.

[512] Ergänzte Auflistung. Vgl. auch: http://www.controllingportal.de/Fachinfo/Grundlagen/strategische-Controllinginstrumente.html – Stand: 09.10.2011. Und vgl.: http://www.wirtschaftslexikon24.net/d/strategisches-controlling/strategisches-controlling.htm – Stand: 18.10.2011.

- Strategische Planung (5+ mehr Jahre)
- Stärken- Schwächen-Analyse
- GAP-Analyse
- Szenarioanalyse
- Wettbewerbsanalyse
- Produktlebenszyklus-Analyse
- Vorteilsmatrix
- Produkt-Markt-Matrix
- Umfeldanalyse
- PEST-Analyse (Political, Economic, Strategic, Technical)
- Potenzielanalyse - SWOT-Analyse (Strengths, Weaknesses, Op portunities, Threats)
- -Grand-Strategy-Matrix
- -Diversifikationsmatrix
- -Risikomatrix
- -Portfolioanalyse
- Marktanteils- und Marktwachstums-Analyse (Vier-Felder-Matrix)
- Marktattraktivitäts- und Wettbewerbsstärken-Analyse (Neun-Felder-Matrix)
- Balanced Scorecard
- target costing
- Benchmarking
- Six Sigma

Strategisches Management / strategische Planung / strategische Kontrolle:

„Im Mittelpunkt steht die strategische Planung und Wahrnehmung sämtlicher Controllingfunktionen mit einer wirkungsvollen Unterstützung des strategischen Managements. Im Bereich der strategischen Planung „geht es um die zeitliche, personelle und sachliche Organisation des Planungsprozesses, um die Entwicklung, Bewertung und Auswahl von Instrumenten der Analyse der strategischen Situation und der Strategieerarbeitung (z.B. SOWT-Analyse, strategische Bilanz, Potentialanalyse, Portfolio-Konzepte)sowie um die Bereitstellung von Informationen für diese Prozesse. Im Bereich der strategischen Kontrolle hat das strategische Controlling ebenfalls den Prozeß zu gestalten und geeignete Instrumente zur begleitenden Kontrolle zur Verfügung zu stellen. Wichtig ist vor allem auch, die Verknüpfung der strategischen mit der operativen Planung sicherzustellen."[513]

9.1.2 Führungsinstrument Controlling

Außer der Zielfixierung und der Bestimmung der adäquaten Unternehmenspolitik kommt der Unternehmungsspitze die für einen reibungslosen Betriebsprozess erforderliche Überwachungsaufgabe zu. Während die Unternehmensleitung in kleineren Betrieben noch selbst danach schauen kann, ob „alles in Ordnung" ist, wird in größeren Betrieben die Überwachung weitgehend delegiert.

Grundsätzlich dient die Überwachung der Feststellung der Abweichungen von den geplanten Zielen mit der Konsequenz einer kybernetischen Unternehmenssteuerung, der Ertragssicherung aufgrund von Dauerprüfung der Wirtschaftlichkeit, der Vorbeugung vor drohenden Gefahren eines Vermögensverlustes. Durch das Aufzeigen von Rationalisierungsmöglichkeiten, das Ausschalten von organisatorischen Schwachstellen, sowie der Beseitigung von Fehlerquellen soll für einen rationellen Betriebsablauf gesorgt werden. Mittels der Dienstaufsicht soll eine Beurteilung der fachlichen Kenntnisse sowie der persönlichen Fähigkeiten hinsichtlich der Anerkennung und der Förderung von Mitarbeitern erzielt werden. Die traditionelle betriebliche Überwachung ist zu differenzieren in interne Revision und Kontrolle. Die interne Revision ist eine Überwachung sämtlicher, der Führungsspitze nachgeordneten Führungsbereiche. Sie wird durch Personen durchgeführt, welche von den nachgeordneten Stellen unabhängig sind. Diese Überwachung ist von der Unternehmensführung angeordnet, vom Arbeitsprozess losgelöst, berichtet und berät die Führung. Die Revision bezieht sich auf abgeschlossene Tatbestände, erfolgt also ex-post. Kennzeichnend für die Revision sind somit die Lösung vom laufenden Arbeitsprozess und der Tatbestand, dass die Person, welche die Revision ausübt, unabhängig vom Leiter der Revision ist, und zwar sowohl disziplinarisch als auch weisungsmäßig.

Demgegenüber unterscheidet sich die Kontrolle dadurch, dass sie sich auf eine in das System integrierte, zeitweilige oder ständige Überwachung des laufenden Arbeitsprozesses durch die für den Arbeitsbereich verantwortlichen beziehet oder von ihm abhängigen Mitarbeiter. Kennzeichnend für diese Ausführungskontrolle ist die Systemimmanenz, welche den Arbeitsprozess begleitet und die disziplinarische sowie weisungsmäßige Integration des entsprechenden Mitarbeiters im Arbeitsbereich. Diese Ausführungskontrolle kann in

---

[513] Vgl.: http://www.wirtschaftslexikon24.net/d/strategisches-controlling/strategisches
-controlling.htm – Stand: 18.10.2011.

eine technische Kontrolle wie bspw. eine Qualitätskontrolle und in eine kaufmännische Kontrolle unterteilt werden.

Abb. 37 Grundformen der betrieblichen Überwachung

Überwachung				
Interne Revision	Kontrolle			
	Technische Revision	Kaufmännische Kontrolle		
		Zwangsläufige Kontrolle	Organisatorische Kontrolle	Dispositive Kontrolle
		Sind im Arbeitsprozess integriert. Automatische Fehleranzeige. Bspw. Doppelte Buchführung, Gewährleistung der Gleichheit vermögens- und ertragsmäßiger Ergebnisse durch Buchung und Gegenbuchung. Programmierte Kontrolle, EDV-Überprüfung eingegebener Daten	Personelle Kontrolle 4-Augen-Prinzip: Die nachfolgenden Sachbearbeiter kontrollieren die Ergebnisse der Vorgänger. Bspw. Kassenprüfung, Rechnungsprüfung, Zahlungsanweisungen durch mehrere Personen.	Einfache Kontrolle durch Kontrollzeichen. Bspw. Nachweisbar gemachte Kontrolle durch Abhaken.

Die Kontrolle ist ein Führungsinstrument der Unternehmungsspitze. Durch den Vergleich von den geplanten mit den realisierten Werten erhalten die Unternehmensführungen die über die betriebliche Tätigkeit ermittelten Ergebnisse. Die Kontrolle in Form ständiger Routineüberwachungen ist in der obersten Hierarchieebene aktiv als Führungsinstrument im Einsatz. Sie wird als Glosbat-Unternehmenskontrolle i. d. R. als Soll-Ist-Vergleich zur Überwachung der

Unternehmensergebnisse verwendet, kann aber auch in Form von Perioden verglichen werden oder zwischenbetrieblichen Vergleichen der Überwachung der Unternehmensergebnisse dienlich sein.

Abb. 38 Der Controlling-Prozess – operative und strategische Erfolgs-Ergebnis-Kontrolle als Führungsinstrument im kybernetischen Regelkreis-Modell / AR-Modell

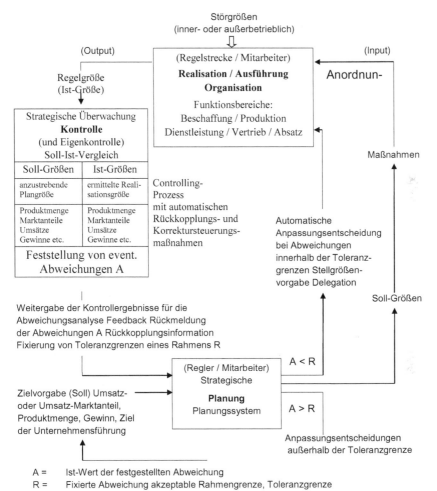

A = Ist-Wert der festgestellten Abweichung
R = Fixierte Abweichung akzeptable Rahmengrenze, Toleranzgrenze

Die operative und strategische Erfolgs-Ergebnis-Kontrolle lässt sich als Führungsinstrument des Top-Management im kybernetischen Regelkreis-Modell, was an dieser Stelle mit AR-Modell[514] bezeichnet werden soll, darstellen.

Das kybernetische AR-Regelkreis-Modell wird hiermit wie folgt konzipiert:

A   steht für Abweichungen,
     welche durch den Soll-Ist-Vergleich ermittelt wird

R   steht für die akzeptable Rahmengröße,
     innerhalb dessen die Abweichungen toleriert werden.

Das AR-Modell basiert auf der kybernetischen Rückkopplungs-Systemsteuerung, welche im Regelkreis der Abbildung dargestellt ist.

A   = Ist-Wert der festgestellten Abweichungen

R   = fixierte akzeptable Rahmengröße bzw. Toleranzgrenze

Die operative Ergebniskontrolle als Führungsinstrument des Top-Managements geht zunächst von den Unternehmenszielen aus, welche die Unternehmensführung vorgegeben hat. Sie sind die anzustrebenden Plan-Größen bzw. die Soll-Größen, welche sich in der Gesamtunternehmensplanung niederschlagen.

Die getroffenen unternehmerischen Entscheidungen, zeigen sich in Form von geplanten Produktionsmengen, Absatzmengen, Marktanteilen, Umsätzen, Gewinnen etc. als Soll-Vorgaben. Sie sind für die Aktivitäten, der Realisation der einzelnen Funktionsbereiche der Unternehmens-Organisation maßgeblich. Diese Soll-Größen der Planung sind als Stellgrößen Basis für Maßnahmen und Anordnungen an die Mitarbeiter. Der gesamte Prozess der innerbetrieblichen Allokation kann durch inner- und außerbetriebliche Störgrößen beeinträchtigt werden. Die Erfolgs-Ergebnis-Kontrolle basiert auf dem Vergleich der Zielvariablen nach Ablauf der jeweiligen Planperioden mit den ermittelten Realisationsgrößen. Dieser Soll-Ist-Vergleich dient der Feststellung von etwaigen Abweichungen A. Es kann die Einhaltung des Kurses ermittelt werden. Gibt es keine feststellbaren Abweichungen, so kann in der Folgeperiode je nach Gegebenheiten unverändert weiterproduziert werden, oder es müssen im Falle der Abweichung Maßnahmen bzw. Anpassungsentscheidungen getroffen

---

[514] An dieser Stelle wird der Begriff AR-Modell vorgestellt. AR-Modell bezieht sich auf die kybernetische Rückkopplungs-Systemsteuerung, welche auf dem Soll-Ist-Vergleich basiert. A steht für die Abweichungen, welche sich aus dem Soll-Ist-Vergleich ergeben. R steht für den Rahmen, innerhalb dessen die Abweichungen toleriert werden.

werden. Somit ist es nicht das primäre Ziel des Soll-Ist-Vergleichs lediglich Abweichungen festzustellen, sondern die Abweichungsanalyse. Es hängt davon ab, ob die Ursachen inner- oder außerbetrieblicher Art sind, ob sie beeinflusst werden können oder nicht. Nur detaillierte Analysen erbringen Informationen, welche für die Steuerung des Unternehmens relevant sind. Die Kontrollergebnisse dienen der Fundierung nachfolgender Entscheidungen. Aufgrund von Planabweichungen erfolgen Anpassungsentscheidungen, welche eine Kurskorrektur herbeiführen sollen.

Strategische Planung und strategische Kontrolle sind somit richtungweisende Führungsinstrumente der Unternehmensführung. Durch diese Interdependenzen sind unverzügliche Anpassungen an Abweichungen bzw. Veränderungen möglich. Im AR-Modell ist der Vergleich der festgestellten Abweichung mit der akzeptablen Rahmengröße R entscheidend für das Führungsverhalten.

Für den Fall: A < R

Wenn also der Ist-Wert der festgestellten Abweichung sich innerhalb des akzeptablen Rahmens, also innerhalb der Toleranzgrenze befindet, so kann eine automatische Anpassungsentscheidung delegiert erfolgen, ohne dass die Unternehmensführung erst informiert werden muss, was eine erhebliche Beschleunigung der Entscheidung bewirkt sowie die Motivation und die Leistung des entscheidungsbefugten Mitarbeiters erhöht. Die Unternehmensleitung wird entlastet und muss sich nicht mit Routineentscheidungen befassen.

Für den Fall: A > R

Wenn also die Abweichung außerhalb des Rahmens bzw. der Toleranzgrenze liegt, trifft die Unternehmensleitung die Anpassungsentscheidung selbst.

Sowohl die operative als auch die strategische Kontrolle dienen der frühzeitigen Erkennung und der Überwindung von Risiken wobei in diesem Zusammenhang vom Krisenmanagement gesprochen wird. Außerdem bewirkt aktives Lenken und Gestalten der unternehmensbezogenen Umwelt die rechtzeitige Wahrnehmung von Chancen, das sog. Chancen-Management.

Zur Realisierung der Unternehmensziele ist eine permanente Untersuchung und Überwachung der entwickelten Strategien erforderlich. Dazu dienen die strategische Durchführungskontrolle, sowie die strategische Prämissenkontrolle.[515]

---

[515] Vgl.: Steinmann, H. / Schreyögg, G.: Zur organisatorischen Umsetzung der strategischen Kontrolle. In: ZfbF, 1986, S. 747 ff

Eine Sammlung und Analyse von Informationen erfolgt durch die auf der Umsetzung der geplanten Strategien basierenden, strategischen Durchführungskontrolle. Hierbei wird die Realisation der Strategien durch Zwischenziele einer fortlaufenden Kontrolle unterzogen. Eine Kontrolle der Zwischenziele erfolgt bspw. durch diverse Indikatoren des Rechnungswesens:

- Cashflow

- ROI

- Umsatz

- Deckungsbeitrag

Dabei erfolgt die strategische Prämissenkontrolle durch die Überprüfung der Prämissen. Für die Durchführungs- und Prämissenkontrolle gilt der Oberbegriff der strategischen Überwachung, deren Aufgabe in der frühzeitigen Erkennung von Risiken, Abweichungen, Strukturveränderungen, also der Frühaufklärung liegt, wodurch Modifizierungen der Strategien ermöglicht werden. Eine frühzeitige Information des Managements für entsprechende Anpassungsreaktionen erfolgt über die GAP-Lückenanalyse. Durch die Gegenüberstellung der Entwicklung von Zielgrößen z. B. Umsatz, Gewinn, ROI, welche durch Extrapolation der Jahresplanung prognostiziert wurde und ohne Strategieänderung zu erwarten wäre, und den strategischen Zielen des Managements, wird die strategische Lücke ermittelt.

Abb. 39 GAP-Lückenanalyse als Grundlage frühzeitiger Anpassungsreaktionen des Managements

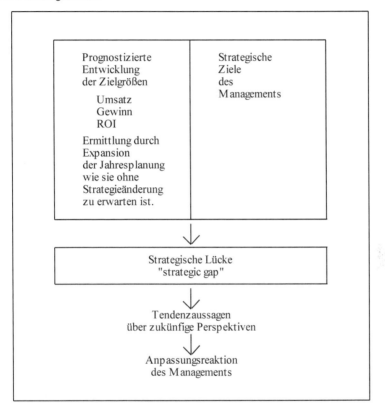

Dem Controlling als Führungsinstrument kommt mehr als die Kontrolle zu. Unter Controlling werden außer der Kontrolle auch Steuerungs- und Lenkungsimpulse subsumiert.[516] Das Controlling dient der verdichteten und bewerteten Versorgung der Unternehmungsspitze mit führungsrelevanten Informationen, welche zu einer optimalen Steuerung und Lenkung beitragen.

---

[516] Vgl.: Zilahi-Szabo, M. G.: Controlling in der betrieblichen Organisation. In: Fortschrittliche Betriebsführung und Industrial Engineering. 1973, S. 75 ff

Die Aufgaben des Controllings[517] liegen somit in der Planung, Überwachung, Kontrolle, Information zur Steuerung und Lenkung, Rechnungswesen sowie Steuerwesen.

Abb. 40 Controlling-Funktionen

Controlling-Funktionen				
Planung	Überwachung / Kontrolle Controlling	Information zur Steuerung und Lenkung	Rechnungs- wesen	Steuerwesen
Unterstützung der Erstellung Koordination, Realisation von Gesamt- plänen für Unternehmens- ziele u. -politik. Analyse von Teilpänen der Funktions- bereiche. Optimale Abstimmung eines Gesamtplanes.	Überwachung der Ziele / Pläne Ergebnis- kontrolle durch Vergleich von Soll-Vorgaben u. realisierten Ist-Werten Ermittlung der Abweichung A Abweichungs- analyse A < R A > R für optimale Steuerung. Automatische Rückkopplungs- u. Korrektur- maßnahmen Überwachung standartisierte Arbeitsprozesse u. interne Revision	Betriebliches internes Berichtswesen aggregierte Führungs- informationen für die Unter- nehmensspitze. Externe Berichts- erstattung Aktionäre, Gläubiger, Öffentlichkeit.	Ausbau des internen Rechnungs- wesens als Führungs- instrument "Management Accounting"	Regelung steuerlicher Angelegen- heiten.

Es wird zwischen zwei Formen des Controllings unterschieden. Während das vergangenheitsorientierte und dokumentierte Controlling durch die Bereitstellung historischer Zahlen des Rechnungswesens wie Kostenarten, Kostenstellen und Kostenträgerrechnung keine zukunftsorientierte Führungsinformation liefert, geht das zukunftsorientierte und instrumentale Controlling davon aus, dass es im Unternehmen ein Informationszentrum zu entwickeln hat, das zur Bereitstellung von Führungsinformationen zur Planung, Kontrolle und vor allem zur Steuerung der Unternehmung dient. Durch den permanenten Soll-Ist-Vergleich und die Abweichungsanalyse erfolgen automatische Rückkopplungs- und Korrekturmaßnahmen. Ein weiterer Aufgabenbereich eines zu-

---

[517] Vgl. auch: Hecker, J. B. / Willson, J. D.: Controllership. 2. Edition, New York, 1963, S. 13

kunftsorientierten Controllings liegt im Rechnungswesen, jedoch nicht auf der Dokumentation von abgeschlossenen Tatbeständen. Es werden durch das interne Rechnungswesen als Instrument betriebswirtschaftlich richtiger und zeitgerecht arbeitender Zahlen, Daten für die Unternehmenssteuerung genutzt. Die Teilkostenrechnung bzw. Deckungsbeitragsrechnung liefert durch die Bereitstellung spezifischer Deckungsbeiträge nach Produkten, Produktgruppen, Abnehmern, Absatzkanälen etc., neben Umsatzzahlen und Absatzmengenzahlen relevante Informationen als Führungs-mittel für das Management. Ferner sind auch Investitionsrechnung und Kostenkontrolle wichtige Aufgabenbereiche des Controllings zur Kontrolle der Arbeitsprozesse und Sicherung der Vermögenswerte. Das Controlling als Dienstleistungs- und Serviceleistung bedarf der Fähigkeit und der Motivation des Aufgabenträgers. Dies ist für die Akzeptanz der Informationen und der Lösungsalternativen durch die Führungs- und leitenden Stellen erforderlich. Diese Motivationsfunktion ist auch in der Ausführungsebene relevant. Ein effektives Controlling kann nicht auf permanenter Fremdkontrolle basieren. Der Mitarbeiter sollte in allen Entscheidungen vom Controller zu kontinuierlicher Selbstkontrolle bzw. Eigenkontrolle angehalten werden, so dass eine vorurteilsfreie Identifikation des Mitarbeiters mit diesem Führungsinstrument erfolgt.

Das operative wie das strategische Controlling unterstützt das Top-Management hinsichtlich der Realisierung der Führungsaufgaben, wobei das operative Controlling die entscheidungsrelevanten Daten aus dem Finanz- und Rechnungswesen bezieht und somit die kurz- und mittelfristige liquiditäts- und ergebnisorientierte Steuerung unterstützt. Hingegen unterstützt das strategische Controlling das Management hinsichtlich der langfristigen Existenzsicherung und ist somit ein entscheidendes Führungsinstrument. Ergänzt wird das Controlling durch die interne Revision. Als delegierte Überwachungsfunktion obliegt der internen Revision die formelle wie materielle Ordnungsmäßigkeitsprüfung im Finanz- und Rechnungswesen. Die interne Revision untersucht an-verwandte Techniken und Verfahren auf deren Zweckmäßigkeit und entwickelt Verbesserungsmöglichkeiten. Außerdem fallen weitere Aufgabenbereiche[518] unter das Instrument der internen Revision. Rentabilitäts- und Wirtschaftlichkeitsanalysen, Rationalisierungsanalysen, interne Organisationsberatung, Unternehmensbewertung, Unternehmensplanung sowie Statistik.

---

[518] Ergebnisse einer Untersuchung des „Deutschen Instituts für Interne Revision". Vgl.: Deutsches Institut für Interne Revision e.V.: Die Interne Revision in der BRD. In: Zeitschrift für Interne Revision. 1974/3, S. 125, 139, 140 und 1983, S. 37-40

Zusammenfassend lassen sich die Voraussetzungen für eine funktionsfähige interne Revision ableiten. Es bedarf ihrer Abhängigkeit von den Funktionsbereichen, sie ist in der Organisation hoch anzusiedeln, für ein hohes Ansehen zu sorgen, sie sollte ein uneingeschränktes Informationsrecht haben, sämtliche Abteilungen sollten über Veränderungen und Vorfälle unverzüglich informiert werden.

9.1.3 Balanced Scorecard

Die Balanced Scorecard ist ein zentrales Steuerungsinstrument für die Entwicklung und Umsetzung von Unternehmensstrategien.

Um die Unternehmensstrategien zum Leben zu erwecken und erfolgreich umzusetzen und sämtliche Abteilungen des Unternehmens strategiekonform zu steuern ist die Balanced Scorecard ein äußerst hilfreiches Instrument.

In der Praxis scheitern etwa 70 % aller Unternehmensstrategien an der Umsetzung. Zwar möchten die Manager genau Kenntnisse darüber, welche Erfolge das Unternehmen tatsächlich in die Tat umsetzt bzw. welche nicht. Jedoch zeigt sich, dass sie in den wenigsten Fällen ein realistisches Bild darüber erhalten. Meist fehlt ihnen hierzu ein erforderliches Instrumentarium. Die verwendeten diversen Leistungsmaßstäbe sind häufig nicht gegenseitig oder auf die Geschäftspolitik abgestimmt. Auf diese Weise bleiben oft die Erkenntnisse fragmentartig. Sie können sogar zu Fehlentscheidungen führen.[519]

Balanced Scorecard stellt ein wertvolles Steuerungsinstrument dar:

„Die Balanced Scorecard als praxiserprobtes Steuerungsinstrument zur Entwicklung und konsequenten Umsetzung von Unternehmensstrategien."[520]

---

[519] Vgl.: Fasch, Axel: Führungs-Scorecard. Vom 08.10.2007.
http://www.mcg-fasch.de/blog/?tag=unternehmenssteuerung – Stand: 18.10.2011.
[520] Fasch, Axel: Führungs-Scorecard. Vom 08.10.2007.
http://www.mcg-fasch.de/blog/?tag=unternehmenssteuerung – Stand: 18.10.2011.

Abb. 41 Balanced Scorecard im strategischen Controllingprozess[521]

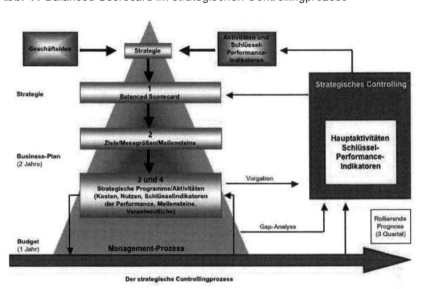

Der strategische Controllingprozess

Mit der Führungs-Scorecard lassen sich Ziele erfolgreicher kommunizieren-und Mitarbeiter motivieren. „Die Führungs-Scorecard stellt eine spezielle Variante der Balanced Scorecard dar. Die für den speziellen Zweck der Mitarbeiterführung entwickelte Führungs-Scorecard erlaubt es, strategische Ziele direkt im betrieblichen Alltag wirksam zu machen."[522]

[521] Quelle: Fasch, Axel: Führungs-Scorecard. Vom 08.10.2007.
http://www.mcg-fasch.de/blog/?tag=unternehmenssteuerung – Stand: 18.10.2011.
[522] Vgl.: Fasch, Axel: Führungs-Scorecard. Vom 08.10.2007.
http://www.mcg-fasch.de/blog/?tag=unternehmenssteuerung – Stand: 18.10.2011.

Abb. 42 Führungs-Scorecard[523]

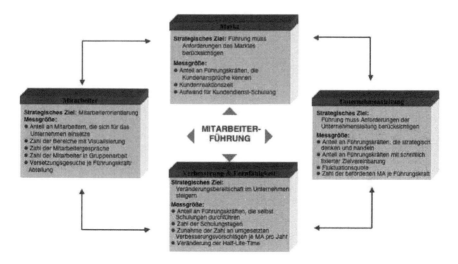

9.2 Unternehmensvision und Performance Pyramid / Erfolgspyramide

9.2.1 Performance Measurement

Die Leistungsfähigkeit von Unternehmen, deren Steuerung und Messung wird immer bedeutender. Die Globalisierungseffekte, der härtere Wettbewerb, verkürzte Produktlebenszyklen, eine größere Produktkomplexität sowie weitere Veränderungen des Umfeldes und sonstige Einflussfaktoren führen zu einem turbulenten Umfeld, in welchem eine permanente Steuerung und Überwachung der Performance erforderlich wird. Die Unternehmen sind dazu gezwungen, die Performance sämtlicher Leistungsebenen ständig zu steuern und zu überwachen. Auf diese Weise wird es möglich, bei aufgedeckten Diskrepanzen zwischen dem Zielerreichungsgrad und der Zielsetzung, möglichst frühzeitig bzw. zumindest noch rechtzeitig optimale Lenkungs- und Steuerungsmaßnahmen einzuleiten.[524]

---

[523] Quelle: Fasch, Axel: Führungs-Scorecard. Vom 08.10.2007.
http://www.mcg-fasch.de/blog/?tag=unternehmenssteuerung – Stand: 18.10.2011.

[524] Vgl.: Zilahi-Szabo, M. G.: Controlling in der betrieblichen Organisation. In: Fortschrittliche Betriebsführung und Industrial Engineering. 1973, S. 75 ff

In der Betriebswirtschaftslehre bildet die objektive Messung von Leistungser-gebnissen ein Problembereich. So zeigt sich die traditionelle Leistungsmes-sung gekennzeichnet durch die starke Orientierung an finanzwirtschaftlichen Zielgrößen, bspw. Umsatz, Gewinn oder RoI. Es ist zwar i. d. R. möglich, die genannten Größen zu messen. In der Praxis erfolgt jedoch eine Verzerrung der faktisch erbrachten Leistung aufgrund einer meist einseitig durchgeführten Betrachtungsweise. Als Konsequenz besteht das Risiko, dass es zu Fehlsteu-erungen kommt. Die Unternehmensleistung ist deshalb von verschiedenen Perspektiven aus zu bewerten. Vor diesem Hintergrund entwickelte sich das Performance Measurement.

Performance Measurement ist in den 1990er Jahren entwickelt worden. Mithil-fe des Performance Measurement lässt sich unter Verwendung von verschie-denen Kennzahlen die Leistungsfähigkeit von Unternehmen sowie und deren Abteilungen messen. Dazu „werden nicht nur herkömmliche Entscheidungs-größen gewählt. Vielmehr kommt es bei diesem System auch auf die weichen Faktoren, wie z. B. Kunden- und Mitarbeiterzufriedenheit, an. Neben diesen zählen Kriterien wie die verursachten Kosten, Zeiten, Qualität sowie Anzahl der Neukunden einer Unternehmung. Sie dienen der Beurteilung von Effektivi-tät und Effizienz des Betriebes. Die Leistungsbeurteilung steht hierbei im Mit-telpunkt der strategischen Planung."[525] [526] Performance Measurement inte-griert nicht-monetäre Einflussgrößen. So z. B. die Qualität und Kundenzufriedenheit. Auf diese Weise wird die traditionelle Leistungsbeurtei-lung von Unternehmen, welche sich ausschließlich an rein finanziellen Kenn-zahlen orientierte, ergänzt. Das Performance Measurement zeichnet sich von der klassischen Leistungsmessung ab durch:

- Mehrdimensionalität: Es werden monetäre und auch nicht- monetäre Größen berücksichtigt,

- Operative und Strategische Aspekte der Messung und Steuerung des Unternehmenserfolgs: Es fließen operative und Strategische Aspekte in die Messung und Steuerung des Unternehmenserfolgs (zukunftsorien-tiert wie simultan) mit ein. Kosten, Zeit, Qualität, Output[527] werden be-rücksichtigt.

---

[525] http://www.controllingportal.de/Fachinfo/Konzepte/Performance-Measurement.html – Stand: 25.03.2012.

[526] Vgl.: Horváth & Partners (Hrsg.): Balanced Scorecard umsetzen, Schäffer-Poeschel, 2007, S. 428.

[527] Vgl. Hecker, J. B. / Willson, J. D.: Controllership. 2. Edition, New York, 1963, S. 13 ff.

Der Zweck des Performance Measurement besteht in der verbesserten Umsetzung von Unternehmensstrategien. Die Leistungsplanung und -steuerung[528] soll effektiver gestaltet werden. Ferner soll eine Leistungsverbesserung angestrebt werden. Gleichzeitig sollen Defizite der traditionellen strategischen Steuerung mittels integrierter Systeme ausgeglichen werden. Die Systeme sollen sich den Umweltänderungen anpassen und zur kontinuierlichen Verbesserung der Unternehmensabläufe beitragen.[529] Als die wohl bedeutendsten Performance Measurement Systeme sind zu nennen:[530]

- Balanced Scorecard

- EFQM-Modell,

- Tableau de Bord,

- Performance Pyramide.

Mit der Anwendung des Performance Measurement erfolgt eine Verknüpfung des strategischen mit dem operativen Management. Zudem fallen auch nicht-monetäre Kriterien in die Leistungsbeurteilung des Unternehmens mit ein. Dadurch werden die Leistungsbeurteilungen aussagekräftiger wie auch verlässlicher.[531]

9.2.2 Performance Pyramid

Durch Lynch und Cross[532] wurde im Jahr 1991 der Ansatz der Performance Pyramid vorgestellt.[533] Der Ansatz entstand etwa zur gleichen Zeit wie die Balance Scorecard. Jedoch konnte sich die Balance Scorecard in den Folgejahren in der Managementpraxis stärker durchsetzen. Bei der Performance Pyramid handelt es sich um ein hierarchisch orientiertes Performance-Measurement-System, welches der Leistungsmessung und Unternehmens-

---

[528] Vgl. Hecker, J. B. / Willson, J. D.: Controllership. 2. Edition, New York, 1963, S. 13 ff.

[529] Vgl.: http://www.controllingportal.de/Fachinfo/Konzepte/Performance-Measurement.html – Stand: 25.03.2012.

[530] Vgl.: http://www.controllingportal.de/Fachinfo/Konzepte/Performance-Measurement.html – Stand: 25.03.2012.

[531] Vgl.: http://www.controllingportal.de/Fachinfo/Konzepte/Performance-Measurement.html – Stand: 25.03.2012.

[532] Lynch, Richard L. / Cross, Kelvin F.: Measure up!: Yardsticks for continuous improvement. Blackwell Business. Cambridge, Mass., USA, 1991.

[533] Vgl.: Lynch, Richard L. / Cross, Kelvin F.: Measure up!: Yardsticks for continuous improvement. Blackwell Business. Cambridge, Mass., USA, 1991.

steuerung dient.[534] [535] „Die Performance Pyramide basiert auf einem kunden-orientierten Ansatz, der mit einer Mischung aus finanziellen und nicht-finanziellen Kernkennzahlen die Strategieorientierung eines Unternehmens und seiner Einheiten messbar macht. Ergänzt wird dieser Ansatz durch eine gegenläufige Unternehmenskommunikation, in der die Unternehmensvision über alle Ebenen kommuniziert wird."[536] [537] Durch die nachfolgende Darstellung werden die Zusammenhänge von Unternehmensvision, und der Performance Pyramid[538] verdeutlicht.

Abb. 43 Unternehmensvision und Performance Pyramid / Erfolgspyramide[539] von Lynch und Cross [540]

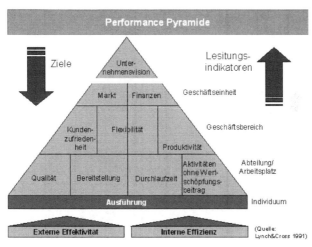

---

[534] Vgl.: Lynch, Richard L. / Cross, Kelvin F.: Measure up!: Yardsticks for continuous im-provement. Blackwell Business. Cambridge, Mass., USA, 1991.

[535] Vgl.: http://www.scribd.com/doc/60087426/17/PERFORMANCE-PYRAMID-LYNCH-AND-CROSS-1991 - Stand: 20.03.2012.

[536] http://www.teialehrbuch.de/Kostenlose-Kurse/Unternehmensfuehrung/23099-Erfolgspyramide.html – Stand: 28.03.2012.

[537] Vgl.: Lynch, Richard L. / Cross, Kelvin F.: Measure up!: Yardsticks for continuous im-provement. Blackwell Business. Cambridge, Mass., USA, 1991.

[538] Vgl.: Lynch, Richard L. / Cross, Kelvin F.: Measure up!: Yardsticks for continuous im-provement. Blackwell Business. Cambridge, Mass., USA, 1991.

[539] Bildquelle: http://www.teialehrbuch.de/Kostenlose-Kurse/Unternehmensfuehrung/23099-Erfolgspyramide.html – Stand: 28.03.2012.

[540] Ursprungsquelle: Lynch, Richard L. / Cross, Kelvin F.: Measure up!: Yardsticks for contin-uous improvement. Blackwell Business. Cambridge, Mass., USA, 1991.

Im Ansatz der Performance Pyramide von Lynch und Cross[541] erfolgt eine Differenzierung zwischen den externen Informationen, welche sich auf der linken Seite der Pyramide befinden und den internen Informationen, welche auf der rechten Seite der Pyramide aufgeführt sind.[542] [543]

1. „An der Unternehmensspitze wird primär die Strategieumsetzung verfolgt.

2. Auf der Ebene der Geschäftsbereiche stehen finanzielle und Marktaspekte im Vordergrund. Innerhalb der Geschäftsbereiche werden die Aspekte Kundenzufriedenheit, Flexibilität, Innovation und Produktivität betont.

3. Auf der Arbeitsplatzebene werden Einzelelemente wie Qualität und Einhaltung des Liefertermins sowie intern orientierte Faktoren wie Durchlaufzeit und Ausschussquote verfolgt."[544] [545]

Entsprechend des Ansatzes der Performance Pyramide von Lynch und Cross[546] werden „die strategischen Ziele von der Unternehmensleitung bis auf die Mitarbeiterebene heruntergebrochen. Die Leistungsindikatoren werden umgekehrt transportiert."[547]

Durch den Ansatz der Performance Pyramide von Lynch und Cross[548] erfolgt eine Abbildung des Unternehmens durch die drei folgenden Perspektiven:[549] [550]

---

[541] Vgl.: Lynch, Richard L. / Cross, Kelvin F.: Measure up!: Yardsticks for continuous improvement. Blackwell Business. Cambridge, Mass., USA, 1991.

[542] Vgl.: Lynch, Richard L. / Cross, Kelvin F.: Measure up!: Yardsticks for continuous improvement. Blackwell Business. Cambridge, Mass., USA, 1991.

[543] Vgl. : http://www.scribd.com/doc/60087426/17/PERFORMANCE-PYRAMID-LYNCH-AND-CROSS-1991 - Stand: 20.03.2012.

[544] http://www.teialehrbuch.de/Kostenlose-Kurse/Unternehmensfuehrung/23099-Erfolgspyramide.html – Stand: 28.03.2012.

[545] Vgl.: Lynch, Richard L. / Cross, Kelvin F.: Measure up!: Yardsticks for continuous improvement. Blackwell Business. Cambridge, Mass., USA, 1991.

[546] Vgl.: Lynch, Richard L. / Cross, Kelvin F.: Measure up!: Yardsticks for continuous improvement. Blackwell Business. Cambridge, Mass., USA, 1991.

[547] http://www.teialehrbuch.de/Kostenlose-Kurse/Unternehmensfuehrung/23099-Erfolgspyramide.html – Stand : 28.03.2012.

[548] Vgl.: Lynch, Richard L. / Cross, Kelvin F.: Measure up!: Yardsticks for continuous improvement. Blackwell Business. Cambridge, Mass., USA, 1991.

[549] Vgl.: Lynch, Richard L. / Cross, Kelvin F.: Measure up!: Yardsticks for continuous improvement. Blackwell Business. Cambridge, Mass., USA, 1991.

- Kunden,

- Kapitaleigner,

- Mitarbeiter.

In der Performance Pyramide[551] sind die Marktanforderungen der Kunden wie auch die finanziellen Erwartungen der Kapitaleigner von besonderer Bedeutung.[552]

Lynch und Cross erweiterten ihre Performance Pyramid zusätzlich mit vier Regelkreisen, sog. Performance Loops. Diese verdeutlichen die Anpassung an geänderte Umfeldbedingungen.[553]

Der Regelkreis, welcher sich im obersten Bereich der Pyramide befindet, ist im Unterschied zu den anderen, weiter unten befindlichen Regelkreisen nicht mit der Abteilungsebene interagiert. Durch diesen Regelkreis erfolgt ein Abgleich der Unternehmensvision mit der Implementierung der Unternehmensstrategie.[554]

Die einzelnen Regelkreise erlauben dem Unternehmen die eingeschlagene Strategie mit den Prozessen auf den einzelnen Hierarchieebenen zu verknüpfen sowie diese in verschiedenen Planungszyklen der Geschäftsstufe zu realisieren.[555]

---

[550] Vgl. : http://www.scribd.com/doc/60087426/17/PERFORMANCE-PYRAMID-LYNCH-AND-CROSS-1991 - Stand: 20.03.2012.

[551] Vgl.: Lynch, Richard L. / Cross, Kelvin F.: Measure up!: Yardsticks for continuous improvement. Blackwell Business. Cambridge, Mass., USA, 1991.

[552] http://www.teialehrbuch.de/Kostenlose-Kurse/Unternehmensfuehrung/23099-Erfolgspyramide.html – Stand : 28.03.2012.

[553] Vgl.: Lynch, Richard L. / Cross, Kelvin F.: Measure up!: Yardsticks for continuous improvement. Blackwell Business. Cambridge, Mass., USA, 1991.

[554] Vgl.: Lynch, Richard L. / Cross, Kelvin F.: Measure up!: Yardsticks for continuous improvement. Blackwell Business. Cambridge, Mass., USA, 1991.

[555] Vgl.: Lynch, Richard L. / Cross, Kelvin F.: Measure up!: Yardsticks for continuous improvement. Blackwell Business. Cambridge, Mass., USA, 1991.

9.3 Steuerung der Unternehmensleistung (Controllingprozess: Unternehmensvision Strategiefindung und Zielsetzung im kybernetischen Regelkreis)

9.3.1 Überprüfung und Messung der Unternehmensleistung

Durch verschiedene Instrumente zur Steuerung der Leistung bzw. Controllinginstrumente[556] wird den Unternehmen eine Sicht „nach vorne" ermöglicht.[557]

Die Unternehmen beschäftigen sich typischerweise sich mit den folgenden exemplarischen Fragestellungen:

„Welche Chancen haben wir in Zukunft? Mit welchen Risiken müssen wir rechnen? Wo haben wir in der Vergangenheit Energien verschwendet und wo wurde unser Energieeinsatz in der Vergangenheit beim geringsten Aufwand mit den größten Erfolgen belohnt?"[558]

Die Führungskräfte können solche Fragen mit den Mitarbeitern diskutieren, Antworten, Lösungsmöglichkeiten und Wege für eine erfolgreiche Umsetzung finden. Dadurch kann auch die Motivation im Team wesentlich verbessert werden.[559] Zur Überprüfung der Zielerfüllung in der Zukunft und zur Steuerung können verschiedene Controllingsysteme zum Einsatz kommen.[560]

9.3.2 Unternehmensvision Strategiefindung und Zielsetzung

9.3.2.1 Grundmodell – kybernetisches Regelkreismodell

Für die Steuerung bzw. das Controlling[561] der Leistungsfähigkeit eines Unternehmens[562] ist es erforderlich, Antworten auf die folgende Fragestellung zu finden:

---

[556] Vgl.: Zilahi-Szabo, M. G.: Controlling in der betrieblichen Organisation. In: Fortschrittliche Betriebsführung und Industrial Engineering. 1973, S. 75 ff

[557] Vgl. Hecker, J. B. / Willson, J. D.: Controllership. 2. Edition, New York, 1963, S. 13 ff.

[558] http://www.abrechnung-zahntechnik.de/expertenwissen/labormanagement/qualitaetsmanagement/unternehmensleistung-steigern/ein-steuerungsinstrument-fuer-die-unternehmensleistung.html - Stand: 22.03.2012.

[559] Vgl.: http://www.abrechnung-zahntechnik.de/expertenwissen/labormanagement/qualitaetsmanagement/unternehmensleistung-steigern/ein-steuerungsinstrument-fuer-die-unternehmensleistung.html - Stand: 22.03.2012.

[560] Vgl.: Zilahi-Szabo, M. G.: Controlling in der betrieblichen Organisation. In: Fortschrittliche Betriebsführung und Industrial Engineering. 1973, S. 75 ff

[561] Vgl.: Zilahi-Szabo, M. G.: Controlling in der betrieblichen Organisation. In: Fortschrittliche Betriebsführung und Industrial Engineering. 1973, S. 75 ff

„Wo könnte das Unternehmen in Zukunft stehen?"[563]

Im Anschluss kann dieses „Bild" präzisiert werden. Es ist zu thematisieren bzw. zu klären, worin der wesentliche „Auftrag" des Unternehmens besteht und unter Einsatz welcher Mittel der „Auftrag" seitens des Unternehmens erfüllt werden kann oder soll. Für die Vorgehensweise des Festlegens der strategischen Ausrichtung und Zielsetzung ist ein Vorgehen in verschiedenen Prozessstufen empfohlen.[564]

Abb. 44 Unternehmensvision Strategiefindung und Zielsetzung im Regelkreis[565]

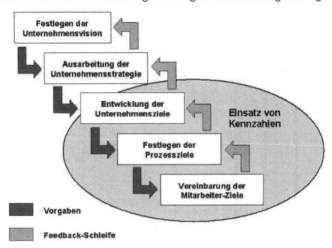

Im Prozessverlauf kann so von einer Stufe zur nächsten unter entsprechenden Vorgaben der Handlungsrahmen für die Umsetzung zunehmend detaillierter beschrieben werden. Durch diesen Stufenverlauf wird es möglich, auf der letz-

---

[562] Vgl. Hecker, J. B. / Willson, J. D.: Controllership. 2. Edition, New York, 1963, S. 13 ff.

[563] http://www.abrechnung-zahntechnik.de/expertenwissen/labormanagement/qualitaets management/unternehmensleistung-steigern/ein-steuerungsinstrument-fuer-die-unterneh mensleistung.html - Stand: 22.03.2012.

[564] Vgl.: http://www.abrechnung-zahntechnik.de/expertenwissen/labormanagement/qualitaets management/unternehmensleistung-steigern/ein-steuerungsinstrument-fuer-die-unterneh mensleistung.html - Stand: 22.03.2012.

[565] Quelle: http://www.abrechnung-zahntechnik.de/expertenwissen/labormanagement/ qualitaetsmanagement/unternehmensleistung-steigern/ein-steuerungsinstrument-fuer-die-unternehmensleistung.html - Stand: 22.03.2012.

ten Stufe mit jedem Mitarbeiter eine Vereinbarung über seinen Leistungsbeitrag zu den übergeordneten Unternehmenszielen zu treffen.[566]

Es gilt, dass je konkreter die Zielsetzung, umso notwendiger der Einsatz von Kennzahlen bzw. der Controllingeinsatz[567] wird.[568] Auf der Grundlage dieser Ergebnisse können Leistungen messbar und dadurch überprüfbar werden. Auf dieser Basis wird es möglich, dass Abweichungen zu vorgegebenen Zielen (Soll-Ist-Abweichungen) erkannt werden.[569] Diese aufgedeckten Abweichungen erlauben dann die Durchführung von Maßnahmen für Verbesserungen bzw. die Einleitung von erforderlichen Anpassungen (Anpassungsreaktionen).[570] [571] [572]

„Die Bewertungen der Ergebnisse bzw. der Zielerreichung einer Stufe führen dazu, dass die Zielsetzung der vorhergehenden Stufe wieder neu eingestellt wird. So entsteht ein Regelkreis zur Steuerung Ihrer Unternehmensleistung, der den Gesetzmäßigkeiten der bekannten Phasen der Planung, Messung und Lenkung unterliegt."[573]

9.3.2.2 Unternehmensvision festlegen

Am Beginn des geplanten unternehmerischen Handelns steht die Vision. Sie ist ein gedankliches Bild davon, wie sich die Zukunft gestalten könnte. Ist die Vision entwickelt, so lässt sich aus dieser ein – wenn auch noch sehr vages Bild, strategische Ziele und Handlungsziele ableiten.

---

[566] Vgl.: http://www.abrechnung-zahntechnik.de/expertenwissen/labormanagement/qualitaets
management/unternehmensleistung-steigern/ein-steuerungsinstrument-fuer-die-unterneh
mensleistung.html - Stand: 22.03.2012.

[567] Vgl.: Zilahi-Szabo, M. G.: Controlling in der betrieblichen Organisation. In:
Fortschrittliche Betriebsführung und Industrial Engineering. 1973, S. 75 ff

[568] Vgl. Hecker, J. B. / Willson, J. D.: Controllership. 2. Edition, New York, 1963, S. 13 ff.

[569] Vgl.: Steinmann, H. / Schreyögg, G.: Zur organisatorischen Umsetzung der strategischen
Kontrolle. In: ZfbF, 1986, S. 747 ff

[570] Vgl.: http://www.abrechnung-zahntechnik.de/expertenwissen/labormanagement/qualitaets
management/unternehmensleistung-steigern/ein-steuerungsinstrument-fuer-die-unterneh
mensleistung.html - Stand: 22.03.2012.

[571] Vgl.: Zilahi-Szabo, M. G.: Controlling in der betrieblichen Organisation. In:
Fortschrittliche Betriebsführung und Industrial Engineering. 1973, S. 75 ff.

[572] Vgl. Hecker, J. B. / Willson, J. D.: Controllership. 2. Edition, New York, 1963, S. 13 ff.

[573] http://www.abrechnung-zahntechnik.de/expertenwissen/labormanagement/qualitaets
management/unternehmensleistung-steigern/ein-steuerungsinstrument-fuer-die-unterneh
mensleistung.html - Stand: 22.03.2012.

9.3.2.3 Unternehmensstrategie ausarbeiten

Damit die Vision auch realisiert werden kann, sind Strategien zu entwickeln und zu verfolgen. Hierdurch kann die Ausrichtung bzw. der Auftrag des Unternehmens festgelegt werden. Zudem lässt sie sich in der Unternehmenspolitik dokumentieren. In der Praxis zeigt sich, dass die Strategie bei einigen Unternehmen nicht bekannt ist oder dass sie nicht gemeinsam entwickelt wurde. Aus diesem Grund empfiehlt sich zuerst eine entsprechende Kommunikation der gemeinsamen Strategiefindung.[574]

Zu diesem Zweck können sich die nachfolgenden Fragestellungen als hilfreich erweisen:

„Wie sollen wir gegenüber unseren Kunden auftreten, um finanziellen Erfolg zu erzielen? In welchen Geschäftsprozessen müssen wir die Besten sein, um unsere Kunden zufrieden zu stellen? Wie können wir unsere Veränderungs- und Wachstumspotenziale fördern? Wie stellen wir die erforderlichen Mittel sicher?"[575]

Für den Strategiefindungsprozess ist eine klare Einschätzung der externen und internen Situation des Unternehmens erforderlich. Hierzu sind sowohl Bedrohungen wie auch Chancen in der Umgebung bzw. des Umfeldes wahrzunehmen. Die Stärken und Schwächen der Organisation sind gleichermaßen zu erkennen.[576] Es sollen die Schlüsselfunktionen für den Erfolg identifiziert werden.[577] Das Unternehmen sollte sich auch mit der Thematik befassen, ob und inwieweit soziale Verantwortung übernommen werden kann oder soll. Es ist zu klären, wie diese Verantwortung mit Unternehmenswerten vereinbart werden kann.[578]

Mit dem Strategiediskussionsprozess, soll eine möglichst hohe Akzeptanz der am Prozess beteiligten Personen erreicht werden. Die Strategien stellen den

---

[574] Vgl.: http://www.abrechnung-zahntechnik.de/expertenwissen/labormanagement/qualitaets management/unternehmensleistung-steigern/ein-steuerungsinstrument-fuer-die-unternehmensleistung.html - Stand: 22.03.2012.

[575] http://www.abrechnung-zahntechnik.de/expertenwissen/labormanagement/qualitaets management/unternehmensleistung-steigern/ein-steuerungsinstrument-fuer-die-unternehmensleistung.html - Stand: 22.03.2012.

[576] Vgl. Hecker, J. B. / Willson, J. D.: Controllership. 2. Edition, New York, 1963, S. 13 ff.

[577] Vgl.: Zilahi-Szabo, M. G.: Controlling in der betrieblichen Organisation. In: Fortschrittliche Betriebsführung und Industrial Engineering. 1973, S. 75 ff

[578] Vgl.: http://www.abrechnung-zahntechnik.de/expertenwissen/labormanagement/qualitaets management/unternehmensleistung-steigern/ein-steuerungsinstrument-fuer-die-unternehmensleistung.html - Stand: 22.03.2012.

Handlungsrahmen dar, in welchem die Mitarbeiter den Sinn und Zweck Ihrer Leistung im Unternehmen erkennen. Sie können so den Konsens einer gemeinsamen Arbeit begreifen. „Wer den Sinn seiner Arbeit nicht kennt, kann nicht motiviert sein!"[579]

9.3.2.4 Unternehmensziele entwickeln und steuern mit der Balanced Scorecard

Die Unternehmensstrategie bildet die Basis für konkrete Zielsetzungen von der Unternehmensebene bis zu den einzelnen Mitarbeitern. Damit ermittelt werden kann, inwieweit die Vision tatsächlich verwirklicht wird und sich das Unternehmen somit auf dem richtigen Kurs befindet, sind die Zielsetzungen konsequent bezüglich ihrer Erfüllung zu überprüfen.[580] Werden im Verlauf des Controllingprozesses[581] Abweichungen festgestellt, ist es möglich, Korrekturmaßnahmen[582] einzuleiten.[583] Zur Festlegung der Unternehmensziele sind die folgenden Voraussetzungen zu erfüllen:[584]

- Die Definition von Leistungsbereichen, in welchen Ziele gesetzt werden

- Die Identifizierung von Kennzahlen, welche die Sicherstellung der Messbarkeit der Leistungsergebnisse ermöglichen.

Faktisch lässt sich nur das überprüfen, was gemessen werden kann. Dies ist zugleich die Basis dafür, Korrekturen und Verbesserungen durchzuführen.[585] Durch die vom Unternehmen zur Leistungsmessung eingesetzten Maßstäbe

---

[579] http://www.abrechnung-zahntechnik.de/expertenwissen/labormanagement/qualitaets management/unternehmensleistung-steigern/ein-steuerungsinstrument-fuer-die-unterneh mensleistung.html - Stand: 22.03.2012.

[580] Vgl.: Steinmann, H. / Schreyögg, G.: Zur organisatorischen Umsetzung der strategischen Kontrolle. In: ZfbF, 1986, S. 747 ff

[581] Vgl.: Zilahi-Szabo, M. G.: Controlling in der betrieblichen Organisation. In: Fortschrittliche Betriebsführung und Industrial Engineering. 1973, S. 75 ff.

[582] Vgl. Hecker, J. B. / Willson, J. D.: Controllership. 2. Edition, New York, 1963, S. 13 ff.

[583] Vgl.: http://www.abrechnung-zahntechnik.de/expertenwissen/labormanagement/qualitaets management/unternehmensleistung-steigern/ein-steuerungsinstrument-fuer-die-unternehmensleistung.html - Stand: 22.03.2012.

[584] Vgl.: http://www.abrechnung-zahntechnik.de/expertenwissen/labormanagement/qualitaets management/unternehmensleistung-steigern/ein-steuerungsinstrument-fuer-die-unternehmensleistung.html - Stand: 22.03.2012.

[585] Vgl.: Zilahi-Szabo, M. G.: Controlling in der betrieblichen Organisation. In: Fortschrittliche Betriebsführung und Industrial Engineering. 1973, S. 75 ff.

wird auch das Verhalten der Führungskräfte und der Mitarbeiter wesentlich beeinflusst.[586]

„Im frühen Industriezeitalter erfüllte allein die Beschränkung der Unternehmensziele auf den finanziellen Bereich ihren Zweck. In den Märkten von heute verlangt der Wettbewerb jedoch sehr schnelles Handeln, Innovationen und kontinuierliche Anpassung bzw. Verbesserung. Sich dabei nur auf finanzielle Aussagen und Vorhersagen zu verlassen, genügt heute nicht mehr. Vielmehr gilt der Grundsatz: Wenn sich verbesserte Leistungen nicht im Betriebsergebnis niederschlagen, sollten die Führungskräfte ihre Strategie überdenken."[587]

Die Balanced Scorecards (BSC) gehen weit über die üblichen verwendeten Scorecards, welche auf die engeren Unternehmensziele bezogen sind bzw. vorwiegend materielle und finanzielle Größen berücksichtigen, hinaus. Der Ansatz der Balanced Scorecard, was übersetzt „ausgewogenes Kennzahlensystem" bedeutet, wurde durch Robert S. Kaplan und David P. Norton zu Beginn der 1990er Jahre an der Harvard Universität entwickelt.[588] [589] [590] [591]

„BSC setzt sich die bereichsübergreifende Steuerung von Unternehmen zum Ziel, wobei nicht nur „harte" materiell-finanzielle Größen berücksichtigt werden. Stattdessen gehen in eine BSC zusätzlich auch „weiche" Einflussfaktoren wie Kundenbeziehungen, die Qualität der internen Prozesse sowie das Human Capital als Indikatoren ein."[592]

---

[586] Vgl.: http://www.abrechnung-zahntechnik.de/expertenwissen/labormanagement/qualitaets management/unternehmensleistung-steigern/ein-steuerungsinstrument-fuer-die-unternehmensleistung.html - Stand: 22.03.2012.

[587] http://www.abrechnung-zahntechnik.de/expertenwissen/labormanagement/qualitaets management/unternehmensleistung-steigern/ein-steuerungsinstrument-fuer-die-unternehmensleistung.html - Stand: 22.03.2012.

[588] Kaplan, Robert S. / Norton, David P.: The Balanced Scorecard - Measures that Drive Performance. In: Harvard Business Review. 1992, S. 71-79.

[589] Kaplan, Robert S. / Norton, David P.: Putting the Balanced Scorecard to work. In: Harvard Business Review. 1993, S. 134-147.

[590] Kaplan, Robert S. / Norton, David P.: Balanced Scorecard. Strategien erfolgreich umsetzen. Stuttgart 1997.

[591] Kaplan, Robert S. / Norton, David P.: Strategy Maps. Der Weg von immateriellen Werten zum materiellen Erfolg. Verlag Schäffer-Poeschel, Stuttgart 2004.

[592] http://www.tecchannel.de/server/sql/1758102/berichtssysteme_teil_2_kennzahlen_dash boards_und_scorecards/index9.html – Stand: 25.03.2012.

Abb. 45 Balanced Scorecard (BSC) [593] [594]

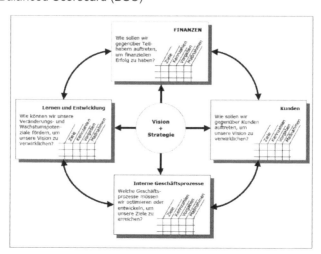

Balanced Scorecard:

„Ausgehend von der Unternehmensvision und –strategie werden vier verschiedene Perspektiven betrachtet. Konkret betrachtet BSC Unternehmen aus vier verschiedenen Perspektiven: Neben der üblichen Finanzperspektive sind dies die interne Geschäftsperspektive, die Kundenperspektive und die Lern- und Wachstumsperspektive. Diese Perspektiven sind allerdings nur ein bewährtes Basisgerüst, das im Einzelfall durch unternehmensindividuelle Perspektiven ergänzt werden kann.

Für die Visualisierung der Kennzahlen kommen auch hier Kennzahlen-Cockpits zum Einsatz. Für die vielfältigen Aufgaben der Dokumentation, Maßnahmenplanung, Kommunikation und Überwachung von Kennzahlen spielen Softwarewerkzeuge eine wesentliche Rolle. Sie erhöhen die Produktivität bei Aufbau und Betrieb einer Balanced Scorecard."[595]

---

[593] Kaplan, Robert S. / Norton, David P.: Balanced Scorecard. Strategien erfolgreich umsetzen. Stuttgart 1997.

[594] Bildquelle: http://www.tecchannel.de/server/sql/1758102/berichtssysteme_teil_2_kenn zahlen_dashboards_und_scorecards/index9.html – Stand: 25.03.2012.

[595] http://www.tecchannel.de/server/sql/1758102/berichtssysteme_teil_2_kennzahlen_dash boards_und_scorecards/index9.html – Stand: 25.03.2012.

Das Unternehmen und dessen Leistungsfähigkeit kann aus vier grundlegenden Perspektiven betrachtet werden:[596]

- Kundenperspektive:
  „Wie sehen uns die Kunden?"

- Interne Perspektive:
  „Worin müssen wir hervorragend sein?"

- Lern- und Wachstumsperspektive:
  „Können wir uns verbessern und Werte schaffen?"

- Finanzielle Perspektive:
  „Wie sehen unsere Ergebnisse aus?"[597]

Die Zusammenhänge der Betrachtung des Unternehmens und dessen Leistungsfähigkeit aus diesen vier grundlegenden Perspektiven im Kontext von Strategie und Vision werden in der folgenden Darstellung veranschaulicht.

Abb. 46 Betrachtung des Unternehmens und dessen Leistungsfähigkeit aus vier grundlegenden Perspektiven[598]

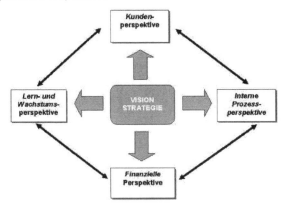

---

[596] Vgl.: http://www.abrechnung-zahntechnik.de/expertenwissen/labormanagement/qualitaets
management/unternehmensleistung-steigern/ein-steuerungsinstrument-fuer-die-
unternehmensleistung.html - Stand: 22.03.2012.

[597] http://www.abrechnung-zahntechnik.de/expertenwissen/labormanagement/qualitaets
management/unternehmensleistung-steigern/ein-steuerungsinstrument-fuer-die-
unternehmensleistung.html - Stand: 22.03.2012.

[598] Quelle: http://www.abrechnung-zahntechnik.de/expertenwissen/labormanagement/
qualitaetsmanagement/unternehmensleistung-steigern/ein-steuerungsinstrument-fuer-
die-unternehmensleistung.html - Stand: 22.03.2012.

Auf der Basis der verschiedenen Perspektiven lassen sich Leistungsdaten und Ziele formulieren. Diese sind den vier Bereichen zuordenbar.

9.3.2.5 Kennzahlen zur Messung der Zielerreichung

Im Zusammenhang mit der Beschreibung von Zielen besteht der folgende Grundsatz:

„Ziele müssen immer sehr hoch gesteckt sein – sie müssen klar, messbar und ehrgeizig sein, aber erreichbar bleiben."[599]

Die Ziele sollten nicht widersprüchlich und nicht kontraproduktiv zusammengestellt sein. Im Controllingprozess[600] des Unternehmens werden die Kennzahlen, mit denen der Fortschritt und der Erfolg der Zielerreichung gemessen werden soll, am besten gemeinsam festgelegt.[601] Damit die Zielsetzungen umgesetzt bzw. die Ziele erreicht werden, sind entsprechende Aktionen einzuleiten und zu realisieren.[602]

Kennzahlen erweisen sich als besonders hilfreich, denn:

- „sie verbessern die Objektivität bei der Entscheidungsfindung,

- helfen komplexe Sachverhalte verständlich darzustellen,

- unterstützen das Formulieren von Zielen und Prognosen,

- machen Leistungen und Verbesserungspotentiale messbar und

- ermöglichen Trendbeobachtungen."[603]

Das Unternehmen benötigt eine Instrumententafel, welche eine Übersicht über die Daten und Informationen bezüglich der aktuellen Lage des Unternehmens erlaubt.[604] Auf diese Weise können Risiken frühzeitig erkannt und Chancen[605]

---

[599] http://www.abrechnung-zahntechnik.de/expertenwissen/labormanagement/qualitaets management/unternehmensleistung-steigern/ein-steuerungsinstrument-fuer-die-unternehmensleistung.html - Stand: 22.03.2012.

[600] Vgl. Zilahi-Szabo, M. G.: Controlling in der betrieblichen Organisation. In: Fortschrittliche Betriebsführung und Industrial Engineering. 1973, S. 75 ff.

[601] Vgl. Hecker, J. B. / Willson, J. D.: Controllership. 2. Edition, New York, 1963, S. 13 ff.

[602] Vgl.: http://www.abrechnung-zahntechnik.de/expertenwissen/labormanagement/qualitaets management/unternehmensleistung-steigern/ein-steuerungsinstrument-fuer-die-unternehmensleistung.html - Stand: 22.03.2012.

[603] http://www.abrechnung-zahntechnik.de/expertenwissen/labormanagement/qualitaets management/unternehmensleistung-steigern/ein-steuerungsinstrument-fuer-die-unternehmensleistung.html - Stand: 22.03.2012.

[604] Vgl. Hecker, J. B. / Willson, J. D.: Controllership. 2. Edition, New York, 1963, S. 13 ff.

rechtzeitig ergriffen werden.[606] Faktisch gelten Kennzahlen als die eigentlichen Leistungstreiber des Unternehmens. Diese sind für das Unternehmen sorgfältig und individuell auszuwählen.[607]

Abb. 47 Kennzahlen zur Messung der Zielerreichung[608]

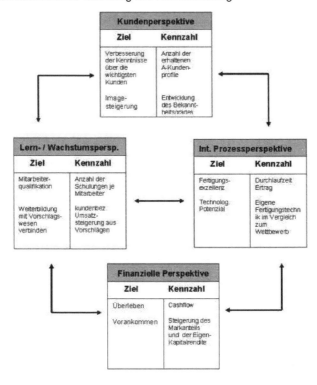

[605] Vgl.: Zilahi-Szabo, M. G.: Controlling in der betrieblichen Organisation. In: Fortschrittliche Betriebsführung und Industrial Engineering. 1973, S. 75 ff.

[606] Vgl.: Steinmann, H. / Schreyögg, G.: Zur organisatorischen Umsetzung der strategischen Kontrolle. In: ZfbF, 1986, S. 747 ff

[607] Vgl.: http://www.abrechnung-zahntechnik.de/expertenwissen/labormanagement/qualitaets management/unternehmensleistung-steigern/ein-steuerungsinstrument-fuer-die-unternehmensleistung.html - Stand: 22.03.2012.

[608] Quelle: http://www.abrechnung-zahntechnik.de/expertenwissen/labormanagement/ qualitaetsmanagement/unternehmensleistung-steigern/ein-steuerungsinstrument-fuer-die-unternehmensleistung.html - Stand: 22.03.2012.

Im Falle, dass das Unternehmen Kennzahlen verwendet, welche nicht hinreichend aussagefähig sind, würde es Potentiale für die Verbesserung des Markterfolges verschenken bzw. Markchancen verpassen.

Um richtige wie auch aussagefähige Kennzahlen zu finden, mit denen der Unternehmenserfolg zuverlässig und korrekt bewertet werden kann, sind verschiedene Punkte zu berücksichtigen.[609]

Kennzahlen stehen in engen gegenseitigen Beziehungen, sie können sich ggf. hinsichtlich Ihrer Aussagekraft ergänzen.[610] Aus diesem Grund sollten Kennzahlen so entwickelt werden, „dass sie untereinander konsistent sind, also nicht in einem logischen Widerspruch stehen und auf einen übergeordneten Zweck ausgerichtet sind.

Die Unternehmensleistung aus den o.g. vier Perspektiven zu betrachten und daraus konkrete messbare Unternehmensziele zu formulieren sowie die Ergebnisse anhand sorgfältig ausgesuchter Kennzahlen zu bewerten, gewährleistet eine ausgewogene, nicht allein auf die finanzielle Leistung konzentrierte, Steuerung der Leistungsfähigkeit eines Unternehmens."[611]

---

[609] Vgl.: Steinmann, H. / Schreyögg, G.: Zur organisatorischen Umsetzung der strategischen Kontrolle. In: ZfbF, 1986, S. 747 ff

[610] Vgl. Hecker, J. B. / Willson, J. D.: Controllership. 2. Edition, New York, 1963, S. 13 ff.

[611] http://www.abrechnung-zahntechnik.de/expertenwissen/labormanagement/qualitaets management/unternehmensleistung-steigern/ein-steuerungsinstrument-fuer-die-unternehmensleistung.html - Stand: 22.03.2012.

10 Human organization - Consideration – Initiating strukture: Mitarbeiterorientierte Organisations- und Führungssysteme

10.1 Human Resource Management / HRM

Der Erfolg des Unternehmens hängt im Wesentlichen von den Leistungen der Mitarbeiter ab, von der Auswahl, Führung, Entwicklung, Entlohnung dem optimalen Einsatz, Training und Weiterbildung. Eine besondere Gewichtung kommt somit der Führung als Managementaufgabe zu.

Die Bedeutung des Personals als menschliche Ressource wurde in den letzten Jahrzehnten immer deutlicher. Seit den 50er Jahren wird durch die Managementforschung der humanistische Aspekt des Mitarbeiters verstärkt in den Vordergrund der Unternehmensführung gerückt. Dabei sind als die markantesten Vorreiter des Humanismus Maslow,[612] Argyris,[613] McGregor[614] und Miles[615] zu nennen.

Entsprechend der wissenschaftlichen Analyse von Miles kann grundsätzlich zwischen drei grundlegenden humanorientierten Managementmodellen unterschieden werden, welche von unterschiedlichen Annahmen ausgehen und somit auch zu unter-schiedlichen Führungsempfehlungen und Erwartungen gelangen. Es handelt sich um das traditionelle Modell, das Human Relations Modell und das Human Resources Modell:[616]

---

[612] Vgl.: Maslow, A. H.: Motivation and personality. New York 1954. Deutsch: Motivation und Persönlichkeit. Freiburg i. Br., 1977

[613] Vgl.: Argyris, Ch.: Personality and Organization. New York, 1957

[614] Vgl.: McGregor, D.: The human side of enterprise. New York, 1960

[615] Vgl.: Miles, R. E.: Human relations or human resources? In: HBR 4/1965, S. 148 - 163

[616] Vgl.: Miles, R. E.: Theories of Management. New York, 1975

Abb. 48 Führungsrelevante Annahmen, Empfehlungen und Erwartungen der grundlegenden mitarbeiterorientierten Managementmodelle[617]

	Traditionelles Modell	Human Relations Modell	Human Resources Modell
Annahme:	1. Die meisten Menschen empfinden Abscheu vor der Arbeit	Menschen wollen sich als bedeutend und nützlich empfinden.	Menschen wollen zu sinnvollen Zielen beitragen, bei deren Formulierung sie mitgewirkt haben.
	2. Lohn ist wichtiger als die Arbeit.	Menschen benötigen Zuneigung und Anerkennung. Dies ist im Rahmen der Arbeitsmotivation wichtiger als Geld.	Die meisten Menschen können viel kreativere und verantwortungsvollere Aufgaben übernehmen, als es die gegenwärtige Arbeit verlangt.
	3. Nur wenige können oder wollen Aufgaben übernehmen, die Kreativität, Selbstbestimmung und und Selbstkontrolle erfordern.		
Empfehlungen:	1. Der Manager hat seine Untergebenen eng zu überwachen und zu kontrollieren.	Der Manager sollte jedem Mitarbeiter ein Gefühl der Nützlichkeit und Wichtigkeit geben.	Der Manager sollte verborgene Anlagen und Qualitäten der Mitarbeiter nutzen.
	2. Er soll Aufgen in einfache, repetive, einfach zu lernende Schritte aufteilen.	Er soll seine Mitarbeiter gut informieren, auf ihre Einwände hören.	Er soll eine Atmosphäre schaffen, in der die Mitarbeiter sich voll entfalten können.
	3. Er soll detaillierte Arbeitsanweisungen entwickeln und durchsetzen.	Er soll den Mitarbeitern Gelegenheit zur Selbstkontrolle bieten.	Er soll Mitbestimmung praktizieren und dabei die Fähigkeit zur Selbstbestimmung und Selbstkontrolle entwickeln.
Erwartungen:	1. Menschen ertragen die Arbeit, wenn der Lohn stimmt und der Vorgesetzte fair ist.	Informationen und Mitsprache befriedigt die Bedürfnisse nach Anerkennung und Wertschätzung.	Mitbestimmung, Selbstbestimmung und Selbstkontrolle führen zu Produktivitätssteigerung.
	2. Wenn die Aufgaben einfach genug sind und die Mitarbeiter eng kontrolliert werden, erreichen sie das Soll.	Die Befriedigung dieser Bedürfnisse führt zur Zufriedenheit und baut Widerstände gegen die formale Autorität ab.	Als Nebenprodukt kann auch die Zufriedenheit steigen, da die Mitarbeiter all ihre Fähigkeiten nutzen können.

[617] Quelle: Miles, R. E.: Theories of Management. New York, 1975, S. 35

Der Wert eines qualifizierten Mitarbeiterstammes ist für Unternehmungen von größerer Bedeutung als andere Ressourcen, so wird die Wiederbeschaffung des gesamten Personals von Managern auf das Dreifache der jährlichen Lohn- und Gehaltssumme geschätzt.[618]

Eine Bewertung der menschlichen Ressourcen ist problematisch, entsprechend der Humankapital-Theorie ist der Mitarbeiter ein Aktivposten wie andere Vermögensgüter, wobei Ausgaben für die Aus- und Weiterbildung eine Investition in das Humanvermögen darstellen.[619]

Eine Untersuchung von Schuster[620] mit den empirischen Befunden der größten 1000 US- Industrieunternehmen im Kontext mit den HRM-Aspekten von Peters und Waterman,[621] Mitarbeiterorientierung, Assessment Center, flexible Entlohnungssysteme, Produktivitäts-Bonuspläne, zielorientierte Leistungsbewertung, flexible Arbeitszeitsysteme und Organisationsentwicklung brachte die Erkenntnis, dass je mehr HRM-Praktiken im Unternehmen eingesetzt werden, um so mitarbeiterorientierter die Managementphilosophie ist, desto erfolgreicher ist die Unternehmung. Die Ergebnisse des Schusterreports werden durch Studien von Donnelly, IBM und Mirror Inc. bestätigt.

---

[618] So die Ergebnisse einer Befragung von Managern. Hierzu vgl.: Likert, R.: The human organization. New York, 1967

[619] Vgl.: Schultz, Th. W.: Economic analysis of investment in education. Washington, 1978

[620] Vgl.: Schuster, F. E.: The Schuster Report. The proven connection between people and profit. New York, 1986. Deutsch: Menschenführung – ein Gewinn. Hamburg, 1987

[621] Vgl.: Peters, Th. J. / Waterman, R. H.: a.a.O.

Schuster konzipierte eine Strategie der Produktivitätssteigerung durch intensive HRM-Maßnahmen:

Abb. 49 HRM-Produktivitätssteigerungsstrategie nach Schuster[622]

---

1. Durchführung standardisierter Klimaerhebung, durch eine Mitarbeiterbefragung wird der Human Resources Index HRI ermittelt. Die Mitarbeiter sind zu befragen über:

   Belohnungssystem; Kommunikation; Effizienz der Organisation; Mitarbeiterorientierung; Ziele der Organisation; Kooperation; intrinsische Motivation; Organisationsstruktur; Gruppenarbeit; Intergruppen-Beziehungen; Kompetenz des unteren, mittleren und oberen Managements; zwischenmenschliche Beziehungen; Organisationsklima; Partizipation.

   Durch den HRI wird deutlich, wie der Umgang des Managements mit den HR aus der Perspektive des Mitarbeiters ist.

2. Bearbeitung der Schwachstellen und Identifikation.

3. Anpassung des Belohnungssystems für Manager, so dass erfolgreiches HRM belohnt wird.

4. Barrieren, wie bspw. getrennte Kantinen etc. oder Statussymbole abbauen und für effiziente Kommunikation, Kooperation und Partizipation sorgen.

5. Partizipation und Information des Personals bezüglich neuer HRM-Maßnahmen.

6. Wiederholung und Klimaerhebung.

7. Analyse der Wirkungen der Klimaverbesserung auf die Produktivität.

Entsprechend des Michigan-Konzeptes nach Tichy,[623] einer integrativen Verknüpfung von Unternehmungsstrategie, Organisationsstruktur und HRM, dem sog. strategischen HRM hat die Unternehmungsstrategie bzw. Mission eine Priorität. Somit folgen Struktur und HRM der Strategie. Aus der Unternehmungsstrategie werden Personalbeschaffungsplan, Leistungsbeurteilungssystem und Anreizsystem entwickelt. Der HR-Prozess beginnt mit der Personalauswahl, Leistungserbringung, Leistungsbeurteilung, Belohnung und Anreize

---

[622] Quelle, vgl.: Schuster, F. E.: a.a.O., S. 15 ff

[623] Vgl.: Tichy, N. M. / Fombrun, Ch. J. / Devanna, M. A.: Strategic human resource management. Iin: SMR 2/1982, S. 47 - 61

welche eine Rückwirkung auf die Leistungserbringung ausüben genau wie die Personalentwicklung. Daraus lassen sich vier HRM-Teilfunktionen herleiten:[624]

1. Die strategische Personalauswahl, insbes. die strategiegerechte Planung des Personalbedarfs und die Steuerung von Personalbewegungen.

2. Die strategische Leistungsbeurteilung nach den strategischen Prioritäten.

3. Die strategischen Anreize, insbes. Motivation und Belohnung der Mitarbeiter zur Realisierung strategischer Ziele.

4. Die strategische Personalentwicklung, die Konzeptionierung zukunftsweisender Aus- und Weiterbildungsprogramme sowie Karriereplanung.

Im Unterschied dazu betrachtet das Harvard-Konzept die Gestaltung des Human Resource als zentrale Managementaufgabe. Das Management hat demzufolge die Aufgabe, dafür zu sorgen, dass die richtigen Personen an den richtigen Problemen arbeiten, Informationen, Hilfsmittel, Anreize erhalten und organisationszieladäquate Aufgabenkoordination erfolgt.[625] Somit erfolgt eine Konzentration auf die Politikfelder. Mitarbeiterbeteiligung, HR-Bewegungen, Belohnungssystem sowie Arbeitsorganisation.

Die Organisationsteilnehmer stehen in Interdependenzen mit den situativen Faktoren, über die HRM-Politikfelder werden die HR-Ergebnisse determiniert, wobei es zu Rückkopplungsprozessen bzw. zum Feedback kommt. Die Politfelder sind beeinflusst durch die Interessen der Organisationsteilnehmer, Eigentümer, der Kapitalgeber, Management, Mitarbeiter, Gewerkschaften, Staat, situative Faktoren bspw. Beschäftigungsstruktur, Unternehmensstrategie, Managementphilosophie, Technologie, gesellschaftliche Werte etc. u. a. auch individuelle Zufriedenheit, Wohlstand sowie organisatorische Effizienz. Die Managementaufgabe besteht somit in der integrativen Abstimmung der Politikfelder.[626] Entsprechend den seit den 80er Jahren in den USA entwickelten Ansätzen eines strategischen HRM[627] bestehen zwischen Unternehmens-

---

[624] Vgl.: Tichy, N. M.: a.a.O., S. 50 ff

[625] Vgl.: Kotter, J. P. / Schlesinger, L. A. / Sathe, V.: Organization. Homewood, 1979, S. 1

[626] Vgl.: Wehrlin, U.: Simultan Management. Erfolgsstrategien und Visionen für ganzheitliche innovative Unternehmensführung durch Leistungsmotivation in der lernenden Organisation. 1. Aufl. 1994, 5. Aufl. Berlin/ London, 2005, S. 334.

[627] Vgl.: Lattmann, Ch.: Personal-Management und strategische Unternehmensführung. Heidelberg, 1987

213

strategie und Personalstrategie enge Verbindungen.[628] Eine interaktive Strategieentwicklung bedeutet somit, dass erst strategische Vorüberlegungen getroffen und unmittelbar mit den vorhandenen personellen Ressourcen konfrontiert werden. Im Zuge der Zielrealisierung einer Synchronisation von Investitionsplanung und Personalplanung hat die Fa. AUDI ein Konzept der Investitionsanalyse eingeführt.[629] Dabei erfolgt für jede Investition bereits im frühesten möglichen Planungsstadium, eine Analyse der Auswirkungen auf die Arbeitssysteme, Arbeitsplätze sowie deren Anforderung. Der Zweck liegt in einer möglichst frühen Ergreifung von qualitativen, quantitativen sowie strukturellen Maßnahmen wie Umschulung, Qualifizierungsprogramme als Planfunktion, Informationsfunktion sowie Sensibilisierungsfunktion. Dabei erfolgt vor der Investitionsanalyse eine Auswirkungsanalyse.

Auch bei der Daimler Benz AG wirkt das Personal bereits bei der Investitionsplanung verstärkt mit.[630] Bei der Fa. BMW laufen Bestrebungen, die Wertvorstellungen der Mitarbeiter mittels einer wertorientierten Personalpolitik als Bestandteil der Unternehmungsstrategie zu integrieren.[631]

Erfolgsorientierte Personalführung basiert auf der Vorgabe eines Orientierungsrahmens vom Top Management, innerhalb dessen die Führungskräfte, Abteilungen, Gruppen oder Individuen frei agieren können. Die Akzeptanz des Rahmens ist größer, wenn er gemeinsam mit den Abteilungen, dem Personalwesen, dem Bildungswesen und der Organisation abgesteckt ist. Dabei soll der Orientierungsrahmen die Vorbildfunktion des Managers fördern, in ihm schlagen eine wertorientierte Personalpolitik und die Führungskultur durch. Wertorientierte Personalführung entspricht den Wertvorstellungen und Zielen der Mitarbeiter, was durch eine ausgeprägte Organisationskultur gefördert wird. Die Folgen einer wertorientierten Führung sind höhere Identifikation und Integration der Mitarbeiter mit dem Unternehmen, höhere Motivation und somit bessere Leistung. Dabei trägt auch die Fähigkeit, die Repräsentation der Führungskräfte eine entscheidende Rolle. Die Führungsaufgabe entsprechend des SMS besteht in der gezielten Leistungsmotivation durch die Aktivierung noch

---

[628] Vgl.: Ackermann, K.-F.: Konzeption des strategischen Personalmanagement für die Unternehmenspraxis. In: Glaubrecht, H. / Wagner, D. (Hrsg.): Humanität und Rationalität in Personaltechnik und Personalführung. Freiburg i. Br., 1987, S. 39 - 68

[629] Vgl.: Posth, M.: Integration von Investitions- und Personalplanung. Diskussionsbeitrag, Heft 22, Uni Erlangen / Nürnberg, 1983

[630] Vgl.: Geschäftsbericht der Daimler Benz AG, 1987, S. 22

[631] Vgl.: Wollert, A. / Bihl, G.: Wertorientierte Personalpolitik. In: Personalführung. Teil 1, Heft 8/9, S. 154 - 162; Teil 2, Heft 10, S. 200 -205

nicht befriedigter Bedürfnisse gem. der konzipierten Motivatorischen Lücke. Die Realisierungsmöglichkeiten der Anreize zeigt die nachfolgende Abbildung:

Abb. 50 Führung durch Anreize[632] entsprechend der Bedürfnishierarchie nach Maslow

1. Grundbedürfnisse
   - Entgelt
   - Arbeitsplatzgestaltung
   - Störungs- und Belästigungseingrenzung
   - Einkaufs- und Wohnbegünstigungen
   - Ärztliche Betreuung

2. Sicherheitsbedürfnisse
   - Vertrauensaufbau in die Unternehmenszukunft
   - Versicherungen (Unfall, Krankheit, Invalidität, Alter)
   - Arbeitsplatzsicherheit

3. Kontaktbedürfnisse
   - Kommunikationsmöglichkeit am Arbeitsplatz
   - Informelle Kontakte und Kommunikation
   - Angenehme Kollegen
   - Mitarbeiterorientierte Vorgesetzte
   - Problemlösungsgespräche

4. Anerkennungsbedürfnisse
   - Aufstiegsmöglichkeiten
   - Übertragung von Kompetenzen
   - Ehrentitel
   - Gehaltserhöhung
   - Dienstwagen

5. Selbstentfaltungsbedürfnisse
   - Delegation
   - Mitbestimmung
   - Partizipative Führung
   - Gleitende Arbeitszeit
   - Abwechslungsreiche Tätigkeit
   - Fortbildungsprogramme

---

[632] Vgl. auch: Rosenstiel, L.: Die motivationale Grundlage des Verhaltens. Berlin, 1975

10.2 Leistungsmotivierendes Führungssystem

Die Führungsaufgabe des Managements basiert auf der zielgerichtete Einflussnahme des Führers, auf das Verhalten anderer Personen, was die Initiierung von Interaktionen und Kommunikation sowie ein Führungssystem erfordert.

Die Führung bezieht sich auf die Beeinflussung des Verhaltens und der Einstellung von Individuen und der Interaktionen, zwischen Gruppen zur Zielerreichung in einem Führungssystem. Für den Führungserfolg ist neben den Eigenschaften des zu Führenden und der Führungssituation auch die Führungs- und Repräsentationsfähigkeit des Führers maßgeblich. Der Führungsstil wirkt sich entscheidend auf die Akzeptanz des zu Führenden und somit auf die Leistung aus.

Der Führungsstil wirkt zusammen mit den ausführlich behandelten Managementaufgaben des SMS-Systems: Motivation, Identifikation, Integration, Organisation, systematisch unter der Einwirkung der Repräsentations- und Führungsqualitäten des Managements, den Leistungserfolg des Simultan-Managements.

Zwischen der gewählten Mischform der Unternehmensstruktur / Organisationsstruktur und dem Führungssystem mit der Mischform des gewählten Führungsstils bestehen enge Interdependenzen.

Die Kunst der Führung liegt in der Ausnivellierung von straff zentraler Führung, welche so wenig wie nötig, und der dezentralen Selbstständigkeit bzw. Delegation in die Eigenverantwortung des Einzelnen, welche so viel wie möglich zum Einsatz kommen sollte. Dazu bedarf es zum einen strenger Regeln, als Rahmenvorgabe für das Handeln von Individuen und Gruppen, aber auch eines gelösten Freiraumes, innerhalb dessen die Mitarbeiter selbständig und dezentral sowie innovativ agieren können. Dieses Führungssystem wird durch ein entsprechendes Wertsystem gestützt, durch eine Unternehmenskultur, in der das Management und die Mitarbeiter an ihre Wertvorstellungen glauben. Die Freiräume einer flexiblen Organisation, regelmäßiger Reorganisation, freiwilliger Teilnahme an Projekt-Teams etc. fördern durch das Experimentieren die Innovationskraft des Unternehmens, dies wird durch die informellen Prozesse, positives Feedback, sowie die Motivation und Sinnvermittlung gefördert.

Diese Freiheit und Freizügigkeit bedarf jedoch einer gewissen straffen Selbständigkeit, welche durch die Firmenkultur sowie durch informelle Selbstkontrolle, durch zwanglose Kommunikation, durch Eigen- und Außenwertung das

Leistungsverhalten in einem kybernetischen Selbstregulierungsprozess innerhalb des eigenverantwortlichen Rahmens steuert. Diese „Prozesse" des „Managements by Objectives" und des „Managements by Motivation" wurden jeweils ausführlich im kybernetischen AR-Regelkreismodell erörtert.

Eine besondere Bedeutung kommt der Übereinstimmung von Zielen und Werten des Mitarbeiters mit dem Unternehmen und dem Feedback zu. Der Mitarbeiter muss sich mit den Unternehmenszielen und Werten identifizieren, sie zu seinem eigenen machen, was durch einen gemeinsamen Zielfindungsprozess gefördert wird. Die vom Mitarbeiter erbrachte Leistung erfolgt aufgrund seiner durch Motive, Ziele, Anreize und Erwartungen aktivierte Handlung. Dabei ist das Feedback zur positiven Verstärkung durch aufrichtige Anerkennung der Leistung, durch Lob oder auch Prämien das zentrale Führungsinstrument des Simultan-Managements.[633]

Außer der tariflichen Entlohnung in Geld und sonstigen Zulagen sowie Prämien und Vergünstigungen, sollte dem Mitarbeiter Selbstbestätigung und das Gefühl der Zugehörigkeit vermittelt werden. Die Führung sollte im Kontext mit einem begeisterten Klima stehen, jeder der Teil des ganzen Unternehmens ist, sollte die Möglichkeit haben sich durch seine Leistung hervorzutun. Ein Führungserfolg ist dann erreicht, wenn gewöhnliche Menschen außergewöhnliche Leistungen erbringen.

Nach Burns[634] bedarf es einer transformierenden Führung, welche auf dem Sinnstreben des Menschen und gemeinsamer Zielerreichung aufbaut.

Selznick[635] sieht in der Führungsaufgabe eine Herausforderung zur Vermittlung eines sinnvollen Inhalts, somit sei der Führer einer Institution ein „Experte im Fördern und Absichern von Werten".

Peters und Waterman[636] stellten fest, dass die Führung besonders erfolgreicher Unternehmen auf moralischer Führung, Sinngebung und positiver Verstärkung basiert.[637]

---

[633] Vgl.: Wehrlin, U.: Simultan Management. Erfolgsstrategien und Visionen für ganzheitliche innovative Unternehmensführung durch Leistungsmotivation in der lernenden Organisation. 1. Aufl. 1994, 5. Aufl. Berlin / London, 2005, S. 338.

[634] Vgl.: Burns, J. / McGregor: Leadership. New York, 1978

[635] Vgl.: Selznick, Ph.: Leadership in Administation: A Sociological Interpretation. New York, 1957, S. 149 - 153

[636] Vgl.: Peters, Th. J. / Waterman, H. W.: a.a.O.

[637] Vgl.: Peters, Th. J. / Waterman, H. W.: a.a.O., S. 114

10.3 Führung mit Zielen und Selbststeuerung

Im Simultan-Management-System bedarf die Führung von Personen und Gruppen außer auf den bereits erörterten Determinanten der Anerkennung, selbstregulierende Lern- und Arbeitsprozessen. Motivation, Identifikation, Integration, Organisationsstruktur und -kultur, HR-Management sowie der angewandten Führungspraktiken, diese müssen um Antezedentien ergänzt werden.

Für die gewünschte Führer-Mitarbeiter-Beziehung und den beabsichtigten Führungs- bzw. Unternehmenserfolg sollte sich die Rolle des externen Führers darauf beschränken, im Sinne der Weg-Ziel-Theorie einen Rahmen, Situationen, eine Umgebung bzw. Bedingungen, konkret Antezedentien zu gestalten und zu setzen, welche eine Selbstregulation, also das Selbst-Management der Mitarbeiter fördert. Im SMS bedarf es der selbstständigen Zielsetzung der Mitarbeiter, der selbständigen Entscheidungs- und Handlungsfreiheit innerhalb eines vorgegebenen Rahmens, dem Ausprobieren neuer Verhaltensweisen, der Bildung von Problemlösungen, der Selbstkontrolle, Selbstkritik, Selbstbeobachtung, einer kybernetischen Selbststeuerung im delegierten Rahmen, im Sinne einer Erweiterung des O. B. Mod., der sich ändernden Verhaltensweise aufgrund von Lernprozessen. Simultan-Management ist somit auch eine erweiterte Form des Managements by Objectives, der Führung durch Ziele. Mitarbeiter und Manager stehen in einem Prozess ständigen Lernens, ständiger Weiterentwicklung mit der Konsequenz der Selbststeuerung des Verhaltens. Dabei kann das Lernen durch Imitation erfolgen, wobei neue Verhaltensweisen durch die Nachahmung beobachteten Verhaltens der Mitarbeiter und Manager erfolgt oder aufgrund von Datenträgern. Eine weitere Form des Lernens kann sich auch durch die Konsequenz des Verhaltens anderer Personen ergeben, oder durch die Aktivierung vertrauter Verhaltensweisen. Die Lernprozesse ermöglichen die indirekte Führung durch Selbstregulierung. Das Selbstmanagement basiert auf der Fähigkeit von Individuen, das Verhalten relativ unabhängig von externer Stimuli zu steuern und somit ihre Arbeitssituation selbst zu bestimmen.[638]

Durch Selbst-Management kann die direkte Führung teilweise substituiert werden, zumindest innerhalb der delegierten Aufgabengrenze bzw. des Entscheidungs- und Handlungsrahmens. Dabei basiert das Selbst-Management auf informeller, zwangloser, kommunikativer Selbstkontrolle und erfordert eine entsprechende Qualifikation und Reife im Sinne der Selbstdisziplin des Mitar-

---

[638] Vgl.: Manz, C. / Sims, H. P.: Self-Management as a substitute for badership: A social learning theory perspective. In: AMR 5/1980, S. 361 - 367

beiters, Partizipation, Delegation, Identifikation, Motivation, Integration, Organisation bzw. Organisationskultur sowie der entsprechenden Fähigkeit und Repräsentation durch den Manager.[639]

---

[639] Vgl.: Wehrlin, U.: Simultan Management. Erfolgsstrategien und Visionen für ganzheitliche innovative Unternehmensführung durch Leistungsmotivation in der lernenden Organisation. 1. Aufl. 1994, 5. Aufl. Berlin / London, 2005, S. 304 ff.

11 Führung durch Zielvereinbarung in der Managementpraxis

11.1 Zielvereinbarungsprozess

11.1.1 Ziele

Eines der am häufigsten verwendeten Führungssysteme ist das Management by Objectives, die Führung durch Zielorientierung[640] und insbesondere durch Zielvereinbarung. Im Mittelpunkt der Zielvereinbarung stehen das Ziel und die Maßnahmen, welche ergriffen werden, damit das Ziel zu erreicht wird. Die Zielvereinbarung basiert auf quantitativen Zahlenzielen und qualitativen Handlungsplänen.

Es werden drei Arten von Zielen unterschieden:

- „Fachliche Ziele

- Die Zusammenarbeit betreffende Ziele

- Individuelle Entwicklungs-/ Qualifizierungsziele"[641]

Es gilt, die Zielsetzungen des Unternehmens mit den Zielen bezüglich der Leistungen der/des Mitarbeiter/s) abzustimmen bzw. diese zu vereinbaren.

Hierzu sind die Zieldimensionen zu berücksichtigen. Zu den Zieldimensionen gehören: die Zielrichtung sowie daraus entwickelte Messgrößen und die Zielhöhe der Messgröße. Ggf. erfolgt dies zu einem Bezugswert.[642]

„Ziele bezeichnen ein Ergebnis, das das Unternehmen in einem bestimmten Zielabschnitt erreichen möchte. Wesentlich dabei ist, dass die Ziele so konkret formuliert sind, dass alle an der Vereinbarung Beteiligten genau feststellen können, ob, wann und inwieweit die Ziele tatsächlich erreicht wurden. („Wir wollen unsere Qualität steigern", ist in diesem Sinne kein Ziel, weil zu unkonk-

---

[640] Hierzu vgl.: Kuhn, A.: Unternehmensführung. a.a.O., S. 169

[641] http://www.soliserv.de/pdf/zielvereinbarung-it.dienstleister.pdf – Stand: 30.03.2012.

[642] Vgl.: Wolf, Gunther: Variable Vergütung – genial einfach Unternehmen steuern, Führungskräfte entlasten und Mitarbeiter begeistern. 3. Auflage. Hamburg. Verlag Dashöfer 2010.

ret.)"[643] Die Hauptbestandteile[644] der Führung durch Zielvereinbarung entsprechend des Management by Objectives sind:

- Zielorientierung

- Zielüberprüfung / Zielanpassung

- Partizipation der Mitarbeiter an der Zielerarbeitung und Zielentscheidung

- Zielrealisationskontrolle / Leistungsbeurteilung durch Soll-Ist-Vergleich

11.1.2 Zieldefinition im Zielvereinbarungsprozess

Im Zielvereinbarungsprozess ist ein Ziel so zu definieren, dass die Zielrichtung der strategischen Ausrichtung des Unternehmens entspricht. Durch die Messgröße sollte die Zielrichtung faktisch abgebildet werden. Gleichzeitig sollte die Zielhöhe akzeptiert werden. Dies erfordert, dass diese mit Anstrengung auch bei realistischer Betrachtung erreicht werden kann. Nur so kann die Zielvereinbarung auch zur beabsichtigten Motivationswirkung führen. Es sollte entsprechend des Arbeitsschutzgesetzes sichergestellt sein, dass aus den vereinbarten Aufgaben keinerlei Gefährdung der physischen und psychischen Gesundheit des Arbeitnehmers folgen kann.[645]

„Aus der Unternehmensphilosophie und dem Gesamtziel des Unternehmens (oder den Gesamtzielen) werden Unterziele abgeleitet. Der Prozeß der Ziele-Formulierung geht von oben nach unten. Das bedeutet, dass zunächst die Ziele für die einzelnen Geschäftsbereiche vereinbart werden. An diesen Zielen orientieren sich die Ziele der einzelnen Abteilungen und Gruppen. Nach deren Zielen richten sich schließlich auch die Ziele der einzelnen Mitarbeiter."[646]

Beim Management by Objectives erfolgt die Führung Zielvereinbarung.[647] Während bei zahlreichen anderen Management-Prinzipien die Zielfestlegung der obersten Führungsebene obliegt,[648] basiert die zielgesteuerte Unternehmensführung auf einem Zielbildungsprozess, welcher sich in mehreren Stufen

---

[643] http://www.soliserv.de/pdf/zielvereinbarung-it.dienstleister.pdf – Stand: 30.03.2012.
[644] Vgl.: Kuhn, A.: Unternehmensführung. a.a.O., S. 170
[645] Vgl.: Wolf, Gunther: Variable Vergütung – genial einfach Unternehmen steuern, Führungskräfte entlasten und Mitarbeiter begeistern. 3. Auflage. Hamburg. Verlag Dashöfer 2010.
[646] http://www.soliserv.de/pdf/zielvereinbarung-it.dienstleister.pdf – Stand: 30.03.2012.
[647] Vgl.: Odiorne, G. S.: a.a.O.
[648] In diesem Fall wird von einer einstufigen Zweck-Mittel-Beziehung gesprochen.

vollzieht.[649] Im Zielvereinbarungsprozess sind neben den Zielen Maßnahmen bzw. Maßnahmenpläne zu bestimmen.

11.1.3 Maßnahmen / Maßnahmenpläne im Zielvereinbarungsprozess

Neben der Abstimmung der Ziele sind auch die entsprechenden Maßnahmen vorzusehen. Zwischen den Mitarbeitern kommt es zu Interaktionen, sie tauschen gegenseitig Güter und Dienstleistungen aus. Es bestehen komplexe interne Input/Output Beziehungsnetzwerke. Das reibungslose Funktionieren dieser innerbetrieblichen Interaktionsnetzwerke ist eine wesentliche Voraussetzung dafür, dass der einzelne Mitarbeiter die vereinbarten Ziele erreichen bzw. erfüllen kann.

Auch an die Maßnahmenpläne sind gewisse Anforderungen gestellt. Sie sollten die „SMART-Anforderungen" erfüllen:

S: (specific) spezifisch,

M: (measurable) messbar,

A: (achievable) erreichbar,

R: (relevant) relevant,

T: (timed) terminiert.

Es ist erforderlich, dass die Maßnahmen, welche erwogen werden, damit das Ziel verwirklicht wird, klar formuliert und auch nachvollziehbar sind. Hierzu können sich die folgenden Fragestellungen als hilfreich erweisen:

Wer bzw. welche Wirtschaftseinheit, Abteilung, welcher Betrieb oder welche Unternehmung? Was bzw. wie lässt sich die Maßnahme inhaltlich näher beschreiben? Wann bzw. bis wann sind Zwischenziele, Meilensteine oder Resultate zu erfüllen? Womit bzw. mit welchem Ressourceneinsatz, Kapitaleinsatz, Kosteneinsatz und mit welcher Arbeit bspw. in Form durch Unterstützung durch andere Mitarbeiter/Teammitglieder sind die Maßnahmen zu erbringen umzusetzen? Wie bzw. mit welcher Methode oder mit welchem Verfahren soll am besten vorgegangen werden? Welches Ergebnis/Resultat ist bezüglich des jeweiligen Ziels zu erbringen und mit welcher nachvollziehbaren bzw. nachprüfbaren Qualitätsdefinition?

---

[649] Vgl.: Reinermann H. und G.: Verwaltung und Führungskonzepte. Berlin / München, 1978

11.2 Zielvereinbarung in der Managementpraxis

In der Managementpraxis wird die Unternehmensphilosophie im Idealfall durch die Unternehmenspolitik strategisch umgestetzt. „An dieser mittel- bis langfristigen Unternehmenspolitik orientieren sich die kurz- bis mittelfristigen Ziele der Geschäftsbereiche. Sie widerum geben den Rahmen für die Ziele der Abteilungen und schließlich der einzelnen Mitarbeiter."[650]

Für die Zielvereinbarung in der Managementpraxis können u. a. die nachfolgend aufgeführten Punkte aus der Perspektive des Mitarbeiters berücksichtigt werden:

- „Die Definition und Festlegung der Ziele erfolgt im Regelfall durch die Führungskraft. Häufig orientiert sie sich an den Zielen, die von ihren Vorgesetzten wiederum als Abteilungsziele vorgeschrieben werden. Innerhalb dieser Grenzen und Rahmenbedingungen werden dann die Ziele für die einzelnen Mitarbeiter definiert. Insoweit besteht für den Einzelnen nur relativ wenig Einflussmöglichkeit auf die Zielvorgaben

- Achten Sie darauf, dass die Ziele schriftlich fixiert werden und die Auswirkungen von Nicht- und Übererfüllung klar genannt werden. Zu beantworten sind dabei die Fragen nach dem Wer, Was, Wozu, Wann und Womit

- Die Ziele sind vorab zu definieren und nicht im Nachhinein

- Die Ziele sollten anspornend und motivierend und nicht überfordernd sein. Daher sind realistische Ziele wichtig

- Sprechen Sie mit Ihrem Vorgesetzten über die Ziele. Bringen Sie Einwände, Befürchtungen, Hemmnisse, Anregungen sachlich vor. Fordern Sie auch seine Unterstützung, beispielsweise durch Schaffung besserer Rahmenbedingungen ein

- Zeigen Sie mögliche Zielkonflikte auf. Es passiert immer wieder, dass die Ziele zweier Abteilungen so wirken, dass diese gegeneinander arbeiten, anstatt miteinander. Manchmal ist dieses aber explizit gewünscht, um einen Wettbewerb zu initialisieren

- Im Vertrieb ist darüberhinaus zu beachten, dass sich die Verkaufszuständigkeiten nicht überschneiden und auf diese Weise die gleichen Kunden von mehreren Verkäufern angegangen werden

---

[650] http://www.soliserv.de/pdf/zielvereinbarung-it.dienstleister.pdf – Stand: 30.03.2012.

- Nicht immer ist es sinnvoll, die Ziele auf einzelne Mitarbeiter bezogen festzulegen. Gerade für Teams eignen sich Teamvorgaben, die gemeinsam zu erreichen sind. Damit wird gleichzeitig der Teamgedanke unterstützt

- Auch Zielvereinbarungen bedürfen einer offenen und ehrlichen Kommunikation. Von vielen Führungskräften wird das immer wieder als unangenehm empfunden, weil sie eine Auseinandersetzung mit dem Mitarbeiter befürchten. Die Mitarbeiter wiederum scheuen dieses Thema, da sie sich kontrolliert und bewertet fühlen. Je konkreter daher die Ängste angesprochen werden, umso eher lässt sich der Abschluss einer Zielvereinbarung institutionalisieren

- Die Häufigkeit und der Zeitraum für die Zielvereinbarung hängen vom Aufgabengebiet und den Zielen ab. Wichtig ist eine gewisse Regelmäßigkeit

- Weisen Sie frühzeitig darauf hin, wenn die Zielvorgaben durch veränderte Rahmenbedingungen nicht mehr erreichbar sind und bestehen Sie auf einer Anpassung der Ziele bevor der Gültigkeitszeitpunkt überschritten ist"[651]

I. d. R. stellt die Zielvereinbarung ein Bestandteil des Arbeitsvertrags und zugleich die Basis für das variable Einkommen dar.[652]

Aus der Perspektive der Manager sind für die Zielvereinbarung mit den Mitarbeitern verschiedene Aspekte zu berücksichtigen, auf welche nachfolgend näher eingegangen wird.

11.3 Beteiligung der Mitarbeiter an der Zielvereinbarung

11.3.1 Mitarbeiter beteiligen

Die Mitarbeiterbeteiligung an der Zielvereinbarung stellt bereits beim Management-by-Objectives ein zentrales Element dar. Das Management-by-

---

[651] Quelle: Arbeitsratgeber
http://www.arbeitsratgeber.com/zielvereinbarung_0214.html – Stand: 26.03.2012.
[652] Vgl.: Arbeitsratgeber
http://www.arbeitsratgeber.com/zielvereinbarung_0214.html – Stand: 26.03.2012.

Objectives-Konzept von Carroll[653] bezeichnet sich als das Management-Prinzip der Führung durch Ziele.

Entsprechend der Arbeiten von Carroll[654] sollte das Management by Objectives die Integration von Aufgaben- und Humanorientierung ermöglichen; insbesondere die Grundanforderungen:

1. Das Verlangen nach Anerkennung individueller Unterschiede

2. Stolz auf die eigene Leistung

3. Nutzung der Fähigkeiten

4. Wachstum und der Entwicklung des Könnens

Diese vier Grundanforderungen bezüglich der Integration von Aufgaben- und Humanorientierung werden durch das Management by Objectives erfüllt.[655] Der Management-Prozess des Managements by Objectives ist durch eine präferierte Individuenzentriertheit gekennzeichnet. Dies bedeutet für die Management-Praxis konkret, dass der Vorgesetzte die Ziele so weit wie möglich an den Interessen und Fähigkeiten sowie den Fertigkeiten des Mitarbeiters ausrichten soll.

„Die Zielvereinbarung ist ein wechselseitiger Abstimmungsprozeß. Dieser Prozeß läuft so lange, bis Einvernehmen über die Ziele erreicht ist. Die Ziele sollen möglichst von dem vorgeschlagen werden, der für die Zielerreichung dann auch verantwortlich ist. (Bei Berufsanfängern oder Anfängern in einer neuen Hierarchieebene kann manchmal auch Zielvorgabe erforderlich sein)."[656]

Die Mitarbeiter sollten soweit wie möglich an der Zielvereinbarung beteiligt werden. Ihnen ist die Gelegenheit zu geben aktiv an den Zielvereinbarungen zu beteiligen. Wie die Bundesvereinigung der Arbeitgeberverbände mitteilt, beteiligen immer mehr Unternehmen ihre Mitarbeiter an der Zielvereinbarung.

Für die Unternehmensführung führt die Beteiligung der Mitarbeiter an der Zielvereinbarung zu verschiedenen Vorteilen. Dazu zählen die Mitbestimmung der Mitarbeiter, eine höhere Flexibilität, Akzeptanz und Motivation. Die Vereinbarungen führen zu einer höheren Flexibilität, welche eine schnelle Anpassung

---

[653] Vgl.: Carroll, St. J.: / Tosi, H. L. Jr.: Management by Objectives: Applications and research. New York, 1973

[654] Vgl.: Carroll, St. J.: a.a.O., S. 138 ff

[655] Vgl.: Carroll, St. J.: a.a.O., S. 138 ff

[656] http://www.soliserv.de/pdf/zielvereinbarung-it.dienstleister.pdf – Stand: 30.03.2012.

an geänderte Umfeldbedingungen bzw. wirtschaftliche Erfordernisse ermöglicht. Der Gegenstand der Zielvereinbarungen können Strategien für eine Leistungssteigerung, die Vereinfachung von Produktionsabläufen oder auch Maßnahmen für die Qualifizierung sein. Dies erbringt für die Beteiligten einen entsprechenden Nutzenzuwachs.[657]

Durch Anerkennung individueller Unterschiede soll der Vorgesetzte die Ziele möglichst weitgehend an den Interessen, Fähigkeiten und den Fertigkeiten des Mitarbeiters ausrichten. Carroll sieht das Management by Objectives als wirkungsvolles Wachstumsinstrument bezüglich sämtlicher Mitglieder der Organisation.[658] Der Prozess des Managements by Objectives ist zur Realisierung nicht als einmalige Handlung, sondern als zyklischer Prozess anzusehen, welche entsprechend der nachstehenden Teilprozessbereiche unterteilt ist.[659]

1. Die effektive Zielsetzung und Planung
   durch die oberste Stufe der Führungshierarchie.

2. Die entsprechende allgemeine organisationsweite Zustimmung
   und Akzeptanz dieses Ansatzes.

3. Eine gemeinsame Zielbildung, so genannte „mutual goal setting".

4. Eine häufige auftretende Bewertung von zielerreichenden Instrumenten/erforderlicher Freiheitsgrad.

Für die Zielvereinbarung mit den Mitarbeitern können die nachfolgenden Hinweise hilfreich sein:

- „Es sollten nur Ziele und nicht Abläufe geplant werden – der Ablaufplan ist Sache des verantwortlichen Mitarbeiters.

- Es sollten nicht mehr als drei bis sieben Hauptziele für das Jahr vereinbart werden, um eine Überforderung zu vermeiden.

- Ziele müssen meßbar sein, d.h. terminbezogen und quantifiziert bzw. – wenn dies nicht möglich ist – qualitativ bestimmt oder als Aktion beschrieben sein. Wenn keine präzisen Angaben möglich sind, tun es auch Schätzungen (geschätzte Ziele sind besser als keine Ziele).

---

[657] Vgl.: http://www.vorgesetzter.de/mitarbeiterfuehrung/fuehrungsinstrumente/zielvereinbarung/ - Stand: 20.03.2012.

[658] Vgl.: Carroll, St. J.: a.a.O., S. 140

[659] Vgl.: Carroll, St. J.: a.a.O., S. 3

- Es kann sinnvoll sein, Ober- und Untergrenzen (Toleranzbereiche) bei quantitativen Zielen festzulegen.

- Bei der Zielformulierung sollte man immer von normalen Bedingungen ausgehen, nicht von vielen denkbaren Ausnahmen (z.B. Krisen, Kriege, Marktzusammenbrüche, Kundenpleite etc.).

- Die Erreichung von Zielen darf nicht zu Lasten anderer oder übergeordneter Ziele des Unternehmens gehen. Ziele müssen vielmehr in einer Beziehung zu den nächsthöheren Zielen stehen und in dem Unternehmen horizontal und vertikal abgestimmt sein, um Zielkonflikte zu vermeiden."[660]

11.3.2 Klare Vorgaben definieren

Für die Zielvereinbarung sind klare Vorgaben erforderlich. Sie müssen eindeutig und messbar sein. Dies ist erforderlich, um die Erfüllung der Ziele zu überprüfen, ggf. Abweichungen festzustellen und steuernde Maßnahmen einzuleiten.

Die einfache Vorgabe von nicht gemeinsam vereinbarten Zielen an Mitarbeiter kann dazu führen, dass diese von einzelnen Mitarbeitern nicht eingehalten werden (können). Jedoch sind die formulierten Ziele bedeutend, da sie für die Mitarbeiter eine Orientierung darstellen. Sie ermöglichen die erforderliche Transparenz bezüglich der Arbeitsverteilung im Führungsbereich eines Managers. Zudem stellen sie eine geeignete und praktikable Basis für Beurteilungsgespräche sowie für die Leistungsbewertung der Mitarbeiter dar. Die Zielvereinbarung führt dazu, dass das Leistungsbewusstsein der Mitarbeiter verbessert wird. Sie tragen wesentlich zur Förderung der Eigeninitiative der Mitarbeiter bei. Der einzelne Mitarbeiter wird motiviert. Vor allem, wenn er seine Zielvorgaben erreicht. Das gilt auch für das gesamte Team. Jedoch gilt es zu vermeiden, dass Ziele als Arbeitsanweisungen oder –aufträge aufgefasst oder mit diesen verwechselt werden. Im Unterschied zu reinen Arbeitsanweisungen wird mit der Zielvereinbarung ein spezifisches Endergebnis beschrieben. Der Mitarbeiter kann den Weg zur Zielerfüllung im Rahmen eines festen Handlungsspielraumes selbst bestimmen.[661]

---

[660] http://www.soliserv.de/pdf/zielvereinbarung-it.dienstleister.pdf – Stand: 30.03.2012.

[661] Vgl.: http://www.vorgesetzter.de/mitarbeiterfuehrung/fuehrungsinstrumente/ziel vereinbarung/ - Stand: 20.03.2012.

Es wird unterschieden in Leistungs- und Verhaltensziele:

Leistungsziele sind quantitative Ziele. Sie beziehen sich auf das Arbeitsergebnis, bspw. ,,größere Sorgfalt bei der Leistungserfüllung". Leistungsziele können durch den Einsatz von Kennzahlen relativ einfach gemessen und deren Erfüllung nachgeprüft werden. Bspw. geringere Anzahl von Beschwerden.[662]

Verhaltensziele sind qualitative Ziele. Diese beziehen sich auf eine Verhaltensänderung bspw. „freundlicherer Umgang mit Kunden, Bürgern, Besuchern oder Fahrgästen". Verhaltensziele können nicht immer eindeutig benannt, bestimmt oder deren Einhaltung überprüft werden.[663]

Der Management-Prozess des Managements by Objectives nach Carroll orientiert sich an der Nutzung und der Entfaltung menschlicher Ressourcen.[664] Carroll geht von dem Tatbestand aus, dass der größte Teil der Mitglieder der Organisation über Fertigkeiten, Wissen sowie mentaler Fähigkeiten verfügt, welche in der jeweiligen Position nicht oder nur teilweise genutzt werden. Aus diesem Grund fordert Carroll die Entfaltung und Nutzung sowie die Einsetzung dieser Potentiale in der Unternehmung. Dies bedarf geeigneter Ziele, sie sollten maßgerecht zugeschnitten und an die individuellen Fähigkeiten eines bestimmten Organisationsmitgliedes angepasst sein. Die Fixierung der Ziele muss der Gestalt sein, dass bei deren Erfüllung ein Lernen durch Erfahrung beim betroffenen Mitarbeiter induziert wird. Dies trägt zum Wachstum und der Entwicklung des Mitarbeiters bei, außerdem wird der Wert dieser menschlichen Ressource für die Unternehmung gesteigert.

11.3.3 Zielvereinbarung erarbeiten oder herunterbrechen

Es bietet sich meist an, dass die Ziele dort erarbeitet werden sollten, wo die meisten relevanten Informationen zusammenfließen. Das ist möglicherweise der Arbeitsplatz eins Mitarbeiters. So haben bspw. in manchen Unternehmen die Verkäufer oder Außendienstmitarbeiter den besten oder gar alleinigen Kontakt zu den Kunden des Unternehmens, für welche sie zuständig sind bzw. welche sie betreuen. Dies hat den Vorteil, dass ein solcher Mitarbeiter die Kunden am besten kennt oder kennen sollte und er deshalb in der Lage sein sollte, die Potentiale besser einzuschätzen als andere Mitarbeiter ohne Kun-

---

[662] Vgl.: http://www.vorgesetzter.de/mitarbeiterfuehrung/fuehrungsinstrumente/
zielvereinbarung/ - Stand: 20.03.2012.

[663] Vgl.: http://www.vorgesetzter.de/mitarbeiterfuehrung/fuehrungsinstrumente/
zielvereinbarung/ - Stand: 20.03.2012.

[664] Vgl.: Carroll, St. J.: a.a.O., S. 89 ff

denkontakt. Der Mitarbeiter kann so erarbeiten, welche Ziele er bei welchem Kunden mit welchen Maßnahmen im Planungszeitraum erreichen möchte oder kann.[665]

Ein Nachteil und zugleich auch ein hohes Risiko dieser alleinigen Position eines Mitarbeiters zum Kunden wäre, dass er seine Ziele zu hoch setzt und unzulässige Maßnahmen und Methoden einsetzt und er dann im Falle von Kundenreklamationen Informationen, welche für seine Arbeitsweise unvorteilhaft sind, oder diese kritisieren, diese einfach unterschlagen kann. Er schaltet den kybernetischen Steuerungskreislauf durch Informationsunterschlagung einfach aus. Die Führung und Steuerung funktioniert nicht mehr. Der Vorgesetzte oder die zuständige Abteilung würde also über praktizierten Verhaltensabweichungen eines Mitarbeiters u. U. nichts erfahren und könnte auch keine steuernden Maßnahmen einleiten.

Im Prozess der Erarbeitung der Zielvereinbarung bespricht der Mitarbeiter die Ziele mit seinem Gruppen- oder Abteilungsleiter. Im Anschluss kann der Gruppen- oder Abteilungsleiter die Ziele aller Mitarbeiter zu einem Abteilungsziel bündeln. Das Abteilungsziels wird mit dem Bereichsleiter besprochen. Hierbei erfolgt eine i. d. R. umfassendere Erörterung der Ziele der weiteren Abteilungen und erforderlichen Maßnahmen der Zielerreichung. Die Bereichsleiter führen mit dem Unternehmensleiter, verantwortlichen Inhaber, Kapitalgeber oder den von diesen benannten Personen Gespräche, in welchen sich das Unternehmensziel herausbildet.[666]

---

[665] Vgl.: http://www.blueprints.de/anregungen/beruf/zielvereinbarung.html – Stand: 25.03.2012.
[666] Vgl.: http://www.blueprints.de/anregungen/beruf/zielvereinbarung.html – Stand: 25.03.2012.

Die folgende Darstellung zeigt die Zielvereinbarung auf:

Abb. 51 Zielvereinbarung erarbeiten oder herunterbrechen[667]

Eine weitere Möglichkeit der Zielvereinbarung besteht im „Herunterbrechen" der Ziele. Hierbei wird durch die Unternehmensleitung bzw. den Unternehmensleiter die zu erreiche Zielsetzung bestimmt und vorgegeben. Für den Folgeverlauf hat sich die etwas seltsame Redewendung Ziele „auf die Mitarbeiter herunterbrechen", fach- und umgangssprachlich durchgesetzt. Bei dieser Vorgehensweise besteht das Risiko, dass Bereichsleiter, Abteilungsleiter, Gruppenleiter oder letztlich die Mitarbeiter die auf diesem Wege „vereinbarten" Teilziele nicht hinreichend akzeptieren – so wie vergleichsweise die eigene Ziele. Für die Managementpraxis bedeutet dies häufig ein hartes Verhandeln um die Ziele. Ob die Ziele dann letztendlich von den Mitarbeitern akzeptiert werden liegt u. a. an der Art und am Verfahren der Durchführung des Zielvereinbarungsprozesses. Je größer die Möglichkeit der Mitsprache, Mitgestaltung und Mitentscheidung durch die Mitarbeiter, desto höher wird auch die Akzeptanz und Motivation der Mitarbeiter sein. Dies bedeutet, je größer wäre die Chance für eine Umsetzung der Ziele.[668]

Zur Lösung und Vermeidung dieser Problematik in der Managementpraxis bauen zunehmend mehr Unternehmen auf die „push-pull-Methode". Die Ziele werden entweder von unten nach oben besprochen oder auch von oben nach unten. In diesem Abstimmungsprozess werden Ziele, welche nicht akzeptiert

---

[667] Quelle: http://www.blueprints.de/anregungen/beruf/zielvereinbarung.html
– Stand: 25.03.2012.

[668] Vgl.: http://www.blueprints.de/anregungen/beruf/zielvereinbarung.html
– Stand: 25.03.2012.

werden, durch Mitarbeiter oder vom Bereichsleiter „so lange zurückdelegiert, bis die jeweiligen neu erarbeiteten Zahlen von beiden akzeptiert werden können. Der Unterschied zum Feilschen liegt in der Zeit, die dem jeweils Betroffenen bleibt, um die Zahlen zu prüfen, neue Überlegungen anzustellen und verantwortbare neue Ziele zu finden."[669]

11.4 Kontrolle

Management, Steuerung und Führung mit Zielvereinbarungen setzt eine regelmäßige Kontrolle der vereinbarten Ziele voraus. „Die Führungskräfte müssen die Sicherheit bekommen, dass die Mitarbeiter im Rahmen ihrer Befugnisse intensiv und effizient auf die Erreichung der vereinbarten Ziele hinarbeiten, und dass diese Ziele nach wie vor sinnvoll und erreichbar sind. Deshalb gehört zur Zielvereinbarung auch die Vereinbarung von Kontrollverfahren."[670]

Hierzu gehören Vereinbarungen über:

- „die für das Ziel sinnvolle „Meßlatte" (wie messen wir, wie weit der Mitarbeiter auf dem Weg zum Ziel vorangekommen ist).

- zusätzliche Verfahren, die Aussagen über den Zielerreichungsgrad geben können (Marktanalysen, Besprechungsberichte, Kundeninformation etc.).

- über den Rhythmus von Meilensteingesprächen (Reporting)."[671]

Mittels der Fixierung eigener, auf der Basis jährlicher Fehler-Abweichungs-Analysen basierenden Entfaltungsziele ist eine Analyse von Schwächen im Leistungsprozess auf der Grundlage der Werte vergangener Perioden möglich. Somit erfolgt gleichsam eine Individualisierung der Aus- und Weiterbildung.[672] Somit lässt sich das Menschenbild des Managements by Objectives nach Carroll durch die folgenden Punkte charakterisieren:

- In den traditionell geleiteten Unternehmungen verfügt jeder Mitarbeiter über nicht genutzte Wollens- und Könnens-Potentiale.

- Diese ungenützten Potentiale sind aktivierungsfähig, sie können für den Mitarbeiter und für das Unternehmen nutzbar gemacht werden.

---

[669] http://www.blueprints.de/anregungen/beruf/zielvereinbarung.html – Stand: 25.03.2012.
[670] http://www.soliserv.de/pdf/zielvereinbarung-it.dienstleister.pdf – Stand: 30.03.2012.
[671] http://www.soliserv.de/pdf/zielvereinbarung-it.dienstleister.pdf – Stand: 30.03.2012.
[672] Vgl.: Carroll, St. J.: a.a.O., S. 137

- Durch die Zielorientierung können Mitarbeiter angeregt werden zu Lernvorgängen und Verhaltensanpassungen.

- Eine Stimulation der Entfaltung und des Leistungseinsatzes des Mitarbeiters kann durch eine vom Mitarbeiter ohnehin präferierte Mitwirkung bei der Zielfindung erreicht werden.

Somit liegt eines der fundamentalsten Instrumente des Managements by Objectives im Verfahren der Zielfindung, welche charakterisiert wird durch die gemeinsame Vereinbarung von Arbeitszielen und persönlichen Zielen. Die Instrumentalisierung erfolgt über das so genannte Kaskaden-Verfahren, wobei es sich um einen Handlungsplan handelt, mittels welchem die Zielerreichung fixiert wird, und eine horizontale und vertikale Abstimmung der Arbeitsbereiche erreicht wird. Außerdem erfolgt eine abschnittsbezogene Verlaufskontrolle, so genannte intermediate review sowie eine ergebnisbezogene Endkontrolle so genannte final review.

Um den Fortschritt zu kontrollieren, ist es nützlich, Zwischenziele zu formulieren. Der Kontrollprozess verläuft entgegengesetzt zum Zielvereinbarungsprozess. Bevor die Geschäftsführung das Zielkontrollgespräch mit einem Abteilungsleiter führen kann, ist es erforderlich, dass dieser ein Gespräch mit seinen Gruppenleitern geführt hat. Als Ausnahme gilt die Situation, in welcher es sich im Gespräch ausschließlich um individuelle Ziele des Abteilungsleiters handelt. Das gilt auch für die Gespräche zwischen Abteilungsleitern und Gruppenleitern. Es zeigt sich der folgende Zielvereinbarungsgesamtprozess:[673]

1. Zielvereinbarungsgespräche

Geschäftsführung	-	Abteilungsleiter
Abteilungsleiter	-	Gruppenleiter
Gruppenleiter	-	Mitarbeiter

2. Zielmeilensteingespräche

Mitarbeiter	-	Gruppenleiter
Gruppenleiter	-	Abteilungsleiter
Abteilungsleiter	-	Geschäftsführung

---

[673] Vgl.: http://www.soliserv.de/pdf/zielvereinbarung-it.dienstleister.pdf – Stand: 30.03.2012.

und:

Geschäftsführung	-	Abteilungsleiter
Abteilungsleiter	-	Gruppenleiter
Gruppenleiter	-	Mitarbeiter

3. Zielkontrollgespräche

Mitarbeiter	-	Gruppenleiter
Gruppenleiter	-	Abteilungsleiter
Abteilungsleiter	-	Geschäftsführung

11.5 Voraussetzungen für das Arbeiten mit Zielvereinbarungen

Für ein erfolgreiches Arbeiten mit Zielvereinbarungen bedarf es geregelter Voraussetzungen. Im Falle, dass es an klaren Regelungen, Mindestvoraussetzungen, ausreichendem Wissen und Kompetenzen fehlt, besteht die Gefahr, dass durch das Arbeiten mit Zielvereinbarungen eine Überforderung der Mitarbeiter und Führungskräfte eintritt. Gleichzeitig kann die Motivation und Leistung des Teams sinken.[674]

Abb. 52 Gestaltungselemente der Arbeit mit Zielvereinbarungen[675]

Unternehmenspolitik	Personalmanagement	Leistungsbedingungen
Inhalte der Vereinbarung	Verfahren der Mitarbeitergespräche	Leistungsbeurteilung
Rolle der Führungskraft und Führungsstil	Rolle und Verhalten der Mitarbeiter/-innen	Konfliktregelung

Im Falle, dass Mindestanforderungen im Konzept des ergebnisorientierten Führens betrieblich abgesichert sind, können Nachteile und gesundheitsgefährdende Auswirkungen görßtenteils vermieden werden. Maßgeblich sind neben der betrieblichen Regelung auch persönliche Kompetenzen der Mitarbei-

---

[674] Vgl.: http://www.ergo-online.de/site.aspx?url=html/arbeitsorganisation/ergebnis_arbeiten/ arbeiten_mit_zielvereinbarung.htm – Stand: 28.03.2012.

[675] Quelle: http://www.ergo-online.de/ – Stand: 28.03.2012.

ter, „die offenen organisatorischen Strukturen selbst einzuschätzen und zu steuern, wichtige Voraussetzungen zum Schutz der Gesundheit."[676]

Die Sicherheitsmotive werden im Management by Objectives ausreichend berücksichtigt durch die Möglichkeit der Mitwirkung bei der Festlegung der Ziele. Der Betroffene kann Unsicherheiten durch die Mitwirkung meiden, und er erfährt zugleich die in ihn gesetzten Erwartungen.[677]

An die Gestaltung der Arbeit mit Zielvereinbarungen werden Gesundheits- und leistungsfördernde Anforderungen gestellt. Hierzu bildet die die Unternehmenspolitik einen grundlegenden Rahmen. Ziele der Zielvereinbarungen sind grundsätzlich in die Unternehmenspolitik und in die Unternehmensziele einzubinden. Es sollte eine deutliche Verbindung zur Kundenorientierung und zum Qualitätsmanagement gegeben sein. Die Ziele sollten auch mit den Zielen der Abteilung oder des Bereichs abgestimmt sein. In der Praxis stellen Widersprüche Stressfaktoren dar. Es folgt eine vertrauensbildende Wirkung durch die Transparenz der Entwicklungsvorgaben und des gesamten betrieblichen Verfahrens der Führung mit Zielvereinbarungen.[678]

Im Zusammenhang mit Zielvereinbarungen ist zu berücksichtigen, dass das Personalmanagement ganzheitlich zu planen ist. Faktisch können die Mitarbeiter die steigenden Zielerwartungen besser erfüllen, wenn gesicherte Weiterbildungsmöglichkeiten bestehen. Es bedarf sozialer Kompetenz und Selbstmanagement. Im Unternehmen ist ein Abstimmungsprozess in Gang zu bringen, welcher Zielvereinbarungen, Weiterbildung, Personalauswahl- und -einsatz, Leistungsbeurteilung, Führungsverhalten gegenseitig in Einklang bringt. Für die Umsetzung eines ganzheitlichen Personalmanagements liegt die Priorität nicht alleinig beim Markt und bei der Produktivität, sondern gleichfalls auch bei den Leistungsbedingungen der Mitarbeiter der Unternehmensumwelt.[679]

---

[676] http://www.ergo-online.de/site.aspx?url=html/arbeitsorganisation/ergebnis_arbeiten/ arbeiten_mit_zielvereinbarung.htm – Stand: 28.03.2012.

[677] Vgl.: Carroll, St. J.: a.a.O., S. 140

[678] Vgl.: http://www.ergo-online.de/site.aspx?url=html/arbeitsorganisation/ergebnis_arbeiten/ arbeiten_mit_zielvereinbarung.htm – Stand: 28.03.2012.

[679] Vgl.: http://www.ergo-online.de/site.aspx?url=html/arbeitsorganisation/ergebnis_arbeiten/ arbeiten_mit_zielvereinbarung.htm – Stand: 28.03.2012.

„Eine vertrauensorientierte Unternehmenskultur ist die entscheidende Voraussetzung für erfolgreiche Zielvereinbarungen. Führen und Arbeiten mit Zielvereinbarungen ist ein Schritt der Personalentwicklung."[680]

Durch geprüfte Leistungsbedingungen ist es möglich, den Erfolg zu sichern und gleichzeitig eine Überforderung der Mitarbeiter zu vermeiden. Wenn im Rahmen der Zielvereinbarung die Rahmenbedingungen und Ressourcen, z. B. Arbeitsplatzausstattung, leistungsfähige Technik, Informationszugriffe, Personalbudgets etc. bestimmt und festgelegt sind, dann bedeutet dies für die Mitarbeiter zugleich Sicherheit. Damit sind die Voraussetzungen für die Leistung geregelt. Vor der Zielvereinbarung wird eine Gefährdungsbeurteilung empfohlen. Dies gilt insbesondere für psychische Belastungen. Hierfür bieten sich die nachfolgend aufgeführten Fragestellungen an:[681]

*   „gibt es überhaupt ausreichende Handlungsspielräume für die Zielerreichung?

*   sind die Umstände, die zum Ziel führen, beeinflussbar?"[682]

Vor allem durch die grundlegende Ausrichtung des Managements by Objectives an der individuellen Leistung insbesondere am Leistungsergebnis der Gruppe, werden positive Bedingungen für Aktivitäten und die Erfüllung des Leistungsmotivs bewirkt. Verstärkt wird dieser Effekt durch:

1. die Problemlösungsorientierung,

2. das niedrige Kritikniveau,

3. die Vermittlung eines direkten Feedbacks sofort nach Erreichen von Subzielen,

4. die Aussprache von Hoffnung auf Erfolg.

Bei der Festlegung der Ziele sind u. a. die persönlichen Leistungsvoraussetzungen, die regionalen oder sonstigen spezifischen Umfeldbedingungen zu

---

[680] http://www.ergo-online.de/site.aspx?url=html/arbeitsorganisation/ergebnis_arbeiten/ arbeiten_mit_zielvereinbarung.htm – Stand: 28.03.2012.

[681] Vgl.: http://www.ergo-online.de/site.aspx?url=html/arbeitsorganisation/ergebnis_arbeiten/ arbeiten_mit_zielvereinbarung.htm – Stand: 28.03.2012.

[682] http://www.ergo-online.de/site.aspx?url=html/arbeitsorganisation/ergebnis_arbeiten/ arbeiten_mit_zielvereinbarung.htm – Stand: 28.03.2012.

berücksichtigen. Die Inhalte der Zielvereinbarung sollten überprüfbare und erreichbar sein.[683]

Unabhängig davon, ob Zielvereinbarungen als Unternehmensziele heruntergeborchen werden sollen, oder ob die Zielvorstellungen vom Mitarbeiter aus durch die hierarchischen Stufen informativ zur Unternehmensführung gelangen, erfolgt ein kooperativer Prozess in welchem die Ziele gegenseitig ausgehandelt werden, welcher auch im Rahmen der arbeitsvertraglichen und tarifvertraglichen Pflichten im Konsens erfolgt. Zu den Vereinbarungen gehört auch die Verpflichtung des Unternehmens zur Sicherung der Rahmenbedingungen.[684]

Für die Zielfindung bieten sich aus der Perspektive des Mitarbeiters die die folgenden hilfreichen Fragestellungen an:

„Welches sind die übergeordneten Ziele (des Unternehmens, der Geschäftsbereiche, der Abteilungen), an denen sich meine Ziele orientieren sollen und zu deren Erreichung ich etwas beitragen soll?

• Welche persönlichen Ziele und Erwartungen habe ich bezogen auf meine jetzige berufliche Tätigkeit?

• Wie können die Unternehmensziele und meine persönlichen Ziele aufeinander abgestimmt werden?

• Welche neue Aufgabe würde ich gerne anpacken und wie können die entsprechenden Ziele lauten?"[685]

An die Ziele einer Zielvereinbarung werden die folgenden Anforderungen gestellt:[686]

• Ziele sollten eindeutig sein.

• Sie sollten messbar sein.

• Mit zumutbarem Arbeitseinsatz sollten sie erreichbar, bzw. realisierbar sein.

---

[683] Vgl.: http://www.ergo-online.de/site.aspx?url=html/arbeitsorganisation/ergebnis_arbeiten/arbeiten_mit_zielvereinbarung.htm – Stand: 28.03.2012.

[684] Vgl.: http://www.ergo-online.de/site.aspx?url=html/arbeitsorganisation/ergebnis_arbeiten/arbeiten_mit_zielvereinbarung.htm – Stand: 28.03.2012.

[685] http://www.soliserv.de – Stand: 30.03.2012.

[686] Vgl.: http://www.ergo-online.de/site.aspx?url=html/arbeitsorganisation/ergebnis_arbeiten/arbeiten_mit_zielvereinbarung.htm – Stand: 28.03.2012.

- Ziele sollten weitgehend widerspruchsfrei sein.

- Sie sind positiv zu formulieren.

Die Inhalte der Ziele sind fachlicher Natur, bezogen auf Kooperation oder Qualifizierung. Es wird empfohlen, maximal 5 Ziele zu vereinbaren. Es sollten während der definierten Laufzeit Korrekturen möglich sein.[687]

Die Mitarbeitergespräche erfordern ein transparentes Verfahren. Bei den Zielvereinbarungs- und Zielerreichungsgesprächen ist der persönlichen Dialog von großer Bedeutung. Mitarbeitergespräche sind rechtzeitig anzukündigen. Die Ergebnisse der Gespräche sind zu fixieren. In der Praxis erweist sich ein geregelter Gesprächsablauf für die Betroffenen als hilfreich. Zielvereinbarungsgespräche und Gespräche zur Ergebnisbeurteilung sollten in einer entspannten, vertrauensvollen Atmosphäre erfolgen. Auf dieser Basis sollte ein gleichberechtigtes Aushandeln möglich sein.[688]

Das Management by Objectives nach Carroll, das Führungsmodell anhand von Zielen, enthält Formulierungen für entsprechende Regeln des Entlohnungssystems.[689] Personen weisen ein höheres Leistungsniveau auf, sobald das Entlohnungssystem an das Leistungsergebnis gebunden ist.[690]

Die Leistungsbeurteilung bedarf eines geregelten Verfahrens. Es ist für jeden Fall betrieblich zu klären, welcher Grad der Zielerreichung zu welcher Beurteilung oder zu welchem variablen Entgeltbestandteil führt. Der jeweilige Zielerreichungsgrad ist möglichst konkret zu formulieren, damit etwaige Auslegungsdifferenzen minimiert werden. Faktisch sollte die Festlegung variabler Entgeltbestandteilen nicht im subjektiven Ermessen der Führungskraft liegen. Durch ein garantiertes Mindestgehalt erhält der Mitarbeiter eine bedeutende ökonomische Sicherheit.[691]

---

[687] Vgl.: http://www.ergo-online.de/site.aspx?url=html/arbeitsorganisation/ergebnis_arbeiten/ arbeiten_mit_zielvereinbarung.htm – Stand: 28.03.2012.

[688] Vgl.: http://www.ergo-online.de/site.aspx?url=html/arbeitsorganisation/ergebnis_arbeiten/ arbeiten_mit_zielvereinbarung.htm – Stand: 28.03.2012.

[689] Vgl.: Carroll, St. J.: a.a.O., S. 116-118

[690] Dieser Sachverhalt wird durch empirische Untersuchungsergebnisse gestützt.

[691] Vgl.: http://www.ergo-online.de/site.aspx?url=html/arbeitsorganisation/ergebnis_arbeiten/ arbeiten_mit_zielvereinbarung.htm – Stand: 28.03.2012.

Im Zusammenhang von Zielvereinbarungen mit der Personalführung erweist sich ein Kontrollverhalten als widersprüchlich. Die Mitarbeiter schätzen vielmehr ein unterstützendes, und förderndes Führungsverhalten.[692]

Mittels der Regelung, durch welche bei einer erfolgreichen Aufgabendurchführung der Aufgabenbereich zu erweitern ist, wird eine erwartungsgerechte Formierung geschaffen; durch eine aufgabenorientierte Hilfe des Vorgesetzten sind positive Wirkungen zu erwarten.[693] Eine starke Beeinflussung der Erwartungen erfolgt durch die Art und die Ausprägung der Rückmeldung des Leistungsergebnisses. Beim Management by Objectives ist der Rückmeldungsprozess am Ablauf des Leistungsprozesses orientiert, vor allem zielbezogen und mitarbeiterzentriert.[694]

Beim Einsatz der Führung mit Zielvereinbarung ist ein selbstgesteuertes Verhalten der Mitarbeiter gefragt. Es ist erforderlich, dass die Mitarbeiter über die Kompetenz, selbstkritisch und realistisch die eigenen Stärken und Schwächen, Zeitaufwände und Fähigkeiten einzuschätzen, verfügen. Zur Selbststeuerung der Mitarbeitung gehört auch, dass sich diese entsprechend auf das Zielvereinbarungsgespräch vorbereiten. Sie sollten in der Lage sein, selbst Ziele zu formulieren.[695]

Durch Rückmeldungen an die Führungskraft wird Rückendeckung gegeben. Zudem wird dadurch ein frühzeitiges Umsteuern möglich. „Das persönliche Bemühen um die Erreichung der Ziele ist Voraussetzung für ein erfolgreiches und stressfreies Arbeiten mit Zielvereinbarungen."[696]

Im Management-by-Objectives führt die Möglichkeit der Mitwirkung bei der Zielbildung zu einer hohen Identifikation.[697] Dagegen werden Strafen als Ausprägung der Sanktion einer Machtbasis entschieden abgelehnt! Diese Haltung wird durch das Beispiel des Bewertungsprozesses bestätigt. So wird eine mangelnde Zielerreichung nicht bestraft, sondern eine positive Verhaltensänderung intendiert. Das Problem wird über den Versuch der Unterstützung

---

[692] Vgl.: http://www.ergo-online.de/site.aspx?url=html/arbeitsorganisation/ergebnis_arbeiten/ arbeiten_mit_zielvereinbarung.htm – Stand: 28.03.2012.

[693] Vgl.: Carroll, St. J.: a.a.O., S. 76, 77, 78, 114, 115

[694] Vgl.: Carroll, St. J.: a.a.O., S. 51, 70, 71

[695] Vgl.: http://www.ergo-online.de/site.aspx?url=html/arbeitsorganisation/ergebnis_arbeiten/ arbeiten_mit_zielvereinbarung.htm – Stand: 28.03.2012.

[696] http://www.ergo-online.de/site.aspx?url=html/arbeitsorganisation/ergebnis_arbeiten/ arbeiten_mit_zielvereinbarung.htm – Stand: 28.03.2012.

[697] Vgl.: Carroll, St. J.: a.a.O., S. 75, 130-135

durch den Vorgesetzten, also mittels der Machtbasis Information und nicht Legitimation oder Autorität gelöst. Eine Ausnahme ergibt sich jedoch im untersten Bereich der Hierarchie der Unternehmung. Hierbei wird implizit auf Sanktionen und Legitimität zurückgegriffen, aus organisatorischen Zwängen, aufgrund der Koordination ist der Umfang individueller Entscheidungskompetenz relativ niedrig, die Ziele können lediglich in geringem Umfang vom Betroffenen beeinflusst werden. In diesem speziellen Bereich müssen die Ziele weitgehend vermittelt „communicated" und mit formaler Autorität durchgesetzt werden.[698] Somit besteht im Modell eine Abhängigkeit der Machtbasen und der Machtmittel von der hierarchischen Ebene. Für diese formalautoritäre Durchsetzung gibt es weitere Gründe wie: Sachzwänge in Form von Dringlichkeit und Wertigkeit der Ziele, Beeinflussung von Widerständen oder dafür zu sorgen, dass der Kaskaden-Prozess nicht abreißt.

Es bedarf der geregelten Konfliktlösung, einer Beschwerde- und Überprüfungsmöglichkeit für Situationen, in welche keine Einigkeit erzielt werden kann. Damit der Gedanke der Vereinbarung auch bei Nichteinigkeit erfüllt wird, bietet sich eine kooperative Konfliktlösung in einer paritätischen Kommission mit Arbeitgeber, Arbeitnehmern und ihren Interessenvertretungen an.[699]

Im Konfliktfall kann sich das Recht auf Unterstützung für die Betroffenen mit entlastender Wirkung erweisen. Möglich wäre bspw. dass ein Mitglied des Betriebsrates am Konfliktklärungsgespräch teilnimmt, oder der Frauenbeauftragte.

Teamzielvereinbarungen entsprechen nicht gleich den persönlichen Zielen. Persönliche Zielvereinbaren führen vergleichsweise häufig zu anderen Ergebnissen. Dies bedeutet auch, dass die Teamzielvereinbarungen nicht unbedingt gleichzeitig entlastend für Einzelne Mitarbeiter sind. Das Team sollte die Aushandlungsprozesse über Aufgaben, Zeitvorgaben und persönliche Ressourcen selbstständig ausführen, was eine zusätzliche Anforderung sein kann, welche in kritischen Situationen zu vermehrtem Stress führen kann.[700]

Im Unterschied zu den Teamzielvereinbarungen sind individuelle Zielvereinbarungen nicht immer sinnvoll. Individuellen Zielvereinbarungen führen meist zu einem größeren internen Aufwand. Häufig wäre ein Gruppenbezug ausrei-

---

[698] Vgl.: Carroll, St. J.: a.a.O., S. 57

[699] Vgl.: http://www.ergo-online.de/site.aspx?url=html/arbeitsorganisation/ergebnis_arbeiten/ arbeiten_mit_zielvereinbarung.htm – Stand: 28.03.2012.

[700] Vgl.: http://www.ergo-online.de/site.aspx?url=html/arbeitsorganisation/ergebnis_arbeiten/ arbeiten_mit_zielvereinbarung.htm – Stand: 28.03.2012.

chend. Die Vereinbarung von Gruppenzielen ist in solchen Fällen vorzuziehen, wenn im Vordergrund die Stärkung der Teamarbeit steht.[701]

11.6 Zielvereinbarungen und Anforderungen an das Management

Management und Führung mit Zielvereinbarungen stellt an die Führungskräfte hohe Anforderungen. Es ist ein entsprechendes Umdenken erforderlich. Anstatt der Führung mittels Anweisung und Kontrolle bedarf es einer Führungsrolle in offenen Managementstrukturen. Die Führende Person wirkt wie ein "Coach". Diese Führungsrolle hilft bei der täglichen Arbeit, sie unterstützt die Auswahl der Weiterbildung und die persönliche Entwicklungsplanung.[702]

Die Führungsperson ist dazu bereit, die Verantwortung und die Bereitstellung der erforderlichen Sachmittel und Ressourcen zu übernehmen und kommuniziert dies auch gegenüber den Mitarbeitern. Zudem stellt sie für die Förderung der Mitarbeiter genügend Zeit für Kritikgespräche bereit. Die Führungsperson versteht es, durch Anerkennung und mittels Herausforderung zu motivieren.[703]

Zum Zweck der persönlichen Vorbereitung auf ein Zielvereinbarungsgespräch können sich folgenden Hinweise als hilfreich erweisen:

- "Welche Ziele gelten für den Bereich?

- Welches sind die persönlichen Zielvorstellungen?

- Welche Ziele sollen konkret erreicht werden?

- Können Zielerreichungsstufen schon bei der Zielvereinbarung bestimmt werden?

- Durch welche Maßnahmen, Informationen usw. kann die Führungskraft die Zielerreichung unterstützen?

- Welche Fachkenntnisse sind für die Zielerreichung Voraussetzung? Liegen diese Fachkenntnisse und Erfahrungen vor?

- Wie muss der Arbeitsplatz ausgestaltet sein?

- Welche technischen Systeme sind zusätzlich notwendig?

---

[701] Vgl.: http://www.ergo-online.de/site.aspx?url=html/arbeitsorganisation/ergebnis_arbeiten/arbeiten_mit_zielvereinbarung.htm – Stand: 28.03.2012.

[702] Vgl.: http://www.ergo-online.de/site.aspx?url=html/arbeitsorganisation/ergebnis_arbeiten/arbeiten_mit_zielvereinbarung.htm – Stand: 28.03.2012.

[703] Vgl.: http://www.ergo-online.de/site.aspx?url=html/arbeitsorganisation/ergebnis_arbeiten/arbeiten_mit_zielvereinbarung.htm – Stand: 28.03.2012.

- Mit welchen Methoden/Strategien kann das Ziel erreicht werden?
- Welche Zwischenschritte sind notwendig?
- Wer muss eingebunden werden?
- Wann und in welcher Form kann Rückmeldung und Unterstützung angeboten werden?
- Wie bzw. woran kann festgestellt werden, inwieweit ein Ziel erreicht wurde?
- Welche Quantität/Qualität soll die Zielerreichung aufweisen?
- Welche Informationsquellen lassen eine Aussage über die Zielerreichung zu?
- Welche Kosten dürfen auftreten?
- Welche Termine sind zu beachten?"[704]

11.7 Regeln

Das Führen mit Zielvereinbarungen erfordert die Einhaltung von grundlegenden Regeln. Hierzu gehören die nachfolgend aufgeführten Punkte:

- „Wer einem Ziel, einer Aufgabe zugestimmt hat ist verantwortlich, d.h.:

  - Die Führungskraft verlässt sich darauf, dass solange sie nichts hört, alles seinen Gang geht.

  - Wenn, egal ob aus vom Mitarbeiter zu vertretenden Gründen oder nicht, absehbar ist, dass es Probleme bei der Zielerreichung gibt (terminliche, quantitative, qualitative) informiert der Mitarbeiter umgehend seine Führungskraft. Nur dann kann diese rechtzeitig steuern.

- Bereits bei der Zielvereinbarung wird ein Meilensteintermin vereinbart zu dem der Mitarbeiter einen Zwischenbericht gibt. Dieser geht unaufgefordert an die Führungskraft.

- Die Führungskraft wird dann aktiv, wenn der Mitarbeiter sich nicht an die Vereinbarung hält, also z.B. der zugesagte Berichtstermin nicht eingehalten wird. Nicht vorher!!!

---

[704] http://www.ergo-online.de/site.aspx?url=html/arbeitsorganisation/ergebnis_arbeiten/arbeiten_mit_zielvereinbarung.htm – Stand: 28.03.2012.

- Wenn ein Mitarbeiter zu späte Rückmeldung gibt, dass etwas nicht funktioniert, ist der Regelverstoss (zu späte Rückmeldung) schlimmer als das Nichtfunktionieren."[705]

11.8 Rechtliche Aspekte der Zielvereinbarung

Mit der Zielvereinbarung gehen die Mitarbeiter zugleich eine rechtliche Verpflichtung ein. Durch die Zielvereinbarungen wird der Arbeitsvertrag konkretisiert. „Die Nichterreichung von Zielen kann unter Umständen eine schuldhafte Arbeitsvertragsverletzung darstellen. Grundsätzlich stehen Beschäftigte allerdings nicht für die nicht erfolgreiche Zielerreichung ein. Es darf keine Sanktionen für diesen Fall geben."[706]

Für Arbeitgeber besteht die Pflicht zur Zahlung eines variablen Entgelts, sofern die Zielvereinbarung daran gekoppelt ist. Es ist nicht möglich, das Weisungsrecht gegen die Vereinbarung zu nutzen. Eine Kürzung von Zielvereinbarungsentgelten infolge von krankheitsbedingten Fehltagen ist bei Entgeltfortzahlungsanspruch nicht erlaubt.

Gesundheitsschutz:

Der Gesundheitsschutz ist eigenverantwortlich zu entwickeln.

„Das Dilemma der Gesundheitsschützer im Betrieb ist, dass Beschäftigte in offenen ergebnisorientierten Führungsstrukturen Schutzregelungen als „störend" und bürokratisch empfinden. Bevormundung und Belehrung sind hier fehl am Platz. Man kann Beschäftigte nicht vor sich selbst schützen, vielmehr muss eigenverantwortliches Handeln entwickelt werden. Regelmäßige Qualifizierung ist dafür eine entscheidende Voraussetzung. Dazu kann die Unterweisung genutzt werden."[707]

In den Zielvereinbarungen von Führungskräften können Ziele zur gesundheitsförderlichen Arbeitsgestaltung oder zur Verbesserung der Mitarbeiterzufriedenheit verankert werden. Hierfür ist jedoch eine regelmäßige Gefährdungs-

---

[705] http://www.soliserv.de/pdf/zielvereinbarung-it.dienstleister.pdf – Stand: 30.03.2012.

[706] http://www.ergo-online.de/site.aspx?url=html/arbeitsorganisation/ergebnis_arbeiten/arbeiten_mit_zielvereinbarung.htm – Stand: 28.03.2012.

[707] http://www.ergo-online.de/site.aspx?url=html/arbeitsorganisation/ergebnis_arbeiten/arbeiten_mit_zielvereinbarung.htm – Stand: 28.03.2012.

beurteilung erforderlich. Zudem sind Kriterien zur humanen Arbeitsgestaltung erforderlich.[708]

Gefährdungsbeurteilung / Kriterien für humane Arbeitsgestaltung:

„Das Ziel Krankenstandssenkung z.b. in Abteilungen und die Bindung an variables Entgelt muss aus Sicht des Gesundheitsschutzes grundsätzlich vermieden werden. Wenn ein solches Ziel als Druck ohne Möglichkeiten zur Verbesserung von Arbeits- und Leistungsbedingungen auf einer Gruppe lastet, kann es zu kontraproduktiven Folgen kommen. Nicht auskurierte Erkrankungen senken langfristig die Motivation und die Leistung."[709]

11.9 Einführung von Zielvereinbarungssystemen

Die Einführung von Zielvereinbarungssystemen ist als neue Maßnahme mit einem Ziel zu versehen. Es stellt sich die Frage, aus welchem Wunsch und Ziel die Maßnahme „Einführung eines Zielvereinbarungssystems" resultieren kann.[710]

Abb. 53 Einführung eines Zielvereinbarungssystems: Wunsch/Ziel[711]

Wunsch:	Ziel:
Besser motivierte Mitarbeiter	Die Mitarbeiter steigern die messbaren Leistungen um 10%, bis zum 15.12.07
Mehr Ertrag	Der Ertrag des Geschäftsbereichs/ des Unternehmens steigert sich von jetzt 180.000 € auf mehr als 200.000 € bis zum 18.11.08
Zufriedene Kunden	Unsere A-Kunden beantworten den bereits seither verwendeten Fragebogen am 10.01.08 im Durchschnitt mit 2,0 (sehr zufrieden)

Werden ein oder alle Ziele akzeptiert, lassen sich Maßnahmen erarbeiten, welche zum Vorhandensein eines Zielvereinbarungssystems führen. Mögliche Maßnahmen sind:[712]

---

[708] Vgl.: http://www.ergo-online.de/site.aspx?url=html/arbeitsorganisation/ergebnis_arbeiten/arbeiten_mit_zielvereinbarung.htm – Stand: 28.03.2012.

[709] http://www.ergo-online.de/site.aspx?url=html/arbeitsorganisation/ergebnis_arbeiten/arbeiten_mit_zielvereinbarung.htm – Stand: 28.03.2012.

[710] Vgl.: http://www.blueprints.de/anregungen/beruf/zielvereinbarung.html – Stand: 25.03.2012.

[711] Quelle: http://www.blueprints.de/anregungen/beruf/zielvereinbarung.html – Stand: 25.03.2012.

- „Vollständige Information über Nutzen und Risiken aller Beteiligten

- auch der Mitbestimmungsgremien über die genaue Formulierung des Vorhabens, des Ziels/der Ziele

- Ableiten von Teilzielen im Sinne einer Zielhierarchie

- Entwickeln von Einzelschritten und konkreten Maßnahmen zum Erreichen der Teilziele bzw. Ziele

- Bewertung dieser Maßnahmen durch die Brillen der Unternehmenswerte und der Wirkungen auf die Zielgruppen

- Finden von Belohnungsmöglichkeiten für das Erreichen der Ziele

- Entscheiden für die Maßnahmen und Realisieren derselben

- Qualifizierung der Führungskräfte für Controlling-Gespräche, Formulierung von Anerkennung und Kritik und Motivationsgespräche

- Zwischenkontrollen z.B. zum Zeitpunkt der definierten Teilziele, zur Fortschrittsmessung

- Wenn nötig: Nachbesserungen und/oder neue Maßnahmen"[713]

Zielvereinbarungssysteme stellen eine faire Möglichkeit dar, um eine Belohnung des Engagements der Mitarbeiter zu erreichen. Es lassen sich Potentiale fördern und sie erbringen einen wesentlichen Beitrag zur Realisierung von Unternehmenswerten.

Vor der Einführung eines Zielvereinbarungssystems können sich Überlegungen bezüglich der folgenden Aspekte als hilfreich erweisen:

- „Das genaue Ziel des Zielvereinbarungssystems

- Qualifikation der Mitarbeiter im Arbeiten mit Zielen

- Die Qualifikation der Führungskräfte

- Die Finanzierung des Zielvereinbarungssystems

- Rechtliche und arbeitsvertragliche Aspekte (Gesetze, Verträge)

- Ausrichtung der Ziele am Unternehmensziel

---

[712] Vgl.: http://www.blueprints.de/anregungen/beruf/zielvereinbarung.html – Stand: 25.03.2012.
[713] http://www.blueprints.de/anregungen/beruf/zielvereinbarung.html – Stand: 25.03.2012.

- Prüfung von Teilzielen auf Konflikte
- Die Zeit und Energie, die zur Einführung benötigt wird
- Die Kommunikation des Sinns des Zielvereinbarungssystems"[714]

Im Zusammenhang mit der Einführung von zielorientierten Entgeltsystemen, bei der Festlegung von Zielvereinbarungssystemen als Entlohnungsgrundsatz, bei der Festlegung von Beurteilungskriterien und Zielkatalogen sowie bei der Erstellung eines Zielvereinbarungsformulars besteht eine Mitbestimmung von Interessenvertretungen gem. Betriebsverfassungsgesetz. Die Mitbestimmung besteht auch, wenn die Einführung von Zielvereinbarungen in Verbindung mit EDV-Systemen erfolgt.[715]

Hilfreiche Beispiele, Musterformulare, Diagramme und Texte für Zielvereinbarungen (Zielvereinbarungsbogen, Prozessdiagramme, Führungsleitsätze, Beispiel Betriebsvereinbarung – Zielvereinbarung) finden sich unter der Webseite:[716] http://www.soliserv.de/pdf/zielvereinbarung-it.dienstleister.pdf

Insgesamt kann sich ein Zielvereinbarungssystem bei richtiger Umsetzung als nützliches Instrument der Unternehmensführung und -steuerung erweisen.

---

[714] Vgl.: http://www.blueprints.de/anregungen/beruf/zielvereinbarung.html
– Stand: 25.03.2012.

[715] Vgl.: http://www.ergo-online.de/site.aspx?url=html/arbeitsorganisation/ergebnis_arbeiten/
arbeiten_mit_zielvereinbarung.htm – Stand: 28.03.2012.

[716] Vgl.: http://www.soliserv.de/pdf/zielvereinbarung-it.dienstleister.pdf – Stand: 30.03.2012.

12 Erfolgreiches Management der Zukunft: Von der Qualität der Produkte und Prozesse zur Qualität der strategischen Anpassung/Change im Kontext von Unternehmen und Umfeld

Für erfolgreiches Management und Zukunftsmanagement weist die wissenschaftliche Literatur zahlreiche Modelle und Erfolgsrezepte aus. Ob diese alle in die richtige Richtung wirken ist fraglich. Viele Erfolgsrezepte sind durch einen hohen Grad an Allgemeinheit gekennzeichnet. Dies führt dazu, dass die Empfehlungen in den meisten Fällen zutreffen.

Sicherlich sind die Manager für den Erfolg oder Misserfolg nicht alleine verantwortlich, jedoch können sie den Unternehmenserfolg in der Zukunft wesentlich beeinflussen. Sie sind gefordert, sich der zukünftigen Entwicklung des Unternehmens zu widmen und dabei die zukünftige Entwicklung des Umfeldes zu berücksichtigen.

Erfolgreiches Management kann nicht auf einigen simplen standardisierten Regeln begründet sein. Es bedarf der Berücksichtigung komplexer Zusammenhänge im Unternehmen als sozio-technisches System und im Zusammenhang mit dem Umfeld des Unternehmens. Die Zusammenhänge und deren Interdependenzen sind simultan zu berücksichtigen. Jeder einzelne Mitarbeiter, Kunde, Lieferant zählt. – Jedoch unter Berücksichtigung der Einflüsse externer Interessen, zukünftiger Trends und Entwicklungen und des globalen Wettbewerbs.

Durch Erfolgsrezepte kann der zukünftige Erfolg nicht garantiert werden. Sobald ein Unternehmen erfolgreich ist, werden Nachahmer bzw. Imitatoren die Ideen aufgreifen, ggf. mit hohen Investitionen und höherer Risikobereitschaft tätig werden. Durch den Wettbewerb schrumpfen die Margen. Am Ende gewinnt der Markt. Die Unternehmen sind immer wieder erneut, also permanent dazu gezwungen, ständig Innovationen hervor zu bringen. Diese verschaffen ihnen für eine gewisse Zeit einen Wettbewerbsvorteil.

Für den Erfolg des Unternehmens ist die Qualität der strategischen Anpassung im Kontext von unternehmen und Umfeld maßgeblich. Future- und Change-Management sind hierbei hilfreich. Am Ende jedoch entscheidet stets der Markt über den Erfolg und gibt Aufschluss darüber, ob die wirklich wichtigen Entscheidungen richtig getroffen wurden. Neben den Managementfähigkeiten bedarf es für den Erfolg jedoch auch der günstigen Entwicklung an den internationalen Märkten, stabiler politischer, gesellschaftlicher und wirtschaftlicher Rahmenbedingungen - und auch etwas Glück.

Total Quality Management TQM

Im Zusammenhang mit der Realisation eines Lean-Management ist die gleichzeitige Ausrichtung nach dem Total Quality Management / TQM insbes. auch die Übertragung auf administrative Leistungsprozesse ohne weiteres möglich.[717] Zwar entwickelte sich der „Lean"-Gedanke in Zusammenhang der integrativen Erweiterung der Lean Production unter speziellen Aspekten des Produktionsbereiches, jedoch können die Denk- und Handlungsmuster auf den Dienstleistungssektor und auch auf andere Branchen angewendet werden.[718]

Für das Simultan-Management im Wandel ist dabei die Frage nach der Art der Umsetzung maßgeblich. Der Gedanke eines Total Quality Managements / TQM sieht die Erzielung eines hohen Qualitätsniveaus als Konzept eines nach Markt – bzw. nach den Bedürfnissen der Kunden ausgerichteten Managements. Dabei erfolgt die Qualitätsoptimierung entsprechend eines Primärprozesses, welcher zur Koordination leistungsrelevanter Handlungen beiträgt.[719] Die Unterstützungsleistungen des Primärprozesses koordiniert der Sekundärprozess. Der Tertiärprozess dagegen beinhaltet steuernde Funktionen und wird in langfristiger Perspektive betrachtet.

Das Konzept des Total Quality Managements basiert darauf, dass sich die Leistungsprozesse – und zwar sowohl Primär-, Sekundär- und Tertiärprozesse, nach den Bedürfnissen und Erwartungen der Kunden richten. Die am Primärprozess beteiligten Mitarbeiter sind eine Art von Kunden der Unterstützungs- und Steuerungsleistungen, wodurch diese bezüglich der Qualität in ihren individuellen Arbeitsbereichen selbst verantwortlich sind. Wegen der Interdependenzen der Einzelprozesse und Individuen ergeben sich für das Management die Aufgaben der Konzipierung für ein unternehmensweit zu akzeptierendes Postulat der kundengesteuerten Qualität. Aufgrund der Umfeldbedingungen, welche sich im dynamischen Prozess des ständigen Wandels permanent verändern, erfordert das Total Quality Management das

---

[717] Vgl.: Burkhard, K. / Sager, O.: Lean Production – auch in Dienstleitungsbetrieben. io Management Zeitschrift, 1993, 2; S. 68-72

[718] Vgl.: Daum, M.: Lean Production – Übertragung auf andere Branchen. io Management Zeitschrift, 1992, 7/8, S. 64-67

[719] Vgl.: Biehal, F.: Dienstleistungsmanagement und schlanke Organisation. In: Behal, F. (Hrsg.): Lean Service. Wien, 1993, S. 29 f

Verständnis für ein evolutorisches Simultan Management mit dem entsprechenden ganzheitlichen Führungshorizont.[720]

Das Total Quality Management fördert die Unternehmensflexibilität, sowie das kundengesteuerte System permanenter Verbesserung. Diese Wirkung des Total Quality Management zielt in die gleiche Richtung wie das Kaizen.[721]

Die Funktionsweise des Total Quality Managements setzt einen ganzheitlichen Führungshorizont, welcher sich dem Management durch die Anwendung des Simultan-Managements eröffnet. Der Manager muss die Komplexität sowie die Interdependenzen der kybernetischen Steuerungsprozesse kennen, er muss die Aufgaben des permanenten Systemwandels lösen und über die Fähigkeit eines vernetzten Denkens verfügen, um entsprechende Denk- und Handlungsmuster abzuleiten.

In den vergangen Jahren ist der Aspekt der Qualität zu einem entscheidenden Wettbewerbsfaktor geworden. Qualität hat sich als Unternehmensziel und Führungsaufgabe durchgesetzt. Dieser Trend wird dadurch verstärkt, dass gerade die Unternehmungen mit Qualitätsorientierung erfolgreicher sind und sich an den Märkten durch Qualität statt Quantität durchsetzten. Die Unternehmungen stehen mit ihren Leistungen permanent in evolutionären Wettbewerbsprozessen. Die wettbewerblichen Selektionsprozesse haben sich seit den 40er Jahren derart gewandelt, dass der Qualitätsaspekt bis zu den 90er Jahren eine verstärkte Gewichtung erfährt. Dieser Wandel der Marktbedingungen und der Gesellschaft ist auf eine Vielzahl von Determinanten zurückzuführen und lässt sich wie folgt nachzeichnen:

In den 40er Jahren waren die Märkte durch die Grundversorgung geprägt. Die individuellen Werte waren orientiert an Grundbedürfnissen, Sicherheit und Entfaltung.

Die 60er Jahre standen unter einem erheblichen Einfluss expandierender Märkte mit einhergehendem Wachstum. Die Werte wandelten sich zu Fortschritt, Wohlstand und Macht.

Seit den 80er und 90er Jahren existiert eine verstärkte Qualitätsorientierung. Zahlreiche Märkte erfahren eine zunehmende Sättigung bei zunehmender Angebotsvielfalt. Das Umfeld und die Strukturen sind komplex. Die Werte erfuh-

---

[720] Vgl.: Wehrlin, Ulrich: Change Management: Gemeinsam den Change erfolgreich meistern! Change Management - Organisation - Entwicklung - Lernende Organisation. 1. Aufl. München, AVM - Akademische Verlagsgemeinschaft München, 2010. S. 154.

[721] Vgl.: Masaaki, I.: Kaizen – der Schlüssel für die japanische Überlegenheit im Wettbewerb. 1992

ren einen Wandel zu Umweltorientierung, Gesellschaft, Kooperation und Partnerschaft. Die Öffnung der Grenzen führte zur verstärkten Globalisierung der Märkte. Produktentwicklungszeiten und Produktlebenszyklen sind verkürzt.[722]

In dieser Entwicklung haben sich japanische Produkte auch wegen der qualitätsorientierten Unternehmensführung besonders hervorgehoben. Es hat sich gezeigt, dass Unternehmungen in Japan besonders effizient organisiert und geführt werden. Dieser Erfolg basiert auf einer Qualitätsphilosophie unter entsprechender disziplinärer Realisierung.[723] Im Vergleich sind die Durchlaufzeit und der Fertigteillagerbestand in der japanischen Automobilindustrie um ein vielfaches kürzer und niedriger als in den USA oder Europa. Die Anzahl an Lieferungen pro Tag dagegen um ein vielfaches höher.[724]

Der Unternehmenserfolg hängt wesentlich davon ab, wie anpassungsfähig das Management in diesem sich wandelnden Umfeld ist. Dabei sind zur Realisierung einer entsprechenden Qualitätsphilosophie sämtliche Mitarbeiter mit einzubeziehen. Der Ursprung der Qualität liegt somit bei der Führung, vor allem der qualitätsorientierten Mitarbeiterführung. Die Qualität ist somit allen anderen Funktionen des Managements übergeordnet, die Produktqualität ein Ergebnis der Unternehmensqualität. Dies erfordert die Entwicklung und Weiterentwicklung eines gemeinschaftlichen, also durch das gesamte Unternehmen getragenen, Qualitätsverständnisses, eingebettet in eine äquivalente Unternehmenskultur. Dabei bezieht sich der Qualitätsaspekt nicht einzig auf die Produktqualität, sondern erstreckt sich auf die gesamte Organisation und deren Leistungsprozesse sowie deren permanente Weiterentwicklung und Verbesserung.

Im Simultan-Management-System bezieht sich das Total Quality Management auf jeden einzelnen Mitarbeiter, das Management, sämtliche Prozesse, auch Führungs-, Steuerungs- und Anpassungsprozesse, also auf die gesamte Organisation und deren Umfeld. Qualität ist somit der Indikator zur Erfolgsmessung des Simultan-Managements.[725]

---

[722] Vgl.: Wehrlin, Ulrich: Change Management: Gemeinsam den Change erfolgreich meistern! Change Management - Organisation - Entwicklung - Lernende Organisation. 1. Aufl. München, AVM - Akademische Verlagsgemeinschaft München, 2010. S. 155.

[723] Vgl.: Seitz, K.: Die japanisch-amerikanische Herausforderung. Deutschland aktuelle, Stuttgart / München / Landsberg, 1991

[724] Vgl.: Kamiske, G. F. / Malorny, C.: a.a.O.

[725] Vgl.: Wehrlin, Ulrich: Change Management: Gemeinsam den Change erfolgreich meistern! Change Management - Organisation - Entwicklung - Lernende Organisation. 1. Aufl. München, AVM - Akademische Verlagsgemeinschaft München, 2010. S: 156.

Abb. 54 TQM Total Quality Management als übergeordnete Führungsaufgabe und SMA-Ergebniskontrolle im SMS Simultan-Management-System[726]

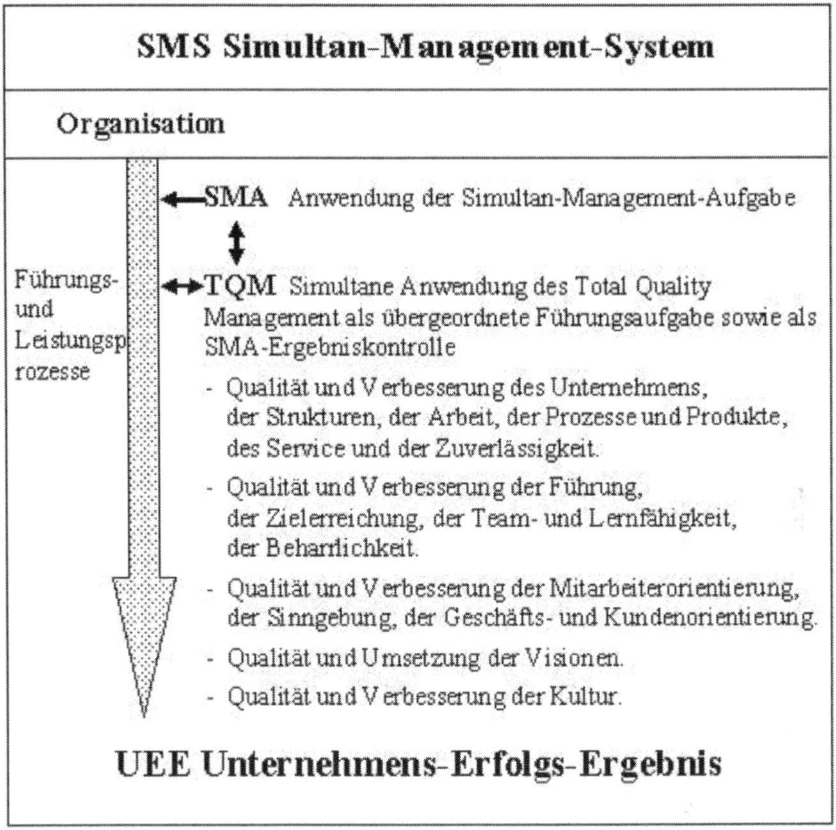

SMS Simultan-Management-System

Organisation

Führungs-
und
Leistungsp
rozesse

◄—SMA Anwendung der Simultan-Management-Aufgabe

↕

◄→TQM Simultane Anwendung des Total Quality
Management als übergeordnete Führungsaufgabe sowie als
SMA-Ergebniskontrolle

- Qualität und Verbesserung des Unternehmens,
  der Strukturen, der Arbeit, der Prozesse und Produkte,
  des Service und der Zuverlässigkeit.

- Qualität und Verbesserung der Führung,
  der Zielerreichung, der Team- und Lernfähigkeit,
  der Beharrlichkeit.

- Qualität und Verbesserung der Mitarbeiterorientierung,
  der Sinngebung, der Geschäfts- und Kundenorientierung.

- Qualität und Umsetzung der Visionen.

- Qualität und Verbesserung der Kultur.

UEE Unternehmens-Erfolgs-Ergebnis

Das TQM Total Quality Management zielt also nicht direkt auf die Verbesserung von Produkten ab, vielmehr stehen die Mitarbeiter und die Weiterentwicklung ihrer persönlichen Qualität im Mittelpunkt.

Damit Spitzenleistungen im Sinne von bester Qualität erzielt werden, ist es erforderlich, dass jeder einzelne Mitarbeiter sein Bestes gibt, nur dadurch ist die Basis für die Qualität der Arbeit, der Führung, der Prozesse und somit der Produkte und letztendlich des gesamten Unternehmens gewährleistet.

---

[726] Quelle: Eigene Darstellung.

Hierbei kommt der Führung eine besondere Gewichtung zu. Das Management muss über die Fähigkeit verfügen, Mitarbeiter auf Zukunftsvisionen auszurichten. Dies bedarf i. d. R. einer gewissen Konsensfindung, Kooperation, Teamorientierung. Im dynamischen Prozess müssen Freiräume geschaffen werden, innerhalb dessen individuelle Ziele in gemeinsamer Ausrichtung realisiert werden können. Die Mitarbeiter müssen dazu motiviert und begeistert sein. Den Mitarbeitern ist ein Sinn für ihr Handeln zu vermitteln, sie sind zu respektieren, deren Leistungen anzuerkennen. Es ist Begeisterung und Optimismus zu schaffen und somit ein angenehmes Arbeitsklima. Die Interessen der Kunden sind an die Mitarbeiter zu vermitteln. Die Führung ist zu fundieren durch die Festlegung gemeinsamer Ziele und Visionen sowie deren Realisierung.[727] Im Unternehmen ist entsprechender Freiraum für innovatives Unternehmertum zu schaffen, so dass Mitarbeiter durch Experimentieren, Verbesserungen für Prozesse entwickeln können. Das Management hat die Organisation so zu gestalten, dass dem Mitarbeiter Verantwortung, Rollen und Befugnisse, also eigene Kompetenzen zuerkannt werden.

Entsprechend des Konzeptes der motivatorischen Lücke sind die noch nicht befriedigten Bedürfnisse der Mitarbeiter zu beachten. Die Bedürfnisse nach Zugehörigkeit, Leistung, Anerkennung, Leistungsanerkennung und Selbstachtung sind zu erfüllen und ein hohes Maß an Motivation, Integration und Identifikation zu initiieren.

Der Manager ist für sein Team ein Leader, Trainer bzw. Coach und ein Vorbild zugleich. Gemeinsame Normen und Werte müssen vorgelebt werden. Informelle Prozesse und die Gruppendynamik sind zu fördern. Dazu bedarf es auch einer kundenorientierten Organisationsstruktur. Qualität beinhaltet zugleich Flexibilität. Das Unternehmen muss im Wettbewerb auf oft turbulente Marktveränderungen im dynamischen Prozess um Marktanteile häufig sehr rasch reagieren können. Dabei sind kleine und überschaubare Organisationseinheiten wegen ihrer Spontaneität von Vorteil. Eine teamorientierte Organisation fördert die Kreativität der Mitarbeiter und ist innovationsfördernd.

Eine besondere Bedeutung kommt der Kundenorientierung zu. Ein Team kann auf geänderte Bedürfnisse der Kunden schnell und flexibel reagieren. Handlungen aus Eigeninitiative sind innovativer als Anweisungen durch das Management. In diesem Zusammenhang wird nochmals auf die AR-Regelkreismodelle des Simultan-Management-Systems hingewiesen. Die Ent-

---

[727] Vgl.: auch: Höhler, G.: Spielregeln für Sieger. Düsseldorf, Wien / New York, 1992

scheidungswege sind im kybernetischen AR-Regelkreis kürzer und führen durch die unverzügliche Anpassungsreaktion zu Wettbewerbsvorteilen.

Durch die partnerschaftliche Einbindung von Kunden und Mitarbeitern in die Teamstruktur wird die Kommunikation als Indikator für die kybernetischen AR-Regelanpassungs- und Steuerungsprozesse gefördert und ein hohes Niveau an Führungs-, Prozess- sowie Produktqualität realisiert. Durch die Wünsche des Kunden wird dieser langfristig an das Unternehmen gebunden. Es ist erforderlich, dass die Qualität zum unternehmensweiten und allgemeinverbindlichen gemeinsamen Wertmaßstab der Unternehmenskultur wird. Da die Unternehmenskultur von sämtlichen Mitarbeitern getragen und geprägt werden soll, ist es erforderlich, den Qualitätsanspruch aus einer kooperativen Kommunikation[728] heraus, als Konsens zu entwickeln, zu fixieren und zu realisieren.

Diese Aufgabe ist eine der wichtigsten Erfolgsdeterminanten des Managements. Die Qualitätskultur steht in einem dynamischen Prozess permanenter Abstimmung unter Kunden, Mitarbeitern und dem Management

Business Reengineering

Das ursprünglich aus den USA stammende Konzept Business Reengineering[729] zielt ab auf eine Verbesserung der unternehmerischen Leistung um ca. 20 % bis 40 %.[730] In zahlreichen Unternehmen wurde die erfolgreiche prozessorientierte, mitarbeiter- und kundenorientierte Sichtweise der Arbeitsabläufe wegen der schwerfälligen Organisationsstruktur erschwert. Während die Unternehmen zuvor ihre Organisationsstruktur in erster Linie nach Funktionen, Produkten oder Projekten gestaltet hatten, gewichtet das Business Reengineering die betrieblichen Prozesse.

Ausschlaggebend für die unternehmerische Leistung ist somit der Grad der Bewältigung der Deregulierung, der Globalisierung des Wettbewerbs sowie der Bewältigung der Auswirkungen aufgrund technologischer und informations-technologischer Veränderungen auf die Organisationsstruktur. Demnach sind im Kontext sich wandelnder Informations- und Organisationsstrukturen permanente Neugestaltungen der Geschäftsprozesse erforderlich. Die Ver-

---

[728] Vgl.: Forster, W.: Qualitätsmanagement als Kulturentwicklung. Organisationsentwicklung. 3/90, S. 64-71

[729] Hierzu vgl. o.V.: „Reengineering: Amerikas Unternehmen bauen um". In: FAZ 3/1994 v. 5.1.1994, S. 67 f

[730] Vgl.: Hall, G. / Rosenthal, H. / Wade, J.: How to Make Reengineering Really Works? In: Harvard Business Review 71; 6/1993, S. 119-131

flechtung von Aufbau- und Ablauforganisation wurde über viele Jahre ver-
kannt, es wurden komplexe und schwerfällige Matrixstrukturen geschaffen.

Im evolutionären Wettbewerb sind Unternehmen permanent einem sich ändernden Umfeld ausgesetzt, die Strukturen und Prozesse müssen sich mit
diesem Wandel konfrontieren und sich mit entsprechenden Anpassungen be-
währen. Business Reengineering basiert darauf, dass das Management selbst
hinterfragt, ob die praktizierten Prozesse und Verfahren optimal sind, ob es
nicht effizientere Lösungen gibt. Häufig können durch einen radikalen Wechsel
verbesserte Leistungen erbracht werden. Wie können durch Business Reengineering[731] neue Lösungen gefunden und realisiert werden?

Dazu erfordert das Business Reengineering die simultane Aktivierung relevanter Management-Instrumente:[732]

- Konzentration auf die Prozesse, somit auf die Ablauf- weniger auf die
  Aufbauorganisation.

- Dauerhafte Projektorganisation

- Vernetzung der einzelnen Projektorganisationen

- Objektorientierte Segmentierung mit Bildung überschaubarer, kleiner
  Einheiten.

- Ermittlung und Nutzung potentieller Wettbewerbsvorteile. Integration der
  Aktivitäten und Informationen aus Vertrieb und Produktion bei der Entwicklung von Produkten.

- Prozessinnovation durch Informationstechnologien Entwicklung effizienter Prozesse.

Business Reengineering erfordert die Optimalität der Relation der Gewichtung
von Struktur und Prozess, sieht diese in der Dominanz der Prozesse über die
Struktur und gelangt so zu einer fuktionsübergreifenden Prozessbetrach-
tung[733] mit der Konzipierung der Prozessinnovation durch Informationstechno-
logie. Dabei sind die Prozesse zwischen Beschaffungs- und Absatzmarkt möglichst ohne Schnittstellen, also durchgängig zu gestalten. Der Prozess sollte

---

[731] Vgl.: Want, J. H.: Managing Radical Change. In: Journal of Business Strategy 8/1993, S.
21-28
[732] Vgl.: Wehrlin, Ulrich: Change Management: Gemeinsam den Change erfolgreich meistern! Change Management - Organisation - Entwicklung - Lernende Organisation. 1. Aufl.
München, AVM - Akademische Verlagsgemeinschaft München, 2010. S. 161.
[733] Vgl.: Davenport, Th. H.: Process Innovation; Reengineering Work throgh Information
Technology.

nach Möglichkeit nur einem Verantwortlichen bzw. einem Team obliegen, wodurch die Anzahl der Hierarchieebenen verringert und die Hierarchie flacher wird. Dadurch ergeben sich weniger Schnittstellen mit Koordinations- und Motivationsvorteilen, Synergie- und Lerneffekte sowie eine höhere Kundenorientierung. Dabei folgt die Struktur dem Prozess wie auch der Strategie.[734] In diesem Kontext gelten als Strukturelemente neben den Produkten und Dienstleistungen auch die zu ihrer Erstellung erforderlichen Prozesse.

Die optimale Realisierung des Business Reengineering erfordert die Verbindung der horizontalen Dimension der Prozessidee[735] und somit die Aktivierung von modernen Informationstechnologien, insbes. E-mail-Ethos und „elektronische Autobahnen"[736] sind papierlose, simultane Informationsbearbeitungen erst möglich und für den Mitarbeiter überschaubar.[737]

Business Reengineering greift auf die Nutzung ungenutzter Rationalisierungsmöglichkeiten:

- -Optimierung sämtlicher Prozesse nach dem Motto:
  „Die beste Lösung für eine gegebene Situation".

- „Routine wo möglich."

- Reduktion von Schnittstellen mittels Schaffung von übergreifenden Prozessketten.

Weitere Instrumente des Business Reengineering sind:

- Neue Informationstechnologien

- Selbstorganisation vor Fremdorganisation

- Organisationales Lernen

- job enlargement

- Unternehmensweite Prozessstrukturierung

Neben job enlargement und der unternehmensweiten Prozessstrukturierung sind auch Möglichkeiten zum job enrichment auf sämtlichen Prozessebenen zu schaffen, die einzelnen Prozessvarianten sind dabei derart zu segmentie-

---

[734] Vgl.: Chandler, A.D.: Strategie und Structure. a.a.O.

[735] Vgl.: Hammer, M. / Champy, J.: Reengineering The Corporation. New York, 1993, S. 55 ff

[736] Vgl.: Peters, T.: Liberation Management – Jenseits der Hierarchien. Düsseldorf, 1993, S. 186

[737] Vgl.: Frese, E. / Werder v., A.: Bürokommunikation. In Frese, E. (Hrsg.): HWO 3. Aufl., Stuttgart, 1992, S. 387

ren, dass die Mitarbeiter nicht nur Routinetätigkeiten sondern auch anspruchs- volle, umfangreiche, problembezogene Aufgaben zu lösen gefordert sind.

Für eine erfolgreiche Umsetzung des Business Reengineering-Konzepts be- darf es wie bei jeder organisatorischen Neuerung einer Veränderung in den Köpfen der Menschen. Mit einem großen Sprung ist eine große Veränderung kaum zu realisieren, es bedarf zahlreicher kontinuierlicher Schritte in die richti- ge Richtung.[738]

Change Management als Daueraufgabe

In den vergangenen Jahrzehnten kam eine Vielzahl von Managementkonzep- ten auf. Einige setzten sich durch, andere nicht. Von den bekanntesten Kon- zepten sind jedoch einige in den Anwendungsbereich des Change Manage- ments aufgenommen worden. Hierzu gehören:

- Kontinuierliche Verbesserungsprozesse

- Lean Management,

- Business Process Reengineering bzw. Rusiness Reengineering

- Qualitätsmanagement bzw. Total Quality Management TQM

- Change ManagementKernkompetenz-Management

- Wissensmanagement

Die Konzepte fanden einen hohen Bekanntheitsgrad. Sie wurden an Fallbei- spielen bestätigt und häufig mit Erfolg in der Praxis angewendet. Oft wurden sie in den Grußunternehmen für eine gewisse Zeit verwendet und später durch Konzepte abgelöst.

Die einzelnen Konzepte unterliegen dem Produktlebenszyklusmodell und wer- den mit der Zeit abgelöst durch neue Modelle.

Im Unterschied dazu ist das Change Management für die Unternehmen eine ständig zu erfüllende Aufgabe. Die Unternehmen unterliegen ständigen Ver- änderungen und sind dazu gezwungen, sich anzupassen oder bewusst zu wandeln. Nur auf diese Weise können sie an den Märkten dauerhaft erfolg- reich sein. Change Management ist eine professionelle Umsetzung der entwi- ckelten Konzepte.

---

[738] Vgl.: Wehrlin, Ulrich: Change Management: Gemeinsam den Change erfolgreich meis- tern! Change Management - Organisation - Entwicklung - Lernende Organisation. 1. Aufl. München, AVM - Akademische Verlagsgemeinschaft München, 2010. S. 163.

Durch die genannten Prozesse realisierten zahlreiche Unternehmen sowie die öffentlichen Verwaltung teilweise radikale Veränderungsprozesse. Durch diese wurden die Denkprinzipien, Methoden und Verfahrensweisen beeinflusst. Das Resultat ist eine wesentlich effektivere Gestaltung der Wertschöpfungskette.

Für die Zukunft ist davon auszugehen, dass infolge der zunehmenden Veränderungsgeschwindigkeit der Unternehmensumwelt immer bedeutender wird, die Veränderungsprozesse in Unternehmen zu gestalten. Die Veränderungsprozesse sind gezielt zu steuern. Der Change Management – Prozess wird für die Überlebensfähigkeit des Unternehmens immer bedeutender.

Im Zentrum des Interesses der künftigen Gestaltung steht die Frage, nach den relevanten wirtschaftlichen und gesellschaftlichen Trends. Maßgeblich sind die Trends, welche einen Einfluss auf die Unternehmensstrukturen, Prozesse sowie das Human Ressource Management ausüben. Dabei sind auch die Konsequenzen zu berücksichtigen, welche aus dem systemischen Denken für die Organisation sowie die Personalsysteme der Unternehmen folgen. Weitere Anhaltspunkte zeigt der Inhalt der Vision einer Schlanken Organisation auf. Das Unternehmen wird sich auch damit auseinander zusetzen haben, welche Möglichkeiten und Wege für die Umsetzung einer innovativen Organisation als zweckmäßig erachtet werden. Für die Gestaltung und Durchführung des Change-Prozesses sind die erforderlichen Konzepte zu bestimmen und die Möglichkeiten aufzuzeigen, welche die Konzepte für die Organisationsentwicklung bieten.[739]

Mitarbeiter- und Kundenorientierte Organisationskultur

Für den Erfolg einer Unternehmung ist das Zusammenwirken einer Vielzahl von Determinanten entscheidend, u. a. Marktgegebenheiten, Kapital, gewerkschaftliche Organisierung, Kapitalintensität, Produktionsprozesse, Unternehmensgröße bzw. Produktionsmengen, Fähigkeiten des Managements sowie der Mitarbeiter und deren Motivation, Kompetenzverteilung, Organisation, Führung, Kultur, Kommunikation, Innovation, Information, Qualität, Service, Zuverlässigkeit etc. Entsprechend einiger Untersuchungen[740] sowie den Ausführungen von Robert Waterman[741] zeichnen sich Spitzenunternehmen dadurch aus, wie ihre Organisation ausgerichtet ist. Demnach empfiehlt es sich, Unterneh-

---

[739] Vgl.: Wehrlin, Ulrich: Change Management: Gemeinsam den Change erfolgreich meistern! Change Management - Organisation - Entwicklung - Lernende Organisation. 1. Aufl. München, AVM - Akademische Verlagsgemeinschaft München, 2010. S. 164.

[740] Darunter McKinsey Global Institute unter Mithilfe von Robert Solow MIT.

[741] Vgl.: Waterman, R.: Die neue Suche nach Spitzenleistungen, 1994

men derart zu organisieren, dass sie den folgenden zwei Anforderungen genügen:

Abb. 55 Anforderungen an die Organisation eines Spitzenunternehmens nach Robert Waterman[742]

---

1. Die Organisation muss den Bedürfnissen der Mitglieder besser gerecht werden. Als Konsequenz gewinnen sie bessere Mitarbeiter als die Konkurrenz. Die Mitarbeiter sind somit stets motiviert und leisten qualitativ hochwertige Arbeit, also Spitzenleistungen.

2. Hat die Organisation verstärkt den Bedürfnissen ihrer Kunden zu entsprechen. Die Organisation wird dadurch gängiger innovativ, ist auf die Vorwegnahme von Kundenbedürfnissen ausgerichtet. Dadurch entwickelt sich eine kontinuierliche und zuverlässige Erfüllung der Kundenerwartungen mit den entsprechenden Vorteilen.

Die Organisation und die Unternehmenskultur sind also auf die Bedürfnisse der Mitarbeiter und der Kunden auszurichten. Dazu bedarf es der entsprechenden Kenntnisse darüber, wie Menschen motiviert werden können. Es muss gelernt werden, wie die Unternehmenskultur, Strukturen, Systeme, die Aufmerksamkeit der Unternehmensführung und die Mitarbeiterfähigkeiten derart auszurichten sind, damit sie einen gewissen Grad an Eigenmotivation entfalten. Dies hat entsprechende Konsequenzen für bestehende Führungskonventionen, welche u. U. abzulösen sind.[743]

Die erfolgreiche Mitarbeiterorientierung ist durch eine verstärkte Mitbestimmung und eine entsprechende Förderung der selbstverantwortlichen Entwicklungsbildung zu unterstützen. Eine Kundenorientierung erfordert ein stärkeres Ausmaß an Einfluss des Kunden auf die Steuerungsmechanismen.

Für das Simultan-Management bedeutet dies, dass der Markt, insbes. die Kunden als Nachfrager bzw. als externe Determinanten der kybernetischen Regel- und Steuerungsprozesse sowie die Mitarbeiter als interne Determinanten zum Unternehmenserfolg wesentlich beitragen. Das Management hat nicht zuletzt aus diesem Grunde dem Mitarbeiter einen Sinn zu vermitteln für das, was er im Unternehmen täglich mit Engagement verrichtet. Der Mensch möchte sich am Arbeitsplatz als Individuum durch gute Leistung hervorheben, er erwartet dafür die entsprechende Anerkennung.

---

[742] Vgl.: Waterman, R.: Die neue Suche nach Spitzenleistungen, 1994
[743] Vgl.: Waterman, R.: Die neue Suche nach Spitzenleistungen, 1994

Bezüglich der Bedürfnisse der Kunden steht das Management vor der Aufgabe die Organisation derart zu gestalten, dass sie erfüllt werden. Der Kunde muss dadurch ein Interesse am Erfolg der Unternehmung haben und anstreben. Entsprechend der Anforderungen an das Simultan-Management müssen sich die Ziele, Normen und Werte der Kunden, der Mitarbeiter, des Managements, sowie der Unternehmensträger entsprechen.

Entsprechend der Ausführung von Robert Waterman[744] erlangen erfolgreiche Unternehmen einen Wettbewerbsvorsprung nicht aufgrund einer brillanten Idee, sondern aus der Art und Weise, wie sie es verstehen sich zu organisieren. So beharren sie dort wo andere Unternehmen bereits aufgegeben hätten.[745] Der Erfolg liegt in der Art und Weise der Durchführung. Das Management hat demnach dafür zu sorgen, dass eine Idee auch richtig realisiert wird. Somit können erfolgreiche Unternehmen ihren Erfolgsvorsprung auf der Basis der Kombination folgender drei Faktoren[746] sichern:

Abb. 56 Fundamentale Erfolgsfaktoren für Unternehmungen nach Waterman[747]

---

1. Innovation: Durch kontinuierliche Innovation halten sich erfolgreiche Unternehmen strategisch an der Spitze, sind der Konkurrenz überlegen. Sie konzentrieren sich somit auf die Kunden und ihren wirtschaftlichen Erfolg

2. Preis / Kosten: Halten diese Unternehmen die Kosten unter Kontrolle, gehen möglichst keinen Preiswettbewerb ein.

3. Gewinne: Setzen diese Unternehmen die Gewinnerzielung nicht an die erste Stelle. Sie verdeutlichen den Unternehmensträgern, dass alle Beteiligten die gleichen Interessen verfolgen. Mitarbeiter, Kunden und Anteilseigner sind gleichermaßen zu berücksichtigen.

Die erfolgreichen Unternehmen spalten sich in kleine, übersehbare, autonome Einheiten, welche innovationsfördernd wirken. Die kleinen Einheiten bieten den Vorteil, dass sie in engerem Kontakt zu den Kunden stehen wie große Ab-

---

[744] Vgl.: Waterman, R.: Die neue Suche nach Spitzenleistungen, 1994

[745] Vgl.: Waterman, R.: Die neue Suche nach Spitzenleistungen, 1994

[746] Vgl.: Waterman, R.: Die neue Suche nach Spitzenleistungen, 1994

[747] Vgl.: Waterman, R.: Die neue Suche nach Spitzenleistungen, 1994

teilungen und sind derart organisiert, dass sie mehr Eigeninitiative erfordern, sie sind relativ selbständig, was zu einem verstärkten Erfolgswillen beiträgt.[748]

Das Unternehmen ist so zu organisieren, dass Kunden und Mitarbeiter zufrieden und motiviert sind. Dazu tragen Delegation und Selbststeuerung erheblich bei. In diesem Zusammenhang ist die konsequente Umsetzung selbstorganisierter Teamarbeit ein entscheidender Indikator für erfolgreiches Management.

Produktionsziele, Sicherheit, Qualitätsziele, Verbesserung beim Dienst am Kunden sind Ziele, welche ein Team durch eigene Initiativen realisieren kann, in dem sich das Team selbst steuert und führt. Damit dies in der betrieblichen Praxis auch erfolgreich umgesetzt werden kann müssen sich das Management und die Mitglieder des Teams auf gemeinsame Wertvorstellungen bzw. Ziele einigen. Das Management beschränkt sich somit auf die Vorgabe eines weit gefassten Rahmens innerhalb dessen sich das Team selbst steuert und führt. Das Management erwartet vom Team, dass Ergebnisse erzielt werden, wobei im Team das getan werden kann, was für richtig empfunden wird, wobei von einem gewissen Grad an Zusammenarbeit ausgegangen wird. Die gemeinsamen Wertvorstellungen sind von Zeit zu Zeit zu überprüfen, ggf. neu abzustimmen und zu aktualisieren. Die Mitarbeiter sollten sich dabei darüber im Klaren werden, dass die Befriedigung ihrer individuellen Bedürfnisse von der Gehaltszahlung und somit vom Unternehmenserfolg abhängen. Entsprechend sollten sie die Interessen der Unternehmung wahren als wären sie Anteilseigner. In einer solchen Unternehmenskultur sollte es jedem Mitarbeiter möglich sein, ungehindert einen sinnvollen Beitrag zum Erfolg zu leisten. Außerdem sollten sich die Mitarbeiter im Klaren darüber sein, dass jeder wettbewerbsintensive Markt schnelllebig ist, einer hohen Bereitschaft für den ständigen Wandel bedarf, was eine änderungsfähige, innovative und flexible Organisation sowie fähige Mitarbeiter erfordert.[749]

Es bedarf der Einigkeit darüber, dass die langfristigen Bedürfnisse der Unternehmung – langfristige Erfolge / Gewinne, und die langfristigen Bedürfnisse der Mitarbeiter physische und psychische Sicherheit, Wachstum, Anerkennung sowie Einkommen, interdependent sind und sich decken. Um den gemeinsamen Erfolg zu realisieren, ist es unerlässlich, dass sämtliche Beteiligten ihre Ideen und Gedanken kommunizieren und sich auch abweichenden Meinungen annehmen, dazu zählen auch eine hohe Wertschätzung und ein hohes Selbstwertgefühl, Ausbildung, Motivation, Kreativität und Berücksichtigung der

---

[748] Vgl.: Waterman, R.: Die neue Suche nach Spitzenleistungen, 1994
[749] Vgl.: Waterman, R.: Die neue Suche nach Spitzenleistungen, 1994

260

Werkssicherheit sowie die Ergänzung durch ein prämienorientiertes Vorschlagswesen.

Die Realisierung der Organisationskultur der Mitarbeiter- und Kundenbedürfnisse als Erfolgsperspektive für das Simultan-Management in evolutionärem Wandel bedarf der Integration des Geschäftsprozessmanagements. Organisation und Kultur sind für das Unternehmen dabei die Hauptansatzpunkte.

Der Erfolg von Unternehmen, welche mitarbeiter- und kundenorientiert sind, zeigt deutlich, dass deren Wettbewerbsvorteile weniger auf die technologischen Potentiale zurückzuführen sind. Diese Unternehmen bauen ihren Erfolg auf ihrer Organisation sowie ihre Vertrauens- bzw. Verantwortungskultur. Die Werte, Einstellungen, Normen und Verhaltensweisen dieser starken Kulturen haben ihren Schwerpunkt in der Mitarbeiter- und Kundenorientierung, der Mitarbeiter wird mit Respekt geachtet, seine Leistungen respektiert, auch die Kunden werden ernst genommen, Qualität, Service und Zuverlässigkeit groß geschrieben. Lieferanten werden als Wertschöpfungspartner behandelt.

Die Organisationskultur der Mitarbeiter- und Kundenbedürfnisse basiert u. a. auch auf dem Geschäftsprozessmanagement als Konzept von Lean Management, Qualitätsmanagement und Business Reengineering. Dabei werden die optimierten Geschäftsprozesse des Kerngeschäftes[750] berücksichtigt und es erfolgt eine Anpassung von Informationssystemen[751] und der Ablauforganisation.[752]

Mittels kunden- und marktgerechter Produkt- und Dienstleistungsstandards erfolgt eine Reduktion der Managementkomplexität insbes. bei operativen Prozessen in Produktion und Logistik.

- gelebte konstruktive Fehlerkultur

- Führung des Dürfens und Loslassens

- Steuerungssystem entsprechend des Prinzips der fallabschließenden Verantwortung

Durch die Marktdynamik sind die Unternehmungen permanent dazu gezwungen, die Qualität zu steigern und marktgerechte Innovationen in kürzeren Zyklen sowie mit geringeren Kosten zu realisieren. Dies bedeutet schnellere

---

[750] Produktentwicklung, technischer Änderungen, Auftragsdurchlaufsteuerung

[751] Insbes. Informationsnetzwerksysteme

[752] Prinzip der teilautonomen Unternehmenseinheit

Durchlaufzeit und ein adäquates Geschäftsprozessmanagement welches die Optimierung der folgenden Determinanten erfordert:

- Innovationsfördernde Organisationsform

- Mitarbeiter- und kundenorientierte Informations- und Entscheidungskultur

- Analyse und Informationsverarbeitung der Marktdaten.

- Erfahrungen aus der Kommunikation zwischen Markt und Unternehmensorganisation als Lernchancen nutzen und innovativ umsetzen. Insbes. Feedback von Kunden auf Entwicklung neuer Produkte, Prozesse und Strukturen.

- Reorganisation und Neuausrichtung in Geschäftsprozessorganisation. Nutzen funktionalorganisatorischer Vorteile[753] sowie Vermeidung von deren Nachteilen.[754]

- Aktivierung der Determinanten des Unternehmenserfolgs, insbes. Förderung des technologischen und organisatorischen Wissens. Die Leistungsprozesse sind zeitoptimal zu organisieren, Produktion, Service und Zuverlässigkeit als gesamte Dienstleistung in höchster Qualität zu realisieren.

- Mitarbeitermotivation durch Eigeninitiative, Sinngebung und Selbstorganisation.

Das Erfolgsmotto des Geschäftsprozessmanagement heißt „Markterfolg durch Kundenzufriedenheit, Mitarbeitermotivation, Kostenreduktion bei Qualitätssteigerung".

Für die Motivation und das Leistungsergebnis der Mitarbeiter ist deren Eigeninitiative relevant. Wichtig ist, dass der Mitarbeiter seine eigenen Entscheidungen, seine Initiative und seine Leistungen sichtbar erleben kann. Der Unternehmenserfolg bedarf eines verhaltenssteuernden Zielsystems, aus welchem sich in motivationsfördernden Organisations- und Führungsstrukturen mit Leistungskategorien der Kundenzufriedenheit und eines adäquaten Kundennutzens realisieren lassen. Dies lässt sich am Geschäftsprozess wie folgt verdeutlichen:

---

[753] Funktionales Expertenwissen, Bereichsloyalität, etc.
[754] Ignoranz der Kundenorientierung oder Ressortegoismus.

Grundsätzlich handelt es sich bei einem Geschäftsprozess um einen Arbeits-, Informations- und Entscheidungsprozess, welcher am Kerngeschäft orientiert ist. Er steuert einen für den Unternehmenserfolg relevantes Resultat herbei, wobei der Prozessoutput im Kontext mit einem konkreten Kundennutzen steht oder zu einem Beitrag zum Gesamtzielsystem des Unternehmens führt.

Im Simultan Management des Wandels wird mittels des Geschäftsprozessmanagements das hochwertigste Know-how zielgerichtet und simultan mobilisiert bei minimalen Kosten. Dabei liegen die Optimierungsschwerpunkte des Geschäftsprozessmanagements in den nachfolgenden Bereichen:

- Reduktion und Selektion der Informationsflüsse sowie Informations- und Kommunikationsvereinfachung und -förderung.

- Konzentration auf das Stamm- bzw. Kerngeschäftsfeld und weitgehende Optimierung der Wertschöpfungstiefe.

- Dienstleistungstiefenoptimierung durch Qutsourcing, Cost-Center- und Profit-Center-Variation.

- Förderung der Kooperation organisatorischer Einheiten, insbes. der Zusammenarbeit kerngeschäftsnaher Einheiten mit Stäben oder Verwaltungsstellen.

- Target-Kontrolle der Geschäftsprozesse Steuerung durch Prozessziele.

- Aktivierung der Selbststeuerungsmechanismen der Organisation. Steuerung der Organisation durch verhaltenslenkende Kenngrößen, welche dafür sorgen, dass jeder Mitarbeiter ein eigenes Interesse an der Realisierung der Ergebnisziele des Gesamtprozesses hat. Der einzelne Mitarbeiter darf keine Lücken in der Verantwortung oder im Leistungsergebnis aufkommen lassen.

- Schutz vor Koordinationseingriffen durch Nicht Prozessergebnis-Verantwortliche. Bspw. Einführung des Personalreferentensystems.

- Aufbau einer akzeptierten und effizienten Informations- und Entscheidungskultur bzw. -Struktur.

Entsprechend dem Harzburger-Führungsmodell sollen wie bereits Höhn gefordert hat, Entscheidungen in der hierarchischen Ebene gefällt werden, zu welchem Aufgaben- und Verantwortungsbereich diese entsprechend der Sachproblematik auch gehören. Die Delegation sollte entsprechend konsequent erfolgen und Eingriffe Übergeordneter in den Bereich bereits delegierter

Entscheidungsrahmen, außer in Ausnahmefällen, unterbleiben. Für das Simultan Management des Wandels erfordert dies insbesodnere:

- Delegation auf jene Hierarchieebene mit der größten Kerngeschäftsnähe.

- Integration qualitätssteigender Aufgaben mit Organisation entsprechend des Prinzips fallabschließender Verantwortung, wodurch die Fähigkeitsstruktur der Mitarbeiter zum primären Erfolgsfaktor wird.

- Konstruktive Fehlerkultur und Speed-Management.

- Konzentration auf Mitarbeiter- und Kundennutzen bzw. deren Bedürfnisse.

- Vermittlung sinnvoller Arbeit.[755]

- KAIZEN – Optimierung der bestehenden Geschäftsprozesse durch permanente Standardverbesserung.

- Entwicklung eines für die Entfaltung der Leistungsmotivation förderlichen Umfelds durch Aufgaben- und Verantwortungsbereiche, welche resultatorientiert abgegrenzt sind.

- Entscheidungskompetenz mit unmittelbarer Einflussnahme und Feedback auf Kosten wie Wertschöpfung im eigenen Verantwortungsbereich und Entlastung von nicht zu verantwortenden Kosten.

- Strukturierung in kleine, überschaubare Einheiten mit Teilautonomie, Eigenverantwortung und Selbststeuerung entsprechend der kybernetischen AR-Regelsteuerung.

- Logistikstrukturen mit Orientierung an Qualität, Service, Sicherheit und Zuverlässigkeit.

- Nutzen von Lernchancen, Innovationsförderung und Mitarbeiterentwicklung.

- Förderung des organisatorischen Lernens.

- Integration der Kunden in den Produktentwicklungsprozess durch engere Kooperation von Kunden, Außendienst und Produktentwicklung sowie Produktion und Marketing.

- Corporate Identity, Sympathie-Marketing, Markenloyalität als weiterer Wettbewerbsvorteil.

---

[755] Vgl.: Ohno T.: Das Toyota-Produktions-System. Frankfurt / New York, 1993

- Interdependente Informations- und Kommunikationsvernetzung von Geschäftsprozessen, Führung, Informationssystemen, Aufbauorganisation und Fehlerkultur.

Erfolgreiche Unternehmensführung kann nicht nach simplen Managementregeln oder -prinzipien ausgerichtet sein, sondern steht im evolutionären Kontext einer permanenten Entwicklung des Wandels. Das Management wie auch die angewandte Managementpraxis basiert auf der ständigen Nutzung von Lernchancen, der Erkenntnis durch Versuch und Irrtum. In der Unternehmenspraxis kann sich im evolutionären Wettbewerb ein Unternehmen nur durch eine ganzheitliche, dynamische Führung behaupten.

Das SIMULTAN-MANAGEMENT fördert innovative ganzheitliche Unternehmensführung durch Leistungsmotivation und zeigt Wege zur Krisenvermeidung und Bewältigung der Anforderungen des Wandels durch Qualitäts-, Mitarbeiter- und Kundenorientierung mit Kostensenkung, Effizienzsteigerung und Prozessoptimierung.

Im Rahmen des Change Management sollten Veränderungen als Herausforderung und Chance erkannt werden. Das Management sollte dafür sorgen, dass die Beteiligten die Veränderungen akzeptieren und sich dafür einsetzen.

Für die Umsetzung des Change Managements kann sich die nachfolgende Checkliste als hilfreich erweisen:

Abb. 57 Checkliste Change Management[756]

□ „Seien Sie wachsam, wohin sich Ihr Unternehmen und der Markt, in dem Sie agieren, entwickeln

□ Bereiten Sie sich aktiv auf Veränderungen vor, die Sie vorhersehen können, z.B. durch einen Strategie-Workshop

□ Wenn Sie etwas verändern wollen, informieren Sie die Betroffenen und zeigen Sie auf, was mit der Veränderung erreicht werden soll und was die Konsequenzen sein könnten, wenn die Veränderung nicht stattfindet

□ Schaffen Sie eine gemeinsame Vision und „gewinnen" Sie Ihre Mitarbeiter dafür

---

[756] Quelle: http://www.provit.ch/images/Bsp_Betr_Ubergang.jpg&imgrefurl=http://www.provit.ch/change_management.html&usg - Stand: 22.10.2010.

☐ Nehmen Sie die Ängste und Widerstände Ihrer Mitarbeiter ernst, beziehen sie Sie ein und qualifizieren Sie, seien Sie selbst das erste Vorbild und feiern Sie Erfolge

☐ Achten Sie auf eindeutige und umfassende Kommunikation, benutzen Sie Instrumente wie Präsentation, Moderation, Feedback, Coaching und Konfliktmanagement

☐ Verändern Sie nicht zu vieles gleichzeitig, lassen Sie Inseln der Stabilität stehen und schließen Sie ein Veränderungsprojekt ab, bevor Sie das nächste anpacken

☐ Nicht jede Veränderung ist auch wirklich nötig, seien Sie kritisch und unterscheiden Sie das Wichtige vom Dringenden"[757]

---

[757] Quelle: http://www.provit.ch/images/Bsp_Betr_Ubergang.jpg&imgrefurl=http:// www.provit.ch/change_management.html&usg - Stand: 22.10.2010.

13 Anforderungen an Führungskräfte und Konsequenzen für die Entwicklung von Führungskompetenzen

13.1 Anforderungen an Manager und Führungspersönlichkeiten

„Im Mittelpunkt des Managements steht der Mensch. Die Aufgabe des Managements besteht darin, Menschen in die Lage zu versetzen, gemeinsam Leistungen zu erbringen...Genau darum geht es in jeder Organisation und es ist der Grund dafür, dass das Management ein so entscheidender Faktor ist. Heute arbeitet praktisch jeder von uns für eine gemanagte Einrichtung, die einem wirtschaftlichen Zweck dienen kann oder nicht ...unsere Fähigkeit, zum Wohlergehen der Gesellschaft beizutragen, hängt nicht nur von unseren persönlichen Faktoren ab, sondern auch vom Management der Organisationen, für die wir tätig sind. "[758]

Peter Drucker

An die Manager und Führungspersönlichkeiten werden heute hohe Anforderungen gestellt.[759] Heute wird bspw. seitens der Gesellschaft zunehmend verantwortliches Denken und Handeln sowie eine ethische Führung erwartet und gefordert.[760] Dies gilt sowohl in der Wirtschaft, Verwaltung wie auch in Universitäten und Hochschulen.[761] Gleichzeitig wird der Bedarf einer wertschätzenden, kompetenten und ethischen Führung mit dem entsprechenden Vertrauen der Mitarbeiter in ihre Führungskräfte immer deutlicher.[762] Dennoch sind der Wirtschaftsethik und ethischen Führung deutliche Grenzen gesetzt. Eine Aus-

---

[758] Vgl.: Drucker, P.: Was ist Management? Das Beste aus 50 Jahren. München 2002, S. 27

[759] Vgl.: Harvard Business Manager / Nayar, Vineet: Manager oder Führungspersönlichkeit? Artikel in Harvard Business Manager vom 14.08.2013. http://www.harvardbusinessmanag er.de/blogs/fuehrung-koennen-sie-menschen-inspirieren-a-916294.html – Stand: 03.04.2014.

[760] Vgl.: Deppert, Wolfgang: Individualistische Wirtschaftsethik (IWE). Anwendung der individualistischen Ethik auf das Gebiet der Wirtschaft. Springer Gabler, Wiesbaden, 2014.

[761] Vgl.: Orth, H.: Schlüsselqualifikationen an deutschen Hochschulen. Konzepte, Standpunkte und Perspektiven. Neuwied, Kriftel: Luchterhand. 1999.

[762] Vgl.: Bartelt, Dietrich: Wertschätzende, kompetente und ethische Führung. Das „Vertrauen" der Mitarbeiter in ihre Führungskräfte. Dissertation Universität Duisburg-Essen 2011. http://duepublico.uni-duisburg-essen.de/servlets/DerivateServlet/Derivate-29413/Bartelt_ Diss.pdf – Stand: 09.05.2014.

richtung der Führungskräfte auf eine ethische Führung gelingt nur dann, wenn die entsprechende Organisation ein ethisches Handeln ermöglicht bzw. dies bewusst zulässt.[763] Als Führungskräfte erledigen Manager[764] das, was sie in ihrer Aufgabenerfüllung tun: Bspw. Organisieren, Planen, Projekte realisieren, Ziele und Vorgaben erfüllen. Führungskräfte müssen jedoch zunehmend auch Leaderfunktionen übernehmen, als visionäre Führer und somit als Führungspersönlichkeiten tätig sein.[765] Manager und Leader haben Lösungsmöglichkeiten, Ziele, Visionen und Strategien aufzuzeigen und vorzuleben.[766] Entsprechend werden an Führungspersönlichkeiten u. a. die folgenden typischen Anforderungen gestellt:[767] [768]

- Vorbildfunktion

- Vertrauensperson

- Motivationsfunktion

- Überzeugungsfähigkeit

- Willensstärke

- Kommunikationsfähigkeit

- Ziele richtig vereinbaren

- Feedback richtig erteilen

- Richtige Leistungsanerkennung

- Mitarbeitergespräche richtig führen

---

[763] Vgl.: DIE ZEIT / Heusner, Uwe Jean: „Es hakt bei der Führung". Ethische Schulung für Manager hilft nur, wenn die Organisation ein ethisches Handeln auch zulässt. Ein Interview mit der Beraterin Annette Kleinfeld. In: DIE ZEIT N° 03/2014 9. Januar 2014 07:00 Uhr. http://www.zeit.de/2014/03/manager-ethik-beraterin-annette-kleinfeld – Stand: 09.05.2014.

[764] Die Bezeichnungen Unternehmer, Manager, Leader bzw. Führungskräfte, Teamleiter, Projektleiter, Teammitglied oder Mitarbeiter beziehen sich im Rahmen der vorliegenden Publikation stets sowohl auf Frauen wie auch auf Männer.

[765] Vgl.: Harvard Business Manager / Nayar, Vineet: Manager oder Führungspersönlichkeit? Artikel in Harvard Business Manager vom 14.08.2013. http://www.harvardbusinessmanag er.de/blogs/fuehrung-koennen-sie-menschen-inspirieren-a-916294.html – Stand: 03.04.2014.

[766] Vgl.: Covey, S. R.: Der 8. Weg. Mit Effektivität zu wahrer Größe. 5. Aufl. Offenbach, 2008, S. 151 ff

[767] Vgl.: Van der Burgt, Theo: Employer Branding: Führungspersönlichkeiten als Garant für die Unternehmensziele. Veröffentlicht in Management experto.de: http://www.experto.de/ b2b/unternehmen/management/employer-branding-fuehrungspersoenlichkeiten-als-garant -fuer-die-unternehmensziele.html – Stand: 15.04.2014.

[768] Die typischen Anforderungen wurden an dieser Stelle um einige Punkte ergänzt.

Die Aufgabe von Führungskräften besteht u. a. darin, den Mitarbeitern Orientierung und Halt zu vermitteln. Zugleich sollten Führungskräfte auch authentische „Führungspersönlichkeiten" und für die Mitarbeiter Vorbilder ein. Um diese Aufgaben zu erfüllen ist es notwendig, dass sie selbst reife Persönlichkeiten sind. Für Führungspersonen sind spezielle Schlüsselqualifikationen von besonderer Bedeutung, welche es ständig weiter zu entwickeln gilt.[769] Eine Führungskraft kann sich mit der Zeit zu einer Führungspersönlichkeit entwickeln. Hiezu können sich einige Vorgehensweisen und Tipps als hilfreich erweisen.[770]

Seit Jahren werden die Eigenschaften einer erfolgreichen Führungspersönlichkeit immer wieder thematisiert. Es sollte differenziert werden ob eine Führungsperson angelernte Hilfskräfte führt oder hoch qualifizierte Fachkräfte. Nicht alle Manager sind automatisch auch Führungspersönlichkeiten bzw. Leader.[771] Auch die jeweilige wirtschaftliche Situation ist zu berücksichtigen. So verhält es sich bspw. unterschiedlich, ob ein Team im Boom oder während einer Krisenzeit geführt werden soll.[772] So sind bspw. vor allem Krisenzeiten meist charismatische Führungspersönlichkeiten gefragt.[773]

Um als Führungsperson die Aufgaben dauerhaft erfolgreich zu erfüllen, sind unabhängig von speziellen Rahmenbedingungen bestimmte Eigenschaften zu berücksichtigen, über welche die jeweilige Führungsperson verfügen sollte.[774]

Eine Führungsperson sollte bspw. nicht nur andere Menschen führen können, sondern vor allem auch sich selbst. Die Selbstführung ist eine wichtige Voraussetzung für die Erfüllung der Vorbildfunktion für Mitarbeiter. Eine erfolgrei-

---

[769] Vgl.: Orth, H.: Schlüsselqualifikationen an deutschen Hochschulen. Konzepte, Standpunkte und Perspektiven. Neuwied, Kriftel: Luchterhand. 1999, S. 109.

[770] Vgl.: Guttenberger, Ralph: Expertentipp: Was macht gute Führungskräfte aus? Beitrag vom 04.10.2013. http://www.horizontjobs.de/bewerber/karriere/tipps/Was-macht-gute-Fuehrungskraefte-aus%3F_117107.html – Stand: 08.05.2014.

[771] Vgl.: Harvard Business Manager / Nayar, Vineet: Manager oder Führungspersönlichkeit? Artikel in Harvard Business Manager vom 14.08.2013. http://www.harvardbusinessmanag er.de/blogs/fuehrung-koennen-sie-menschen-inspirieren-a-916294.html – Stand: 03.04.2014.

[772] Vgl.: Guttenberger, Ralph: Expertentipp: Was macht gute Führungskräfte aus? Beitrag vom 04.10.2013. http://www.horizontjobs.de/bewerber/karriere/tipps/Was-macht-gute-Fuehrungskraefte-aus%3F_117107.html – Stand: 08.05.2014.

[773] Vgl.. Harvard Business Manager / Nayar, Vineet: Manager oder Führungspersönlichkeit? Artikel in Harvard Business Manager vom 14.08.2013. http://www.harvardbusinessmanag er.de/blogs/fuehrung-koennen-sie-menschen-inspirieren-a-916294.html – Stand: 03.04.2014.

[774] Vgl.: Orth, H.: Schlüsselqualifikationen an deutschen Hochschulen. Konzepte, Standpunkte und Perspektiven. Neuwied, Kriftel: Luchterhand. 1999, S. 109.

che Führungspersönlichkeit zeichnet sich durch die folgenden Eigenschaften bzw. Merkmale aus:[775]

- Klares Wertesystem

- Klare Ziele

- Fähigkeit zu delegieren und Leistungen anzuerkennen

- Selbstdiszipliniertheit

- Offenheit gegenüber Kritik

- Ehrgeiz und Lernbereitschaft

- Fähigkeit sich und andere zu motivieren

- Gesundheitsbewusstsein

- Ausgeglichene Work-Life Balance (WLB)[776]

In den Unternehmen und Organisationen wird deutlich, dass nicht jeder Manager zugleich auch eine echte Führungspersönlichkeit ist, welcher es bspw. gelingt, auf andere Menschen eine gewisse Ausstrahlung auszuüben und diese zu inspirieren.[777] Aus diesem Grund fragen sich die Manager oft selbst, ob sie auch echte Führungspersönlichkeiten sind.[778] Im Einzelfall lässt sich dies bspw. durch drei einfache Fragen feststellen. Um festzustellen, ob ein Manager auch eine echte Führungspersönlichkeit ist, sind drei Aspekte als wesentlich zu betrachten.[779]

- Werte verwalten oder Werte schaffen?

---

[775] Vgl.: Guttenberger, Ralph: Expertentipp: Was macht gute Führungskräfte aus? Beitrag vom 04.10.2013. http://www.horizontjobs.de/bewerber/karriere/tipps/Was-macht-gute-Fuehrungskraefte-aus%3F_117107.html – Stand: 08.05.2014.

[776] Vgl.: Guttenberger, Ralph: Expertentipp: Was macht gute Führungskräfte aus? Beitrag vom 04.10.2013. http://www.horizontjobs.de/bewerber/karriere/tipps/Was-macht-gute-Fuehrungskraefte-aus%3F_117107.html – Stand: 08.05.2014.

[777] Vgl.: Harvard Business Manager / Nayar, Vineet: Manager oder Führungspersönlichkeit? Artikel in Harvard Business Manager vom 14.08.2013. http://www.harvardbusinessmanag er.de/blogs/fuehrung-koennen-sie-menschen-inspirieren-a-916294.html – Stand: 03.04.2014.

[778] Vgl.: Harvard Business Manager / Nayar, Vineet: Manager oder Führungspersönlichkeit? Artikel in Harvard Business Manager vom 14.08.2013. http://www.harvardbusinessmanag er.de/blogs/fuehrung-koennen-sie-menschen-inspirieren-a-916294.html – Stand: 03.04.2014.

[779] Vgl.: Harvard Business Manager / Nayar, Vineet: Manager oder Führungspersönlichkeit? Artikel in Harvard Business Manager vom 14.08.2013. http://www.harvardbusinessmanag er.de/blogs/fuehrung-koennen-sie-menschen-inspirieren-a-916294.html – Stand: 03.04.2014.

- Machtsphäre oder Einflusssphäre?

- Arbeit managen oder Menschen führen?

Aspekt 1 Werte verwalten oder Werte schaffen:

Wenn eine Führungsperson Menschen managt, dann verwaltet Sie Werte und trägt nicht wirklich „zu einem Wachstum dieser Werte bei. Manager verwalten Werte; manche schaden sogar dem Unternehmen, weil sie Menschen einengen, die Werte schaffen."[780] Im Unterschied dazu richten Führungspersönlichkeiten den Fokus auf das Schaffen von Werten. Die Kommunikation mit den Mitarbeitern könnte bspw. wie folgt verlaufen: "Sie kümmern sich um Problem 'A', ich kümmere mich währenddessen um Problem 'B'.".[781]

Führungspersönlichkeiten schaffen unabhängig von ihren Teams Werte für das Unternehmen. Sie sind ebenso produktiv wie die Teammitglieder, welche geführt werden. Das Führen erfolgt durch Beispiel. Auch das Befähigen von Menschen ist eine Kernfähigkeit der handlungsorientierten Führung.[782]

Aspekt 2 Machtsphäre oder Einflusssphäre:

„Manager haben Untergebene. Führungspersönlichkeiten haben Mitarbeiter, die Anhängern oder Getreuen gleichen. Im selben Sinne schaffen Manager sich Machtsphären, während Führungspersönlichkeiten Einflusssphären besitzen."[783] Damit eine Führungsperson feststellen kann, welche Strategie sie verfolgt, kann die Anzahl der Personen herangezogen werden, welche bei ihr einen Rat einholen. Je mehr Personen einen Rat einholen, umso höher ist die

---

[780] Harvard Business Manager / Nayar, Vineet: Manager oder Führungspersönlichkeit? Artikel in Harvard Business Manager vom 14.08.2013. http://www.harvardbusinessmanag er.de/blogs/fuehrung-koennen-sie-menschen-inspirieren-a-916294.html – Stand: 03.04.2014.

[781] Vgl.: Harvard Business Manager / Nayar, Vineet: Manager oder Führungspersönlichkeit? Artikel in Harvard Business Manager vom 14.08.2013. http://www.harvardbusinessmanag er.de/blogs/fuehrung-koennen-sie-menschen-inspirieren-a-916294.html – Stand: 03.04.2014.

[782] Vgl.: Harvard Business Manager / Nayar, Vineet: Manager oder Führungspersönlichkeit? Artikel in Harvard Business Manager vom 14.08.2013. http://www.harvardbusinessmanag er.de/blogs/fuehrung-koennen-sie-menschen-inspirieren-a-916294.html – Stand: 03.04.2014.

[783] Harvard Business Manager / Nayar, Vineet: Manager oder Führungspersönlichkeit? Artikel in Harvard Business Manager vom 14.08.2013. http://www.harvardbusinessmanag er.de/blogs/fuehrung-koennen-sie-menschen-inspirieren-a-916294.html – Stand: 03.04.2014.

Wahrscheinlichkeit, als echte Führungspersönlichkeit angesehen zu werden.[784]

Aspekt 3 Arbeit managen oder Menschen führen:

„Management besteht im Wesentlichen darin, eine Gruppe von Menschen zu kontrollieren oder eine Reihe von Vorgaben zu setzen, um ein vorher definiertes Ziel zu erreichen."[785]

„Führung dagegen bezeichnet die Fähigkeit eines Individuums, Einfluss zu nehmen, zu motivieren und andere in die Lage zu versetzen, Beiträge für eine gemeinsame Aufgabe zu leisten. Einfluss und Inspiration trennt Führungspersönlichkeiten von Managern, nicht Macht und Kontrolle."[786]

Als Vorbild für die persönliche Ausstrahlung kann bspw. Mahatma Gandhi herangezogen werden. Ihm ist es gelungen, Menschen zu inspirieren und Herausforderungen als Chancen zu begreifen. Gandhi galt als Vorbild und Nationalheld.[787] Er war der Führer der indischen Unabhängigkeitsbewegung.[788]

Gandhi hat sich für die Rechte der Bürger eingesetzt. Im Jahr 1947 erlangte dann Indien seine Unabhängigkeit.[789] Ghandis Vision ist zum Traum vieler Menschen geworden. Aus diesem Grund konnte der indische Unabhängigkeitsdrang nicht aufgehalten werden. Es wird nach Führungspersönlichkeiten verlangt, welche Dinge ernsthaft hinterfragen.[790]

---

[784] Harvard Business Manager / Nayar, Vineet: Manager oder Führungspersönlichkeit? Artikel in Harvard Business Manager vom 14.08.2013. http://www.harvardbusinessmanag er.de/blogs/fuehrung-koennen-sie-menschen-inspirieren-a-916294.html – Stand: 03.04.2014.

[785] Harvard Business Manager / Nayar, Vineet: Manager oder Führungspersönlichkeit? Artikel in Harvard Business Manager vom 14.08.2013. http://www.harvardbusinessmanag er.de/blogs/fuehrung-koennen-sie-menschen-inspirieren-a-916294.html – Stand: 03.04.2014.

[786] Harvard Business Manager / Nayar, Vineet: Manager oder Führungspersönlichkeit? Artikel in Harvard Business Manager vom 14.08.2013. http://www.harvardbusinessmanag er.de/blogs/fuehrung-koennen-sie-menschen-inspirieren-a-916294.html – Stand: 03.04.2014.

[787] Vgl.: http://www.geo.de/GEOlino/mensch/weltveraenderer-mahatma-gandhi-71970.html – Stand: 02.04.2014.

[788] Vgl.: Hahnemann, Katrin: Mahatma Gandhi. Berlin Verlag.

[789] Vgl.: Hagemann, Albrecht: Mahatma Gandhi. München 2008.

[790] Vgl.: Hagemann, Albrecht: Mahatma Gandhi. München 2008.

Führungspersönlichkeiten haben eine Vision und können Menschen inspirieren. Sie können den Menschen vermitteln, dass sie Herausforderungen als Chancen begreifen und nutzen sollen.[791]

Die meisten Menschen tendieren dazu geführt zu werden, sie möchten nicht gemanagt werden. Lieber schließen sie sich aus eigener Überzeugung und freiwillig einem visionären, inspirierenden Menschen an, welcher sie führt. Für eine Führungskraft besteht eine wichtige frage darin, herauszufinden, warum andere Menschen seine Nähe suchen und ihm folgen.[792]

13.2 Was sind Führungskompetenzen?

Der Begriff Kompetenz kann wie folgt definiert werden: „die bei Individuen verfügbaren oder durch sie erlernbaren kognitiven Fähigkeiten und Fertigkeiten, um bestimmte Probleme zu lösen, sowie die damit verbundenen motivationalen, volitionalen und sozialen Bereitschaften und Fähigkeiten, um die Problemlösungen in variablen Situationen erfolgreich und verantwortungsvoll nutzen zu können."[793]

Bedeutende Ansätze für die Kompetenzstärkung von Führungskräften bilden die Schlüsselkompetenzen.[794] Schlüsselkompetenzen sind „erwebbare allgemeine Fähigkeiten, Einstellungen und Wissenselemente, die bei der Lösung von Problemen und beim Erwerb neuer Kompetenzen in möglichst vielen Inhaltsbereichen von Nutzen sind, so dass eine Handlungsfähigkeit entsteht, die es ermöglicht, sowohl individuellen als auch gesellschaftlichen Anforderungen gerecht zu werden".[795]

Schlüsselkompetenzen haben die Eigenschaft, dass sie erworben werden. Sie werden dem Menschen nicht einfach in die Wiege gelegt.

---

[791] Vgl.: Harvard Business Manager / Nayar, Vineet: Manager oder Führungspersönlichkeit? Artikel in Harvard Business Manager vom 14.08.2013. http://www.harvardbusinessmanag er.de/blogs/fuehrung-koennen-sie-menschen-inspirieren-a-916294.html – Stand: 03.04.2014.

[792] Vgl.: Harvard Business Manager / Nayar, Vineet: Manager oder Führungspersönlichkeit? Artikel in Harvard Business Manager vom 14.08.2013. http://www.harvardbusinessmanag er.de/blogs/fuehrung-koennen-sie-menschen-inspirieren-a-916294.html – Stand: 03.04.2014.

[793] Vgl.: Weinert, F.E.: http://www.jbusse.de/k-kompetenz-weinert.html - Stand 17.10.2010.

[794] Vgl.: Orth, H.: Schlüsselqualifikationen an deutschen Hochschulen. Konzepte, Standpunkte und Perspektiven. Neuwied, Kriftel: Luchterhand. 1999, S. 109.

[795] Vgl.: Orth, H.: Schlüsselqualifikationen an deutschen Hochschulen. Konzepte, Standpunkte und Perspektiven. Neuwied, Kriftel: Luchterhand. 1999, S. 107.

Die Schlüsselkompetenzen umfassen emotionale, motivationale sowie soziale Aspekte, Werthaltungen und Verhaltensdispositionen.[796] Dagegen sind alleine kognitive Elemente nicht ausreichend. Schlüsselkompetenzen sind von hoher Bedeutung in den unterschiedlichen sozialen und beruflichen Feldern. Dies gilt sowohl für die Multifunktionalität wie auch für die Transversalität. Schlüsselkompetenzen leiten sich aus den Anforderungen der Arbeits- und Lebenswelt ab. Dies bedeutet auch, dass sie sich sowohl auf die Gegenwart wie auch auf die Zukunft beziehen.[797]

Als Handlungskompetenz versteht sich die „Fähigkeit des Einzelnen, sich in beruflichen, gesellschaftlichen und privaten Situationen sachgerecht, durchdacht sowie individuell und sozial verantwortlich zu verhalten"[798] Die Handlungskompetenz ist zusammengesetzt aus der Sozial-, Selbst-, Methoden- und Sachkompetenz.

Allgemeine Schlüsselkompetenzen

Sozialkompetenzen:

Sozialkompetenzen sind Fähigkeiten, welche den Austausch von Informationen, Verständigung und den Aufbau, die Gestaltung sowie die Aufrechterhaltung von sozialen Beziehungen ermöglichen, Fähigkeiten „in den Beziehungen zu Mitmenschen situationsadäquat zu handeln".[799] Es lassen sich die folgenden Beispiele für Sozialkompetenzen aufführen:

- „Kooperationsfähigkeit

- Verhandlungsgeschick

- Führungsqualitäten

- Kommunikationsfähigkeit

- Durchsetzungsvermögen

- mündliche und schriftliche Ausdrucksfähigkeit

---

[796] Vgl.: Orth, H.: Schlüsselqualifikationen an deutschen Hochschulen. Konzepte, Standpunkte und Perspektiven. Neuwied, Kriftel: Luchterhand. 1999, S. 109.

[797] Vgl.: Universität Osnabrück: Koordinationsstelle Professionalisierungsbereich – Schlüsselkompetenzen: http://www.uni-osnabrueck.de/11571.html - Stand: 18.10.2010.

[798] Kultusministerkonferenz KMK, 5. Februar 1999.

[799] Vgl.: Orth, H.: Schlüsselqualifikationen an deutschen Hochschulen. Konzepte, Standpunkte und Perspektiven. Neuwied, Kriftel: Luchterhand. 1999, S. 109.

- Konfliktmanagement

- Fähigkeit, die Sichtweisen und Interessen anderer zu berücksichtigen

- andere Kulturen kennen und verstehen

- Teamfähigkeit"[800]

Selbstkompetenzen:

Selbstkompetenzen sind allgemeine Persönlichkeitseigenschaften. Dazu gehören auch die klassischen Arbeitstugenden, welche die aktive Gestaltung des eigenen privaten wie beruflichen Lebens erlauben. Sie beinhalten die Fähigkeiten um reflexiv zu handeln. Hierzu zählt die Fähigkeit, „sich selbst einzuschätzen, persönliche Einstellungen zu überprüfen, hilfreiche Werthaltungen, Motive und Selbstbilder zu entwickeln, die eigenen Begabungen zu erkennen, Motivationen, Leistungsvorsätze zu entfalten und sich z.B. im Rahmen des Studiums, der Arbeit und außerhalb kreativ zu entwickeln und zu lernen".[801] Beispiele für Selbstkompetenzen sind:

- „Fähigkeit, konzentriert und diszipliniert zu arbeiten

- Fähigkeit, Verantwortung zu übernehmen

- Fähigkeit, sich auf veränderte Umstände einzustellen

- Sorgfalt

- Reflexionsfähigkeit, u. a. eigene Stärken und Schwächen einschätzen können

- Leistungsbereitschaft

- Mobilität

- Kreativität

- Zeitmanagement

- Selbstmanagement/ -organisation und -motivation"[802]

---

[800] Vgl.: Universität Osnabrück: Koordinationsstelle Professionalisierungsbereich Schlüsselkompetenzen: http://www.uni-osnabrueck.de/11571.html - Stand: 18.10.2010.

[801] Nach Lenbert, 2004, S. 224. Universität Osnabrück: Koordinationsstelle Professionalisierungsbereich – Schlüsselkompetenzen: http://www.uni-osnabrueck.de/11571.html - Stand: 18.10.2010.

[802] Vgl.: Universität Osnabrück: Koordinationsstelle Professionalisierungsbereich – Schlüsselkompetenzen: http://www.uni-osnabrueck.de/11571.html - Stand: 18.10.2010.

Methodenkompetenzen:

Im Mittelpunkt der Methodenkompetenzen steht die Fähigkeiten der Entwicklung, Auswahl und Anwendung von adäquaten Problemlösungsstrategien. Die Methodenkompetenzen ermöglichen, das „strategisch geplante und zielgerichtete Umsetzen der vorhandenen Kenntnisse, Fertigkeiten und Verhaltensweisen bei...Aufgaben bzw. Problemen".[803] Als Methodenkompetenzen lassen sich die folgenden Beispiele aufführen:

- „Organisationsfähigkeit

- Wissenschaftliches Schreiben: Vorlesungsmitschrift, Protokoll, Hausarbeit etc.

- Präsentationstechniken: mündliches Vortragen, Visualisierung und Präsentation

- Problemlösungsfähigkeit

- selbständiges Arbeiten

- Fähigkeit, vorhandenes Wissen auf neue Probleme anzuwenden

- Fähigkeit, Wissenslücken zu erkennen und zu schließen

- kritisches Denken

- analytische Fähigkeiten

- Informationsgewinnung/ Auswertung von Informationen"[804]

Sachkompetenzen:

Die Sachkompetenzen sind in bereichsspezifische Fachkompetenzen und in bereichsunspezifische Sachkompetenzen untergliedert.

Bereichsspezifische Fachkompetenzen:

Bereichsspezifische Fachkompetenzen sind organisations-, prozess-, aufgaben- und arbeitsplatzspezifische berufliche Fertigkeiten, Kenntnisse und Fähigkeiten. Beispiele für bereichsspezifische Fachkompetenzen sind:

---

[803] Vgl.: Jäger, P.: Der Erwerb von Kompetenzen als Konkretisierung der Schlüsselqualifikationen: eine Herausforderung an Schule und Unterricht. Dissertation, Universität Passau. Passau, 2001, S. 121.

[804] Vgl.: Universität Osnabrück: Koordinationsstelle Professionalisierungsbereich – Schlüsselkompetenzen: http://www.uni-osnabrueck.de/11571.html - Stand: 18.10.2010.

- „spezielles Fachwissen

- breites Grundlagenwissen

- fachspezifische theoretische Kenntnisse

- Kenntnis wissenschaftlicher Methoden"[805]

Bereichsunspezifische Sachkompetenzen:

Bereichsunspezifische Sachkompetenzen sind „Kenntnisse, Fertigkeiten und Fähigkeiten, die in fächerübergreifenden Bereichen einsetzbar sind, also nicht an die Anwendung in einer Disziplin gebunden".[806] Beispiele für bereichsunspezifische Sachkompetenzen sind:

- „fächerübergreifendes Denken

- Fremdsprachen

- Allgemeinbildung

- Kenntnisse in EDV

- Rechtskenntnisse

- Wirtschaftskenntnisse"[807]

13.3 Entwicklung und Verbesserung der Führungskompetenzen

13.3.1 Stärkenorientierung

Für die Entwicklung und Verbesserung der Führungskompetenzen stellen die Transformationale Führung und Positive Leadership wichtige Grundlagen dar. Beide Konzepte gründen auch auf dem Faktor Stärkenorientierung. Im Mittelpunkt stehen die persönlichen Stärken mit Bezug auf wissenschaftliche Messinstrumente. Hierzu wird in erster Linie der sog. Clifton StrengthsFinder herangezogen, welcher eine Analyse der persönlichen Stärken sowie der Teamstärken ermöglicht.

---

[805] Vgl.: Universität Osnabrück: Koordinationsstelle Professionalisierungsbereich – Schlüsselkompetenzen: http://www.uni-osnabrueck.de/11571.html - Stand: 18.10.2010.

[806] Vgl.: Orth, H.: Schlüsselqualifikationen an deutschen Hochschulen. Konzepte, Standpunkte und Perspektiven. Neuwied, Kriftel: Luchterhand. 1999, S. 109.

[807] Vgl.: Universität Osnabrück: Koordinationsstelle Professionalisierungsbereich – Schlüsselkompetenzen: http://www.uni-osnabrueck.de/11571.html - Stand: 18.10.2010.

Talente und Stärken nutzen:

Ein weiterer Part einer optimalen Human-Resources-Strategie stellen Talente dar. Unter „Talente" verstehen sich die Potenziale eines Menschen. Diese Potenziale lassen sich zu Stärken ausbauen bzw. weiterentwickeln. Bei einer Stärke handelt es sich um die Kombination vom Talent, Fähigkeiten und dem Wissen der betreffenden Person. Die Förderung der Stärken einer Person ist wesentlich effektiver, als die Beeinflussung ihrer Schwächen. Legen die Führungskräfte den Fokus auf die Mitarbeiterstärken, so ist die Wahrscheinlichkeit, einer internen emotional aktiven Distanzierung vom Unternehmen, sog. „innere Kündigung" sehr gering – lediglich etwa ein Prozent. Verborgene Stärken lassen sich mit einem Test aufdecken. So bspw. der Clifton StrengthsFinder® des Gallup-Instituts.[808]

Die verborgenen Stärken einer Person können aber auch auf eine andere Art aufgedeckt werden. So z. B. in dem Falle, dass ein Mitarbeiter gute Arbeitet leistet. Die Führungskraft könnte den Mitarbeiter über das Zustandekommen der guten Ergebnisse befragen. Von Interesse sind die Wege, welche ihn zum Erfolg geführt haben. Dies gilt auch für die Hintergründe und für die individuellen Präferenzen.[809]

Wichtige Kennzeichen von Stärken sind das Gefühl für Eignerschaft und Authentizität. Wird eine Stärke ausgeübt, so verspürt die entsprechende Person ein Begeisterungsgefühl. Wenn eine Stärke zum ersten Mal eingesetzt wird, dann weist die Lernkurve einen steilen Anstieg auf. Dem Mitarbeiter ist es möglich, kontinuierlich zu lernen, „die Stärke auf eine neue Art einzusetzen."[810]

Stärken gelten als Voraussetzung für besondere Fähigkeiten. Das Management sollte berücksichtigen, dass sich jeder Mitarbeiter von den anderen unterscheidet. Die personellen Unterschiede sollten herausgefunden und optimal genutzt werden. Hierzu ist eine Talentdiagnose hilfreich. Diese kann sowohl auf individueller wie auch auf Teamebene durchgeführt werden. Für den

---

[808] Creusen, Utho: Zum Glück gibt's Erfolg durch Positive Leadership. In: HR Performange 1/2012.: http://www.utho-creusen.com/download/creusen-120201-HRPerformance-opt.pdf - Stand: 15.09.2012.

[809] Vgl.: Creusen, Utho: Zum Glück gibt's Erfolg durch Positive Leadership. In: HR Performange 1/2012.: http://www.utho-creusen.com/download/creusen-120201-HRPerformance-opt.pdf - Stand: 15.09.2012.

[810] Creusen, Utho: Zum Glück gibt's Erfolg durch Positive Leadership. In: HR Performange 1/2012.: http://www.utho-creusen.com/download/creusen-120201-HRPerformance-opt.pdf - Stand: 15.09.2012.

Selbstcheck der Tätigkeit von einzelnen Personen können die nachfolgenden Fragen hilfreich sein:

1. „Bin ich in der Lage, die Stärke einigermaßen beständig (über längere Zeit erfolgreich) auszuspielen?

2. Erlange ich aus dieser Tätigkeit eine innere Befriedigung?

3. Kann ich in der Tätigkeit aufgehen, also dabei die Zeit vergessen?"[811]

Werden alle Fragen zu einer Tätigkeit mit „Ja" beantwortet, so kann davon ausgegangen werden, dass sich die entsprechende Person bei der Ausübung der Tätigkeit im Flow-Zustand befindet. Sie nutzt offensichtlich ihre Stärken.

Ein weiterer Hinweis im Zusammenhang mit der Erreichung von Glück und Zufriedenheit stellt die Dankbarkeit dar. Personen, welche dankbar sind, werden selbst von positiven Erinnerungen gestärkt. Dadurch verbessern sich auch zusätzlich die Beziehungen zu anderen Menschen. Aus diesem Grund erweist sich auch das regelmäßige Aussprechen von Dank im Unternehmen als hilfreich. Es fördert zugleich das persönliche und berufliche Wohlbefinden.[812]

13.3.2 Kompetenzen erfolgreicher Leader und Manager

13.3.2.1 Eigenmotivation/Lebenseinstellung/Bildung

Untersuchungen zur Motivation des Managements ergaben, dass der Motivationsindex bei der oberen Managementebene und in der Branche Banken / Versicherungen am höchsten ist.[813]

Für den Erfolg des professionellen Managers und Leaders ist vor allem seine Einstellung entscheidend. Eine Umfrage[814] ergab, dass die Einstellung des Managers seine Stärke bestimmt, also die Richtung, und dass Manager glauben, dass eine positive Einstellung für die Karriere verantwortlich ist. Bei 49 % der Manager hat laut der Umfrage das positive Denken deren Erfolg wesentlich bestimmt, bei 46,5 % hat die positive Einstellung eine wesentliche Rolle

---

[811] Creusen, Utho: Zum Glück gibt's Erfolg durch Positive Leadership. In: HR Performange 1/2012.: http://www.utho-creusen.com/download/creusen-120201-HRPerformance-opt.pdf - Stand: 15.09.2012.

[812] Vgl.: Creusen, Utho: Zum Glück gibt's Erfolg durch Positive Leadership. In: HR Performange 1/2012.: http://www.utho-creusen.com/download/creusen-120201-HRPerformance-opt.pdf - Stand: 15.09.2012.

[813] Vgl.: Geva-Institut: Geva-Studie, München, 1994

[814] Vgl.: Cox, A.: Confessions of a Corporate Headhunter – Geständnissse eines Headhunters

für den Erfolg ausgemacht. Demnach hat ein negativ denkender Manager keine Aussichten auf Erfolg.

Positives Denken ist ein Mittel, um Hindernisse und auch Chancen welche das Privatleben wie auch das Berufsleben begleiten, mit Erfolg zu meistern.

Eine der wichtigsten Gaben, welche der professionelle Manager und Leader auf andere Menschen weitergeben kann ist Hoffnung. In erster Linie Hoffnung auf eine gute Zukunft.

Der professionelle Manager und Leader handelt aus seiner eigenen, persönlichen Motivation. Er hat wie andere motivierte Menschen ein Motiv. Seine Handlungen haben die Energie aus einem Grund, aufgrund eines Ziels oder einem Anlass. Jeder Mensch der sich selbst motivieren möchte sollte sich der eigenen Motive bewusst werden, sollte die wahren Gründe für sein Tun kennen oder ausfindig machen. Der professionelle Manager muss, um seine Mitarbeiter zu motivieren ihre Ziele Gründe, ihren Anlass des Tuns also ihre Motive ergründen. Er weiß, dass sich seine Mitarbeiter in der Regel nicht wegen seinen eigenen Gründen motivieren lassen sondern aufgrund ihrer eigenen Motive. Die Analyse der Psyche des zu Motivierenden ergibt, dass für sein Handeln das wesentliche ist, was er glaubt oder erwartet, was für ihn herausspringt. Für die beabsichtigte Motivation der Mitarbeiter muss der professionelle Manager diese Information weitergeben. Er muss deren Motive, Ziele oder Gründe, wenn er sie motivieren möchte, herausfinden und dann eine Aufforderung zum Handeln erlassen. Die wachsenden Motive der meisten Menschen sind nicht einfach zu erfahren, es bedarf eines gewissen Feingefühls. Durch Geld wird wohl niemand motiviert, eher durch all das, was die Menschen mit Geld tun können; wobei die Motive individuell und komplex sein können.[815]

Grundsätzlich lassen sich drei Arten von Motivation unterscheiden:

- Motivation durch Angst
- Motivation durch Anreiz
- Motivation durch Entwicklung

So sind bspw. bei allgemein schlechten Wirtschaftslagen mit drohender Arbeitslosigkeit viele Arbeitnehmer besser bemüht um durch eine höhere Produktivität zu einer Sicherung des eigenen Arbeitsplatzes beizutragen. Die Möglichkeit der Motivation durch Angst ist jedoch nur kurzfristig realisierbar

---

[815] Vgl.: Ziglar, Z.: a.a.O., S. 288 ff

und wegen ihres negativen Charakters für professionelle Manager nicht zu empfehlen.

Eine realistischere Möglichkeit bietet die Motivation durch Anreiz. Dass mittels dieser Anreize Leistungssteigerungen erreicht werden ist erwiesen. Dennoch muss bei der Motivation durch Anreiz berücksichtigt werden, dass sich eine gewisse Gewöhnung an den Anreiz einstellen kann, d. h. der Anreiz muss immer interessanter werden, da die Erwartungen des zu Motivierenden stetig steigt.

Das Erfolgsrezept der Motivation durch Entwicklung liegt darin, dass das Denken, die Fähigkeit und die Motivation des Mitarbeiters eine Veränderung erfahren. Die Hauptaufgabe des Managers besteht darin, den Mitarbeiter dazu zu bringen, ihm Gründe zu geben, damit der das verrichtet, was der Manager wünscht.

Professionelles Management und Leadership basiert darauf, dass so mit den Mitarbeitern gearbeitet wird, dass ihnen geholfen werden kann, das zu bekommen was sie haben möchten. Der professionelle Manager muss die dazu notwendigen Methoden und Techniken beherrschen, mit denen jeder seiner Mitarbeiter dazu inspiriert werden kann, zum Vorteil des Mitarbeiters und des Unternehmens, Spitzenleistungen zu erbringen. Der Mitarbeiter muss erkennen, dass er die gleichen Ziele hat wie das Management, es sitzen alle im gleichen Boot.

Der professionelle Manager ist ein echter charismatischer Führer, - so wie bspw. Steve Jobs, er baut auf einem Erfolg die nächsten Erfolge auf, er ist ein Vorbild, er weiß, dass seine eigene Größe darin besteht, seine Mitarbeiter zum Erfolg zu führen. Er wird dadurch glücklich und motiviert, was er ist, nicht durch das was er z. B. an Vermögen hat. Seine Sicherheit, sein Glück und seine Motivation basiert auf seiner Fähigkeit zu produzieren. Denn Glück ist eine Frage von jetzt und hier. Als glücklicher und erfolgreicher Mensch hat der professionelle Manager für alles was er tut einen Grund, ein Motiv. Er ist sich seiner Motive bewusst und ergründet deren Motive, bevor er seine Mitarbeiter zum Erfolg motiviert. Er ermutigt seine Mitarbeiter die für ihren persönlichen Erfolg erforderlichen Taten zu vollbringen.

Eine der wesentlichsten Aufgaben des professionellen Managers und Leaders besteht darin, die Menschen im Betrieb aufzubauen, Menschen zu helfen, ihre Fähigkeiten zu erkennen, zu entwickeln und einzusetzen, er hilft ihnen und auch sich selbst Ängste, Zweifel und Sorgen zu überwinden, wodurch sich auch ihre Leistungen verbessern.

Für den Umgang mit Menschen ist die innere und äußere Überzeugungskraft des Managers eine wesentliche Erfolgsdeterminante. Das Selbstvertrauen und

Selbstbewusstsein wird als maßgeblicher Faktor der Überzeugungskraft dadurch gestärkt, dass die Gedanken auf das Positive und das Erfreuliche gerichtet werden. Damit der Manager die Mitarbeiter begeistern kann, muss er selbst begeistert sein.[816]

Die erforderliche positive Lebenseinstellung beginnt beim positiven Denken. Das positive Denken ist für die persönliche Ausstrahlung und somit für die Bewältigung der Überzeugungs- und Repräsentationsaufgabe des Managers maßgeblich.

Negative Gedanken und Erwartungen wirken sich alleine schon durch ihren Niederschlag in den Gesichtszügen, als negative Ausstrahlung ungünstig, auf die Mitmenschen aus.

Die positive Wirkung der Einstellung kann durch die äußere Erscheinung, Kleidung, Gepflegtheit, äußeres Verhalten verstärkt werden. Um andere Menschen zu begeistern, muss der Manager und Leader selbst beigeistert sein, dies gelingt ihm dadurch, dass er selbst begeistert handelt.

Wegen den ständigen Änderungen und Neuerungen steigen die Anforderungen an das Management. Der Manager und Leader kann dem nur entgegenwirken, in dem er sich stetig weiterbildet, durch Literaturstudium, Seminare sowie die Teilnahme an sonstigen weiterbildenden Veranstaltungen. Als Innovationsförderer der lernenden Organisation muss der Manager mit bestem Beispiel vorangehen und muss selbst ständig lernen, um so aktiv zum permanenten Wandel beizutragen.

13.3.2.2 Grundperspektiven des Denkens

> *„Defensiver Pessimismus dient Ängstlichen als Schirm gegen die Unwetter des Lebens."*
>
> Julie K. Norem

Der Erfolg von Führungspersonen wird wesentlich deren Grundperspektiven des Denkens mitbestimmt. Eine positive Grundeinstellung und die Erwartung, dass alles gut ausgeht kann jedoch auch zu einer gewissen Blindheit gegenüber Gefahren und zu hohen Risiken führen. In der Praxis läuft erfahrungsgemäß nicht immer alles gut und reibungslos. Probleme oder Störungen, unerwartete Ereignisse können eintreten und Vorhaben, Projekte oder sogar

---

[816] Vgl.: Bettger, F.: Lebe begeistert und gewinne. Glattbrugg

Existenzen und Arbeitsplätze gefährden. Zwar stellt ein gesunder Optimismus eine wichtige Grundhaltung dar, jedoch ist auch ein gewisses negatives Vorausdenken in ungünstigen Szenarien hilfreich. Es kommt auf die richtige Mischung an. Denn auch aus dem negativen Denken können positive Effekte abgeleitet werden. Aus verschiedenen Untersuchungen über Sozialverhalten und Persönlichkeit ging hervor, dass auch Pessimismus positive Seiten hat und die Motivation erhöhen kann.

Der Zeitgeist setzt Optimismus und ein hohes Selbstwertgefühl mit allem Gutem gleich. Gleichzeitig wird Pessimismus mit allem Schlechtem gleichgesetzt. Dabei unterläuft man einem entscheidenden Fehler: Positive Einstellung basiert auf einer Verzerrung der Realität.[817]

In der betrieblichen Praxis und auch im Privatleben sieht man täglich Menschen, welche nicht immer ein Smiley-Gesicht haben und denen es dennoch gut geht. Es meistern auch viele Menschen und somit auch Manager ihr Leben und ihre berufliche Tätigkeit mit negativer Einstellung zum Leben. Defensiver Pessimismus kann auch als Strategie eingesetzt werden, um mit Angst und Unsicherheit fertig zu werden.[818]

Wird ein defensiver Pessimist vor eine schwierige Aufgabe gestellt, so setzt dieser zunächst seine Erwartungen herab und geht davon aus, dass das Vorhaben misslingen wird oder könnte. Dann spielt er im Geist die bevorstehende Situation mit sämtlichen möglichen Schiffbrüchen in allen Einzelheiten durch. Dies bringt ihm den entscheidenden Vorteil, effektiv zu planen um das Schlimmste abzuwenden. Auf diese Art bereiten zahlreiche Manager ihre Tätigkeit vor und haben Erfolg.[819]

Da Menschen mit einer solchen Vorgehensweise ohnehin schon einen relativen Angstpegel haben, befähigt der defensive Pessimismus sie dazu, sich der Angst zu nähern. Defensiver Pessimismus dient Ängstlichen als Schirm gegen die Unwetter des Lebens.[820]

---

[817] Vgl.: Noren, J.K.: Die positive Kraft des negativen Denkens, 2002

[818] Vgl.: Noren, J.K.: a.a.O.

[819] Vgl.: Noren, J.K.: a.a.O.

[820] Vgl.: Noren, J.K.: a.a.O.

Diese Menschen müssen alle vorstellbaren Katastrophen durchspielen:

- Die absurden
  Bspw.: die Präsentation wird durch einen Blitzeinschlag und Strom-
  ausfall ruiniert.

- Solche die außer ihrer Kontrolle liegen:
  Bspw.: Der neue Kooperationspartner hat schlechte Laune bei den
  Vertragsverhandlungen.

- Solche die sich durch gutes Planen abwenden lassen.
  Bspw.: Der Vortrag wird gut geübt und wiederholt.
  Das Examen wird aufwendig und gut vorbereitet.

Menschen, welche stark zu Pessimismus neigen sollten sich von der Thematik
nicht abwenden – dies wäre kontraproduktiv.[821] Wenn sie daran gehindert
werden, ihre Katastrophenszenarien mental durchzuspielen

- schneiden sie deutlich schlechter ab,

- ihre kognitive Leistungsfähigkeit sinkt und

- ihre Konzentration schwindet.

Die betroffenen Menschen sollten ihre Sorgen artikulieren und Entfaltungs-
möglichkeiten nutzen wie z. B. Einwände.

Umgekehrt verhält es sich bei Optimisten, diese sollten nicht gezwungen werden, sich mit allen möglichen negativen Aspekten einer Aufgabe zu befassen
– diese schneiden dann schlechter ab.[822] Strategische Optimisten schützen
sich vor Angst in dem sie sich nicht viele Gedanken machen. Wird der Optimismus durchkreuzt, so werden diese Personen ängstlich, jedoch fehlt ihnen
das Werkzeug der defensiven Pessimisten um damit ihre Angst zu bewältigen.

Die Neigung, die Welt mehr oder weniger positiv zu sehen ist Teil der angebo-
renen Persönlichkeit. Jedoch praktizieren die meisten Menschen je nach der
Lebenslage unterschiedliche Strategien. diese werden durch das soziale Umfeld beeinflusst. In den Arbeitsprozessen werden die Menschen entsprechend
ihrer Veranlagungen in bestimmte Rollen gedrängt:[823]

---

[821] Vgl.: Noren, J.K.: a.a.O.

[822] Vgl.: Noren, J.K.: a.a.O.

[823] Vgl.: Noren, J.K.: a.a.O.

- Die Vorstandschefs, welche eine Firma nach außen repräsentieren, sind in den meisten Fällen Optimisten.

- Gute Firmenleiter haben so viel Weitsicht, dass sie den wichtigsten Beitrag von defensiven Pessimisten erkennen, die negativen Seiten der Strategien finden.

- Die Ehron-Chefs verkörpern klassischen amerikanischen Optimismus in seiner schlimmsten Form: übertrieben und selbstsicher hatten sie kein Auge für das Negative, ignorierten Warnsignale und brachten die Firma zu Fall.

- Beispielsweise ist der Regisseur Steven Spielberg ein Pessimist. Er ist überzeugt, dass jeder seiner neuen Filme ein totaler Flop wird. Wegen seiner Ängstlichkeit achtet er bei der Produktion auf jeden kleinen Aspekt der falsch laufen könnte. Der Pessimismus ist sozusagen Teil seines Erfolgs.

13.3.2.3 Persönlichkeitsmerkmale und Profilstärkung

Für den Erfolg eines Managers und Leaders tragen vielzählige Faktoren bei. Nach der Auffassung von Roland Berger sollte ein Manager die folgenden Eigenschaften haben:[824]

- Kreativität

- Realitätsnähe

- Selbstkritik

- Mitreißereigenschaften

- Herausragender Teamleader

- Machereigenschaften
  wie: Durchsetzungsstärke und konsequent auch gegen sich selbst

- Fähigkeit Loyalität zu schaffen

- Loyalität gegenüber den Mitarbeitern[825]

- Fähigkeit zu rechnen, Beherrschen von Soll und Haben

---

[824] Vgl.: Berger, R.: in: DMEuro, Februar 2003, S. 32

[825] Als Vorbild nennt Berger Jürgen Weber, welcher „die Lufthansa nach ihrer Beinahepleite zur besten Airline der Welt gemacht hat. Er hat seine Leute für sich begeistert und ist ihnen gegenüber grenzenlos loyal." So Berger, R.: a.a.O.

- Ein hohes Maß an Glaubwürdigkeit, Anstand und Moral

- Fingerspitzengefühl in der Öffentlichkeitsarbeit

Einer der gewichtigsten Faktoren jedoch ist der richtige Mix seiner Persönlichkeitsmerkmale.

Was haben erfolgreiche Manager und Leader gemeinsam? Meist sind sie Visionäre und Tüftler. Welche weiteren Eigenschaften muss ein erfolgreicher Manager zusätzlich haben? Entsprechend der Untersuchungsergebnisse von F. Müller[826] entscheiden die folgenden Eigenschaften über den Erfolg eines Managers:

- Bis zu 25 % entscheidet die Persönlichkeit über den Erfolg.

- 5 – 10 % Biografische Einflüsse. Bspw. ob die Familie bereits eine Firma geleitet hat.

Je nach dem um welche Eigenschaften es sich dabei handelt, sind 40 – 60 % genetisch veranlagt. Zahlreiche Eigenschaften bestehen seit Geburt an und wurden meist schon in der Jugendzeit entwickelt, so dass diese relativ stabil sind.

Das unternehmerische Potential kann durch eine Persönlichkeitsanalyse aufgedeckt werden. Den Ausgangspunkt bilden EPQ-Tests – Entrepreneurial Potential Questionaire – welche in den USA von Banken und Venture-Capital-Gesellschaften eingesetzt werden. Dieser EPQ-Tests wurde durch Müller an den deutschen Markt angepasst und weiterentwickelt. Dabei wurden 12 verschiedene Eigenschaften untersucht. Diese werden den vier folgenden Kategorien zugeordnet:[827]

- Motivation

- Emotionale Merkmale

- Geistige Fähigkeiten

- Soziale Kompetenz

---

[826] Vgl.: Müller, F.: Untersuchungsergebnis. Psychologisches Institut, Universität Koblenz-Landau. In: DMEuro, Mai 2003, S. 49

[827] Vgl.: Müller, F.: a.a.O.

Abb. 58 Kategorisierung der Managereigenschaften nach Müller[828] als Mind-Map

Emotionale
Merkmale

Motivation

— Unabhängigkeit gesucht

— Machbar ist (fast) alles

— Leistungsorientiert

— Antriebsstark

— Extrem belastbar

— Emotional stabil

— Intuitiv problemorientiert

— Risiko-Balancierer

—Ungewissheit tolerieren können

Manager-Eigenschaften

— Durchsetzungsstark

— Sozial anpassungsfähig

— Risikoneigung

— Pragmatisches Denken

— Ungewissheitstoleranz

— Intuitive Problemorientierung

— Analytische Problemorientierung

Soziale
Kompetenz

Geistige
Fähigkeiten

Motivation:

Unter die Kategorie Motivation fallen die Eigenschaften:

- Leistungsorientiert:
  Manager – egal ob Gründer oder Führungskräfte – suchen permanent neue Herausforderungen. Dabei setzen sie ihre Fähigkeiten in Projekten ein, welche sie selbst als realistisch umsetzbar einstufen. Typisch sind Tüftler und Fachexperten. Die Leistungsorientierung wird i. d. R. stark durch die Familie und die Erfahrungen im Elternhaus geprägt. Bei Führungskräften mit weitgehender Entscheidungsfreiheit steht das Leistungsmotiv stärker im Vordergrund als bei Selbständigen.

---

[828] Quelle: Eigene Darstellung / Kategorisierung. Vgl.: Müller, a.a.O.

- Machbar ist (fast) alles:
Manager mit ausgeprägter Machbarkeitsüberzeugung sind von sich und ihrem Können überzeugt. Dies kann im Extremfall bedeuten, dass Erfolge auf das eigene Konto verbucht werden und Misserfolge auf das der Anderen und auf äußere Umstände geschoben wird. Personen bei welchen diese Neigung stark ausgeprägt ist, erleben sich selbst als Macher. Sie streben nach Selbständigkeit und hassen es in irgendeiner Form bevormundet zu werden. Bei starker Ausprägung der internalen Kontrollüberzeugung ist es für die Person besser eine selbständige Tätigkeit auszuüben.

- Unabhängigkeit gesucht:
Das Freiheitsstreben kennzeichnet ein starkes Bedürfnis nach Autonomie, Selbstverwirklichung sowie persönlichem Wachstum. Dabei handelt es sich um eine der bedeutendsten Eigenschaften von Unternehmern[829] und Managern. Es heißt, auf die sozialen und organisatorischen Annehmlichkeiten einer Firma verzichten zu können. Dazu gehören Visionen und das Aufstellen von Regeln. Das Charakteristikum des freiheitsliebenden Menschen besteht darin, dass es diesem wichtiger ist eigene Regie zu realisieren als sich im Büro mit Kollegen zu arrangieren und sich mit Machtgerangel abgeben zu müssen.

Emotionale Merkmale:

Die emotionalen Merkmale können wie folgt ausgeprägt sein:

- Antriebsstark:
Durch eine hohe Antriebsstärke sind solche Personen bestimmt, welche ständig auf Achse, flexibel, denkend und arbeitsmotiviert sind. Antriebsstärke unterstützt unternehmerisches handeln. Dies wird im Management gefordert. In welcher Stärke die Antriebsstärke jedoch vorhanden ist liegt sozusagen im Blut des Managers. Manager mit starker Merkmalsausprägung widmen sich voller Elan und ohne Pause einem ausgefallenen Projekt. Sie lehnen ausgetretene Pfade entschieden ab.

- Extrem belastbar:
Stressresistente Menschen fühlen sich im hektischen Umfeld erst richtig wohl. Sie zeichnen sich dadurch aus, dass sie auch unter Druck eher leistungsfähig sind, den Überblick behalten trotz vieler auf sie eindrin-

---

[829] Vgl.: Müller, F.: a.a.O. und Lang-von Wins T.: Psychologisches Institut, Universität München

gender Eindrücke. Im Durchschnitt arbeitet ein Freiberufler 57 Stunden in der Woche. Das ist überdurchschnittlich viel. Sie fühlen sich meist weniger beansprucht als Angestellte und sind seltener krank. Im Gegensatz dazu werden schwach belastbare Menschen in Stresssituationen nervös und ängstlich. Dies hat die Folge, dass sie gereizt sind, zaudern Entscheidungen zu treffen oder sie handeln ohne Plan, was zu existenzbedrohenden Situationen führen kann.[830]

- Emotional stabil:
  Der Manager benötigt eine gewisse Grundgelassenheit. Dabei geht es u. a. auch darum, wie Unternehmer bzw. Manager Fehlschläge und Niederlagen verkraften. Erfahrungsgemäß stecken emotional stabile Menschen Misserfolge sehr gut weg und lassen sich nicht so schnell entmutigen. Ihre Frustrationstoleranz ist außergewöhnlich hoch. Sie sehen selbst Verhandlungen, welche zu scheitern drohen als spielerische Herausforderung an. Jedoch verkümmert dieser Menschentyp bei Routineaufgaben.

- Intuitiv problemorientiert:
  Kreative Manager gehen intuitiv und ganzheitlich an Fragestellungen heran. Dabei tasten sie sich an die Problemlösung durch unkonventionelle Methoden heran. Sie entscheiden dabei stärker aus dem Bauch heraus, sind intuitiv und kombinieren bestehende Faktoren und Erfahrungen. Sie gelangen dadurch meist zu einfachen und schnellen Lösungen, was sich als entscheidender Wettbewerbsfaktor herausstellen kann. Beide Typen verfügen über eine entsprechend hohe Problemlösungskompetenz. Das Management ist oft auf intuitive Problemlösungen angewiesen.

- Risiko-Balancierer:
  Talentierte Manager und Unternehmer sind durch nicht zuviel und nicht zuwenig an Risikobereitschaft gekennzeichnet. Ein Manager muss Chancen und Risiken kalkulieren und realistisch betrachtet eingehen können. Personen, welche alles auf eine Karte setzen können sich von der eigenen Idee blenden lassen und die Gefahr übersehen.

Der Airbag-Typ, welcher ein hohes Maß an Sicherheit benötigt, geht oft zu zögerlich an bestimmte Situationen heran und verpasst so u. U. die entscheidenden Chancen. Die Experten finden im Schnitt bei Angestellten eine geringere Bereitschaft zum Risiko als bei Unternehmensgrün-

---

[830] Vgl.: Müller, F.: a.a.O.

dern. Dabei sind einfach leitende Angestellte oft zu hohem Risiko bereit „sie spielen ja nicht mit dem eigenen Geld".[831]

- Ungewissheit tolerieren können:
  Manager sollten auch einige gewisse Unsicherheiten tolerieren können. Entscheidungen sind selten vorgezeichnet und transparent. Dagegen können Angestellte ein hohes maß an Unsicherheit meist schlecht aushalten.

Geistige Fähigkeiten:

Zusätzlich sind die geistigen Fähigkeiten eines Managers und Leaders ausschlaggebend für seinen Erfolg. Dies erfordert eine ausbalancierte Mischung der analytischen und intuitiven Problemorientierung, des pragmatischen Denkens, der Risikoneigung sowie der Ungewissheitstoleranz.

Soziale Kompetenz:

Unter die Kategorie soziale Kompetenz fallen die Eigenschaften bzw. Ausprägungen:

- Durchsetzungsstark:
  Für den Erfolg ist der richtige Mix zwischen kooperativem und autoritärem Verhalten entscheidend. Manager beherrschen im Idealfall beide Techniken. In entscheidenden Fragen setzen sie sich durch, ohne sich die Anderen zu Feinden zu machen.

- Sozial Anpassungsfähig:
  Der Manager und Unternehmer ist, um erfolgreich zu sein, angewiesen auf Kontakte zu Kunden, Mitarbeitern und Wettbewerberc. Hierzu ist ein gewisser Grad an Extrovertiertheit erforderlich. In diesem Zusammenhang ist auch die soziale Stabilität von Bedeutung. Der Manager sollte Stimmungen einfangen können und genau wissen, wie diese auf sein Gegenüber wirken. Dadurch ist eine zuverlässige Einschätzung für die Eigennutzung möglich. Nur mit dem erforderlichen Maß an sozialer Anpassungsfähigkeit und Menschenkenntnis ist die erfolgreiche Führung eines Unternehmens möglich.[832]

---

[831] Vgl.: Frese, M.: Psychologische Universität Gießen

[832] Vgl.: Müller, F.: a.a.O.

Persönlichkeitsmerkmale sind zwar von Bedeutung, können jedoch Defizite in anderen Bereichen, wie z. B. Fachkompetenz oder Branchenübersicht, nicht kompensieren. Für eine erfolgreiche Tätigkeit als Manager, Leader oder Unternehmer sind die folgenden Determinanten in variablen Anteilen erforderlich:[833]

- gut funktionierendes Netzwerk

- gesicherte Finanzierung

- marktfähige Geschäftsidee

- Branchenkenntnisse

- politische und wirtschaftliche Rahmenbedingungen

- „sich seiner Stärken und Schwächen klar sein"

- Vertrauen in die eigenen Fähigkeiten

- die Fähigkeit sich Feedback von der Umwelt einzuholen

Gerade durch das Feedback, bspw. wie andere reagieren, können Manager lernen, woran sie noch arbeiten müssen sowohl fachlich als auch persönlich. In diesem Zusammenhang soll jeder seine Stärken nutzen und stärken, wobei absolute Spitzenwerte erlangt werden können. Dagegen können lokalisierte Schwächen ausgeglichen werden durch:

- spezielles Training oder

- durch einen Gesprächspartner mit konträrem Profil.

Ein angehender Manager oder Leader, welcher nicht der geborene Firmenchef ist, kann die Möglichkeit nutzen bspw. einige Jahre in einem expandierenden Unternehmen tätig sein, um so das Rüstzeug zu sammeln. In diesem Zusammenhang bieten Firmen entsprechende Trainee-Programme an.

In der betrieblichen Praxis ist der Erfolg selbst für Personen, welche über die idealen Voraussetzungen verfügen mit Stolpersteinen und Rückschlägen besäht. Dabei ist es wichtig zu wissen, welche Fähigkeiten man hat oder nicht hat, damit frühzeitig und richtungweisend gegengesteuert werden kann.

---

[833] Vgl.: Frese, M.: a.a.O.

Die Bedeutung der Persönlichkeitsmerkmalsausprägung wird nachfolgend an einigen Top-Managern verdeutlicht:[834]

- Bill Gates – Motivation:
  Als Macher und Tüftler ist seine Motivation erfolgsentscheidend. Er hat in einer kleinen Garage mit einer großen Vision begonnen.

- Michael O'Leary – Emotion:
  Der Chef der irischen Billigfliegers Ryanair verteidigt sich gelassen gegen die Preispolitik der Lufthansa.

- Klaus Zumwinkel – Geistige Fähigkeiten:
  Das pragmatische Denken spielt beim Chef der Deutschen Post eine wesentliche Rolle. Er verfolgt seine Ziele konsequent mit der Vision die Post zur Nr. 1 in der Logistikbranche weltweit werden zu lassen.

- Roland Berger – Soziale Komponente:
  Der Unternehmensberater kann offen, amüsant und eloquent Menschen für sich einnehmen, für Projekte begeistern und überzeugen.

Prüfung des unternehmerischen Potenzials:

Die Persönlichkeitsmerkmale werden bspw. in einem Test erfasst mit neun Fragen pro Eigenschaft. Dabei kann das Potenzial schwanken zwischen 0 und 9. Dies hängt u. a. davon ab, wie viele Antworten angekreuzt worden sind. Dabei lassen sich individuelle Testwerte in drei Potenzialbereiche einordnen:

---

[834] Vgl.: Müller, F.: a.a.O.

Abb. 59 Manager-Testprofil am Beispiel eines Dipl.-Ingenieurs mit Unternehmerpotenzial[835]

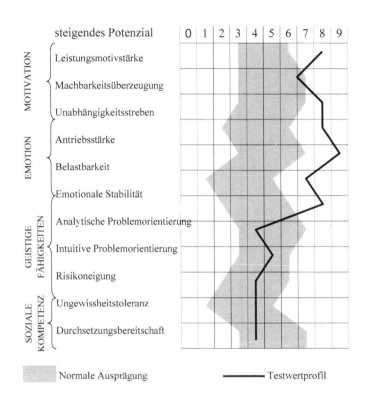

	steigendes Potenzial	0 1 2 3 4 5 6 7 8 9
MOTIVATION	Leistungsmotivstärke	
	Machbarkeitsüberzeugung	
	Unabhängigkeitsstreben	
EMOTION	Antriebsstärke	
	Belastbarkeit	
	Emotionale Stabilität	
GEISTIGE FÄHIGKEITEN	Analytische Problemorientierung	
	Intuitive Problemorientierung	
	Risikoneigung	
SOZIALE KOMPETENZ	Ungewissheitstoleranz	
	Durchsetzungsbereitschaft	

Normale Ausprägung   ——— Testwertprofil

In der Grafik zeigt sich

- im linken Teil ein schwach ausgeprägtes unternehmerisches Potenzial,
- in der Mitte ein mittel ausgeprägtes Potenzial,
- in dem rechten Teil ein stark ausgeprägtes unternehmerisches Potenzial.

Analyse:

Das Profil im Beispiel weist Stärken in der Motivation aus sowie bei den emotionalen Fähigkeiten. Es besteht eine deutliche Ausprägung der analytischen Problemorientierung. Unternehmerisches Potenzial ist insgesamt vorhanden.

---

[835] Vgl.: Müller, F.: a.a.O., S. 50

293

Die intuitiven und sozialen Fähigkeiten der Problemorientierung sind etwas schwächer ausgeprägt. Somit haben Initiativen in Richtung technische Entwicklung und Optimierung von Produkten Erfolgsaussichten. Entgegen sind die Voraussetzungen im Vertrieb und der Vermarktung weniger gut. Je nach Vorhaben und angestrebter Managementposition sind die entsprechenden Profile durch gezielte Maßnahmen zu stärken oder die Kooperation mit einem Partner anzustreben, durch welchen die Defizite ausgeglichen werden.

Die Maßnahmen zur Profilstärkung können der nachfolgenden Abbildung entnommen werden:

Abb. 60 Maßnahmen der Profilstärkung von Managern[836]

Maßnahmen der Profilstärkung von Managern	
Persönlichkeit und Kompetenz	Coaching; Seminare, Einzelberatung; Persönlichkeitstraining
Kreativität und soziale Kompetenz	Kreatives Selbstmanagement durch Neuro-Linguistisches Programmieren – NLP
Psychologie / Rhetorik	Psychologische Seminare; Rhetorik; Verkaufstraining
Durchsetzungsvermögen	Überzeugen; sich behaupten lernen; Umgang mit Widerständen und Aggressionen / Schlagfertigkeit
Kommunikation	Kommunikationstraining; Umgangsformen; Loyalität

Eine Umfrage bei den 20 Top-Personalberatern ergab, dass vor allem die nachfolgenden Manager-Typen gefragt sind:[837]

- Macher

- Sanierer

- Strategen

---

[836] Eigene Darstellung

[837] Vgl.: DMEuro: Personalberater-Umfrage: In: DMEuro, Mai 2003, S. 25. Befragt wurden 20 Top-Personalberater in Deutschland, Rücklaufquote 50 %.

Abb. 61 Ergebnis der Umfrage nach den besonders gefragten Manager-Typen[838]

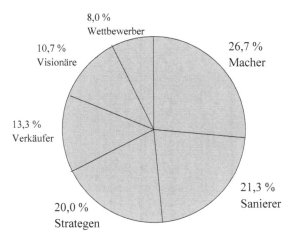

Die gleiche Umfrage führte zum Ergebnis, dass bei den Managern die folgenden Eigenschaften wichtiger geworden sind:

- Integrität
- Tatkraft
- Durchsetzungsvermögen
- Analytische Fähigkeiten

---

[838] Vgl.: DMEuro: a.a.O., S. 25

295

Abb. 62 Managereigenschaften die wichtiger / unwichtiger geworden sind[839]

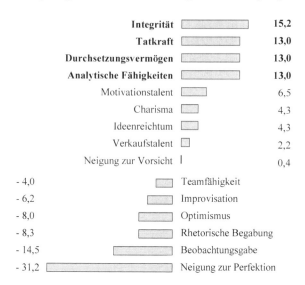

Nach den Umfrageergebnissen sind die folgenden Managereigenschaften nicht mehr so wichtig:

- Neigung zur Perfektion
- Beobachtungsgabe
- Rhetorische Begabung

13.4 Führungsstil und Relevanz der Austauschbeziehung

13.4.1 Austausch und Arbeitszufriedenheit

Für eine an der Universität Münster durchgeführte Studie fanden 360 ausgefüllte Fragebögen Berücksichtigung. Es wurden Mitarbeiter befragt, welche ihre Führungskräfte bezüglich der einzelnen Führungsstile einschätzen sollten. Im Rahmen der Studie wurde auch nach der Häufigkeit der von der Führungskraft gezeigten Verhaltensweisen gefragt.

Dabei richtete sich die Skala für jede Verhaltensweise

---

[839] Vgl.: DMEuro: a.a.O., S. 25

1 (= nie) ...bis...5 (= immer).

Zudem sind die drei Indikatoren von erfolgreicher Führung miterhoben worden – konkret:[840]

• Die Arbeitsleistung,

• Die Arbeitszufriedenheit sowie

• Die Bindung an die Organisation.

Im Rahmen der Studie hatten die Mitarbeiter diese Indikatoren, welche jeweils durch mehrere Fragen definiert worden sind, auch aus ihrer persönlichen Sicht eingeschätzt.[841]

"In den Ergebnissen zeigte sich, dass es nicht den einen Führungsstil gibt, der alleine alle drei Erfolgskriterien von Führung vorhersagen kann. Dies zeigte sich durch Regressionsanalysen, bei denen jeweils alle Führungsstile zur Vorhersage der Kriterien Arbeitsleistung, Arbeitszufriedenheit und Mitarbeiterbindung genutzt wurden. Nur durch diese Art der Analyse kann kritisch getestet werden, ob die Führungsstile im Vergleich zueinander nennenswerte Effekte auf Kriterien aufweisen. Die Ergebnisse zeigten weiterhin, dass in den unterschiedlichen Analysen nicht alle Führungsstile signifikante Zusammenhänge zu den Kriterien aufwiesen. Offenbar gibt es tatsächlich Führungsstile, die nützlicher sind als andere."[842]

Das menschliche Verhalten und das Ergebnis der Führung ist ein Resultat aus einer Vielzahl von Determinanten. Zum einen werden motivationale Prozesse durch die Wahrnehmung der jeweiligen umgebenen Situation des Handelnden ausgelöst, zum anderen beeinflussen sie auch die Wahrnehmung der umgebenden Anregungsbedingungen. Somit handelt es sich beim Verhalten nicht nur um passive Reaktionen auf Anreize der Umwelt, der Agierende ist gleichzeitig motiviert entsprechend bedürfnisadäquate Situationen aufzusuchen, er

---

[840] Vgl.: http://www.weka- personal.ch/aktuell_view.cfm?nr_aktuell=1402&s=Fuehrungsstile – Stand: 15.11.2012.

[841] Vgl.: http://www.weka-personal.ch/aktuell_view.cfm?nr_aktuell=1402&s=Fuehrungsstile – Stand: 15.11.2012.

[842] http://www.weka-personal.ch/aktuell_view.cfm?nr_aktuell=1402&s=Fuehrungsstile – Stand: 15.11.2012.

gestaltet sie sogar aktiv. Nach Lewin entsteht Verhalten aus dem Zusammenwirken der motivierten Personen mit ihrer Umwelt.[843]

Entsprechend der Ausführung von Heckhausen[844] gilt, dass „Motivation entsteht, so wird unterstellt, aus einer Wechselwirkung zwischen überdauernden
Wertungsdispositionen des Handelnden den so genannten `Motiven´ und mo-
tivrelevanten Aspekten der wahrgenommenen Situation." Dabei sind Motive
als Gruppen von Ereignissen zu sehen, welche vom Handelnden positiv und
negativ eingeschätzt werden, und von welchen er glaubt, dass er sie durch
sein eigenes Handeln beeinflussen kann. Durch das Bedürfnis nach Erbringen
einer Leistung, das Leistungsmotiv lässt sich dieser Sachverhalt bestätigen.
Motive können als generalisierte und überdauernde menschliche Verhaltensziele bezeichnet werden, welche vom Handelnden mit positiven bzw. negativen Wertgehalt gewichtet sind und welche er zu erreichen bzw. zu meiden
sucht, mittels geeigneter Verhaltensweisen.[845]

Von zentraler Bedeutung ist in diesem Kontext die „Qualität" der Austauschbeziehung von Führungspersonen und Mitarbeitern.

Die „Güte der Austauschbeziehung" bzw. „Leader-Member Exchange LMX"
definiert, wie gut das Verhältnis zwischen Führungskraft und Mitarbeiter ist.

- „Gibt es Vertrauen und Wertschätzung zwischen beiden Seiten («... Ich
  habe genügend Vertrauen in meinen Vorgesetzten/ meine Vorgesetzte,
  um seine/ ihre Entscheidungen zu verteidigen»)?

- Ist die Kommunikation in beide Richtungen authentisch und offen? -
  Setzen sich beide Seiten für die Ziele und Interessen der jeweils anderen Seite ein?"[846]

Aus der Studie lassen sich die folgenden Ergebnisse in den drei Kriterien für
erfolgreiche Führung ableiten:

---

[843] Vgl.: Lewin, K.: Grundzüge der topologischen Psychologie. Bern, 1969, S. 218 ff
Vgl.: Lewin, K.: Feldtheorie in den Sozialwissenschaften. Bern, 1963, S. 51 ff
[844] Vgl.: Heckhausen, H.: Ein kognitives Motivationsmodell und die Verankerung von Motiv-
konstrukten. Bochum, 1975, in: Lenk, H. (Hrsg.): Handlungstheorien in interdisziplinärer
Perspektive. S. 2
[845] Vgl.: Rosenstiel, L. v.: Die motivationalen Grundlagen des Verhaltens in der Organisation
– Leistung und Zufriedenheit. Berlin, 1975, S. 45. Vgl. Lersch, Ph.: Aufbau der Person.
München, 1966, S. 96
[846] http://www.weka-personal.ch/aktuell_view.cfm?nr_aktuell=1402&s=Fuehrungsstile
– Stand: 15.11.2012.

Demnach steht die Arbeitsleistung „am engsten mit einer guten Beziehung zwischen Mitarbeiter und Führungskraft (Austauschbeziehung) im Zusammenhang."[847]

Bei den weiteren in der Studie untersuchten Führungsstilen wurden keine signifikanten Effekte auf Arbeitsleistung festgestellt. Es lässt sich das Ergebnis ableiten, dass im relativen Vergleich die Austauschbeziehung „den einzig signifikanten Effekt auf Arbeitsleistung"[848] ausübt.

Die Austauschbeziehung stellt somit das zentrale Element für die Steigerung der Arbeitsleistung dar.

Die Ergebnisse weiterer Studien haben aufgezeigt, dass die Entwicklung einer guten Austauschbeziehung den Einsatz von Zeit und das erforderliche Vertrauen voraussetzt. Weitere Einflussfaktoren einer optimal verlaufenden Austauschbeziehung sind die informelle Kommunikation hinsichtlich Werte, Erwartungen, Wünsche sowie die formelle Kommunikation, bspw. Mitarbeitergespräche unter Mitarbeiter / Führungskraft.

Für die Verbesserung dieser Voraussetzungen werden verschiedene Personalentwicklungsmassnahmen notwendig. So bspw. Schulungen und insbesondere Kommunikationstrainings.

Mit Intervisionen oder kollegialen Teamcoachings lässt sich eine Unterstützung der Reflexion der Beziehungs- und der Kommunikationsqualität umsetzen.

Im Rahmen der Intervisionen oder kollegialen Teamcoachings können innerhalb einer Gruppe von Führungskräften eigene Führungsherausforderungen reflektiert werden. So bspw. Kommunikationsprobleme mit bestimmten Mitarbeitern. Es lassen sich konkrete Lösungswege erarbeiten und deren Umsetzung unterstützen.

Wie die Ergebnisse einer Studie aufzeigen, führen drei der Führungsstile zum Erfolg. Viele Manager fragen sich:

„Wie genau kann ich meine Mitarbeiter am erfolgreichsten führen?"

---

[847] http://www.weka-personal.ch/aktuell_view.cfm?nr_aktuell=1402&s=Fuehrungsstile
– Stand: 15.11.2012.
[848] http://www.weka-personal.ch/aktuell_view.cfm?nr_aktuell=1402&s=Fuehrungsstile
– Stand: 15.11.2012.

Wenn diese Frage an Führungskräfte gerichtet wird, ergeben sich verschiedene Antworten. Diese Antworten sind von verschiedenen Faktoren abhängig. So bspw. die Ausbildung, die Erfahrung oder persönliche Präferenzen.[849]

In der wissenschaftlichen Führungsforschung wie auch in der Praktischen Personalführung bestehen teilweise sehr unterschiedliche Ansichten über das, was unter effektiver bzw. erfolgreicher Führung überhaupt verstanden wird und was die Erfolgsfaktoren einer solchen Führung sind. Gleichzeitig erfolgt eine Weitergabe der zahlreichen Ansätze und Führungstheorien im Studium sowie auch in der beruflichen Ausbildung an die angehenden Führungskräfte.

In der Management- bzw. Führungspraxis bestehen zahlreiche unterschiedliche Auffassungen hinsichtlich der Führung. Gleichzeitig besteht jedoch keine gemeinsame Basis bzw. kein einheitliches gemeinsames Verständnis dessen was unter Führung zu verstehen ist.

Darüber, wie erfolgreich geführt werden kann oder soll bestehen recht unterschiedliche Auffassungen, welche sich teilweise sogar widersprechen.

In der Managementpraxis stellt sich die Frage nach dem optimalen Führungsansatz.

Eine an der Universität Münster durchgeführte Studie beschäftigt sich mit dieser Thematik.

Im Rahmen der Studie ist erfolgreiche Führung anhand der folgenden drei Indikatoren definiert worden:[850]

1. Die Mitarbeiter sollten „durch das Führungsverhalten eine hohe Arbeitsleistung zeigen."[851]

2. Die Mitarbeiter sollen „eine hohe Arbeitszufriedenheit haben, da dieser Indikator mit Motivation und geringen Fehlzeiten in Beziehung steht."[852]

3. Erfolgreiche Führung sollte „zu einer hohen Bindung der Mitarbeiter an die Organisation und deren Ziele führen. Diese Bindung fördert eine ho-

---

[849] Vgl.: http://www.weka-personal.ch/aktuell_view.cfm?nr_aktuell=1402&s=Fuehrungsstile
– Stand: 15.11.2012.

[850] Vgl.: http://www.weka-personal.ch/aktuell_view.cfm?nr_aktuell=1402&s=Fuehrungsstile
– Stand: 15.11.2012.

[851] http://www.weka-personal.ch/aktuell_view.cfm?nr_aktuell=1402&s=Fuehrungsstile
– Stand: 15.11.2012.

[852] http://www.weka-personal.ch/aktuell_view.cfm?nr_aktuell=1402&s=Fuehrungsstile
– Stand: 15.11.2012.

he Arbeitsleistung und beugt Kündigungsabsichten sowie subjektiv empfundenen Stress vor."[853]

Die Studie betrachtete zahlreiche Führungsansätze der Fachliteratur unter dem Aspekt der erfolgreichen Führung aufgenommen wurden.

Die Studie führte auch zum Ergebnis, „dass die transformationale Führung und eine positive Austauschbeziehung signifikant mit der Arbeitszufriedenheit der geführten Mitarbeiter in Beziehung stehen. Transformationale Führung basiert auf der Kommunikation von wertebasierten Visionen, die die Mitarbeiter motivieren. Die Entwicklung und individuell zugeschnittene Kommunikation dieser Vision verlangt natürlich von der Führungskraft Ressourcen. Vor allem bei der Formulierung und Konkretisierung dieser Vision wird Zeit und ein erhebliches Maas an persönlicher Reflektion benötigt."[854]

In der transformationalen Führung können Trainings und Coachings durchgeführt werden, deren Wirksamkeitsevaluation jeweils positiv ausfallen. Häufig ist diesen Personalentwicklungsmaßnahmen ein 360°-Feedback vorgeschaltet. Im Rahmen dieses Feedbacks erfolgt eine Analyse der Stärken und Entwicklungspotenziale jeder Führungskraft vor dem Training durch eine Mitarbeiterbefragung.

Eine britische Studie zeigt auf, dass für die besondere Ausstrahlung einer Person deren stabiles und intensives Selbstwertgefühl verantwortlich ist.[855]

Faktisch ist der Erfolg charismatischer Personen von der Ausstrahlung und der jeweiligen Situation bzw. Stimmung der Umgebung abhängig.[856] [857] Um die eigene Stimmung und die Stimmung der Umgebung positiv zu beeinflussen ist ein stabiles Selbstwertgefühl notwendig.

---

[853] http://www.weka-personal.ch/aktuell_view.cfm?nr_aktuell=1402&s=Fuehrungsstile – Stand: 15.11.2012.

[854] http://www.weka-personal.ch/aktuell_view.cfm?nr_aktuell=1402&s=Fuehrungsstile – Stand: 15.11.2012.

[855] Vgl.: FOCUS Online http://www.focus.de/wissen/mensch/charisma/experten-tipps_aid _27177.html – Stand: 08.03.2013.

[856] Vgl.: Jimenez, Fanny: Das Geheimnis der großen Charismatiker. In: Die WELT Psychologie. Artikel vom 25.07.2011. http://www.welt.de/gesundheit/psychologie/article13505786/ Das-Geheimnis-der-grossen-Charismatiker.html Stand: 22.03.2013.

[857] Feststellung des US-Psychologen Ronald Riggio vom Kravis Leadership Institute am Claremont McKenna College.

Es gilt, die besondere Ausstrahlungskraft eines Menschen[858] zu fördern, verbessern bzw. positiv und nachhaltig zu beeinflussen.

Es ist möglich, die Befragungsergebnisse in Berichtform darzustellen. Im Training können sie individuell rezipiert werden. Dabei ist die Erstellung einer Stärken-Schwächen-Analyse hilfreich für die Ermittlung von geeigneten Verbesserungsmöglichkeiten. Der Einsatz von Rollenspielen ermöglicht die Erprobung und Erkundung von neuen bzw. bisher nicht oder ungenügend ungenutzten Kommunikationsmustern. So bspw. die verbale Vermittlung von Zukunftsvision.

Auf der Grundlage dieses individuellen Lernprozesses können die Führungskräfte unter Anleitung eines Trainers Ziele für die weitere Entwicklung nach dem Training ableiten.[859]

13.4.2 Mitarbeiterbindung und ethische Führung

Entsprechend des dritten Kriteriums einer erfolgreichen, effektiven Führung wird die Bindung der Mitarbeiter an das Unternehmen gefordert.

Die Studie führte zum Ergebnis, dass es auch hier „eine gute Austauschbeziehung und transformationale Führung (waren), die in Beziehung zur Bindung standen."[860]

An dieser Stelle geriet ein weiterer Führungsstil in den Mittelpunkt der Betrachtung - die ethische Führung:

„Führungskräfte, die selbst ethisch handeln und entscheiden, werden offenbar von ihren Mitarbeitern besonders positiv wahrgenommen, sodass die Mitarbeiter sich verstärkt an die jeweilige Organisation binden. Anders gesagt stehen die Führungskräfte - aus Sicht ihrer Mitarbeiter - für die Werte und die Ethik ihrer Organisation. Nur wenn sie im Einklang mit den organisationalen Werten handeln, wird dies von den Mitarbeitern durch eine starke Bindung an das Unternehmen honoriert."[861]

---

[858] DUDEN http://www.duden.de/suchen/dudenonline/charisma – Stand: 05.03.2013.

[859] http://www.weka-personal.ch/aktuell_view.cfm?nr_aktuell=1402&s=Fuehrungsstile – Stand: 15.11.2012.

[860] http://www.weka-personal.ch/aktuell_view.cfm?nr_aktuell=1402&s=Fuehrungsstile – Stand: 15.11.2012.

[861] http://www.weka-personal.ch/aktuell_view.cfm?nr_aktuell=1402&s=Fuehrungsstile – Stand: 15.11.2012.

Manager und Führungspersönlichkeiten müssen ihre Führung bzw. den Stil ihrer Führung infolge der geänderten Anforderungen überdenken und entsprechend anpassen.[862] Dies gilt sowohl in der Wirtschaft, Verwaltung wie auch in Universitäten und Hochschulen.[863]

Der Bedarf einer wertschätzenden, kompetenten und ethischen Führung mit dem entsprechenden Vertrauen der Mitarbeiter in ihre Führungskräfte wird immer bedeutender.[864]

In der Studie wird empfohlen, dass sich Führungskräfte, welche sich vermehrt der ethischen Vorbildfunktion bewusst werden wollen, „zunächst der oft impliziten Werte, die bei alltäglichen Entscheidungen eine Rolle spielen, bewusst werden. Hierfür empfehlen sich spezielle Trainings-, aber auch Coachingmassnahmen. Der bewusstere Umgang mit ethischen Grundwerten ist nicht nur für die eigene Entwicklung als Führungskraft wichtig."[865]

Die Studienergebnisse verdeutlichen, „dass Mitarbeiter offenbar auf die Kommunikation von ethischen Inhalten reagieren, indem sie sich an das Unternehmen binden."[866]

Die Studie zeigt auch auf, dass die anderen betrachteten Führungsstile als Kriterien Arbeitsleistung, Arbeitszufriedenheit und Bindung an die Organisation nicht relevant sind. „Die Wirkung dieser - von Praktikern bisher oft genutzten - Führungsstile ist offensichtlich zu den Effekten von transformationaler Führung, Austauschbeziehung und ethischer Führung redundant. Praktiker in Unternehmen sollten sich also am besten auf die letztgenannten Führungsstile konzentrieren, um grösstmöglichen Nutzen zu erzielen. Insgesamt verdeutlichen die signifikanten Zusammenhänge zwischen Führungsstilen und Kriterien, wie erfolgskritisch mehrere Verhaltensweisen von Führungskräften in Un-

---

[862] Vgl.: Harvard Business Manager / Nayar, Vineet: Manager oder Führungspersönlichkeit? Artikel in Harvard Business Manager vom 14.08.2013. http://www.harvardbusinessmanag er.de/blogs/fuehrung-koennen-sie-menschen-inspirieren-a-916294.html – Stand: 03.04.2014.

[863] Vgl.: Orth, H.: Schlüsselqualifikationen an deutschen Hochschulen. Konzepte, Standpunkte und Perspektiven. Neuwied, Kriftel: Luchterhand. 1999.

[864] Vgl.: Bartelt, Dietrich: Wertschätzende, kompetente und ethische Führung. Das „Vertrauen" der Mitarbeiter in ihre Führungskräfte. Dissertation Universität Duisburg-Essen 2011. http://duepublico.uni-duisburg-essen.de/servlets/DerivateServlet/Derivate-29413/Bartelt_ Diss.pdf – Stand: 09.05.2014.

[865] http://www.weka-personal.ch/aktuell_view.cfm?nr_aktuell=1402&s=Fuehrungsstile – Stand: 15.11.2012.

[866] http://www.weka-personal.ch/aktuell_view.cfm?nr_aktuell=1402&s=Fuehrungsstile – Stand: 15.11.2012.

ternehmen sind. Gezielte Personalentwicklung von Führungskräften, wie oben beschrieben, kann sich dementsprechend längerfristig auszahlen."[867]

Die Unternehmensethik sollte nach der Auffassung von Wolfgang Deppert[868] auf einer individualistischen Ethik aufbauen. Sie basiert auf den Forderungen des Einzelnen an sich selbst. Deppert überträgt das Konzept der individualistischen Ethik auf die Wirtschafts- und Unternehmenswelt. Das Konzept der individualistischen Wirtschaftsethik (IWE)[869] im Fachgebiet der Wirtschaftsethik stellt das Individuum in den Mittelpunkt: Das „Ich und Wir".[870] Die individualistische Ethik im Bereich Unternehmensethik beginnt entsprechend beim Denken und Handeln der einzelnen Führungsperson.

Der Wirtschaftsethik und ethischen Führung sind deutliche Grenzen gesetzt. Trotz der geänderten Anforderungen, welche an Führungskräfte gestellt werden, ist eine Ausrichtung der Führungskräfte auf eine ethische Führung nur dann möglich oder erfolgreich, wenn das Unternehmen bzw. die entsprechende Organisation ein ethisches Handeln ermöglicht bzw. dies bewusst zulässt.[871]

13.5 Abhängigkeit von der jeweiligen Unternehmensgröße

Die verschiedenen Führungsstile, bspw. demokratisch, situativ, autoritär usw, können unterschiedlich definiert und umgesetzt werden. In Konzernen und KMU sind unterschiedliche Führungsstile festzustellen. Die Frage richtet sich darauf, ob eine feste Hierarchie oder geteilte Verantwortung vorgezogen wird. Es ist möglich, dass die in Konzernen anders gelebt werden als im Mittelstand.

---

[867] http://www.weka-personal.ch/aktuell_view.cfm?nr_aktuell=1402&s=Fuehrungsstile – Stand: 15.11.2012.

[868] Vgl.: Deppert, Wolfgang: Individualistische Wirtschaftsethik (IWE). Anwendung der individualistischen Ethik auf das Gebiet der Wirtschaft. Springer Gabler, Wiesbaden, 2014.

[869] Deppert, Wolfgang: Individualistische Wirtschaftsethik (IWE). Anwendung der individualistischen Ethik auf das Gebiet der Wirtschaft. Springer Gabler, Wiesbaden, 2014.

[870] Vgl.: Deppert, Wolfgang: Individualistische Wirtschaftsethik (IWE). Anwendung der individualistischen Ethik auf das Gebiet der Wirtschaft. Springer Gabler, Wiesbaden, 2014.

[871] Vgl.: DIE ZEIT / Heusner, Uwe Jean: „Es hakt bei der Führung". Ethische Schulung für Manager hilft nur, wenn die Organisation ein ethisches Handeln auch zulässt. Ein Interview mit der Beraterin Annette Kleinfeld. In: DIE ZEIT N° 03/2014 9. Januar 2014 07:00 Uhr. http://www.zeit.de/2014/03/manager-ethik-beraterin-annette-kleinfeld – Stand: 09.05.2014.

In Abhängigkeit von der jeweiligen Unternehmensgröße können unterschiedliche Strategien zum Erfolg führen.[872]

Geordnete Strukturen eines Konzerns können im Vergleich zu den schnellen und kurzen Entscheidungswegen eines kleinen Unternehmens zu mehr Nachhaltigkeit führen.

Im Vergleich zum KMU sind die Abläufe und die Hierarchie der Führungspositionen im Konzern meist komplexer. „Es tauchen immer wieder Situationen auf, die nicht in die eigene direkte Entscheidungsbefugnis fallen. Deshalb muss man lernen, bei solchen Gelegenheiten mit Argumenten und Kompetenz zu überzeugen und zum richtigen Zeitpunkt den richtigen Stil zu finden".[873]

Im Konzern bestehen häufig mehrere Hierarchiestufen und geteilte Verantwortung. In vielen KMU sind dagegen auch „Experimente" im Führungsalltag vertreten.

Im KMU wird eher experimentiert. Den Mitarbeitern werden oft mehr Freiheiten gegeben. „Wichtig ist, dass sie selbst mitbestimmen können, wenn es um Entscheidungen in ihrem direkten Arbeitsumfeld geht. So legen wir Wert darauf, dass die Teamleiter neue Mitarbeiter für ihre Teams aussuchen. Darüber hinaus wird jeder in die Definition seiner Aufgaben einbezogen, denn nur so kann er einen Sinn in seiner Arbeit finden, eine Leidenschaft dafür entwickeln und seinen Anteil am Unternehmenserfolg wahrnehmen."[874]

Damit sich die jungen Auszubildenden im Unternehmen weiterentwickeln dazu in der Lage sind, dass sie später eigene Projekte leiten können, ist es erforderlich, dass sie die Möglichkeit bekommen, sich auszuprobieren. „Im Vergleich zum Konzern greift die mittelständische Unternehmensführung deutlich direkter auf Mitarbeiter zu. Entscheidungen müssen nicht in verschiedene Richtungen rückversichert werden, vielmehr können sie direkt mit der betreffenden Person – und ihren Bedürfnissen entsprechend – geklärt werden".[875]

---

[872] Vgl.: http://www.pt-magazin.de/no_cache/newsartikel/archive/2012/february/07/article/fuehrungsstile-im-vergleich.html – Stand: 18.11.2012.

[873] So Dr. Jutta Krienke, ALLIANZ. http://www.pt-magazin.de/no_cache/newsartikel/archive/2012/february/07/article/fuehrungsstile-im-vergleich.html – Stand: 18.11.2012.

[874] So Martin Brezger, Mörk Bau GmbH& Co. KG. http://www.pt-magazin.de/no_cache/news artikel/archive/2012/february/07/article/fuehrungsstile-im-vergleich.html – Stand: 18.11.2012.

[875] So Markus Mergenthaler, Mergenthaler GmbH. http://www.pt-magazin.de/no_cache/news artikel/archive/2012/february/07/article/fuehrungsstile-im-vergleich.html – Stand: 18.11.2012.

14 Schlussbetrachtung

Ein zentraler Bereich der Aufgabenorientierung stellt das Definieren klarer Ziele dar. Das Thema Zielbestimmung, Zieldefinition und Zielvereinbarung wird in den Unternehmen unterschiedlich behandelt. In den meisten Unternehmen gelten Zielvereinbarungen nicht unbedingt als populär, da die meisten Mitarbeiter Zielvereinbarungsgespräche am liebsten vermeiden würden. Diesbezüglich bestehen große Herausforderungen für die Führungskräfte.

Auch bei diesem Themenkomplex der Führung besteht die zentrale Frage darin, herauszufinden, was der Mitarbeiter möchte. Zahlreiche Führungskräfte geben den Mitarbeitern die Ziele einfach vor, ohne diese mit Ihnen zu vereinbaren. Jedoch kann dies bewirken, dass sich die Mitarbeiter „fremdgesteuert" fühlen, denn „ihnen wird etwas aufgedrängt. Dadurch entsteht schnell eine innere Abneigung gegenüber der Vereinbarung, die der Mitarbeiter dann als Druck empfindet. Er fühlt sich entmachtet."[876]

Die Führungsperson sollte sich mit dem Mitarbeiter beschäftigen und herausfinden, welche Aufgaben diesen reizen, welche Fortbildungen er benötigt oder wünscht. Zudem wäre es hilfreich herauszufinden, welche seiner Kompetenzen er gerne verstärkt einbringen würde.[877]

Es gilt, zwischen den Wünschen des Mitarbeiters und den Zielen des Unternehmens eine Art „Schnittmenge" herauszuarbeiten. Wie im Simultan-Management-Ansatz[878] näher beschrieben, entsprechen im Idealfall die Wünsche des Mitarbeiters mit den Zielen des Unternehmens überein.[879] Dem Mitarbeiter sollten die Unternehmensziele transparent gemacht werden.

Es sind klare Ziele zu definieren. Die Ziele sind so zu definieren, dass sie beiden Seiten nützlich sind, bzw. dienen. Zudem sind die Ziele gegenseitig zu

---

[876] Computerwoche: Ungeliebte Zielvereinbarung. Artikel vom 06.04.2012.
http://www.computerwoche.de/a/ungeliebte-zielvereinbarung,2508827 – Stand: 02.08.2013.

[877] Vgl.: Computerwoche: Ungeliebte Zielvereinbarung. Artikel vom 06.04.2012.
http://www.computerwoche.de/a/ungeliebte-zielvereinbarung,2508827 – Stand: 02.08.2013.

[878] Wehrlin, Ulrich: Simultan Management. Erfolgsstrategien und Visionen für ganzheitliche innovative Unternehmensführung durch Leistungsmotivation in der lernenden Organisation. 1. Aufl. 1994, erweiterte Auflagen 2-4 bis 2004, 5. Aufl. 2005 Berlin / London, CPL, 2005.

[879] Wehrlin, Ulrich: Simultan Management. Erfolgsstrategien und Visionen für ganzheitliche innovative Unternehmensführung durch Leistungsmotivation in der lernenden Organisation. 1. Aufl. 1994, erweiterte Auflagen 2-4 bis 2004, 5. Aufl. 2005 Berlin / London, CPL, 2005.

vereinbaren und nicht einseitig zu bestimmen bzw. vorzugeben. Auf diese Weise wird erreicht, dass der Einzelne die Vereinbarung mitträgt. Vor allem bleibt dabei seine intrinsische Motivation erhalten. Die Ziele werden dadurch von allen Beteiligten akzeptiert. Sie sind dazu bereit und motiviert, Ihren Beitrag zur Zielerreichung zu erbringen. Es ist von großer Bedeutung, dass die Ziele klar und nachvollziehbar sind. In diesem Kontext gilt es, ganz bestimmte formale und inhaltliche Kriterien zu berücksichtigen. Klare Ziele zeichnen sich durch die folgenden Eigenschaften aus:[880] zeitlich befristet, messbar, personenbezogen und eindeutig.

Die Vereinbarungen sollten die folgenden Anforderungen erüllten:[881] realisierbar, widerspruchsfrei, beeinflussbar und akzeptiert.

„Ein Mitarbeitergespräch sollte immer auch Platz für gegenseitig konstruktives Feedback und den Austausch über eine mögliche Weiterentwicklung für den Mitarbeiter beinhalten"[882]

Sind die Ziele vereinbart und richtig definiert, dann sind sie jedoch noch Inage nicht erreicht. Ziele sollten vor allem so vereinbart oder abgesteckt werden, dass sie auch erreichbar sind. Damit die Mitarbeiter ihre Aufgaben auch erfolgreich umsetzen können, ist ein realistisches Ziel zu bestimmen. Einerseits ist es meist erforderlich dass sich der Mitarbeiter für die Aufgabenerledigung anstrengen muss. Es gibt im Leben schließlich nichts umsonst und auch das Unternehmen muss wettbewerbsfähig sein und ist dadurch gezwungen, wirtschaftlich zu handeln. Jedoch ist grundsätzlich zu vermeiden, dass sich ein Mitarbeiter überanstrengen muss, um die geforderte Arbeit zu erledingen. Dauerstress ist zu vermeiden, da er gesundheitsschädlich ist. Es ist erforderlich, dass dem Mitarbeiter auch Wege zum Ziel bzw. zur Zielerreichung aufgezeigt werden.

Es ist weit mehr als eine philosopische Frage, ob es den richtigen oder falschen Weg zum Ziel (überhaupt) gibt. In vielen Fällen führen bestimmt viele verschiedene Wege auch zu enem bestimmten Ziel.

Oft gibt es den richtigen oder falschen Weg zur Zielerreichung nicht. Vielmehr gibt es „direkte Wege und Umwege, jedoch führen sie alle zu einem Ziel. Ob es

---

[880] Vgl.: Computerwoche: Ungeliebte Zielvereinbarung. Artikel vom 06.04.2012.
http://www.computerwoche.de/a/ungeliebte-zielvereinbarung,2508827 – Stand: 02.08.2013.
[881] Vgl.: Computerwoche: Ungeliebte Zielvereinbarung. Artikel vom 06.04.2012.
http://www.computerwoche.de/a/ungeliebte-zielvereinbarung,2508827 – Stand: 02.08.2013.
[882] Computerwoche: Ungeliebte Zielvereinbarung. Artikel vom 06.04.2012.
http://www.computerwoche.de/a/ungeliebte-zielvereinbarung,2508827 – Stand: 02.08.2013.

das Ziel ist, welches ich mir am Anfang vorgestellt habe, ist nicht sicher. Sicher ist nur, auf so einem Weg werden viele Entscheidungen getroffen. Manche verkürzen die Strecke bis zum Ziel, andere machen den Weg bunter, spannender oder aufregender und führen sogar zu einem ganz anderen Ziel."[883]

Ein interssanter Gedanke ist, dass „jeder selbst, andauernd und immer wieder ein Wegweiser für andere ist."[884]

Diese Erkenntnis und Feststellung gilt nicht nur für das Privatleben, sondern insbesondere auch in den Unternehmen, Organisationen bzw. Institutionen. Vor allem sind Führungskräfte grundsätzlich Wegweiser für andere, vor allem für die Mitarbeiter.

Eine weitere bedeutende Schlussfolgerung besteht darin, dass

„jeder immer wieder Wegweiser braucht, um sich in der Welt zurechtzufinden."[885] Auch diese Schlussfolgerung gilt im Privatleben wie im Beruf. Wer am Arbeitsplatz komplexe Aufgaben zu erledigen hat, kommt immer wieder in Situationen, an welchen es zunächst so aussieht als wenn es nicht mehr weitergehen würde. Hier können „Wegweiser" wie bspw. Führungspersonen oder Arbeitskollegen bzw. Teammitglieder dabei helfen, kleinere Probleme zu lösen, den richtigen Weg oder einen der richtigen Lösungswege aufzeigen. Stimmt dann die Richtung wieder, so kann der Mitarbeiter innerhalb seines eigenen Handlungs- und Entscheidungsrahmens weiterwirken. In solchen Situationen kann sich ein Feedback durch die Führungsperson als sehr hilfreich erweisen. Es bringt den Mitarbeiter wieder auf den richtigen Weg und in die Lage, die Bearbeitung eigenständig im Sinne des angestrebten Zieles – im Idealfall des Unternehmenszieles weiterzuführen.

Eine weitere hilfreiche Schlussfolgerung besteht in der Erkenntniss, dass es hilfreich ist, „wenn mir verschiedene Wege aufgezeigt werden oder ich anderen Wege aufzeigen kann. Umso besser finde ich daher die Vorstellung, dass es keinen falschen Weg gibt.

Es gibt halt nicht nur einen Weg. Und ich bin froh, wenn mir Wegweiser helfen einen dieser Wege zu gehen, mich vielleicht sogar noch ein Stück begleiten.

---

[883] Serbin, Lukas: Welcher Weg ist der richtige?
http://blog.scout24.com/2012/06/welcher-weg-ist-der-richtige/ - Stand: 03.08.2013.

[884] Serbin, Lukas: Welcher Weg ist der richtige?
http://blog.scout24.com/2012/06/welcher-weg-ist-der-richtige/ - Stand: 03.08.2013.

[885] Serbin, Lukas: Welcher Weg ist der richtige?
http://blog.scout24.com/2012/06/welcher-weg-ist-der-richtige/ - Stand: 03.08.2013.

Letzten Endes muss aber jeder seinen eigenen Weg gehen, eigene Entscheidungen treffen und einen Fuß vor den anderen setzen. Denn wie sagt man so schön, der Weg ist das Ziel."[886]

Auch diese Erkenntnis ist im Privatleben wie auch im Beruf sehr hilfreich. Für den Mitarbeiter ist es wesentlich nützlicher und angnehemer, wenn die Führungsperson ihm verschiedene Wege aufzeigt und der Mitarbeiter sich frei aussuchen kann, welchen Weg er für den besseren hält. Er wird von sich heraus den Weg gehen, welchen er für sinnvoller, besser oder einfacher hält. Der Mitarbeiter kann seine eigenen Vorstellungen und Ideen mit einfließen lassen, was auch wesentlich innovationsförderlicher ist, als eine feste Vorgabe der Zielerreichung. Allerdings sind manche Fehlwege und Fehler auch nützlich, wegen der damit verbundenen Lerneffekte. Der Mitarbeiter lernt daraus, dass er einen sochen Weg nie wieder versucht, oder den gleichen Fehler nie wieder begeht. Allerdings ist es wichtig, dass ein Fehlweg oder eine Fehlrichtung frühzeitig erkannt und vermieden wird. Die Führungsperson wird ihn dabei gerne teilweise begleiten und ihn dabei unterstützen, auf dem richtigen Kurs zum Ziel zu bleiben. Der Mitarbeiter bekommt ein Feedback und kann sich sicher sein, dass er keinen falschen Weg beschreitet bzw. keinen Fehler begeht. Jeder sollte aber im Idealfall letzlich seinen eigenen Weg gehen und seine Entscheidungen selbst treffen (können). Auf diese Weise kann er sich oft im „Flow" befinden, was ihm Zufriedenheit verschafft. Dies bringt eine höhere Motivation, Engagement, Handlungssicherheit, Akzeptanz, Leistungsbereitschaft, Wohlbefinden / Gesundheit und letztlich das gewünschte Leistungsergebnis. Der Mitarbeiter wird konzentriert einen Fuß vor den Anderen setzen können und seinen Weg bis zum Ziel gehen. Der Weg ist das Ziel und wirklich wichtig ist, dass das Ziel erreicht wird. Freiräume sind für den Mitarbeiter wie Atemluft.

> *"Wenn Du ein Schiff bauen willst, so trommle nicht Männer zusammen, die Holz beschaffen, Werkzeuge vorbereiten, Holz bearbeiten und zusammenfügen, sondern lehre sie die Sehnsucht nach dem weiten unendlichen Meer."*
>
> *Antoine de Saint-Exupéry*

Zu den zentralen Aufgaben des Top-Managements gehört, dass zur aktuellen Zeit passende Visionen entwickelt werden. Diese sind zu erkennen und umzu-

---

[886] Serbin, Lukas: Welcher Weg ist der richtige?
http://blog.scout24.com/2012/06/welcher-weg-ist-der-richtige/ - Stand: 03.08.2013.

setzen. In manchen Fällen bedarf es auch der Geduld, um abzuwarten, bis die Zeit für die Umsetzung reif ist.[887]

Eine Vision bewirkt Orientierung. In den Visionen eines Unternehmens „müssen die langfristigen, unverrückbaren Ziele und Ideale formuliert sein. Sie sind der Polarstern, der die Orientierung ermöglicht. Eine Vision wechselt man nicht wie die Wäsche, sonst ist es keine Vision."[888]

Das Visionsmanagement bezieht sich auf die Gestaltung und Umsetzung der Unternehmensvision. Hierzu wird eine Vorgehensweise entsprechend der nachfolgenden Schritte empfohlen:

"Was ist Visionsmanagement?

1. Seine Vision festzulegen.

2. Gedanken zum Vorgehen zu sammeln.

3. Die Gedanken logisch und zielgerichtet zu bündeln.

4. Risiken im Vorfeld zu ermitteln und abzuwägen.

5. Strategische Grundgedanken einfließen zu lassen."[889]

Visionen sind sowohl für Privatpersonen wie auch für Unternehmen und Organisationen, Parteien Verbände usw. bedeutend. Die Visionen bewirken, dass sich eine Person oder eine Personengruppe, Unternehmung, Organisation aus sich selbst heraus entwickelt bzw. in der Zukunft weiterentwickelt. Die Vision zeigt ein Bild bzw. Zielbild dessen, was angestrebt wird oder werden soll. Sie bietet zusätzlich Mut, Initialisierung, Aktivation, Anreize, Motivation, Perspektiven, und Unterstützung.

Für das Management stellen Visionen äußerst hilfreiche und wirkungsvolle Instrumente zur Gestaltung der Zukunft und für die Unternehmensführung dar. Im Management war der Begriff Vision über lange Zeit hinweg mit einer zwiespältigen Auffassung verbunden. Zunächst war es ein neuer Begriff. Er stand

---

[887] Vgl.: http://www.diomega.de/Vision – Stand: 15.03.2012.

[888] So Brücker-Botetti, Peter: Friedmann, Will/Brückner-Bozetti, Peter: Visionen machen Unternehmen erfolgreicher, leistungsfähiger und regenerationsfähiger: Eine Reflexion über die Notwendigkeit, Visionen zu entwickeln. Interview von VISION UND STRATEGIE © Transformationsberatung GmbH http://cc.bingj.com/cache.aspx?q=Definition+Vision&d= 4523305218868130&mkt=de-DE&setlang=de-DE&w=29f73364,e2ebffed&icp=1&.intl=de& sig=t38VzKrU04eS5dJFlmik5g - Stand: 02.09.2011.

[889] http://www.visionsmanagement.ch/ - Stand: 01.09.2011.

für künftige Veränderungen und wurde von den Betroffenen häufig als negativ aufgefasst. Mitarbeiter waren oft nicht hinreichend informiert und befürchteten negative Folgen der Veränderungen wie z. B. Arbeitsplatzverlust durch Rationalisierung usw. Es bestand also häufig ein nicht unbedenkliches Ausmaß an Verunsicherung, welches mit einer offenen Kommunikation hätte verhindert werden können.

Andererseits werden Visionen auch positiv aufgefasst, vor allem dann, wenn sie zum Erfolg führen, führten oder wenn durch diese Erfolg erwartet wird. Ist eine Vision erfolgreich, so ist das Visionsmanagement ebenfalls erfolgreich und die Manager werden gelobt und bewundert. Eine erfolgreiche Vision ist der Wunsch jedes Unternehmens. Jedoch haben Beratungsfirmen u. a. standardisierte Konzepte verbreitet. Dies führte in der Praxis zu Problemen, da sich eine Vision nicht instrumentalisieren lässt.

Eine Vision kann nicht von externen Beratern einfach vorgeschrieben oder fertig unterbreitet werden. Damit wären ggf. die Ideen, Vorschläge Phantasien, welche im Unternehmen selbst hervorgebracht werden und die Motivation zu Veränderungen verloren oder geblockt. An Visionen ist gemeinsam zu arbeiten. Visionen sind kommunikativ und kooperativ zu entwickeln. Die Beteiligten sollten diese Aufgabe gerne übernehmen und motiviert sein, gemeinsam einen neuen Weg in die Zukunft zu finden. Damit sind auch bedeutende Lerneffekte der beteiligten und der Organisation verbunden.

Das Management sollte sich genügend Zeit nehmen, um sich mit der Zukunft zu beschäftigen. Es muss dazu in der Lage sein, täglich auf Veränderungen des Umfeldes bzw. der Umweltbedingungen, der Marktgeschehnisse und Konkurrenzbeziehungen angemessen zu reagieren. Das Management sollte dazu in der Lage sein, im fortlaufenden Veränderungsprozess das kreative Potential zu nutzen und die hohen Potentiale, welche Visionen leisten können, sinnvoll zu nutzen. Die Manager sollten dafür sorgen, dass alles dafür getan wird, sich auf die Zukunft optimal vorzubereiten. Jedoch sollten die Visionen realistisch sein,

Die Unternehmensvision bewirkt, dass das Leben der Vision erreicht wird. Manager sollten die Vision selbst vorleben. Sie üben eine Vorbildfunktion aus. Dies hat insbesondere für das interne Leitbild weitreichende Konsequenzen.[890]

---

[890] Vgl.: http://www.sunternehmensentwicklung.de/vision-unternehmen.html
– Stand: 02.09.2011.

„Es kommen drei Dinge hinzu: Erstens fallen Visionen nicht vom Himmel. Sie haben in der Regel einen kreativen Vorlauf – und Kreativität bedeutet immer auch Anstrengung. Zweitens üben Visionen eine Anziehungskraft auf andere Menschen – z.B. Mitarbeiter – aus. Sie faszinieren uns. Und drittens fragen Visionen auch nicht danach, was heute möglich ist. Daher sind sie oft radikal, lösen Zweifel aus, manchmal polarisieren sie sogar."[891]

In der Praxis erscheinen vor allem komplexe Aufgaben schwer lösbar und unübersichtlich zu sein. Bei umfangreichen und aufwendigen Aufgaben ist es meist schwieriger, Mitarbeiter zur Bearbeitung und Lösung zu motivieren. Es besteht die Gafahr, dass die Aufgabenlösung hinausgeschoben wird. Jedoch verlieren vor allem große Aufgaben durch eine Aufteilung in kleinere Teilaufgaben an Komplexität. Die Teilaufgaben können ihrerseits in noch kleinere Teilaufgaben aufgebrochen werden. Dadurch wird die Komplexität nochmals reduziert. Durch eine solche Vorgehensweise wird eine große unübersichtliche Aufgabe in kleinere überschaubare Teilaufgaben strukturiert. Die Teilaufgaben sind leichter zu erledigen als die Gesamtaufgabe als Ganzes. Für den Mitarbeiter scheint die Teilaufgabe besser zu bewältigen zu sein. Die Aufteilung der einzelnen Teilaufgaben führt zu schrittweisen Erfolgserlebnissen. Dadurch werden die Mitarbeiter dazu motiviert, die Bearbeitung weiterzuführen. Die Wahrscheinlichkeit zum Durchhalten der Bearbeitung der gesamten Aufgabe wird dadurch wesentlich erhöht. Auf diese Weise führt die Bearbeitung zum gewünschten Erfolg, zur Realisierung des angestrebten Ziels und letztlich zur Bewäligung der komplexen Aufgabe. Der Vorgehensweise liegt das Prinzip „Teile und Beherrsche" zugrunde. Der Begriff bzw. das Prinzip ist von lat. „divide et impera" abgeleitet. Entsprechend der sog. Salami-Taktik wird sinngemäß „die Wurst" in dünne Scheiben zerschnitten bis sie weg ist. Bereits im 17. Jahrhundert ist diese Vorgehensweise durch den französischen Philosophen Rene Descartes entdeckt worden. Descartes fasste diese Vorgehensweise in vier Grundregeln zusammen:[892]

---

[891] So Brückner-Bozetti, Peter: Friedmann, Will/Brückner-Bozetti, Peter: Visionen machen Unternehmen erfolgreicher, leistungsfähiger und regenerationsfähiger: Eine Reflexion über die Notwendigkeit, Visionen zu entwickeln. Interview von VISION UND STRATEGIE © Transformationsberatung GmbH http://cc.bingj.com/cache.aspx?q=Definition+Vision&d=45233052 18868130&mkt=de-DE&setlang=de-DE&w=29f73364,e2ebffed&icp=1&.intl=de&sig=t38VzKr U04eS5dJFlmik5g - Stand: 02.09.2011.

[892] Vgl.: http://www.todo-liste.de/html/strukturieren.php – Stand: 03.08.2013.

1. Formuliere die Aufgaben schriftlich.
2. Zerlege die große Gesamtaufgabe in einzelne, kleine Teile.
3. Ordne die einzelnen Teilaufgaben nach Prioritäten und Terminen.
4. Erledige alle Aktivitäten und überprüfe das Ergebnis.[893]

Führungspersonen und Mitarbeiter sehen sich zunehmend der Erwartung einer weitgehend eigenständigen Bewältigung von komplexen Aufgabenstellungen gegenüber. In diesem Kontext sind die Erarbeitung des Themas, der Zusammenhänge und der zu treffenden Entscheidungen von zentraler Bedeutung. Meist ist es erforderlich, hierfür vielfältige Informationen zu sichten, zu bewerten und zu verarbeiten. Zudem sind die Informationen auch für andere aufzubereiten. All diese Vorgänge werden meist neben den sonstigen tagesgeschäftlichen Arbeitsaufgaben erledigt.

Durch eine intensive Analyse und Strukturierung von Aufgaben lässt sich die Planung wesentlich vereinfachen. Zudem wird ein wesentlich effizienteres Vorgehen der Umsetzung von herausfordernden Aufgaben ermöglicht.[894]

Projekte und die damit verbundenen Arbeitsaufgaben sollten klar strukturiert und verteilt sein. Zur Projektstrukturierung kann der Projektstrukturplan PSP als hilfreiches Instrument herangezogen werden. Durch den Projektstrukturplan PSP wird die Projektstruktur dargestellt.

Projektstrukturplan PSP: „Der Projektstrukturplan selbst ist in der DIN 69901 als "Darstellung der Projektstruktur" definiert, er zeigt z. B. den Aufbau- und den Ablauf eines Projektes."[895]

Arbeitspakete: „Arbeitspakete sind die kleinsten sinnvollen Einheiten, in die ein Projekt zerlegt werden kann. Für jedes Arbeitspaket gibt es unmittelbar Verantwortliche (sogenannte Stakeholder), die auch genannt werden sollten."[896]

---

[893] Vgl.: http://www.todo-liste.de/html/strukturieren.php – Stand: 03.08.2013.

[894] Vgl.: Behnert, Angelika: Komplexe Aufgaben analysieren, strukturieren, umsetzen http://www.angelikabehnert.de/seminar/seminar-komplexe-aufgaben-analysieren-strukturieren-umsetzen – Stand: 01.08.2013.

[895] Landesakademie für Fortbildung und Personalentwicklung an Schulen. LehrerInnen Fortbildungsserver ahttp://lehrerfortbildung-bw.de/kompetenzen/projektkompetenz/planung/projekt_strukturieren/begriffe/index.htm – Stand: 08.08.2013.

[896] Landesakademie für Fortbildung und Personalentwicklung an Schulen. LehrerInnen Fortbildungsserver http://lehrerfortbildung-bw.de/kompetenzen/projektkompetenz/planung/projekt_strukturieren/begriffe/index.htm – Stand: 08.08.2013.

Projektbeteiligte /Stakeholder: „Stakeholder oder Projektbeteiligte sind alle Personen, die in irgend einer Weise betroffen sind. Die Definition des Begriffes Stakeholder stimmt hier im Wesentlichen mit dem Begriff des Projektbeteiligten der DIN 69905 überein."[897]

Mit dem PSP wird genau festgelegt, „welche Aufgaben die Projektteilnehmer zu erfüllen haben. Diese Festlegung geschieht in Form von Arbeitspaketen, die in sich geschlossene Aufgaben beschreiben

Aufgabe: Unter Aufgabe versteht sich ein „interdisziplinärer Grundbegriff, vergleichbar dem Begriff "Problem". Eine Aufgabe liegt dann vor, wenn zumindest Ausgangszustand, erwartetes Ergebnis (Ziel) und Arbeitsschritte (Methoden, Mittel, Arbeitsoperationen) bekannt sind. 1) Aufgabe im Sinne von Aufforderung zur Lösung einer Test-, Problemlösungsaufgabe (Test). 2) Aufgabe ist als Arbeitsauftrag bzw. dessen Interpretation oder Übernahme als Arbeitsaufgabe die "zentrale Kategorie einer psychologischen Tätigkeitsbeschreibung", weil mit der objektiven Logik seiner Inhalte entscheidende Festlegungen zur Regulation und Organisation der Tätigkeit erfolgen. Aufgabe ist als heuristischer Begriff zu verstehen, der dazu dient, Teilbereiche einer Position oder Tätigkeit zu umschreiben. Eine Aufgabe veranlaßt und steuert eine Arbeitstätigkeit. Durch die Arbeitsaufgabe werden an die ausführende Person Anforderungen herangetragen, denen sie mit ihren Leisltungsvoraussetzungen entsprechen muß (Anforderungen). Aufgabe als Schnittpunkt zwischen der Organisation und dem arbeitenden Menschen macht sie zum psychologisch relevantesten Teil der vorgegebenen Arbeitsbedingungen und gleichzeitig zum Fokus arbeitspsychologischer Gestaltungskonzepte (Job Enrichment, Job Enlargment, Rob Rotation)."[898]

„Die einzelnen Aufgaben der Projektbeteiligten sind die "Elementarteilchen" des Projektes. Aus Sicht des Projektmanagers sind Aufgaben die kleinsten Arbeitseinheiten, die betrachtet werden. Je nach Umfang des Projektes liegt die Überwachung der Aufgabendurchführung in der Zuständigkeit des Projektleiters, Teilprojektleiters oder Arbeitspaketverantwortlichen. Die Liste aller Aufgaben eines Projektbeteiligten ist die Minimalform der Arbeitsanweisung an ihn."[899]

---

[897] Landesakademie für Fortbildung und Personalentwicklung an Schulen. LehrerInnen Fortbildungsserver http://lehrerfortbildung-bw.de/kompetenzen/projektkompetenz/planung/projekt_strukturieren/begriffe/index.htm – Stand: 08.08.2013.

[898] Psychology48 com Psychologie-Lexikon http://www.psychology48.com/deu/d/aufgabe/aufgabe.htm – Stand: 30.07.2013.

[899] https://www.projektmagazin.de/glossarterm/aufgabe – Stand: 03.08.2013

Zur Strukturierung von internen alltäglichen Arbeitabläufen besteht die Möglichkeit der Verwendung von Checklisten und Arbeitsanweisungen. Diese können den jeweiligen Mitarbeitern die Vorgehensweise in einer bestimmten Situation beschreiben. Jedoch fallen in der Praxis häufig und auch wiederholt Anfragen oder Aufgaben an, für welche (noch) keine klaren Vorgehensweisen definiert sind. In desen Fällen stellen Ticket-Systeme und Wiki-Software hilfreiche Instrumente dar.[900]

In der Praxis fallen Bearbeitungen bspw. häufig Kundenanfragen an, für die eine weitere oder gar abschließende Vorgehensweise noch unklar ist. Aus diesem Grund nimmt bspw. ein Servicemitarbeiter die entsprechende Anfrage auf und erstellt ein Ticket. Oft stehen den Mitarbeitern schon hilfreiche Checklisten bereit. Ist dies nicht der Fall, so besteht ein Bedarf zur Improvisation. In der Folgebearbeitung setzen die Mitarbeiter das Ticket auf einen bestimmten Status. So z.B. „in Bearbeitung" oder „zu erledigen". Der Vorgang wird einem Mitarbeiter oder einer Abteilung zugewiesen. Die Mitarbeiter erhalten eine Information über das neue Ticket per E-Mail. Den Mitarbeitern ist es meist möglich, auf die Informationen, welche bereits erfasst wurden, zuzugreifen. Den Mitarbeitern ist es möglich, das Ticket entsprechend zu bearbeiten. Im Anschluss an die erfolgreiche Bearbeitung kann das Ticket bspw. als „geschlossen" gekennzeichnet werden. Dies ist i. d. R. dann der Fall, wenn die Bearbeitung abgeschlossen ist, also dem Kunden die Lösung präsentiert worden ist und dieser ggf. noch einen Auftrag erteilt hat.[901]

Ist die Bearbeitung eines Tickets abgeschlossen, kann die Wiki- Software zum Einsatz kommen. Die Wiki-Software ist für die Nachbearbeitung hilfreich. Den Mitarbeitern ist es möglich, webbasierte Seiten in dieser Software zu erstellen. Durch Zugriffsrechteverwaltungen ist es möglich, dasss bestimmte ausgewählte Mitarbeiter einen Zugriff auf die Seiten gewährt wird.

Die beim vorliegenden Ticket praktizierte Vorgehensweise könnte künftig als Standardvorgehensweise für solche oder änliche Fälle herangezogen werden. Ergibt eine Überpfüfung, dass diese erfogversprechend und sinnvoll ist, so lassen sich auch entsprechende Vorgehens bzw. Arbeitsanweisungen und ggf. Checklisten erstellen. Auf diese Weise lässt sich die Struktur der Abläufe

---

[900] Vgl.: Hutter, Sabine: So strukturieren Sie interne Arbeitsabläufe besser. In: Gründerlexikon Artikel vom 08.08.2010. ahttp://www.gruenderlexikon.de/magazin/so-strukturieren-sie-interne-arbeitsablaufe-besser – Stand: 05.08.2013.

[901] Vgl.: Hutter, Sabine: So strukturieren Sie interne Arbeitsabläufe besser. In: Gründerlexikon Artikel vom 08.08.2010. ahttp://www.gruenderlexikon.de/magazin/so-strukturieren-sie-interne-arbeitsablaufe-besser – Stand: 05.08.2013.

wesentlich verbessern. Es gilt, dass je besser die Mitarbeiter wissen, wie sie in einem bestimmten Fall reagieren können oder sollen, desto effizienter die Kundenanfrage bearbeitbar ist.[902]

Weitere Möglichkeiten bestehen darin, aus den erfolgreichen Vorgehensweisen abgeleitete Checklisten bspw. auf der Firmenhomepage zu veröffentlichen. Auf diese Weise ist es den Kunden möglich, zahlreiche Probleme weitestgehend selbst zu lösen. Sie können zumindest aber dazu beitragen, alle wichtigen Informationen zu einer Anfrage zu liefern. Dies stellt sicher, dass die Bearbeitung wesentlich schneller erfolgen kann. Auch das führt zur Verbesserung der Servicequalität und der Kundenzufriedenheit und ist gleichzeitig ein Ausdruck der Kundenorientierung.[903]

Die zu erledigenden Aufgaben lassen sich häufig in Unteraufgaben zerlegen. Dabei können die Unteraufgaben vorgegeben werden oder zur Laufzeit erzeugt werden. Eine Erzeugung von Unteraufgaben lässt sich über zahlreiche Ebenen durchgühren. Die Arbeit an einer Aufgabe lässt sich ggf. ganz oder auch nur teilweise auf ihre Unteraufgaben verteilen. Es lassen sich die Unteraufgaben einer Hauptaufgabe gegenseitig zu einem Arbeitsablauf, sog. „Workflow" verbinden. Das ist auch für die Aufgaben eines Projekts oder einer Phase möglich. Die Aufgabenverknüpfung erfolgt über gemeinsame Daten[904] oder über Bedingungen[905]. Es ist möglich, einen solchen benutzerdefinierten Workflow auch zur Laufzeit zu ändern und zur Wiederverwendung zu kopieren.[906]

„Die Aufgaben eines Workflows werden automatisch vom System gestartet, wenn die nötigen Eingaben freigegeben sind. Die Bearbeitung der Aufgaben eines Workflows wird automatisch unterbrochen, wenn dies nicht mehr der Fall ist. Unteraufgaben werden automatisch storniert, wenn die Hauptaufgabe storniert wurde. Ebenso wird die Hauptaufgabe automatisch erledigt, wenn durch Erledigung der Unteraufgaben alle Ausgaben der Hauptaufgabe freige-

---

[902] Vgl.: Hutter, Sabine: So strukturieren Sie interne Arbeitsabläufe besser. In: Gründerlexikon Artikel vom 08.08.2010. ahttp://www.gruenderlexikon.de/magazin/so-strukturieren-sie-interne-arbeitsablaufe-besser – Stand: 05.08.2013.

[903] Vgl.: Hutter, Sabine: So strukturieren Sie interne Arbeitsabläufe besser. In: Gründerlexikon Artikel vom 08.08.2010. ahttp://www.gruenderlexikon.de/magazin/so-strukturieren-sie-interne-arbeitsablaufe-besser – Stand: 05.08.2013.

[904] Bspw. benötigt eine Aufgabe die Eingabe ein Dokument, welches von einer anderen Aufgabe als Ausgabe geliefert wird.

[905] Bspw. kann eine Aufgabe erst dann gestartet werden, wenn zuvor eine andere Aufgabe umgssetzt bzw. erledigt wurde.

[906] Vgl.: http://www.bscw.de/files/help-5.0/german/index.html?turl=w%2Faufgabenstrukturie renalsworkflows.htm – Stand: 10.08.2013.

geben sind. Auf diese Weise wird die Abwicklung von Workflows durch das System unterstützt."[907]

Mit Mind-Maps lassen sich Präsentationen strukturieren, Besprechungen vorbereiten, Arbeitsabläufe veranschaulichen, Projekte planen oder Telefongespräche protokollieren.[908]

„Die Grundidee des Mindmappings besteht darin, ausgehend von einem konkreten, zentralen Thema frei zu assoziieren und so ein kreatives Geflecht um dieses Thema zu erstellen. Auf diese Weise können Ideen konkretisiert und analysiert, weitere Ideen entwickelt werden. Das Betrachten von Ideen aus verschiedenen Blickwinkeln wird erleichtert. Mindmapping wurde vor (über) 25 Jahren von dem britischen Lernforscher Tony Buzan entwickelt. Es ist phantasievoll und logisch zugleich. Mindmapping ist ein Brainstorming mit sich selbst oder mit anderen, das auch für weitere Personen sichtbar gemacht werden kann."[909]

Mind-Maps haben die Eigenschaft, dass sie sich dem persönlichen Ideenfluss anpassen. Sie können erweitert werden und erlauben eine übersichtliche Darstellung. Der Nutzen von Mind-Maps besteht darin, Gedanken, Informationen und Inhalte jeglicher Art in übersichtlicher Form darzustellen und die kreativen und planerischen Fähigkeiten zu erweitern. So lassen sich bspw. Programme wie „Mindmanager" als Werkzeuge für das Erstellen von Mind-Maps nutzen.[910]

Mind-Mapping dient der Erstellung von Mind-Maps der Entwicklung der eigenen Denkgewohnheiten. Es lassen sich Vorgänge bzw. Arbeitsabläufe von der Einkaufsliste zum Projektplan erstellen. Die Mindmap-Technik ermöglicht vielfältige Einsatzmöglichkeiten. Dabei sind bestimmte Regeln für Mindmaps einzuhalten. Es kann auf verschiedene Werkzeuge zum Erstellen von Maps wie bspw. Symbole, Äste, Farben, Beziehungslinien, Abhängigkeiten zurückgegriffen werden. Mit Programmen wie z. B. MindManager lassen sich Zweige erstellen, einfügen, umordnen und löschen. Sie erlauben die Layoutgestaltung einer Map. Es kön-

---

[907] http://www.bscw.de/files/help-5.0/german/index.html?turl=w%2Faufgabenstrukturierenals workflows.htm – Stand: 10.08.2013.

[908] Vgl.: http://www.ipt-giessen.de/pdf_dateien/s58_11%20Strukturieren%20mit%20Mind maps,%20Mindmapping.pdf – Stand 11.08.2013.

[909] Landesakademie für Fortbildung und Personalentwicklung an Schulen. LehrerInnen Fortbildungsserver: Strukturieren mit Mindmaps http://lehrerfortbildung-bw.de/faecher/deutsch/ bs/nm/mindmap/pilot/mind_index.htm – Stand: 12.08.2013.

[910] Vgl.: http://www.ipt-giessen.de/pdf_dateien/s58_11%20Strukturieren%20mit%20Mind maps,%20Mindmapping.pdf – Stand 11.08.2013.

nen Texte und Symbole verwendet werden. Die Map-Aufgaben lassen sich kennzeichnen und Prioritäten vergeben. Teiläste lassen sich ausblenden und zuschalten, es bestehen Schnittstellen zu Powerpoint und Outlook. Vor allem lassen sich mit MindManager Präsentationen erstellen.[911]

Zu den Vorteilen der Mind-Mapping Methode zählt, dass es Mind Maps erlauben, umfangreiche Informationen und komplexe Beziehungen schnell zu verstehen und zu vermitteln. Die Mind Maps sind hilfreich um Gedanken in der Reihenfolge, in welcher diese erscheinen, festzuhalten. Es ist möglich, oft hin und her springen. Auch beim Vorausdenken ermöglicht die Mind-Mapping-Technik eine gute Übersicht über das Problem. Mind Map untersützt den Denkprozess durch die grafische Darstellung auf einem einzigen Blatt.[912]

Als hilfreiches Erfassungs- und Strukturierungstool empfiehlt sich ggf. u. a. bspw. die App Mindjet.[913] Mittels Mindjet können Ideen, Notizen, Brainstormings und Aufgaben visuell erfasst und strukturiert werden. Mindjet[914] verfügt u.a. über zahlreiche Funktionen.[915]

Im Zusammenhang mit der Strukturierung von Aufgaben stellt sich häufig die Frage, warum die Dinge in einer gewissen Art und Weise erledigt werden. Hierfür bestehen oft verschiede Begründungen wie bspw. die Gewohnheit oder Durchführung wie es sich bisher bewährt hat. Die Aufgaben sollten richtig verteilt sein. Auch die Prioritäten sind richtig zu setzen. Eine optimale Aufgabenstrukturierung ist auch für die Teamarbeit erforderlich. Auch für das Selbstmanagement ist eine optimale Aufgabenstrukturierung erforderlich. Für eine effektive Arbeitsorganisation ist die richtige Handhabung der Aufgaben

[911] Vgl.: http://www.ipt-giessen.de/pdf_dateien/s58_11%20Strukturieren%20mit%20Mind maps,%20Mindmapping.pdf – Stand 11.08.2013.
[912] Vgl.: Landesakademie für Fortbildung und Personalentwicklung an Schulen. LehrerInnen Fortbildungsserver: Strukturieren mit Mindmaps http://lehrerfortbildung-bw.de/faecher/ deutsch/bs/nm/mindmap/pilot/mind_index.htm – Stand: 12.08.2013.
[913] Dirkektlink für Mindjet (App) http://www.androidlounge.at/lounge/?p=9155#sthash.yn Zwpxu4.dpuf – Stand: 20.08.2013.
[914] Dirkektlink für Mindjet (App) http://www.androidlounge.at/lounge/?p=9155#sthash.yn Zwpxu4.dpuf – Stand: 20.08.2013.
[915] Vgl.: Hackl, Helmut: Mindjet – zum visuellen Erfassen und Strukturieren von Daten. Artikel vom 16. 01.2012. http://www.androidlounge.at/lounge/?p=9155 – Stand: 14.08.2013.

notwendig. Aus diesem Grund können für jede zu erfüllende Aufgabe die nachfolgend aufgeführten 5 Leitfragen hilfreich sein.[916]

Können alle 5 Fragen mit „Ja" beantwortet werden, so ist die entsprechende Aufgabe in jedem Fall zu erledigen. Sind nicht alle Fragen mit „Ja" beantwortet, ist zu prüfen, ob die entsprechende Arbeit überhaupt bzw. persönlich zu erledigen ist.

Für die Beschäftigung mit den Leitfragen ist eine gewisse Zeit zu investieren. Wichtig ist auch die Motivation, diese überhaupt zu stellen. Jedoch tragen diese auch dazu bei, Zeit durch unnötige oder falsch verteilte bzw. zugewiesene oder delegierte Aufgaben und Arbeiten einzusparen[917] und stattdessen an anderen Stellen zu investieren, an welchen Sie einen höheren Nutzen erbringen. So führt bspw. das Delegieren von Aufgaben zur Entlastung der delegierenden Person bzw. Führungskraft und zu Herausforderungen bzw. Abwechslung und Motivation bei den Personen, welche die Aufgabe übernehmen und ausführen.[918]

Alle Aufgaben / Tätigkeiten, welche vor allem wiederholt durchgeführt werden, sollten regelmäßig unter Verwendung dieser 5 hilfreichen Leitfragen überprüft werden. Aus den Ergebnissen sind entsprechende Konsequenzen abzuleiten. Bei neuen Aufgaben, sollte ebenfalls überprüft werden, ob die jeweilige Aufgabe sofort zu erledigen ist und ob diese wirklich persönlich umgesetzt werden muss. Vor allem für Führungskräfte gilt, dass es von zentraler Bedeutung ist, sich auf die wichtigen Dinge, Aufgaben und Ziele zu konzentrieren. Selbst eine solche einfache Aufgabenanalyse ist als zentrales Instrument zur Optimierung der Arbeitsorganisation hilfreich.[919]

Jede Führungsperson sollte sich dessen bewusst sein, dass die Mitarbeiter das wertvollste Kapital des Unternehmens sind. Die Führungskräfte stehen vor

---

[916] Vgl.: http://produktion.bwr-media.de/personal-und-management/karriere-und-selbstmanagement/5%20leitfragen-um-ihre-aufgaben-besser-zu-strukturieren – Stand: 02.08.2013.

[917] Vgl.: http://produktion.bwr-media.de/personal-und-management/karriere-und-selbstmanagement/5%20leitfragen-um-ihre-aufgaben-besser-zu-strukturieren – Stand: 02.08.2013.

[918] Wehrlin, Ulrich: Simultan Management. Erfolgsstrategien und Visionen für ganzheitliche innovative Unternehmensführung durch Leistungsmotivation in der lernenden Organisation. 1. Aufl. 1994, erweiterte Auflagen 2-4 bis 2004, 5. Aufl. 2005 Berlin / London, CPL, 2005.

[919] Vgl.: http://produktion.bwr-media.de/personal-und-management/karriere-und-selbstmanagement/5%20leitfragen-um-ihre-aufgaben-besser-zu-strukturieren – Stand: 02.08.2013.

der Aufgabe, die Mitarbeiter immer wieder zu motivieren und zur Aktivität zu bewegen. Die Mitarbeiter sollten zuglich langfristig an das Unternehmen gebunden werden. Kleine Geschenke oder aufmunternde Worte können in bestimmten Situationen Anreize zu Leistungsbereitschaft bildlen. Neben den Gehältern können jedoch auch kleine, dezente Gesten die Motivation steigern. Vor allem können die richtigen persönlichen Worte im richtigen Moment die Mitarbeiter beflügeln.

Zur richtigen Aufgabenstrukturierung und –Verteilung gehört auch die Vermeidung von Stress. Zu viel Stess kann die Gesundheit und die Produktivität gefährden. Darüber sollte sich jede Führungskraft im Klaren sein.

Führungspersonen stehen vor der Herausforderung, die Aufgaben richtig zu strukturieren und zu verteilen. Hierzu zählen auch das Ermuntern und die gleichzeitige Vermeidung von Überbelastungen bzw. Überbeanspruchungen der Mitarbeiter. Deshalb besteht eine permanente Aufgabe der Personalpolitik darin, die Ausgewogenheit bzw. Balance zwischen Ermuntern (Fordern) und Überbelastung herzustellen.

Die Führungskraft sollte sich darüber im Klaren sein, ab wann sie beim Mitarbeiter nachhaken wird, falls die gewünschte Leistung nicht erbracht wird. Sie sollte erkennen, in welchen Fällen es sinnvoll ist, dass die Mitarbeiter eigene Entscheidungen trefen sollten. Faktisch sind die meisten Mitarbeiter froh, dass sie ein Beschäftigungsverhältnis haben. Es kann von einer grundlegenden Arbeitsmotivation ausgegangen werden. Dennoch sind viele Mitarbeiter angespannt. Sie sind um Ihre Arbeitsstelle besorgt.

Eine soche Art der Angst kann für die Unternehmen zu hohen Kosten fhren. Durch die Angst werden die Mitarbeiter vor der Durchführung der Kernaufgaben bzw. des Tagesgeschäftes abgehalten. Oft sorgen sich die Mitarbeiter begründet. Kaum ein Mitarbeiter kann sich gegenwärtig absolut sicher sein, dass er einen langfristigen und krisensicheren Arbeitsplatz hat. Daran können auch langfristige Verträge nichts ändern.

In vielen Fällen werden jedoch auch Probleme innerhalb der Belegschaft selbst verursacht. Auch ein schlechtes Arbeitsklima kann eine Ursache für Stress am Arbeitsplatz sein. Die Führungskraft kann derartige Probleme beheben, indem Konflikte gelöst werden.

Zum Abbau von Stress können auch alternative Arbeitszeitmodelle eingeführt werden. Diese können besser auf die aktuellen Bedürfnisse der Mitarbeiter agepasst werden. Stress bei der Arbeit lässt sich auch durch eine klare und reibungslose Kommunikation vermeiden. Von Bedeutung sind in diesem Zusammenhang auch regelmäßige Gespräche, Meetings oder der Informationsaustausch. Diese sind der Unternehmenskultur förderlich. Bei schwerwiegenden Konflikten unter Mitarbeitern bzw. den Führungskräften ist ein professionelles Konfliktmanagement hilfreich.

Durch den Einsatz von externen Beratern können die bestehenden Probleme nochmals aus „neutraler Perspektive" betrachtet werden. Personen, welche nicht in die Unternehmensvorgänge involviert sind, können die Lage häufig objektiver einschätzen und unbefangen entsprechende Lösungsvorschläge unterbreiten. Es ist stets sinnvoll, wenn die Mitarbeiter nach ihrer Auffassung / Meinung / Enschätzung der Sachverhalte befragt werden. Die Ergebnisse der Gespräche lassen sich im Arbeitsprozess umzusetzen. Grundsätzlich gilt, dass in erster Linie die Führungskräfte über ihr Verhalten das Geschehen wesentlich (mit)bestimmen. Sie üben diesbezüglich eine Vorbildfunktin aus. Die Führungspersonen sind immer verantwortlich oder zumindest mitverantwortlich. Dies gilt auch bezüglich dessen, ob sich ein Mitarbeiter an seinem Arbeitsplatz wohl fühlt bzw. nicht wohl fühl und ob er gefordert (weder unterfordert, noch überfordert) und motiviert ist.

Für eine Führungsperson, welche sich bspw. selbst im Dauerstress befindet, wird es schwierig, den Mitarbeitern gegenüber überzeugend aufmunternde Worte auszusprechen. Doch sie sollte mit gutem Beipiel vorausgehen und eine klare Richtung vorgeben und vorleben. Die Mitarbeitermotivation und der Stressabbau stellen u. a. zentrale Führungsaufgaben dar.

Zum erfolgreichen Führen und Motivieren lassen sich aus der Bedürfnispyramide von Maslow wichtige Schlüsse ableiten. Es gilt, die daraus abgeleiteten Erkenntnisse richtig in der Praxis anzuwenden.[920]

Grundbedrüfnisse: Die Grundbedürfnisse entsprechend der Bedürfnispyramide nach Maslow können weitgehend unberücksichtigt bleiben. Es besteht keine direkte Relevanz.[921]

Sicherheits- und Schutzbedürfnisse: Sicherheits- und Schutzbedürfnisse beziehen sich auch auf die finanziellen Anreizsysteme. Beispiel Pämie. Weitere

---

[920] Vgl.: http://www.mitarbeiter-fuehren.de/menschenkenntnis/280-mitarbeiter-fuehren.html – Stand: 14.08.2013.

[921] Vgl.: http://www.mitarbeiter-fuehren.de/menschenkenntnis/280-mitarbeiter-fuehren.htm Vgl.: http://www.mitarbeiter-fuehren.de/menschenkenntnis/280-mitarbeiter-fuehren.html – Stand: 14.08.2013.l – Stand: 14.08.2013.

relevante Aspekte wären der Kündigungsschutz oder die Arbeitsplatzsicherung.[922]

Soziale Bedürfnisse: Die sozialen Bedürfnisse bilden erfolgsrelevante Ansatzpunkte für die Motivation, insbesondere

- Die Gruppenzugehörigkeit: Wie sich Mitarbeiter mit dem Unternehmen identifizieren und daran teilhaben

- Die Kommunikation: Erfolgreicher Austausch im Kollegenkreis und mit Vorgesetzten

- Die Informationsbedürfnisse: Unterrichtung über aktuelle Geschäftsvorgänge[923]

Geltungsbedrürfnisse: Die Geltungsbedürfnisse stellen optimale Ansatzpunkte für die zugkräftige Führung dar, wodurch die Mitarbeiter zu Leistungen angespornt werden:

- Die Wertschätzung und Anerkennung: Z. B: Lob und Dank für gute Leistungen, den erfolgreichen Einsatz zur Umsetzung der Unternehmensziele

- Die Respektierung der Persönlichkeit: Z. B. Hervorhebung der persönlichen Stärken des Mitarbeiters

- Macht und Einfluss: Z. B. Erweiterung von Verantwortungsbereichen

- Prestige und Status: Z. B. Beauftragung mit besonderen Aufgaben

- Zuwachs an Bedeutung: Z. B. Betonung des Stellenwerts im Unternehmen[924]

Bedürfnisse nach Selbstverwirklichung: Bedürfnisse nach Selbstverwirklichung erweisen einen relativ untergeordneten Bezug auf Mitarbeiterführung und Mitarbeitermotivation. Davon bestehen jedoch auch Ausnahmen.[925]

Der Erfolg jeder Führungsperson basiert auf wirkungsvoller Motivation und stimulierender Führung. Eine wichtige Basis guter Zusammenarbeit besteht im

---

[922] Vgl.: http://www.mitarbeiter-fuehren.de/menschenkenntnis/280-mitarbeiter-fuehren.html – Stand: 14.08.2013.

[923] Vgl.: http://www.mitarbeiter-fuehren.de/menschenkenntnis/280-mitarbeiter-fuehren.html – Stand: 14.08.2013.

[924] Vgl.: http://www.mitarbeiter-fuehren.de/menschenkenntnis/280-mitarbeiter-fuehren.html – Stand: 14.08.2013.

[925] Vgl.: http://www.mitarbeiter-fuehren.de/menschenkenntnis/280-mitarbeiter-fuehren.html – Stand: 14.08.2013.

gegenseitigen Vertrauen. Dies erfordert Aufrichtigkeit und Erhlichkeit. Mit Unwahrheiten würde eine Führungsperson langfristig wohl das Gegenteil dessen erreichen, was beabsichtigt wurde.

Die Mitarbeiterführung gilt als sehr sensibler Bereich. Aus diesem Grund sollten Führungskräft grundsätzlcih und ausschließlich authentisch und ehrlich aufzutreten.[926]

„Um einen erst kürzlich eingestellten Mitarbeiter, der in vielen Bereichen schon gute Leistungen zeigt und bei den Kunden besonders gut ankommt, weiter zu motivieren und anzuspornen, gehen wir auf seine positive Arbeitseinstellung gegenüber dem Unternehmen ein.

Für die weitere Steigerung der Motivation des besagten Mitarbeiters eignen sich im besonderen Maße die Geltungsbedürfnisse und innerhalb dieser Bedürfnisse Lob und Dank für gute Leistungen.

Unsere aufmunternden Worte könnten in etwa so aussehen: "Sie haben sich innerhalb kürzester Zeit bereits sehr gut eingearbeitet (Lob = Befriedigung der Geltungsbedürfnisse). Ganz besonders möchte ich Ihnen für Ihre gekonnte Ausweitung der Kundenkontakte im Namen des gesamten Unternehmens danken (Dank = starke Befriedigung der Geltungsbedürfnisse).

Wir können jetzt sicher sein, dass unser Mitarbeiter seine Leistungen nochmals dauerhaft steigern wird."[927]

Ein lobender Motivationsturbo kann die Leistung des Mtarbeiters wesentlich steigern. „Ehrliches Lob und ein aus aufrichtigem Herzen ausgesprochener Dank sind wahre Motivationsturbos. Und seien wir sicher: Diese wahrhaftigen und mit Überzeugung ausgesprochenen Worte brennen sich unauslöschlich in das Gedächtnis des Angesprochenen."[928]

---

[926] Vgl.: http://www.mitarbeiter-fuehren.de/menschenkenntnis/280-mitarbeiter-fuehren.html – Stand: 14.08.2013.

[927] http://www.mitarbeiter-fuehren.de/menschenkenntnis/280-mitarbeiter-fuehren.html – Stand: 14.08.2013.

[928] http://www.mitarbeiter-fuehren.de/menschenkenntnis/280-mitarbeiter-fuehren.html – Stand: 14.08.2013.

„Dass Anerkennung und Kritik die entschei-denden Faktoren im Verhältnis Vorgesetzter und Mitarbeiter sind, steht….außer Zweifel"

Kuppler, Benno[929]

Anerkennung und Kritik stellen im Zusammenhang mit der Kontrolle weit verbteitete Führungsinstrumente dar. In den Unternehmen fragen sich die Führungskräfte immer wieder welche Kombination von Lob und Kritik für die erfolgreiche Zusammenarbeit sinnvoll sein könnte.[930]

Bei zahlreichen Mitarbeitern hat der Begriff „Kritik" eine eher negative Wirkung bzw. wird als „Angriff auf die Persönlichkeit" aufgefasst.[931] Sie erachten diese als ein Machtinstrument des Vorgesetzten, „mit dem das eigene Selbstwertgefühl negativ berührt wird."[932]

Seitens der Mitarbeiter wird jedoch Kritik lediglich vereinzelt als Instrument der Fehlerbeseitigung und Verbesserung richtig aufgefasst. Dies erklärt auch, warum in der Führungspraxis Mitarbeiter immer wieder bei unzulänglichen kritischen Äußerungen des Vorgesetzten frustriert und verärgert sind. Manche ziehen mit der Zeit sogar die innere Kündigung vor. Dagegen wird der sachliche Kern der Kritik durch diese Mitarbeiter nicht wahrgenommen.[933]

Viele Personen verhalten sich privat und auch betrieblich gleich. Sie sind nicht offen für Kritik oder Äußerungen, welche ihnen gerade nicht in ihr Programm passen. Äußert eine andere Person, bspw. ein Nachbar, Kritik, oder teilt mit, dass sie am Verhalten der betroffenen Person etwas auszusetzen hat, so gehen diese oft förmlich „auf die Palme". Die Reaktionen, oft im Privatbereich zu beobachten sind: Gegenwehr, Unverständnis, unüberlegte Gegenkritik, Beschimpfungen und beldidigende Worte gegen die Person welche berechtigte

---

[929] Kuppler, Benno: Anerkennung und Kritik. Zum Verhälnis zwischen Unternehmensleitung und Mitarbeitern. Lehrbericht vom 15.03.1970: http://www.we-wi-we.de/Kuppler_Anerkennung_und_Kritik.pdf – Stand: 15.08.2013.

[930] Vgl.: Kuppler, Benno: Anerkennung und Kritik. Zum Verhälnis zwischen Unternehmensleitung und Mitarbeitern. Lehrbericht vom 15.03.1970: http://www.we-wi-we.de/Kuppler_Anerkennung_und_Kritik.pdf – Stand: 15.08.2013.

[931] Vgl.: Kuppler, Benno: Anerkennung und Kritik. Zum Verhälnis zwischen Unternehmensleitung und Mitarbeitern. Lehrbericht vom 15.03.1970: http://www.we-wi-we.de/Kuppler_Anerkennung_und_Kritik.pdf – Stand: 15.08.2013.

[932] http://www.personaltraining-kratz.de/seminare12.html – Stand: 04.08.2013.

[933] Vgl.: http://www.personaltraining-kratz.de/seminare12.html – Stand: 04.08.2013.

Kritik ausspricht. Viele hören sich das Anliegen anderer Personen nicht einmal an und pochen darauf, dass sie einzig alles richtig machen bzw. im Recht sind. Sie ziehen den offenen Streit der berechtigten Kritik und dem gemeinsamen Gespräch mit der Suche nach Lösungen vor. Entsprechend sind sie nicht dazu bereit, ihr Verhalten zu ändern, um so wesentlich zur Problemlösung beizutragen. Sie erkennen nicht, dass das Problem in ihrem Verhalten liegt und sie quasi selbst das Problem für andere Personen darstellen.

In den Unternehmen sind solche Verhaltensweisen nicht zu dulden. Der Mitarbeiter muss sich berechtigte Kritik von seinen Vorgesetzen anhören – ob es ihm gerade passt oder nicht - und sich damit beschäftigen. Er darf sich keineswegs in Gegenangriffe flüchten oder die Kritik ignorieren. Was sich viele Personen privat bspw. gegenüber ihrer Nachbarn herausnehmen ist in den Unternehmen nicht möglich.

Anders verhält es sich im Fall, missverstandener Kritik, wenn bspw. ungerechtfertigte Kritik ausgesprochen wird, oder wenn die Kritik falsch bzw. übertrieben geübt wird, bzw. nicht so ankommt, wie sie angemessen oder berechtigt wäre.

Um die negativen Wirkungen missverstandener Kritik zu vermeiden, ist an der Ursache zu forschen. Die Frage besteht darin, festzustellen, ob und inwieweit die Führunspersonen regelmäßig dazu bereit sind, Leistungen und Verhaltensweisen von Mitarbeitern durch eine positive Rückmeldung nachhaltig zu verstärken. Klären, ob eine Führungsperson die Auffassung vertritt, dass das Ausbleiben von Kritik als Anerkennung ausreichen könne.[934]

Kritik und Anerkennung müssen in einem ausgewogenen Verhältnis zueinander stehen. Es geht darum, „durch Anerkennung und Kritik und durch individuelle Förderung für jeden Mitarbeiter den Platz zu finden, an dem er mit seinen Kenntnissen und Möglichkeiten Optimales leistet."[935]

Viele Führungskräfte versuchen, das Leistungspotenzial ihrer Mitarbeiter intensiver zu nutzen. Sie setzen auf einen motivierenden Einsatz der Führungsmittel Anerkennung und Kritik. Jedoch erfordert dies, dass bestimmte Voraussetzungen erfüllt sein müssen. Das von allen Beteiligten anzustrebende

---

[934] Vgl.: http://www.personaltraining-kratz.de/seminare12.html – Stand: 04.08.2013.

[935] Kuppler, Benno: Anerkennung und Kritik. Zum Verhälnis zwischen Unternehmensleitung und Mitarbeitern. Lehrbericht vom 15.03.1970: http://www.we-wi-we.de/Kuppler_Anerkennung_und_Kritik.pdf – Stand: 15.08.2013.

Ziel lässt sich wie folgt umschreiben:[936] „Bestmögliche Aufgabenerledigung bei gleichzeitig größtmöglicher Zufriedenheit der Mitarbeiter!"[937]

Begriff Kontrolle: Der Begriff Kontrolle in seiner umgangssprachlichen Verwendung lässt sich wie folgt definieren:

„1) zentrales Element des Experiments.

2) zentrales Bedürfnis jedes Menschen, die Umwelt und auch Innenwelt den eigenen Wünschen entsprechend zu beeinflussen, also aktiv oder passiv zu kontrollieren, oder zukünftige Ereignisse zumindest vorhersehen zu können (Kontrollerwartung, Macht)."[938]

Kontrollerwartung: Die Kontrollerwartung ist die „Erwartung, dass Reizkontrolle möglich ist. Fehlt diese Erwartung, kann ein extremes Gefühl der Hilflosigkeit entstehen. Im Humanexperiment wird die Kontrollerwartung häufig dadurch manipuliert, dass man falsche Rückmeldungen über Ergebnisse in Lern- oder Leistungstests gibt, die unabhängig von den tatsächlichen Bemühungen oder dem erzielten Erfolg sind - oder indem man Versuchspersonen den Eindruck vermittelt, sie könnten durch richtiges Verhalten die Häufigkeit und Intensität aversiver Stimuli kontrollieren."[939]

„Nur ein ausgewogenes Verhältnis zwischen Kritik und Anerkennung steigert auf lange Sicht die Leistung des Mitarbeiters"

Kuppler, Benno[940]

Wie Kai Heß von ZTN Training & Consulting e.K in einem Artikel[941] berichtet, verblüffte Ihn in einem Führungskräftetraining zum Thema „Ziele, Kontrolle

---

[936] Vgl.: http://www.personaltraining-kratz.de/seminare12.html – Stand: 04.08.2013.

[937] http://www.personaltraining-kratz.de/seminare12.html – Stand: 04.08.2013.

[938] Psychology48 com Psychologie-Lexikon
http://www.psychology48.com/deu/d/kontrolle/kontrolle.htm – Stand: 04.08.2013.

[939] Psychology48 com Psychologie-Lexikon http://www.psychology48.com/deu/d/
kontrollerwartung/kontrollerwartung.htm – Stand: 07.08.2013.

[940] Kuppler, Benno: Anerkennung und Kritik. Zum Verhälnis zwischen Unternehmensleitung und Mitarbeitern. Lehrbericht vom 15.03.1970: http://www.we-wi-we.de/Kuppler_Anerkennung_und_Kritik.pdf – Stand: 15.08.2013.

und Feedback" die folgende Aussage eines Seminarteilnehmers: „Wer seine Mitarbeiter nicht kontrolliert, betrügt sie!"[942] [943]

Hieraus lässt sich ableiten, dass die Kontrolle mehr oder weiniger ein Recht des Mitarbeiters darstellt, keinesfalls etwas „Schlechtes oder Unangenehmes" bedeutet.[944] [945]

Eine Studie der Universitäten Bonn und Zürich zeigte auf, dass die Kontrolle bzw. Überwachung dem Mitarbeiter jedoch im ungünstigen Fall ggf. signalisiert, dass der Vorgesetzte diesem kein Engagement zutraut bzw. von Ihm nicht allzu viel erwartet. Durch dieses Misstrauen kann beim Mitarbeiter eine Gegenreaktion bzw. eine Art Trotzreaktion ausgelöst werden: „Er ist dann tatsächlich nicht mehr bereit, mehr zu leisten, als es unbedingt nötig ist."[946]

Wegen der Wirkungen der Kontrolle auf das Engagement und die Motivation der Mtarbeiter und damit auch auf die betriebliche Leistungserstellung, ist es erforderlich, sich als verantwortliche Führungskraft mit diesem Themenkomplex näher zu beschäftigen.

Der Begriff Kontrolle ist in unserem Sprachgebrauch in gewisser bzw. subjektiver Hinsicht negtiv belegt. Viele Menschen verbinden damit etwas Unangenehmes.[947] Jedoch handelt es bei der Kontrolle rein objektiv um etwas Nützli-

---

[941] Vgl.: Heß, Kai: Mitarbeiter kontrollieren: Vertrauen ist gut, Kontrolle ist besser. In: Business-wissen.de. Artikel vom 21.11.2009. http://www.business-wissen.de/mitarbeiterfuehrung/mitarbeiter-kontrollieren-vertrauen-ist-gut-kontrolle-ist-besser/ - Stand: 06.08.2013.

[942] Heß, Kai: Mitarbeiter kontrollieren: Vertrauen ist gut, Kontrolle ist besser. In: Business-wissen.de. Artikel vom 21.11.2009. http://www.business-wissen.de/mitarbeiterfuehrung/mitarbeiter-kontrollieren-vertrauen-ist-gut-kontrolle-ist-besser/ - Stand: 06.08.2013.

[943] Vgl.: Hess, Kai / Rhomberg, Martin M.: Wer seine Mitarbeiter nicht kontrolliert, betrügt sie! Aus der Praxis des Führens. Hecht-Druck, 1. Aufl. 2012.

[944] Vgl.: Heß, Kai: Mitarbeiter kontrollieren: Vertrauen ist gut, Kontrolle ist besser. In: Business-wissen.de. Artikel vom 21.11.2009. http://www.business-wissen.de/mitarbeiterfuehrung/mitarbeiter-kontrollieren-vertrauen-ist-gut-kontrolle-ist-besser/ - Stand: 06.08.2013.

[945] Vgl.: Hess, Kai / Rhomberg, Martin M.: Wer seine Mitarbeiter nicht kontrolliert, betrügt sie! Aus der Praxis des Führens. Hecht-Druck, 1. Aufl. 2012.

[946] Ratschlag24.com: Unternehmensführung: Lob statt Kontrolle. Artikel vom 12.08.2008. http://www.ratschlag24.com/index.php/unternehmensfuehrung-lob-statt-kontrolle/ - Stand: 08.08.2013.

[947] Vgl.: Kuppler, Benno: Anerkennung und Kritik. Zum Verhälnis zwischen Unternehmensleitung und Mitarbeitern. Lehrbericht vom 15.03.1970: http://www.we-wi-we.de/Kuppler_Anerkennung_und_Kritik.pdf – Stand: 15.08.2013.

ches und damit positives.[948] Die Kontrolle sollte als etwas Gutes erkannt werden, als „ein Recht des Mitarbeiters."[949]

Für eine funktionierende und zweckmäßige Kontrolle ist es erforderlich, dass mit den Mitarbeitern ein klares, realistisches, also erreichbares Ziel vereinbart worden ist. Jedoch besteht bereits in dieser Anforderung ein Problem. Eine wichtige Voraussetzung besteht darin, dass sich die Führungsperson zunächst selbst Klarheit darüber verschafft hat, was genau von den Mitarbeitern erwartet wird. Zudem müssen die Mitarbeiter befähigt worden sein, das Ziel zu erreichen.[950]

Die Führungsperson sollte geügend Zeit investieren, um dem Mitarbeiter zu vermitteln, was sie genau von ihm erwartet. Außerdem ist dem Mitarbeiter zu vermitteln, welchen „Sinn seine Arbeit im Gesamtzusammenhang des Unternehmens hat."[951]

Wie Befragungen zur Arbeiszufriedenheit von Mitarbeitern aufgezeigt haben, äußern die Führungskräfte zu selten klare Erwartungen. Sie vereinbaren oder setzen nur selten klare Ziele. Sie äußern oft keine klaren Ziele. Vor allem wird nur in den seltensten Fällen dem Mitarbeiter die Sinnhaftigkeit der geforderten Arbeitsleistung erklärt. „Wenn ich als Mitarbeiter natürlich nicht genau weiß, was mein Chef von mir erwartet, muss jede Kontrolle überraschend und mir willkürlich erscheinen."[952]

Im Falle, dass Führungspersonen die Ziele klar und ausreichend vermitteln bestehen zwei Möglichkeiten:

---

[948] Vgl.: Kuppler, Benno: Anerkennung und Kritik. Zum Verhälnis zwischen Unternehmensleitung und Mitarbeitern. Lehrbericht vom 15.03.1970: http://www.we-wi-we.de/Kuppler_Aner kennung_und_Kritik.pdf – Stand: 15.08.2013.

[949] Vgl.: Heß, Kai: Mitarbeiter kontrollieren: Vertrauen ist gut, Kontrolle ist besser. In: Business-wissen.de. Artikel vom 21.11.2009. http://www.business-wissen.de/mitarbeiterfueh rung/mitarbeiter-kontrollieren-vertrauen-ist-gut-kontrolle-ist-besser/ - Stand: 06.08.2013.

[950] Vgi.: Heß, Kai: Mitarbeiter kontrollieren: Vertrauen ist gut, Kontrolle ist besser. In: Business-wissen.de. Artikel vom 21.11.2009. http://www.business-wissen.de/mitarbeiterfueh rung/mitarbeiter-kontrollieren-vertrauen-ist-gut-kontrolle-ist-besser/ - Stand: 06.08.2013.

[951] Heß, Kai: Mitarbeiter kontrollieren: Vertrauen ist gut, Kontrolle ist besser. In: Businesswissen.de. Artikel vom 21.11.2009. http://www.business-wissen.de/mitarbeiterfuehrung/ mitarbeiter-kontrollieren-vertrauen-ist-gut-kontrolle-ist-besser/ - Stand: 06.08.2013.

[952] Heß, Kai: Mitarbeiter kontrollieren: Vertrauen ist gut, Kontrolle ist besser. In: Businesswissen.de. Artikel vom 21.11.2009. http://www.business-wissen.de/mitarbeiterfuehrung/ mitarbeiter-kontrollieren-vertrauen-ist-gut-kontrolle-ist-besser/ - Stand: 06.08.2013.

1. Der Mitarbeiter erreicht sein Ziel nicht. „Wenn ich jetzt nicht kontrolliere und ein klares Feedback gebe, wird der Mitarbeiter feststellen, dass es auch ohne Zielerreichung geht, und sein Leistungsvermögen dieser Situation anpassen. Das erscheint logisch. Übrigens merken das auch die Kollegen sehr schnell und stellen sich auch darauf ein. „Warum sollen wir eine gute Leistung erbringen, während eine Minderleistung beim Kollegen geduldet wird?" Doppelt gefährlich wird das Ganze, wenn ich als Chef dann auch noch den „Weg des geringsten Widerstandes" wähle: Wenn Mehrleistung nötig ist, oder Überstunden erforderlich sind, geht man schnell zu den Mitarbeitern, auf die man sich verlassen kann, nicht zu den „Komplizierten". Irgendwann sind dann auch die besten und einsatzbereitesten Mitarbeiter verärgert, wenn nur von ihnen Top-Leistungen gefordert werden und die Kollegen mit geringerem Aufwand genauso viel verdienen. Auf Dauer wird die Leistung aller meiner Mitarbeiter schlechter."[953]

2. Der Mitarbeiter erreicht sein Ziel. „Er ist stolz darauf und erwartet jetzt eine Reaktion der Führungskraft. Er möchte seinen Erfolg feiern und auch gelobt werden. Wenn ich aber nicht kontrolliere, stelle ich den Erfolg nicht fest und kann den Mitarbeiter auch nicht entsprechend würdigen. Zunächst ist er enttäuscht, dann stellt er sich die Frage: Wenn es sowieso keinen interessiert, warum mache ich es überhaupt?"[954]

Ein Feedback wäre ohne Kontrolle nicht möglich.

„Desinteresse ist extrem demotivierend. Kein Feedback zu geben ist Desinteresse. Ohne Kontrolle kann ich aber kein Feedback geben. Kontrolle im positiven Sinn bedeutet also: Interesse für die Arbeit und Leistung meines Mitarbeiters haben und diesem dann ein Feedback geben. Dies kann Kritik sein, falls dies nötig ist, muss aber genauso Lob sein, falls dies angebracht ist. Manche Führungskräfte kontrollieren zwar, Feedback gibt es dann aber nur in Form

---

[953] Heß, Kai: Mitarbeiter kontrollieren: Vertrauen ist gut, Kontrolle ist besser. In: Business-wissen.de. Artikel vom 21.11.2009. http://www.business-wissen.de/mitarbeiterfuehrung/mitarbeiter-kontrollieren-vertrauen-ist-gut-kontrolle-ist-besser/ - Stand: 06.08.2013.

[954] Heß, Kai: Mitarbeiter kontrollieren: Vertrauen ist gut, Kontrolle ist besser. In: Business-wissen.de. Artikel vom 21.11.2009. http://www.business-wissen.de/mitarbeiterfuehrung/mitarbeiter-kontrollieren-vertrauen-ist-gut-kontrolle-ist-besser/ - Stand: 06.08.2013.

von Kritik. Erfolg wird ohne Kommentar als gegeben erachtet. So wird natürlich Kontrolle vom Mitarbeiter selbstverständlich als negativ angesehen."[955]

Die Führungskräfte sollten Mitarbeiter nicht in der Absicht kontrollieren, diese „bei Fehlern zu erwischen, sondern, weil wir unsere Mitarbeiter bei einer guten Leistung ertappen wollen. Wenn wir dann in jedem Fall ein Feedback (Lob oder Kritik) geben, ist Kontrolle auch nicht mehr negativ, sondern wird als Interesse oder Hilfe verstanden."[956]

Die Kontrolle sollte nicht dazu dienen, dass dem Mitarbeiter alle fünf Minuten über die Schulter geschaut wird. Sie richtet sich nach dem Leistungsstand des Mitarbeiters. Bei einem Auszubildenden oder neuen Mitarbeiter kann diese häufiger erfolgen. Bei längerer Beschäftigung ist dann meist nur noch eine Stichprobenkontrolle erforderlich. Für einen langjährigen, erfahrenen, selbstständig arbeitenden Mitarbeiter bietet sich die Ergebniskontrolle an.[957]

Eine Kontrolle sollte möglichst angekündigt werden. Sie sollte ehrlich und offen durchgeführt werden. Sie lässt sich im Idealfall sogar mit dem Mitarbeiter absprechen und vereinbaren. Wird dies eingehalten, so verschwindet auch das Misstrauen. Vielmehr kann der Mitarbeiter die Kontrolle als unterstützende Maßnahme erkennen.[958]

Ein weiterer bedeutender Führungsfehler besteht u. a. darin, dass vor allem eine bereits angekündigte Kontrolle unterbleibt. In der Führungspraxis drängt stets das Tagescheschäft. Termine werden ggf. nicht eingehalten und Kontrollen nicht zum vereinbarten Termin durchgeführt. Manchmal erfolgt dies aus

---

[955] Heß, Kai: Mitarbeiter kontrollieren: Vertrauen ist gut, Kontrolle ist besser. In: Business-wissen.de. Artikel vom 21.11.2009. http://www.business-wissen.de/mitarbeiterfuehrung/ mitarbeiter-kontrollieren-vertrauen-ist-gut-kontrolle-ist-besser/ - Stand: 06.08.2013.

[956] Vgl.: Heß, Kai: Mitarbeiter kontrollieren: Vertrauen ist gut, Kontrolle ist besser. In: Business-wissen.de. Artikel vom 21.11.2009. http://www.business-wissen.de/mitarbeiterfuehrung/ mitarbeiter-kontrollieren-vertrauen-ist-gut-kontrolle-ist-besser/ - Stand: 06.08.2013.

[957] Vgl.: Heß, Kai: Mitarbeiter kontrollieren: Vertrauen ist gut, Kontrolle ist besser. In: Business-wissen.de. Artikel vom 21.11.2009. http://www.business-wissen.de/mitarbeiterfuehrung/ mitarbeiter-kontrollieren-vertrauen-ist-gut-kontrolle-ist-besser/ - Stand: 06.08.2013.

[958] Vgl.: Heß, Kai: Mitarbeiter kontrollieren: Vertrauen ist gut, Kontrolle ist besser. In: Business-wissen.de. Artikel vom 21.11.2009. http://www.business-wissen.de/mitarbeiterfuehrung/ mitarbeiter-kontrollieren-vertrauen-ist-gut-kontrolle-ist-besser/ - Stand: 06.08.2013.

Zeitmangel. In vielen Fällen ist die Führungskraft jedoch der Annahme, dass ohnehin alles reibungslos und ohne Fehler abläuft.[959]

Ein nicht eingehaltener Termin wird i. d. R. nicht von positiver Wirkung sein. Der Sachverhalt kann bspw. als Desinteresse ausgelegt werden. Mitarbeiter empfinden Kontrolle häufig als eine Art Bedrohung und/oder entgegengebrachtes Misstrauen. Kontrolle hat nach der Auffassung vieler Mitarbeiter den Charakter eines willkürlichen Machtinstrumentes, welches die Funktion hat, „den Mitarbeiter bei Fehlern zu ertappen."[960]

Wegen der Wirkungen der Konrolle auf die Leistung, ist es wichtig, dass sich eine Führungskraft fest vornehmen soll, ihre Mitarbeiter nur „bei guten Leistungen „ertappen" zu wollen."[961]

Das Ziel der Kontrolle besteht nicht darin, Fehler des Mitarbeiters aufzudecken. Vielmehr sollte sie als Anlass gesehen werden, dem Mitarbeiter Aufmerksamkeit zu schenken, seine guter Leistung zu erkennen und anerkennend zu Loben.[962]

Die Konsequenz für das Führungsverhalten im Kontext von Kontrolle, Feedback und Lob lässt sich auf den folgenden Nenner Bringen: „Messen Sie das Ergebnis am Ziel. Wenn Ihr Mitarbeiter erfolgreich war, können Sie sich den nächsten Zielen auf dem Weg zu Ihrer großen Vision widmen. Stellen Sie indes einen Mangel fest, dann sprechen Sie ihn klar an und lassen ihn beheben.

Vertrauen Sie als Chef auf die Eigenkontrolle Ihrer Mitarbeiter. Sie haben das konkrete Ziel mit festgelegt, sie werden dieses auch im Auge behalten! Ihre Kontrolle sollte sich allein auf die Abweichungen vom Ziel beschränken, die

---

[959] Vgl.: Heß, Kai: Mitarbeiter kontrollieren: Vertrauen ist gut, Kontrolle ist besser. In: Businesswissen.de. Artikel vom 21.11.2009. http://www.business-wissen.de/mitarbeiterfuehrung/mitarbeiter-kontrollieren-vertrauen-ist-gut-kontrolle-ist-besser/ - Stand: 06.08.2013.

[960] Heß, Kai: Mitarbeiter kontrollieren: Vertrauen ist gut, Kontrolle ist besser. In: Businesswissen.de. Artikel vom 21.11.2009. http://www.business-wissen.de/mitarbeiterfuehrung/mitarbeiter-kontrollieren-vertrauen-ist-gut-kontrolle-ist-besser/ - Stand: 06.08.2013.

[961] Ratschlag24.com: Unternehmensführung: Lob statt Kontrolle. Artikel vom 12.08.2008. http://www.ratschlag24.com/index.php/unternehmensfuehrung-lob-statt-kontrolle/ - Stand: 08.08.2013.

[962] Vgl.: Heß, Kai: Mitarbeiter kontrollieren: Vertrauen ist gut, Kontrolle ist besser. In: Businesswissen.de. Artikel vom 21.11.2009. http://www.business-wissen.de/mitarbeiterfuehrung/mitarbeiter-kontrollieren-vertrauen-ist-gut-kontrolle-ist-besser/ - Stand: 06.08.2013.

Ihnen auffallen. Loben und würdigen Sie besonders positive Leistungen. Es gibt nämlich keinen besseren Ansporn als das Lob!"[963]

Zur erfolgreichen Führung sind Kontrollen wichtige Führungsinstrumente. Jedoch sind sie von den Mitarbeitern zu akzeptieren. Wird die Notwendigkeit von Kontrollen von den Mitarbeitern akzeptiert, so besteht immer noch das Rikiko, einer falschen oder ungeschickten Kontrolldurchführung. Auch der Einsatz einer unangebrachten Kontrollart kann den Widerstand der Mitarbeiter auslösen. In der Führungspraxis ist es erforderlich, die Vorzüge und auch die Risiken der am häufigsten verwendeten Kontrollarten zu kennen. Hierbei handelt es sich um die[964] Ausführungs-/Verhaltenskontrolle, Fremdkontrolle, Selbstkontrolle, Totalkontrolle und Ergebnis-/Endkontrolle.

Bei der Ausführungs-/Verhaltenskontrolle wird die Person des Mitarbeiters in den Mittelpunkt der Betrachtung gestellt. Die Fragestellung richtet sich darauf wie der Mitarbeiter etwas tut. Die Mitarbeiter lehnen diese Kontrollart oft ab und erachten sie als „den Mitarbeitern als der Sache nicht dienlich, einengend, schikanös und überflüssig".[965]

Die Grundlage von Ausführungs- bzw. Verhaltenskontrollen bilden subjektive Beobachtungen. Jedoch sind die Ergebnisse, welche auf subjektiven Beobachtungen basieren nicht messbar. Dies führt ggf. zu einem Widerspruch seitens des kontrollierten Mitarbeiters. Oft hört die Führungskraft deshalb Kommentare wie „Das ist Ihre persönliche Meinung, nach meiner Auffassung verhält es sich ganz anders....". Aus diesem Grund sollten Ausführungs-/ Verhaltenskontrollen deshalb lediglich in den folgenden zwei Fällen Verwendung finden:[966]

---

[963] Ratschlag24.com: Unternehmensführung: Lob statt Kontrolle. Artikel vom 12.08.2008. http://www.ratschlag24.com/index.php/unternehmensfuehrung-lob-statt-kontrolle/ - Stand: 08.08.2013.

[964] Vgl.: Kratz, Hans-Jürgen: Kontrolle ist nicht gleich Kontrolle Artikel in Foerderland.de Personalführung vom 21.05.2007. http://www.foerderland.de/news/fachbeitraege/beitrag/kontrolle-ist-nicht-gleich-kontrolle/unternehmensfuehrung/?cHash=80166c80ccb97003bd6 daa007e61cf78&tx_abfachbeitraege_pi1[seite]=0 – Stand: 09.08.2013.

[965] Kratz, Hans-Jürgen: Kontrolle ist nicht gleich Kontrolle Artikel in Foerderland.de Personalführung vom 21.05.2007. http://www.foerderland.de/news/fachbeitraege/beitrag/kontrolle-ist-nicht-gleich-kontrolle/unternehmensfuehrung/?cHash=80166c80ccb97003bd6daa007e 61cf78&tx_abfachbeitraege_pi1[seite]=0 – Stand: 09.08.2013.

[966] Vgl.: Kratz, Hans-Jürgen: Kontrolle ist nicht gleich Kontrolle Artikel in Foerderland.de Personalführung vom 21.05.2007. http://www.foerderland.de/news/fachbeitraege/beitrag/kontrolle-ist-nicht-gleich-kontrolle/unternehmensfuehrung/?cHash=80166c80ccb97003bd6 daa007e61cf78&tx_abfachbeitraege_pi1[seite]=0 – Stand: 09.08.2013.

- Wenn etwa fehlerhaftes Verhalten zu einer umständlicheren, zeit- oder kostenaufwendigeren Aufgabenerledigung führt.

- Wenn trotz fehlerhaften Verhaltens zuvor die gewünschten Ergebnisse umgesetzt werden konnten jedoch in der Zukunft bei gleichem Verhalten gravierende Misserfolge nicht mehr ausgeschlossen werden können.[967] [968]

Bei der Fremdkontrolle wird die Kontrolle durch den Vorgesetzten durchgeführt. Mit desem Führungsinstrument wird eine objektivere Bestandsaufnahme der erzielten Ergebnisse ermöglicht. Dadurch kann gleichzeitig der Fall einer Selbsttäuschung ausgeschlossen werden. In der Führungspraxis zeigt sich jedoch, dass die Fremdkontrolle von zahlreichen Mitarbeitern mehr als lästig, unangenehm und störend aufgefast wird. Die Gründe hierfür sind darin zu sehen, dass der Mitarbeiter dadurch mit seiner Abhängigkeit und Unselbstständigkeit konfrontiert wird. Aus diesen Gründen wird es vorgezogen, dass die Führungsperson darauf achtet, Fremdkontrolle möglichst zu vermindern. Stattdessen ist es vorzuziehen, dem Mitarbeiter die Möglichkeit der Durchführung einer Selbstkontrolle anzubieten.[969]

Im Rahmen der Selbst- bzw. Eigenkontrolle kontrolliert der Mitarbeiter zunächst die eigenen Arbeitsergebnisse selbst. Dieser Kontrollart ist das Bild des eigenverantwortlich denkenden und handelnden, mit den notwendigen erforderlichen Kompetenzen ausgestatteten Mitarbeiters zugrundegelegt. Bei der Selbstkontrolle sind die folgenden Punkte zu berücksichtigen:[970]

- „Selbstkontrolle setzt verantwortungsbewusste Mitarbeiter voraus. Mit jeder Verminderung des Anteils der Fremdkontrolle lässt sich die Selbstverantwortung des Mitarbeiters steigern.

---

[967] Beispiele wären falsche Arbeitsgewohnheiten. So die Nichtbeachtung von Sicherheitsvorschriften im technischen Bereich, die Nichtbeachtung und Nichteinhaltung von Hygienevorschriften im Lebensmittelsektor usw.

[968] Vgl.: Kratz, Hans-Jürgen: Kontrolle ist nicht gleich Kontrolle Artikel in Foerderland.de Personalführung vom 21.05.2007. http://www.foerderland.de/news/fachbeitraege/beitrag/kontrolle-ist-nicht-gleich-kontrolle/unternehmensfuehrung/?cHash=80166c80ccb97003bd6daa007e61cf78&tx_abfachbeitraege_pi1[seite]=0 – Stand: 09.08.2013.

[969] Vgl.: Kratz, Hans-Jürgen: Kontrolle ist nicht gleich Kontrolle Artikel in Foerderland.de Personalführung vom 21.05.2007. http://www.foerderland.de/news/fachbeitraege/beitrag/kontrolle-ist-nicht-gleich-kontrolle/unternehmensfuehrung/?cHash=80166c80ccb97003bd6daa007e61cf78&tx_abfachbeitraege_pi1[seite]=0 – Stand: 09.08.2013.

[970] Vgl.: Kratz, Hans-Jürgen: Kontrolle ist nicht gleich Kontrolle Artikel in Foerderland.de Personalführung vom 21.05.2007. http://www.foerderland.de/news/fachbeitraege/beitrag/kontrolle-ist-nicht-gleich-kontrolle/unternehmensfuehrung/?cHash=80166c80ccb97003bd6daa007e61cf78&tx_abfachbeitraege_pi1[seite]=0 – Stand: 09.08.2013.

- Selbstkontrolle motiviert den Mitarbeiter und fordert ihn zu besseren Leistungsergebnissen heraus.

- Selbstkontrolle entlastet den Vorgesetzten.

- Selbstkontrolle gibt dem Mitarbeiter die Chance, Fehler durch rasche Gegenmaßnahmen aus der Welt zu schaffen, ohne dass andere Personen es bemerken."[971]

Der Anteil der Selbstkontrolle kann insbesondere bei Mitarbeitern mit hohem Reifegrad erhöht werden. Bei ihnen kann auch die Selbstkontrolle mittels Verwendung von Kontrollinstrumenten begleitet werden.

Für die Mitarbeiter ist es nicht immer einfach, die erforderliche Balance zwischen zu wenig und zu viel Selbstkontrolle zu halten.

Erfahrungsgemäß kommt es seltener zu Misserfolgen, wenn der Mitarbeiter sein Verhalten, seine Arbeit, seine Maschinen und Arbeitsmittel häufig genug kontrolliert. Allerdings wird durch zu viel Selbstkontrolle wertvolle Zeit verschwendet. Zudem wird ggf. der Arbeitsfluss ausgebremst. Treten Fehler und Misserfolge auf, wird die Führungskraft dem sich selbst zu wenig kontrollierenden Mitarbeiter sein Fehlverhalten aufzeigen. Den Übervorsichtigen wird sie dazu ermutigen, künftig mehr auf die eigenen Fähigkeiten zu vertrauen.[972] Vor allem pessimistische und misstrauische Vorgesetzt sind der Auffassung, dass es jede Arbeit das Risiko beinhaltet, dass Mitarbeiter diese verkehrt ausüben könnten. Diese negative Betrachtungsweise führt sie zur Notwendigkeit, der Durchführung von Totalkontrollen. Es ist sinnvoll, wenn Totalkontrollen lediglich in seltenen Ausnahmefällen erfolgen. Sie sollten auf die Art der Arbeit beschränkt sein.[973] Sie sollten auf den Stand der Einarbeitung des Mitarbeiters ausgerichtet sein. Unter der Totalkontrolle leidet die Arbeitsfreude und vernichtet mit der Zeit die Eigeninitiative. Auch für die überwachende Führungskraft wäre diese Form der Kontrolle im Sinne totaler Überwachung von hoher physischer wie zeitlicher Belastung. Sie führt zu Verzögerungen im Betriebsablauf. Durch die totale Überwachung werden die Mitarbeiter zum Widerstand

---

[971] Kratz, Hans-Jürgen: Kontrolle ist nicht gleich Kontrolle Artikel in Foerderland.de Personalführung vom 21.05.2007. http://www.foerderland.de/news/fachbeitraege/beitrag/kontrolle-ist-nicht-gleich-kontrolle/unternehmensfuehrung/?cHash=80166c80ccb97003bd6daa007e 61cf78&tx_abfachbeitraege_pi1[seite]=0 – Stand: 09.08.2013.

[972] Vgl.: Kratz, Hans-Jürgen: Kontrolle ist nicht gleich Kontrolle Artikel in Foerderland.de Personalführung vom 21.05.2007. http://www.foerderland.de/news/fachbeitraege/beitrag/kontrolle-ist-nicht-gleich-kontrolle/unternehmensfuehrung/?cHash=80166c80ccb97003bd6daa007e61 cf78&tx_abfachbeitraege_pi1[seite]=0 – Stand: 09.08.2013.

[973] So zum Beispiel Arbeiten mit hohem Risiko oder wenn keine Erfahrungswerte vorliegen.

gereizt. So werden bspw. Freiräume exzessiv genutzt. Die Kontrollinstanzen werden ggf. umgangen. Die Arbeitsmoral, sinkt, da vermutet wird, dass eine ständige totale Beobachtung erfolgt.

Die Verantwortung für fehlerfreies Arbeiten wird mit der Zeit auf die kontrollierende Führungskraft überwälzt. In gewisser Hinsicht wird durch Totalkontrollen Unselbstständigkeit und Sorglosigkeit gefördert.[974]

Die Ergebniskontrolle bzw. Endkontrolle konzentriert sich auf die Feststellung, ob die Sache, das Produkt oder die Dienstleistung betreffend des vom Mitarbeiter erzeilten Arbeitsergebnisses in Ordnung ist. Hierdurch lässt sich den Beteiligten aufzeigen, in welchem Ausmaß bzw. in welchem Grad die gesetzten Arbeitsziele oder auch Teilziele wirklich umgesetzt, also erreicht worden sind.

Im Rahmen dieser Kontrolle erfolgt die Analyse des gesamten Arbeitsergebnisses. Jedoch fällt der Weg zu dieser Leistung nicht in die Betrachtung. Somit wird die Art und Weise der Arbeitsausführung dem Mitarbeiter überlassen. Dadurch sind dessen Initiative und Leistungsbereitschaft gefordert. Die Ergenbiskontrolle ist stets vergangenheitsbezogen. Dies bedeutet, dass was geschehen ist, bereits Vergangenheit ist. Dies heißt auch, dass oft nachträglich nichts mehr geändert oder nachgebessert werden kann. Ist das Ergebnis ein Misserfolg, so folgen meist Resignation oder zumindest der Versuch der Schadensbegrenzung. Damit dieses Problem aber überhaupt nicht erst auftritt, ist es sinnvoll ergänzend regelmässig und vor allem noch rechtzeitig gegenwartsbezogene Stichprobenkontrollen durchzuführen.[975]

Durch das Delegieren von selbständigen Teilaufgaben auf die Mitarbeiter können Motivations- und Entlastungswirkung entfaltet werden. Fehlschläge in diesem Bereich gehen meist auf den fehlenden oder falschen Einsatz des Führungsinstruments „Kontrolle" zurück.

„Wer Führungsverantwortung für die Handlungen anderer trägt und einen Teil seiner Befugnisse delegiert, muß durch Kontrolle die richtige Verwendung dieser Kompetenzen sicherstellen. Dabei geht es nicht darum, jemand auf „frischer Tat" zu ertappen, sondern:

---

[974] Vgl.: Kratz, Hans-Jürgen: Kontrolle ist nicht gleich Kontrolle Artikel in Foerderland.de Personalführung vom 21.05.2007. http://www.foerderland.de/news/fachbeitraege/beitrag/kontrolle-ist-nicht-gleich-kontrolle/unternehmensfuehrung/?cHash=80166c80ccb97003bd6 daa007e61cf78&tx_abfachbeitraege_pi1[seite]=0 – Stand: 09.08.2013.

[975] Vgl.: Kratz, Hans-Jürgen: Kontrolle ist nicht gleich Kontrolle Artikel in Foerderland.de Personalführung vom 21.05.2007. http://www.foerderland.de/news/fachbeitraege/beitrag/kontrolle-ist-nicht-gleich-kontrolle/unternehmensfuehrung/?cHash=80166c80ccb97003bd6 daa007e61cf78&tx_abfachbeitraege_pi1[seite]=0 – Stand: 09.08.2013.

Richtig kontrollieren, heißt die Leistung verbessern und die Mitarbeiterinnen zur Selbständigkeit führen. Für die Kontrollhäufigkeit gilt es, im praktischen Alltag das gesunde Mittelmaß zu finden."[976]

Für die Mitarbeiterkontrolle gilt es, bestimmte Grundregeln einzuhalten. Hierzu kann bspw. eine Checkliste dazu hilfreich sein, damit sich Führungskraft besser an die wichtigsten Spielregeln einer richtig verstandenen Mitarbeiterkontrolle halten kann.[977]

Durch das Delegieren von selbständigen Teilaufgaben auf die Mitarbeiter können Motivations- und Entlastungswirkung entfaltet werden. Fehlschläge in diesem Bereich gehen meist auf den fehlenden oder falschen Einsatz des Führungsinstruments „Kontrolle" zurück.

„Wer Führungsverantwortung für die Handlungen anderer trägt und einen Teil seiner Befugnisse delegiert, muß durch Kontrolle die richtige Verwendung dieser Kompetenzen sicherstellen. Dabei geht es nicht darum, jemand auf „frischer Tat" zu ertappen, sondern:

Richtig kontrollieren, heißt die Leistung verbessern und die Mitarbeiterinnen zur Selbständigkeit führen. Für die Kontrollhäufigkeit gilt es, im praktischen Alltag das gesunde Mittelmaß zu finden."[978]

Für die Mitarbeiterkontrolle gilt es, bestimmte Grundregeln einzuhalten. Hierzu kann bspw. eine Checkliste dazu hilfreich sein, damit sich Führungskraft besser an die wichtigsten Spielregeln einer richtig verstandenen Mitarbeiterkontrolle halten kann.[979]

---

[976] Zahnärzte Wirtschaftsdienst: Artikel: So machen Sie Ihre Praxis fit. Checkliste „Mitarbeiterkontrolle". In: Zahn Ärzte-Wirtschaftsdienst. Ausgabe 07/1998, Seite 15. Und: http://www.iww.de/zwd/archiv/so-machen-sie-ihre-praxis-fit-checkliste-mitarbeiterkontrolle -f28388 – Stand: 09.08.2013.

[977] Vgl.: Zahnärzte Wirtschaftsdienst: Artikel: So machen Sie Ihre Praxis fit. Checkliste „Mitarbeiterkontrolle". In: Zahn Ärzte-Wirtschaftsdienst. Ausgabe 07/1998, Seite 15. Und: http://www.iww.de/zwd/archiv/so-machen-sie-ihre-praxis-fit-checkliste-mitarbeiterkontrolle -f28388 – Stand: 09.08.2013.

[978] Zahnärzte Wirtschaftsdienst: Artikel: So machen Sie Ihre Praxis fit. Checkliste „Mitarbeiterkontrolle". In: Zahn Ärzte-Wirtschaftsdienst. Ausgabe 07/1998, Seite 15. Und: http://www.iww.de/zwd/archiv/so-machen-sie-ihre-praxis-fit-checkliste-mitarbeiterkontrolle -f28388 – Stand: 09.08.2013.

[979] Vgl.: Zahnärzte Wirtschaftsdienst: Artikel: So machen Sie Ihre Praxis fit. Checkliste „Mitarbeiterkontrolle". In: Zahn Ärzte-Wirtschaftsdienst. Ausgabe 07/1998, Seite 15. Und: http://www.iww.de/zwd/archiv/so-machen-sie-ihre-praxis-fit-checkliste-mitarbeiterkontrolle -f28388 – Stand: 09.08.2013.

Die Delegation von Aufgaben setzt ein gewisses Vertrauen voraus. Dennoch sollte auf die Kontrolle nicht verzichtet werden. Erfolgt die Mitarbeiterkontrolle unter Beachtung bestimmter Grundregeln, so schließt diese keinesfalls Vertrauen aus. „Sie ist sachbedingte Notwendigkeit und Voraussetzung für eine konstruktive Kritik und motivierende Anerkennung."[980]

Wenn eine Führungskraft bei den Mitarbeitern Fehler oder falsche Verhaltensweisen entdeckt, ist es erforderlich, konstruktive Kritik zu üben. Da Mitarbeiter nur in den seltensten Einzelfällen vorsätzlich oder böswillig Fehler produzieren oder unkorrekte, unpassende bzw. falsche Verhaltensweisen an den Tag legen, sind diese darauf hinzuweisen. Denn erfolgen die Fehler nicht absichtlich, so hat der betroffene Mitarbeiter ggf. keine Ahnung davon, dass er etwas falsch macht. Es ist zu vermeiden, dass solche Fehler wiederholt auftreten. In der Praxis können Fehler wiederholt werden, wenn sie nicht erkennt bzw. dem betreffenden Mitarbeiter nicht mitgeteilt werden. Ohne Feedback erfolgt auch keine Regulierung. Wenn es nicht zu einer Korrektur der Fehler, bzw. der Vorgehens- Verfahrens- oder Verhaltensweisen kommt, so tritt auch keine Verbesserung ein. Es sei denn, der Mitarbeiter kommt selbst darauf, wird ggf. von Kollegen darauf hingewiesen. Erfährt die Führungskraft von diesen Fehlern, so ist sie dazu verpflichtet, diese (bzw. deren Ursachen/Gründe) zu beheben. Die Erreichung der Ziele des Unternehmens hat höchste Priorität und verlangt dies. Der Mitarbeiter wird von sich aus nichts ändern, wenn er guten Glaubens und der festen Annahme ist, dass alles in Ordnung sei, bzw. er davon ausgeht, dass er eine gute Arbeit leistet.[981]

Demnach ist Kritik als Feedback wichtig. Sie sollte aber richtig erfolgen. Denn wenn eine Führungskraft eine berechtigte Kritik zurückhält, so bingt diese den Mitarbeiter und auch sich selbst mehr oder weniger um den Erolg. Zudem besteht die Gefahr, dass die Unternehmensziele nicht umgesetzt werden können. „Der kluge Vorgesetzte wird Kritik gezielt einsetzen und bei geschickter Nut-

---

[980] Zahnärzte Wirtschaftsdienst: Artikel: So machen Sie Ihre Praxis fit. Checkliste „Mitarbeiterkontrolle". In: Zahn Ärzte-Wirtschaftsdienst. Ausgabe 07/1998, Seite 15. Und: http://www.iww.de/zwd/archiv/so-machen-sie-ihre-praxis-fit-checkliste-mitarbeiterkontrolle-f28388 – Stand: 09.08.2013.

[981] Vgl.: Kratz, Hans-Jürgen: Erfolgreich Kritik übern. Artikel in Foerderland.de vom 03.07.2007. http://www.foerderland.de/news/fachbeitraege/beitrag/erfolgreich-kritik-ueben/unternehmens fuehrung/?cHash=e6c4bbdf96&tx_abfachbeitraege_pi1[seite]=0 – Stand: 08.08.2013.

zung dieses Führungsmittels in den meisten Fällen die betrieblichen Ziele bei größerer Zufriedenheit seiner Mitarbeiter erreichen."[982]

Konstruktive Kritik und Diplomatie können wesentlich dazu beitragen, dass die Zusammenarbeit zwischen Mitarbeiter und Führunsperon trotz hervorgebrachter Kritik, weiterhin möglichst reibungslos, harmonisch und vor allem wie erforderlich erfolgreich verläuft.

Im Zusammenhang mit konstruktiver Kritik ist vor allem Diplomatie notwendig. Eine Führungperson kommt nicht ohne Kritik zu üben aus. Kritik gehört zur Führungsaufgabe. Das Kritikgespräch sollte sich jedoch nach gewissen Regeln ausrichten:[983]

Regel 1   Nicht in der Gruppe kritisieren, sondern stets unter vier Augen.

Regel 2   Nicht den Schwerpunkt auf die Kritik setzen, sondern auf das was sich die Führungskraft bzw. das Unternehmen wünscht.[984]

Beispiel: „Mir fällt auf: Nun haben Sie zum vierten Mal ein Projekt mit einem Tag Verspätung abgeschlossen. Der Kunde ist verärgert, wir müssen damit rechnen, dass er unsere Rechnung kürzt. Jetzt möchte ich einen Weg mit Ihnen suchen, wie wir sicherstellen können, dass Sie den nächsten Termin einhalten."[985]

Das Beispiel zeigt, dass die Führungsperson ihre Unterstützung aktiv anbietet..."einen Weg mit Ihnen suchen", anstatt pauschale Kritik zu üben.[986]

Die Führungsperson sollte für den Mitarbeiter niemals „unnahbar" sein. Die Aufgabe der Führungsperson besteht in der Führung der Mitarbeiter. Dabei kann der Mitarbeiter selbst nicht einfach ausgeschlossen oder ignoriert werden. Es geht um Zusammenarbeit. Der Mitarbeiter sollte in den Mittelpunkt gestellt werden.

In der betrieblichen Managementpraxis beherrscht die Dringlichkeit des Tagesgeschäftes meist auch die Führungskräfte. Sie gehen oft von einem Meeting in das nächste. Sie haben zahlreiche Aufgaben zu erledigen und sind oft

---

[982] Kratz, Hans-Jürgen: Erfolgreich Kritik übern. Artikel in Foerderland.de vom 03.07.2007. http://www.foerderland.de/news/fachbeitraege/beitrag/erfolgreich-kritik-ueben/unternehmens fuehrung/?cHash=e6c4bbdf96&tx_abfachbeitraege_pi1[seite]=0 – Stand: 08.08.2013.

[983] Vgl.: http://www.zehn.de/konstruktive-kritik-7412625-10 – Stand: 11.08.2013.

[984] Vgl.: http://www.zehn.de/konstruktive-kritik-7412625-10 – Stand: 11.08.2013.

[985] http://www.zehn.de/konstruktive-kritik-7412625-10 – Stand: 11.08.2013.

[986] Vgl.: http://www.zehn.de/konstruktive-kritik-7412625-10 – Stand: 11.08.2013.

mit Organisationsaufgaben beschäftigt. Viele Führungskräfte laufen dabei Gefahr, dabei ihre eigentliche Hauptaufgabe, das Führen und Leiten der Mitarbeiter zu vernachlässigen oder zumindest den Überblick zu verlieren. Bei der Führung sollten die Mitarbeiter im Mittelpunkt stehen. Eine Führungskraft kann „immer nur so gut wie Ihre Mitarbeiter sein. Darum ist es so wichtig, dass Sie ein gutes Verhältnis zu ihnen aufbauen. Es muss klar sein: Wer ein wichtiges Anliegen hat, kann jederzeit zu Ihnen kommen. Ihre Ohren sind offen für Ideen, für Anregungen, aber auch für Kritik. Die Mitarbeiter müssen spüren: Wir sind die Firma! Wenn es Ihnen gelingt, diese Haltung wirklich zu leben, werden Sie genau das bekommen, was Motivationsseminare niemals bringen: motivierte Mitarbeiter. Und damit: ausgezeichnete Leistungen."[987]

Das Führungsinstrument Kritik wird häufig in einer falschen, unangebrachten Form angewendet. Dadurch leidet meist das Arbeitsklima. Unangebrachte, fehlerhafte Kritikübung ist bspw.

*   „autoritäre Kritik,

*   persönliche Kritik,

*   verallgemeinernde Kritik,

*   Kritik in Gegenwart Dritter,

*   ironische/ sarkastische Kritik,

*   telefonische Kritik,

*   schriftliche Kritik,

*   Kritik durch Dritte,

*   Kritik am abwesenden Mitarbeiter,

*   gesammelte Kritik,

*   wiederholte Kritik aus demselben Anlass,

*   Kritik vor Abwesenheit oder

*   Kritik bei Unwesentlichem"[988]

---

[987] Vgl.: http://www.zehn.de/mitarbeiter-als-mittelpunkt-7412625-6 – Stand: 12.08.2013.

[988] Kratz, Hans-Jürgen: Erfolgreich Kritik übern. Artikel in Foerderland.de vom 03.07.2007. http://www.foerderland.de/news/fachbeitraege/beitrag/erfolgreich-kritik-ueben/unternehmens fuehrung/?cHash=e6c4bbdf96&tx_abfachbeitraege_pi1[seite]=0 – Stand: 08.08.2013.

Auf solche Formen destruktiven Kritisierens sollte jede Führungsperson verzichten. Wenn eine Führungskraft das notwendige Kritikgespräch systematisch, einem festen Strukturplan folgend führt, wird das Risiko einer erfolglosen Kritik wesentlich reduziert. Geleichzeitig steigen die Erfolgsaussichten wesentlich. Konstruktive Kritikgespräche sollten am besten nach einem praxisbewährten sechsstufigen Gesprächsmodell geführt werden.[989]

Phase 1: Positive Gesprächseröffnung / Gesprächsbeginn/ Lob und Anerkennung guter Leistungen

In der ersten Phase des Kritikgespräches sollte darauf geachtet werden, dass das Gespräch positiv eröffnet wird. Nur dadurch wird gesichert, dass das Gespräch zu einem konstruktiven Ergebnis führt. Aus diesem Grund ist auf eine positive Gesprächsatmosphäre zu achten. Wenn der Mitarbeiter direkt am Anfang den Eindruck gewinnt, es würde mit ihm abgerechnet, sieht er sich veranlasst, sofort mit seiner Verteidigung zu beginnen. Dies würde auch bedeuten, dass er für ein locker-sachliches Gespräch nicht mehr bereit sein wird. Für einen optimalen Gesprächsbeginn ist ein gewisses Einfühlungsvermögen erforderlich. Die Gesprächseröffenung ist auf die Person des jeweiligen Mitarbeiters abzustimmen. Zum Beginn können sich Sympathie erzeugenden Aussagen als vorteilhaft erweisen. Am Anfang ist das Eis zu brechen. In dieser Phase sollte zum allgemeinen Verhalten bzw. der Gesamtleistung und Zuverlässigkeit des Mitarbeiters eine lobende Anerkennung ausgesprochen werden.[990]

Phase 2: Zweifelsfreie bzw. eindeutige Bezeichnung von Sachverhalten, Defiziten, Fehlern usw.

Für die zweite Phase des Kritikgespreches ist auf eine fundierte, sachlich gesicherte Basis zurückzugreifen. Es sollte also eine sorgfältige Analyse des Geschehenen bereits vorangegangen sein. Diese ist zusammen mit dem Mitarbeiter aufzurollen und dient als verlässliche Ausgangsbasis. Auf diese Weise ist auch erkennbar, ob bzw. dass aus sachlichen Gründen ein Kritikgespräch erforderlich ist. Zu vermeiden sind: unklare Pauschalformulierungen, Verall-

---

[989] Vgl hierzu auch.: Kratz, Hans-Jürgen: Erfolgreich Kritik übern. Artikel in Foerderland.de vom 03.07.2007. http://www.foerderland.de/news/fachbeitraege/beitrag/erfolgreich-kritik-ueben/unternehmensfuehrung/?cHash=e6c4bbdf96&tx_abfachbeitraege_pi1[seite]=0 – Stand: 08.08.2013.

[990] Vgl.: Kratz, Hans-Jürgen: Erfolgreich Kritik übern. Artikel in Foerderland.de vom 03.07.2007. http://www.foerderland.de/news/fachbeitraege/beitrag/erfolgreich-kritik-ueben/unternehmens fuehrung/?cHash=e6c4bbdf96&tx_abfachbeitraege_pi1[seite]=0 – Stand: 08.08.2013.

gemeinerungen, vage Behauptungen und allgemeine Floskeln. Diese sind für ein Kritikgesprch nicht zu gebrauchen. Die Führungskraft sollte sich bemühen, nicht lange um den heißen Brei zu reden, sondern eine festgestellte Abweichung vom Soll ganz genau und möglichst konkret, also auf der Grundlage von Fakten, Zahlen, Daten usw. zu nennen. Die Führungsperson darf auf keinen Fall mit Vermutungen, Vorhaltungen oder Anklagen agieren, wenn sie dafür keine klaren und stichhaltigen Beweise vorliegen hat. Es dürfen keinesfalls Anschuldigungen und Zuträgereien von Dritten als erwiesene Tatsachen angesehen werden. Denn wenn Denunzianten bei der Führungskraft gut ankommen, dann wird sich das Arbeitsklima rasch verschlechtern. Etwa von anderen Personen Übernommenes ist nicht ausreichend für eine Kritik. Häufig werden Situationen einseitig, unvollständig oder auch vorsätzlich verfälscht dargestellt.

"Am Ende dieser Stufe tritt eine eindeutig bezeichnete und daher von beiden Seiten erkannte Ausgangslage in den Vordergrund. Man hat eine Basis, um hoffentlich nicht aneinander vorbeizureden: Der Vorgesetzte konnte wertfrei - das heißt ohne Schuldzuweisung - den Sachverhalt schildern, wie er ihn nach seiner Analyse sah, und der Mitarbeiter weiß nun genau, auf welchen Punkt das Gespräch begrenzt ist."[991]

Phase 3: Mitarbeiter um Stellungnahme bitten

Für den betroffenen Mitarbeiter sollte neben dem Recht auf Äußerung zu dem Sachverhalt auch unvoreingenommen zugehört werden. In vielen Fällen kann bereits aus der Stellungnahme deutlich werden, dass dem Mitarbeiter kein kritikfähiges Verhalten anzulasten ist. Dies kann bspw. daran liegen, dass

- „einer anderen Person der Fehler zuzuschreiben ist,

- Zuständigkeitsregelungen unklar waren,

- Anweisungen unterschiedliche Interpretationen zuließen oder

- notwendige Informationen nicht rechtzeitig zur Verfügung standen."[992]

---

[991] Vgl.: Kratz, Hans-Jürgen: Erfolgreich Kritik übern. Artikel in Foerderland.de vom 03.07.2007. http://www.foerderland.de/news/fachbeitraege/beitrag/erfolgreich-kritik-ueben/unternehmens fuehrung/?cHash=e6c4bbdf96&tx_abfachbeitraege_pi1[seite]=0 – Stand: 08.08.2013.

[992] Kratz, Hans-Jürgen: Erfolgreich Kritik übern. Artikel in Foerderland.de vom 03.07.2007. http://www.foerderland.de/news/fachbeitraege/beitrag/erfolgreich-kritik-ueben/unternehmens fuehrung/?cHash=e6c4bbdf96&tx_abfachbeitraege_pi1[seite]=0 – Stand: 08.08.2013.

Sollte sich aufgrund der Stellungnahme des Mitarbeiters ergeben, dass die Führungsperson bei ihrer Situationsbeschreibung einem Irrtum aufgesessen ist, so sollte sich diese beim Mitarbeiter förmlich entschuldigen. Dem Mitarbeiter sollte die Möglichkeit gewährt werden, im Bedarfsfall das Gespräch zu unterbrechen. Dies kann bspw. der Fall sein, wenn er für seine Stellungnahme Beiträge aus Unterlagen benötigt. Häufig ist es auch sinnvoller, das Gespräch zu einem späteren Termin fortzusetzen. Dies ist vor allem dann angebracht, wenn der Mitarbeiter etwa neue Gesichtspunkte vorträgt, mit denen sich die Führunsperson erst näher zu beschäftigen hat. Wenn sich aufgrud von klaren Fakten ein gesicherter Tatbestand erkennen lässt, kann das Gespräch auf dieser Basis in der nächsten Phase fortgeführt werden.[993]

Phase 4: Ursachen und Folgen des kritisierten Verhaltens bzw. der bisherigen Fehler diskutieren

In der vierten Phase des Kritikgespräches sollten gemeinsam die Ursachen und die Folgen des kritisierten Verhaltens erörtert werden. Zur erforderlichen Korrektur der Fehler ist es notwendig, deren Ursachen herauszufinden. Ist bekannt, warum ein Fehler unterlaufen ist, können ggf. Wege und Lösungsmöglichkeiten abgeleitet werden, welche dazu beitragen, dass in der Zukunft solche Fehler vermieden werden bzw. dass eine Verbesserung eintritt. Auf diese Weise können Unzulänglichkeiten im organisatorischen Bereich neuen Erfordernissen angepasst werden. Es ist möglich, bestehende und offenkundige Wissenslücken beim Mitarbeiter bspw. mittels Intensivierung der Schulung oder durch gezielte Information zu korrigieren. Hilfreich ist auch, unzureichende Arbeitsausführungen mittels Choaching / Training / Schulung zu verbessern. Durch die Erforschung der Ursachen von Fehlern ist es möglich, über die Kontrolle von Zwischenergebnissen deren Auftreten zu vermeiden. „Spätestens in diesem Gesprächsteil soll der Mitarbeiter nach einer ruhig und sachlich geführten Diskussion erkennen können, dass und aus welchem Grunde seine Handlungsweise verfehlt war. Die Mängel sollten nunmehr von beiden Gesprächsteilnehmern in gleicher Weise beurteilt werden, um in der nächsten Gesprächsphase Korrekturmaßnahmen entwickeln zu können."[994]

---

[993] Vgl.: Kratz, Hans-Jürgen: Erfolgreich Kritik übern. Artikel in Foerderland.de vom 03.07.2007. http://www.foerderland.de/news/fachbeitraege/beitrag/erfolgreich-kritik-ueben/unternehmens fuehrung/?cHash=e6c4bbdf96&tx_abfachbeitraege_pi1[seite]=0 – Stand: 08.08.2013.

[994] Kratz, Hans-Jürgen: Erfolgreich Kritik übern. Artikel in Foerderland.de vom 03.07.2007. http://www.foerderland.de/news/fachbeitraege/beitrag/erfolgreich-kritik-ueben/unternehmens fuehrung/?cHash=e6c4bbdf96&tx_abfachbeitraege_pi1[seite]=0 – Stand: 08.08.2013.

Die Mitarbeiter arbeiten für das Uternehmen, um Einkommen zu erzielen. Sie beziehen Lohn oder Gehalt für Ihre Leistungen. Gleichzeitig sind sie aber auch dazu verpflichtet, die vertraglich vereinbarte Arbeitsleistung zu erbringen. Die Mitarbeiter suchen im Unternehmen jedoch auch Sinn, soziale Einbindung und auch Anerkennung. Aus diesem Grund ist das Erteilen von Lob und Anerkennung für das Engagement und die Motivation der Mitarbeiter von größter Bedeutung. Das Feedback an den Mitarbeiter gilt heute als eines der bedeutendsten Management-Aufgaben.[995]

Die Feedbackerteilung beinhaltet nicht nur die Kontrolle mit Kritik, sondern erfolgt auch um den Respekt und die Anerkennung der Mitarbeiterleistung zum Ausdruck zu bringen. Peter Drucker wies bereits darauf hin, dass die Menschen im Mittelpunkt des Managements stehen. Diese möchten auch wie Menschen behandelt, geachtet und respektiert werden. „Ein Arbeitsvertrag regelt den Austausch von Leistungen, aber nicht den Umgang miteinander. Es ist von elementarer Bedeutung, dass Sie jeden Ihrer Mitarbeiter spüren lassen, wie wichtig er für das Unternehmen ist, damit diese auch in Krisenzeiten motiviert und engagiert zu Werke gehen."[996]

Wie verschiedene Studien aufzeigen, wünschen sich in deutschen Unternehmen zwischen 30 und 60 Prozent der Angestellten Anerkennung bzw. eine regelmäßigere qualitative Beurteilung ihrer Arbeit.[997]

Lob und Anerkennung sind die günstigsten Mehtoden um Mitarbeiter zu motivieren. Andere, wesentlich teureren Möglichkeiten wären bspw. Gehaltserhöhungen, Karrieresprung oder Dienstwagen.

Damit eine Führungsperson Lob und Anerkennung in optimaler Weise zum Ausdruck bringt, sollte sie regelmäßig am eigenen Führungsstil arbeiten. Hierzu können sich die folgenden Fragestellungen als hilfreich erweisen:[998]

---

[995] Vgl.: Sicking, Marzena: Typische Managementfehler Teil III. Mangelnde Anerkennung. Nicht kritisiert ist Lob genug? Die Zeiten sind vorbei. Artikel vom 03.12.10. http://www.heise.de/resale/artikel/Typische-Managementfehler-Teil-II-Mangelnde-Anerkennung-1139990.html – Stand: 12.08.2013.

[996] Sicking, Marzena: Typische Managementfehler Teil III. Mangelnde Anerkennung. Nicht kritisiert ist Lob genug? Die Zeiten sind vorbei. Artikel vom 03.12.10. http://www.heise.de/resale/artikel/Typische-Managementfehler-Teil-II-Mangelnde-Anerkennung-1139990.html – Stand: 12.08.2013.

[997] Vgl.: Sicking, Marzena: Typische Managementfehler Teil III. Mangelnde Anerkennung. Nicht kritisiert ist Lob genug? Die Zeiten sind vorbei. Artikel vom 03.12.10. http://www.heise.de/resale/artikel/Typische-Managementfehler-Teil-II-Mangelnde-Anerkennung-1139990.html – Stand: 12.08.2013.

„Wann haben Sie einen Mitarbeiter das letzte Mal gelobt? Über Aufstiegsmöglichkeiten gesprochen? Sich für eine zuverlässig abgelieferte und inhaltlich einwandfreie Arbeit bedankt? Oder betrachten Sie gute Leistung als etwas Selbstverständliches? Glauben Sie, dass das Ausbleiben von Kritik schon als "positives Feedback" gewertet werden muss? Wann wurden Sie das letzte Mal eigentich von Ihrem Vorgesetzten gelobt?"[999]

Im Falle, dass eine Führungsperson eigene Defizite der Erteilung von Anerkennung aufweist, sollte sie die Führungsstrategie entsprechend ändern. Ein positives Feedback wirkt sich positiv auf den Mitarbeiter wie auch auf die Führungsperson selbst aus. Zudem werden Teams enger verbunden. Die Führungsperson wirkt dadurch auch sympathischer. Die Loyalität der Mitarbeiter wird gesichert. Aus diesem Grund sollte jede Führungskraft seine Mitarbeiter regelmäßig wissen lassen, dass Sie deren Mitarbeit sehr schätzen.[1000]

Als Möglichkeiten für die Erteilung des Feedbacks bietet sich u. a. eine offizielle schriftliche oder mündliche Belobigung an. Z. B. in einer Teambesprechung, welche wöchentlich erfolgt oder im Rahmen eines Gespräches mit einer dritten Person. Oft reicht auch ein "Danke!" und ein kurzes persönliches Gespräch mit dem Mitarbeiter. Den Mitarbeitern sind in den Gesprächen Feedback und Informationen zu geben. Sie sollten in neue Projekte eingebunden werden. Erbrachte Leistungen sind zu würdigen, zu erwähnen, zu loben, anzuerkennen. Solche Feedbacks tragen wesentlich zur Motivation der Mitarbeiter bei.[1001]

---

[998] Vgl.: Sicking, Marzena: Typische Managementfehler Teil III. Mangelnde Anerkennung. Nicht kritisiert ist Lob genug? Die Zeiten sind vorbei. Artikel vom 03.12.10. http://www.heise.de/resale/artikel/Typische-Managementfehler-Teil-II-Mangelnde-Anerkennung-1139990.html – Stand: 12.08.2013.

[999] Sicking, Marzena: Typische Managementfehler Teil III. Mangelnde Anerkennung. Nicht kritisiert ist Lob genug? Die Zeiten sind vorbei. Artikel vom 03.12.10. http://www.heise.de/resale/artikel/Typische-Managementfehler-Teil-II-Mangelnde-Anerkennung-1139990.html – Stand: 12.08.2013.

[1000] Vgl.: Sicking, Marzena: Typische Managementfehler Teil III. Mangelnde Anerkennung. Nicht kritisiert ist Lob genug? Die Zeiten sind vorbei. Artikel vom 03.12.10. http://www.heise.de/resale/artikel/Typische-Managementfehler-Teil-II-Mangelnde-Anerkennung-1139990.html – Stand: 12.08.2013.

[1001] Vgl.: Sicking, Marzena: Typische Managementfehler Teil III. Mangelnde Anerkennung. Nicht kritisiert ist Lob genug? Die Zeiten sind vorbei. Artikel vom 03.12.10. http://www.heise.de/resale/artikel/Typische-Managementfehler-Teil-II-Mangelnde-Anerken nung-1139990.html – Stand: 12.08.2013.

*„Übe Kritik nur gegenüber dem Betroffenen, nicht in An-
wensenheit anderer, und versuche auch den Betroffenen
und sein Versagen zu verstehen, indem du ihm Gelegenheit gibst, sich in der Sache zu äußern."*

Kuppler, Benno[1002]

In der Führungspraxis sollten Fehler bzw. Fallen bei der Kritik an Mitarbeitern
vermieden werden. Flasch vermittelte oder aufgefasste Kritik kann bei den
Mitarbeitern zu Fehlzeiten und Fluktuation führen. In diesem Zusammenhang
sind überhöhte Krankmeldungen oder Kündigungen seitens der Mitarbeiter
keine Seltenheit.

Die Führungskräfte befinden sich häufig in einem Dilemma: Die Arbeitsleistung
soll zuverlässig nach Zielvereinbarung erfolgen. Gleichzeitig sind Unternehmen und auch Führungskräfte auf die Mitarbeiter angewiesen.

Aus diesem Grund sollten Führungskräfte zumindest versuchen, die 7 größten
Fallen im Kritikgespräch zu vermeiden:[1003]

- Falle Nr. 1: Sofort Dampf ablassen

- Falle Nr. 2: Sich einwickeln lassen

- Falle Nr. 3: Kaffeeplausch statt klare Kritik

- Falle Nr. 4: Kritik selbst verwässern

- Falle Nr. 5: Selbst zu viel reden

- Falle Nr. 6: Nachtreten

- Falle Nr. 7: Der Zeit vorauseilen

Falle Nr. 1: Sofort Dampf ablassen

Wenn die Führungskraft spontan ihrem Ärger Luft macht, sich im Ton vergreift
oder zum Rundumschlag ausholt, können Motivation und Respekt verloren gehen. Aus diesem Grund bedarf es der optimalen Vorbereitung auf das Gespräch:

[1002] Kuppler, Benno: Anerkennung und Kritik. Zum Verhälnis zwischen Unternehmensleitung
und Mitarbeitern. Lehrbericht vom 15.03.1970: http://www.we-wi-we.de/Kuppler_Aner
kennung_und_Kritik.pdf – Stand: 15.08.2013.
[1003] Vgl.: Piroth, Anja: Notbremse Kritikgespräch. Die 7 größten Fallen bei Kritik an Mitarbeitern. http://handwerk.com/die-7-groessten-fallen-bei-kritik-an-mitarbeitern/150/62/31776/
- Stand: 10.08.2013.

- „Folgen überschauen: Ein Kritikgespräch muss Folgen haben. Machen Sie sich klar, was Sie von Ihrem Mitarbeiter erwarten. Was muss sich konkret ändern - und bis wann?

- Sichere Faktenlage: Ihre Kritik muss Hand und Fuß haben. Sammeln Sie die Fakten zu einem Hauptkritikpunkt.

- Haltung und Orientierung: Wenn sich bei Ihrem Mitarbeiter etwas ändern soll, müssen Sie ihm mit Achtung begegnen. Beschränken Sie sich auf Kritik in der Sache und zeigen Sie wenn möglich persönliche Wertschätzung."[1004]

Falle Nr. 2: Sich einwickeln lassen

Im Zusammenhang mit der Gesprächsterminierung sollten nicht zu viele Informatinen vorab erteilt werden. Den Mitarbeiter kurz und knapp zum Gespräch einbestellen. Er soll wissen worum es geht. Auf diese Weise kann er sich darauf vorbereiten. Ort und Zeit sollte durch die Führungsperson bestimmt werden. Ein Gespräch sollte in einem angemessenen Rahmen erfolgen.[1005]

Falle Nr. 3: Kaffeeplausch statt klare Kritik

Um ein wirkungsvolles Gespräch zur Sache führen sollte die Führuntsrakft ihre Rolle als Chef wahrnehmen und dabei so normal wie möglich bleiben. Einerseits sollte der Mitarbeiter nicht verschreckt werden, anererseits sollte auch nicht lange um den heißen Brei herumgeredet werden. Die Führungsperson sollte normal und respektvoll bleiben. Der Mitarbeiter ist in gewohnter Weise zu Begrüßen, Ihm bspw. etwas zu trinken anzubieten. Es sollte direkt und ohne Umschweife über die Saache gesprochen werden um die es geht.[1006]

[1004] Piroth, Anja: Notbremse Kritikgespräch. Die 7 größten Fallen bei Kritik an Mitarbeitern. http://handwerk.com/die-7-groessten-fallen-bei-kritik-an-mitarbeitern/150/62/31776/ - Stand: 10.08.2013.

[1005] Vgl.: Piroth, Anja: Notbremse Kritikgespräch. Die 7 größten Fallen bei Kritik an Mitarbeitern. http://handwerk.com/die-7-groessten-fallen-bei-kritik-an-mitarbeitern/150/62/31776/ - Stand: 10.08.2013.

[1006] Vgl.: Piroth, Anja: Notbremse Kritikgespräch. Die 7 größten Fallen bei Kritik an Mitarbeitern. http://handwerk.com/die-7-groessten-fallen-bei-kritik-an-mitarbeitern/150/62/31776/ - Stand: 10.08.2013.

Falle Nr. 4: Kritik selbst verwässern

Die Äußerung von Kritik sollte angemessen erfolgen. Es sollte vermieden werden, zu viel Kritikpunkte auszusprechen. Ansonsten besteht die Gefahr, dass sich der Mitarbeiter abwendet bzw. verschließt. Sollte der Mitarbeiter in Tränen ausbrechen, so kann das Gespräch ggf. zeitnah verschoben werden. Die Führunskraft sollte klar und hart bei der Sache bleiben und sich unbedingt an Fakten halten. Die Führungsperson sollte die Fakten ruhig vortragen und im Anschluss den Mitarbeiter fragen, was er dazu zu sagen hat. Dem Mitarbeiter ist gut zuzuhören. Die wichtigen Punkte sollten nochmals zusammengefasst werden. Das Gespräch sollte immer wieder zum Kern zurückgeführt werden. Die Führungskraft sollte die eigenen Angaben möglichst präzise halten.[1007]

Falle Nr. 5: Selbst zu viel reden

Die Führungskraft sollte selbst nicht zu viel reden. Sie sollte den Mitarbeiter aussprechen lassen und aufmerksam zuhören. Pausen im Gesprächsverlauf sollten nicht unbedingt glielch aufgefüllt werden. Pausen sind auszuhalten. „Es ist Sinn der Sache, dass Ihr Mitarbeiter sich Gedanken macht und selbst Ideen entwickelt, wie er sein Problem lösen kann. Stören Sie ihn nicht dabei."[1008]

Falle Nr. 6: Nachtreten

Die Führungsperson legt Fakten auf dem Tisch um das Verhalten bzw. die Arbeitsweise des Mitarbeiters in die gewünschte Richtung zu lenken. Es geht darum, Felher aufzuspüren und diese künftig zu verbessern. Angriffe sind daei fehl am Platz. Verletzungen auf beiden Seiten sind zu vermeiden. Es sollte keinesfalls mit der Kritik übertrieben werden. Ansonsten ist mit Gegenreaktionen zu rechnen. Die Führungsperson sollte auf jeden Fall bei der Sache bleiben. Entscheidend ist, dass der betroffene Mitarbeiter versteht, dass sich alle Mitarbeiter an allgemeine Standards des Unternehmens halten müssen und keine Ausnahmen gemacht werden können. Aus diesem Grund ist dem Mitarbeiter zu verdeutlichen, dass die Führunskräfte von allen Mitarbeitern des Unternehmens diese Anforderungen an die Mitarbeiter stellen. Die Führungsperson sollte ganz klar und deutlich zur Aussprache bringen, was sie vom

---

[1007] Vgl.: Piroth, Anja: Notbremse Kritikgespräch. Die 7 größten Fallen bei Kritik an Mitarbeitern. http://handwerk.com/die-7-groessten-fallen-bei-kritik-an-mitarbeitern/150/62/31776/ - Stand: 10.08.2013.

[1008] Piroth, Anja: Notbremse Kritikgespräch. Die 7 größten Fallen bei Kritik an Mitarbeitern. http://handwerk.com/die-7-groessten-fallen-bei-kritik-an-mitarbeitern/150/62/31776/ - Stand: 10.08.2013.

Mitarbeiter persönlich erwartet. Es sollte immer positiv formuliert und klar beschrieben werden, was gewünscht wird.[1009]

Falle Nr. 7 Der Zeit vorauseilen:

Die Führungskraft wünscht vom Mitarbeiter letztlich, dass dieser sein Verhalten und möglichst auch seine Einstellung ändert. Eine solche Umstellung wird eine gewisse Zeit beanspruchen. Aus diesem Grund ist ein aktiver Beitrag des Mitarbeiters gefragt, welcher seine Akzeptanz erfordert. Aus diesem Grund darf dem Mitarbeiter auf keinen Fall eine Lösung aufgedrängt werden. Die Führungsperson sollte hier auf eine geschickte Kombination aus Geduld und Hartnäckigkeit setzen. Im Anschluss können Vereinbarungen getroffen werden. Die Führungsperson kann bspw. den Mitarbeiter fragen, innerhalb welcher Zeit und mit welcher Sicherheit er die an ihn gestellten Erwartungen erfüllen kann. Die Führungsperson kann den Mitarbeiter im Zweifel auch fragen, auf welche Art und Weise sie diesen dabei unterstützen kann. Dem Mitarbeiter können hierzu im Bedarfsfalle auch hilfreiche Denkanstöße gegeben werden.

Dem Mitarbeiter sollte auch eine aufrichtige Wertschätzung ausgesprochen werden. Bspw. für die Bereitschaft, die Lösung umsetzen zu wollen.[1010]

Ein Kritikgespräch sollte Folgen haben. Eine Führungskraft sollte sich klar sein, wie weit Sie gehen würde, falls der Mitarbeiter nicht bereit ist, sein Verhalten zu ändern. Abmahnungen oder Kündigungen sind jedoch erst zu erwägen, wenn alle anderen Maßnahmen nicht mehr greifen.[1011]

Delegieren bedeutet zunächst Übertagung von Aufgaben, Kompetenzen und Verantwortungen an andere Mitarbeiter. Mit dem Delegieren ist jedoch auch ein hohes Maß an Ergebniskontrolle verbunden. Allerdings stellt diese Kontrolle im Zusammenhang stets auch eine Art Gratwanderung dar. Die Führungskräfte sollten in die Mitarbeiter mögichst Vertrauen investieren. Sie sollten Ihnen in einem angemessenen Rahmen Kompetenzen un Verantwortungen

---

[1009] Vgl.: Piroth, Anja: Notbremse Kritikgespräch. Die 7 größten Fallen bei Kritik an Mitarbeitern. http://handwerk.com/die-7-groessten-fallen-bei-kritik-an-mitarbeitern/150/62/31776/ - Stand: 10.08.2013.

[1010] Vgl.: Piroth, Anja: Notbremse Kritikgespräch. Die 7 größten Fallen bei Kritik an Mitarbeitern. http://handwerk.com/die-7-groessten-fallen-bei-kritik-an-mitarbeitern/150/62/31776/ - Stand: 10.08.2013.

[1011] Vgl.: Piroth, Anja: Notbremse Kritikgespräch. Die 7 größten Fallen bei Kritik an Mitarbeitern. http://handwerk.com/die-7-groessten-fallen-bei-kritik-an-mitarbeitern/150/62/31776/ - Stand: 10.08.2013.

übertragen. Dabei ist den Mitarbeitern in gewisser Hinsicht ein freier Entscheidungs- und Handlugsrahmen zu gewähren.[1012]

Andererseits verhält es sich so, dass eine Führungskraft auch für die delegierten Aufgaben die Gesamtverantwortung trägt. Die Verantwortung wird für die Ergebnisse des der Führungskraft übertragenen Unternehmensbereichs getragen. Von besonderer Bedeutung ist, dass die Führungskraft das Ergebnis der Arbeit eines Mitarbeiters evaluiert, um diesem Feedback zu erteilen.[1013]

"Feedback, d.h. Rückmeldung über Ihre Einschätzung der Arbeit eines Mitarbeiters ist ein elementarer Bestandteil wirksamen Delegierens und wirksamer Führung. Kein Manager kann dauerhaft erfolgreich delegieren, d.h. für die an Mitarbeiter übertragenen Aufgaben, Kompetenzbereiche und Verantwortlichkeiten gute Ergebnisse erhalten, wenn er nicht regelmäßig Feedback liefert. Dabei geht es nicht um unreflektiertes - und zwangsläufig als unauthentisch von den Mitarbeitern durchschautes - Loben. Es geht darum, den Mitarbeitern ehrliche und konstruktive Kritik zu geben, was an der geleisteten Arbeit und den geleisteten Ergebnissen gut, weniger gut und vielleicht auch falsch und schlecht war."[1014]

Kooperative bzw. moderne Führung kann gegenüber den Mitarbeitern nicht immer harmonisch, nett, diplomatisch und liebenswürdig sein. Vielmehr stehen die Manager und Führunskräfte bzw. Leader in einer schwierigen Position zsischen Mitarbeiter und Unternehmen. Sie werden nicht dafür bezahlt, dass sie immer sehr höflich und nett sind, oder dass sie gute Freunde ihrer Mitarbeiter werden. In ihrem Beruf werden sie dafür bezahlt, ihre Aufgaben im Interesse des Unternehmens zu wahren. Hierzu haben sie die entsprechenden Entscheidungen im Sinne der Unternehmensziele zu treffen. Sie sind für die Realisierung der getroffenen Entscheidungen verantwortlich und müssen alles dazu tun, diese erfolgreich umzusetzen. Dies gilt insbesondere, wenn durch unangemessenes Mitarbeiterverhalten Defizite und Versäumnisse entstehen. Droht die Realisierung getroffener Entscheidungen und daraus abgeleiteter Maßnahmen fehlzuschlagen, dann sind oft „auch harte und ehrliche Töne angemessen und notwendig, so lange sie konstruktiv und nicht generalisiert und/oder destruktiv sind. Was gerade junge Manager und Teamleiter häufig

---

[1012] Vgl.: http://www.soft-skills.com/fuehrungskompetenz/delegationskompetenz/kritik/feedback.php – Stand: 09.08.2013.

[1013] Vgl.: http://www.soft-skills.com/fuehrungskompetenz/delegationskompetenz/kritik/feedback.php – Stand: 09.08.2013.

[1014] http://www.soft-skills.com/fuehrungskompetenz/delegationskompetenz/kritik/feedback.php – Stand: 09.08.2013.

nicht erkennen, ist: dass auch negative Kritik für die allermeisten Menschen besser ist, als gar kein Feedback zu erfahren. Lieber lassen sich die meisten Menschen hart, direkt und ehrlich sagen, dass etwas nicht gut ist und was genau nicht gut ist und was genau sie besser machen sollen, als niemals eine Rückmeldung über die Wertschätzung ihrer Arbeit zu erhalten."[1015]

Zum Delegieren von Aufgaben gehört auch, im Anschluss an erledigte Aufgaben ein ehrliches Feedback zu erteilen. Dies ist für den Mitarbeiter von größter Bedeutung, um sich zu verbessern, zu lernen, weiterzuentwickeln und zu wachsen, so dass er/sie später selbst ggf. über die Fähigkeiten verfügt, eine Führungsrolle zu übernehmen.

Im Zusammenhang mit der Feedbackerteilung sind die folgenden Punkte zu berücksichtigen:[1016]

- „Feedback über die Wertschätzung der erledigten Arbeit ist wichtig für die zukünftige Motivation eines Mitarbeiters und die langfristige Wirksamkeit Ihrer Delegation"[1017]

- „Kontrolle von Arbeitsergebnissen zwecks Feedback-Gabe ist etwas anderes als Kontrolle aufgrund mangelnden Vertrauens in Mitarbeiter"[1018]

- „Die meisten Menschen bevorzugen negatives Feedback vor keiner Rückmeldung über die Wertschätzung ihrer Arbeit."[1019]

Die Mitarbeiter möchten selbst auch bzw. von sich aus gute Leistung erbringen. Hierzu ist es für sie wichtig, zu erfahren, ob ihre Arbeitsleistung auch den Erwartungen seitens des Unternehmens entspricht. Das Feedback stellt hierzu einen wesentlichen Beitrag dar.

Unter Leistung versteht sich „eine Anstrengung, die auf ein bestimmtes Ziel ausgerichtet ist und mit einem Erfolg abschließt. Leistung ist etwas, das von uns verlangt wird. Durch diese Anforderung und ihre Zweckbestimmung unter-

[1015] Vgl.: http://www.soft-skills.com/fuehrungskompetenz/delegationskompetenz/kritik/ feedback.php – Stand: 09.08.2013.

[1016] Vgl.: http://www.soft-skills.com/fuehrungskompetenz/delegationskompetenz/kritik/ feedback.php – Stand: 09.08.2013.

[1017] http://www.soft-skills.com/fuehrungskompetenz/delegationskompetenz/kritik/ feedback.php – Stand: 09.08.2013.

[1018] http://www.soft-skills.com/fuehrungskompetenz/delegationskompetenz/kritik/ feedback.php – Stand: 09.08.2013.

[1019] http://www.soft-skills.com/fuehrungskompetenz/delegationskompetenz/kritik/ feedback.php – Stand: 09.08.2013.

scheidet sie sich vom Spiel, bis zu einem gewissen Grade auch von der freien Kunst. Mit der Leistung tun wir etwas für andere, auch wenn das Entgelt dafür in unserem eigenen Interesse liegt und wir die Anerkennung unserer Arbeit für unsere Selbstbestätigung brauchen. Man hat unsere heutige Lebensordnung als »Leistungsgesellschaft« bezeichnet, weil es für unseren sozialen Status entscheidend auf unseren Beitrag zur Arbeitsteilung und unseren Platz in der Arbeitskonkurrenz ankommt. Die Kkritik an dieser einseitigen Ausrichtung geht auf das Unbehagen in einem Leben zurück, das uns zu wenige Möglichkeiten der Muße, der Besinnung und des zweckfreien Spiels übriggelassen hat. Wir vermissen einen Freiraum für Tätigkeiten, die wir um unser selbst willen, aus »Spaß an der Sache« vollziehen könnten. Besonders schmerzlich wirkt sich dieser Mangel für unsere Schulkinder aus, die dem Leistungszwang in einem Alter ausgesetzt werden, in dem sie auf Anerkennung in Liebe mehr angewiesen wären als auf Anerkennung einer Leistung, und in dem sie auch der Freiheit des Spiels noch dringend bedürfen. Der Schul-Streß, der heute so oft seelische Störungen zur Folge hat, dürfte nicht zuletzt in der einseitigen Anstachelung von Leistungen im Zusammenhang mit dem Mangel an Gefühlsbefriedigungen und Zweckbefreiung begründet sein. Doch zeigt sich hier nur besonders kraß ein Ungleichgewicht, das auch das Leben der Erwachsenen beeinträchtigt."[1020]

Das Feedback ist ein zentrales Instrument der Führung und Steuerung. In der Systemtheorie findet die Kybernetik für die Erklärung von Steuerungsprozessen erfolgreich Anwendung. Der kybernetische Regelkreis veranschaulicht in geeigneter Form die Systematik der Steuerung. Ursprünglich kommt der Gedanke der Kybernetik aus der Biologie, wird aber auch in der Betriebswirtschaftslehre erfolgreich angewendet. Dabei ist die Rückmeldung von Informationen über die Zielerreichung und ggf. über Abweichungen, das sog. Feedback ein zentrales Steuerungsinstrument. Werden Abweichungen von der Planung festgestellt, sog. Soll- Ist-Abweichungen, müssen diese Informationen in das System zurückfließen, damit steuernde Maßnahmen ergriffen werden können.[1021]

[1020] Psychology48 com Psychologie-Lexikon
http://www.psychology48.com/deu/d/leistung/leistung.htm – Stand: 31.07.2013.

[1021] Wehrlin, Ulrich: Simultan Management. Erfolgsstrategien und Visionen für ganzheitliche innovative Unternehmensführung durch Leistungsmotivation in der lernenden Organisation. 1. Aufl. 1994, erweiterte Auflagen 2-4 bis 2004, 5. Aufl. 2005 Berlin / London, CPL, 2005.

In der Personalführung ist dieses Prinzip ebenfalls anwendbar. Eine Führungsperson erteilt bspw. eine Rückmeldung bzw. Feedback an den Mitarbeiter, indem dieser darüber informiert wird, wie das Ergebnis oder Teilergebnisse seiner Tätigkeit / Arbeitsleistung aussieht. Die Führungsperson kann dem Mitarbeiter mittels einer anerkennenden Rückmeldung bzw. Feedback signalisieren dass Interesse an seiner Leistung besteht und sein Engagement, sein Einsatz, seine Leistung, seine Ideen als Arbeitsleistung gewürdigt werden.[1022]

Aufgrund einer Rückmeldung bzw. eins Feedbacks, ist es dem Mitarbeiter möglich, seine Arbeit selbst besser zu beurteilen. Er kann seine Arbeitsleistung hinsichtlich der erbrachten Qualität besser beurteilen. Vor allem ist es ihm möglich, Fehler zu erkennen. Er kann dann selbst Maßnahmen zur Beseitigung und Vermeidung von Fehlern in die Wege leiten und sich Gedanken um Verbesserungsmöglichkeiten machen. Fehler, welche sich in der Zukunft ereignen könnten, oder wiederholen, werden frühzeitig lokalisiert und behoben. Fehler sind als Lernchancen zu erkennen und zur Verbesserung zu nutzen.[1023] Der Mitarbeiter hat auf diese Weise weniger Stress, was seiner Gesundheit förderlich ist. Das Unternehmen spart Kosten durch Fehlervermeidung und Qualitätsverbesserung ein. Der Mitarbeiter erhält eine größere Handlungssicherheit. Die Leistung des Mitarbeiters verbessert sich, er bekommt Aufmerksamkeit und das anerkennende Gefühl, dass er etwas erfolgreich vollbracht bzw. geleistet hat.[1024]

Neben Lob und Leistungsanerkennung kann auch das Feedback motivierend auf die Mitarbeiter wirken. Außer den Führungskräften können auch Kollegen Feedback geben. So ist es bspw. in Teamarbeitsprozessen üblich, dass sich die Teammitglieder gegenseitig ein Feedback geben und sich dabei über die erreichte Qualität der Leistungen austauschen. Die Gestaltung der Arbeitsprozesse sollte von Zusammenarbeit, Kooperation, und Kommunikation geprägt sein.[1025]

[1022] Wehrlin, Ulrich: Simultan Management. Erfolgsstrategien und Visionen für ganzheitliche innovative Unternehmensführung durch Leistungsmotivation in der lernenden Organisation. 1. Aufl. 1994, erweiterte Auflagen 2-4 bis 2004, 5. Aufl. 2005 Berlin / London, CPL, 2005.

[1023] Wehrlin, Ulrich: Simultan Management. Erfolgsstrategien und Visionen für ganzheitliche innovative Unternehmensführung durch Leistungsmotivation in der lernenden Organisation. 1. Aufl. 1994, erweiterte Auflagen 2-4 bis 2004, 5. Aufl. 2005 Berlin / London, CPL, 2005.

[1024] Vgl.: http://www.gesundheit-foerdern.de/ - Stand: 05.06.2013.

[1025] Vgl.: http://www.gesundheit-foerdern.de/ - Stand: 05.06.2013.

Für die Mitarbeiter sollten Freiräume bestehen bzw. eingerichtet werden, innerhalb derer sie selbst entscheiden und aufgrund. Sie können sich aufgrund dieser Entscheidungsfreiheit in ihrem Handeln besser kreativ entfalten.[1026]

Für die Führungspersonen hat die Gewährung von Freiräumen auch die Delegation von Verantwortung zur Folge. Den Mitarbeitern ist entsprechend Verantwortung zutrauen was bedeutet, dass eine gewisse Vertrauensbasis erforderlich ist.[1027]

Es bestehen die folgenden drei Perspektiven von Freiräumen:[1028] [1029] Zeitliche Freiräume, inhaltliche Freiräume und Freiräume für Mitgestaltung.

Zeitliche Freiräume: Jede Tätigkeit verläuft in einem zeitlichen Rahmen, welcher enger oder weiter ist. Arbeiten, welche in einem Unternehmen ausgeführt werden, fallen in die Arbeitszeit, was dazu führt, dass sie mit Kosten verbunden sind. Aus diesem Grund wird die zur Verfügung gestellte Zeit für die Mitarbeiter alleine schon aus wirtschaftlichen Gründen immer knapp gehalten. Hinzu kommt, dass für Produktionen und Dienstleistungen meist feste Liefer- bzw. Leistungserfüllungstermine eingehalten werden müssen. Diese sind oft mit den Kunden bzw. Auftraggebern vertraglich vereinbart und müssen eingehalten werden, damit keine Konventionalstrafen fällig werden oder Kunden ihre Aufträge wieder stornieren. Jedoch ist es wünschenswert, wenn die Mitarbeiter über die zeitliche Gestaltung von Arbeitsabläufen selbst entscheiden oder mitentscheiden können. Der Vorteil liegt bspw. darin, dass Arbeiten, welche eine hohe Konzentration erfordern, zu solchen Zeiten erledigt werden, wenn keine Störungen zu erwarten sind. Auch ist es für die Mitarbeiter gesünder, wenn sie das Arbeitstempo der eigenen Leistungsfähigkeit anpassen können. Auf diese Weise entsteht weder eine Unterforderung noch eine Überforderung. Zeitliche Freiräume können dazu beitragen, dass für die Mitarbeiter weniger Terminstress entsteht.[1030] [1031]

[1026] Vgl.: http://www.gesundheit-foerdern.de/ - Stand: 05.06.2013.

[1027] Vgl.: Luhmann, Niklas: Vertrauen: Ein Mechanismus der Reduktion sozialer Komplexität. 4. Aufl. UTB. 2000.

[1028] Vgl.: Osterloh, M.: Handlungsspielräume und Organisationsspielräume als Voraussetzungen einer persönlichkeitsförderlichen Arbeitsgestaltung. In: E.-H. Hoff, L. Lappe & W.Lempert (Hg).: Arbeitsbiographie und Persönlichkeitsentwicklung. Bern: Huber.S.243-259. 1985.

[1029] Vgl.: http://www.gesundheit-foerdern.de/ - Stand: 05.06.2013.

[1030] Vgl.: Osterloh, M.: Handlungsspielräume und Organisationsspielräume als Voraussetzungen einer persönlichkeitsförderlichen Arbeitsgestaltung. In: E.-H. Hoff, L. Lappe &

Inhaltliche Freiräume: Neben den zeitlichen Freiräumen können auch inhaltliche Freiräume gewährt werden. Im Rahmen von inhaltlichen Freiräumen wird dem Mitarbeiter nicht vorgeschrieben, was er tun soll, er entscheidet selbst darüber.[1032] Wenn die Mitarbeiter Freiräume haben und selbst Lösungen finden können oder geeignete Vorgehensweisen entwickeln, ist dies für ihre Gesundheit förderlich.[1033][1034]

Freiräume für Mitgestaltung: Mitarbeiter benötigen auch Freiräume für Mitgestaltung. Die Beteiligung der Mitarbeiter trägt wesentlich zur Arbeitszufriedenheit bei. Es bestehen verschiedene Mitgestaltungsmöglichkeiten, welche den Mitarbeitern eingeräumt werden können. Auch für die Führungskräfte sind die Auffassungen, Erwartungen oder Wünsche der Mitarbeiter wichtige Anhaltspunkte und Entscheidungsgrundlagen.[1035] So bspw. im Zusammenhang mit der Arbeitsplatzgestaltung, Arbeitsorganisation oder für den Einsatz von innovativen Arbeitsmitteln.[1036][1037]

Die Freiräume, welche den Mitarbeitern eingeräumt werden, sind eine schützende Ressource.[1038] Für die Mitarbeiter bedeuten sie oft, dass eine niedrigere

W.Lempert (Hg).: Arbeitsbiographie und Persönlichkeitsentwicklung. Bern: Huber.S.243-259. 1985.

[1031] Vgl: Ochs, P. / Petrenz, J. / Reindl, J.: Ressource. Handbuch zur arbeitsnahen Gesundheitsförderung im Betrieb. Saarbrücken: Institut für Sozialforschung und Sozialwirtschaft e.V. 1996.

[1032] Vgl.: Osterloh, M.: Handlungsspielräume und Organisationsspielräume als Voraussetzungen einer persönlichkeitsförderlichen Arbeitsgestaltung. In: E.-H. Hoff, L. Lappe & W.Lempert (Hg).: Arbeitsbiographie und Persönlichkeitsentwicklung. Bern: Huber.S.243-259. 1985.

[1033] Vgl.: Osterloh, M.: Handlungsspielräume und Organisationsspielräume als Voraussetzungen einer persönlichkeitsförderlichen Arbeitsgestaltung. In: E.-H. Hoff, L. Lappe & W.Lempert (Hg).: Arbeitsbiographie und Persönlichkeitsentwicklung. Bern: Huber.S.243-259. 1985.

[1034] Vgl.: http://www.gesundheit-foerdern.de/ - Stand: 05.06.2013.

[1035] Vgl.: Osterloh, M.: Handlungsspielräume und Organisationsspielräume als Voraussetzungen einer persönlichkeitsförderlichen Arbeitsgestaltung. In: E.-H. Hoff, L. Lappe & W.Lempert (Hg).: Arbeitsbiographie und Persönlichkeitsentwicklung. Bern: Huber.S.243-259. 1985.

[1036] Vgl: Ochs, P. / Petrenz, J. / Reindl, J.: Ressource. Handbuch zur arbeitsnahen Gesundheitsförderung im Betrieb. Saarbrücken: Institut für Sozialforschung und Sozialwirtschaft e.V. 1996.

[1037] Vgl.: http://www.gesundheit-foerdern.de/ - Stand: 05.06.2013.

[1038] Vgl.: Osterloh, M.: Handlungsspielräume und Organisationsspielräume als Voraussetzungen einer persönlichkeitsförderlichen Arbeitsgestaltung. In: E.-H. Hoff, L. Lappe & W.Lempert (Hg).: Arbeitsbiographie und Persönlichkeitsentwicklung. Bern: Huber.S.243-259. 1985.

Belastung besteht. Je nach Möglichkeiten und Ausgestaltung lässt sich damit Stress reduzieren. Im günstigen Falle lässt sich das kreative Potential der Mitarbeiter erschließen. Insgesamt können die Freiräume wesentlich zur Selbstverwirklichung der Mitarbeiter beitragen. Die Selbstverwirklichung hat bei den Mitarbeitern einen sehr hohen Stellenwert. Sie trägt wesentlich zum Wohlbefinden und zur Arbeitszufriedenheit der Mitarbeiter und auch der Führungskräfte bei und fördert somit die Gesundheit.[1039] [1040]

Die zwei grundlegenden Führungsdimensionen Mitarbeiterorientierung und Aufgabenorientierung wurden bereits in den 1950er Jahren gedanklich herausgearbeitet. Dies errfolgte im Kontext der Leadership Studies an der Ohio State University. Im Rahmen dieser Studien wurden die zwei grundlegenden Führungsstile Consideration und Initiation of Structure entdeckt.[1041]

„Consideration ist das Ausmaß, mit dem bei der Zielerreichung die Mitarbeiter einbezogen werden."[1042]

„Initiation of Structure beschreibt eine Arbeitsatmosphäre, bei der die konkreten Aufgaben im Mittelpunkt stehen."[1043]

Zu dieser Zeit konnte eine Forschergruppe der Michigan University vergleichbare Ergebnisse vorlegen. Dabei wurden die zwei grundlegenden Führungsdimensionen „employee centred" und „production centred" herausgearbeitet. Auch diese bezogen sich auf die Mitarbeiter- und Aufgabenorientierung. Die beiden Führungsdimensionen der Ohio- und Michigan-Tradition prägten we-

---

[1039] Vgl.: Osterloh, M.: Handlungsspielräume und Organisationsspielräume als Voraussetzungen einer persönlichkeitsförderlichen Arbeitsgestaltung. In: E.-H. Hoff, L. Lappe & W.Lempert (Hg.): Arbeitsbiographie und Persönlichkeitsentwicklung. Bern: Huber.S.243-259. 1985.

[1040] Vgl.: http://www.gesundheit-foerdern.de/ - Stand: 05.06.2013.

[1041] Vgl.: Wirtschaftspsychologie aktuell Zeitschrift für Personal und Management: Artikel: Strategie der Woche: Mitarbeiter- und Aufgabenorientierung vom 24. Juni 2008 http://www.wirtschaftspsychologie-aktuell.de/strategie/strategie_20080624_Mitarbeiter_ und_Aufgabenorientierung.html – Stand: 28.07.2013.

[1042] Wirtschaftspsychologie aktuell Zeitschrift für Personal und Management: Artikel: Strategie der Woche: Mitarbeiter- und Aufgabenorientierung vom 24. Juni 2008 http://www.wirtschaftspsychologie-aktuell.de/strategie/strategie_20080624_Mitarbeiter_ und_Aufgabenorientierung.html – Stand: 28.07.2013.

[1043] Wirtschaftspsychologie aktuell Zeitschrift für Personal und Management: Artikel: Strategie der Woche: Mitarbeiter- und Aufgabenorientierung vom 24. Juni 2008 http://www.wirtschaftspsychologie-aktuell.de/strategie/strategie_20080624_Mitarbeiter_ und_Aufgabenorientierung.html – Stand: 28.07.2013.

sentlich die Führungsliteratur nach den 1950er Jahren. Die grundlegenden Ergebnisse lassen sich wie folgt umschreiben:[1044]

- „Mitarbeiterorientierung ist vor allem angebracht, wenn die Mitarbeiter dazu bereit und fähig sind, Verantwortung zu übernehmen.

- Ob Mitarbeiter- oder Aufgabenorientierung effektiver ist, hängt von der Situation ab.

- Wenn die Situation – gemessen an der Vorgesetzten-Mitarbeiter- Beziehung, der Klarheit der Aufgaben oder der Positionsmacht des Leaders – sehr günstig oder sehr ungünstig ist, ist Aufgabenorientierung angebracht. Bei einer weniger extremen Situation wirkt eher Mitarbeiterorientierung.

- Jedoch kann man davon ausgehen, dass neben der Arbeitssituation noch weitere Faktoren die Führungseffektivität beeinflussen (z.B. das Unternehmen selbst oder die Persönlichkeit der Mitarbeiter).“[1045]

Gegen diese etwas einfache Betrachtung der Führung kam mit der Zeit auch Kritik auf. Ein Kritikpunkt bestand darin, dass bei der reinen Betrachtung des Verhaltens der positive Einfluss des Leaders keine Berücksichtigung findet. Dieser positive Einfluss des Leaders entsteht in den Köpfen der Mitarbeiter durch Inspiration, Motivation, intellektuelle Stimulierung oder Vorbildfunktion seitens der Führungspersönlichkeit. Dennoch sind die zwei Führungsstil-Kategorien Mitarbeiter- oder Aufgabenorientierung interessnt. Es ist für eine Führungsperson rasch möglich, sich selbst einzustufen und zu wissen, ob sie eher auf Mitarbeiter (Mitarbeiterorientierung) zugeht oder rein auf Ergebnisse (Aufgabenorientierung) schaut. Auch die Folgen dieser Grundeinstellung werden deutlich. Denn auch charismatische Führer werden daran gemessen, inwieweit sie dazu in der Lage sind, das Team zu begeistern und dennoch gleichzeitig die Kennzahlen zu berücksichtigen.[1046]

[1044] Vgl.: Wirtschaftspsychologie aktuell Zeitschrift für Personal und Management: Artikel: Strategie der Woche: Mitarbeiter- und Aufgabenorientierung vom 24. Juni 2008 http://www.wirtschaftspsychologie-aktuell.de/strategie/strategie_20080624_Mitarbeiter_ und_Aufgabenorientierung.html – Stand: 28.07.2013.

[1045] Wirtschaftspsychologie aktuell Zeitschrift für Personal und Management: Artikel: Strategie der Woche: Mitarbeiter- und Aufgabenorientierung vom 24. Juni 2008 http://www.wirtschaftspsychologie-aktuell.de/strategie/strategie_20080624_Mitarbeiter_ und_Aufgabenorientierung.html – Stand: 28.07.2013.

[1046] Vgl.: Wirtschaftspsychologie aktuell Zeitschrift für Personal und Management: Artikel: Strategie der Woche: Mitarbeiter- und Aufgabenorientierung vom 24. Juni 2008

Die Führungsstile können wie folgt nach Aufgabenorientierung und Mitarbeiterorientierung eingeteilt werden:[1047]

* autoritärer Führungsstil:
  (stark Aufgaben-, wenig Mitarbeiterbezogen)

* demokratisch/partizipativer Führungsstil:
  (stark Aufgaben-, stark Mitarbeiterbezogen)

* human relations – mitarbeiterorientierter Führungsstil:
  (wenig Aufgaben-, stark Mitarbeiterbezogen)

* laissez-faire Führungsstil:
  (wenig Aufgaben-, wenig Mitarbeiterorientierung)[1048]

Jeder Führungsstil zeigt sich in einem bestimmten Führungsverhalten der Führungskräfte:

Führungsverhalten der Aufgabenorientierung:

* „Strukturierung, Definition und Klärung des Zieles und der Wege zum Ziel

* Aktivierung und Leistungsmotivation

* Kontrolle und Beaufsichtigung."[1049]

Führungsverhalten der Mitarbeiterorientierung:

* „allgemeine Wertschätzung und Achtung

* Offenheit und Zugänglichkeit

* Bereitschaft zur zweiseitigen Kommunikation

* Einsatz und Sorge für den einzelnen."[1050]

Führungsverhalten der Partizipationsorientierung :

---

http://www.wirtschaftspsychologie-aktuell.de/strategie/strategie_20080624_Mitarbeiter_und_Aufgabenorientierung.html – Stand: 28.07.2013.

[1047] Vgl.: http://www.karteikarte.com/card/22699/einordnung-der-fuehrungsstile-in-die-mitarbeiterorientierung – Stand: 11.07.2013.

[1048] Vgl.: http://www.karteikarte.com/card/22699/einordnung-der-fuehrungsstile-in-die-mitarbeiterorientierung – Stand: 11.07.2013.

[1049] http://www.karteikarte.com/card/22699/einordnung-der-fuehrungsstile-in-die-mitarbeiterorientierung – Stand: 11.07.2013.

[1050] http://www.karteikarte.com/card/22699/einordnung-der-fuehrungsstile-in-die-mitarbeiterorientierung – Stand: 11.07.2013.

- „Einbeziehen der Mitarbeiterinnen in Entscheidungsprozesse

- Berücksichtigung der Qualifikation der Mitarbeiter

- Identifikation mit den Unternehmenszielen Förderung der Mitarbeiterinnen

- Erhöhung der Einsatzbereitschaft

- Eigenmotivation statt Fremdmotivation

- Selbstkontrolle statt Fremdkontrolle."[1051]

Entsprechend muss ein erfolgreicher Führungsstil sämtliche Orientierungen beinhalten. Dabei führt eine zu starke Mitarbeiterorientierung ggf. zu einem sehr guten Klima, jedoch nicht zum gewünschten Arbeitseffekt. Dagegen führt zu starke Partizipationsorientierung ggf. zu starker Gruppenautonomie, jedoch nicht zur erforderlichen Zielorientierung.[1052]

Unternehmen sind als sozio-technische Systeme nicht isoliert von gesellschaftlichen Entwicklungen und Verhältnissen. Vielmehr stehen die Unternehmen in einem komplexen und interdependenten Netzwerk von sozialen Beziehungen. Durch die Veränderungen des Unternehmensumfeldes werden i. d. R. für das unternehmerische Denken, Entscheiden und Handeln andere Rahmenbedingungen gesetzt. Die Veränderungen können nicht hinreichend prognostiziert werden. Sie führen zu neuen Anforderungen, welche die Unternehmen bzw. Organisationen zu erfüllen haben. Dadurch wird eine Anpassung des Unternehmenssystems bzw. der Organisation notwendig. Das bedeutet, dass sich das Unternehmen anpassen und verändern muss, damit es auch in der Zukunft lebensfähig ist.

Change-Konzepte sollten ganzheitliche Ansätze sein. Dadurch werden einseitige oder isolierte Lösungen vermieden. Die ganzheitlichen Ansätze setzen auf die Selbstorganisationsmechanismen und die Anpassungsfähigkeit der Organisationsmitglieder. Im Vordergrund steht die Förderung der Potenziale sowie des Wissens der Organisationsmitglieder.

Als Organisationsentwicklung versteht sich ein organisationstheoretisches Konzept für die Umsetzung des geplanten Wandels in Organisationen, ein geplanter bzw. gesteuerter Prozess, mit welchem das Ziel verfolgt wird, die Un-

---

[1051] http://www.karteikarte.com/card/22699/einordnung-der-fuehrungsstile-in-die-mitarbeiterorientierung – Stand: 11.07.2013.

[1052] Vgl.: http://www.karteikarte.com/card/22699/einordnung-der-fuehrungsstile-in-die-mitarbeiterorientierung – Stand: 11.07.2013.

ternehmenskultur, Systeme sowie Handlungsweisen innerhalb der Organisation zu verändern. Die Realisierung der Unternehmensziele soll hierdurch mit einer besseren Effizienz erfolgen. Im Rahmen der Organisationsentwicklung werden die Beziehungen, Verhaltensweisen bzw. Einstellungen gegenüber Arbeitsgruppen bzw. Teams und der gesamten Organisation berücksichtigt. „Organisationsentwicklung muss man erleben."[1053]

Im Kontext der Organisationsentwicklung geht es darum, dass die durch die Veränderungsprozesse Betroffenen zu Beteiligten werden. Im Vordergrund stehen Selbstorganisation und Selbstentwicklung. Die Organisationsmitglieder sollen sich selbst helfen und dadurch weniger von Experten abhängig sein. Dies erfordert eine Demokratisierung der Organisation. Gleichzeitig sind die Hierarchien in der Organisationsstruktur möglichst flach zu halten.

Für Unternehmungen, welche sich an eine klar abgegrenzte Kundengruppe richten, besteht die Möglichkeit der Organisation nach strategischen Geschäftseinheiten, kurz SGE-Organisation. Hierbei ist eine strategische Geschäftseinheit ein Resultat zusammengefasster Produkt / Markt-Kombinationen nach Kundengruppen.

Strategische Geschäftsbereiche können von der Primärorganisation abweichen und werden häufig im Kontext mit einem Portfolio-Management nach den Kriterien der Eigenständigkeit der Marktaufgabe, der Identifizierbarkeit der Konkurrenz, relativer Wettbewerbsvorteile, der Eigenverantwortlichkeit von Entscheidungen über den Ressourceneinsatz sowie der Managementkompetenz gebildet.[1054] Während sich Primärorganisationen für operative Aufgaben eignen, dient die Sekundärorganisation der strategischen Geschäftseinheit der Bewältigung strategischer Aufgaben. Für die organisatorische Einbindung der strategischen Geschäftseinheit besteht die Möglichkeit der Linien- oder Matrixorganisation, der Verantwortungsübertragung auf einen Manager, welcher unterstützt wird durch eine Task-force oder der Verantwortungsübertragung auf ein Gremium, welches die Aufgaben der Vereinbarung von Strategien und Zielen und des Informationsaustausches übertragen bekommt.[1055]

Eine weitere Möglichkeit, in welcher die Primärorganisationen als durchgezogene Linien operative Aufgaben bewältigen und die Sekundärorganisation als

[1053] Vgl.: Becker, H./Langosch, I.: Produktivität und Menschlichkeit. Organisationsentwicklung und ihre Anwendung in der Praxis, Stuttgart. 2002

[1054] Vgl.: Szyperski, N. / Winarnd, U.: Duale Organisation. In: ZfbF-Kontaktstudium, 31/1979, S. 197 f

[1055] Vgl.: Henzler, H.: Strategische Geschäftseinheiten, SGE: Das Umsetzten von strategischer Planung in Organisation. In: ZfB, 48 / 1978, S. 917

durchbrochene Linie für strategische Aufgaben zuständig ist, ist die duale Organisationsstruktur.[1056] Dabei übernimmt die Unternehmensleitung die operative und strategische Gesamtorganisation wie in einer Matrix-Organisation.

Für die Strukturierung der Sekundärorganisation besteht für das Management auch die Möglichkeit von Projekt-Teams und Task-forces. Hierbei wird von einer existierenden Hierarchie ausgegangen, welche sich für die Bewältigung von Routineaufgaben bewährt hat, wogegen bei komplexen, innovativen und zeitlich terminierten Aufgaben, Projekt-Teams zu besseren Ergebnissen führen und dennoch mit der traditionellen Hierarchie harmonieren.

Kennzeichnend für die Projekt-Teams als temporäre Arbeitsgruppe, ist die begrenzte Weisungsbefugnis für die Lösung von Aufgaben mit einer zeitlichen Begrenzung, wobei die aus unterschiedlichen Bereichen der Unternehmung stammenden nach der hauptamtlichen Teamarbeit wieder in eine Position der Hierarchie zurückkehren. Auf diese Weise nutzt das Projekt-Team, das aus unterschiedlichen Hierarchieebenen von unterschiedlicher Erfahrung und Ausbildung diverser Abteilungen gesammelte Wissen.[1057]

Eine besondere Form von Projekt-Teams sind sog. Task-forces, welche sich aus einem Team von Betriebsangehörigen und erfahrenen Betriebsexternen bzw. Unternehmensberatern zusammensetzen, wodurch sich der Vorteil ergibt, dass das betriebsinterne Wissen und die Erfahrung um unternehmensexternes Wissen und Erfahrung ergänzt wird, was besonders bei Planungsaufgaben erforderlich ist

Primär und Sekundärorganisationen, Parallelorganisation und die Organisationsstruktur sind maßgebliche Determinanten der Innovation. Die Unternehmenskultur vermittelt dem Mitarbeiter Sinn und Zweck. Der einzelne Mitarbeiter wird in diesem Rahmen ermutigt, sich hervorzutun und einen Beitrag zur Innovation zu leisten. Der Mitarbeiter benötigt hierbei genügend Freiheit um zu zeigen was er kann. Die Harmonisierung der sozialen Dimension bedarf zugleich bewusster Evolution. Das Management steht ständig im Anpassungsprozess. Die Anpassung ist eine Art Resultat aus locker gekoppelten Systemen, es handelt sich somit um zwei Evolutionsprozesse. Zum einen ist eine Vielfalt entstehen zu lassen und dann ist zum anderen aus einer Vielzahl von Experimenten eine rückblickende, nachträgliche Auswahl zu treffen. Es stellt sich erst durch die rückblickende Sinngebung heraus, was zum Erfolg beiträgt und mit dem Ziel des Managements übereinstimmt. Somit muss die Organisa-

---

[1056] Vgl.: Szyperski, N. / Winand, U.: a.a.O., S. 200 ff

[1057] Vgl.: Redel, W.: Kollegienmanagement. Bern / Stuttgart, 1982, S. 233 ff

tion lernfähig sein, es ist viel zu experimentieren, kleine Misserfolge sind zu tolerieren, interner Wettbewerb ist zu fördern, Doppelarbeit ist in Kauf zu nehmen, der informelle Informationsfluss ist zu fördern, insgesamt eine ungezwungene Arbeitsatmosphäre zu schaffen.

Es ist eine innovative Organisation zu schaffen und zu fördern. Dabei ist eine Aufgliederung in dezentrale, kleine und übersichtliche Divisions innovationsfördernd, insbes. Genieschuppen, Champions, Taske-forces, Qualitätszirkel. Das Unternehmen sollte in guten wechselseitigen Beziehungen zur Umwelt stehen, bspw. zu den Kunden, um die Innovation benutzerfreundlicher Produkte zu fördern. Außer von den erörterten Rahmenbedingungen basiert der Innovationsprozess auf einer weitestgehend reibungslosen Kommunikation.

Das Management sollte die informellen Kommunikationssysteme fördern, die Mitarbeiter unterschiedlicher Bereiche sollten zwanglos zusammenkommen können damit es zu einem stetigen gegenseitigen Fluss neuer Ideen kommt, dabei sollte die Kommunikationsdichte hoch sein. Der Kommunikationsprozess kann durch praktische Hilfsmittel wie Wandtafeln, eine Vielzahl kleiner Konferenzräume, sowie eine räumliche Zusammenballung der Mitarbeiter gefördert werden.

Bei innovativen Organisationen empfiehlt sich die Einrichtung von sog. Reservaten[1058] als organisatorische Einheiten auf sämtliche Unternehmensebenen, bspw. Forschungs- und Entwicklungs-Gruppen, welche neue Ideen entwickeln, wobei diese in einer garage-like Atmosphäre, sog. Genieschuppen, als Champions, die optimale Voraussetzung für das Experimentieren und Lernen, also die richtige Atmosphäre bilden.

Für die Bildung von Reservaten bieten sich zwei Möglichkeiten an. Zum einen durch eine unternehmensinterne Konzeption, wenn jedoch das interne Wissen nicht ausreicht, zum anderen durch Kooperationen mit Wissenschaftlern und Unternehmensberatern.

Im Verlauf der Unternehmenspraxis unterliegen Organisationen einem geplanten und auch ungeplanten Wandel. Dabei kann zwischen 1. und 2. Ordnung unterschieden werden.

Der Wandel 1. Ordnung vollzieht sich durch eine inkrementale Modifikation der Arbeitsprozesse der Organisation ohne dass der Bezugsrahmen verändert wird. Dabei wächst die Organisation rein quantitativ durch eine größere Anzahl

---

[1058] Vgl.: Galbraith, J. R.: Designing the innovating organization. In: ODY, 1982, S. 5 - 25, insbes. S. 13 ff

von Mitarbeitern, Abteilungen oder Hierarchieebenen. Der Wandel 2. Ordnung vollzieht sich mit einer paradigmatischen Veränderung der Arbeitsweise der Organisation wobei die Veränderungen qualitativ erfolgen im Sinne einer Entwicklung.

Grundsätzlich ist eine Analyse der Veränderungsprozesse auf der Ebene der Organisation, der Individuen, der Gruppen sowie der Gesellschaft möglich. Das Management sollte sich rechtzeitig vorbereiten auf organisatorische Transformationen. Für den organisatorischen Wandel sind oft Krisen die auslösenden Determinanten, Krisen unbewältigter Abweichungen, Probleme fehlender Stimmigkeit oder Fragen nach dem Sinn. Krisen können extern oder intern induziert sein, sie ereignen sich in typischen Phasen:

1. Die latente Krisenphase, in welcher das System aus dem Gleichgewicht kommt und durch Korrektur- und Stabilisierungsmaßnahmen die gröbsten Probleme gemildert werden.

2. Die akute Krisenphase, in welcher die Stabilisierungsmaßnahmen versagen.

3. Die nachkritische Phase, in welcher das Krisenproblem bewältigt ist und das System zum neuen Gleichgewicht strebt.

Dabei analysierte Dyer[1059] die Kulturwandelprozesse von Levi Strauss, NCR, General Motors u. a. Dyer leitete dabei einen typischen Ablauf eines Kulturwandels in sechs Phasen ab:

1. Führen die herkömmlichen Interpretations- und Handlungsmuster in die Krise.

2. Die Symbole und Riten verlieren an Glaubwürdigkeit, werden kritisiert, es treten Verunsicherungen ein.

3. Es treten sog. Schattenkulturen hervor oder eine neue Führung versucht den Aufbau neuer Organisationsmuster.

4. Alte und neue Kulturen geraten in Konflikt.

5. Die neuen Orientierungen werden dann akzeptiert, wenn sie die Krise bewältigen.

6. Es entfaltet sich eine neue Kultur mit neuen Symbolen, Riten etc.

[1059] Vgl.: Dyer, W. G.: The cycle of cultural evolution in organizations. In: Kliman et al. (Hrsg.) 1985, S. 211

Ein weiteres Konzept bietet die Organizational Transformation. Sie basiert auf der Änderung des herrschenden Paradigmas, beginnt mit einer neuen Vision bzw. einer Krise der vorangegangenen, ist zweckmäßig, fordert eine neue Mission, betont Ideologie, Politik und Technik, dabei richten sich Personen und Systeme an der neuen Mission aus, es existiert eine Zukunftsorientierung, der Beginn einer neuen verbesserten Zukunft.[1060]

Der Erfolg der Unternehmung hängt gerade in Krisenzeiten von der richtigen Führung ab. Das Simultan-Management bietet Strategien zur Bewältigung von Kultur- und Organisationsveränderungen, denn Krisen führen zum Wandel von Organisation und Unternehmenskultur. In dieser Situation ist das Management besonders gefordert, das Unternehmen bedarf einer neuen Vision. Es muss eine neue Sicht eröffnet, neue Wege gezeigt, die richtige Richtung und Strategien zur Realisierung aufgezeigt werden. Das Management steht vor der oft revolutionären Aufgabe, mit motivierten und engagierten Teams eine neue Kultur im gesamten Unternehmen zu prägen und erfolgreich zu realisieren. Dabei ist die Idee kein Garant für eine erfolgreiche Realisation. Das Management hat dafür zu sorgen, dass dem neuen Leitbild eine hohe Akzeptanz in der gesamten Organisation zukommt, also von sämtlichen Mitarbeitern getragen wird. Informelle Widerstände haben schon manche Revolution zu Fall gebracht. Das neue Leitbild sowie die Grundsätze der Corporate Culture dürfen nicht entgleisen. Die Interdependenzen von Kultur, Strategie, Struktur, Organisation, Personal, Führung[1061] sind zu berücksichtigen.

Die Erkenntnisse der Corporate Culture nach Dale und Kennedy[1062] sind konsequent anzuwenden. Bereits die Arbeiten von Pümpin[1063] zeigen die Interdependenzen von strategischer Erfolgsposition und Unternehmenskultur. Nach Pümpin besteht die Basis für die Unternehmenskulturentwicklung in der strategischen Erfolgsposition / SEP welche aufgrund der Unternehmensstrategie definiert ist. Zahlreiche Unternehmungen haben bereits mindestens eine Kulturrevolution erfolgreich durchlebt. Bspw. beim Ausscheiden des Firmengründers, wobei eine Ablösung der extrovertierten SEP der Innovation stattfand. Die neue SEP eines neuen kostenorientierten und in gewisser Hinsicht humanorientierten professionellen Managements ersetzt die bisherige SEP. Eine neue erfolgreiche Phase ist dann eingetreten, wenn sich durch die verbesserte

---

[1060] Vgl.: Levy, A. / Merry, U.: Organizational Transformation New York, 1986, S. 33

[1061] Vgl.: Mc Kinsey: 7 S Modell

[1062] Vgl.: Dale, T. E. / Kennedy, A.: Corporate Culture. Massachusets, 1982

[1063] Vgl.: Pümpin, C.: Unternehmenskultur, Unternehmensstrategie und -erfolg. ATAG AG, Zürich, 1984

Kostensituation ein größerer Marktanteil ergibt. Der Veränderungsprozess bzw. der Kulturwandel vollzieht sich dann erfolgreich, wenn der neue Manager ein wahrer Leader, also ein echter Revolutionär ist, welcher eine für die Unternehmung zukunftsweisende Vision offeriert, und diese mit hoher Akzeptanz realisiert. Dieser Manager muss gewissen Anforderungen entsprechen. Er braucht Charisma, Team- und Kommunikations- sowie Motivationsfähigkeiten und Durchsetzungsvermögen.

Als erster Schritt bringt der Dynamik-Promotor sein Team zusammen, wobei eine Einigung über Lösungen im Kern, also auf der Ebene der sog. harten Faktoren erzielt wird. Zu den harten Faktoren zählen Strategie, Struktur und System. Zu den weichen Faktoren können der Stil, spezielle Fähigkeiten sowie Personen zugeordnet werden. Ein unternehmenskulturprägendes Paradigma in einer sich veränderten Umwelt, als originäre SEP basiert auf der Interdependenz der harten und weichen Faktoren, insbesondere deren gemeinsamen Werte. Es handelt sich um ein selbst regulierendes System in einer sich veränderten Umwelt.[1064]

Der Dynamik-Promotor steht vor der Aufgabe, die Unternehmung durch neue Nutzenpotentiale grundlegend zu verändern. Es werden neue Strategien fixiert, das Kernteam wird aktiv. Solche Ansatzpunkte für Neuerungen sind in sämtlichen Unternehmensbereichen denkbar, bzw. können die neue Perspektive darin bestehen, künftig den Absatz verstärkt zu forcieren und die Verwaltung in engeren Grenzen zu halten. Mit der Aktivität des Kernteams ist der Kulturwandel bereits in der Phase der Realisation, jedoch hängt der Erfolg des Wandels u. a. auch entscheidend mit ab vom Engagement und der Motivation der Mitglieder des Teams. Das Management hat deshalb gewisse Verhaltensregeln zu beachten.

Jeder Veränderungsprozess, jeder Wandel in der Unternehmung bringt für die beteiligten Personen gewisse Unsicherheiten mit sich. Die Akzeptanz und die Motivation der Teammitglieder, deren Integration sowie deren Engagement sind entscheidend für den Erfolg des Kulturwandels. Die Normen und Werte – vor allem die neuen – müssen von den beteiligten Personen getragen werden, also übereinstimmen.

Die Einzelperson wird individuell für sich prüfen, ob sie sich der neuen Kultur anschließt. Hierbei sieht sich jeder Mensch lieber als Gewinner. Ist der Mitarbeiter dabei in Ungewissheit, so können die beabsichtigten Veränderungsprozesse primär Bedenken, Angst, Zweifel, Stress und sekundär Widerstand und

---

[1064] Vgl.: Sager, O.: Vom Leiten im Management. Frankfurt, 1991

Ablehnung mit entsprechenden informellen Gegenreaktionen provozieren. Ursache dafür ist oft eine unzureichende Kommunikation, welche dann zu Informationsdefiziten führt. Dies ist dann der Fall, wenn nicht offen informiert und zusammengearbeitet wird. Eine solche Unsicherheit wird auch dadurch gefördert, wenn ununterbrochen hinter verschlossenen Türen getagt wird. Die betroffenen Mitarbeiter, darunter auch Führungskräfte überlegen sich zunächst, ob sie durch den Wandlungsprozess auch persönlich etwas davon haben. Konkret wird also abgewogen ob der eigene Arbeitsplatz betroffen oder sogar gefährdet wird oder ob sich dadurch eine Chance zur Verbesserung ergibt.

Die Geschäftsleitung sowie deren Leader sollten sich wie wahre Unternehmer verhalten. Es sind die entsprechenden Prozesse einzuleiten, insbes. Teams, Projekte, Workshops. Diese Prozesse sollten simultan und ganzheitlich auf der Ebene der harten sowie der weichen Faktoren zum Veränderungsprozess führen. Die Veränderungsprozesse verlaufen also auch als Prozesse in der hierarchischen Struktur. Somit wird die Bedeutung des Simultan-Managements für den Erfolg des Unternehmenskulturwandels deutlich, wobei es um die Berücksichtigung sämtlicher Interdependenzen geht.

Die Lernende Organisation stellt sicher, dass sämtliche Mitarbeiter bei Bedarf sofort über relevantes Wissen verfügen, welches sie für die Aufgabenerledigung und zur Problemlösung benötigen.

Auf die Lernende Organisation wirken: der Wandel von der Produktionsgesellschaft zur Wissensgesellschaft und der Wertewandel in Richtung Individualität und Selbstverantwortlichkeit. In der Lernenden Organisation wird das Lernen sämtlicher Mitarbeiter bzw. Organisationsmitglieder ermöglicht und gefördert. In diesem Kontext entwickelt sich die Organisation kontinuierlich von selbst heraus.

Die Funktionsweise der Lernenden Organisation erfordert, dass die häufig getrennte Strategie-, Struktur-, Führungs- und Kulturentwicklung mittels des Change Managements verknüpft werden. Dem entsprechend erfordert die Funktionsweise der Lernenden Organisation eine konsequente, an den Kundenbedürfnissen ausgerichtete Qualifizierung. Das Lernen stellt damit ein integriertes Element der Unternehmenskultur dar. Es erfolgt in erster Linie in der Mitarbeitereigenverantwortung. Die natürlichen Lernprozesse werden durch die Führungskräfte unterstützt. Sie fungieren als Coach bzw. Entwicklungspartner der Mitarbeiter. Dadurch, dass sich das Lernen und das Arbeiten zu einer Einheit vereinen, wird das Lernen zunehmend zum natürlichen wie situativen Lernen am Arbeitsplatz des Mitarbeiters. Das von den Mitarbeitern neu erworbene Wissen ist dem unternehmen ohne zeitliche Verzögerung aktiv zur Verfügung zu stellen. Das gilt bspw. für Erfahrungen, Lösungswege usw.

Dadurch wird gewährleistet, dass das individuelle Wissen nicht verloren geht. Das Wissen wird gesichert und kann auch anderen Mitarbeitern zugänglich gemacht werden. Ansonsten könnte der Organisation bspw. beim Austreten des Mitarbeiters aus dem Unternehmen, das Wissen verloren gehen. Die Wissensvermittlung stellt ein Bestandteil der Zielvereinbarung dar. Sie kann auch als Grundlage für eine Vergütungsbemessung herangezogen werden.

In der Organisation sind auch die Willensbildung und die Durchsetzung des Willens geregelt. Dabei unterliegen diesem Regelungssystem die Personen, welche Entscheidungen treffen oder an ihnen teilnehmen. An jedem Arbeitsplatz ist der Grad der Verantwortlichkeit festgelegt. Dabei vollzieht sich die Ausführung der Entscheidungen nach entsprechenden Delegationsregeln. Eine weitere wesentliche Determinante stellt die Art der Machtausübung im Bereich der Entscheidungen dar. Die Machtausübung ist einflussnehmend darauf, inwiefern in einer Organisation Lernprozesse zu Veränderungen und somit zu Anpassungen an die Umwelt führen. Bedingt durch das Lernen erfolgt eine Erweiterung der Handlungskompetenz. Die kognitiven Voraussetzungen für einen Veränderungsprozess sind:

• Fachkompetenz

• Methodenkompetenz

• Sozialkompetenz

• Selbstkompetenz

Bereits im „Double-loop learning" – Konzept von Argyris und Schon[1065] sind die Veränderungen des Systems integriert. Die politische Dimension ist jedoch nicht berücksichtigt.[1066] Damit jedoch eine bürokratische Organisation von den Mitarbeitern in eine Selbst-Organisation überführt werden kann, ist die politische Dimension der Organisation relevant. Das organisationale Lernen beinhaltet sämtliche Aspekte einer Organisation.[1067]

Die wichtigste Voraussetzung für das einwandfreie Funktionieren von Teams und die Gestaltung ihrer Lernprozesse beseht im Zusammenhang des organisationalen Lernens darin, dass die Unternehmenspolitik und die Organisationsstruktur passende Rahmenbedingungen vorgeben.

[1065] Vgl.: Agyris / Schon: a.a.O., 1978

[1066] Vgl.: Geissler: 1994, S. 103

[1067] Den Organisationsmitgliedern ist es sogar möglich selbst im Diskus die eigene Verfassung in Frage zu stellen und ein anderes Modell zu entwickeln und einzuführen. Vgl.: Geissler: 1994

Das Management steht somit vor der Aufgabe, diese Dimensionen von Organisation zu gestalten und zu entwickeln. Die Organisation ist sowohl Lerngegenstand als auch Bedingungsgefüge für Lernprozesse. Dies gilt insbes. auch für das Ausdehnen des Lernens auf die gesamte Organisation. In diesem Kontext ist es nicht erforderlich, dass sämtliche Organisationsmitglieder alles gleichermaßen wissen. Das ist weder erforderlich noch möglich.

Die wesentlichen Determinanten sind:

- dass das Wissen für die Organisation nutzbar ist und,

- dass sich das Wissen stetig erweitert.

Dies erfordert

- ein Kommunikationssystem und

- ein Interaktionssystem

durch welche der Austausch und die Veränderungen realisierbar werden. Sowohl zwischen den Hierarchieebenen als auch auf der gleichen Ebene sind kooperative Systeme einzurichten. Dadurch geben die Gruppen Probleme, welche sie durch ihre Aufgabenstellungen nicht lösen können, an die nächste Hierarchiestufe weiter, wo dann Teams Lösungen erarbeiten, welche sich beziehen können auf:

- ganze Bereiche,

- Prozesse oder

- die gesamte Organisation.

Grundsätzlich wird das Wissen in einer Organisation in gleicher Weise gebildet wie das individuelle Wissen. Es handelt sich um individuelles Wissen, welches durch Interaktionen in der Organisation verfügbar und wirksam wurde.

- Das individuelle Wissen entfaltet seine Wirksamkeit und die Kraft zur Optimierung der Aufgabenerfüllung in der Organisation und der aktiven Anpassung an die Umweltveränderungen durch die Interaktionen.

- Diese Prozesse werden ermöglicht durch das gemeinsame Denken und Handeln. Aus dieser Perspektive bekommt das kollektiv verwendbare Wissen eine andere Qualität.

- Zusammen wird das Gruppenwissen und das individuelle Wissen vom Organisationswissen in erheblichem Maße beeinflusst.

- Zusätzlich wird das kollektive Wissen unabhängig und überdauernd vom Wissen der einzelnen Individuen. Das kollektive Gedächtnis kann mit seinem gespeicherten Wissen hemmend oder fördernd sein.

Es besteht eine dynamische, auf Kommunikation basierende Vernetzung von:

- Individuen,

- Abteilungen,

- Organisationen.

Auf dieser Basis entsteht das integrierte Lernen innerhalb der Organisation. Ein schlankes Unternehmen zeichnet sich aus durch:

- Unternehmensorganisation mit Marktorientierung

- Geschäftssystemoptimierung

- Zukunftsorientiertes Geschäftssystemelementmanagement

Unternehmensorganisation mit Marktorientierung:

Beim Schlanken Unternehmen erfolgt die Ausrichtung der Organisation nach dessen Hauptmärkten anstatt nach Funktionen organisiert. Dazu wird für jede Sparte ein spezielles Geschäftssystem entwickelt, welches auf dem Gedanke der Profit-Center-Idee beruht. Häufig erfolgt die Auslagerung von Servicefunktionen. Outsourcing kommt vor allem dann zum Einsatz, wenn durch externe Anbieter eine bessere Kosten-/Nutzen-Relation angeboten werden kann. Dadurch werden auch die internen Serviceabteilungen dem Marktwettbewerb ausgesetzt. Sie sehen in den externen Anbietern eine Konkurrenz. Durch die entsprechenden Maßnahmen erfolgt die Anwendung der unternehmerischen Denkweise in den zentralen Bereichen.

Geschäftssystemoptimierung:

Für die Umsetzung eines schlanken Unternehmens sollten die einzelnen Geschäftssystemelemente optimiert werden. Dies kann im Rahmen eines ganzheitlichen Ansatzes erfolgen. Dazu gehört ggf. eine die Verminderung der Produktvielfalt, die Differenzierung des Service entsprechend der Kundengruppen, Selbstbedienung, die Qualitätssicherung aufgrund von Standardisierung bzw. Automatisierung, die Aufgabenbündelung, Teamwork, der flexible Personaleinsatz, Just-in-Time und der Leistungszukauf.

Zukunftsorientiertes Geschäftssystemelementmanagement:

Ein schlankes Unternehmen erfordert ein zukunftsorientiertes Geschäftssystemelementmanagement. Hierzu zählt ein effizienzorientiertes Management mit Erfolgsmessung des unmittelbaren Mitarbeiter-Erfolgs bzw. -Misserfolg mittels des Einsatzes von operativen Leistungskennziffern. Dies erlaubt die zielorientierte Steuerung der Mitarbeiter. Ferner kann die Verantwortung im Linienmanagement konzentriert werden. Dies bedeutet Verantwortung durch Linienmanager. Der Personalbereich kann als Motor des Wandels betrachtet werden. Denn das schlanke Unternehmen lässt sich praktisch nur umsetzen, indem es dem Management gelingt, eine partnerschaftliche Führungskultur mit der Kultur des Unternehmertums konfliktfrei zu vereinen. Die Schlankheitsanforderung richtet sich zugleich an die Mitarbeiter wie auch an die Führungskräfte selbst. Dies bedeutet dass sie zugleich kooperierende Partner als auch zielgerichtete Unternehmer sind. Das Personalmanagement bzw. Human Resource Management hat in diesem Kontext die Funktion, einen Prozess der Organisationsentwicklung im Verbund mit der Unternehmensstrategie einzuleiten. Gleichzeitig sind Innovationshemmnisse zu beseitigen. Für die Veränderung offene und engagierte Mitarbeiter sollten entsprechend gefördert werden. Die bedeutet, dass das Personalmanagement bzw. Human Resource Management ein beutendes Hilfsinstrument des strategiegerichteten Wandels darstellt.

Die Lean-Vision ist im leistungsmotivierten Führungssystem des SMS wie folgt zu realisieren:

1. **Kooperation:** Kooperation wird realisiert durch Teamwork. Teamwork bedeutet die Einrichtung von Projektgruppen, Qualitätszirkeln, Wertanalyse-Teams, Lernstätten / Lerninseln sowie teilautonome Arbeitsgruppen. Zur Kooperation zählen ferner Netzwerke / Strategische Allianzen, enge Zusammenarbeit mit Zulieferern und Abnehmern

2. **Unternehmertum:** Unternehmertum ist die Basis für proaktives Qualitäts- sowie Instandsetzungsmanagement. Dazu zählen das permanente Lernen i. s. v. Kaizen bzw. CIP, prozessorientierte Denk-, Steuerungs-, Arbeits- und Organisationsformen und die Ausstattung unternehmerisch agierender Projektchampions mit entsprechendem Durchsetzungsvermögen.[1068]

[1068] Vgl.: Clark, K. B. / Fujimato, T.: Automobilentwicklung mit System. Frankfurt / New York, 1992

3. **Humanzentriertes Management:** Der zentrale Erfolgsfaktor ist der Mensch. Dabei geht das HIM-Human Integrated Management davon aus, eine Technik für Menschen[1069] zu schaffen und nicht Technik statt Menschen. Diese Forderung nach menschengerechter Führung und Technik deckt sich mit den Anforderungen des ganzheitlichen Führungssystems des SMS - Simultan-Management-Systems.

Gerade in der an den Bedürfnissen des Menschen ausgerichteten Technik- und Methodenkompetenz bei Produktion, Materialzuführung, NC-Programmierung, Wartung und Qualitätsprüfung etc. kann der ausschlaggebende Erfolgsfaktor der Lean-Management-Strategie einer ganzheitlichen Führung gesehen werden. Im Sinne des THRM – Total Human Resource Management[1070] und TQM – Total Quality Management im SMS – Simultan-Management-System ist die Personalführung die Basisaufgabe jeder Führungskraft. THRM und TQM im SMS bedeutet Koordination und Unterstützung der Personalabteilung als Integrations- und Service-Zentrum bzw. Personalarbeit vor Ort. Zur Personalführung zählen somit auch die Arbeitsorganisation – Unterstützung von Gruppenarbeit sowie die Führungsorganisations-Delegation und Zielvereinbarung.[1071]

Zur Realisierung des Kaizens, TQM und der Lean-Management Strategie bedarf es zur permanenten Verbesserung von Produkten, Prozessen und Strukturen außer der Anpassung der Organisationsstruktur und -Kultur auch entsprechenden Kommunikationsstrukturen. Für das Management stellt sich somit die zusätzliche Aufgabe, adäquate und innovative Informationssysteme zu schaffen. Zur schnellen und exakten Verbreitung von neuem relevanten Wissen innerhalb der Organisation bedarf es des Einsatzes elektronischer Informationssysteme, einer bereichsübergreifenden informationsstrukturellen Unterstützung sämtlicher Unternehmensprozesse. Eine schlanke und qualitätsbewusste Organisation bedarf einer Abstimmung von organisationaler Flexibilität und Rationalisierung bei gleichzeitig hohem Motivationsstand der Organisationsmitglieder.[1072] Die Aufgabe liegt somit in der Schaffung einer optimalen Qualität der Produkte, der Zeit und der Kommunikation. Von der Informations- und Kommunikationsstruktur sind die Schnittstellen der Organisa-

---

[1069] Vgl.: Bullinger, H.-J.: a.a.O.

[1070] Vgl.: Staehle, W. H.: Human Resource Management (HRM). In: ZfB, 1988 5/6, S. 576-587

[1071] Vgl.: Nagel, R. / Wagenhals, G.: Arbeitsweise, interne Gliederung und hierarchische Einordnung von Organisationsabteilungen. In: ZfO 54/1985/3, S. 160-166

[1072] Vgl.: Womack, J. P. / Jones, D. T. / Roos, D.: Die zweite Revolution in der Automobilindustrie. Z. A. Frankfurt / New York, 1992

tion zur Umwelt, als auch die internen Schnittstellen relevant. Die unternehmensinterne Kommunikationsstruktur ist so aufzubauen, dass permanentes Lernen, Wissensdiffusion und adäquate Führungs- und Organisationskonzepte gefördert werden.[1073]

In den vergangenen Jahrzehnten kam eine Vielzahl von Managementkonzepten auf. Einige setzten sich durch, andere nicht. Von den bekanntesten Konzepten sind jedoch einige in den Anwendungsbereich des Change Managements aufgenommen worden. Hierzu gehören:

- Kontinuierliche Verbesserungsprozesse

- Lean Management,

- Business Process Reengineering bzw. Rusiness Reengineering

- Qualitätsmanagement bzw. Total Quality Management TQM

- Change Management

- Kernkompetenz-Management

- Wissensmanagement

Die Konzepte fanden einen hohen Bekanntheitsgrad. Sie wurden an Fallbeispielen bestätigt und häufig mit Erfolg in der Praxis angewendet. Oft wurden sie in den Grußunternehmen für eine gewisse Zeit verwendet und später durch Konzepte abgelöst.

Die einzelnen Konzepte unterliegen dem Produktlebenszyklusmodell und werden mit der Zeit abgelöst durch neue Modelle.

Im Unterschied dazu ist das Change Management für die Unternehmen eine ständig zu erfüllende Aufgabe. Die Unternehmen unterliegen ständigen Veränderungen und sind dazu gezwungen, sich anzupassen oder bewusst zu wandeln. Nur auf diese Weise können sie an den Märkten dauerhaft erfolgreich sein. Change Management ist eine professionelle Umsetzung der entwickelten Konzepte.

Durch die genannten Prozesse realisierten zahlreiche Unternehmen sowie die öffentlichen Verwaltung teilweise radikale Veränderungsprozesse. Durch diese wurden die Denkprinzipien, Methoden und Verfahrensweisen beeinflusst. Das Resultat ist eine wesentlich effektivere Gestaltung der Wertschöpfungskette.

[1073] Vgl. auch: Rebstock, M.: „Die Unterstützung der Managementkonzepte . . .".In: Zfo 3 / 1994, S. 184 f

Für die Zukunft ist davon auszugehen, dass infolge der zunehmenden Veränderungsgeschwindigkeit der Unternehmensumwelt immer bedeutender wird, die Veränderungsprozesse in Unternehmen zu gestalten. Die Veränderungsprozesse sind gezielt zu steuern. Der Change Management – Prozess wird für die Überlebensfähigkeit des Unternehmens immer bedeutender.

Im Zentrum des Interesses der künftigen Gestaltung steht die Frage, nach den relevanten wirtschaftlichen und gesellschaftlichen Trends. Maßgeblich sind die Trends, welche einen Einfluss auf die Unternehmensstrukturen, Prozesse sowie das Human Ressource Management ausüben. Dabei sind auch die Konsequenzen zu berücksichtigen, welche aus dem systemischen Denken für die Organisation sowie die Personalsysteme der Unternehmen folgen. Weitere Anhaltspunkte zeigt der Inhalt der Vision einer Schlanken Organisation auf. Das Unternehmen wird sich auch damit auseinander zusetzen haben, welche Möglichkeiten und Wege für die Umsetzung einer innovativen Organisation als zweckmäßig erachtet werden. Für die Gestaltung und Durchführung des Change-Prozesses sind die erforderlichen Konzepte zu bestimmen und die Möglichkeiten aufzuzeigen, welche die Konzepte für die Organisationsentwicklung bieten.

Damit die Unternehmen den Anforderungen und dem Wandel gerecht werden, sind sie dazu gezwungen sich stetig anzupassen durch:

- verstärkte Konzentration der Organisation auf die eigenen Kernkompetenzen,

- Entwicklung und Erhaltung einer hohen Widerstandskraft,

- effiziente und intelligente Nutzung neuer Informations- und Kommunikationstechnologien.

Die von der Informationsgesellschaft zur Wissensgesellschaft vollzogene Entwicklung erfolgte mit dem entsprechenden Umdenken in Wirtschaft und Gesellschaft. In der Wissensgesellschaft wird der Mensch mit seinen Fähigkeiten und Werten in den Vordergrund gerückt. Wird die Wissenschaft als wegweisende Vision angenommen, so ist nicht das Wissen allein als zentraler Produktionsfaktor zu betrachten, sondern es sind auch kulturelle Aspekte zu berücksichtigen. Die Wissensgesellschaft ist danach zugleich eine neue Form der Kulturgesellschaft. Die Gesellschaft hat das Wissen von Information zu differenzieren und mit dem Wissen verantwortungsvoll umzugehen.[1074]

Die tragenden Säulen der modernen Wissenschaft sind:[1075]

- Kooperation

- Soziale Bindung

Zwischen Innovationsmanagement und Wissensmanagement besteht eine enge Verbindung. Der Innovationsprozess erfordert das Management von Wissen. Hierzu sind das entsprechende Wissen und Kompetenzen erforderlich.[1076] Gleichzeitig entsteht im Verlauf des Innovationsprozesses neues Wissen, bspw. in der Neuentwicklung.

Bei der Betrachtung des Wissensmanagements im Sinne der Lernenden Organisation wird deutlich, wie eng die Begriffe Wissen und Innovation zusammenhängen. Sowohl das Wissensmanagement wie auch das Innovationsmanagement, zielen auf Verbesserungen ab und nutzen dazu Potenziale.

Im Rahmen des Innovationsmanagements werden die Prozesse und Rahmenbedingungen organisiert, damit Innovationen, also neue bzw. neuartige oder signifikant verbesserte Produkte, Dienstleistungen, Prozesse und Strukturen hervorgerufen werden.

Das Wissensmanagement greift auf das Wissen der Organisation und der Mitarbeiter zurück. Dadurch sollen die Kompetenz sowie die Qualität der Handlungen gestärkt bzw. optimiert werden. Dadurch werden die Aktivitätsergebnisse verbessert. Die Verbesserung ist im Sinne einer kleinen Verbesserung oder auch eine radikale Erneuerung möglich. Es gilt, dass je neuer, aktueller, relevanter, innovativer und umfangreicher die Verbesserung ist, desto mehr sich die Wissensmanagement und Innovationsmanagement sich annähern.[1077]

Die Organisations- und Personalentwicklung stellen bedeutende vernetzte Elemente des Human Resource Managements dar. Die Unternehmensführung steht vor der Aufgabe, einen optimalen Rahmen für die erforderlichen personellen wie organisatorischen Lernprozesse zu schaffen. Die Lernende Organi-

---

[1074] Vgl.: Mittelstraß, J.: Information oder Wissen – vollzieht sich ein Paradigmawechsel? In: Tagungsband zum bmb+f-Kongress „Zukunft Deutschlands in der Wissensgesellschaft" am 16.02.1998, S. 11-16. Bonn, 1998

[1075] Vgl.: Rütgers / bmb+f: Die Zukunft Deutschlands in der Wissensgesellschaft. Tagungsband des Kongresses am 16.02.1998, Bonn, 1998

[1076] Vgl.: North, K.: Wissensorientierte Unternehmensführung – Wertschöpfung durch Wissen, Wiesbaden, 2002

[1077] Vgl.: http://www.inknowaction.com/blog/?p=386 Stand: 16.10.2010.

sation ermöglicht, die Entwicklung von Fachkompetenz, Methodenkompetenz sowie sozialer Kompetenz. Sie schafft den Rahmen für die erforderlichen Lernprozesse und die Entstehung sowie Anwendung von Wissen für neue bzw. verbesserte und optimierte Produkte und Prozesse – also die Basis für Innovationen.

Durch die Anforderungen und Änderungen werden traditionell denkende und handelnde Manager verunsichert, ihr Umdenken und Umlernen ist gefordert. Von primärer Bedeutung für die Realisierung des Wandels ist, dass die Mitarbeiter und Manager die Veränderung nicht als Bedrohung oder Gefahr ansehen und keine Widerstände aufbauen, sie müssen lernen, sich an das Chaos zu gewöhnen.

Das Management steht vor der Aufgabe, diese Lernprozesse zu fördern durch Problemdruck, die Sogwirkung von Gelegenheiten und Chancen eine verstärkte Veränderungsorientierung, die Suche nach einem umfassenden Kontakt und eine Führung, welche die Selbstentwicklung des einzelnen fördert.[1078] Außerdem ist beim Führungskräfte-Coaching der Vorteil beim Übergang von Stabilität zur Instabilität zu verdeutlichen, ebenso der Zusammenhang der Freiwilligkeit des selbstverantwortlichen Handelns und Lernens in Projektgruppen.

Die Organisation und die Unternehmenskultur sind also auf die Bedürfnisse der Mitarbeiter und der Kunden auszurichten. Dazu bedarf es der entsprechenden Kenntnisse darüber, wie Menschen motiviert werden können. Es muss gelernt werden, wie die Unternehmenskultur, Strukturen, Systeme, die Aufmerksamkeit der Unternehmensführung und die Mitarbeiterfähigkeiten derart auszurichten sind, damit sie einen gewissen Grad an Eigenmotivation entfalten. Dies hat entsprechende Konsequenzen für bestehende Führungskonventionen, welche u. U. abzulösen sind.[1079]

[1078] Vgl.: Servatius, H. G.: a.a.O., S. 163
[1079] Vgl.: Waterman, R.: Die neue Suche nach Spitzenleistungen, 1994

Literaturverzeichnis

Aburdene, Patricia: Megatrends 2020. Sieben Trends, die unser Leben und Arbeiten verändern werden! Bielefeld, Kamphausen, 2008.

Ackermann, K.-F.: Konzeption des strategischen Personalmanagement für die Unternehmenspraxis. In: Glaubrecht, H. und Wagner, D. (Hrsg.) Humanität und Rationalität in Personaltechnik und Personalführung. Freiburg i. Br., 1987

Alvesson, M.: Organizationtheory and technocratic consciousness. Berlin / New York, 1987

Andrews, K. R.: Introduction to the Anniversary Edition. In: The Funktions of the Exective. Barnard, C., Cambridge, Harvard University Press., 1968

Ansoff, Igor, H.: Management Strategie, München, Verlag Moderne Industrie, 1966.

Argyris, C.: Personality and Organization. New York, 1957

Argyris, C.: Integarting the individual and the organization. New York, 1964

Argyris, C.: Today´s Problems with Tomorrow´s Organizations. Journal of Management Studies. Februar, 1967, S. 34 - 40

Argyris, C.: Organizational Learning. 1978

Argyris, Chris/Schön, Donald A.: Die lernende Organisation, 2. Auflage, Klett-Cotta 2002.

Atkinson, J. W.: Motivation and Achievement. New York, 1974

Avolio, B. J. / Bass, B. M.: Multifactor Leadership Questionnaire, Manual, Third Edition, Lincoln, 2004.

Avolio, Bruce u.a.: Estimating return on leadership development investment, in: The Leadership Quarterly 21 (2010), 633-644.

Avolio, Bruce / Bass, Bernard: Multifactor Leadership Questionnaire, Third Edition, University of Nebraska and Gallup Leadership Institute, Mind Garden, 2004.

Badura, B. / Münch, E. / Ritter, W.: Partnerschaftliche Unternehmenskultur und betriebliche Gesundheitspolitik: Fehlzeiten durch Motivationsverlust? Gütersloh: Verlag Bertelsmann Stiftung 1999.

Badura, B. / Münch, E. / Ritter, W.: Partnerschaftliche Unternehmenskultur und betriebliche Gesundheitspolitik: Fehlzeiten durch Motivationsverlust? Gütersloh: Verlag Bertelsmann Stiftung. 1997.

Baltes, Volker: Wettbewerbsforschung zur Entscheidungsunterstützung – Eine Bestandsaufnahme zur Compeditive Intelligence in der deutschsprachigen Unternehmenswelt. 2011. http://de.scribd.com/doc/58265492/ Competitive-Intelligence – Stand: 23.08.2012.

Bamberg, E.: Psychische Belastungen am Arbeitsplatz: Begriffe und Konzepte. In: Badura, B., Litsch, M., Vetter, C. (Hg): Fehlzeiten-Report 1999. Psychische Belastung am Arbeitsplatz. Berlin/New York: Springer Verlag. 2000.

Bartonitz, Martin: Wie Werner von Siemens eine intakte Unternehmenskultur schuf – Teil I: Schwierige Rätsel haben keine einfachen Lösungen. Artikel Mai 05, 2013: http://wirdemo.buergerstimme.com/2013/05/wie-werner-von-siemens-eine-intakte-unternehmenskultur-schuf-teil-i-schwierige-raetsel-haben-keine-einfachen-loesungen/ - Stand: 10.06.2013.

Bass, B. M.: Leadership and Performance beyond Expectations. New York. 1985.

Bass, B. M.: Charisma entwickeln und zielführend einsetzen. Landsberg. 1986.

Bass, Bernard: The Bass Handbook of Leadership: Theory, Research, and Managerial Applications. Free Press; 4. Aufl. 2008.

Barnard, C. J.: The Functions of the Executive. Cambridge, Harvard University Press., 1968.

Bartelt, Dietrich: Wertschätzende, kompetente und ethische Führung. Das „Vertrauen" der Mitarbeiter in ihre Führungskräfte. Dissertation Universität Duisburg-Essen 2011.

Bartonitz, Martin: Wie Werner von Siemens eine intakte Unternehmenskultur schuf – Teil I: Schwierige Rätsel haben keine einfachen Lösungen. Artikel Mai 05, 2012: http://wirdemo.buergerstimme.com/2013/05/wie-werner-von-siemens-eine-intakte-unternehmenskultur-schuf-teil-i-schwierige-raetsel-haben-keine-einfachen-loesungen/ - Stand: 10.06.2013.

Bartonitz, Martin: Wie Werner von Siemens eine intakte Unternehmenskultur schuf – Teil II: Die Widerlegung des Eisbergmodells. Artikel August 06, 2012: http://faszinationmensch.com/2012/08/06/wie-werner-von-siemens-eine-intakte-unternehmenskultur-schuf-teil-ii-die-widerlegung-des-eisberg modells/ - Stand: 12.06.2013.

Bartolome, F. / Evans, P.: Must sucess cost so much? In: Harvard Business Review, 58. Jg. 1980, Nr. 2, S. 137-148.

Bataillard, V.: Artikel „Führungstechnik". In: Management-Enzyklopedie, Bd. 2, München, 1970

Bateson, G.: Mind and Nature: A necessary Unity. New York, 1980

Baxter, G.: In: Training and Development Journal, August 1985

Bäsell, K. / Baumann, J.: Gesundheitliche Belastungen durch Tätigkeiten an Bildschirmarbeitsplätzen unter besonderer Berücksichtigung der Streß-problematik. Eine Literaturanalyse. Berlin: Institut für Arbeitsmedizin, Sozialmedizin und Epidemiologie. 1995.

Beck, Gloria: Verbotene Rhetorik. Die Kunst der skrupellosen Manipulation. Eichborn 1. Auflage 2005.

Becker, E.: The Denial of Dearth. New York, 1973. In deutscher Ausgabe: Dynamik des Todes. München, 1981

Bennis, W.: The Unconscious Conspiracy: Why Leaders Can't Lead. New York, 1976

Bennis, W.: Leaders: The strategies for taking charge. New York, 1985. Deutsch: Führungskräfte. Frankfurt a.M. / New York, 3. Aufl., 1987

Berger, L. P.: Die gesellschaftliche Konstruktion der Wirklichkeit. Frankfurt a. M., 1980

Berger, Winfried: Leitbild und Führungsgrundsätze: Weshalb sie nichts verändern: http://www.umsetzungsberatung.de/unternehmenskultur/leitbild.php – Stand: 04.12.2012.

Bernthal, W. F.: Value perspectives in management decisions. In: AMJ, 5 / 1962

Berth, Rolf: Erfolg. Überlegenheitsmanagement: 12 Mind-Profit-Strategien mit ausführlichem Testprogramm. Düsseldorf, Econ, 1995.

Biehal, F.: Dienstleistungsmanagement und schlanke Organisation. In: Lean Service. Wien, 1993.

Blaha, F.: Der Mensch am Bildschirmarbeitsplatz. Wien/New York: Springer-Verlag. 1995.

Blake, R.: Führungsstrategien. Landsberg, 1986.

Blanchard: One Minute Manager.

Bleicher, Knut: Leitbilder. Orientierungsrahmen für eine integrative Managementphilosophie. 2. Aufl., Stuttgart 1994.

Bleicher, Knut: Das Konzept Integriertes Management. 7. Aufl., Frankfurt/New York 2004.

Bleicher, K.: Führung der Unternehmung – Formen und Modelle. Reinbek, 1976

Blothner, D.: „Der glückliche Augenblick." Bonn, 1993

Blum, Adrian: Integriertes Arbeitszeitmanagement, Bern, Stuttgart, Wien 1999.

Blum, A. / Zaugg, R. J.: Praxishandbuch Arbeitszeitmanagement. Beschäftigung durch innovative Arbeitszeitmodelle, Zürich,1999.

Bohen, H. H. / Viveros-Long, A.: Balancing jobs and family life: Do flexible working schedules help?, Philadelphia, 1981.

Böckmann, Walter: Millionenverluste durch Führungsfehler, Econ, Düsseldorf 1967.

Bösenber, D.: Lean-Management. Vorsprung durch schlanke Konzepte. Landsberg, 1992

Brauchlin, E.: Konzepte und Methoden der Unternehmensführung. Bern, 1981

Bröckermann, R.: Personalwirtschaft: Lehrbuch für das praxisorientierte Studium, 2.Aufl., Stuttgart: Schäffer-Poeschel, 2001.

Böckmann, Walter: Sinn in Arbeit, Wirtschaft und Gesellschaft, Littera Publikationen, München 2008.

Böckmann, Walter: Das Sinn-System, Econ, Düsseldorf 1981.

Böckmann, Walter: Sinn und Selbst, Psychologie heute Sachbuch, Weinheim 1989.

Böckmann, Walter: Botschaft der Urzeit, Econ, Düsseldorf 1979.

Böckmann, Walter: Sinn-orientierte Leistungsmotivation und Mitarbeiterführung, Enke, Stuttgart 1980.

Böckmann, Walter: Wer Leistung fordert, muss Sinn bieten, Econ, Düsseldorf 1984, Neuauflage Littera Publikationen, München 2009.

Böckmann, Walter: Sinn-orientierte Führung als Kunst der Motivation, Verlag Moderne Industrie, Landsberg 1987.

Böckmann, Walter: Sinn in Arbeit, Wirtschaft und Gesellschaft, Littera Publikationen, München 2008.

Bosse, André: „Erfolgsfaktor Gesundheit" Artikel in: karriereführer hochschulen 2.2012 (10.2012 – 09.2013) Köln, Oktober 2012. S. 10 – 12.

Bosse, André: „Behalten Sie sich selbst im Auge" Artikel in: karriereführer hochschulen 2.2012 (10.2012 – 09.2013) Köln, Oktober 2012. S. 14 u. 15.

Bosse, André: „Dauerbetrieb macht krank" Artikel in: karriereführer hochschulen 2.2012 (10.2012 – 09.2013) Köln, Oktober 2012. S. 16 u. 17.

Brauer, J.-P. / Kamiske, G. F.: ABC des Qualitätsmanagements. München: Carl Hanser Verlag, 1996.

Brinkmann, R.D.: Personalpflege: Gesundheit, Wohlbefinden und Arbeitszufriedenheit als strategische Größen im Personalmanagement. Heidelberg: Sauer-Verlag. 1993.

Brown, S. P. et. al.: Effects of Goal-Directed Emotions on Salesperson Volitions, Behavior, and Performance, in: Journal of Marketing, Vol. 61/1997, 39-50

Bruck, C. G.: A Comback Decade for the American Car. Fortune, 02.06.1980

Brügger, A.: Gesunde Haltung und Bewegung im Alltag: mit Regeln zur Wiederherstellung und Bewahrung der gesunden Körperhaltung; moderne Rückenschule und Rückenturnen aus der Sicht von Dr. Alois Brügger. 4. überarb. u. erw. Aufl. Zürich: Brügger. 1996.

Bühner, R.: Betriebswirtschaftliche Organisationslehre. München / Wien, 3. Aufl., 1987

Bühner, R.: Die Matrix ist nur bedingt geeignet. In: ioManagement Zeitschrift 54 / 1985 / 4

Bullinger, H.-J.: Innovative Unternehmensstrukturen – Paradigma des schlanken Unternehmens. In: Office Management. 1992, 1 - 2

Burke, R. J. / Greenglass, E. R.: Work and family. In: International Review of Industrial and Organisational Psychology, hrsg. v. Cooper, C. L. und Robertson, I. T., Chichester 1987, S. 273-320.

Burkhard, K.: Lean-Production – auch in Dienstleistungsbetrieben. io Management Zeitschrift 1992, 7 / 8

Burmeister, Klaus/Neef, Andreas/Beyers, Bert: Corporate Foresight. Unternehmen gestalten Zukunft. Hamburg 2004.

Burns, J.: Leadership. New York, 1978.

Burns, J.: Transforming leadership. New York. 2003.

Burzik, Andreas / Mahlert, Ulrich (Hrsg.): Handbuch Üben. Hrsg.: Mahlert, Ulrich: „Üben im Flow" Beitrag von Burzik, Andreas, S. 266.

Burzik, Andreas: „Mit Leib und Seele" üben – Das Geheimnis der Meister - eine ganzheitliche, körperorientierte Übemethode: Burzik, Andreas in „Das Orchester" Ausgabe 11/2003.

Business Week: "Revitalizing the US Economy." 30. 6. 1980

Camp, Robert C.: Benchmarking, Carl Hanser Verlag, München, Wien 1994.

Camphausen, Bernd: Strategisches Management. Planung, Entscheidung, Controlling. München: Oldenbourg, 2007.

Carroll, St. J.: Management by Objektives: Applications and research. New York, 1973

Carroll, St. J.: A dissapointing search for excellent. In: HRB, 11 / 12 1983

Cartwright, D.: Group dynamics. In: Resarch and theory. 1. Aufl., 1953; 3. Aufl., New York, 1968.

Cavanagh, D.: "The Winning performance: How america's High Growth Mid-Sitz Companies succeed."

Chamoni, P. / Gluchowski, P.: Empirische Bestandsaufnahme zum Einsatz von Business Intelligence, Business Intelligence Maturity Modell (biMM). In: Chamoni, P.; Deiters, W.; Gronau, N.; Kutsche, R.D.; Loos, P.; Müller-Merbach, P.; Rieger, B.; Sandkuhl, K. (Hrsg.): Sammeltagungsband 2 der Multikonferenz Wirtschaftsinformatik (MKWI) 2004 an der Universität Duisburg-Essen. 2004.

Champoux, J. E.: Perceptions of work and nonwork: A reexamination of the compensatory and spillover models. In: Sociology of Work and Occupations, 5. Jg. 1978, Nr. 3, S. 401-422.

Champy, J.: Reengineering The Corporation. New York, 1993

Chandler, A. D.: Strategy and Structure. Cambridge, 1962

Clark, W. V.: „Aktivitäts-Vektroanalyse"

Clark, K. B.: Automobilentwicklung mit System. Frankfurt a. M. / New York, 1992

Clark, S. C.: Work/family border theory: A new theory of work/family balance. In: Human Relations, 53. Jg. 2000, Nr. 6, S. 747-770.

Coenenberg/Fischer/Günther: Kostenrechnung und Kostenanalyse, 7.Aufl., Stuttgart: Schäffer-Poeschel, 2009.

Collins, James C./Porras, Jerry, I.: Visionary companies. Visionen im Management. München, Artemis und Winkler 1995.

Collins, Jim: "Good to Great: Why Some Companies Make the Leap... and Others Don't", RANDOM HOUSE BUSINESS BOOKS

Collins, Jim: "Level 5 Leadership: The Triumph of Humility and Fierce Resolve", July-August, 2005.

Conger, J. A. / Kanungo, R. N.: Charismatic Leadership. San Francisco, 1988.

Conradi, W.: Personalentwicklung. Stuttgart, 1983

Covey, S. R.: Der 8. Weg. Mit Effektivität zu wahrer Größe. 5. Aufl. Offenbach, 2008

Cox, A.: Confessions of a Corporate Headhunter – Geständnisse eines Headhunters.

Coyffignal, L.: Kybernetische Grundbegriffe. Baden-Baden, 1962

Creusen, Utho: Zum Glück gibt's Erfolg durch Positive Leadership. In: HR Performange 1/2012.: http://www.utho-creusen.com/download/creusen-120 201-HRPerformance-opt.pdf - Stand: 15.09.2012.

Csikszentmihalyi, M.: Dem Sinn des Lebens eine Zukunft geben. Eine Psychologie für das 3. Jahrtausend. Stuttgart: Klett-Cotta. 1995.

Csikszentmihalyi, M. & Jackson, S.A.: Flow im Sport. Der Schlüssel zur optimalen Erfahrung und Leistung. München: BLV Verlagsgesellschaft. 2000.

Csikszentmihalyi, M.: Einführung. In Csikszentmihalyi, M. & I.S. Csikszentmihalyi, I.S. (Hrsg.) 1991. Die außergewöhnliche Erfahrung im Alltag: die Psychologie des flow-Erlebnisses (15-27). Stuttgart: Klett-Cotta. 1991.

Csikszentmihalyi, M.: Das Flow-Erlebnis: Jenseits von Angst und Langeweile: im Tun aufgehen. Stuttgart: Klett-Cotta. 1985.

Csikszentmihalyi, Mihaly: Das Flow-Erlebnis – Jenseits von Angst und Langeweile: im Tun aufgehen. 1993. Mihaly Csikszentmihalyi, 1993.

Csikszentmihalyi, M., Schiefele, U.: Die Qualität des Erlebens und der Prozeß des Lernens. Zeitschrift für Pädagogik , 2, 207-221. 1993.

Csikszentmihalyi, Mihaly: Flow – der Weg zum Glück. Der Entdecker des Flow-Prinzips erklärt seine Lebensphilosophie. Herder spektrum Band 6067, Ingeborg Szöllösi (Hrsg.), 2010, S. 28.

Dahl, T.: Untersuchungen der Universität of Minnesota.

Damianides, Marios: Sarbanes-Oxley and IT Governance: New Guidance on IT Control and Compliance. In: Information Systems Management 22(2005), Nr. 1, S. 77-85.

Daimler Benz AG: Geschäftsbericht.

Daum, M.: Lean-Production – Übertragung auf andere Branchen. io Management Zeitschrift, 1992, 7 / 8

Davenport, Th. H.: Process Innovation; Reengengineering Work through Information Technology.

Deltl, Johannes: Competitive Intelligence. Der Konkurrenz voraus. 2009.: http://de.slideshare.net/Deltl/competitive-intelligence-eine-einfhrung-presentation – Stand: 24.08.2012.

Deal, T. E.: Corporate culture. Reading Mass, 1982. Deutsch: Unternehmenserfolg durch Unternehmenskultur, Bonn, 1987

Dearden, J.: Limits on decentralized profit responsibility. In: HRB, Juli / August 1962.

De Bono, Edward: Six Thinking Hats. Penguin Books, London u. a. Penguin psychology business, 1990.

De Bono, Edward: Das Sechsfarben-Denken. Ein neues Trainingsmodell. Econ, Düsseldorf 1989.

Deci, E. L.: The effects of Contingent and Non-Contingent Reward and Controlls on Intrinsic Motivations: Organizational Behavior and human Performanes, 8 / 1972

Deci, E. L. / Ryan, R. M.: Intrinsic motivation and self-determination in human behavior. New York: Plenum, 1985

Deltl, J: Strategische Wettbewerbsbeobachtung: So sind Sie Ihren Konkurrenten laufend einen Schritt voraus. Wiesbaden: Gabler, 2004.

Deppert, Wolfgang: Individualistische Wirtschaftsethik (IWE). Anwendung der individualistischen Ethik auf das Gebiet der Wirtschaft. Springer Gabler, Wiesbaden, 2014.

Deutsches Institut für Betriebswirtschaft (dib): Jahresbericht 2005 des Deutschen Instituts für Betriebswirtschaft (dib) Frankfurt am Main, in: Ideenmanagement. Zeitschrift für Vorschlagswesen und Verbesserungsprozesse, Frankfurt am Main, Jahrgang 32 (2006), S. 88 ff.

Deutsches Institut für Betriebswirtschaft: Erfolgsfaktor Ideenmanagement. Kreativität im Vorschlagswesen. 4. Aufl., Berlin 2003, S. 219-223.

Deutsches Institut: Die Interne Revision in der BRD. In: Zeitschrift für Interne für Interne Revision: Revision. 1974 / 3 und 1983

Deutsches Institut für Betriebswirtschaft: Erfolgsfaktor Ideenmanagement. Kreativität im Vorschlagswesen. 4. Aufl., Berlin 2003, S. 219-223.

Devis, L. E.: Designe of jobs. Harmondsworth, 1972

Diller, H.: Produkt-Management und Marketing-Informations System. Berlin, 1975

Dörr, Stefan Ludwig: Motive, Einflussstrategien und transformationale Führung als Faktoren effektiver Führung: Ergebnisse einer empirischen Untersuchung mit Führungskräften. Diss. Universität Bielefeld, München, 2006. http://pub.uni-bielefeld.de/download/2304840/2304843 – Stand: 20.01.2013. http://pub.uni-bielefeld.de/publication/2304840 – Stand: 20.01.2013.

Donnelly, J. F.: Participative management at work. In: HBR, Jan. / Feb. 1977

Drucker, P.: Was ist Management? Das Beste aus 50 Jahren. München 2002

Drucker, P. F.: Praxis des Managements. Deutsche Übersetzung von: The practice of Management. Düsseldorf, 1962

Drucker, Peter: Praxis des Management: Ein Leitfaden für die Führungs-Aufgaben in der modernen Wirtschaft. Düsseldorf, Econ, 1965.

Drucker, P. F.: The age of Discontinuity: Guidelines to our Changing Society. New York, 1969

Drucker, Peter, F.: The Effective Executive: The Definitive Guide to Getting the Right Things Done. New York, Harper & Row, 1967.

Dugmore, Lacey: A Managers Guide to Servicemanagement, 2.nd Ed., BSI Standards, 2006.

Dun´s Review: Don´t blame the System, blame the Manager. September 1980

Dworak, W.: Moderne Unternehmensorganisation in der Praxis. München, 1972

Dyer, W. G.: The cycle of cultural evolution in organizations, in Klima et. al. (Hrsg.) 1985

Dyer, W. G.: Organization Debvelopment System change or culture change? In: Personnel, 2 / 1986

Elkington, John: Cannibals with Forks. The Triple Bottom Line of the 21st Century. Oxford: Capstone Publishing, 1998. In: Gminder, Carl Ulrich: Nachhaltigkeitsstrategien systematisch umsetzen. Exploration der Organisationsaufstellung als Managementmethode. Wiesbaden: Deutscher Universitäts-Verlag, 2006.

Emde, Monika: Organisationslernen als Option für die Bürokratie. Untersuchung am Beispiel deutscher Kommunalverwaltungen. Dissertation am Fachbereich Wirtschaftswissenschaften der Universität Kassel, 2005.

Erikson, E. H.: Kindheit und Gesellschaft. Stuttgart, 1965

Erikson, E. H.: Quelle Hoffmann, M.: Personalentwicklung und mittlere Lebenskriese von Mitarbeitern. In: Wunderle, M. (Hrsg.), 1979

Ertel, M. / Junghanns, G. / Pech, E. / Ullsperger, P.: Auswirkungen der Bildschirmarbeit auf Gesundheit und Wohlbefinden. Schriftenreihe der Bundesanstalt für Arbeitsschutz und Arbeitsmedizin. Dortmund/Berlin. 1997.

Eucken, W.: Grundsätze der Wirtschaftspolitik. (Hrsg.) Eucken, W. und Hensel, P., 1952

Evans, P. / Bartolome, F.: The changing pictures of the relationship between career and family. In: Journal of Occupational Behavior, 5. Jg. 1984, Nr. 1, S. 9-21.

Ezra, M. / Deckmann, M.: Balancing Work and Family Responsibilities: Flextime and Child Care in the Federal Government. In: Public Administration Review, 56. Jg. 1996, Nr. 2, S. 174-179.

Falvey, J.: „Sie wollen die Produktivität steigern? Versuchen Sie es mit Dankeschön." Artikel im Wallstreet Journal v. 06.12.1982.

Fayol, H.: Administration industrielle et générale. Paris, 1910

FAZ: „Reengineering: Amerikas Unternehmen bauen um." In: FAZ 3 / 1994, v. 05.01.1994

Felstead, A. / Jewson, N. / Phizacklea, A. / Walters, S.: Opportunities to wok at home in the context of work-life balance. In: Human Resource Management Journal, 12. Jg. 2002, Nr. 1, S. 54-76.

Festinger, L.: A theory of social comparision processes, Human Relations, 7 / 1954

Fiedler, F. E.: A theory of leadership effectiveness. New York, 1967

Flechtner, H.-J.: Grundbegriffe der Kybernetik. Stuttgart, 1970

Fleisher, Craig S. / Bensoussan. B. E.: Business and Competitive Analysis: Effective Application of New and Classic Methods, FT Press, 2007.

Folkerts, L.: Promotoren in Innovationsprozessen, Wiesbaden 2001

Forschung aktuell: Sonderheft: Gesundheitswissenschaften. Public Health. Berlin: TU Berlin. 1994.

Forster, J.: Teams und Teamarbeit in der Unternehmung. Bern / Stuttgart, 1978

Forster, W.: Qualitätsmanagement als Kulturentwicklung. Organisationsentwicklung 3 / 90

Forster, Christof: Stress kostet jährlich 4,2 Milliarden. In: eBund, 2000, Nr. 214, S. 1.

Freibichler, W.: Competitive Manufacturing Intelligence- Systematische Wettbewerbsanalyse zur Entscheidungsunterstützung im strategischen Produktionsmanagement der Automobilindustrie. Deutscher Universitäts-Verlag, Wiesbaden, 2006.

Frese, E.: Grundlagen der Organisation – Die Organisationsstruktur der Unternehmung. Wiesbaden, 2. Aufl., 1984.

Frese, Erich: Grundlagen der Organisation, 7. Aufl. 1998.

Frese, E.: Bürokommunikation. In: Frese E. (Hrsg.) HWO, Stuttgart, 3. Aufl., 1992

Freund, B.: Der Weg zur Lean-Company. In: Komplexität meistern – Wettbewerbsfähigkeit sichern. Stuttgart, 1993

Friedli, Vera: Die betriebliche Karriereplanung, Bern, Stuttgart, Wien 2002.

Fritzgerad, F. S.: The Crack-Up. In: American Literary Masters, Bd. 3, Hrsg. Anderson, C. R., New York, 1965

Fujimato, T.: Automobilentwicklung mit System. Frankfurt a. M. / New York, 1992

Gaitanides, M.: Strategie und Struktur. Zur Bedeutung ihres Verhältnisses für die Unternehmensentwicklung. In: ZfO, 54/1985

Galbraith, J. R.: Designing the innovating organization. In: ODY, 1982

Gall, N.: It′s Later Than We Think. Forbs, 02.02.1981

Gardner, Howard: Five Minds for the Future, Boston: Harvard Business School Publishing, 2006.

Genz, H. O. / Reick, W. / Schambortski, H. / Schönen, H. / Scholz, U. / Vogt, U.: Ratgeber Leitbildentwicklung. Stand 05/2007. Hrsg: Berufsgenossenschaft für Gesundheitsdienst und Wohlfahrtspflege – BGW. Hamburg, 2007. : http://www.bgw-online.de/internet/generator/Inhalt/Online Inhalt/Medientypen/bgw__ratgeber/RGM13__Ratgeber__Leitbildentwicklung,property=pdfDownload.pdf – Stand: 08.12.2012.

Gerguson, J. R. G.: Management by Objektives in Deutschland. Frankfurt, 1973

Geroski, P.: On Diversity and Scale-Extant Firms and Extinct Goods?

Gesundheitsförderung - health promotion: Glossar. Nachdruck einer Broschüre, vorbereitet für: "Gesundheitsförderung - eine Investition für die Zukunft", Internationale Konferenz, Bonn, 17.-19. Dezember 1990. Gamburg: Conrad, 1990.

Gilder, G.: Wealth and Poverty. New York, 1981

Gminder, Carl Ulrich: Nachhaltigkeitsstrategien systematisch umsetzen. Exploration der Organisationsaufstellung als Managementmethode. Wiesbaden: Deutscher Universitäts-Verlag, 2006.

Görner, C. / Bullinger, H.-J.: Leitfaden Bildschirmarbeit. Sicherheit und Gesundheitsschutz. Wiesbaden: Universum Verlagsanstalt. 1997.

Gomez, P.: Modelle und Methoden des systemorientierten Managements. 1981

Grant, Robert M.:Contemporary Strategy Analysis, concepts, Techniques, Applications; 4th ed. Blackwell Publishers Inc, Oxford, 2002.

Greitemeyer, D.: Burnout - Ausgebrannt. Systemische Hefte Nr. 14. 1993.

Grimm, H.G.: Die Auswahl des richtigen Bildschirmgeräts für die Arbeit im Büro – Was ist aus hardware-ergonomischer Sicht dabei zu beachten. Fachbereich Sozialwissenschaften. Reihe A: Angewandte Psychologie. 1995.

Grolman, Florian: Leitbildentwicklung: Orientierung und Energie für jede Organisation. Im Fokus, Organisationsentwicklung: http://www.organisations beratung.net/leitbild-unternehmensleitbild-entwickeln-unternehmens philosophie-firmenphilosophie/#.UL5xTVbhex4 – Stand: 06.12.2012.

Gross, W. (Hg.): Karriere(n) in der Krise: die seelischen Kosten des beruflichen Aufstiegs. Bonn: Dt. Psychologen-Verlag. 1997.

Großkurth, P.: Arbeitszufriedenheit als normatives Problem. In: Arbeit und Leistung, 1974

Grunwald, W.: Auf dem Weg zur partizipativen Führung. In: Fortschrittliche Betriebsführung und Industrial Engineering. 1981

Guest, D. E. : Perspecitives on the study of work-life balance. In: Social Science Information, 41. Jg. 2002, Nr. 2, S. 255-279.

Gulick, L.: Management is a science. In: Academy of Management Journal 1 - 1965, S. 7-13.

Habegger, Anja: Betriebliches Vorschlagswesen im Wandel. Stand der Diskussion und Umsetzung in der Praxis. Arbeitsbericht Nr. 61 des Instituts für Organisation der Universität Bern, Bern 2002.

Hacker, W.: Allgemeine Arbeits- und Ingenieurspsychologie. Bern, 1978, 4. Aufl., 1986, Arbeitspsychologie.

Hackmann, J. R.: The disign of work teams. In: Lorsch (Hrsg.), HOB, 1987

Hackstein, R.: Informationen und Fragen zu Herzbergs Dualitätstheorie. In: Fortschritliche Betriebsführung. 1974

Hall, G.: How to Make Reengineering Really Works? In: Harvard Business Review, 6 / 1993

Hamel, G.: So spüren Unternehmen neue Märkte auf. In: Harvard Manager, 2 / 1992

Hammer, M.: Reengineering The Corporation. New York, 1993

Hansen, Hans R.: "Wirtschaftsinformatik I", Stuttgart, 1996.

Hauschildt, J.: Innovationsmanagement. 2. Aufl., München 1997

Hauschildt, J. / Gemünden, H. (Hrsg.): Promotoren – Champions der Innovation. Wiesbaden 1998

Hauser, Frank / Schubert, Andreas / Aicher, Mona: Unternehmenskultur, Arbeitsqualität und Mitarbeiterengagement in den Unternehmen in Deutschland. Ein Forschungsbericht des Bundesministeriums für Arbeit und Soziales. Durchführung: psychonomics AG in Kooperation mit dem Institut für Wirtschafts- und Sozialpsychologie der Universität zu Köln und freundlicher Genehmigung des Great Place to Work Institute. Abschlussbericht Forschungsprojekt Nr. 18/05. http://www.bmas.de/Shared Docs/Downloads/DE/PDF-Publikationen/forschungsbericht-f371.pdf?__ blob=publicationFile – Stand: 24.07.2013.

Hayes, J. L.: "Die Kunst der Eigenwerbung." Management Review, American Management Association, New York

Hecker, J. B.: Controllship. 2. Edition, New York, 1963

Heckhausen, H.: Ein kognitives Motivationsmodell und die Verankerung von Motivkonstrukten. Bochum, 1975. In: Lenk, H. (Hrsg.), Handlungstheorien in interdisziplinärer Perspektive

Heckhausen, H.: Motivation und Handeln. Berlin / Heidelberg / New York, 1980

Heckhausen, H.: Motivation und Handeln. Berlin, 1989

Heckhausen, H.: Motivation: Kognitionspsychologische Aufspaltung eines summarischen Konstrukts. Psychologische Rundschau, 28, 1977, S. 175-189

Heckhausen, J. / Heckhausen, H.: Motivation und Handeln: Einführung und Überblick. Springer, Berlin, 2006

Heinen, E.: Betriebswirtschaftliche Führungslehre, Grundlagen – Strategien – Modelle. Ein entscheidungsorientierter Ansatz. 2. Aufl., Wiesbaden

Heinen, E.: Unternehmenskultur. München / Wien, 1987

Heinitz, K. / Rowold, J.: Transformational and charismatic leadership: Assessing the convergent, divergent and criterion validity of the MLQ and the CKS.In: The Leadership Quarterly, Vol.: 18/2007.

Hentschel, Claudia: Knowledge Management. In: Erfolgsfaktor Ideenmanagement. Kreativität im Vorschlagswesen, hrsg. v. Deutsches Institut für Betriebswirtschaft, 4. Aufl., Berlin 2003, S. 77-94.

Henzler, H.: Strategische Geschäftseinheiten, SGE: Das Umsetzen von strategischer Planung in Organisation. In: ZfB 48/1978

Herstatt, C. / Verworn, B.: „Modelle des Innovationsprozesses", Arbeitspapier Nr. 6, September 2000

Herzberg, F.: The Motivation to work. New York, 1959, 6. Edition. 1967

Herzberg, F.: Work and the Nature of Man. London, 1968

Herzberg, F.: Der weise alte Türke. In: Fortschrittliche Betriebsführung und industriale Engineering. 1975.

Hess, Kai / Rhomberg, Martin M.: Wer seine Mitarbeiter nicht kontrolliert, betrügt sie! Aus der Praxis des Führens. Hecht-Druck, 1. Aufl. 2012.

Higgins, C. A. / Duxbury, L. E.: Work-Family Conflict: A Comparison of Dual-Career and Traditional-Career Men. In: Journal of Organizational Behavior, 13. Jg. 1992, Nr. 4, S. 389-411.

Higgins, C. A. / Duxbury, L. E. / Irving, R. H.: Work-Family Conflict in the Dual-Career Family. In: Organizational Behavior and Human Decision Processes, 51. Jg. 1992, Nr. 1, S. 51-75.

Hill, Charles W.L. / Jones, Gareth R. : Strategic Management. An Integrated Approach, Houghton Mifflin Co. Boston, 2002, S. 46.

Hill, W.: Organisationslehre. Bd. 1 und 2, Bern / Stuttgart, 1974, 4. Aufl., 1989

Hofstätter, P. R.: Gruppendynamik, Hamburg, 1957

Holosko, M. J. / Feit, M. D. (Hrsg.): Evaluation of Employee Assistance Programs, New York/London 1988.

Horváth & Partners (Hrsg.): Balanced Scorecard umsetzen, Schäffer-Poeschel, 2007, S. 428.

House, R. J. / Howell, J. M.: Personality and charismatic leadership, Leadership Quarterly 3, 1992. 81-108.

Howard, P.J, / Howard, J.V.: Führen mit dem Big-Five-Persönlichkeitsmodell. Das Instrument für optimale Zusammenarbeit. Frankfurt, New York, 2008

Höhler, G.: Spielregeln für Sieger. Düsseldorf / Wien / New York, 1992

Höhn, R.: Stellenbeschreibung und Führungsverantwortung. Bad Harzburg, 1967

Höhn, R.: Der Weg zur Delegation von Verantwortung – Ein Stufenplan. Bad Harzburg, 1969

Höhn, R.: Führungsbrevier der Wirtschaft. Bad Harzburg, 8. Aufl., 1974

Humble, J.: Avoiding the pirfalls of Management by Objectives. In: European Business, 1970

Inglehart, R.: The silent revolution, Changing values and political styles among western publics. Princeton, 1977.

Inglehart, Ronald: Modernisierung und Postmodernisierung, Frankfurt, New York 1998.

Jackson, S. E. / Zedeck, S. / Summers, E.: Family life disruptions: Effects of job-induced and emotional interference. In: Academy of Management Journal, 28. Jg. 1985, Nr. 3, S. 574-586.

Jäger, P.: Der Erwerb von Kompetenzen als Konkretisierung der Schlüssel-qualifikationen: eine Herausforderung an Schule und Unterricht. Disser-tation, Universität Passau. Passau, 2001

Jones, D. T.: Die zweite Revolution in der Automobilindustrie. Z. A., Frankfurt a. M. / New York, 1992

Jones, R. A.: Self-Fulfilling Prophecies: Social Psychological and Physiological Effects of Expectancies. 1977

Jordan, P.: Analyse, Bewertung und Gestaltung von Arbeitsaufgaben und Ar-beitsorganisation für gesunde, produktive und innovative rechnerunter-stützte Tätigkeiten. Wissenschaftliche Beiträge aus dem Forschungspro-jekt SANUS. Institut für Allgemeine Psychologie. Technische Universität Dresden. 1997.

Jung, C. G.: Führungsstil und Führungsorganisation. In: Beiträge der For-schung: Führungsorganisation, Führungsmodelle. Band 2

Jung, C. G.: „Physiologische Typen." Schweiz, 1921

Jung, H.: Allgemeine Betriebswirtschaftslehre. 10. Aufl., München, 2006

Kairies, P.: So analysieren Sie Ihre Konkurrenz. Konkurrenzanalyse und Benchmarking in der Praxis, Renningen, 2005.

Kamiske, G. F. / Brauer, J.-P.: Qualitätsmanagement von A bis Z. München: Carl Hanser Verlag, 1995.

Kando, T. M.; Summers, W. C.: The impact of work on liesure: Toward a paradigm and research strategy. In: Pacific Sociological Review, 14. Jg. 1971, Nr. S. 310-327.

Kanter, R. M.: The change masters. New York, 1983.

Kanter, R. M.: Work and family in the United States: A critical review and agenda for research and policy. New York, 1977.

Kaplan, Robert S. / Norton, David P.: The Balanced Scorecard - Measures that Drive Performance. In: Harvard Business Review. 1992, S. 71-79.

Kaplan, Robert S. / Norton, David P.: Putting the Balanced Scorecard to work. In: Harvard Business Review. 1993, S. 134-147.

Kaplan, Robert S. / Norton, David P.: Balanced Scorecard. Strategien erfolgreich umsetzen. Stuttgart 1997.

Kaplan, Robert S. / Norton, David P.: Strategy Maps. Der Weg von immateriellen Werten zum materiellen Erfolg. Verlag Schäffer-Poeschel, Stuttgart 2004.

Kaschube, Jürgen: Betrachtung der Unternehmens- und Organisationskulturforschung aus (organisations-) psychologischer Sicht. In: Unternehmenskultur in Theorie und Praxis, hrsg. v. Meinolf Dierkes, Lutz von Rosenstiel und Ulrich Steger, Frankfurt, New York 1993 S. 90 – 146.

Kemper, Hans-Georg / Mehanna, Walid / Unger, Carsten: Business Intelligence - Grundlagen und praktische Anwendungen. Wiesbaden: Vieweg, 2004.

Kennedy, A.: Corporate Culture. Massachusets, 1982

Keupp, H. / Röhrle, B. (Hg.): Soziale Netzwerke. Frankfurt/New York: Campus Verlag. 1997.

KGSt: Handbuch Organisationsmanagement, 1999.

Kienbaum Management Consultants: „Unternehmenskultur – ihre Rolle und Bedeutung – Studie 2009/2011". Kienbaum Management Consultants 2010.

Kieser, A.: Organisation. Berlin, 2. Aufl., 1983

Kieser, Alfred / Hegele, Cornelia / Klimmer, Matthias: Kommunikation im organisatorischen Wandel. Stuttgart 1998.

Kiessler-Hausschildt, K.: Einführung in die Erforschung politischer Attitüde. München, 1972

Klages, Helmut: Der blockierte Mensch, Frankfurt, New York 2002.

Klinger, E.: Consequences of commitment to and disengagement from incentives. In: Psychological Review, 1975

Kluckholm, C.: Values and value-oriontations in theory of action. In: Parson, T. / Shiels, E. H. (Hrsg.), Towards a theory of action. Cambridge, 1951

Knassmüller, Monika: Unternehmensleitbilder im Vergleich. Sinn- und Bedeutungsrahmen deutschsprachiger Unternehmensleitbilder – Versuch einer empirischen (Re-)Konstruktion. (Forschungsergebnisse der Wirtschaftsuniversität Wien) Frankfurt a. M. 2005.

Koblank, Peter: BVW-Benchmarking. Mit wenigen, einfachen Kennziffern zu aussagefähigen Ergebnissen. EUR. impulse 12/2002, erw. Fassg. 2012.

Koch, Jörg: Marktforschung. München Oldenbourg, 2004.

Koestler, A.: The Ghost in the Machine. New York, 1967

Kofodimos, J.: Balancing act. How Managers can integrate successful careers and fulfilling personal lives, San Francisco 1993.

Kohlberg, L. E.: Moral stages and moralization: the cognitive-development approach. In: Lickona, T. (Hrsg.), Moral development and behavior. New York, 1976

Kosiol, E.: Organisation der Unternehmung. Wiesbaden, 1962

Kotter, J. P.: Organization. Homewood, 1979

Kotter, John: A Force for Change: How Leadership Differs from Management, 1990.

Krallmann, H.: Sozio-ökonomische Anwendung der Kybernetik und Systemtheorie. Berlin / Bielefeld / München, 1982

Krieg, W.: Entwicklung eines integrierten Führungsinstrumentariums. In: v. Malik, F. (Hrsg.) Praxis des Systemorientierten Managements. Bern, 1979

Krieg, W.: Führungsmodelle – St. Galler Modell. In: HWFü

Krystek, U. / Becherer, D. / Deichelmann, K.H.: Innere Kündigung als Führungsproblem. Empirische Ergebnisse. In: Personal. Heft 12/1995.

Kuepers Wendelin: Authentische und integrale, transformationale Führung - Ein Überblick über den „state-of-the-art" aus akademischer Perspektive. fernuni-hagen.de http://www.academia.edu/977913/Authentische_und_integrale_transfor mationale_Fuhrung – Stand: 22.01.2013.

Kuhn, K.: Beurteilung arbeitsbedingter psychischer Gefährdungen nach dem neuen Arbeitsschutzgesetz und der Bildschirmarbeitsverordnung. In: Badura, B., Litsch, M., Vetter, C. (Hg): Fehlzeiten-Report 1999. Psychische Belastung am Arbeitsplatz. Berlin/New York: Springer Verlag. 2000.

Kuhn, A.: Unternehmensführung. München

Kunze, Chr. W.: Competitive Intelligence. Ein ressourcen-orientierter Ansatz strategischer Frühaufklärung, Aachen 2000.

Kuppler, Benno: Anerkennung und Kritik. Zum Verhälnis zwischen Unternehmensleitung und Mitarbeitern. Lehrbericht vom 15.03.1970: http://www.we-wi-we.de/Kuppler_Anerkennung_und_Kritik.pdf – Stand: 15.08.2013.

Landy, F. J.: Psychologie of work behavior. 3. Aufl., 1985

Lattmann, Ch.: Personal-Management und strategische Unternehmensführung. Heidelberg, 1987

Lawrence, P. R.: Organization and Environment: Managing Differentation and Integration. Homewood, 1967

Läge, K.: Ideencontrolling mit Kennzahlen. In: Controlling, 11. Jg. 1999, Heft 6, S. 261-266.

Leavitt, H. J.: Unhuman organizations. In: HBR, 1962

Leavitt, H. J.: Applied organizational change in industry: Structural, technological and humanistic approaches. In: March, J. D. (Hrsg.) Handbook of organizations. Chicago, 1965

Lehner, F.: Wissensmanagement: Grundlagen, Methoden und technische Unterstützung, 2.Aufl., München Wien: Hanser, 2008.

Leibfried, K. H.J./ McNair, C. J.: Benchmarking: Von der Konkurrenz lernen, die Konkurrenz überholen, Rudolf Haufe Verlag, Freiburg i.Br. 1992.

Leitl, Michael: Was ist Competitive Intelligence? In: Harvard Businessmanager Heft 5/2005: Raus aus der Routine 07.05.2009. http://www.harvard businessmanager.de/heft/artikel/a-621265.html – Stand: 20.08.2012.

Lersch, Ph.: Aufbau der Person. München, 1966

Levy, A.: Organizational transformation. New York, 1986

Lewin, K.: Patterns of aggressive behavior in experimantally created social climates. In: Jouranl of Social Psychology, 1939 (10)

Lewin, K.: A dynamic theory of personality. New York, 1935

Lewin, K.: Feldtheorie in den Sozialwissenschaften. Bern, 1963

Lewin, K.: Grundzüge der topologischen Psychologie. Bern, 1969

Leymann, H.: Mobbing: Psychoterror am Arbeitsplatz und wie man sich dagegen wehren kann. Reinbek bei Hamburg: Rowohlt. 1999.

Lichtmann, C. M.: Personalyty and organization theory: A review of some conceptual literatures. In: PB 1971

Likert, R.: The human organizations. Its management and value. New York, 1967

Likert, R.: Neue Ansätze der Unternehmensführung. Übersetzung von New Patterns of Management. Bern / Stuttgart, 1972

Lippitt, G. L.: Implementing orgnizational change. San Francisco / Washington / London, 1985

Locke, E. A.: Toward a theory of task motivation an incentives. In: OBHP 3 / 1968

Locke, E. A.: The nature and causes of job satisfaction. In: Dunmette, M. D. (Hrsg.), HIOP, 1976

Lohr, S.: Overhandling America´s business Management. New York, Times Magazin, 1981

Lorenz, Ch.: "Pioneers: The Anti-Merger Specialists". In: Financial Times, 30.10.1981

Lorenz, D.: Mensch und Bildschirmarbeit. Systemische Arbeitsplatzanalyse nach der EU-Richtlinie 'Arbeit an Bildschirmgeräten'. Murnau: Akzente Studiengemeinschaft. 1996.

Lorsch, J. W.: Organization and Environment: Managing Differentation and Integration. Homewood, 1967

Losch, Andreas: Leitbilder der Spitzenverbände der freien Wohlfahrtspflege und diakonischer und caritativer Träger im Vergleich, Spenner, Kamen, 2011.

Luhmann, Niklas: Rechtssoziologie, 2. Aufl. 1993.

Luhmann, Niklas: Vertrauen. Ein Mechanismus der Reduktion sozialer Komplexität. Stuttgart 2000.

Luhmann, Niklas: "Lob der Routine" / Verwaltungsarchiv 55, 1964, S. 1-33. und in: Mayntz, Renate (Hrsg.), Bürokratische Organisation, Köln-Berlin 1968, S. 324-341.

Luhmann, Niklas: Vertrauen: Ein Mechanismus der Reduktion sozialer Komplexität. 4. Aufl. UTB. 2000.

Luhmann, Niklas. In: Petermann, Fanz: Psychologie des Vertrauens. Salzburg, 1985. S. 12.

Luthans, F.: Organizational behavior. Tokio, 1973, 4. Aufl., 1985.

Lux, Christian / Peske, Thorsten: Competitive Intelligence und Wirtschaftsspionage. Analyse, Praxis, Strategie. Gabler, Wiesbaden 2002.

Lück, P.: Prävention und Gesundheitsförderung als Instrument der Kostendämpfung im Gesundheitswesen. In: Klotter, C.(Hg.): Prävention im Gesundheitswesen. Göttigen: Verlag für Angewandte Psychologie. 1997.

Lynch, Richard L. / Cross, Kelvin F.: Measure up!: Yardsticks for continuous improvement. Blackwell Business. Cambridge, Mass., USA, 1991.

Malik, F.: Management-Systeme. Bern, 1981

Malik, F.: Strategie des Managements komplexer Systeme. Bern, 1984

Manz, C.: Self-management as a substitute for badership: A learning theory perspective. In: AMR 5 / 1980

March, J. G.: Organizations. New York, 1958. Deutsch: Organisation und Individuum. Wiesbaden, 1976

Martinovits, A.: Einstellungen zu Arbeit und Freizeit im Zeitverlauf. Ergebnisse aus UNIVOX-Gesellschaftsmonitoring-Studien, Zürich 2002.

Masaaki, I.: Kaizen – der Schlüssel für die japanische Überlegenheit im Wettbewerb. 1992

Maslow, A. H.: Motivation and personality. New York, 1954

Massimini, F. & Carli, M. La selezione psicologica umana tra biologia e cultura. In Massimini, F. & Inghilleri (Hrsg.). L'Esperienza quoti-diana, 65-84. Mailand: Franco Angeli. 1986.

Massimini, F. / Carli, M.: Die systematische Erfassung des flow- Erlebens im Alltag. In M. Csikszentmihalyi, I.S. Csikszentmihalyi (Hrsg.). Die außergewöhnliche Erfahrung im Alltag: die Psychologie des flow-Erlebnisses (266-287). Stuttgart: Klett-Cotta. 1991.

Matje, Andreas: Unternehmensleitbilder als Führungsinstrument. Komponenten einer erfolgreichen Unternehmensidentität, Gabler, Wiesbaden, 1996.

Mayers, D. G.: The inflated Sel. In: How do I love me? Let me count the way. Psychology Today, Mai 1980

McGregor, D.: The human Side of Enterprise. New York, 1960

Mc Gregor, D.: Leadership and motivation. Cambridge, Mass., 1966

McGregor, D.: The professional manager. New York, 1967

Mc Kelvey, B.: Populations, natural selection and applied organizational science. In: ASQ, 28 / 1983

Menzies, C. (Hrsg.): Sarbanes-Oxley Act, Stuttgart 2004.

Menzies, C. (Hrsg.): Sarbanes-Oxley und Corporate Compliance, Stuttgart 2006.

Metzen, H.: Lean-Management. Vorsprung durch schlanke Konzepte. Landsberg, 1992

Meyer-Raven, C.: Funktionswandel im mittleren Management: Die Auswirkungen des exogenen Wandels auf die mittlere Führungsschicht. Diss. St. Gallen, 1996

Michaeli, R.: Competitive Intelligence: Strategische Wettbewerbsvorteile erzielen durch systematische Konkurrenz-, Markt- und Technologieanalysen. Berlin. Springer, 2006.

Michaeli, R. / Bill, T.: Corporate Intelligence und Balanced Scorecard. In U. Hannig (Hrsg.), Know-ledge Management und Business Intelligence (S. 335-346). Berlin: Springer Verlag. 2002.

Michalk, Silke/Nieder, Peter: Erfolgsfaktor Work-Life-Balance. WILEY-VCH Verlag, Weinheim, 2007.

Mićić, Pero: Die fünf Zukunftsbrillen – Chancen früher erkennen durch praktisches Zukunftsmanagement. 2. Aufl. Offenbach, Gabal, 2009.

Mićić, Pero: Das ZukunftsRadar – Die wichtigsten Trends, Technologien und Themen der Zukunft. 2. Aufl. Offenbach, Gabal, 2007.

Mićić, Pero: Der ZukunftsManager – Wie Sie Marktchancen vor Ihren Mitbewerbern erkennen, 3. Aufl., Haufe, Freiburg, 2003.

Miles, R. E.: Human relations or human resources? In: HBR, 4 / 1965

Miles, R. E.: Theories of Management. New York, 1975

Miles, R. E. / Snow, C. C.: The New Network Firm: A Spherical Structure Built on a Human Investment Philosophy. In: Organizational Dynamics, 23. Jg. 1995, Nr. 3, S. 5-18.

Minzberg, H.: The structuring of organizations. Engelwood Cliffs / New York, 1979

Minzberg, H.: Planing on the Left Side and Managing on the Right. Harvard Business Review, 7 / 8 1976

Mirvis, Philip; Gunning, Louis "Tex", "Creating a Community of Leaders" in: Organizational Dynamics, Vol. 35, No.1, 2006. pp. 69 – 82.

Montada, M. L.: Lernpsychologie Jean Piagets. Suttgart, 1970.

Müller, S. / Gelbrich, K.: Interkulturelles Marketing. München Vahlen, 2004.

Müller, H.: Freizeit und Tourismus. Eine Einführung in Theorie und Praxis, 9. Auflage, Bern 2002.

Murphy, Christopher: Competitive Intelligence, 2005.

Nagel, R.: Arbeitsweise, interne Gliederung und hierarchische Einordnung von Organisationsabteilungen. In: ZfO, 54 / 1985 / 3

Nagl, Anna: Lernende Organisation. Entwicklungsstand, Perspektiven und Gestaltungsansätze in deutschen Unternehmen: Eine empirische Untersuchung. Aachen, Shaker 1997.

Naschold, F.: Organisationsentwicklung und technische Innovation. In: ZfA, 41 4 / 1987

National Trainging Laboraties (NTL): News and Reports form NTL. 1968

Nattermann, Philipp,.M. 2000. Best practice does not equal best strategy. In McKinsey Quarterly, 2/2000, S. 22 ff.

Neuberger, O.: Wir die Firma – Der Kult um Unternehmenskultur-Weinheim / Basel, 1987

Neuberger, O.: Führung. Stuttgart, 1984, 3. Aufl., 1990

Neugarten, M, L: Noticing noticing: the role of noticing in the praxis of Competitive Intelligence. Bamberg: Difo. 2007.

Neef, Andreas: Andreas Neef im Gespräch mit Redakteur Sascha Alexander: Zukunftsforschung: Wir brauchen keine Querdenker. In: Computerwoche. Gespräch vom 19.02.2009.

http://www.computerwoche.de/software/bi-ecm/1887512/ - Stand: 22.09.2011.

Neuloh, O.: Der neue Betriebsstil. Untersuchungen über Wirtschaftlichkeit und Wirkung der Mitbestimmung. Tübingen, 1960

Nirow, H. M.: Kybernetik – Grundlagen einer allgemeinen Theory der Organisation. Wiesbaden, 1969

Northouse, Peter, G.: Leadership: Theory and Practice, Fourth Edition, 2007.

North, K.: Wissensorientierte Unternehmensführung - Wertschöpfung durch Wissen, Wiesbaden, 2002.

Ochs, P. / Petrenz, J. / Reindl, J.: Ressource. Handbuch zur arbeitsnahen Gesundheitsförderung im Betrieb. Saarbrücken: Institut für Sozialforschung und Sozialwirtschaft e.V. 1996.

Odiorne, G. S.: Management by Objectives – Führung durch Vorgabe von Zielen. München, 1971.

O'Driscoll, M. P. / Ilgen, D. / Hildreth, K.: Time devoted to job and off-job activities, interrole conflict, and affective experiences. In: Journal of Applied Psychology, 77. Jg. 1992, Nr. 3, S. 272-279.

O'Driscoll, M. P.: The interface between job and off-job roles: Enhancement and conflict. In: International Review of Industrial and Organisational Psychology, hrsg. v. Cooper, C. L. und Robertson, I. T., Chichester 1996, S. 279-306. S. 295

Office of Government Commerce: ITIL Lifecycle Publication Suite: Service Strategy WITH Service Design AND Service Transition AND Service Operation AND Continual Service Improvement, Stationary Books, 2007.

Ohno, Taiichi: Das Toyota-Productions-Systems. Frankfurter a. M. / New York, 1993

Olfert, Klaus: Lexikon Personalwirtschaft. 1. Aufl. Friedrich Kiehl Verlag 2008.

Oppolzer, A.: Ausgewählte Bestimmungsfaktoren des Krankenstandes in der öffentlichen Verwaltung – zum Einfluß von Arbeitszufriedenheit und Arbeitsbedingungen auf krankheitsbedingte Fehlzeiten. In: Badura, B., Litsch, M., Vetter, C. (Hg): Fehlzeiten-Report 1999. Psychische Belastung am Arbeitsplatz. Berlin/New York: Springer Verlag. 2000.

Opaschowski, H. W.: Deutschland 2010. Wie wir morgen arbeiten und leben - Voraussagen der Wissenschaft zur Zukunft unserer Gesellschaft, 2. Auflage, Hamburg 2001.

Orth, H.: Schlüsselqualifikationen an deutschen Hochschulen. Konzepte, Standpunkte und Perspektiven. Neuwied, Kriftel: Luchterhand.1999

Osterholz, U.: Der Einfluß psycho-sozialer Faktoren am Arbeitsplatz auf die Genese von Muskel-Skeletterkrankungen. In: Badura, B., Litsch, M., Vetter, C. (Hg): Fehlzeiten-Report 1999. Psychische Belastung am Arbeitsplatz. Berlin/New York: Springer Verlag. 2000.

Osterloh, M.: Handlungsspielräume und Organisationsspielräume als Voraussetzungen einer persönlichkeitsförderlichen Arbeitsgestaltung. In: E.-H. Hoff, L. Lappe & W.Lempert (Hg).: Arbeitsbiographie und Persönlichkeitsentwicklung. Bern: Huber.S.243-259. 1985.

O'Tool, J.: Big or Samll. Arbeitspapier der University of Southern California, 1991

Pascale, R.: The art of Japanese management. 1981. Deutsch: Geheimnis und Kunst des japanischen Managements. München, 1992

Oxley, Michael G.: The Sarbanes-Oxley Act of 2002—Restoring Investor Confidence. In: Current Issues in Auditing 1(2007), Nr. 1, S. C1-C2.

Parker, S. R. : Industry and the family. In: The sociology of industry, hrsg. v. Parker, S. R.; Brown, R. K.; Child, J. und Smith, M. A., London 1967, S. 45-55.

Parsons, T./ Bales, R. F.: Family, socialisation, and interaction process, Glencoe 1955.

Payton-Miyazaki, M.; Brayfield, A. H.: The good job and the good life: Relation of characteristics of employment to general wellbeing. In: Measuring Work Quality for Social Reporting, hrsg. v. Biderman, A. D. und Drury, T. F., Beverly Hills 1976, S. 125-150.

Peisl, A.: Konzeption und Organisation der Unternehmensplanung der Siemens AG. In: ZfbF 1975.

Pelz, Waldemar: Transformationale Führung. Eine Weiterentwicklung des Führens mit Zielvereinbarungen. Zusammenfassende Ergebnisse einer empirischen Studie mit 4.107 Teilnehmern. In: Interview Magazin, Ausgabe Nr. 4, 2012.

Parker, S. R. : Industry and the family. In: The sociology of industry, hrsg. v. Parker, S. R.; Brown, R. K.; Child, J. und Smith, M. A., London 1967, S. 45-55.

Pepel, W.: market Intelligence: Moderne Marktforschung für Praktiker - Auswahlverfahren,datenerhebungen, Datenauswertung, Praxisanwendungen und Marktprognosen. Erlangen, Publicats, 2007.

Perrow, Ch.: Organizational analysis: A sociological view. London, 1970

Perry-Smith, J. E. / Blum, T.: Work-Family Human Resource Bundles and Perceived Organizational Performance. In: Academy of Management Journal, 43. Jg. 2000, Nr. 6, S. 1107-1117.

Peters, T.: Jenseits der Hierarchien, Liberation Management. Düsseldorf, 1993.

Peters, T.: Receession as Opportunity. Smart moves for tough times Video-Programm von 1990 / Europamanagement, P.O.Box 2192, NL-5600 CD Eindhoven

Peters, Tom J./Austin, Nancy K.: A passion for excellence. The leadership difference, New York: Warner Books,1985.

Peters, Thomas J. / Watermann, Robert, H.: In search of excellence. New York, 1982. Deutsch: Auf der Suche nach Spitzenleistungen. Landsberg, 1984.

Peters, T. J.: Liberations Management. 1992 und "Rethinking Scale". In: California Management Review, Bd. 34, Nr. 1, 1993. Deutsch: Big is out. Wie groß darf ein marktnahes Unternehmen sein? In: Harvard Business Manager, 15. Jg., 1993, Nr. 3

Pfaff, D.: Competitive Intelligence in der Praxis: Mit Informationen über ihre Wettbewerber auf der Überholspur. Frankfurt: Campus. 2005.

Pfaff, D.: Praxishandbuch Marketing. Grundlagen und Instrumente, Frankfurt, 2004.

Pfeffer, J.: Organizations and organization theory. Boston, 1982

Pfister, E. / Lindner, H. / Ferl, T.: Optimierung des Bildschirmkontrastes – Reduktion der psychophysiologischen Beanspruchung. In: Zeitschrift für Arbeitswissenschaft. Heft 3/1996.

Phillips, J. / Liebowitz, J. / Kisiel, K.: Modeling the Intelligence Analysis Process for Intelligent User Agent Development, Research and Practice in Human Resource Management, 9(1), 2001. 59-73. http://rphrm.curtin.edu.au/2001/issue1/intelligence.html – Stand: 30.08.2012.

Piaget, J.: Meine Theorie der geistigen Entwicklung. Frankfurt a. M., 1985

Piotrkowski, C. S.: Work and the family system. A naturalistic study of working-class and lower-middle-class families, New York, 1978.

Pircher-Friedrich, Anna Maria: Sinn-orientierte Führung in Dienstleistungsunternehmungen, Ziel, Augsburg 2001.

Pircher-Friedrich, Anna Maria: Mit Sinn zum nachhaltigen Erfolg, Erich Schmidt Verlag, 3., neu bearbeitete Auflage, Berlin 2011.

Porter, L. W.: Managerial attitudes and Performance. 1968

Porter, M.: Nationale Wettbewerbskraft – woher kommt die? In: Harvard Manager 4 / 1990

Porter, Michael: Wettbewerb und Strategie. Düsseldorf, Econ, 1995, S. 17.

Porter, Michael E.: Competitive Strategy: Techniques for analyzing industries and competitors: with a new introduction/Michael E. Porter; The Free Press, New York, 1980.

Porter, Michael E: Competitive Advantage, New York, 1985.

Posth, M.: Integration von Investitions- und Personalplanung. Diskussionsbeitrag. Heft 22, Uni Erlangen / Nürnberg, 1983

Probst, G.: Integriertes Management. Festschrift für Hans Ulrich, Bern, 1985

Probst/Raub/Romhardt: Wissen managen: Wie Unternehmen ihre wertvollste Ressource optimal nutzen, Wiesbaden: Gabler, 2006.

Pümpin, C.: Das Dynamik Pronzip. Düsseldorf, 1989

Pümpin, C.: Unternehmenskultur, Unternehmensstrategie und -erfolg. ATAG AG Zürich, 1984

Radtke, P./Stocker, S./Bellabarba, A.: Kommunikationstechniken. Sieben Techniken für eine effektive Kommunikation. München, 2002

Rall, W.: Organisation für den Weltmarkt. In: ZfB 59 / 1989 / 10

Raschick, G.: Artikel im Magazin der Air Canada. Januar 1986

Rata, A.: Managing by Objectives. Glenview, Ill. 1974

Reber, G.: Vom praktisch-autoritären zum bürokratisch-autoritären Führungsstil? Kritische Bemerkungen zu einem neuen Buch um „Bad Harzburger Modell". In: Zeitschrift für Betriebswirtschaft, 1970

Rebstock, M.: Die Unterstützung der Managementkonzepte. In: ZfO 3 / 1994

Redel, W.: Führungsstil und Führungsorganisation. In: Beiträge der Forschung: Führungsorganisation, Führungsmodelle. Band 2

Redel, W.: Kollegienmanagement. Bern / Stuttgart, 1982

Reinermann, H.: Verwaltung und Führungskonzepte. Berlin / München, 1978

Reiß, M.: Die Rolle der Personalführung im Lean-Management. In: ZfP 2 / 1993

Reitsperger, W.: Product Quality and Cost Leadership: Compatible Strategies? Management International Review, 33 / 1993 / 1

Rheinberg, F.: Motivation. 5. Auflage. Stuttgart: Kohlhammer. 2004.

Richenhagen, G. / Prümper, J. / Wagner, J.: Handbuch der Bildschirmarbeit. Neuwied: Luchterhand Verlag GmbH. 1988.

Rieckmann, H.: Auf der grünen Wiese... – Organisationsentwicklung einer Werksneugründung. Soziotechnisches Design und Offene-System-Planung. Bern / Stuttgart, 1982

Robbins, S.: Fundamentals of Management, 7th ed., Pearson Inc.: New Jersea, 2011, S. 331.

Roetlisberger, F.: Management and the worker. Cambridge, 1939

Roos, D.: Die zweite Revolution in der Automobilindustrie. Z. A. Frankfurt a. M. / New York, 1992

Rose, M.: Industrial behavior: Theoretical development since Taylor. London, 1975

Rosenberg, M. J.: Cognitive, affective and behavioral components of attitudes. In: Rosenberg, M. J. / Hoveland, C.J. (Hrsg.) attitudes organization and change. New Haven, 1960

Rosenstiel, L. v:: Die motivationalen Grundlagen des Verhaltens in der Organisation – Leistung und Zufriedenheit. Berlin, 1975

Rosenthal, J.: How to Make Reengineering Really Works? In: Harvard Business Review, 6 / 1993

Rosner, L.: Moderne Führungspsychologie. 1971

Ross, L.: The Intuitives Psychologist and his Shortcommings. In: Advances in experimental Social Psychology, Band 19, Berkowitz, L. (Hrsg.), New York, 1977

Rothausen, T. J.: 'Family' in organizational research: A review and comparison of definitions and measures. In: Journal of Organizational Behavior, 20. Jg. 1999, Nr. 6, S. 817-836.

Ruhleder, Rolf, H.: Trend 2000 - 20 Säulen des Erfolges. In: Zukunftsmanagement. Trainings-Perspektiven für das 21. Jahrhundert. (Hrsg. Flockenhaus, U.) 2. Aufl. Offenbach, Gabal 1999. S. 123 - 138. S. 123.

Rüegg-Stürm, Johannes: Das neue St. Galler Management-Modell, in: Dubs, Rolf u. a. (Hrsg.), Einführung in die Managementlehre, Bern 2004, S. 65-141.

Rühl, G.: Zur Kritik an der herzbergischen Motivationstheorie.

Rumelt, R. P.: Strategy, Structure and Economic Performance. Harvard, 1974

Ruh, Hans.: Anders aber besser. Die Arbeit neu erfinden - für eine solidarische und überlebensfähige Welt, Frauenfeld, 1995.

Puschmann, Norbert, O.: Benchmarking: Überblick und Perspektiven. Fernuniversität Hagen: http://www.stud.fernuni-hagen.de/q5413273/bmsum.htm – Stand: 21.07.2012.

Sackmann, Sonja A. (Hg): „Cultural complexity in organizations", Sage, Thousand Oaks, 1997.

Sager, O.: Vom Leiten im Management: Frankfurt, 1991

Sahm, A.: Motivation. In: Management Enzyklopedie, Band 4

Sander, Bernie: Praktische Tipps zur Verbesserung des Ideenmanagements, internationale Trends und Ausblick auf künftige Entwicklungen. In: Erfolgsfaktor Ideenmanagement. Kreativität im Vorschlagswesen, hrsg. v. Deutsches Institut für Betriebswirtschaft, 4. Aufl., Berlin 2003, S. 185-206.

Sathe, V.: Culture and related corporate realities. Homewood, 1985

Sattelberger, Th.: Coaching: Alter Wein in neuen Schleuchen. In: Personalführung. 6 / 1990

Saum-Aldehoff, T.: Big Five. Sich selbst und andere erkennen. Düsseldorf, 2007

Sayles, L. R.: Behavior of indurstrial work groups. New York, 1958

Scanlan, B.: Erfolgreiche Mitarbeitermotivierung. München, 1973

Scanlon, B.: Management and organizational behavior. New York, 2. Aufl., 1983

Scheelen, Frank, M.: Überlegene Führungskompetenz durch persönliche Brillanz. In: Zukunftsmanagement. Trainings-Perspektiven für das 21. Jahrhundert. (Hrsg. Flockenhaus, U.) 2. Aufl. Offenbach, Gabal 1999. S. 139 – 160.

Scheler, Uwe: Networking. In: Zukunftsmanagement. Trainings-Perspektiven für das 21. Jahrhundert. (Hrsg. Flockenhaus, U.) 2. Aufl. Offenbach, Gabal 1999. S. 161 - 174.

Schein, E. H.: Organizationalpsychology. 1965, 3. Aufl., 1980. Deutsch: Organisationspsychologie. Wiesbaden, 1980

Schleidt, Daniel / FAZ: „ Jedes Morgen hat seine Wurzeln im Heute" Interview mit Klaus Burmeister. FAZ.NET vom 16.10.2010. http://www.faz.net/s/RubB

1763F30EEC64854802A79B116C9E00A/Doc~ED761B913055240CEB62 D80D921B8249B~ATpl~Ecommon~Sspezial.html – Stand: 20.09.2011.

Schmidt, Klaus: Inclusive Branding, Hermann Luchterhand Verlag, München 2003.

Schreyögg, Georg: Organisation. 2. Aufl. 1998.

Schultz, Th. W.: Economic analysis of investment in education. Washington, 1978

Schulz von Thun, F.: Miteinander reden 1, Störungen und Klärungen. 1981/ 46. Aufl. Hamburg, 2008

Schulz von Thun, F.: Miteinander reden 2, Stile, Werte und Persönlichkeitsentwicklung. 1989/ 29. Aufl. Hamburg, 2008

Schulz von Thun, F.: Miteinander reden 3, Das „Innere Team" und situationsgerechte Kommunikation. 1998/ 17. Aufl. Hamburg, 2008

Schulz von Thun, F.: Miteinander reden: Fragen und Antworten. Hamburg, 2007

Schulz von Thun, F. / Ruppel / Stratmann: Miteinander reden für Führungskräfte. Hamburg, 2000

Schuster, F. E.: The Schuster Report. The proven connection between people and profit. New York, 1986. Deutsch: Menschenführung – ein Gewinn. Hamburg, 1987

Scott, W. R.: Theoretical Perspectives. In: Environments and Organizations. Machall, W., Meyer and Assicates, Standford / San Francisco, 1978

Scott, W. R.: Organizations: rational, natural and open Systems. Engelwood Cliffs / New York, 1981, 2. Aufl., 1987. Deutsch: Grundlage der Organisationstheorie. Frankfurt a. M. / New York, 1986

Seidel: Führungsstil und Führungsorganisation. In: Beiträge der Forschung: Führungsorganisation, Führungsmodelle. Band 2

Seitz, K.: Die japanisch-amerikanische Herausforderung: Deutschlands Hochtechnologie-Industrien kämpfen ums Überleben. Bonn-Aktuell, Stuttgart / München / Landsberg, 1991

Selznick, Ph.: Leadership in Administration: A Sociological Interpretation. New York, 1957

Semmer, Norbert: Stress am Arbeitsplatz. In: Psychologie der Arbeitswelt, hrsg. v. Georges Steffen, Markus Meis und Claude Bollendorff, Luxembourg 1998, S. 33 – 64.

Serfling, Klaus / Schultze, Roland: "Target Costing - Kundenorietierung in Kostenmanagement und Preiskalkulation", krp Kostenrechnungspraxis, Sonderheft 1/96 "Frühzeitiges Kostenmanagement", Wiesbaden, 1996, S. 35.

Servatius, H. G.: Vom strategischen Management zur evolutionären Führung – Auf dem Weg zu einem ganzheitlichen Denken und Handeln. Stuttgart, 1991

Siebert/Kempf: Benchmarking, München: Hanser, 2008.

Siegwart, H.: Integriertes Management. Festschrift für Hans Ulrich, Bern, 1985

Simon, H. A.: Information Processing Models of Cognition. Anmual Review of Psychology, Band 30, 1979

Simon, Hermann: Die Wirtschaftstrends der Zukunft. Frankfurt / New York, Campus, 2011.

Simon, Walter: GABALs großer METHODENKOFFER ZUKUNFT Grundlagen und Trends. GABAL, Offenbach, 2011.

Simon, Hermann: Die Wirtschaftstrends der Zukunft. Campus, Frankfurt/New York, 2011.

Simon, Hermann / von der Gathen, Andreas: Das große Handbuch der Strategieinstrumente. Werkzeuge für eine erfolgreiche Unternehmensführung. Frankfurt, 2012.

Skinner, B. F.: Beyond Freedom and Dignity. New York, 1971. Deutsch: Jenseits von Freiteit und Würde. Reinbeck, 1973

Smith, A.: An inquiry into the nature an causes of the wealth of nations. London 1776. Deutsch: Untersuchung über das Wesen und die Ursachen des Volkswohlstandes. Berlin, 1905

Spendolini, Michael: The Benchmarking Book. 1992.

Staehle W. H.: Human Resource Management (HRM). In: ZfB, 1988 5 / 6

Staehle, Wolfgang / Conrad, Peter / Sydow, Jörg: Management. München, Vahlen, 1999.

Staines, G. L.: Spillover versus compensation: A review of the literature on the relationship between work and non-work. In: Human Relations, 33. Jg. 1980, Nr. 2, S. 111-129.

Staudt, E.: Innovation durch Qualifikation. Frankfurt a. M., 1988.

Stegmann, W.: Die Macht der Angst. In: Badura, B., Litsch, M., Vetter, C. (Hg): Fehlzeiten-Report 1999. Psychische Belastung am Arbeitsplatz. Berlin/New York: Springer Verlag. 2000.

Steinbrunner, J. D: The Cybernetic Theory of Decidion: New Dimmensions of political Analysis, 1974

Steiner, R. / Ritz, A.: Beurteilung und Entlöhnung von Lehrpersonen. In: Effektive Schulführung, hrsg. v. Norbert Thom, Adrian Ritz und Reto Steiner. Bern, Stuttgart, Wien 2002, S. 207-237

Steinle, C.: Führung. Stuttgart, 1978

Steinle, C.: Leistungsverhalten und Führung in der Unternehmung. Das Harzburger Führungsmodell im Vergleich mit einem motivationstheoretischen fundierten Leistungs-Verhaltensmodell. Berlin, 1975

Steinle, C.: Motivation und Personalführung.

Steinmann, H. / Schreyögg, G.: Management, 6. Aufl., Wiesbaden, 2005

Steinmann, H.: Zur organisatorischen Umsetzung der strategischen Kontrolle. In: ZfbF, 1986

Stotka, A. M.: Cooke creates a classic: The story behind F. W. Taylor`s principles of scientific managements. In: AMR 1978

Straub, Manfred: "Benchmarking - Im Vergleich mit den Besten eigene Schwächen erkennen". In: Handelsblatt, Düsseldorf, 1997, Nr. 51, S. 27.

Sturges, J. / Guest, D. E. / Mackenzie, D. K.: Who's in Charge? Graduates' Attitudes to and Experiences of Career Management and their Relationship with Organisational Commitment. In: European Journal of Work and Organizational Psychology, 9. Jg. 2000, Nr. 3, S. 352-370.

Szyperski, N.: Duale Organisation. In: ZfbF-Kontaktstudium, 31 / 1979

Tannenbaum, R.: How to choose a leadership pattern. In: Harvard Business Review, 1958 (36)

Taylor, F. W.: The principles of scientific management. New York, 1911. Deutsch: Die Grundzüge der wissenschaftlichen Betriebsführung, Berlin / München, 1917

Ten Berg, D.: Crash Management. Düsseldorf, 1989

Thom, N. / Ritz, A.: Public Management. Innovative Konzepte zur Führung im öffentlichen Sektor. 4. Aufl., Wiesbaden, 2008

Thom, N.: Zur Effizienz der Matrix-Organisation. In: Zukunftsperspektiven der Organisation. Bern, 1990

Thom, Norbert: Vom Betrieblichen Vorschlagswesen zum ganzheitlichen Ideenmanagement. (Institut für Organisation und Personal) IOP Referat. Universität Bern, 16.10.2003.: http://www.iop.unibe.ch/Dateien/referate/ VBW-Ideenmanagement-20031016ah.pdf – Stand: 04.01.2013.

Thom, Norbert: Betriebliches Vorschlagswesen. Ein Instrument der Betriebsführung und des Verbesserungsmanagements. 6. Aufl., Bern u. a. 2003.

Thom, Norbert: Innovationsmanagement. Schriftenreihe „Die Orientierung" Heft 100, hrsg. v. der Schweizerischen Volksbank, Bern 1992.

Thom, Norbert: Effizientes Innovationsmanagement in kleinen und mittleren Unternehmen. BEKB/BCBE-Broschüre, Bern 1997.

Thom, Norbert: Innovationsmanagement. In: Die Orientierung, Heft 100, hrsg.v. der Schweizerischen Volksbank, Bern 1992.S. 8.

Thom, Norbert: Personal I, Skript zur Vorlesung, 9. Auflage, Institut für Organisation und Personal der Universität Bern 2002.

Thomas, M. M.: "Businessman´s Shortcomings". New York, Times, 21.08.1990

Thompson, J. A. / Bunderson, S., J. : Work-Nonwork Conflict and the Phenomenology of Time. Beyond the Balance Metaphor. In: Work and Occupations, 28. Jg. 2001, Nr. 1, S. 17-39.

Tichy, N. M.: Strategic human resource management. In: SMR 2 / 1982

Tichy, N. M.: The transformational leader. New York, 1986

Toffler, A.: Future Shock. New York, 1970. Deutsch: Der Zukunftsschock. Bern, 1970

Töpfer. A.: Benchmarking – Der Weg zu Best Practice Springer Verlag, 1997.

Tracy, Brian: Die Revolution des Wissens. In: Zukunftsmanagement. Trainings-Perspektiven für das 21. Jahrhundert. (Hrsg. Flockenhaus, U.) 2. Aufl. Offenbach, Gabal 1999. S. 245 - 256.

Trist, E. L.: Organizational choice. London, 1963

Türk, K.: Neuere Entwicklungen in der Organisationsforschung. Stuttgart, 1989

Tversky, A.: Judgment Under Uncertainty. 1974

Ulrich, H.: Die Unternehmung als produktives soziales System. Bern, 1968

Ulrich, H.: Führungsmodelle – St. Galler Modell. In: HWFü

Ulich, Eberhard: Gestaltung von Arbeitstätigkeiten. In: Lehrbuch Organisationspsychologie, 2. Auflage, hrsg. v. Heinz Schuler, Bern, Göttingen, Toronto, Seattle 1995, S. 189 – 208.

Vahs, D.: Organisation: Einführung in die Organisationstheorie und -praxis, 4. Aufl., Stuttgart: Schäffer-Poeschel, 2003.

Venzin, Markus / Rasner, Carsten / Mahnke, Volker: Der Strategieprozess. Praxishandbuch zur Umsetzung im Unternehmen. 2. Aufl. Frankfurt, 2010.

Von der Oelsnitz/Hahmann: Wissensmanagement: Strategie und Lernen in wissensbasierten Unternehmen, Stuttgart: Kohlhammer, 2003.

Vroom, V. H.: Work and motivation. New York, 1964

Vroom, V. H.: Leadership and decision-making. London, 1973

Wade, J.: How to Make Reengineering Really Works? In: Harvard Business Review, 6 / 1993

Wagenhals, G.: Arbeitsweise, interne Gliederung und hierarchische Einordnung von Organisationsabteilungen. In: ZfO, 54 / 1985 / 3

Walsh, B.: To Bild a Winning Team. An Interview with Head Coach Bill Walsh. In: Harvard Business Review, Nr. 1, Jan. / Febr. 1993. Deutsch: Ausgabe Harvard Business Manager, 3 / 1993

Want, J. H.: Managing Radical Change. In: Journal of Business Strategy, 8 / 1993

Wasserloos, G.: Innovative Unternehmensstrukturen – Paradigma des schlanken Unternehmens. In: Office Management, 1992, 1 - 2

Waterman, R.: Die neue Suche nach Spitzenleistungen. 1994

Watson, G.H.: Benchmarking - vom Besten lernen, Landsberg/Lech 1993, S.5.

Weber, M.: Wirtschaft und Gesellschaft. Tübingen, 5. Aufl., 1972, 1. Aufl. 1921

Wehrlin, Ulrich: Simultan Management. Erfolgsstrategien und Visionen für ganzheitliche innovative Unternehmensführung durch Leistungsmotivation in der lernenden Organisation. 1. Aufl. 1994, erweiterte Auflagen 2-4 bis 2004, 5. Aufl. 2005 Berlin / London, CPL, 2005.

Wehrlin, Ulrich: Simultan Management of Change. Erfolgsstrategien und Visionen für ganzheitliche innovative Unternehmensführung durch Leistungsmotivation in der lernenden Organisation. London, CPL, 2010.

Wehrlin, Ulrich: Management Einführung: Managementlehre - Führung - Innovationsmanagement - Change Management - Wissensmanagement - Lernende Organisation. 2. Aufl. Göttingen, Optimus Verlag, 2014.

Wehrlin, Ulrich: Mitarbeiterorientierte Führungssysteme: Zukunftsweisende Führungsstile - Consideration - Initiating structure - Organisation und Steuerung. 2. Aufl. Göttingen, Optimus Verlag, 2014.

Wehrlin, Ulrich: Integrierte Führungsmodelle: Zukunftsorientierte Management-Prinzipien Management by... evolutorische Führungsmodelle. 2. Aufl. Göttingen, Optimus Verlag, 2014.

Wehrlin, Ulrich: Motivation in der ganzheitlichen Unternehmensführung: Zukunftsorientierte Mitarbeitermotivation in der evolutionären Führungskonzeption. 2. Aufl. Göttingen, Optimus Verlag, 2014.

Wehrlin, Ulrich: Grundlagen der Betriebswirtschaftslehre: Allgemeine BWL - Rahmenbedingungen des Wirtschaftens - Betriebsführung – Rechtsformen. 2. Aufl. Göttingen, Optimus Verlag, 2014.

Wehrlin, Ulrich: Change Management: Gemeinsam den Change erfolgreich meistern! Change Management - Organisation - Entwicklung - Lernende Organisation. 2. Aufl. Göttingen, Optimus Verlag, 2014.

Wehrlin, Ulrich: Innovationsmanagement: Wettbewerbsstärke durch Neuerung, strategische organisationale und kulturelle Entwicklung von Erfolgsteams. 2. Aufl. Göttingen, Optimus Verlag, 2014.

Wehrlin, Ulrich: Schlüsselkompetenzen für erfolgreiches Management: Bildung - Motivation - Volition - Kompetenzen. Entwicklung von Schlüsselqualifikationen für das 21. Jahrhundert. 2. Aufl. Göttingen, Optimus Verlag, 2014.

Wehrlin, Ulrich: Strategisches Management: Wettbewerbsfähigkeit und Zukunft sichern – Visionen mit Strategien erfolgreich umsetzen. 2. Aufl. Göttingen, Optimus Verlag, 2014.

Wehrlin, Ulrich: Future Management - Zukunftsmanagement: Gemeinsam die Zukunft erfolgreich gestalten! Wettbewerbsvorteile durch Qualität der strategischen Anpassung. 2. Aufl. Göttingen, Optimus Verlag, 2014.

Wehrlin, Ulrich: Corporate Foresight: Gemeinsam die Zukunft erkennen! Wettbewerbsvorteile durch Bestimmung der strategischen Anpassung. 2. Aufl. Göttingen, Optimus Verlag, 2014.

Wehrlin, Ulrich: Visionsmanagement: Gestaltung und Umsetzung der Unternehmensvision – über Strategien und gemeinsame Ziele zur Steuerung und Sicherung der zukünftigen Unternehmensentwicklung. 2. Aufl. Göttingen, Optimus Verlag, 2014.

Wehrlin, Ulrich: Organisation und Organisationsentwicklung: Grundlagen und Konzepte der Organisation – Organisationslehre – Organisationswandel – lernende Organisation - Organisationsentwicklung erfolgreich umsetzen. 2. Aufl. Göttingen, Optimus Verlag, 2014.

Wehrlin, Ulrich: Human Resource Management: Grundlagen und Konzepte moderner Personalarbeit im wirtschaftlichen und sozialen Kontext – Personalwirtschaftslehre - Personalführung - Personalmanagement - Personalentwicklung. 2. Aufl. Göttingen, Optimus Verlag, 2014.

Wehrlin, Ulrich: Strategisches Personalmanagement: Personalressourcen und Wettbewerbsfähigkeit für die Zukunft sichern – Unternehmensstrategien erfolgreich umsetzen. 2. Aufl. Göttingen, Optimus Verlag, 2014.

Wehrlin, Ulrich: Management durch Zielvereinbarung: Mit dem Steuerungs- und Führungsinstrument Zielvereinbarung Wettbewerbsvorteile sichern. 2. Aufl. Göttingen, Optimus Verlag, 2014.

Wehrlin, Ulrich: Kontinuierlicher Verbesserungsprozess KVP – Wettbewerbsvorteile sichern mit Produkt- und Prozessoptimierung: Produktivität – Qualitätsmanagement – Kunden- und Mitarbeiterorientierung. 2. Aufl. Göttingen, Optimus Verlag, 2014.

Wehrlin, Ulrich: Unternehmensentwicklung: Von der Unternehmensvision zur ständigen Verbesserung. Mit Lern- Gestaltungs- und Qualitätsprzessen Potenziale schaffen, erkennen nutzen und sichern. 2. Aufl. Göttingen, Optimus Verlag, 2014.

Wehrlin, Ulrich: Unternehmensführung: Grundlagen Methoden Konzepte: Organisation – Personal – Entwicklung – Startegie - Steuerung/Controlling – Verbesserung – Innovation – Change. 2. Aufl. Göttingen, Optimus Verlag, 2014.

Wehrlin, Ulrich: Steuerung der Unternehmensleistung: Unternehmensziele entwickeln, messen und steuern mit Kennzahlensystemen – Balanced Scorecrd BSC – Performance Measurement/ Performance Pyramid. 2. Aufl. Göttingen, Optimus Verlag, 2014.

Wehrlin, Ulrich: Die Lernende Organisation: Lernen als Kernprozess, Entwicklungs- und Wettbewerbsfaktor. Mit der Lernnkultur Potenziale schaffen, erkennen und optimieren – Verbesserung und Wandel. 2. Aufl. Göttingen, Optimus Verlag, 2014.

Wehrlin, Ulrich: Benchmarking: Leistungssteigerung und Stärkung der strategischen Wettbewerbsposition durch Best Practices: Vergleichen mit Marktumfeld – Lernen – Verbessern - Prozessoptimierung – Innovation. 2. Aufl. Göttingen, Optimus Verlag, 2014.

Wehrlin, Ulrich: Competitive Intelligence. Wettbewerbsvorteile sichern durch Optimierung der strategischen Wettbewerbsposition: Wettbewerbsforschung – Umfeld- und Wettbewerbsbeobachtung – Konkurrenz- und Wettbewerbsanalyse – Informations- und Wissensmanagement – Lernprozesse – Strategisches Management. 2. Aufl. Göttingen, Optimus Verlag, 2014.

Wehrlin, Ulrich: Positive Leadership. Wettbewerbsvorteile durch Positive Führung: Flow-Erlebnis - Engagement / Leistungsanerkennung / Motivation - Stärkenorientierung / Kompetenzen - GRID - Denkhüte - Vision / Sinnvermittlung / Beteiligung / Zielvereinbarung. 2. Aufl. Göttingen, Optimus Verlag, 2014.

Wehrlin, Ulrich: Management: Grundlagen Methoden Konzepte - Managementlehre und -Aufgaben: Organisation Steuerung Controlling Führung Motivation Personal- Team- und Unternehmensentwicklung KVP Change Zukunftsgestaltung. 2. Aufl. Göttingen, Optimus Verlag, 2014.

Wehrlin, Ulrich: Management durch Sinnorientierung: Wettbewerbsvorteile mit Leistungsförderndem Management und Leadership durch Sinnvermittlung: Leistungsmotivation – Leistungsanerkennung – Entwicklung und Innovation. 2. Aufl. Göttingen, Optimus Verlag, 2014.

Wehrlin, Ulrich: Führung und Erfolg. Erfolgreiche / Effektive Führungsstile – Führungs- und Leistungsverhalten – Führungsmodelle – Leistungsaner- kennung – Führung im Kontext von Vision, Sinn und Zielvereinbarung. 2. Aufl. Göttingen, Optimus Verlag, 2014.

Wehrlin, Ulrich: Management by Objectives (MbO). Führung mit Zielorientie- rung: Partizipation / gemeinsame Zielvereinbarung - Zielrealisationskon- trolle / Leistungsbeurteilung – Controlling / Feedback / Steuerung / Lernprozesse / Verbesserung – Innovation - Wettbewerbsvorteile. 2. Aufl. Göttingen, Optimus Verlag, 2014.

Wehrlin, Ulrich: Das Unternehmensleitbild. „Realistisches Idealbild" der Organi- sation: Entwicklungs- und Entstehungsprozess - erfolgreiche Umsetzung und Steuerung mit Leitbildern. 2. Aufl. Göttingen, Optimus Verlag, 2014.

Wehrlin, Ulrich: Ideenmanagement. Ganzheitliches, integriertes Führungskon- zept: Ideenquelle Betriebliches Vorschlagswesen BVW – Kreativitätsför- derung – Innovationsteams – teilautonome Arbeitsgruppen – Kontinuier- licher Verbesserungsprozess KVP / Kaizen – Innovationsmanagement. 2. Aufl. Göttingen, Optimus Verlag, 2014.

Wehrlin, Ulrich: Transformationale Führung. Visionäre charismatische Füh- rung: Leadership mit Werten, Zielen, Visionen und Insprirational Motiva- tion erfolgreich umsetzen – Situationabedingte Führung – Charis- ma/Idealisierter Einfluss – Vertrauen – Begeisterung – Leistungssteigerung – Veränderung – Wettbewerbsvorteile. 2. Aufl. Göt- tingen, Optimus Verlag, 2014.

Wehrlin, Ulrich: Charisma. Charismatic Leadership: Theorie und Praxis der charismatischen Führung im Unternehmen - Persönlichkeitsentwicklung – Selbstbewusstsein – Ausstrahlung - Glaubwürdigkeit des Auftretens – Begeisterung – Identifikation – Motivation – Erfolg. 2. Aufl. Göttingen, Optimus Verlag, 2014.

Wehrlin, Ulrich: Work-Life Balance WLB. Erhaltung und Förderung von Ge- sundheit, Leistungs- und Wettbewerbsfähigkeit: Theorie und Praxis von WLB-Arbeitsmodellen – Gestaltung optimaler organisationaler, kulturel- ler und personalwirtschaftlicher Rahmenbedingungen. 2. Aufl. Göttin- gen, Optimus Verlag, 2014.

Wehrlin, Ulrich: Wirtschaftsstandorte und Unternehmensrechtsformen: Interna- tionale Wettbewerbsfähigkeit - Rechtsformen Standorte - Vergleich Deutschland/EU. 2. Aufl. Göttingen, Optimus Verlag, 2014.

Wehrlin, Ulrich: Wissenschaftliches Arbeiten und Schreiben: Leitfaden zur Erstellung von Bachelorarbeit, Masterarbeit und Dissertation - von der Recherche bis zur Buchveröffentlichung. 2. Aufl. Göttingen, Optimus Verlag, 2014.

Weick, K. E.: The Social Psychology of Organizing. Addison-Wesley, 2. Aufl., 1979

Weinert, A. B.: Lehrbuch der Organisationspsychologie.
München / Wien / Baltimore, 1981. 2. Aufl., München / Weinheim, 1987

Welge, M. K.: Profit-Center-Organisation. Wiesbaden, 1975

Werder v., A.: Bürokommunikation. In: Frese, E. (Hrsg.) HWO, 3. Aufl., Stuttgart, 1992

Whyte, W. F.: The organization man. New York, 1956

Wiener, N.: Cybernetics. Paris, 1948

Wiesner, W.: Organismen – Strukturen – Maschinen. Frankfurt, 1964

Wild, J.: Produkt-Management. München, 1972

Wild, J.: Management-Konzeption und Unternehmensverfassung. In: Problem der Unternehmensverfassung. Tübingen, 1971

Wild, J.: Management by Objectives als Führungsmodell. In: Die Verwaltung. 1973 (3)

Wiliam Dr, L.: Artikel im Personal Administerator vom Mai 1981

Williams, K. J. / Alliger, G. M.: Role Stressors, Mood Spillover, and Perceptions of Work-Family Conflict in Employed Parents. In: Academy of Management Journal, 37. Jg. 1994, Nr. 4, S. 837-868.

Winkler, Karsten: Wettbewerbsinformationssysteme: Begriff, An- und Herausforderungen. Leipzig, 2003. http://webdoc.sub.gwdg.de/ebook/lm/2004/hhl/hhlap59.pdf – Stand: 22.08.2012.

Winzer, Olaf: Interkulturelles Ideenmanagement – Kulturelle Orientierung und ihre Folgen für das Ideenmanagement. In: Erfolgsfaktor Ideenmanagement. Kreativität im Vorschlagswesen, hrsg. v. Deutsches Institut für Betriebswirtschaft, 4. Aufl., Berlin 2003, S. 15-39.

Witte, E.: Organisation für Innovationsentscheidungen – Das Promotoren-Modell. Göttingen, 1973

Witte, E.: Das Promotorenmodell, in: Hauschildt/Gemünden (Hrsg.), Promotoren. Champions der Innovation. 1998

Wirtschaftswoche: Artikel: „Wenn die Fetzen fliegen". Wirtschaftswoche, Nr. 11 / 11.03.1994

Wirtschaftswoche: Das Matrixonzept im Urteil der Wirtschaft. 1972, Heft 40

Wolf, Gunther: Variable Vergütung – genial einfach Unternehmen steuern, Führungskräfte entlasten und Mitarbeiter begeistern. 3. Auflage. Hamburg. Verlag Dashöfer 2010.

Wollert, A.: Wertorientierte Personalpolitik. In: Personalführung Teil 1, Heft 8 / 9, S. 154 - 162, Teil 2, Heft 10, S. 200 - 205

Womack, J. P.: Die zweite Revolution in der Automobilindustrie. Z. A., Frankfurt a. M. / New York, 1992

Womack, J. P.: The Machine That Changed The World. New York, 1990

Woods, M.: Karriere-Start. München, 1990

Wrege, Ch. D.: Cooke creates a classic: The story behind F. W. Taylor`s principles of scientific managements. In: AMR 1978

Wunderer, R. / Dick, P. : Personalmanagement - Quo Vadis?, Neuwied/Kriftel. 2000.

Yankelovich, D: Im Magazin Psychologie Today. 1982

Zapf, Dieter/Dormann, Christian: Gesundheit und Arbeitsschutz. In: Lehrbuch Personalpsychologie, hrsg. v. Heinz Schuler, Göttingen, Bern, Toronto, Seattle 2001, S.559 – 587.

Zapf, D. / Kuhl, M.: Mobbing am Arbeitsplatz: Ursachen und Auswirkungen. In: Badura, B., Litsch, M., Vetter, C. (Hg): Fehlzeiten-Report 1999. Psychische Belastung am Arbeitsplatz. Berlin/New York: Springer Verlag. 2000.

Zaugg, Robert. J.: Work-Life Balance. Ansatzpunkte für den Ausgleich zwischen Erwerbs- und Privatleben aus individueller, organisationaler und gesellschaftlicher Sicht. WHL Wissenschaftliche Hochschule Lahr. Diskussionspapier Nr. 9. April 2006. https://www.akad.de/fileadmin/akad. de/assets/PDF/WHL_Diskussionspapiere/WHL_Diskussionspapier_Nr_ 09.pdf – Stand: 05.04.2013.

Zedeck, S. / Mosier, K. L.: Work in the Family and Employing Organization. In: American Psychologist, 45. Jg. 1990, Nr. 2, S. 240-251.

Zeigarnik, B.: Das Behalten erledigter und unerledigter Handlungen. In: Psychologische Forschung, 9 / 1927

Zepf, G.: Das Verhalten von Vorgesetzten im Entscheidungsprozeß. Eine empirische Studie in Unternehmungen. Köln, 1971

Zilahi-Szabo, M. G.: Controlling in der betrieblichen Organisation. In: Fortschrittliche Betriebsführung und Industrial engineering. 1973

Zwerdling, D.: Workpiace democracy. New York, 3. Aufl., 1984

Zeitungs- Zeitschriftenartikel

FAZ: FAZ Frankfurter Allgemeine Zeitung: Kaum weibliche Führungskräfte. Artikel in FAZ Frankfurter Allgemeine Zeitung – Wirtschaft - vom 01.04.2010. S. 14

Frey, B.: Was treibt Menschen an? Artikel von Frey Bruno, Universität Zürich. Artikel vom 19.02.2010. F.A.Z. Frankfurter Allgemeine Zeitung, faz.net: http://www.faz.net/s/Rub8EC3C0841F934F3ABA0703761B67E9FA/Doc ~EDD769BCF929B4E02817DCB1C1C02DD3D~ATpl~Ecommon~Scont ent.html?nwl_themendestages - Stand: 12.10.2010.

Harvard Business manager: CEO-Ranking: Steve Jobs ist der erfolgreichste Manager der Welt. Artikel vom 26.01.2010. http://www.harvardbusiness manager.de/extra/artikel/a-674144.html - Stand: 12.10.2010.

Industrie- und Handelskammer München: IHK-Akademie München: Seminar Führungskraft als Konfliktmanager – Mediation als Schlüsselkompetenz in der Führung. IHK München: http://akademie.muenchen.ihk.de/aka demie/vdbd/Fuehrungskraft-als-Konfliktmanager-Mediation-als-Schlues selkompetenz-in-der-Fuehrung/00m-00011b-006 - Stand: 20.10.2010.

Online-Verwaltungslexikon olev.de: Promotor, Promotorenmodell: http://www.olev.de/p/promotor.htm - Stand 16.10.2010

Wirtschaftslexikon Gabler: Innovationsmanagement: http://wirtschaftslexikon. gabler.de/Definition/innovationsmanagement.html - Stand: 14.10.2010

Friedmann, Will/Brückner-Bozetti, Peter: Visionen machen Unternehmen erfolgreicher, leistungsfähiger und regenerationsfähiger: Eine Reflexion über die Notwendigkeit, Visionen zu entwickeln. Interview von VISION

UND STRATEGIE © Transformationsberatung GmbH http://cc.bingj. com/cache.aspx?q=Definition+Vision&d=4523305218868130&mkt=de-D E&setlang=de-DE&w=29f73364,e2ebffed&icp=1&.intl=de&sig=t38VzKrU 04eS5dJFlmik5g - Stand: 02.09.2011.

GENO BANK ESSEN/Ziegler, Dirk: Zukunftsmanagement (15.10.10) GENO BANK ESSEN unterstützt den Mittelstand. Artikel in Mittelstand Essen Info Einzelnachrichten vom 15.10.2010. Vgl.: http://www.mittelstand-essen.info/plugin-seiten/news-mittelstand-essen-einzelansicht/archiv/ 2010/oktober/15/artikel/zukunftsmanagement/ - Stand: 18.08.2011.

Jimenez, Fanny: Das Geheimnis der großen Charismatiker. In: Die WELT Psychologie. Artikel vom 25.07.2011. http://www.welt.de/gesundheit/psycho logie/article13505786/Das-Geheimnis-der-grossen-Charismatiker.html - Stand: 22.03.2013.

Gillies, Judith-Maria: Work-Life-Balance hat im Arbeitsalltag wenig Chancen. Artikel in: Die Welt vom 17.11.10. http://www.welt.de/wirtschaft/karriere/article 10988512/Work-Life-Balance-hat-im-Arbeitsalltag-wenig-Chancen.html – Stand: 03.04.2013.

Internetquellen

http://wiki.bildungsserver.de/index.php/E-Learning – Stand: 05.09.2011.

http://wiki.bildungsserver.de/index.php/Rapid_E-Learning – Stand: 05.09.2011.

http://www.openforesight.de/corporateforesight/ – Stand: 20.08.2011.

http://www.zukunft-im-mittelstand.de/corporate-foresight.html – Stand: 20.08.2011.

http://www.kraus-und-partner.de/1553/Vision – Stand: 25.08.2011.

http://de.thefreedictionary.com/Vision – Stand: 30.08.2011.

http://www.projektmagazin.de/glossarterm/vision – Stand: 29.08.2011.

http://www.schniz.de/prozessmanagement/vms/index.php – Stand: 29.08.2011.

http://www.sunternehmensentwicklung.de/vision-unternehmen.html – Stand: 02.09.2011.

Wirtschaftslexikon GABLER:
http://wirtschaftslexikon.gabler.de/Definition/strategisches-management.ht
ml?referenceKeywordName=strategische+Steuerung – Stand: 04.09.2011.

Onpulson Lexikon http://www.onpulson.de/lexikon/4687/strategische-informations
systeme/ – Stand: 02.09.2011

Online-Verwaltungslexikon: http://www.olev.de/s.htm – Stand: 03.09.2011.

Lexikon Freenet: http://lexikon.freenet.de/Strategisches_Management
– Stand: 05.09.2011.

http://www.computerwoche.de/software/bi-ecm/1887512/
Stand: 22.09.2011.

http://www.futuremanagementgroup.com/ihr-zukunftsmanagement/
was-ist-zukunftsmanagement/definition.html – Stand: 17.08.2011.

http://www.futuremanagementgroup.com/de/ihr-zukunftsmanagement/
das-eltviller-modell/die-fuenf-zukunftsbrillen.html – Stand: 15.09.2011.

http://www.futuremanagementgroup.com/ihr-zukunftsmanagement/
das-eltviller-modell/das-prozess-modell.html – Stand: 16.09.2011.

http://www.futuremanagementgroup.com/de/ihr-zukunftsmanagement/
das-eltviller-modell/das-ergebnis-modell.html – Stand: 18.09.2011.

http://www.duessel.com/seminare/strategisches_management.htm
– Stand: 02.09.2011.

http://olevde.wiki.zoho.com/Strategisches-Management.html
Stand: 03.09.2011.

http://www.unternehmenswelt.de/strategisches-management.html
– Stand: 04.09.2011.

http://www.z-punkt.de/ –Stand: 22.10.2011.

http://www.absatzwirtschaft.de/content/_p=1004199,q=Mission
– Stand: 10.02.2012.

http://www.olev.de/ - Stand: 05.03.2012.

http://www.enzyklo.de/Begriff/Vision – Stand: 02.03.2012.

http://www.absatzwirtschaft.de/content/_p=1004199,q=Unternehmensphilosop
hie – Stand: 25.02.2012.

http://www.tps-beratung.de/managementberatung.html – Stand: 17.03.2012.

http://www.onpulson.de/themen/156/unternehmensvision/ - Stand: 07.03.2012.

http://www.elektroniknet.de/lexikon/?s=2&k=V&id=34623&page=1
– Stand: 04.03.2012.

http://www.absatzwirtschaft.de/content/_p=1004199,mlid=1351
– Stand: 06.03.2012.

http://www.onpulson.de/lexikon/5301/vision/ - Stand: 04.03.2012.

http://encyclopedie-de.snyke.com/articles/vision.html - Stand: 02.03.2012.

http://encyclopedie-de.snyke.com/articles/leitbild.html - Stand: 05.03.2012.

http://www.onpulson.de/themen/152/unternehmensstrategie-vision-und-
langfristziele/ - Stand: 10.03.2012.

http://www.onpulson.de/themen/152/unternehmensstrategie-vision-und-
langfristziele/ - Stand: 10.03.2012.

http://www.fronzekcoaching.de/strategie.htm – Stand: 16.03.2012.

http://encyclopedie-de.snyke.com/articles/unternehmensstrategie.html
– Stand: 12.03.2012.

http://www.entscheiderblog.de/wp-content/uploads/2007/02/vision.gif
– Stand: 20.03.2012.

http://www.denkeler-qm.de/Artikel/Vision/vision.htm Stand: 18.03.2012.

http://www.tauberconsult.de/sites/index.php?link=Beratungsschwerpunkte&su
b=Unternehmensstrategie%20und%20Ziele – Stand: 18.03.2012.

http://www.lifeinnovision.de/consulting.htm – Stand: 18.03.2012.

http://www.nachhaltigkeitsmanagement.at/joomla/nachhaltigkeit/sustainability-
management/15-tripple-bottom-line-ansatz-.html – Stand: 20.03.2012.

http://www.teialehrbuch.de/Kostenlose-Kurse/Unternehmensfuehrung/23099-
Erfolgspyramide.html – Stand: 28.03.2012.

http://www.controllingportal.de/Fachinfo/Konzepte/Performance-
Measurement.html – Stand: 25.03.2012.

http://www.scribd.com/doc/60087426/17/PERFORMANCE-PYRAMID-LYNCH-
AND-CROSS-1991 - Stand: 20.03.2012.

http://www.diomega.de/Vision – Stand: 15.03.2012.

http://www.abrechnung-zahntechnik.de/expertenwissen/labormanagement/ qualitaetsmanagement/unternehmensleistung-steigern/ein-steuerungs instrument-fuer-die-unternehmensleistung.html - Stand: 22.03.2012.

http://www.tecchannel.de/server/sql/1758102/berichtssysteme_teil_2_kennzah len_dashboards_und_scorecards/index9.html – Stand: 25.03.2012.

http://encyclopedie-de.snyke.com/articles/unternehmensziel.html – Stand: 14.03.2012.

Arbeitsratgeber http://www.arbeitsratgeber.com/zielvereinbarung_0214.html – Stand: 17.03.2012.

http://www.ergo-online.de/site.aspx?url=html/arbeitsorganisation/ergebnis_ arbeiten/arbeiten_mit_zielvereinbarung.htm – Stand: 17.03.2012.

http://www.vorgesetzter.de/mitarbeiterfuehrung/fuehrungsinstrumente/zielverei nbarung/ - Stand: 18.03.2012.

http://www.blueprints.de/anregungen/beruf/zielvereinbarung.html – Stand: 19.03.2012.

http://www.soliserv.de – Stand: 30.03.2012.

http://www.soliserv.de/pdf/zielvereinbarung-it.dienstleister.pdf – Stand: 30.03.2012.

http://www.sichttaschen.eu/kontinuierliche-verbesserung/definition – Stand: 25.03.2012.

http://www.kvp-kaizen.de/html/definition.html – Stand: 26.03.2012.

QM-Lexikon http://www.quality.de/lexikon/kontinuierlicher_verbesserungs prozess.htm – Stand: 26.03.2012.

http://www.quality.de/lexikon/kvp.htm – Stand 27.03.2012.

http://beispielhochschule.agu-hochschulen.de/index.php?id=411 – Stand: 27.03.212.

http://www.ma-t.de/kvp-ziele.htm – Stand: 28.03.2012.

http://www.ma-t.de/kvp-ziele.htm – Stand: 28.03.2012.

http://www.ma-t.de/kvp-stolpersteine.htm - Stand: 28.03.2012.

http://www.onpulson.de/lexikon/2612/kontinuierliche-verbesserung/ – Stand: 28.03.2012.

http://www.onpulson.de/lexikon/2811/lean-production/ - Stand 28.03.2012.

http://www.onpulson.de/lexikon/2612/kontinuierliche-verbesserung/
– Stand: 28.03.2012.

http://www.onpulson.de/lexikon/6651/kontinuierlicher-verbesserungsprozess/
– Stand: 29.03.2012.

http://www.jp-consulting.de/Managementberatung-Fachinformation/Kaizen-
KVP-kontinuierlicher-Verbesserungsprozess-E1161.htm
– Stand: 29.03.2012.

http://www.tcw.de/management-consulting/sonstiges/kontinuierlicher-
verbesserungs-prozess-in-der-supply-chain-91 – Stand: 30.03.2012.

http://www.onpulson.de/lexikon/4004/qualitaetsmanagement/
– Stand: 01.04.2012.

Wirtschaftslexikon GABLER
http://wirtschaftslexikon.gabler.de/Definition/kaizen.html?referenceKeyw
ordName=kontinuierlicher+Verbesserungsprozess – Stand: 01.04.2012.

http://www.ma-t.de/kvp-ursprung-philosophie.htm – Stand: 02.04.2012.

http://4whatitis.ch/index.php?page=1261 – Stand: 02.04.2012.

http://www.scorenet.ch/consulting/prozess-management/kontinuierlicher-
verbesserungsprozess.html – Stand: 02.04.2012.

http://www.jp-consulting.de/Managementberatung-Fachinformation/Formen-
von-KVP-E1244.htm – Stand: 02.04.2012.

http://www.jp-consulting.de/Managementberatung-News-Archiv/KVP-
Erfolgsfaktoren-kontinuierlicher-Verbesserungsprozess-E1261.htm
– Stand: 02.04.2012.

http://www.jp-consulting.de/Managementberatung-
Fachinformation/Vorussetzungen-Einfuehrung-KVP-Stabilisierung-
E1409.htm – Stand: 04.04.2012.

http://www.arbeitsratgeber.com/kvp_0246.html – Stand: 08.04.2012.

Deutsches Institut für Normung: http://www.din.de/cmd;jsessionid=EA4B370
47283128A5A3020D564F364A7.2?level=tpl-bereich&menuid=47388&c
msareaid=47388&languageid=de – Stand: 10.04.2012.

DEKRA: http://www.dekra.de/de/1267 – Stand: 11.04.2012.

http://www.din-iso-zertifizierung-qms-handbuch.de/KVP.htm
– Stand: 12.04.2012.

http://www.innovationen-machen.de/index.php?id=5825 – Stand: 14.04.2012.

http://www.deubel.de/change-wiki/kvp.php – Stand: 15.04.2012.

http://www.quality.de/lexikon/unternehmensentwicklung.htm
– Stand: 20.04.2012.

http://www.unternehmensentwicklung.org/ - Stand: 20.04.2012.

http://www.moderne-unternehmensentwicklung.de/ - Stand: 02.05.2012.

http://www.nfn-management.de/leistungen/unternehmensentwicklung-
prozessbegleitung/ - Stand: 03.05.2012.

http://wms-personalmarketing.de/printable/unternehmensentwicklung/
index.html – Stand: 05.05.2012.

http://www.managerseminare.de/ms_Artikel/Zeitgemaesse-Organisations
entwicklung-Abschied-von-der-heilen-Welt,145013 – Stand: 10.05.2012.

http://www.fakultaet4.fh-hannover.de/studium/master-
studiengaenge/unternehmensentwicklung-mbp/studienaufbau/index.html
– Stand: 11.05.2012.

http://www.streuverluste.de/aktuell/2006-03-08/unternehmensentwicklung-
zusammenhang-unternehmens-organisations-personal-entwicklung.html
– Stand: 11.05.2012.

http://www.netzw.de/beitraege/unternehmensentwicklung/grundlagen_der_unt
ernehmensentwicklung.html – Stand: 14.05.2012.

http://www.onpulson.de/lexikon/2852/lernende-organisation/
– Stand: 17.05.2012.

Online-Verwaltungslexikon olev.de
http://www.olev.de/l/lernorg.htm – Stand: 14.05.2012.
http://www.olev.de/l/lernen.htm – Stand: 16.05.2012.

http://www.economics.phil.uni-erlangen.de/bwl/lehrbuch/hst_kap3/org_vgl/
org_vgl.htm – Stand: 25.05.2012

http://www.goll.de/LernendeOrganisation/index.php – Stand: 05.06.2012.

Studie: Die Lernende Organisation als Managementkonzept der Zukunft:
http://www.managerseminare.de/ta_News/Studie-Die-Lernende-Organi
sation-als-Managementkonzept-der-Zukunft,78573 – Stand: 06.06.2012.

http://www.benchmarking.de/info/ - Stand: 06.07.2012.

http://www.controllingportal.de/Fachinfo/Grundlagen/Benchmarking-Orientierung-am-Besten.html – Stand: 14.07.2012.

http://widawiki.wiso.uni-dortmund.de/index.php/Benchmarking – Stand: 17.07.2012.

Puschmann, Norbert, O.: Benchmarking: Überblick und Perspektiven. Fernuniversität Hagen: http://www.stud.fernuni-hagen.de/q5413273/bmsum.htm – Stand: 21.07.2012.

http://www.ephorie.de/hindle_benchmarking.htm – Stand: 01.08.2012.

http://www.freidinger.de/GP/GP%20Modellierung.htm – Stand: 03.08.2012.

GABLER Wirtschaftslexikon Benchmarking
http://wirtschaftslexikon.gabler.de/Definition/benchmarking.html – Stand: 02.08.2012.

http://www.themanagement.de/Ressources/Benchmarking.htm – Stand: 01.08.2012.

http://www.olev.de/b/benchm.htm - Stand: 04.08.12.

Leitl, Michael: Was ist Competitive Intelligence? In: Harvard Businessmanager Heft 5/2005: Raus aus der Routine 07.05.2009. http://www.harvard businessmanager.de/heft/artikel/a-621265.html – Stand: 20.08.2012.

Competitive Intelligence CI Handbuch: http://www.ci-handbuch.de/ – Stand: 21.08.2012.

Johnson, Arik: http://competitiveintelligence.ning.com/profile/ArikJohnson – Stand: 22.08.2012.

http://denkfabrik.de/html/Beratung/competitive_intelligence.html – Stand: 23.08.2012.

http://www.controllingportal.de/Fachinfo/Sonstiges/Sarbanes-Oxley-Act.html – Stand: 23.08.2012.

http://www.sec.gov/news/speech/spch020503psag.htm – Stand: 22.08.2012.

http://www.compliancemagazin.de/gesetzestandards/usa/sox/index.html – Stand: 22.08.2012.

Baltes, Volker: Wettbewerbsforschung zur Entscheidungsunterstützung – Eine Bestandsaufnahme zur Compeditive Intelligence in der deutschsprachigen Unternehmenswelt. 2011. http://de.scribd.com/doc/58265492/Competitive-Intelligence – Stand: 23.08.2012.

Pott, B. : Einführung Konkurrenzanalyse. http://www.google.de/search?rlz=1C 1DVCL_enDE387& sourceid=chrome&ie=UTF-8&q=pott+einf%C3%BCh rung+konkurrenzanalyse – Stand: 15.01.2009.

Winkler, Karsten: Wettbewerbsinformationssysteme: Begriff, An- und Heraus-forderungen. Leipzig, 2003. http://webdoc.sub.gwdg.de/ebook/lm/2004/ hhl/hhlap59.pdf – Stand: 22.08.2012.

CIA https://www.cia.gov/index.html – Stand: 23.08.2012.

Deltl, Johannes: Competitive Intelligence. Der Konkurrenz voraus. 2009.: http://de.slideshare.net/Deltl/competitive-intelligence-eine-einfhrung-presentation – Stand: 24.08.2012.

Tolic, D.: Spezifika und Instrumente des Competitive Intelligence im Marketing Controlling. 2009. http://www.uni-kassel.de/fb7/ibwl/link/lehre/seminarss 09/competitive_intelligence.pdf – Stand: 20.08.2012.

Society of Competitive Intelligence Professionals (SCIP) http://www.scip.org/ – Stand: 23.08.2012.

http://www.businessacademyonline.com/blog/market-intelligence/ – Stand: 22.08.2012.

http://www.controlling-wiki.com/de/index.php/Wettbewerbs-Strategie – Stand: 23.08.2012.

http://goldsmithinstitute.com/enterprise-thinking-graphics-free-to-download/ – Stand: 31.08.212.

http://www.enzyklopaedie-der-wirtschaftsinformatik.de/wi-enzyklopaedie/lexi kon/daten-wissen/Grundlagen-der-Informationsversorgung/Compliance/ Sarbanes-Oxley-Act – Stand: 25.08.2012.

http://www.docsetminder.de/grc/?q=sox – Stand: 26.08.2012.

Phillips, J. / Liebowitz, J. / Kisiel, K.: Modeling the Intelligence Analysis Pro-cess for Intelligent User Agent Development, Research and Practice in Human Resource Management, 9(1), 2001. 59-73. http://rphrm.curtin. edu.au/2001/issue1/intelligence.html – Stand: 30.08.2012.

http://www.jeroenvanluik.nl/index.php/2010/01/competitive-intelligence-think-big-start-small-i/ - Stand: 31.08.2012.

http://goldsmithinstitute.com/enterprise-thinking-graphics-free-to-download/ – Stand: 01.09.2012.

http://exhibitoretrak.wordpress.com/2011/04/11/planning-evaluate-your-competitors-at-trade-shows/ - Stand: 03.09.2012.

http://gina.ikmfbs.ing.tu-bs.de/Methoden/Uploads/Patentanalyse.pdf – Stand: 04.09.2012.

Deutsches Patentamt- und Markenamt http://www.dpma.de/index.htm – Stand: 02.09.2012.

Europäisches Netz von Patentdatenbanken http://www.espacenet.com/ - Stand: 02.09.2012.

Deltl, J.: Competitive Intelligence: Der Konkurrenz voraus. http://www.competen ce-site.de/downloads/ 00/2a/i_file_15590/Competitive%20Intelligence.pdf 2009 – Stand: 03.09.2012.

http://www.competitive-intelligence.com/workshopbeschreibungen/verfahren-zur-wettbewerbsanalyse – Stand: 04.09.2012.

http://wargaming.ibu.uni-karlsruhe.de/de/competitive-intelligence – Stand: 05.09.2012.

http://www.strategie-und-planung.de/tools-wettbewerb-1.html und:

http://www.strategie-und-planung.de/mediapool/92/922449/data/Tools_Wett bewerb/CI-05_Profil_standard.pdf – Stand: 06.09.2012.

Creusen, Utho: http://www.positive-leadership.de/de/+l-positive-leadership.htm – Stand: 15.09.2012.

Creusen, Utho: Zum Glück gibt's Erfolg durch Positive Leadership. In: HR Performange 1/2012.: http://www.utho-creusen.com/download/creusen-120 201-HRPerformance-opt.pdf – Stand: 15.09.2012.

http://www.flow-usability.de – Stand: 17.09.2012.

http://www.spirit-of-leadership.de/SL-Leadership/The-Spirit-of-Leadership-Infor mation-rund-um-das-Thema-Leadership-E1138.htm – Stand: 14.09.2012.

http://www.flow-learning.de/flow.html – Stand: 20.09.2012.

http://leadershipchamps.wordpress.com/2008/07/02/level-5-leadership-what-is-it/ - Stand: 02.10.2012.

http://www.duden.de/rechtschreibung/Sinn#Bedeutung5 – Stand: 08.10.2012.

Verwaltungslexikon olev: http://www.olev.de/m/management.htm – Stand: 16.10.12.

TheFreeDictionary.com Deutsches Wörterbuch. 2009 Farlex, Inc. and partners. http://de.thefreedictionary.com/Sinn – Stand: 26.10.2012.

http://www.zfu.ch – Stand: 25.10.2012.

http://mitglied.multimania.de/sinndeslebens/Resultate/Konkretes/Mindmap/Mind-Map.htm – Stand: 31.10.12.

http://www.viktorfrankl.org/d/logotherapie.html – Stand: 31.10.2012.

http://www.logotherapie.ch/index.php?id=6 – Stand: 31.10.12.

http://www.handelszeitung.ch/management/die-suche-nach-dem-tieferen-sinn – Stand: 28.10.2012.

Götz, Werner: Führungsstil – Mitarbeiter wollen Sinn verstehen. Beitrag in: Zeit http://www.zeit.de/karriere/beruf/2012-08/gastbeitrag-management-goetz-werner – Stand: 28.10.2012.

Pircher-Friedrich, Anna Maria: http://www.pircher-friedrich.com/index.php?page_id=17 – Stand: 28.10.2012.

http://www.weka-personal.ch/aktuell_view.cfm?nr_aktuell=1402&s= Fuehrungsstile – Stand: 15.11.2012.

http://www.berufsstrategie.de/bewerbung-karriere-soft-skills/fuehrungsmodelle-fuehrungsstile.php – Stand: 12.11.2012.

http://www.pt-magazin.de/no_cache/newsartikel/archive/2012/february/07/article/fuehrungsstile-im-vergleich.html – Stand: 18.11.2012.

http://wirtschaftslexikon.gabler.de/Definition/management-by-objectives.html – Stand: 25.11.2012.

http://www.personalmanagement.info/de/infopool/glossar/management-by-objectives.php – 28.11.2012.

http://www.olev.de/l/leitbild.htm – Stand: 02.12.2012.

Berger, Winfried: Leitbild und Führungsgrundsätze: Weshalb sie nichts verändern:

http://www.umsetzungsberatung.de/unternehmenskultur/leitbild.php – Stand: 04.12.2012.

http://www.wissen.de/lexikon/leitbild?keyword=Leitbild – Stand: 02.12.2012.

Grolman, Florian: Leitbildentwicklung: Orientierung und Energie für jede Organisation. Im Fokus, Organisationsentwicklung: http://www.organisations

beratung.net/leitbild-unternehmensleitbild-entwickeln-unternehmensphilo sophie-firmenphilosophie/#.UL5xTVbhex4 – Stand: 06.12.2012.

Genz, H. O. / Reick, W. / Schambortski, H. / Schönen, H. / Scholz, U. / Vogt, U.: Ratgeber Leitbildentwicklung. Stand 05/2007. Hrsg: Berufsgenossenschaft für Gesundheitsdienst und Wohlfahrtspflege – BGW. Hamburg, 2007. : http://www.bgw-online.de/internet/generator/Inhalt/Online Inhalt/Medientypen/bgw__ratgeber/RGM13__Ratgeber__Leitbildentwick lung,property=pdfDownload.pdf – Stand: 08.12.2012.

http://www.onpulson.de/lexikon/482/betriebliches-vorschlagswesen/ – Stand: 04.01.2013.

http://www.ideenmanagementdigital.de/inhalt.html – Stand: 06.01.2013.

Thom, Norbert: Vom Betrieblichen Vorschlagswesen zum ganzheitlichen Ideenmanagement. (Institut für Organisation und Personal) IOP Referat. Universität Bern, 16.10.2003.:

http://www.iop.unibe.ch/Dateien/referate/VBW-Ideenmanagement-20031016ah.pdf – Stand: 04.01.2013.

http://www.kmu.admin.ch/themen/01254/01262/01283/01300/index.html?lang= de – Stand: 08.01.2013.

http://www.kmu.admin.ch/themen/01254/01262/01283/01300/01304/index.htm l?lang=de – Stand: 08.01.2013.

http://wirtschaftslexikon.gabler.de/Definition/betriebliches-vorschlagswesen.html – Stand: 04.01.2013.

http://www.psychology48.com/deu/d/transformationale-fuehrung/transformationale-fuehrung.htm – Stand: 10.01.2013.

http://www.business-wissen.de/arbeitstechniken/ideenmaschine-das-betriebliche-vorschlagswesen-als-quelle-fuer-neue-ideen/ – Stand: 10.01.2013.

Kuepers Wendelin: Authentische und integrale, transformationale Führung - Ein Überblick über den „state-of-the-art" aus akademischer Perspektive. fernuni-hagen.de http://www.academia.edu/977913/Authentische_und_integrale_transformationale_Fuhrung – Stand: 22.01.2013.

http://www.pro-charisma.com/angebot/seminare/mitarbeiterfuehrung/index.php – Stand: 05.02.2013.

Enkelmann, Claudia: Charisma: Wie bekomme ich mehr Ausstrahlung? In: Onpulson. Artikel vom 30. August 2010.

http://www.onpulson.de/themen/2528/charisma-wie-bekomme-ich-mehr-ausstrahlung/ - Stand: 22.01.2013.

Enkelmann, Nikolaus B.: 7 Tipps für mehr Charisma. In: Onpulson, Artikel vom 31.08.2009. http://www.onpulson.de/themen/1244/7-tipps-fur-mehr-charisma/ - Stand: 05.02.2013.

Enkelmann, Nikolaus, E.: Charisma- Das Geheimnis der persönlichen Ausstrahlung. Artikel onpulson vom 15.09.2009.

http://www.onpulson.de/themen/1373/charisma-das-geheimnis-der-persoenlichen-ausstrahlung/ - Stand: 02.02.2013.

Fournier, Cay: Wie kann mein Unternehmen mehr Charisma bekommen? In onpulson, Artikel vom 29.08.2009. http://www.onpulson.de/themen/1237/wie-kann-mein-unternehmen-mehr-charisma-bekommen/ – Stand: 03.02.2013.

Sobainsky, Julia: Charismatischer Führungsstil – Mit Charisma Mitarbeiter führen wie Steve Jobs. In: Onpulson Artikel vom 04.02.2010. http://www.onpulson.de/themen/1767/charismatischer-fuehrungsstil-mit-charisma-mitarbeiter-fuehren-wie-steve-jobs/ - Stand: 04.02.2013.

http://www.wpgs.de/content/view/563/367/ - Stand: 11.01.2013.

http://www.dotzauer-blog.de/2012/12/transformationale-fuehrung-beispiel-vertrieb.html – Stand: 28.01.2013.

http://wissen.harvardbusinessmanager.de/wissen/static/trefferliste2.html?dokid=87709188 – Stand: 04.02.2013.

http://www.faz.net/aktuell/wirtschaft/fuehrungskraefte-in-deutschland-fuehren-die-falschen-11991331.html – Stand 05.02.2013.

Heilmann, Tobias: Management und Leadership Kompetenzen – Die Kombination machts. http://www.managementpraxis.ch/praxistipp_view.cfm?nr=2161 – Stand: 14.01.2013.

http://www.fuehrungskompetenzen.com/ - Stand: 15.02.2013.

Richter, Falk: Erfolgreiches Führungsverhalten: Charismatische und transformationale Führung. http://www.falkrichter.de/psychologie/charismatische-fuehrung.htm – Stand: 14.02.2013.

Dörr, Stefan Ludwig: Motive, Einflussstrategien und transformationale Führung als Faktoren effektiver Führung: Ergebnisse einer empirischen Untersuchung mit Führungskräften. Diss. Universität Bielefeld, München, 2006. http://pub.uni-bielefeld.de/download/2304840/2304843 – Stand: 20.01.2013. http://pub.uni-bielefeld.de/publication/2304840 – Stand: 20.01.2013.

http://www.preva-online.de/index.php?option=com_content&view=article&id= 57&Itemid=67 – Stand: 22.02.2013.

http://www.leadership-effectiveness.de/neuromarketing3.html – Stand: 23.02.2013.

Technische Universität Dortmund http://www.zhb.tu-dortmund.de/wb/Row/de/ praxis/ueber_uns/inhalte/index.html – Stand: 23.02.2013.

Pelz Waldemar: http://management-innovation.com/download/Transformatio nale-Fuehrung.pdf – Stand: 18.02.2013.

Online-Tests: www.führungskompetenzen.com www.umsetzungskompetenzen.com

http://www.infoquelle.de/Job_Karriere/Charisma/index.php – Stand: 18.03.2013.

FOCUS Online http://www.focus.de/wissen/mensch/charisma/experten-tipps_aid_27177.html – Stand: 08.03.2013.

http://www.focus.de/wissen/mensch/charisma/charisma_aid_27175.html – Stand: 15.03.2013.

http://www.infoquelle.de/Job_Karriere/Charisma/index.php – Stand: 18.03.2013.

http://www.focus.de/wissen/mensch/charisma/charisma_aid_27175.html – Stand: 15.03.2013.

FOCUS Online http://www.focus.de/wissen/mensch/charisma/experten-tipps_ aid_27177.html – Stand: 08.03.2013.

DUDEN http://www.duden.de/suchen/dudenonline/charisma – Stand: 05.03.2013.

Wirtschaftslexikon GABLER http://wirtschaftslexikon.gabler.de/Definition/ charisma.html – Stand: 14.03.2013.

Sobainsky, Julia: Charisma, Charme und Ausstrahlung: Wo sind die Unterschiede? http://www.experto.de/b2c/lebensberatung/persoenlichkeitsentwick

lung/charisma-charme-und-ausstrahlung-wo-sind-die-unterschiede.html
– Stand: 14.03.2013.

GRUNDIG Akademie http://www.grundig-akademie.de/cms/?page=seminar&
katid=140&seminarid=327 – Stand: 07.03.2013.

http://www.rhetorik.ch/Charisma/Charisma.html – Stand: 20.03.2013.

http://suite101.de/article/charisma-die-persoenliche-ausstrah-
a43957#axzz2MtGjeA8p – Stand: 06.03.2013.

http://www.psychology48.com/deu/d/charisma/charisma.htm
– Stand: 15.03.2013.

TheFreeDictionary.com Deutsches Wörterbuch
http://de.thefreedictionary.com/Charisma – Stand: 06.03.2013.

http://www.charismacamp.com/charisma.html – Stand: 16.03.13.

http://www.woxikon.de/wort/charismatisch.php – Stand: 08.03.2013.

Jimenez, Fanny: Das Geheimnis der großen Charismatiker. In: Die WELT
Psychologie. Artikel vom 25.07.2011.

http://www.welt.de/gesundheit/psychologie/article13505786/Das-Geheimnis-
der-grossen-Charismatiker.html Stand: 22.03.2013.

Vogel, Ingo: Einfach charismatisch. So überzeugen Sie im Handumdrehen.
Artikel vom 07.07.2009. http://www.business-wissen.de/arbeitstechnik
en/einfach-charismatisch-so-ueberzeugen-sie-im-handumdrehen/
– Stand: 17.03.2013.

http://www.30tausend.de/charismatisch/ - Stand: 23.03.2013.

http://www.woxikon.de/wort/charismatisch.php – Stand: 08.03.2013.

TheFreeDictionary.com Deutsches Wörterbuch
http://de.thefreedictionary.com/Charisma – Stand: 06.03.2013.

DUDEN http://www.duden.de/suchen/dudenonline/charisma
– Stand: 05.03.2013.

Wirtschaftslexikon GABLER http://wirtschaftslexikon.gabler.de/
Definition/charisma.html – Stand: 14.03.2013.

FOCUS Online http://www.focus.de/wissen/mensch/charisma/charisma_aid_
27175.html – Stand: 15.03.2013.

http://www.rhetorik.ch/Charisma/Charisma.html – Stand: 20.03.2013.

http://www.30tausend.de/charismatisch/ - Stand: 23.03.2013.

http://suite101.de/article/charisma-die-persoenliche-ausstrah-a43957#axzz2Mt GjeA8p – Stand: 06.03.2013.

FOCUS Online http://www.focus.de/wissen/mensch/charisma/experten-tipps_ aid_27177.html – Stand: 08.03.2013.

Vogel, Ingo: Einfach charismatisch. So überzeugen Sie im Handumdrehen. Artikel vom 07.07.2009. http://www.business-wissen.de/arbeitstechniken /einfach-charismatisch-so-ueberzeugen-sie-im-handumdrehen/ – Stand: 17.03.2013.

http://www.psychology48.com/deu/d/charisma/charisma.htm – Stand: 15.03.2013.

http://www.infoquelle.de/Job_Karriere/Charisma/index.php – Stand: 18.03.2013.

http://www.charismacamp.com/charisma.html – Stand: 16.03.13.

Jimenez, Fanny: Das Geheimnis der großen Charismatiker. In: Die WELT Psychologie. Artikel vom 25.07.2011. http://www.welt.de/gesundheit/psycho logie/article13505786/Das-Geheimnis-der-grossen-Charismatiker.html – Stand: 22.03.2013.

Zaugg, Robert. J.: Work-Life Balance. Ansatzpunkte für den Ausgleich zwischen Erwerbs- und Privatleben aus individueller, organisationaler und gesellschaftlicher Sicht. WHL Wissenschaftliche Hochschule Lahr. Diskussionspapier Nr. 9. April 2006. https://www.akad.de/fileadmin/akad.de/as sets/PDF/WHL_Diskussionspapiere/WHL_Diskussionspapier_Nr_09.pdf – Stand: 05.04.2013.

Steinle, Judith: Work-Life-Balance Organisatorische und personalwirtschaftliche Aspekte von innovativen Arbeitsmodellen Konzeptionelle Grundlagen – Empirische Ergebnisse – Gestaltungsempfehlungen. http://www.org-portal.org/fileadmin/media/legacy/Work-Life-Balance._Organisatorische_ und_personalwirtschaftliche_Aspekte_von_innovativen_Arbeitsmodellen.p df – Stand: 15.04.2013.

Arbeitsratgeber work-life-balance: Einklang von Arbeit und Privatleben. – Stand: 11.10.2012.

http://www.arbeitsratgeber.com/worklifebalance_0211.html – Stand: 30.03.2013.

Bundesministerium für Familie, Senioren Frauen und Jugend BMFSFJ: http://www.bmfsfj.de/BMFSFJ/Service/Publikationen/publikationen,did=2 9834.html – Stand: 20.04.2013. http://www.bmfsfj.de/RedaktionBMF SFJ/Broschuerenstelle/Pdf-Anlagen/Work-Life-Balance,property=pdf, bereich=bmfsfj,sprache=de,rwb=true.pdf

Prognos AG / Bundesministerium für Familie, Senioren Frauen und Jugend BMFSFJ: Studie "Work-Life-Balance - Motor für wirtschaftliches Wachstum und gesellschaftliche Stabilität": http://www.bmfsfj.de/BMFSFJ/Service/ Publikationen/publikationen,did=29834.html – Stand: 20.04.2013. http://www.bmfsfj.de/RedaktionBMFSFJ/Broschuerenstelle/Pdf-Anlagen/ Work-Life-Balance,property=pdf,bereich=bmfsfj,sprache=de,rwb=true.pdf

Business Dictionary http://www.businessdictionary.com/definition/work-life-balance.html – Stand: 30.03.2013.

Cambridge Dictionary / Cambridge Advanced Learner's Dictionary & Thesaurus / Cambridge University Press. http://dictionary.cambridge.org/ dictionary/british/work-life-balance – Stand: 31.03.2013.

Financial Times Lexicon http://lexicon.ft.com/Term?term=work_life-balance – Stand: 02.04.2013.

Dyson, Brian G.: Work-Life Balance: definition and tips. Daily Selfhelp. http://www.dailyselfhelp.com/2012/01/work-life-balance-definition-and-tips.html – Stand: 31.03.2013.

MacmillanDictionary http://www.macmillandictionary.com/dictionary/british/ work-life-balance – Stand: 02.04.2013.

Gillies, Judith-Maria: Work-Life-Balance hat im Arbeitsalltag wenig Chancen. Artikel in: Die Welt vom 17.11.10.

http://www.welt.de/wirtschaft/karriere/article10988512/Work-Life-Balance-hat-im-Arbeitsalltag-wenig-Chancen.html – Stand: 03.04.2013.

Kuhn, Lothar: Was ist Work-Life Balance? In: Harvard Business manager. Heft 4/2005. Karriere, vom 17.05.2009.

http://www.harvardbusinessmanager.de/heft/artikel/a-621711.html – Stand: 03.04.2013.

Michalk, Silke/Nieder, Peter: Erfolgsfaktor Work-Life-Balance. WILEY-VCH Verlag, Weinheim, 2007. http://www.wiley-vch.de/books/sample/35275 02734_c01.pdf – Stand: 18.04.2013.

Onpulson Lexikon http://www.onpulson.de/lexikon/5546/work-life-balance/ – Stand: 02.04.2013.

http://psychoblog.ch/arbeitspsychologie/work-life-balance-life-domain-balance-499.html – Stand: 02.04.2013.

Vormwald, Ursula: Wie steht es um Ihre Work-Life-Balance? In zwei Schritten zur Bestandsaufnahme. http://www.akademie.de/wissen/work-life-balance – Stand: 05.04.2013.

http://szenesprachenwiki.de/definition/life-work-balance/ - Stand: 20.04.2013.

Mueller, Christian: Motivationsfrage – Neue Studie zur Mitarbeiterbindung und Work Life Balance. (HR-Report 2011 im Auftrag von Hays) In: Karrierebibel vom 02. Dezember 2011. http://karrierebibel.de/motivationsfrage-neue-studie-zur-mitarbeiterbindung-und-work-life-balance/ - Stand: 03.04.2013.

Betriebliches Gesundheitsmanagement an der Universität Bielefeld http://www.bgm-bielefeld.de/ - Stand: 25.04.2013.

http://www.business-wissen.de/personalmanagement/gesundheitsmanage ment-grosser-nachholbedarf-fuer-deutsche-unternehmen/ – Stand: 26.04.2013.

Bundesministerium für Gesundheit http://www.bmg.bund.de/praevention/betriebliche-gesundheitsfoerde rung/unternehmen-unternehmen-gesundheit.html – Stand.: 28.04.2013.

STANGL Lexikon für Pschologie und Pädagogik http://lexikon.stangl.eu/6445/selbstmanagement/ - Stand: 30.04.2013.

http://gesundheitsmanagement.kenline.de/html/definition_gesundheit_krankhei t.htm – Stand: 02.05.2013.

http://gesundheitsmanagement.kenline.de/html/gesundheitsmanagement_im_ Unternehmen.htm – Stand: 03.05.2013.

http://www.gesundheit-foerdern.de/ - Stand: 05.06.2013.

Zentrum für Selbsmanagement Senges-Anderson, Eva / Fischl, Gerhard: http://www.selbstmanagement-zentrum.de/ - Stand: 30.04.2013.

Merkle Rolf: Selbstmanagement – Das Leben in die Hand nehmen. http://www.psychotipps.com/selbstmanagement.html – Stand: 04.05.2013.

http://gesundheitsmanagement.kenline.de/html/worklife_balance.htm – Stand: 05.05.2013.

http://gesundheitsmanagement.kenline.de/html/fragebogen_ergebnisse.htm
– Stand: 08.06.2013.

Bartonitz, Martin: Wie Werner von Siemens eine intakte Unternehmenskultur schuf – Teil I: Schwierige Rätsel haben keine einfachen Lösungen. Artikel Mai 05, 2012: http://wirdemo.buergerstimme.com/2013/05/wie-werner-von-siemens-eine-intakte-unternehmenskultur-schuf-teil-i-schwie rige-raetsel-haben-keine-einfachen-loesungen/ - Stand: 10.06.2013.

Bartonitz, Martin: Wie Werner von Siemens eine intakte Unternehmenskultur schuf – Teil II: Die Widerlegung des Eisbergmodells. Artikel August 06, 2012: http://faszinationmensch.com/2012/08/06/wie-werner-von-siemens-eine-intakte-unternehmenskultur-schuf-teil-ii-die-widerlegung-des-eisberg modells/ - Stand: 12.06.2013.

http://gesundheitsmanagement.kenline.de/html/ottawa_charta.htm
– Stand: 20.06.2013.

SKOLAMED / SKOLAMED-Studie
http://www.skolamed.de/ch_1.php – Stand: 21.06.2013.

http://www.michaelkoerbaecher.com/html/gesundheitzuerst.html
– Stand: 22.06.2013.

http://www.sydora.de/gesundheit/gesundheit.html – Stand: 12.06.2013.

FOCUS Online: Wissen Mensch Charisma. http://www.focus.de/wissen/ mensch/charisma/experten-tipps_aid_27177.html – Stand: 08.03.2013.

DIE WELT Psychologie. Jimenez, Fanny: Das Geheimnis der großen Charismatiker. In: Die WELT Psychologie. Artikel vom 25.07.2011. http://www.welt.de/gesundheit/psychologie/article13505786/Das-Geheimnis-der-grossen-Charismatiker.html Stand: 22.03.2013.

Harvard Business Manager / Nayar, Vineet: Manager oder Führungspersönlichkeit? Artikel in Harvard Business Manager vom 14.08.2013. http://www.harvardbusinessmanager.de/blogs/fuehrung-koennen-sie-menschen-inspirieren-a-916294.html – Stand: 03.04.2014.

Van der Burgt, Theo: Employer Branding: Führungspersönlichkeiten als Garant für die Unternehmensziele. Veröffentlicht in Management experto.de: http://www.experto.de/b2b/unternehmen/management/employ er-branding-fuehrungspersoenlichkeiten-als-garant-fuer-die-unternehmensziele.html – Stand: 15.04.2014.

Guttenberger, Ralph: Expertentipp: Was macht gute Führungskräfte aus? Beitrag vom 04.10.2013. http://www.horizontjobs.de/bewerber/karriere/tipps/Was-macht-gute-Fuehrungskraefte-aus%3F_117107.html – Stand: 08.05.2014.

Bartelt, Dietrich: Wertschätzende, kompetente und ethische Führung. Das „Vertrauen" der Mitarbeiter in ihre Führungskräfte. Dissertation Universität Duisburg-Essen 2011. http://duepublico.uni-duisburg-essen.de/servlets/DerivateServlet/Derivate-29413/Bartelt_Diss.pdf – Stand: 09.05.2014.

DIE ZEIT / Heusner, Uwe Jean: „Es hakt bei der Führung". Ethische Schulung für Manager hilft nur, wenn die Organisation ein ethisches Handeln auch zulässt. Ein Interview mit der Beraterin Annette Kleinfeld. In: DIE ZEIT N° 03/2014 9. Januar 2014 07:00 Uhr. http://www.zeit.de/2014/03/manager-ethik-beraterin-annette-kleinfeld – Stand: 09.05.2014.

Liebe Leserinnen und Leser,

wir hoffen, dass das vorliegende Buch für Sie hilfreich ist. Wenn Sie Ideen, Anregungen und Hinweise für eine neue Auflage haben, dann schreiben Sie uns gerne eine E-Mail an folgende Adresse: *redaktion@optimus-verlag.de*

Alle Informationen und Daten, die Sie uns übermitteln werden selbstverständlich vertraulich behandelt.

Ihre OPTIMUS Redaktion

Weitere Bücher aus der Schriftenreihe
Future Management

Band 1
Management Einführung
Managementlehre, Führung, Innovationsmanagement, Changemanagement,
Wissensmanagement und Lernende Organisation
ISBN: 978-3-86376-081-6

Band 2
Mitarbeiterorientierte Führungssysteme
Zukunftsweisende Führungsstile, Consideration, Initiating structure und Orga-
nisation und Steuerung
ISBN: 978-3-86376-082-3

Band 3
Integrierte Führungsmodelle
Zukunftsorientierte Management-Prinzipien, Management by... und evolutori-
sche Führungsmodelle
ISBN: 978-3-86376-083-0

Band 4
Motivation in der ganzheitlichen Unternehmensführung
Zukunftsorientierte Mitarbeitermotivation in der evolutionären Führungskon-
zeption
ISBN: 978-3-86376-084-7

Band 5
Innovationsmanagement
Wettbewerbsstärke durch Neuerung, strategische- organisationale- und kultu-
relle Entwicklung von Erfolgsteams
ISBN: 978-3-86376-085-4

Band 6
Schlüsselkompetenzen für erfolgreiches Management
Bildung, Motivation, Volition, Kompetenzen und Entwicklung von Schlüssel-
qualifikationen für das 21. Jh.
ISBN: 978-3-86376-086-1

Band 7
Change Management
Gemeinsam den Change erfolgreich meistern! Change Management, Organisationsentwicklung und Lernende Organisation
ISBN: 978-3-86376-087-8

Band 8
Zukunftsmanagement
Gemeinsam die Zukunft erfolgreich gestalten! Wettbewerbsvorteile durch Qualität der strategischen Anpassung
ISBN: 978-3-86376-088-5

Band 9
Corporate Foresight
Gemeinsam die Zukunft erkennen! Wettbewerbsvorteile durch Bestimmung der strategischen Anpassung
ISBN: 978-3-86376-089-2

Band 10
Strategisches Management
Wettbewerbsfähigkeit und Zukunft sichern – Visionen mit Strategien erfolgreich umsetzen
ISBN: 978-3-86376-090-8

Band 11
Strategisches Personalmanagement
Personalressourcen und Wettbewerbsfähigkeit für die Zukunft sichern – Unternehmensstrategien erfolgreich umsetzen
ISBN: 978-3-86376-091-5

Band 12
Visionsmanagement
Gestaltung und Umsetzung der Unternehmensvision und über Strategien und gemeinsame Ziele zur Steuerung und Sicherung der künftigen Unternehmensentwicklung
ISBN: 978-3-86376-092-2

Band 13
Management durch Zielvereinbarung
Führung und Steuerung mit gemeinsamen Zielen, Ergebnis- Qualitäts- und Mitarbeiterorientierung, Akzeptanz, Engagement, Selbstbestimmung, Motivation, Selbststeuerung, Erfolgsmessung, Leistungsverbesserung und mit dem Steuerungs- und Führungsinstrument Zielvereinbarung Wettbewerbsvorteile sichern
ISBN: 978-3-86376-093-9

Band 14
Kontinuierlicher Verbesserungsprozess KVP
Wettbewerbsvorteile sichern mit Produkt- und Prozessoptimierung: Produktivität, Qualitätsmanagement, Innovation und Lieferanten-, Kunden- und Mitarbeiterorientierung
ISBN: 978-3-86376-094-6

Band 15
Unternehmensentwicklung
Von der Unternehmensvision zur ständigen Verbesserung – mit Lern-, Gestaltungs- und Qualitätsprozessen Potenziale schaffen, erkennen, nutzen und sichern
ISBN: 978-3-86376-095-3

Band 16
Die Lernende Organisation
Lernen als Kernprozess, Entwicklungs- und Wettbewerbsfaktor: Mit der Lernkultur Potenziale schaffen, erkennen und optimieren und Verbesserung und Wandel
ISBN: 978-3-86376-096-0

Band 17
Benchmarking
Leistungssteigerung und Stärkung der strategischen Wettbewerbsposition durch Best Practices: Vergleichen mit Marktumfeld, Lernen, Gestaltung der Organisations- und Lernkultur, Verbessern, Prozessoptimierung und Innovation
ISBN: 978-3-86376-097-7

Band 18
Competitive Intelligence
Wettbewerbsvorteile sichern durch Optimierung der strategischen Wettbewerbsposition: Wettbewerbsforschung, Umfeld- und Wettbewerbsbeobachtung, Konkurrenz- und Wettbewerbsanalyse, Informations- und Wissensmanagement, Lernprozesse und Strategisches Management
ISBN: 978-3-86376-098-4

Band 19
Positive Leadership
Wettbewerbsvorteile durch Positive Führung: Flow-Erlebnis, Engagement,
Leistungsanerkennung, Motivation, Stärkenorientierung, Kompetenzen, GRID,
Denkhüte, Vision, Sinnvermittlung, Beteiligung und Zielvereinbarung
ISBN: 978-3-86376-099-1

Band 20
Managementlehre
Grundlagen, Methoden, Konzepte – Managementlehre und -Aufgaben: Orga-
nisation, Steuerung, Controlling, Leadership, Führung, Motivation, Personal-
Team- und Unternehmensentwicklung, KVP, Change und Zukunftsgestaltung
ISBN: 978-3-86376-100-4

Band 21
Management durch Sinnorientierung
Wettbewerbsvorteile mit leistungsförderndem Management und Leadership
durch Sinnvermittlung: Leistungsmotivation, Leistungsanerkennung und Ent-
wicklung und Innovation
ISBN: 978-3-86376-101-1

Band 22
Führung und Erfolg
Erfolgreiche / Effektive Führungsstile, Führungs- und Leistungsverhalten, Füh-
rungsmodelle, Leistungsanerkennung, Führung im Kontext von Vision und
Sinn und Zielvereinbarung
ISBN: 978-3-86376-102-8

Band 23
Management by Objectives MbO
Führung mit Zielorientierung: Partizipation / gemeinsame Zielvereinbarung, Zielrealisationskontrolle / Leistungsbeurteilung, Controlling / Feedback / Steuerung / Lernprozesse / Verbesserung, Innovation und Wettbewerbsvorteile
ISBN: 978-3-86376-103-5

Band 24
Das Unternehmensleitbild
„Realistisches Idealbild" der Organisation: Entwicklungs- und Entstehungsprozess / erfolgreiche Umsetzung und Steuerung mit Leitbildern
ISBN: 978-3-86376-104-2

Band 25
Ideenmanagement
Ganzheitliches, integriertes Führungskonzept: Ideenquelle, Betriebliches Vorschlagswesen BVW, Kreativitätsförderung, Innovationsteams, teilautonome Arbeitsgruppen, Kontinuierlicher Verbesserungsprozess KVP / Kaizen und Innovationsmanagement
ISBN: 978-3-86376-105-9

Band 26
Transformationale Führung
Visionäre charismatische Führung: Leadership mit Werten, Zielen, Visionen und inspirational Motivation erfolgreich umsetzen, Situationsbedingte Führung, Charisma / Idealisierter Einfluss, Vertrauen, Begeisterung, Leistungssteigerung, Veränderung und Wettbewerbsvorteile
ISBN: 978-3-86376-106-6

Band 27
Charismatic Leadership
Theorie und Praxis der charismatischen Führung im Unternehmen, Persönlichkeitsentwicklung, Selbstbewusstsein, Ausstrahlung, Glaubwürdigkeit des Auftretens, Begeisterung, Identifikation, Motivation und Erfolg
ISBN: 978-3-86376-107-3

Band 28
Work-Life Balance WLB
Erhaltung und Förderung von Gesundheit Leistungs- und Wettbewerbsfähigkeit: Theorie und Praxis von WLB-Arbeitsmodellen und Gestaltung optimaler organisationaler kultureller und personalwirtschaftlicher Rahmenbedingungen
ISBN: 978-3-86376-108-0

Band 29
Betriebliche Gesundheitsförderung
Theorie und Praxis der Management- und Führungsaufgabe „Gesundheit": Optimale Rahmenbedingungen, gesundheitsförderliche Arbeitsgestaltung und -Organisation, Instrumente der betrieblichen Gesundheitsförderung und Mitarbeiterbeteiligung
ISBN: 978-3-86376-109-7

Band 30
Mitarbeiterorientierung
Gemeinsam in die Zukunft: Wertschöpfung durch Wertschätzung! Personalführung, Motivation, Personalentwicklung, Kompetenzförderung, Integration, Identifikation, Wertevermittlung, Soft-Skills, Unternehmenskultur, Mitarbeiterbeteiligung, Qualität, Leistungsanerkennung, Innovation und Wettbewerbsfähigkeit
ISBN: 978-3-86376-110-3

Band 31
Aufgabenorientierung
Engagement Mitarbeitermotivation und Leistung mit angemessener Führung zwischen Kritik und Anerkennung! Aufgabenfokussierung, Ziele vereinbaren und klar definieren, Wege zur Zielerreichung aufzeigen, Teamleistung aktivieren, Aufgaben / Projekte strukturieren, Kontrolle / Feedback und Innovation
ISBN: 978-3-86376-111-0

Band 32
Mitwirkungsorientierung
Steigerung von Identifikation, Integration, Motivation, persönlichem Engagement, Leistung, Kreativität, Erfolg durch Mitwirkung und Partizipation: Optimierung der Arbeitseffizienz – Qualitätsverbesserung – Kontinuierliche Verbesserung – Förderung von Kreativität, Ideen und Innovation – Stärkung der (internationalen) Wettbewerbsfähigkeit
ISBN: 978-3-86376-130-1

Band 33
Situative Führung / Situational Leadership
Den angemessenen Führungsstil finden und erfolgreich umsetzen: Theorie und Praxis von Situational Leadership – von der Führungssituation zum optimalen Führungsstil, Aufgaben-, Mitarbeiter-, und Mitwirkungsorientierung, Gestaltung von Rahmenbedingungen, Effizienzsteigerung, Aufbau von Führungskompetenzen
ISBN: 978-3-86376-131-8

Band 34
Führung durch Wertschätzung
Gesündere Gestaltung von Kultur und Rahmenbedingungen: Theorie und Praxis wertschätzender Führung – Kommunikation, Zusammenwirken und Zusammenarbeit optimieren – Wertschätzung durch Aufmerksamkeit Lob und Anerkennung – Richtiger Umgang mit Wertekonflikten – Verbesserung von Gesundheit Motivation, Engagement, Leistung, Produktivität, Effizienz, Qualität und Wettbewerbsfähigkeit – Aufbau von Führungskompetenzen
ISBN: 978-3-86376-135-6

Band 35
Integriertes Betriebliches Gesundheitsmanagement (IBGM)
Analyse und Gestaltung sicherer gesundheitsförderlicher Arbeitsbedingungen - Prävention gesundheitlicher Gefährdungen am Arbeitsplatz - Betriebliche Gesundheitsförderung - Gestaltung der Arbeitswelt - Wertschätzende Führungskultur - Abstimmung von Zielen und Visionen - Vereinbarkeit von Familie und Beruf (WLB) - Personal- und Organisationsentwicklung – Partizipation / Mitbestimmung / Mitwirkung - Sinnorientierung – Kontinuierlicher Verbesserungsprozess –Wettbewerbsfähigkeit
ISBN: 978-3-86376-138-7

Band 36
Stressmanagement
Theorie und Praxis des persönlichen und betrieblichen Stressmanagements: Stressanalyse – Symptome und Ursachen erkennen – Negativer Dauerstress vermeiden und reduzieren – Coping – Bewältigungsstrategien – Verhältnis von Anforderungen und Fähigkeiten optimieren – Arbeitsbedingungen und Arbeitsorganisation verbessern – gesundheitsfördernde Arbeitsgestaltung
ISBN: 978-3-86376-174-5

Band 37
Burn-out-Syndrom
Burn-out-Phänomen und Burn-out--Krankheit / Betroffene / Symptome / Ursachen und Folgewirkungen / Diagnose / Theoretische Phasenmodelle / Prävention / Therapie / Gestaltungsmöglichkeiten der Arbeits-/Freizeit und des integrierten betrieblichen Gesundheitsmanagements (IBGM)
ISBN: 978-3-86376-175-2